# HEIDELBERG

## Jahrbuch zur Geschichte der Stadt 2024

## Jahrgang 28

**Herausgegeben vom
Heidelberger Geschichtsverein**

**Redaktion:**
Frank Engehausen, Norbert Giovannini,
Carola Hoécker, Martin Krauß, Ingrid Moraw,
Reinhard Riese, Florian Schmidgall

**Für den Vorstand:**
Claudia Rink, Petra Nellen

KURPFÄLZISCHER VERLAG
HEIDELBERG

Die Deutsche Bibliothek – CIP-Einheitsaufnahme
Heidelberg: Jahrbuch zur Geschichte der Stadt / hg. vom
Heidelberger Geschichtsverein. – Heidelberg: Kurpfälzischer Verlag
Erscheint jährlich – Aufnahme nach Jg. 1. 1996
Jg. 1. 1996–

2023
© Urheberrechte der Texte bei den Autorinnen und Autoren
Copyright der grafischen Gestaltung beim Herausgeber

Bestellungen über den Herausgeber:
Heidelberger Geschichtsverein e.V.

c/o Claudia Rink
Turnerstraße 141
69126 Heidelberg

c/o Hansjoachim Räther
Klingentorstraße 6
69117 Heidelberg

© Kurpfälzischer Verlag Heidelberg
Gestaltung und Herstellung: Claudia Rink, Heidelberg
Umschlag: Florian Schmidgall, Heidelberg
Druckerei: City-Druck Heidelberg
Printed in Germany

ISBN 978-3-910886-06-3
ISSN 1432-6116

# Inhalt

## II. Topografie, Kunst- und Baugeschichte

## III. Quellen und Berichte

## IV. Rezensionen

# Vorwort

Das zurückliegende Jahr war für den Heidelberger Geschichtsverein von personellen Veränderungen im Vorstand und von traurigen Verlusten gekennzeichnet. Im Dezember 2022 starb Dr. Jochen Goetze, Gründungsmitglied und langjähriger Mitarbeiter in der Jahrbuchredaktion; als Autor zahlreicher Artikel hat er das Jahrbuch von Beginn an wesentlich mitgeprägt. Gabriele Faust-Exarchos, frühes Mitglied im Geschichtsverein und viele Jahre Kassenprüferin, starb im September 2022, und im Februar 2023 starb unser langjähriges Mitglied Roger Kömpf. Unsere Anteilnahme gilt den Hinterbliebenen.

Der Rücktritt Hans-Martin Mumms zog weitere Veränderungen nach sich. Die Mitglieder des Vereins wählten am 14. Juli in der Jahreshauptversammlung in je einem Wahlgang Petra Nellen zur stellvertretenden Vorsitzenden und Claudia Rink, die bisher diese Funktion inne hatte, zur Vorsitzenden. Petra Nellen ist keine Unbekannte im Verein, sie war Gründungsmitglied und gehört seit dem zweiten Jahrbuch der Redaktion des Jahrbuchs an. Als Historikerin und ausgewiesene Kennerin der Heidelberger Frauenforschung hat sie sich einen Namen gemacht und trug, neben Buchveröffentlichungen, zahlreiche Artikel zum Jahrbuch bei. Hauptberuflich ist sie als Projektleiterin in der Wissenschaftlichen Weiterbildung der Universität angestellt. Dr. Martin Krauß wird weiterhin die Finanzen des Vereins fest im Blick haben; Hansjoachim Räther, Geschäftsführer des Vereins, wie immer für das Protokoll zuständig, und Prof. Dr. Maike Rotzoll, dessen Stellvertreterin, wurden in ihren Ämtern bestätigt.

In diesem Jahr ist unser Jahrbuch mit 328 Seiten umfangreicher als bisher, es macht deutlich, dass uns Jahr für Jahr weit mehr Anfragen zur Veröffentlichung erreichen, als unser Jahrbuch fassen kann. Da gilt es Beiträge zu kürzen oder ins nächste Jahr zu verschieben und immer auch unsere Kriterien nicht aus dem Blick zu verlieren: die Länge eines Beitrags zur Relevanz einer Person oder eines historischen Ereignisses muss angemessen, die Heidelbergbezüge müssen deutlich sein, und in der Regel sollte es sich um Originalbeiträge handeln.

Das Jahrbuch 2024 beginnt mit einer Würdigung von Hans-Martin Mumm. Martin Krauß führt uns die Vielfalt und die große Anzahl seiner bearbeiteten Themen vor Augen, sie reichen vom Mittelalter bis in die Gegenwart und zählen allein fünfzig Beiträge in den Jahrbüchern. Hans Martin Mumm kann daher zurecht als d e r Stadthistoriker Heidelbergs gelten.

Die Aufsätze zur Stadtgeschichte sind vielfältig. Der Berner Autor Benjamin Miller berichtet über den Einfluss der liberalen Schweiz auf ihre badischen Nachbarn während der Märzrevolution 1848 anhand des Werdegangs dreier Heidelberger Studenten; Wen Xuan beleuchtet die Bedeutung des dreijährigen Heidelberg-Aufenthalts des russischen Wissenschaftlers Alexander Borodin; Wolfgang Vater beschreibt die wichtige Rolle der „Heidelberger Taubstummenkurse" 1902−1916 in der Bildung von Gehörlosen. Die spannende Geschichte der Heidelberger Gasversorgung von den privatwirtschaftlichen Anfängen im 19. Jahrhundert bis zur Kommunalisierung, die Preispolitik löste sogar einen Gas-Streik aus, erzählt Bernhard Stier, und die fünfzigjährige Geschichte des Heidelberger Hafens nimmt Klaus Harthausen in den Blick.

Die Zeit des Nationalsozialismus nimmt auch in diesem Jahrbuch breiten Raum ein. Einzelne Personen, ihr politisches Denken und Handeln in dieser Zeit, werden vorgestellt: Nils Jochum untersucht die Haltung Alfred Hettners, erster Geografieprofessor in Heidelberg; Ulrike Duchrow widmet sich Gertrud von le Fort und die für sie prägenden Jahre in Heidelberg, sie fanden Eingang in ihren Roman „Der Kranz der Engel". Einen bemerkenswerten Text stellt Detlef Garz vor, geschrieben Ende der 1930er-Jahre von Heinz Lichtenstein. Lichtenstein ist ein junger jüdischer Assistenzarzt bei Ludolf Krehl, er berichtet von seinen Erfahrungen im Heidelberger Mediziner-Milieu 1929/30, einem Milieu, in dem bereits Ende der 1920er-Jahre heftiger Antisemitismus verbreitet war. Mit scharfem Verstand analysiert Lichtenstein dieses Denken, wobei er erkennt, dass verbrecherisches Handeln einerseits und das Bewusstsein, sich dennoch „anständig" zu verhalten, sich durchaus vereinbaren lassen. Heinrich Himmler hat in seiner Posener Rede (1943) exakt diese sozusagen nationalsozialistische „Moral" beschrieben, wenn er davon spricht, dass es schwer sei, hunderte oder gar tausende Leichen (Ermordeter) vor sich zu sehen, gleichzeitig aber wisse man, dass man „anständig" geblieben sei. Michael Ehmann findet neue Erkenntnisse, die zur Hinrichtung Alfred Seitz führten. Frank Engehausen berichtet aus den Mannheimer Sondergerichtsakten über den Fall eines Heidelberger Staatsanwalts und fügt damit seiner Publikation „Tatort Heidelberg" ein weiteres Kapitel hinzu; Reinhard Riese untersucht die Rolle Otto Neumanns, des Institutleiters für Leibesübungen. Die Gründung der Erbhofsiedlung Neurott unter dem Blickwinkel nationalsozialistischer Wirtschaftspolitik von Dietrich Dancker schließen diese Zeit ab.

In der Rubrik Topografie, Kunst- und Baugeschichte begeben sich Martina und Hans-Dieter Graf auf Spurensuche nach dem amerikanischen Fotografen Carleton H. Graves, der zwei Stereoskopien von Heidelberger Ansichten hinterlassen hat. Benedikt Bader stellt uns den Architekturprofessor Friedrich Ostendorf und sein wichtigstes Bauwerk, die Villa Krehl in Heidelberg, vor. Marius Mrozeks Artikel über das Mausoleum des Bierbrauers Bartholomae auf dem Bergfriedhof, behandelt die Grabkultur um 1900, und Hans-Jürgen Kotzur ehrt den Heidelberger Maler Rainer Motz Munke, der 2024 seinen 90. Geburtstag feiern würde, mit einer Betrachtung seines Totentanz-Triptychons.

In Quellen und Berichte erzählt Hans-Martin Mumm von einem antiquarischen Fund, einem Gedenkbüchlein von 1837, und den darin enthaltenen Portraits zweier Heidelberger Persönlichkeiten. Erstaunlich sind die Auszüge aus dem Tagebuch einer 1918/19 in Heidelberg studierenden jungen Türkin, übersetzt von dem Studenten Emin Kagan Heybet. Die Autorinnen Elena Marie Mayeres und Katja Patzel-Mattern stellen ihr vom Land Baden-Württemberg gefördertes Forschungsprojekt zu lesbischen Lebenswelten vor. Carola Hoécker hat sich intensiv mit der Ausstellung zum 300. Todestag Liselottes von der Pfalz, 2022 im Kurpfälzischen Museum zu sehen, beschäftigt, und der Leiter des Handschuhsheimer Füllhaltermuseums, Thomas Neureither, führt uns durch seine kleine, feine Sammlung von Füllhaltern in seinem 2016 eröffneten Haus. Simon Stewner und Norbert Giovannini berichten über die Max-Weber-Tagung im Oktober 2022 im Universitätsarchiv und Steffen Sigmund rekonstruiert die Geschichte der Soziologie in Heidelberg und ihre Etablierung als eigenständige Forschungseinheit. Besprechungen der neuen Literatur und Neue Veröffentlichungen zur Stadtgeschichte sorgfältig zusammengestellt von Reinhard Riese schließen wie immer unseren Band ab.

Zu guter Letzt haben wir zu danken all denen, die am Zustandekommen dieses Jahrbuchs beigetragen haben: Der Volksbank Heidelberg, die mit einer großzügigen Spende die Herausgabe des diesjährigen Bandes gefördert hat. Den Autorinnen und Autoren, die ihre Forschung und ihre Leidenschaft in die Artikel eingebracht haben. Der Redaktion für ihren Einsatz, dem Kurpfälzischen Verlag, der Druckerei, dem Vertrieb, dem Buchhandel, den Anzeigenkunden, den Vereinsmitgliedern und nicht zuletzt allen Leserinnen und Lesern dieses Buches.

Heidelberg, im Oktober 2023
Claudia Rink und Petra Nellen
für den Vorstand

Martin Krauß

# Hans-Martin Mumm als Heidelberger Stadthistoriker

„Nicht immer wird sorgsam genug beachtet, daß die oberste Maxime aller Geschichtsschreibung die Unterhaltsamkeit ist. Voraussetzung dafür ist freilich absolute Fakten- und Quellentreue." Diesen Grundsatz formulierte Hans-Martin Mumm im Nachwort seiner 1988 erschienen Publikation zum Heidelberger Arbeiterverein von 1848/49.[1] Während Fakten- und Quellentreue für akademisch ausgebildete Historiker*innen eine Selbstverständlichkeit sein sollte, führt das Kriterium „Unterhaltsamkeit" in der Regel nicht die Prioritätenliste beim Verfassen historischer Fachbücher an, zumindest nicht bei deutschen Vertreter*innen der Zunft. Und nicht von ungefähr werden vor allem die Werke angelsächsischer Autor*innen häufig dafür gelobt, dass sie – im Gegensatz zu Publikationen deutscher Provenienz – ‚gut lesbar' oder eben ‚unterhaltsam' seien. Daher bemühen sich nun auch deutsche Historiker*innen verstärkt darum, diesem Kriterium gerecht zu werden.

Als Hans-Martin Mumm seinen Grundsatz vor 35 Jahren formulierte, war er damit dem Mainstream der akademischen Geschichtsschreibung also weit voraus, und er war ein absoluter Außenseiter: Als studierter Theologe und gelernter Maschinenschlosser arbeitete er als Zerspanungstechniker in einer Heidelberger Maschinenfabrik. Er engagierte sich im Betriebsrat des Unternehmens und war ab 1989 als Stadtrat in der Kommunalpolitik aktiv. Zeit, sich intensiv mit historischen Themen zu befassen, blieb ihm damals nur „zwischen Feierabend [...] und ARD-Nachtkonzert".[2] Er war also, von der Warte eines Fachhistorikers aus betrachtet, ein engagierter Hobbyhistoriker.

Hans-Martin Mumm mit Michael Buselmeier bei einem Rundgang durch die Weststadt, 2021 (Foto: Archiv Mumm)

Diese Einschätzung würde heute wohl niemand mehr teilen. Im Gegenteil, auf die Frage, wer denn der beste Kenner der Heidelberger Stadtgeschichte sei, würde allen in erster Linie ein Name einfallen: Hans-Martin Mumm. Seine Publikationsliste umfasst rund 50 Beiträge im Jahrbuch des Heidelberger Geschichtsvereins (ohne Rezensionen) und mehr als ein Dutzend weitere einschlägige Veröffentlichungen. Darüber hinaus hat er in zahllosen Vorträgen und Führungen zu unterschiedlichen Themen und Epochen aus dem schier unerschöpflichen Fundus seiner Kenntnisse geschöpft und diese – stets unterhaltsam – dem Publikum nahe gebracht.

In diesem Beitrag geht es nicht um eine ausführliche inhaltliche Würdigung der Publikationen Mumms zur Heidelberger Stadtgeschichte. Vielmehr soll die große Bandbreite der von ihm bearbeiteten Themen deutlich gemacht werden. Sie reicht vom Mittelalter über die frühe Neuzeit bis ins 19. und 20. Jahrhundert. Mumm behandelte u.a. die Gründung der Stadt und die Namensgebung der Heilig-Geist-Kirche, die Zeit des Bauernkriegs, die Geschichte der Juden, die Revolution von 1848/49, den George-Kreis und nicht zuletzt zahlreiche Aspekte der Topografie und der Baugeschichte. Wahrscheinlich ist diese große zeitliche und thematische Bandbreite der von Mumm bearbeiteten Themen nicht zuletzt der Tatsache zu verdanken, dass er gerade kein an der Universität ausgebildeter Fachhistoriker ist. Als solcher bleibt man doch häufig den sich schon im Studium abzeichnenden Interessenschwerpunkten sowie den traditionellen Sparten der Zunft treu und ist dann eben Mediävist, Frühneuzeitler, Zeitgeschichtler oder Wirtschafts- und Sozialhistoriker. Hans-Martin Mumm ist diesen Traditionen nicht verhaftet und kann sich – gestützt auf die eingangs zitierte Fakten- und Quellentreue – unbefangen zwischen den Themen und Epochen bewegen. Gleichwohl sind auch in seinem Œuvre einige Schwerpunkte auszumachen, die im Folgenden näher dargestellt werden, freilich ohne jeden Anspruch auf Vollständigkeit.

## 1848/49

Ein erster Schwerpunkt ist die Revolution von 1848/49 und damit verbunden die Frühzeit der Arbeiterbewegung in Baden. Das bereits erwähnte Buch über den Heidelberger Arbeiterverein ist zur Hälfte eine Sammlung von 102 Dokumenten, die Mumm in 15 kurzen Kapitel einordnet und erläutert. In diesen Kontext sind auch die beiden Beiträge über die „Turnfeuerwehr und die Revolution 1848/49" sowie über „Carl Metz" in dem 1996 erschienen Band zur Geschichte der Heidelberger Feuerwehr einzuordnen.[3] Auch der Aufsatz mit dem etwas sperrigen Titel „„... daß der Mensch gebildet sein müsse, wenn er frei werden und seine Freiheit behaupten will'. Arbeiterbildung und Volksbildung zwischen Revolution und Kaiserreich" knüpft an den Aktivitäten des Arbeitervereins von 1848/49 an und führt über Ludwig Feuerbachs Vorlesungen im Wintersemester 1848/49 und die Initiative zur Gründung eines Lesesaals für Handwerksgesellen im Jahr 1852 hin zum Arbeiterbildungsverein von 1863 sowie zum Volksbildungsverein von 1874.[4]

Im Zusammenhang mit der Revolution von 1848/49 nahm Mumm jedoch nicht nur die Arbeiter, sondern auch die Universität und ihr Umfeld in den Blick. Im Begleitheft zur 1998 vom Heidelberger Geschichtsverein in Zusammenarbeit mit dem Universitätsarchiv veranstalteten Ausstellung „Die Universität zwischen Revolution und Restauration" sind Beiträge über die „Heidelberger Privatdozenten" und die „Literaten" zu finden.[5] Außerdem steuerte er zum 2005 vom Universitätsarchiv herausgegeben Sammelband über den Historiker und Publizisten Georg Gottfried Gervinus einen Beitrag über dessen Beziehung zur deutschkatholischen Bewegung bei.[6] Mit den Erinnerungen von Hugo Wolf veröffentliche Mumm im Jubiläumsjahr 1998 eine weitere Quelle zum Revolutionsgeschehen in Heidelberg.[7] Zudem befasste er sich jüngst mit der Biografie von Therersia Bomo, die 1848 im Heidelberger Frauenverein aktiv war.[8]

## Geschichte der Juden

Die Geschichte der Juden in Heidelberg bildet den zweiten Schwerpunkt im Werk von Hans-Martin Mumm. Im Jahr 1992 veröffentlichte er zusammen mit Norbert Giovannini und Jo-Hannes Bauer den Sammelband „Jüdisches Leben in Heidelberg", zu dem er selbst drei Beiträge über „die Jahre der Emanzipation 1803–1862", über „Jüdinnen und Juden in der Revolution von 1848" sowie über „die jüdischen Friedhöfe" beisteuerte.[9] Der erste behandelt neben den badischen Emanzipationsedikten von 1808 und 1809 u.a. die Sozialstruktur der jüdischen Gemeinde in der ersten Hälfte des 19. Jahrhunderts sowie die Hepp-Hepp-Unruhen der Jahre 1819 und 1832. Im zweiten Beitrag werden einzelne Biografien wie die des Kleiderhändlers Leopold Ehrmann oder des Bankiers Adolph Zimmern näher beleuchtet. Der dritte bietet einen Überblick zur Geschichte der jüdischen Friedhöfe in der Stadt. Mit der „Lage des jüdischen Friedhofs im Mittelalter" befasste sich Mumm dann nochmals 2009 in einem Aufsatz im Jahrbuch des Geschichtsvereins.[10]

Vortragsankündigung der Citykirche Heiliggeist 2012 (Foto: Archiv Mumm)

Eine besondere Beziehung verbindet Hans-Martin Mumm mit dem Haus der Familie Zimmern in der Haspelgasse 12, schließlich befindet sich dort das städtische Kulturamt, dessen Amtsleiter Mumm von 1998 bis 2014 war. Bereits 1997 publizierte er einen Aufsatz über „das Haus Zimmern und seine Gäste", in dem er auf die Familiengeschichte in der ersten Hälfte des 19. Jahrhunderts eingeht. Ein für das darauffolgende Jahr angekündigter zweiter Teil, der die Geschichte des Hauses Zimmern bis 1881 fortschreiben sollte, ist leider nicht erschienen.[11] Im Jahr 2000 beschäftigte sich Mumm dann in einem Jahrbuch-Beitrag mit einem bis dahin unbeachteten Brief von Nikolaus Lenau an David Zimmern.[12]

Anlässlich der Aufführung der Oper „Joseph Süß" in Heidelberg veranstalteten das städtische Theater, das Kulturamt und der Geschichtsverein im Jahr 2002 eine Ausstellung im oberen Foyer des Theaters. Sie wurde von Norbert Giovannini, Stefan Kropf und Hans-Martin Mumm konzipiert und betextet. Ein erläuternder Bericht aus der Feder der Autoren mit einem Abriss der Vita von Joseph Süß erschien im gleichen Jahr.[13] In den weiteren Kontext der Geschichte der Juden in Heidelberg gehört auch Mumms Artikel über „die Unternehmerfamilie Reis" in der von Jo-Hannes Bauer und ihm herausgegeben Publikation „1250 Jahre Bergheim".[14] Er skizziert darin die Geschichte der Familie und ihr Wirken in Bergheim vom 19. Jahrhundert bis in die NS-Zeit. Diese zählt im Übrigen nicht zu den Publikationsschwerpunkten von Mumm, lediglich ein Jahrbuch-Aufsatz ist hierzu einschlägig, er behandelt „die letzten jüdischen Mieterinnen und Mieter der GGH bis 1945".[15] Jüdisches Leben in Heidelberg in der Frühzeit der Weimarer Republik thematisiert sein Aufsatz über den Religionsphilosophen Franz Rosenzweig und dessen Heidelberger Freundeskreis.[16]

## Topografie und Baugeschichte

Mit Themen zur Topografie und zur Baugeschichte hat sich Hans-Martin Mumm ausgesprochen intensiv befasst. Da er meist mit „geschärften Blick durch die Gassen der Stadt" ging, fielen im Dinge auf, die andere nicht wahrnahmen, beispielsweise schiefe Winkel im Stadtgrundriss. Und da sich damit noch niemand befasst hatte, ging er der Sache in seinem Aufsatz über „rechte und linke Winkel" auf den Grund.[17] Ein besonderes Faible entwickelte Mumm für alte Verkehrswege, deren Überresten er in der Stadt und dem sie umgebenden Wald akribisch nachspürte. Einer seiner umfangreicheren Aufsätze im Jahrbuch des Geschichtsvereins befasst sich mit „Altstraßen und Hohlwegen im Stadtwald" und den ihnen zu Grunde liegenden „Verkehrsbeziehungen Heidelbergs in Mittelalter und früher Neuzeit".[18] Ein weiterer Jahrbuch-Beitrag ist dem „Plättelsweg auf den Königstuhl" gewidmet.[19]

Im Rahmen seiner zahlreichen Führungen durch die Altstadt richtete Mumm immer wieder den Blick auf bekannte, aber auch auf unbekannte Gebäude. Eine Diskussion mit Michael Buselmeier über die Fassade des Hotels Ritter war für ihn Anlass, sich intensiv damit zu beschäftigen und die einzelnen Elemente der Fassade zu interpretieren.[20] Als 2005 bei einem Haus in der Unteren Straße / Ecke Pfaffengasse im Zuge von Sanierungsarbeiten der Putz abgeschlagen wurde, nutzte Mumm die Gelegenheit, die dadurch zu Tage getretenen Details des Mauerwerks genauer unter die Lupe zu nehmen, um daraus neue Erkenntnisse zur Baugeschichte des Gebäudes zu gewinnen.[21]

Die Heilig-Geist-Kirche thematisierte Hans-Martin Mumm in seinen Publikationen mehrfach, wobei sich Schnittmengen aus seinen Studien zur Baugeschichte und zur mittelalterlichen Geschichte der Stadt ergeben. 2012 befasste er sich zunächst mit der Namensgebung der Kirche im Umfeld der Stadtgründung und betrat damit wissenschaftliches Neuland, da bis dahin keine einschlägige Untersuchung zum Heilig-Geist-Patrozinium vorlag.[22] 2013 rückte dann die Baugeschichte in den Mittelpunkt seiner Überlegungen, wobei er insbesondere Parallelen der Architektur der Heilig-Geist-Kirche mit Kirchenbauten in Bayern in den Blick nahm.[23] Ein besonderes Aha-Erlebnis schildert Mumm in einem kleinen Artikel über „die Piscina an der Heiliggeistsakristei": Nachdem er wohl schon „an die fünftausendmal" an der Sakristei der Heilig-Geist-Kirche vorbeigekommen war, fiel ihm eines Tages „eine kleine, vorspringende Ausgusstülle" auf, die sogenannte Piscina. Selbstverständlich behielt Mumm dieses Erlebnis und die daraus gewonnen Erkenntnisse nicht für sich, sondern ließ die Leser*innen des Jahrbuchs daran teilhaben.[24]

## Mittelalter und frühe Neuzeit

Die intensive Beschäftigung mit der Topografie Heidelbergs brachte Hans-Martin Mumm wohl dazu, die mittelalterliche Geschichte der Stadt näher in den Blick zu nehmen. Zu diesem Themenbereich sind auch seine oben erwähnten Studien zur Heilig-Geist-Kirche zu zählen. Im Jahr 2009 publizierte er seine Überlegungen zur Gründung der Stadt und den bereits davor bestehenden Siedlungen.[25] In die Zeit weit vor der Stadtgründung führt sein Aufsatz „Der selige Friedrich von Hirsau", an den eine Grabplatte im Michaelskloster auf dem Heiligenberg erinnert.[26]

Einer von Mumms jüngsten Forschungsschwerpunkten ist die Zeit des Bauernkriegs. In seinem Aufsatz über „die rheinischen Wittelsbacher im Bauernkrieg" charakterisiert er Heidelberg als „Zitadelle der Repression", von der im Jahr 1525 der „vernichtende Feldzug gegen die Bauernheere im Kraichgau, in Franken und in der Pfalz" seinen Ausgang nahm.[27] In den gleichen zeitlichen und thematischen Kontext ist der Jahrbuch-Beitrag „Von Greetsiel (Ostfriesland) nach Heidelberg und zurück" einzuordnen. Mumm geht darin unter anderem auf die Vita der aus Greetsiel stammenden Gräfin Anna Cirksena ein; ihr Grabstein aus dem Jahr 1552 befindet sich in der Heilig-Geist-Kirche und bildet den Anknüpfungspunkt zu dieser Studie.[28]

## George-Kreis

Ein besonderes Interesse entwickelte Hans-Martin Mumm auch für den Kreis um Stefan George. Im Jahr 2011 befasste er sich in einem Jahrbuch-Beitrag mit der „Pension Friedau" in der Gaisbergstraße. Dort wohnte eine Reihe der ‚Jünger' Georges und auch der ‚Meister' selbst war zeitweilig in der Pension zu Gast.[29] Zusammen mit Thomas Hatry kuratierte Mumm aus Anlass des 150. Geburtstags Georges im Jahr 2018 eine Ausstellung im Haus Cajeth und gab einen umfangreichen Begleitband dazu heraus.[30] Im Rahmen einer Veranstaltungsreihe des Germanistischen Seminars zum George-Jubiläum hielt Mumm zudem einen Vortrag über „Theodor Haubach und Emil Henk. Zwei Georgeaner im Widerstand gegen Hitler", dessen überarbeitete Fassung er im Jahrbuch des Geschichtsvereins veröffentlichte.[31]

## Einzelthemen zur Stadtgeschichte

Zum Abschluss dieses Überblicks sollen noch einige weitere Beiträge von Hans-Martin Mumm zur Heidelberger Stadtgeschichte erwähnt werden, die sich keinem der oben aufgeführten Schwerpunkte zuordnen lassen:

Im 1996 erschienenen ersten Jahrbuch des Geschichtsvereins setzte er sich mit der „These der besonderen Industriefeindlichkeit Heidelbergs" auseinander und untersuchte insbesondere die Standortentscheidungen einzelner Gewerbebetriebe. Bereits in diesem Aufsatz befasste sich Mumm mit den Aktivitäten der jüdischen Unternehmerfamilie Reis.[32] Den Umbau des ehemaligen Radium-Solbads in der Vangerowstraße zum Verwaltungsgebäude eines Immobilienunternehmens im Jahr 2000 nahm er zum Anlass, die Erschließung der Thermalquelle und die damit verbunden Pläne für „Bad Heidelberg" zu thematisieren.[33] Der sechste Jahrgang des Jahrbuchs aus dem Jahr 2001 enthält eine Reihe von Beiträgen zur Heidelberger Theatergeschichte. Auch hier ist Mumm vertreten, sein Aufsatz behandelt die Gründung des Stadttheaters im Jahr 1853 und ihre Vorgeschichte.[34] Die Vielfalt der von Mumm bearbeiteten Themen verdeutlicht nicht zuletzt sein Beitrag „zur Vor- und Frühgeschichte des Stadtmarketings", in dem er epochenübergreifend der Frage nachging, „welche Merkmale der Stadtgestaltung sich als Vorläufer des heutigen Stadtmarketings ausmachen lassen".[35]

## Fazit und Ausblick

Aus den obigen Ausführungen dürfte die außerordentlich große thematische Bandbreite der Studien von Hans-Martin Mumm zur Heidelberger Stadtgeschichte deutlich geworden sein, wobei für diesen Überblick längst nicht alle greifbaren Publikationen herangezogen wurden. Zudem gibt es Vieles, das bislang nicht veröffentlicht wurde. Der Geschichtsverein plant daher die Herausgabe eines Sammelbands mit Arbeiten von Mumm, der auch einige momentan noch in der Schublade schlummernde Manuskripte enthalten wird.

Zweifelsohne hat sich der Nicht-Fachhistoriker Hans-Martin Mumm durch sein vielfältiges und stets an den Kriterien „Unterhaltsamkeit" sowie „Fakten- und Quellentreue" orientiertes Schaffen in den letzten 35 Jahren einen der vorderen Ränge in der Riege der Heidelberger Stadthistoriker erarbeitet.

Hans-Martin Mumm 2023 (Foto: Ildiko Mumm)

Martin Krauß

# Anmerkungen

1 Hans-Martin Mumm: Der Heidelberger Arbeiterverein 1848/49. Mit zahlreichen Dokumenten und Abbildungen und einem Vorwort von Alfred Fischer und Gerhard Zambelli, Heidelberg 1988, S. 196.

2 Ebd.

3 Ders.: Die Turnfeuerwehr und die Revolution 1848/49. Von der Löschmannschaft zur Freiwilligen Feuerwehr, in: Martin Langner (Hg.): „Feuer schwarz". Eine deutsche Feuerwehrgeschichte am Beispiel Heidelbergs, Heidelberg 1996, S. 45–62; Carl Metz (1818–1877). Biographische Anmerkungen zu einer Feuerwehrlegende, ebd. S. 63–82.

4 Ders.: „... daß der Mensch gebildet sein müsse, wenn er frei werden und seine Freiheit behaupten will." Arbeiterbildung und Volksbildung zwischen Revolution und Kaiserreich, in: Luitgard Nipp-Stolzenburg, Hans-Martin Mumm, Reinhard Riese (Hgg.): „Volksbildung nötiger denn je ...": 50 Jahre Volkshochschule Heidelberg. Beiträge zu ihrer Entwicklung und zur Geschichte ihrer Vorläufer, Heidelberg 1996, S. 11–34.

5 Ders.: Heidelberger Privatdozenten, in: Petra Nellen (Hg.): Die Universität zwischen Revolution und Restauration. Ereignisse und Akteure 1848/49. Begleitheft zur Ausstellung des Heidelberger Geschichtsvereins in Zusammenarbeit mit dem Universitätsarchiv Heidelberg 15. Mai–31. Juli 1998 (Archiv und Museum der Universität Heidelberg, Schriften Bd. 2) Ubstadt-Weiher 1998, S. 28–30; Literaten, ebd. S. 38–41.

6 Ders.: Der Professor aus Heidelberg und die deutschkatholische Bewegung, in: Georg Gottfried Gervinus 1805–1871. Gelehrter – Politiker – Publizist, bearb. v. Frank Engehausen, Susan Richter und Armin Schlechter (Archiv und Museum der Universität Heidelberg, Schriften Bd. 9) Ubstadt-Weiher 2005, S. 35–40.

7 Ders.: Aus den Erinnerungen eines Heidelberger Gymnasiasten 1847–1849, in: Heidelberg. Jahrbuch zur Geschichte der Stadt, hg. vom Heidelberger Geschichtsverein, Jahrgang 3, 1998, S. 241–248 [im Folgenden: Jahrbuch].

8 Ders.: Theresia Bomo. Zur Biografie einer Heidelberger Demokratin, in: Jahrbuch 27, 2023, S. 55–60.

9 Ders.: „Denket nicht: ‚Wir wollen's beim Alten lassen'". Die Jahre der Emanzipation 1803–1862, in: Norbert Giovannini, Jo-Hannes Bauer, Hans-Martin Mumm (Hgg.): Jüdisches Leben in Heidelberg. Studien zu einer unterbrochenen Geschichte, Heidelberg 1992, S. 21–59; ebd.: „Freiheit ist das, was wir – nicht haben." Jüdinnen und Juden in der Revolution von 1848, S. 61–105; ebd.: Die jüdischen Friedhöfe, S. 297–308.

10 Ders.: Zur Lage des jüdischen Friedhofs im Mittelalter, in: Jahrbuch 13, 2009, S. 145–151.

11 Ders.: Das Haus Zimmern und seine Gäste. Die Haspelgasse 12 von 1795 bis 1881, in: Jahrbuch 2, 1997, S. 9–34.

12 Ders.: Nikolaus Lenau: Ein unbeachteter Brief an David Zimmern, in: Jahrbuch 5, 2000, S. 171–182.

13 Norbert Giovannini, Stefan Kropf, Hans-Martin Mumm: Joseph Süß. Geboren in Heidelberg, in: Jahrbuch 7, 2002, S. 295–305.

14 Hans-Martin Mumm: Die Unternehmerfamilie Reis, in: Jo-Hannes Bauer, Hans-Martin Mumm (Hgg.): 1250 Jahre Bergheim. 719–2019, Heidelberg 2019, S. 47–53.

15 Ders.: Die letzten jüdischen Mieterinnen und Mieter der GGH bis 1945. Zur Rolle der Stadt im Novemberpogrom 1938, in: Jahrbuch 26, 2022, S. 111–117.

16 Ders.: „Die Stellung der jüdischen Religion unter den Weltreligionen". Ein Heidelberger Vortrag von Franz Rosenzweig im Oktober 1919, in: Jahrbuch 21, 2017, S. 125–136.

17 Ders.: Rechte und linke Winkel im Stadtgrundriss. Feldflur, Wege und Hausgrundrisse vor und nach der Stadtgründung, in: Jahrbuch 6, 2001, S. 187–202, Zitat S. 187.

18 Ders.: Am jähen Steig. Altstraßen und Hohlwege im Stadtwald. Erwägungen zu den Verkehrsbeziehungen Heidelbergs in Mittelalter und früher Neuzeit, in: Jahrbuch 9, 2004/05, S. 79–101.

19  Ders.: Der Plättelsweg auf den Königstuhl. Eine von der Denkmalpflege vergessene Altstraße, in: Jahrbuch 19, 2015, S. 193–204.

20  Ders.: Der Ritter am ‚Ritter' und seine Frau. Ein neuer Blick auf eine berühmte Fassade, in: Jahrbuch 10, 2005/06, S. 151–176.

21  Ders.: Ein Haus ohne Putz erzählt viel, aber nicht alles. Zur Baugeschichte der Unteren Straße 31, Ecke Pfaffengasse, in: Jahrbuch 11, 2006/07, S. 161–167.

22  Ders.: Der Name der Heiliggeistkirche. Versuch einer historischen Deutung, in: Jahrbuch 16, 2012, S. 11–43.

23  Ders.: Kam der Architekt des Heiliggeistchors aus der Oberpfalz? Die Baubeziehungen zwischen Heidelberg und Bayern im frühen 15. Jahrhundert, in: Jahrbuch 17, 2013, S. 159–189.

24  Ders.: Die Piscina an der Heiliggeistsakristei, in: Jahrbuch 15, 2011, S. 169–171, Zitate S. 169.

25  Ders.: Vor der Stadtgründung. Drei Studien, in: Jahrbuch 13, 2009, S. 9–20.

26  Ders: Der selige Friedrich von Hirsau († 8. Mai 1070), in: Jahrbuch 22, 2018, S. 11–18.

27  Ders.: Ludwig V. und seine Brüder. Die rheinischen Wittelsbacher im Bauernkrieg von 1525, in: Jahrbuch 20, 2016, S. 11–45, Zitat S. 11.

28  Ders.: Von Greetsiel (Ostfriesland) nach Heidelberg und zurück. Drei Episoden des 16. Jahrhunderts, in: Jahrbuch 22, 2018, S. 157–173.

29  Ders.: „Die sieghafte Jugend der Neckarfluren". Die Pension Friedau, Gaisbergstraße 16a, als Ort Stefan Georges und des Georgekreises, in: Jahrbuch 11, 2015, S. 127–143.

30  Hans-Martin Mumm, Thomas Hatry (Hgg.): „Wer je die flamme umschritt...". Stefan George im Kreis seiner Heidelberger Trabanten. Eine Ausstellung zur Erinnerung an den 150. Geburtstag des Dichters im Museum Haus Cajeth, Heidelberg 2018.

31  Hans-Martin Mumm: Theodor Haubach und Emil Henk. Zwei Georgeaner im Widerstand gegen Hitler, in: Jahrbuch 23, 2019, S. 117–136.

32  Ders.: Heidelberg als Industriestandort um 1900. Zur These von der besonderen Industriefeindlichkeit Heidelbergs, in: Jahrbuch 1, 1996, S. 37–59.

33  Ders.: Die Erschließung der Thermalquelle und der Bau des Radium-Solbads. 1912 bis 1928, in: Jahrbuch 5, 2000, S. 55–76.

34  Ders.: Theater auf Aktien. Die Gründung des Stadttheaters 1853, in: Jahrbuch 6, 2001, S. 21–36.

35  Ders.: Tore, Türme, Tiere, Tafeln. Gestaltungen und Zeichen städtischer Selbstdarstellung. Zur Vor- und Frühgeschichte des Stadtmarketings, in: Jahrbuch 12, 2008, S. 183–197, Zitat S. 184.

Benjamin D. Miller

# Alexander Spengler, Adolph Hirsch und Friedrich von Klinggräff – drei Heidelberger Studenten in der Märzrevolution 1848

Wir begleiten durch wenige Monate des Jahres 1848 drei Kommilitonen der Universität Heidelberg.[1] Sie ließen sich im Frühjahr 1848 vom revolutionären Gedanken begeistern. Sie waren von grundsätzlich unterschiedlicher Herkunft, hatten aber ein gemeinsames Ziel. Da alle drei in ihren späteren Jahren diese Vorgänge nie erwähnt haben, müssen wir uns mit Indizien begnügen. Aber ihre Spuren sind klar dokumentiert, und somit können wir die Geschichte nachvollziehen. Es waren dies: Adolph Hirsch war am 27. Mai 1830 in Halberstadt (Sachsen) geboren. Sein Vater, Moses Hirsch[2], war ein Kaufmann jüdischen Glaubens. Er hatte sich mit gerade 18 Jahren im Frühjahr 1848 in Heidelberg an der Philosophischen Fakultät immatrikuliert. Gemäß Studentenverzeichnis[3] wohnte er beim Wirt Spengel, Gasthaus zum Roten Ochsen, in der Hauptstraße in der Heidelberger Altstadt. Friedrich August Maximilian von Klinggräff war am 29. April 1825 in Niederschlesien als sechstes Kind auf einem Familiengut geboren. Er war ursprünglich für die militärische Laufbahn vorgesehen, beim frühen Tod seines Vaters wurde auf Veranlassung seines Vormunds ein Studium beschlossen.[4] Das Abitur musste er sich erkämpfen, doch im Frühjahr 1845 immatrikulierte er sich an der Juristischen Fakultät[5] und bezog beim Schuhmacher Ries Logis. Er renoncierte im ersten Semester beim Corps Vandalia Heidelberg.[6] Alexander Jakob Valentin Carl Spengler, war am 20. März 1827 in Mannheim als zweites von elf Kindern geboren. Sein Vater war Hauptlehrer an der wallonischen Schule. Alexander wurde von seinem Vater ins Lyceum von Mannheim geschickt, was nur noch einem seiner Geschwister widerfahren durfte. Nach dem prüfungsfreien Übertritt an die Universität Heidelberg hatte er sich am 28. Oktober 1846 an der Juristischen Fakultät[7] eingeschrieben. Am 5. Juni 1847 trat er dem Corps Suevia Heidelberg bei.[8]

## Die politische Lage am Vorabend der Revolution

Europa war von Unruhen erschüttert, man war mit der nachnapoleonischen Ordnung unzufrieden, das System war erstarrt. Die aufkommende Industrialisierung veränderte die Wirtschaft fundamental, aber die politischen Strukturen konnten nicht Schritt halten. Als erstes Land in Europa gab sich die Eidgenossenschaft nach dem kurzen, wenig blutigen Sonderbundskrieg[9] 1847 eine moderne, liberale Verfassung und wandelte sich vom Staatenbund zum Bundesstaat. Die konservativen Großmächte wie Preußen, Österreich, Frankreich und Russland waren zu spät mit ihrer geplanten Intervention, Großbritannien allein unterstützte die liberalen Kräfte in der Schweiz.[10] Die bürgerlich-demokratische Februarrevolution fegte 1848 in Paris die Monarchie des Hauses Orléans hinweg, und die zweite Französische Republik wurde ausgerufen. Das beeinflusste die Stimmung im zu beiden Ländern benachbarten Großherzogtum Baden.

Seit Jahren sympathisierten die deutschen und die Schweizer Liberalen miteinander, die politischen Flüchtlinge knüpften die Beziehungen weiter. Das bloße Dasein der liberalen Schweiz als Nachbar wirkte auf die aufbegehrende Bevölkerung in Baden ermunternd,[11] was Preußen und auch Österreich aber als eine Gefährdung für die bestehende Machtstruktur im Deutschen Bund betrachteten.[12]

Um 1840 herum wurde die Kartoffelfäule aus den USA nach Europa eingeschleppt, der Falsche Mehltau verursachte von 1845 bis 1849 große Ernteausfälle.[13] Gleichzeitig gab es Ausfälle in der Getreideernte, das führte im Deutschen Bund zu einer Vervielfachung der Preise und zur großen Hungersnot.[14] In Berlin und anderen Orten kam es 1847 zur „Kartoffelrevolution", die Unzufriedenheit im Volk stieg weiter an.

Unter dem aktuellen Eindruck der Vorgänge von Paris fand am 27. Februar 1848 in Mannheim eine Volksversammlung statt. Gustav Struve gab den Ton an. Es wurde im Namen „vieler Bürger und Einwohner der Stadt Mannheim" eine Petition[15] an die Zweite Kammer (vom Volk gewählte Parlamentskammer) in Karlsruhe verfasst:

> „Das deutsche Volk hat das Recht zu verlangen: Wohlstand, Bildung und Freiheit für alle Klassen der Gesellschaft, ohne Unterschied der Geburt und des Standes. Die Zeit ist vorüber, die Mittel zu diesem Zwecken lange zu beraten. Was das Volk will, hat es durch seine gesetzlichen Vertreter, durch die Presse und durch Petitionen deutlich genug ausgesprochen. Aus der großen Zahl von Maßregeln, durch deren Ergreifung allein das deutsche Volk gerettet werden kann, heben wir hervor: 1. Volksbewaffnung mit freien Wahlen der Offiziere. 2. Unbedingte Pressefreiheit. 3. Schwurgerichte nach dem Vorbild Englands. 4. Sofortige Herstellung eines deutschen Parlamentes. Diese vier Forderungen sind so dringend, dass mit deren Erfüllung nicht länger gezögert werden kann und darf".[16]

Wenige Tage später erfolgte auch in Heidelberg in der Universitätsaula eine Volksversammlung mit ähnlichen Zielen.[17] Am 1. März zog auf Initiative[18] von Hecker und Struve aufgebrachtes Volk aus ganz Baden mit der Eisenbahn nach Karlsruhe, gemäß Hecker sollen es 20.000[19] Frauen und Männer gewesen sein. Sie erreichten, dass der Großherzog diversen Forderungen nachgab und unter anderem das alte, weniger restriktive Pressegesetz wieder in Kraft setzte.[20]

Am 5. März versammelten sich in Heidelberg hinter verschlossenen Türen 51 liberale und demokratische Politiker. Sie setzten die Grundzüge[21] für den sich nun anbahnenden Versuch der Erneuerung des Deutschen Bundes mit einem Vorparlament und folgend einer vom Volk gewählten Nationalversammlung. Hecker und Struve forderten in diesem Kreis erfolglos die Republik. In der Frankfurter Paulskirche trat am 31. März das Vorparlament zusammen, unter anderem mit der Aufgabe einer Wahlvorbereitung.[22] Die Gegensätze der Liberalen, der Demokraten und bei Letzteren die gemäßigte und die radikale Linie, trafen hart aufeinander. Es gelang nicht, ein gemeinsames Vorgehen festzulegen, die Gegner einer Republik hatten die Übermacht. Hecker und Struve waren enttäuscht, es ging nicht radikal genug nach ihren Vorstellungen. Die Linksdemokraten verloren an Einfluss und die schnelle Realisierung einer Republik auf dem legalen Weg wurde immer unwahrscheinlicher.

Hecker zog die Konsequenz: „Hier in Frankfurt ist nichts zu machen, es gilt in Baden loszuschlagen!", soll er gesagt haben.[23] So begann er mit Struve am 13. April 1848 von Konstanz aus einen bewaffneten, revolutionären Aufstand, der als „Heckerzug" in die Geschichte einging. Die Schweizer Freischarenzüge vor 1847 standen als Vorbild Pate.[24] Es endete mit einer militärischen Niederlage im Gefecht bei Kandern gegen die wohlausgebildeten und gerüsteten Bundestruppen.[25] Hecker floh in die Schweiz, aber die soziale Unrast in Baden gärte weiter und führte zu weiteren kleineren Aufständen im Land.

## Die Situation an der Heidelberger Universität

In Heidelberg wuchs trotz bisheriger äußerer Ruhe die Unsicherheit, darum beschloss im März 1848 eine Studentenversammlung, sich zu bewaffnen und als Teil der städtischen Bürgerwehr Übergriffe gegen das Eigentum zu bekämpfen. Die Bürgerwehr musste vorerst noch organisiert und Waffen aus Luzern[26] beschafft werden. Die Universitätsleitung begrüßte den patriotischen Eifer der Studenten zunächst und unterstütze den Waffen- und Munitionsankauf mit 250 Gulden. Im April wurde allen Akademikern in der Aula die Teilnahme am bewaffneten Studentenkorps schmackhaft gemacht.[27] Rund 100 Studierende beteiligten sich an der Studentenwehr unter der Leitung des Physik-Professors Philipp von Jolly und seines Adjutanten, Friedrich von Klinggräff.[28] Klinggräff war Senior des Corps Vandalia und etwas älter als seine Kommilitonen, er hatte ursprünglich sich mehr fürs Militär als ein Studium interessiert. Auch das Corps Suevia[29] beteiligte sich unter seinem Senior von Gemmingen[30]. Als am Ostermontag, dem 24. April, eine Gruppe von 300 Hecker-Sympathisanten aus Sinsheim für Unruhe in Heidelberg sorgten[31], kam die Bürgerwehr mit den Studenten, namentlich auch Mitglieder des Corps Suevia, zum Einsatz. Auf dem Markt wurden die Unruhestifter eingekesselt, der Bürgermeister sagte ein paar Worte, und darauf luden die Heidelberger die Waffen, die Sinsheimer ergriffen die Flucht.[32] Man stellte fest, die meisten Heidelberger Studenten hatten eine solide, staatstreue Haltung. Noch − wie sich bald zeigte.

Das Sommersemester 1848 begann am 1. Mai. Die Studentenzahlen waren außergewöhnlich gering, anstatt sonst etwa 850 bis 1.000 schrieben sich nur 564 Studierende ein.[33] Die unruhigen Zeiten verunsicherten, und die berühmtesten Professoren waren in der Frankfurter Nationalversammlung engagiert und einige hielten keine Kollegia[34]. Einige Studierende zogen es vor, sich revolutionär zu betätigen, die Mehrheit unterstützte aber eher die gemäßigtere bürgerliche Strömung und wartete auf die Resultate der Frankfurter Versammlung. Die Heidelberger Bürger waren beunruhigt, waren die Studenten für die Stadt mit rund 15.000 Einwohnern doch ein bedeutender Wirtschaftsfaktor. Die Universitätsleitung war der Ansicht, man müsse nun mit vermehrter Disziplin den Ruf wieder stärken. Für die sich immatrikulierenden Studenten wurde das alte, erst im März abgeschaffte Einschreibeverfahren wiedereingeführt. Dabei mussten sie unter anderem das Verbot der Mitgliedschaft bei nicht von der Universität autorisierten studentischen Zusammenschlüssen ausdrücklich akzeptieren.[35]

Diese Anforderung empfanden die Studenten als antiquiert und als eine Verletzung der erst im März neu gesetzlich gewährten Vereinsfreiheit. Mitte Mai gab es zum Protest gegen das unbeliebte Immatrikulationsverfahren eine große Studentenversammlung. Das Recht der Vereinigungsfreiheit galt als neuerrungene Freiheit und wurde in ganz Baden für kollektive Interessen fleißig genutzt. Symbolisch am Tag der feierlichen Eröffnung der Frankfurter Nationalversammlung gründeten sie zur Wahrung ihrer Rechte den „Allgemeinen Studentenverein". Diesem stand ein Ausschuss von fünf Studenten vor, die jeweils auch gegenüber der Universität zeichneten. Spengler war in diesem Ausschuss, der sich aus vier Jurastudenten und einem Vertreter der Philosophischen Fakultät zusammensetzte.[36] Sie verstanden sich als die legitime Studentenvertretung gegenüber der Universität. Der Prorektor hingegen schrieb in seinen Memoiren maliziös, der Vereinszweck sei, „die politischen Rechte der Studenten zu wahren und zu fördern. Der Verein erreichte diesen Zweck durch Reden, Commerse und Fraternisieren mit den Philistern".[37] Am Anfang vertrat der Verein auch alle Verbindungen, doch nach wenigen Tagen schon bröckelte die Einheit, und vier der fünf Corps traten aus, die Suevia verblieb. Am 24. Mai wurde die Einigkeit der Corps erneut in Frage gestellt, die Suevia trat nun auch aus dem Heidelberger SC aus.[38] Diese Spaltung der Einheit der angesehenen Corps kam der Universität sehr gelegen.

### Gründung und Entwicklung des Demokratischen Studentenvereins

Am 11. Juni 1848[39] gründeten 25–30 Studenten unter dem Namen „Demokratischer Studentenverein" eine neue Vereinigung mit politischen Absichten. Das Beiwort „demokratisch" war ein klares Programm, damit bezeichneten sich landauf landab die Vereine, die die Einführung der Republik proklamierten. Ein Teil des Gründerkreises stammte vermutlich auch aus dem Allgemeinen Studentenverein. Der erste Präsident und wohl auch Gründer war der gerade 18 Jahre alte Adolph Hirsch. Der Vorstand bestand noch aus zwei weiteren Personen, Spengler und Klinggräff haben an der Gründung wohl kaum teilgenommen, da gleichzeitig das zweite Wartburgfest stattfand.[40] Die Sitzungen waren öffentlich und die Statuten wurden ebenso bewusst publiziert, hier die beiden ersten Paragraphen:[41]

> „§ 1 Das Prinzip des Vereins ist die demokratische Republik, d.h. diejenige Staatsform, in welcher die Freiheit, Gleichheit und Brüderlichkeit verwirklicht ist, und zwar die Gleichheit nicht nur vor dem Gesetze, sondern soviel als möglich auch im Leben. § 2 Der Zweck und das Ziel des Vereins geht daher dahin, durch die (in § 3 und 4 angegebenen) Mittel zur Verwirklichung der demokratischen Republik in unserm Vaterlande nach Kräften beizutragen".

Der junge Präsident Adolph Hirsch war eine sehr charismatische, redegewandte Persönlichkeit und mied keine Auseinandersetzung. Er war nicht korporiert, was damals eher die Ausnahme darstellte. Hirsch war vorher nicht aufgefallen, aber seine familiäre Situation zeigt eine interessante Konstellation. Sein 20 Jahre älterer Schwager war der Rabbiner Ludwig Philippson[42], ein Verfechter humanitärer und liberaler Ideen.

Anfang Juli beschloss der Verein unter der Leitung von Hirsch, mit einem Aufruf an die Öffentlichkeit zu gehen. Am 7. Juli hing am Schwarzen Brett der Universität ein pathetischer Aushang.[43] In schwärmerischer Sprache wurde geschildert, dass das Vaterland und die neue Freiheit schon wieder in Gefahr seien. Deutschland und Europa stünden vor einem Sturm, die bisherige Ordnung drohe zu kollabieren. Die Kommilitonen wurden aufgerufen sich mit allen Kräften dem Ziele der Freiheit und des Vaterlandes zu widmen. „Vor allem aber darf derjenige Theil des Volkes, welcher der intelligentere ist, die Hände nicht in den Schooß legen, und am allerwenigsten diejenigen, welche mit der Intelligenz den Muth und die Kraft der Jugend verbinden; die Vorkämpfer vielmehr müssen sie sein für die Sache der Freiheit und der Humanität." Auch wurde darauf hingewiesen, dass der politisch orientierte Demokratischen Studentenverein keine Konkurrenz zum Allgemeinen Studentenverein mit studentischen Zwecken sei. Am Schluss folgte der Aufruf „Tritt unserm Vereine bei!"

Dieser Aufruf bezeugt sehr viel Sendungsbewusstsein der oder des Verfassers und war mit einer elitären Rhetorik abgefasst. Nur etwa fünf Prozent aller Studierenden waren Mitglied des Demokratischen Studentenvereins. Der Universitätsamtmann Baron von Hillern riss den Anhang persönlich ab. Ein Vereinsmitglied beobachtete dies, folgt ihm ins Amtszimmer und bat ihn um Mitteilung der Gründe der Entfernung. Er bekam zur Antwort, der Verein beabsichtige, die Verfassung umzustoßen, und das betrachte er als staatsgefährlich. In den folgenden Tagen entwickelte sich eine heftige Diskussion, und es wurde den Studenten erklärt, sie hätten kein Anrecht, am Schwarzen Brett Anschläge zu machen. Sie hätten eine Bewilligung einholen müssen, was bisher unüblich gewesen war. Die Universitätsleitung und somit die Behörden waren alarmiert.[44] Da die Studenten sich im Recht und konform mit den im März gewährten neuen Freiheiten fühlten, verhandelten sie zuerst über eine Rücknahme des Aushangverbotes mit dem Universitätsvertreter und übergaben ihm, in voller Überzeugung ihres Rechts, auch die Vereinsstatuten. Am folgenden Tag versuchten die Studenten erneut einen Anschlag am Schwarzen Brett aufzuhängen, auch der wurde unverzüglich von der Universität entfernt.[45]

Nun wandte sich der Demokratische Studentenverein an den Allgemeinen Studentenverein und bat um Unterstützung. Am Montag, den 10. Juli, fand eine Sitzung im „Prinz Max" statt.[46] Die Mitglieder des allgemeinen Vereins, obwohl nicht alle vom Gedanken einer Republik überzeugt, sahen eine grobe Verletzung der akademischen Freiheiten sowie der im März gewährten „unbeschränkten Pressefreiheit". Sie beschlossen, eine Beschwerde beim Universitätssenat einzureichen. Am 12. Juli verfassten sie an den „hohen academischen Senat" ein ausführliches Schreiben und erklärten ihren Standpunkt, Erstunterzeichner war Alexander Spengler.[47]

## Das Vereinsverbot

Der Universitätssenat fand, Pressefreiheit und das Recht, das Schwarze Brett zu nutzen, seien nicht dasselbe und lehnte ab. Die Universitätsleitung fürchtete Zusammenhänge mit den Freischarenzügen von Hecker und anderen revolutionären Umtrieben und informierte zur Stellungnahme das Innenministerium in Karlsruhe.[48] Der großherzogliche Minister Bekk[49] sah Gefahr in der neuen Bewegung der „demokratischen Vereine", die sich unmissverständlich der Republik als Staatsform verschrieben, und ordnet rasch in Sache des Heidelberger demokratischen Studentenverein am 11. Juli folgendes an:[50]

> „Da der obige Verein nach seinen eigenen Statuten auf die Untergrabung der bestehenden Staatsordnung gerichtet ist, so erscheint er schon an und für sich als das allgemeine Wohl gefährdend. Dazu kommt vom Standpunkt der Disciplin, dass ein Treiben, wie es von diesem

Verein herbeigeführt wird, die Studenten von ihrem Berufe abzieht und bei der Unerfahrenheit im Leben auf Abwege bringt. Der Verein wird daher nach Maßgabe des Gesetzes vom 26. October 1833 aufgelöst."

Dieser Beschluss war nun heftiger, als die Heidelberger Professoren empfohlen hatten. Er basiert auf einem Gesetz, das zu Zeiten des alten, vormärzlichen Kontrollstaates erlassen worden war. Das Verbot betraf nur den studentischen und nicht die nicht-akademischen, bürgerlichen demokratischen Vereine mit den gleichen Zielen. Formal war der Beschluss rechtmäßig, aber selbst Journalisten der eher konservativen Presse fanden den Rückgriff auf ein vormärzliches Ausnahmegesetz sehr fragwürdig.[51]

In diesen Tagen hat gemäß einem Brief[52] des badischen Ministers Bekk der Student Hirsch auch bei der Nationalversammlung in Frankfurt Berufung eingelegt. Da aber keine Antwort kam, beschloss eine Gruppe von Studenten, mit der Main-Neckarbahn selbst nach Frankfurt zu reisen. Der Stationsvorstand in Friedrichsfeld aber hatte den Eisenbahnwagen abgehängt und die Studenten mit genügend Bier versorgt, erst am Abend seien sie dann schwer bezecht heimgereist. Leider ist dieser Vorfall nur mit einer Quelle bezeugt unter dem Vermerk „gemütliche Anarchie", und wer dabei war, ist uns auch nicht bekannt.[53]

Die Universitätsleitung erkannte nun plötzlich die Brisanz des Vorgehens und versuchte das Ganze abzuschwächen. Am 15. Juli wurde zuerst der Vorstand des Akademischen Vereins, das heißt Hirsch, Winckelmann und Böhringer, und dann die ganze Studentenschaft durch den Amtmann Baron von Hillern vom ministerialen Erlass in Kenntnis gesetzt. Die Versammlung war turbulent. Als der aufgebrachte Student Hirsch schrie „Also leben wir noch im Polizeistaat", antwortete der Amtmann „Hoffentlich werden wir noch recht lange in einem Polizeistaat leben, es kommt nur darauf an, was man unter Polizeistaat versteht".[54] Der Amtmann hatte anschließend eine unruhige Nacht, vor seinem Haus versammelte sich eine nicht studentische Volksmenge, die brachte ihm eine Katzenmusik dar und bewarf und beschädigte sein Haus.[55]

Nun eskalierte die Lage. Die breite Mehrheit der Studenten solidarisierte sich mit Hirsch und seinem Demokratischen Studentenverein. Am Abend fand eine Vollversammlung des Allgemeinen Studentenvereins statt, Tagungsleiter war Alexander Spengler, sein Semesterkommilitone Valentin May war der Schriftführer. Leider hat sich das Protokoll nicht erhalten. Anscheinend hatten 300–400 Studenten teilgenommen, auch demokratisch gesinnte Professoren und Politiker und sogar ein Berichterstatter der Deutschen Zeitung waren anwesend. Letzterer berichtete am 18. Juli sehr sachlich über die „lebhafte Aufregung" unter der akademischen Jugend. Hofrat Christian Kapp, Philosoph, emeritierter Professor und im Juni zurückgetretener[56] Abgeordneter in der Nationalversammlung der Paulskirche, sprach am Anfang über das Vereinsrecht als Errungenschaft der Märzrevolution. Er äußerte seine Meinung, dass das alte Gesetz vom 26. Oktober 1833, worauf sich Minister Bekk berufen hatte, am 2. April 1848 vom Bundestag aufgehoben worden sei.[57] Danach hielt der eloquente Hirsch eine flammende Rede, andere Wortmeldungen sind nicht überliefert.[58]

Der von der Versammlung angenommene Beschluss war ein Ultimatum an die Landesregierung. Die Studenten sahen in der Auflösung des Demokratischen Studentenvereins eine Einschränkung der freien Meinungsäußerung und der Vereinsfreiheit, erst

Benjamin D. Miller

recht, da keine strafbare Handlung vorlag und nur ein behördlicher Erlass und nicht ein Gerichtsurteil den Verein verbot. Auch der einseitige Beschluss, nur den studentischen und nicht auch die bürgerlichen demokratischen Vereine aufzulösen, empörte die Studenten. Sie forderten eine Rücknahme des Verbotes, ansonsten würden sie zu einem alten Mittel der Akademiker zurückgreifen, dem Auszug aus der Universität. Heidelberger Studenten hatten im 19. Jahrhundert schon zweimal einen Auszug durchgeführt, man kannte das Vorgehen. Und die schon durch die Krise und Ausbleiben vieler Studenten gebeutelten Heidelberger Bürger fürchteten dies.[59] Es wurde eine Delegation von Studenten und Dozenten bestimmt und beauftragt, nach Karlsruhe zu reisen, um vorerst eine Aufhebung des Verbotes zu erwirken. Der Vereinsausschuss redigierte ein Schreiben an das Ministerium, das vermutlich erst in Karlsruhe ins Reine geschrieben wurde.

Dies war ein beachtlicher Erfolg für Hirsch und seinen inzwischen auf bloß etwa 40 Mitglieder angewachsenen Demokratischen Studentenverein, schaffte es doch der wortgewandte Vorsitzende, die Mehrheit der Heidelberger Studenten für die tatkräftige Unterstützung seines kleinen Vereins zu mobilisieren: nicht für die Vereinsziele, die Einführung der Republik, aber für das Vereinsrecht. Ob auch Spengler diesem Verein angehörte und seine Ziele vollumfänglich unterstützte, können wir nicht bestätigen, gewisse sekundäre Quellen[60] zählen ihn dazu, es fehlt aber jeder Beleg. Klinggräff hielt sich zurück und war sicher nicht Mitglied.

Am folgenden Sonntagmorgen früh reiste die Delegation mit der Eisenbahn nach Karlsruhe, das dem Minister Bekk überreichte Schreiben[61] trägt das Datum vom 16. Juli und als Absendeort Karlsruhe. Sie erklärten ihre Sicht zum Verbot und dass die gesamte Heidelberger Studentenschaft sich mit dem demokratischen Studentenverein nun solidarisiere. Ihre Vertreter, Dozenten und Studenten, seien nach Karlsruhe delegiert mit dem Auftrag, eine Rücknahme des Verbots zu erwirken. Es wurde betont, wenn innerhalb 24 Stunden keine positive Antwort erfolge, die gesamte Studentenschaft Heidelberg verlassen würde, bis der „rechtliche Zustand" wieder erreicht sei. Dann wurde der Minister noch ersucht, am selben Tag bis 6 Uhr abends der Deputation eine Antwort zu geben, so dass sie den letzten Zug erreichen würden. Das Schreiben wurde unterzeichnet von: Prof. Dr. Morstadt, Dr. J. Schiel, Dr. Carl Levita, Dr. A. Friedländer, Dr. Hettner und den Studenten V. May stud. jur., A. Hirsch stud. philos., F. v. Herder stud. juris., J. Lautz stud. jur., A. Spengler stud. jur., W. v. Schrenk stud. jur.

Die Delegation konnte ihre Angelegenheit beim Innenminister Bekk persönlich vortragen und das Schreiben überreichen, der Minister versprach, es umgehend dem Staatsministerium vorzulegen. Dieses Gremium tagte in dieser Angelegenheit sogar am Sonntag und gab gegen Abend dem Professor Morstadt und seinen Mitunterzeichnern schriftlich abschlägigen Bericht.[62] Es berief sich darauf, dass der verbotene Verein „die Sicherheit des Staates oder das allgemeine Wohl gefährdet". Durch das Vereinsverbot sei die Vereinsfreiheit nicht beeinträchtigt, und man hoffte, die Studenten würden sich nun beruhigen. Diese Einschätzung war gründlich falsch. Mit diesem Bescheid reiste die Gruppe am Abend nach Heidelberg zurück und traf abends um 9 Uhr ein. Schon am Bahnhof wartete eine große Menge Studenten und Neugieriger. Die Delegation zog zum Ludwigsplatz (heute Universitätsplatz). An der durch Fackeln hell erleuchteten Pforte der Universität berichtete wiederum Hirsch über die Reise. Der Prorektor Rothe schrieb am nächsten Tag ans Ministerium, dass Hirsch der „zusammengeströmten Menge in frecher und offenbar entstellter Weise den Verlauf der Audienz"[63] geschildert habe. Hirsch berief sich weiter auf die vermisste Versammlungsfreiheit, die allen zustehe. Zusätzlich appellierte er an die Bürger Heidelbergs und bat um ihre Unterstützung, um die Wiederzulassung des Vereins zu bewirken, er betonte jedoch, alles auf dem legalen Weg erreichen zu wollen. Er schloss mit der Aufforderung an die Studenten, am kommenden Morgen um 8 Uhr die Stadt Richtung Neustadt zu verlassen. Es folgte aus der Studentenmenge „ein stürmisches, aber keineswegs allgemeines Ja", wie der Berichterstatter im Mannheimer Morgenblatt schreibt. In diesem Bericht ist auch einer der wenigen Hinweise auf die Religionszugehörigkeit mit folgendem Satz in Klammern „ich höre, Student Hirsch, ein junger talentvoller „Israelit" aus Magdeburg".[64] Die Studentenschaft zog ins Bierhaus „zum faulen Pelz" und besprach die weiteren Details.[65]

Der Beschluss wurde von zwei im SC verbundenen Corps, Vandalia und Nassovia, unterstützt mit dem Argument, auch wenn sie die Ziele des aufgelösten Vereins nicht teilten, so sei es ihre Pflicht, die Studentenschaft zu unterstützen.[66] Die beiden anderen Corps des SC lehnten den Auszug ganz ab, worauf es in Heidelberg vorübergehend zwei Seniorenconvents (SC) gab.[67] Auch die Universitätsleitung blieb nicht tatenlos, noch in der Nacht verfasste sie einen Aufruf „Akademiker!" und ließ diesen am frühen Morgen überall anschlagen.[68] Damit wollte sie den Auszug verhindern und appellierte in belehrendem Ton an die Studenten, ihre Pflicht gegenüber den zahlenden Eltern nicht zu vergessen. Die demokratische Partei ließ die Zettel aber unverzüglich wieder abreißen.

### Der Auszug der Studenten nach Neustadt an der Haardt

Am Morgen des 17. Juli sammelten sich die Studenten auf dem Karlsplatz, um halb elf marschierten sie unter Anteilnahme vieler Bürger, des Turnvereins, des Demokratischen Vereins, des Arbeitervereins und der Schneidergesellen sowie einiger Universitätsdozenten geordnet Richtung Bahnhof: an der Spitze des Zuges die beteiligten Corps Suevia, Vandalia und Nassovia sowie die Burschenschaften Ruperta, Teutonia, Franconia und Allemania und der Demokratischen Studentenverein mit der schwarz-rot-goldenen Fahne,[69] die Verbindungsstudenten trugen Couleur und Schärpe. Die Heidelberger Bürger und der Prorektor stellten interessiert bis erleichtert fest, dass viele nur mit leichtem Gepäck unterwegs waren und der Auszug wohl doch nicht so ernst zu nehmen sei. Einzelne Studenten hätten sich auch sehr phantasievoll bekleidet.[70] Die Universität zählte 364 reiselustige Studenten, die Presse[71] sprach von 400 oder mehr. Ein beträchtlicher Teil der korporierten Studenten stand hinter dem Auszug, nur die Guestphalia und die Saxo-Borussia betrachteten dies als eine unzulässige Auflehnung gegen die obrigkeitliche Ordnung und blieben fern. Rund zwei Drittel der Studierenden verließen die Universität.

Gegen Mittag traf der Bahnzug in Mannheim ein. Freudig wurden sie vom befreundeten Arbeiterverein begrüßt, aber auch die Mannheimer Polizei stand bereit. Diese hatte schwere Bedenken, die Studenten würden sich in Mannheim niederlassen. Nach

Auszug der Studenten von Heidelberg nach Neustadt am 17. Juli 1848. Von Adam Gatternicht
(Quelle: Kurpfälzisches Museum Heidelberg)

längeren Verhandlungen erst durften sie geordnet hinter der Fahne durch Mannheim und über die Rheinbrücke marschieren. Das Ziel war Neustadt an der Haardt[72] in der damals bayerischen Rheinpfalz und somit außerhalb der badischen Polizeigewalt. Auf der sicheren Rheinseite wurde Halt gemacht und ein studentisches „Pereat" auf die Mannheimer Behörden erbracht.[73] Es lagen noch rund 30 km bis zum Ziel vor ihnen, sie trafen am Abend ein. Neustadt wurde gewählt, da die Rheinpfalz zum Königreich Bayern gehörte, 16 Jahre vorher Ort des symbolischen Hambacher Festes war und im 16. Jahrhundert schon einmal als Exil der Heidelberger Studenten gedient hatte.

Die Lage an der Universität war inzwischen trist, Professor Jolly beklagte sich, er hätte von den 45 eingeschriebenen Studenten nur deren fünf in der Vorlesung gehabt[74], aber alle Lehrer würden ihre Vorlesungen weiter halten. 120 der zurückgebliebenen Studenten fühlten sich genötigt, in einer öffentlichen Rechtfertigung ihren Standpunkt darzulegen, und wurden dafür von der Universität im Semesterzeugnis mit dem Eintrag „Wegen Teilnahme an verbotenen Studenten-Verbindungen war N. N. nicht in Untersuchung." belohnt.[75]

Die Universität erhielt vom Innenministerium den Auftrag, die Studenten unter Androhung von drastischen Strafen binnen dreier Tage zurückzuzwingen. Mit Anschlägen in Heidelberg und Neustadt und Bekanntmachungen in verschiedenen Zeitungen wurden die Studenten diesbezüglich vergeblich informiert.

Auch die Bürgerschaft in Heidelberg und ihr umtriebiger Bürgermeister „Vater" Winter suchten eine Lösung. Die Stadt hatte Sympathien mit den freiheitlichen Anliegen der Studenten und fürchtete gleichzeitig die wirtschaftlichen Konsequenzen der Abwesenheit. Winter berief noch am Tag des Auszugs den großen Bürgerausschuss ein, man beschloss, in Karlsruhe vorzusprechen, und sandte eine Delegation mit dem Anliegen[76], das Verbot des Vereins aufzuheben. Sie kam unverrichteter Dinge zurück. Am 20. Juli versuchte dann dieselbe Delegation, mit einer Reise zu den Studenten nach Neustadt diese zum Einlenken zu bringen, sie kamen mit einem schriftlichen „Brudergruß der Studenten an die Heidelberger Bürgerschaft" zurück,[77] ohne viel erreicht zu haben. Ein 18-köpfiger „Ausschuss der Heidelberger Studentenschaft" unter dem Vorsitz von Hirsch und Teilnahme von Spengler plante und organisierte von Anfang an aus dem Café Helfenstein alles bis ins Detail, von der Kommunikation mit den Neustädtern, das Tagesprogramm der Studenten bis zum Verkehr mit den politischen Behörden und der Universität.[78]

In der Nationalversammlung in Frankfurt wurden derweil verschiedene Vorstöße zum Vereinsrecht und auch dem verbotenen Verein in teilweise tumultuöser Sitzung ohne Resultat behandelt.[79] Der Heidelberger Auszug und die Hintergründe war nun im ganzen Deutschen Bund allgemein bekannt. Selbst die Neue Zürcher Zeitung berichtete schon ab dem 19. Juli regelmäßig über die Heidelberger Studenten und ihren Auszug. Die verschiedensten Seiten, Behörden, Universität, Stadt,[80] aber auch verschiedene Parteien versuchten mit Plakaten und Mitteilungen im Neustädter Wochenblatt Einfluss auf die ausgezogenen Studenten zu nehmen. Der Ausschuss in Neustadt verfasste am 20. Juli eine rechtfertigende Presseerklärung, die in „Die Republik" erschien.[81] Er erklärte, dass die Studenten verschiedenen politischen Richtungen angehören, ihnen aber gemeinsam die Ablehnung von Willkür und Polizeigewalt sei. Der Grund für den Auszug sei ihre Kränkung, dass nur der studentische Verein aufgelöst wurde und sie der Rückkehr der obrigkeitlichen Bevormundung entgegentreten. Eine Rückkehr komme ohne die Wiederherstellung der Vereinsfreiheit oder des Einsatzes der letzten gesetzlichen Mittel nicht in Frage. Auch reiste erneut eine studentische Delegation in die badische Residenz, am 21. Juli überreichte sie dem Präsidenten der Zweiten Kammer des Landtags, Karl Joseph Anton Mittermaier, eine Schrift in ihrer Sache.[82] Am folgenden Tag lehnte mit 34 zu 6 Stimmen die Kammer eine Behandlung der von 250 Studenten unterschriebenen Petition ab und unterstützte somit die Regierung.[83]

Hirsch und Spengler sind als aktive Beteiligte sichtbar, nicht aber Friedrich von Klinggräff, wo war er? Der Heidelberger SC hatte auf Antrag Klinggräffs am 15. Mai beschlossen, die SC der übrigen deutschen Universitäten zu einer Beratung über die Entwicklung des Corpsstudententums nach Jena einzuladen.[84] Unter anderem wollte man Spaltungen der Senioren-Convents in Zukunft verhindern und allgemeine Grundsätze der Corps festlegen.[85] Der Heidelberger SC delegierte Klinggräff als Hauptvertreter nach Jena. Am 15. Juli 1848 trafen sich daselbst elf deutsche SC zu einem gemeinsamen Kongress unter seiner Leitung, dies gilt als Gründungsakt des Kösener Senioren-Convents-Verbands[86]. Wie lange dieses Treffen dauerte, war nicht eruierbar. Die neuen Eisenbahnverbindungen machten ein schnelles Reisen durch Deutschland aber möglich. Wir wissen nicht, wann Klinggräff zu seinen Heidelberger Kommilitonen gestoßen ist, in Neustadt trat er nicht in Erscheinung, trotz der aktiven Beteiligung der Vandalia.

Eine erste behördliche Frist ließen die Studenten verstreichen. Die badische Regierung setze nun am 22. Juli einen neuen Termin und erließ gleichentags ein Verbot aller demokratischen Vereine, nicht nur des akademischen.[87] Damit wischte sie den Vorwurf der Ungleichbehandlung vom Tisch. Diese Botschaft erreichte Neustadt am 23. Juli, am gleichen Abend versammelten sich die Studenten und beschlossen fast einstimmig, nach Heidelberg zurückzukehren. Am 25. Juli verabschiedeten sie sich mit einer weiteren Rede Hirschs am Bahnhof von den gastfreundlichen Neustädtern und bedankten sich für ihre Unterstützung im Kampf gegen die Tyrannei. Am späten Nachmittag trafen sie mit der Bahn in Heidelberg ein, kurz vor Ankunft wurden überall Erklärungen der Studenten an die Bürgerschaft angeschlagen. Die bayerische Polizei in Neustadt war erleichtert, aber auch Heidelberg war heilfroh und begrüßte die Studenten mit festlich geschmückten Straßen und einem Empfang durch den Bürgermeister.[88] Den Studenten war es aber nicht nach Feiern zumute, sie sandten die bereitstehende Musik nach Hause und zogen stumm mit verhüllten Fahnen in die Stadt. Am 27. Juli erscheint dann in der „Die Republik" eine pathetische Begründung und Bekräftigung, dass sie, die Studenten, mit den Bürgern zusammen für bessere Zeiten im Vaterlande kämpfen wollen.[89] Es war eine Niederlage in der Sache Vereinsfreiheit, aber gleichzeitig eine hervorragend medial inszenierte politische Kundgebung mit zukunftsweisenden Forderungen der Studenten.

## Was ist aus den Dreien nach 1848 geworden?

So wie die drei unterschiedlichen Studenten zusammenkamen, so gingen sie schon im kommenden Winter ihre eigenen Wege. Spengler schloss sich 1849 dem Aufstand an und musste schlussendlich die Heimat verlassen, Hirsch und Klinggräff verließen das Parkett der Revolution ziemlich schnell und blieben unbehelligt.

Alexander Spengler wurde im Winter 1848/49 in der außerordentlichen Konskription des Großherzogtums Baden zum Soldaten ausgehoben und dem 4. Infanterieregiment in Rastatt zugeteilt. Im dritten Aufstand im Mai 1849 wurde er von den Soldaten zu ihrem Leutnant gewählt, kurz darauf trat er als provisorischer Chef der Heidelberger Studentenlegion auf. In dieser Zeit gab es einen politisch bedingten Zwist innerhalb der Suevia, der zu einer vorübergehenden Spaltung des Corps und zum Austritt von Spengler[90] und weiteren Kommilitonen führte. Der damalige Senior Otto Kleinpell gab dies 1852 anlässlich einer amtlichen Befragung zu Protokoll.[91] Bald darauf nahm Spengler als Adjutant von General

Alexander Spengler um 1870, Fotograf R. Guler, Davos (Quelle: Familienarchiv Spengler-Holsboer)

Mieroslawski und später von General Sigel an „sämtlichen Gefechten an der Bergstraße und bei Waghäusel"[92] teil. Unter dem Druck der intervenierenden preußischen Truppen verloren die Aufständischen immer mehr an Boden. Nach dem Zusammenbruch der Verteidigung der Murglinie und dem schrittweisen Rückzug Richtung Schweizer Grenze überquerte er mit den entmutigten Truppen am 11. Juli 1849 den Rhein bei Säckingen. Er begab sich unverzüglich nach Zürich und schrieb sich erst 1850 an der Universität für das Medizinstudium ein.

Die deutschen Behörden versuchten mehrfach die Schweiz zu bewegen, ihn auszuweisen. 1850 wurde ihm das badische Staatsbürgerrecht aberkannt. Nach Abschluss seiner Studien 1853 nahm er eine Anstellung als Landschaftsarzt im abgelegenen Davos an, er heiratete um 1855 nach seiner Einbürgerung die Davoserin Elisabeth Ambühl. 1862 erschien die erste Publikation seiner Beobachtung, dass an Lungentuberkulose Erkrankte in Davos genesen und die Krankheit in Davos nicht auftritt. 1865 kamen die ersten Wintergäste, und 1866 begann er mit dem Bau des ersten Kurhauses.[93] Danach erlebte Davos eine stürmische Entwicklung zum weltbekannten Lungenkurort. Seine Söhne, Schwiegersöhne und Enkel studierten einige Semester in Heidelberg und führten sein Werk in Davos fort. Er formulierte einmal in einer Festrede folgendes: „Germania ist meine Mutter, Helvetia meine Frau".[94] Die Familiengeschichte erzählt, dass er in seinem Haus in Davos einen großen Saal anbauen ließ, den er für ordentliches Kommersieren und Feiern nutzte. Deutsche Akademiker unter den Patienten gab es genug. Seine Enkelin[95] erzählte auch, dass im Keller stets ein Weinfass bereitstand. Alexander Spengler starb am 11. Januar 1901. Überliefert ist sein letzter Satz „Habe ich noch etwas gutzumachen?"[96]

Friedrich von Klinggräff galt als Student mit liberaler Ausrichtung und nannte sich einen „Konstitutionellen". Er besuchte die Verhandlungen der Nationalversammlung in Frankfurt und erlebte da seine Enttäuschung. Das Gezänk in der Paulskirche habe ihn berührt und ernüchtert.[97] Er verließ 1849 Heidelberg, kam aber 1851 noch einmal zurück und immatrikulierte sich erneut für vier Jahre an der Juristischen Fakultät und nahm intensiv am Studentenleben der Vandalia teil. Seine enge, lebenslange Verbundenheit mit dem Corps zeigt auch sein Spitzname „Papa".[98] Er gilt als der Begründer und Förderer des Kösener Senioren-Convents-Verbandes (KSCV), eines Dachverbandes studentischer Corps. Er hatte sehr romantisierende, schwärmerische Vorstellungen und setzte sich für eine sittliche Wiedergeburt Deutschlands ein, wie er auch ein Verfechter der „Großdeutschen Lösung"[99] war.

Friedrich von Klinggräff, Schattenriss um 1846 (Quelle: Wikipedia (Abruf 23. September 2023))

Benjamin D. Miller

Er lebte seine Ideen in seinem Gutshaus vor, wie die biografischen Aufzeichnungen bezeugen. Zweimal reiste Klinggräff nochmals nach Davos zu Alexander Spengler und anderen Freunden, das letzte Mal 1886, von Krankheit gezeichnet.[100] Es findet sich im Feuilleton des Berner „Bund" 1882[101] eine Rezension seiner von seinem Studienfreund und Schwager veröffentlichten Biografie und schriftlichen Nachlasses[102]. In der Einleitung dieser Rezension findet sich eine interessante Charakterisierung aus der Schweizer Sicht zu diesem Mann:

> „Einen wackern Ehrenmann haben wir, nach dem Eindruck der Lektüre des Buches, [...] Im übrigen war er ein Vollblutjunker, wie seinesgleichen literarisch uns noch keiner über den Weg gelaufen ist. Und diese letztere Erwägung war es, die uns so lange zögern ließ, über dieses Buch öffentlich Rechenschaft abzulegen. Denn — sagten wir uns — was fangen wir in der Schweiz mit einem solchen Prachtexemplar wahrhaft vorsündflutlicher Feudalität an?"

Er starb am 26. Mai 1887 auf seinem Gutshof in Pinnow/Breesen im Alter von 62 Jahren.

Adolphe Hirsch um 1890 (Quelle: La Science Illustrée, Vol. 9, 1892, S. 384)

Adolph Hirsch[103] verließ nach dem Wintersemester 1848 Heidelberg unbehelligt[104] und setzte seine Studien in Berlin fort, dort wurde er beim Astronomen J. F. Encke promoviert. Ab 1853 war er in Zürich, ab 1855 an den Observatorien in Wien und Paris tätig. 1858 wurde er zum Bau des „Observatoire de Neuchâtel" berufen, ihm wurde danach auch die Direktion übertragen. Die Neuenburger Uhrenindustrie verlangte seit einigen Jahren eine offizielle Stelle, welche die Genauigkeit der Chronometer überprüfe, bewerte und offiziell bestätigen würde. 1865 heiratete er in Neuchâtel die in Berlin geborene Anna Piaget, von der er 1874 geschieden wurde. Als Sekretär der „Internationalen Assoziation für Geodäsie" und des „Bureau International des Poids et Mesures" förderte er tatkräftig die internationale Zusammenarbeit.

Verschiedene Dokumente belegen seine Tätigkeit.[105] Hirsch machte verschiedenste Arbeiten in der Messtechnik und der Uhrenentwicklung und hat damit die Neuenburger Uhrenindustrie markant vorwärts gebracht. Er publizierte mehrere Werke zu seinen Arbeiten. Ab 1866 war Hirsch Professor für Astronomie und Geophysik an der Akademie zu Neuchâtel.

Am 16. April 1901 verstarb Adolph Hirsch nach kurzer Krankheit im Alter von 71 Jahren in Neuchâtel. Er wurde am Fuße des Hügels, auf dem seine Sternwarte stand, auf dem städtischen Friedhof begraben. Er vermachte testamentarisch sein Vermögen dem Observatorium, das 1912 damit eine neue Sternwarte eröffnete.

Keiner der drei Heidelberger Studenten hat später von ihrem mehr oder weniger intensiven revolutionären Tun Aufheben gemacht. Die harte Niederschlagung durch Preußen und die folgende Periode der Reaktion ließ das wohl als nicht opportun erscheinen. Aber auch danach war es kein Thema. Hirsch und Spengler wählten eine neue Heimat, Klinggräff hatte sich angepasst. Spengler als einziger wurde bestraft und ausgebürgert, er musste bis 1863 warten, um von einer Amnestie zu profitieren. Nicht die Aktivitäten der Studentenzeit, sondern seine Desertion zu den revolutionären Truppen wurde ihm vorgeworfen.[106] Hirsch und Spengler haben sich beide neuen, unpolitischen Aufgaben zugewandt und dort ihre internationalen Lorbeeren in den Wissenschaften verdient.

## Anmerkungen

1  Diese Arbeit entstand in der Zeit der Covid-19-Pandemie. Reisen konnte man kaum und öffentliche Bibliotheken und Archive waren schwer oder gar nicht besuchbar. Darum bin ich den hilfreichen Geistern äußerst dankbar, die mich tatkräftig und vorzüglich unterstützten: Frau Chr. Wetzka aus Heidelberg für ihre Suche in den Bibliotheken und Archiven der Universität Heidelberg und ihre wertvolle Hilfe beim Transkribieren von Texten. Herrn M. Enzenauer vom Stadtarchiv Mannheim für seine Unterstützung beim Erforschen der Spuren in Mannheim.

2  Brief von Rosetta Hirsch vom 18.9.1961 an das Leo Baeck Institut, New York, urn:oclc:record:1157193955.

3  Universität Heidelberg: Studentenverzeichnis, Sommersemester 1848, S. 14.

4  Heinrich Langwerth von Simmern: Aus der Mappe eines verstorbenen Freundes (Friedrichs von Klinggräff), Berlin 1891, S. 3.

5  Universität Heidelberg: Studentenverzeichnis, Wintersemester 1845/46, S. 17.

6  Kösener Korpslisten von 1798 bis 1910, München 1910, 122/116.

7  Gustav Toepke (Hg.): Die Matrikel der Universität Heidelberg. Sechster Teil von 1846–1870, Heidelberg 1907, S. 21, Matrikel Nr.: 389.

8  Heidelberger Schwaben (Hg.): Gelbbuch des Corps Suevia zu Heidelberg, 1810 bis 1985, Heidelberg ³1985, S. 84. Nach einem anderen, alten und undatierten (ca. 1882) Mitgliederverzeichnis schon ab 1846.

9  René Roca: „Sonderbund", in: Historisches Lexikon der Schweiz (HLS), Version vom 20.12.2012. Online: https://hls-dhs-dss.ch/de/articles/017241/2012-12-20/ (zuletzt abgerufen am 11.2.2023).

10  Beat Kümin, Kaspar von Greyerz, Neville Wylie, Sacha Zala: „Grossbritannien", in: Historisches Lexikon der Schweiz (HLS), Online: https://hls-dhs-dss.ch/de/articles/003356/2018-01-11/, (zuletzt abgerufen 11.2.2023).

11  Carl Borromäus Alois Fickler: In Rastatt 1849. Erlebnisbericht, Rastatt ²1899, S. V.

12  Edgar Bonjour: Geschichte der schweizerischen Neutralität, Basel 1970, Bd. 1, S. 320–330.

13  Georg Schön: Spektrum Lexikon der Biologie: Falsche Mehltaupilze. URL: https://www.spektrum.de/lexikon/biologie/falsche-mehltaupilze/23624 (zuletzt abgerufen am 19.4.2023).

14  Alfred Georg Frei, Kurt Hochstuhl: Wegbereiter der Demokratie. Die badische Revolution 1848/49. Der Traum von der Freiheit, Karlsruhe 1997, S. 47.

15 Offenburg, Stadtarchiv 48/149.

16 Auszug aus dem Flugblatt der Mannheimer Petition vom 27.2.1848, Stadtarchiv Offenburg 48/149.

17 Herbert Derwein: Heidelberg im Vormärz und in der Revolution 1848/49, Heidelberg 1958, S. 67f.

18 Mannheimer Abendzeitung, 29.2.1848.

19 Jörg Bong: Die Flamme der Freiheit, Köln 2022, S. 112. Die Teilnehmerzahlen in den verschiedenen Quellen variieren stark.

20 Frei, Hochstuhl: Wegbereiter (wie Anm. 14), S. 68. Mannheimer Morgenblatt, 3.3.1848.

21 Derwein: Vormärz (wie Anm. 17), S. 69ff.

22 Frank Engehausen: Kleine Geschichte der Revolution in Baden 1848/49, Karlsruhe 2011, S. 47–53.

23 Bong: Die Flamme (wie Anm. 19), S. 406.

24 Bonjour: Neutralität (wie Anm. 12), Bd. 1, S. 320ff.

25 Engehausen: Kleine Geschichte (wie Anm. 22), S. 78f.

26 Derwein: Vormärz (wie Anm. 17), S. 72. Vermutlich nach dem Sonderbundskrieg obsolet.

27 Berthold Kuhnert: Geschichte der Rhenania zu Heidelberg, Köln 1913, S. 153.

28 Robert Zepf: Mit dem Resultat einer Seifenblase?, in: Heidelberg. Jahrbuch zur Geschichte der Stadt 3, 1998, Heidelberg 1998, S. 68.

29 Derwein: Vormärz (wie Anm. 17), S. 72.

30 Wilhelm von Gemmingen-Guttenberg (gest. 1903), in: Kösener (wie Anm. 6), S. 508, 121/373.

31 Engehausen: Kleine Geschichte (wie Anm. 22), S. 85f.

32 Kuhnert: Rhenania (wie Anm. 27), S. 150ff.

33 Zepf: Seifenblase (wie Anm. 28), S. 65ff.

34 Mannheimer Morgenblatt, 27.5.1848.

35 Zepf: Seifenblase (wie Anm. 28), S. 68.

36 Ebd., S. 67ff.

37 Adolf Hausrath: Richard Rothe und seine Freunde, Berlin 1906, S. 114.

38 Senioren-Convent (SC), Zusammenschluss von Corps an einer Universität; Uneinigkeit in der Frage der Renoncenschaft. Kuhnert: Rhenania (wie Anm. 27), S. 155; Zepf: Seifenblase (wie Anm. 28), S. 70.

39 Kuhnert: Rhenania (wie Anm. 27), S. 156. Im Juli aus einer Lesegesellschaft entstanden. Bei dieser durften anfänglich auch Corpsstudenten teilnehmen.

40 Spengler war gemäß Polizeiprotokoll vom 23.4.1852 am Wartburgfest (12.6.1848) gesehen worden. Generallandesarchiv Karlsruhe (GLA) 236/8221. In diesem ist aber ein falsches Durchführungsjahr erwähnt.

41 Friedrich Wilhelm Schulz: Der Auszug der Heidelberger Studenten im Jahre 1848, in: Akad. Mitteilungen Ruprecht-Karls-Universität Heidelberg, Heidelberg 1898, Heft 11.

42 Ludwig Philippson (geb. 1811, gest. 1889), in: Neue Deutsche Biographie 20, 2001, S. 397–398.

43 Zepf: Seifenblase (wie Anm. 28), S. 72f.

44 Die Republik, 13. und 14.7.1848.

45 Schulz: Der Auszug (wie Anm. 41), Heft 10.

46 Ebd., Heft 11.

47 Universitätsarchiv Heidelberg RA 7372.

48 Hausrath: Rothe (wie Anm. 37), S. 116; GLA 235/30061.

49 Johann Baptist Bekk (geb. 1797, gest. 1855), in: Neue Deutsche Biographie 2, 1955, S. 24.

50 Hier Version nach Zepf: Seifenblase (wie Anm. 28), S. 78. Bei Schulz ist der von der Uni zur Beschwichtigung der Studenten entschärfte Text aufgeführt.

51  Mannheimer Morgenblatt, 19.7.1848.

52  Hausrath: Rothe (wie Anm. 37), S. 122. Briefdatum sei 16.7.1848.

53  Ebd., S. 122.

54  v. Hillern an Minister Bekk am 17.7.1848, GLA 235/30061.

55  Schulz: Der Auszug (wie Anm. 41), Heft 11.

56  Mannheimer Morgenblatt, 2.7.1848.

57  Schulz: Der Auszug (wie Anm. 41), Heft 11. Bundesbeschluss vom 2.4.1848 zur Aufhebung von Ausnahmegesetzen. Verhandlungen der Stände-Versammlung des Großherzogtums Baden im Jahre 1848–49, 2. Kammer, Karlsruhe 1848, Beilagen Bd. 8, S. 2f.

58  Schulz: Der Auszug (wie Anm. 41), Heft 11. Es gibt einen studentischen Bericht zur Sitzung in: Die akademische Gerichtsbarkeit der Universität Heidelberg: Rechtsprechung, Statuten und Gerichtsorganisation von der Gründung der Universität 1386 bis zum Ende der eigenständigen Gerichtsbarkeit 1867, Heidelberg 2018, S. 460ff., auch verfügbar unter: https:// doi.org/10.11588/heibooks.348.481.

59  Mannheimer Morgenblatt, 19.7.1848. Schreiben an Bekk vom 19.7.1848, GLA 235/30061.

60  Erich Thies: Ludwig Feuerbach zwischen Universität und Rathaus oder die Heidelberger Philosophen und die 48er Revolution, Heidelberg 1990, S. 34.

61  GLA 235/30061.

62  Schulz: Der Auszug (wie Anm. 41), Heft 12.

63  Hausrath: Rothe (wie Anm. 37), S. 119.

64  Mannheimer Morgenblatt, 19.7.1848, Frontseite. Berichterstattung zum 16.7.1848.

65  Schulz: Der Auszug (wie Anm. 41), Heft 12.

66  Ein Vergleich der 18 Unterschriften (vermutlich der Ausschuss) des Protokolls vom 19.7.1848. (Universitätsarchiv Heidelberg RA 7273) mit den Kösener Korpslisten von 1910 zeigen in diesem Semester folgende Mitgliedschaften: Nassovia: J. Lautz; Rhenania: Ed. Gravelius; Suevia: O. Kleinpell, Fr. Leutz, A. Spengler; Vandalia: C. Diehl.

67  Schulz: Der Auszug (wie Anm. 41), Heft 11; Kuhnert: Rhenania (wie Anm. 27), S. 160f.

68  GLA 235/30061.

69  Gerhart Berger, Detlev Aurand: Weiland Bursch zu Heidelberg, eine Festschrift der Heidelberger Korporationen zur 600-Jahr-Feier der Ruperto Carola, Heidelberg 1986, S. 63.

70  Zepf: Seifenblase (wie Anm. 28), S. 84.

71  v. Hillern an Minister Bekk am 17.7.1848, GLA 235/30061; Die Republik, 18.7.1848.

72  heute Neustadt an der Weinstraße.

73  Schulz: Der Auszug (wie Anm. 41), Heft 12.

74  Schreiben Jolly an Bekk vom 17.7.1848, GLA 235/30061.

75  Schulz: Der Auszug (wie Anm. 41), Heft 12.

76  GLA 235/30061.

77  Schulz: Der Auszug (wie Anm. 41), Heft 13.

78  Zepf: Seifenblase (wie Anm. 28), S. 89f.

79  Stenographischer Bericht über die Verhandlungen der Deutschen Constituirenden Nationalversammlung, 22.7.1848, Frankfurt 1848, Bd. 2, S. 1090–1092.

80  Schreiben Gemeinderat und Bürgerausschuss Heidelberg an Bekk vom 18.7.1848, GLA 235/30061.

81  Die Republik 23.7.1848.

82  Schulz: Der Auszug (wie Anm. 41), Heft 13.

83  Zepf: Seifenblase (wie Anm. 28), S. 93. Verhandlungen der Stände-Versammlung des Großherzogtums Baden im Jahre 1848–49, 2. Kammer, Bd. 6, S. 127 und Beilagenband 8, S. 1–7, Karlsruhe 1848.

84  Berger, Aurand: Weiland Bursch (wie Anm. 69), S. 30.

85   Kuhnert: Rhenania (wie Anm. 27), S. 155.

86   KSCV, ein deutscher Dachverband akademischer Corps.

87   Derwein: Vormärz (wie Anm. 17), S. 91; Schulz: Der Auszug (wie Anm. 41), Heft 14; Groß-
     herzoglich Badisches Regierungsblatt, Nr. L, vom 23.7.1848, Karlsruhe 1848, S. 273f.

88   Schulz: Der Auszug (wie Anm. 41), Heft 14.

89   Die Republik, 27.7.1848.

90   Im Kösener Almanach von 1887 ist Spengler wieder als Mitglied der Suevia aufgeführt,
     ebenso in einem alten, undatierten Mitgliederverzeichnis der Suevia nach 1881.

91   Polizeiprotokoll, 23.4.1852, GLA 236/8221. O. Kleinpell war gemäß dem Gelbbuch der Hei-
     delberger Schwaben (wie Anm. 8), S. 88 im Sommersemester 1849 zum erstenmal Senior.

92   Autobiografische Notizen im Familienarchiv, ca. 1897.

93   Jules Ferdmann: Der Aufstieg von Davos, Davos ²1990, S. 41–57.

94   Greta Peters: Dem Andenken Alexander Spenglers, in: Davoser Revue 15.3.1927, S. 7.

95   Gerhard Saul: Ein Corps-Student begründet den Weltruf Davos, in: Einst und Jetzt, Jahr-
     buch des Vereins für corpsstudentische Geschichtsforschung, München und Stamsried 1983,
     Bd. 28, S. 195–202.

96   Pfr. Johannes Hauri: „Am Sarge von Dr. Alexander Spengler", Davos 1901.

97   Anonym: Ein Lebensbild. Seinen Corpsbrüdern gewidmet von einem Vandalen, Melsungen
     1887, S. 10.

98   Ebd., S. 9.

99   An der Frankfurter Nationalversammlung diskutiertes Modell eines Nationalstaates unter
     Führung und Einschluss von Österreich inkl. aller deutschsprachigen Länder.

100  von Simmern: Aus der Mappe (wie Anm. 4), Bd. 1, S. 130.

101  Der Bund, Bern, 28./29.9.1892, No. 272; 30.9./1.10.1892, No. 274; 1./2.10.1892, No. 275.

102  von Simmern: Aus der Mappe (wie Anm. 4), Bd. 1 und 2.

103  Er schrieb später seinen Namen meist in der frankofonen Form Adolphe Hirsch.

104  Hausrath: Rothe (wie Anm. 37), S. 122; Universität Heidelberg: Studentenverzeichnis, Win-
     tersemester 1848/49 und Sommersemester 1849.

105  Diplomatische Dokumente der Schweiz, 1848 ff., Online Datenbank Dodis: http://dodis.ch/
     P33565 (zuletzt abgerufen 11.2.2023).

106  Im Gegensatz zu vielen anderen Quellen, gab es nie ein Todesurteil, und das war Alexander
     Spengler bekannt. Seine Korrespondenz mit der Familie und den badischen Behörden im Fa-
     milienarchiv belegt dies. Ebenso ist er nicht auf den amtlichen Listen der zum Tode Verurteil-
     ten im GLA.

Abbildung: Plakat von Fred Taylor, Blick auf die Heidelberger Altstadt, um 1925
(Foto: Kurpfälzisches Museum; Bearbeitung: Stadt Heidelberg, Markenkommunikation)

# Zeit für schöne Dinge

Kurpfälzisches
Museum
**Heidelberg**

**In der Heidelberger Altstadt**
Hauptstraße 97, 69117 Heidelberg

**Öffnungszeiten**
Dienstag bis Sonntag 10.00 – 18.00 Uhr
**www.museum.heidelberg.de**

Bernhard Stier

# „Portativgas-Fabrik" – „Rheinische Gasgesellschaft" – Städtisches Gaswerk

## Die Anfänge der Gasversorgung in Heidelberg zwischen privatwirtschaftlichem und öffentlichem Interesse 1845–1877

Seit den 1840er-Jahren verbreitete sich in Südwestdeutschland die Technologie der Erzeugung von Leuchtgas aus Steinkohle, teilweise auch aus Holz; Gaswerke entstanden 1842 in Heilbronn, 1845 in Stuttgart, 1846 in Baden-Baden und Karlsruhe, 1850 in Freiburg und 1851 in Mannheim.[1] Die Verwendung von Gas versprach im öffentlichen Raum wie im privaten Haushalt eine deutlich bessere, d.h. hellere, geruchs- und rußfreie Beleuchtung als die bis dahin mit Raps- bzw. Rüböl oder tierischen Fetten betriebenen Leuchten und Straßenlaternen. In Heidelberg bot seit 1849 eine Fabrik für „Portativgas" in Flaschen abgefülltes Gas an, und im September 1853 nahm ein Gaswerk mit Leitungsnetz („courantes" Gas) den Betrieb auf. Es wurde von der „Rheinischen Gasgesellschaft" aus Mannheim gebaut und betrieben; 1877 erfolgte die Übernahme durch die Stadt.

Die Geschichte der Gasversorgung in Heidelberg, die bis in die Mitte der 1840er-Jahre zurückreicht, und die ersten Jahrzehnte ihres Betriebs sind bisher nur durch ältere Arbeiten und allenfalls in Grundzügen bekannt.[2] Ziel des Beitrags ist es, ihre Entwicklung bis zur Kommunalisierung des Gaswerks aus den umfangreichen Akten vor allem des Heidelberger Stadtarchivs sowie aus den zeitgenössischen gedruckten Quellen[3] zu rekonstruieren und mit der Geschichte der ‚boomenden' Branche in der Region zu verknüpfen. Dabei sollen vor allem die zentralen Entscheidungen und Probleme sowie Positionen, Interessen und Strategien der beteiligten Akteure – Stadtverwaltung, Kunden und Öffentlichkeit, Unternehmer und finanzierende Banken etc. – untersucht werden.

Wenn aus der folgenden Darstellung deutlich wird, dass das Heidelberger Modell der Gasversorgung erhebliche Konflikte nach sich zog und dass die Stadt mit der Beauftragung eines privaten Betreibers schlechte Erfahrungen machen musste, könnte das beim Leser möglicherweise nicht nur für die Vergangenheit Skepsis gegenüber dem ‚ungezügelten Kapitalismus' und dem privaten Betrieb von Versorgungsunternehmen hervorrufen. Die Vorgänge sollten jedoch nicht als Argument in aktuellen Auseinandersetzungen – beispielsweise um die Re-Kommunalisierung öffentlicher Unternehmen – gelesen, sondern in ihrem historischen Kontext bewertet werden. Denn dass die Gaswerke der Pionierzeit überwiegend in privater Trägerschaft entstanden, hatte in der damaligen Situation durchaus Sinn: Es lag am bis dahin relativ begrenzten Umfang kommunaler Unternehmertätigkeit, der den Schritt in die neuartige Gastechnik mit ihren großen Investitionen erschwerte, sowie am fehlenden Personal für die technisch anspruchsvolle Aufgabe und diente nicht zuletzt der Risikovermeidung. Und ebenso folgte die spätere Kommunalisierung der Werke, bei der es sich ebenfalls um eine breite Bewegung handelte, einer nachvollziehbaren, jedoch wiederum zeittypischen Logik.

Straßenszene vor der Jesuitenkirche, um 1850. An der Hausecke rechts (heute Gebäude Schulgasse 2) eine Straßenlaterne. Die unsichere Datierung und die schematische Darstellung erlauben keine Aussage darüber, ob es sich um eine Öl- oder Gaslaterne handelt. (Universitätsbibliothek Heidelberg, Graphische Sammlung, Signatur A 108)

## Erste Pläne zur Straßenbeleuchtung mit Gas – die Portativgas-Fabrik

Als in Baden die ersten Pläne für die Straßenbeleuchtung mit Gas entstanden, traten zunächst ausländische, in der Regel französische oder englische Unternehmer, später dann ortsansässige Kaufleute, die sich bereits mit der neuen Beleuchtungsart beschäftigt hatten, als Ideengeber oder Projektentwickler und schließlich auch als Gas-Unternehmer auf. Im Januar 1845 – ungefähr zeitgleich mit den Initiativen in Baden-Baden und Karlsruhe – hatte der Heidelberger Gemeinderat ein Angebot der Gesellschaft Rogeat & Co. aus Lyon über den Aufbau der Gasbeleuchtung zunächst ohne Diskussion verworfen; kurz darauf brachte die Anfrage einiger Bürger das Thema erneut auf die Tagesordnung.[4] Erst im September 1846 erfolgte aber eine Ausschreibung, bei der auch der Bankier und Betreiber der Krapp-Fabrik Christian Adam Fries (1765–1847) ein Angebot einreichte. Anfang 1847 lag dazu der Bericht einer städtischen Kommission vor; diese sollte sich durch Besuch der Gaswerke in Karlsruhe und Stuttgart weiter sachkundig machen.[5] An der badischen Landeshauptstadt orientierte sich dann auch der Heidelberger Vertrag mit Fries. Er wurde nach kontroversen Diskussionen Ende des Jahres im Großen Bürgerausschuss mit der knappen Mehrheit von 67 zu 59 Stimmen angenommen.[6] Die Begeisterung für die neue Technik war offenbar nicht übermäßig groß; sie wurde durch den Streit um die Verteilung der Beleuchtungskosten überlagert und durch das Defizit des städtischen Haushalts gebremst.[7] Vor allem aber war nun für die Zukunft die Grundlinie städtischen Handelns festgelegt: dass die Gasversorgung einem privaten Unternehmen überlassen werden sollte, die von diesem einzukaufende Straßenbeleuchtung dabei aber auf keinen Fall teurer sein durfte als die bisherige.

Bernhard Stier

## Bekanntmachung.

Da wir gesonnen sind, die Straßenbeleuchtung dahier mit Gas bewirken zu lassen, und hierüber einen Vertrag mit dem Uebernehmer auf eine übliche Zahl Jahre, unter angemessenen Bedingungen abzuschließen, so fordern wir Diejenigen, welche zu diesem Unternehmen und zu dieser Vertragsübernahme mit hinlänglicher Garantieleistung geneigt sind, hierdurch auf, sich mit ihren Anerbietungen an unser Bürgermeisteramt schriftlich zu wenden.

Wir bemerken zugleich, daß bei den billigsten Anerbietungen die Aussicht begründet ist, daß zugleich mit uns die beiden hiesigen Eisenbahnverwaltungen für sich mit dem Unternehmer auch Verträge abschließen werden, wenn solche gesicherte Anerbietungen statt finden.

Heidelberg, den 31. August 1846.

Der Gemeinderath.

Winter.

Bachmann.

Im September 1846 erfolgte die erste Ausschreibung für die Straßenbeleuchtung mit Gas. (Heidelberger Journal 5. September 1846)

Die Vorgänge um die projektierte Gasbeleuchtung fanden in den Jahren 1845 bis 1848 sowohl in den Akten als auch in der Presse wenig Niederschlag, so dass über die geschilderten Fakten hinaus kaum etwas bekannt ist. Bereits für die Zeitgenossen „schien über der ganzen Sache ein eigenthümliches, von der Verwaltungsbehörde absichtlich bewahrtes Dunkel zu schweben",[8] und es wurde gemutmaßt, dass Bürgermeister Christian Friedrich Winter (1773–1858) die Angelegenheit unter möglichst geringer Beteiligung von Gremien und Öffentlichkeit rasch durchziehen und den Auftrag Fries zukommen lassen wollte; darauf deutet auch seine Stellungnahme in der entscheidenden Sitzung des Großen Ausschusses vom Dezember 1847 hin, dass die Stadt „in zwei Jahren noch keine Gasbeleuchtung" hätte, wenn man den Vertrag mit der Fa. Fries jetzt nicht annehme.[9] Bereits im Februar des Jahres war Winter anlässlich der Gasfrage mit dem Zweiten Bürgermeister Dr. Friedrich Bissing (1807–1875), seinem einstigen politischen Weggefährten, heftig aneinandergeraten, da dieser das Vorgehen des Amtskollegen und die mehr oder weniger freihändige Vergabe an Fries kritisiert hatte und stattdessen auf sorgfältiger Ausschreibung und ausführlicher Diskussion bestand.[10]

Das ganze Vorhaben verlief jedoch zunächst im Sand, weil es in den Wirren der beginnenden Revolution nicht die Genehmigung der Regierung erhielt.[11] Stattdessen entstand eine Anstalt für „portatives Gas", die das in der Fabrik erzeugte Gas in Druckbehälter abfüllte und den Kunden ins Haus lieferte, also ohne Leitungsnetz auskam und damit viel weniger Kapital benötigte. Zielgruppe waren Gewerbebetriebe und private

Haushalte, denn auch für sie stellte das Steinkohlengas die bessere Alternative zur stinkenden und rußenden Öllampe dar. Die Straßenbeleuchtung wurde dagegen weiterhin mit Rüböl betrieben. Den Anstoß für das Projekt gab der Kaufmann Carl Ludwig Koester (1809–1849) aus Mannheim. Dieser betrieb zusammen mit dem belgischen Ingenieur und Gas-Spezialisten Guilllaume Smyers-Wiliquet seit etwa 1847 eine „privilegierte Gas-Apparate-Fabrik", die Patente von Koester selbst bzw. von Smyers und dessen französischem Partner verwertete.[12] Beide waren zugleich an der Portativgas-Fabrik von Friedrich Engelhorn (1821–1902) beteiligt, die nur wenige Wochen zuvor gegründet worden war. Aufgrund ihrer internationalen Erfahrung – sowohl Koester als auch Smyers hatten sich zuvor einige Jahre in Frankreich aufgehalten – gaben sie wahrscheinlich auch die Anregung dazu; in ihrer eigenen Fabrik fertigten sie die maschinelle Einrichtung dafür an.

Wagen für Portativgas (Aus: Louis Figuier: Les merveilles de la science ou déscription populaire des inventions modernes. Bd. 4: Éclairage, chauffage [...], Paris 1870, S. 153)

Schon 1846/47 hatte sich bei der ersten Heidelberger Ausschreibung ein Unternehmer für portatives Gas beworben – möglicherweise handelte es sich um den seit 1842 in Mannheim ansässigen Koester –, der aber abgelehnt worden war.[13] Das Konzessionsgesuch vom September 1848, mit dem Koester das Mannheimer Modell „zur Befriedigung eines in Heidelberg schon lange gefühlten Bedürfnißes" auf die Nachbarstadt zu übertragen suchte und mitten in der Revolution unternehmerischen Mut bewies, wurde nun anstandslos bewilligt; als Käufer des vorgesehenen Grundstücks an der Speyerer Straße trat jedoch nicht Koester selbst auf, sondern sein Geschäfts-

Bernhard Stier

partner Joh. Jacob Pfaltz (1791–1863), ein aus Offenbach stammender, auch in Frankfurt eingebürgerter Kaufmann und Zichorienfabrikant.[14] Bereits im November 1848, d.h. noch vor Erteilung der endgültigen Baugenehmigung, die im Dezember erfolgte, waren die Fabrikgebäude erstellt.[15] Zum 1. Januar 1849 kündigte die Firma „Pfaltz & Comp." die Aufnahme des Betriebs an und richtete bei Flaschner Ludwig Roth in der Unteren Straße eine Demonstrationsanlage ein.[16] Die in unmittelbarer Nachbarschaft gelegenen Gebäude von Eisenbahn und Post wurden durch eine Rohrleitung versorgt.[17] Dafür war keine Inanspruchnahme öffentlicher Wege und somit keine Konzession der Stadt erforderlich, so dass die Portativgas-Fabrik im Hinblick auf eine spätere leitungsgebundene Gasversorgung nichts präjudizierte.

Die Portativgas-Fabrik an der Speyerer Straße auf dem Gelände des heutigen Landratsamts (Ausschnitt aus: „Plan über den Wald der Stadt-Gemeinde Heidelberg mit seiner Umgebung auf der dortigen Gemarkung; aufgenommen in den Jahren 1842–1848 durch Geometer Schifferdecker. Red. und gest. v. P. Simon, Akademische Anstalt für Literatur u. Kunst von Karl Groos, Heidelberg 1851." Universitätsbibliothek Heidelberg, Signatur A 2738-10 RES)

## Eine leitungsgebundene Gasversorgung für Heidelberg – Konkurrenz um den Bau des Gaswerks

Die Straßenbeleuchtung ließ sich mit Portativgas nicht betreiben; zudem besaß das Verfahren schwerwiegende technische Nachteile, vor allem die durch den erforderlichen Hochdruck entstehenden Gasverluste. Hinzu kam, dass sich mit steigender Nachfrage und zunehmender Verbrauchsdichte der Aufbau eines Rohrnetzes rechnete, und so ging diese Übergangsphase bald wieder zu Ende. Im Sommer 1850 wurde die Frage, offenbar angeregt durch Nachrichten aus Freiburg und Mannheim, erneut aufgeworfen. Pfaltz unterbreitete ein entsprechendes Angebot, während im Journal ein Leserbrief die Gasbeleuchtung pries und auf die beiden anderen Städte verwies, aber das Heidelberger Portativ-System bemängelte: „Das Kohlengas liefert unstreitig das schönste Licht"; viele Mitbürger „würden sich die Gasbeleuchtung längst gerne in ihren Häusern eingerichtet haben, wenn nicht das Unangenehme damit verbunden wäre, daß man einen Platz für das Reservoir im Keller dazu nötig hätte. Auch ist das öftere Füllen desselben etwas sehr Unangenehmes, weil da jedesmal der große Wagen halten muß, was in der etwas engen Hauptstraße oft Störung verursacht".[18] Bürgermeister Jakob Wilhelm Speyerer (1789–1876) lehnte den Antrag des Gasfabrikanten jedoch trotz dieser Fürsprache mit dem Verweis ab, zunächst die Mannheimer Entscheidung abwarten zu wollen. Erst Anfang März 1851 erging ein Aufruf an die Hausbesitzer zur Subskription, und Ende des Monats beschloss der Ausschuss die öffentliche Ausschreibung. Pfaltz wurde nicht berücksichtigt, obwohl sich die Fabrik als Kern einer städtischen Gasversorgung geeignet hätte.[19] Angesichts des erheblichen Kapitalbedarfs hätte er ein solches Vorhaben nicht allein umsetzen können, und zu der Szene von Gas-Unternehmern und finanzierenden Banken, die sich in der Region mittlerweile etabliert hatte, besaß er nach dem Tod von Koester sowie dem Wegzug von Smyers offenbar keinen Zugang.

Von den drei neuen Bewerbern[20] kam allerdings auch die bekannte, durch den Bau des Gaswerks in Freiburg und als Betreiber der Anlage in Karlsruhe bereits einschlägig ausgewiesene „Badische Gesellschaft für Gasbeleuchtung" von Johann Nepomuk Spreng (1802–1861) und Friedrich August Sonntag (1790–1870) sowie ihres Partners Engelhorn nicht zum Zug. Sie bemühte sich gleichzeitig in Mannheim um den Bau des Gaswerks und sollte diesen Auftrag auch bekommen. Stattdessen entschied sich die Heidelberger Stadtverwaltung für ein bislang unbekanntes, offenbar eigens für das Vorhaben gegründetes Unternehmen ebenfalls mit Sitz in Mannheim, das zunächst als „Joh. Simon Doer & Cie.", ab Herbst 1851 als „Rheinische Gasgesellschaft" auftrat. Was es mit dieser Gesellschaft, im Folgenden „Rheinische" oder RGG genannt, auf sich hatte, zeigt der Blick auf die beteiligten Personen: An erster Stelle stand nicht der unbekannte Namensgeber, sondern – wie bei etlichen anderen Unternehmensgründungen in der Region – der Mannheimer Bankier Seligmann Ladenburg (1797–1873). Das Grundkapital der Gesellschaft[21] betrug 130.000 Gulden (fl), eingeteilt in 130 Aktien à 1.000 fl, von denen vorerst nur 118 ausgegeben wurden. Hauptaktionärin war nach dem Stand von 1857 die Familie Ladenburg mit 35 Aktien (ca. 27%), wovon zehn Ladenburgs Bruder, der Obergerichtsadvokat Dr. Leopold Ladenburg (1809–1889), hielt. Daneben war rund ein halbes Dutzend Mannheimer und Heidelberger Kaufleute und Privatpersonen an der Gesellschaft beteiligt. Das Bankhaus Ladenburg bürgte auch für die geforderte Kaution (20.000 fl) und stellte dem Unternehmen später noch erforderliche Darlehen in Höhe von insgesamt 110.000 fl zur Verfügung.[22] Der Mannheimer Kaufmann und anfängliche Namensgeber des Unternehmens Joh. Simon Doer (1804–1876) hielt 29 Aktien (ca. 22%). Er hatte sich länger in England aufgehalten, war mit einer Engländerin verheiratet und wurde möglicherweise aufgrund dieser Beziehungen und seiner Sprachkenntnisse zum Geschäftsführer der Gesellschaft bestellt.[23] Denn das erforderliche Fachwissen sicherte sich die „Rheinische" durch die Beauftragung des Londoner „civil engineers" für Gastechnik George Michiels.[24]

Ladenburg konnte nicht nur das erforderliche Kapital mobilisieren; vor allem war er als Mitglied der Kommission, die im Auftrag der Stadt Mannheim mit der „Badischen" verhandelt hatte, mit allen Details des Gasvertrags sowie der Baupläne von Spreng, Sonntag und Engelhorn vertraut und hatte selbst den Finanzierungsplan für das ganze Vorhaben entworfen.[25] Offenbar sah er in Heidelberg eine günstige Gelegenheit, mit diesem Insiderwissen auf eigene Rechnung in den Zukunftsmarkt der Gasbeleuchtung einzusteigen und das Geschäftsmodell der „Badischen" zu kopieren. Dazu gehörten der klangvolle und vielversprechende Name der Gesellschaft – dessen Anspruch allerdings noch einzulösen blieb[26] –, sowie die Kooperation mit dem Hauptlieferanten des Materials, d.h. der aus Gusseisen hergestellten Leitungsrohre und Straßenlaternen. Diese sollten aus den Werken des pfälzischen Eisenfabrikanten Carl von Gienanth (1813–1890) bezogen werden, der sich damals neben der Herstellung von Eisenbahnbedarf auf diesen Bereich konzentrierte, zahlreiche Gaswerke in der Region belieferte und zehn Aktien (ca. 8%) der RGG besaß.[27]

## Der Heidelberger Gasvertrag in der öffentlichen Kontroverse

Für die kommunalen Gremien lautete der oberste Grundsatz nach wie vor, „daß das Unternehmen nicht auf Rechnung der Stadt geschehen soll" – offenbar hielt Speyerers schon früher bewiesener „Sparsamkeitsfanatismus" (Derwein) auch in seiner zweiten Amtszeit an, aber natürlich war die notwendige Sanierung des Haushalts nach der Revolution ein vernünftiger Grund für diese Lösung.[28] Obwohl Spreng, Sonntag und Engelhorn – abweichend von ihrer Verfahrensweise in Freiburg und Mannheim – in Heidelberg ein passendes Angebot vorlegten und obwohl sie im Gegensatz zur „Rheinischen" bereits zwei Referenzprojekte vorzuweisen hatten, konnten sie mit Ladenburg, Doer und Gienanth nicht mithalten. Denn diese setzten für Privatkunden mit viereinhalb Gulden je 1.000 Kubikfuß (c')[29] einen Preis an, so später die öffentliche Erklärung der Stadtverwaltung, „wie ihn keine Stadt des Großherzogthums genießt",[30] und waren zudem bereit, die Gesamtkosten für die Straßenbeleuchtung auf dem bisherigen Niveau zu halten. In der öffentlichen Wahrnehmung kam das Angebot Ladenburgs deshalb zunächst gut an – und warf gleichzeitig ein schlechtes Licht auf die unterlegene „Badische" mit ihrem gerade abgeschlossenen Gasvertrag für Mannheim, denn hier sollten 1.000 Kubikfuß für private Abnehmer zunächst sechs Gulden kosten und jede Straßenlaterne mit 20 Gulden jährlich abgerechnet werden, was ca. 15 Prozent teurer war als das Angebot der „Rheinischen" für Heidelberg.[31] Damit stand der Vorwurf im Raum, dass Spreng, Sonntag und Engelhorn die Mannheimer Gaskunden ausplünderten, während Ladenburg und Co. Heidelberg preiswert versorgen würden – und das natürlich auch gern für die Nachbarstadt übernehmen würden. Die „Badische" wehrte sich mit einer öffentlichen Kritik[32] am Heidelberger Modell und versuchte gleichzeitig erfolglos, durch ein neues, attraktives Angebot nach dem Mannheimer Modus[33] sowie durch Intervention bei den Aufsichtsbehörden[34] die Konkurrenten doch noch auszustechen. Wie nicht anders zu erwarten bestand die Antwort der Stadt in einer erneuten Ablehnung. Die RGG unternahm ihrerseits einen Gegenangriff auf den Mannheimer Vertrag, indem sie das Gerücht streute, sie sei in der Lage, das Privatgas auch dort zum Heidelberger Preis und damit „um 25 Proc. billiger zu liefern."[35]

Eine genauere Betrachtung zeigt jedoch, dass die Rechnung nicht aufgehen konnte und dass der publikumswirksame Heidelberger Privatgas-Preis mit einer überteuerten Straßenbeleuchtung erkauft wurde. Was die Gremien und ein speziell für die Verhandlungen gebildeter Ausschuß, aus dem im Lauf der Zeit die städtische „Beleuchtungskommission" entstehen sollte, in ihrer zwanghaften Sparsamkeit und beeindruckt von dem günstigen Gaspreis sowie von der inhaltsleeren Selbstanpreisung der „soliden Actiengesellschaft"[36] übersehen hatten, war allerdings im ‚Kleingedruckten' des Vertrags versteckt und – solange in Heidelberg noch keine Gaslaterne brannte – nur für Fachleute zu durchschauen. Der mit dem komplexen Geschäftsfeld vertraute Sonntag rechnete, nachdem er endlich den Vertrag einsehen konnte,[37] den Zeitungslesern minutiös vor, „daß Heidelberg statt einer wirklichen Gasbeleuchtung nur eine verstärkte Oelbeleuchtung" bekomme „und für diese schwache Beleuchtung mehr als das Doppelte dessen zu bezahlen hat, was Mannheim für seine weit stärkere Beleuchtung bezahlt". Bei einem für die Straßenbeleuchtung vereinbarten jährlichen Gesamtaufwand von 4.830 fl entsprechend dem Durchschnitt der vorangegangenen Dekade und einem Gaspreis von 4 fl je 1.000 c' (Mannheim 1 fl 32 xr) entsprach das einer Lieferung von jährlich 1,2 Mio. c'. Diese erlaubten für die kalkulierten 300 Straßenlaternen bei einer jährlichen Brennzeit von 1.400 Stunden nur einen Verbrauch von knapp drei Kubikfuß je Stunde. Der Durchschnittsverbrauch einer üblichen Laterne lag jedoch um etwa 50 Prozent höher (ca. 4,5 c'/h). Der Ansatz für Heidelberg war also mehr als knapp bemessen, die Bestimmungen über die Leuchtkraft („ein Drittel besser als die bisherige Beleuchtung") waren unklar formuliert und messtechnisch nicht reproduzierbar, wie sich später herausstellen sollte; außerdem fehlten Vereinbarungen über zusätzliche Lieferungen, falls die Straßenbeleuchtung künftig erweitert werden müsste, was nur eine Frage der Zeit war. Dieser Verriss stammte zwar von einem natürlichen Gegner Ladenburgs und Doers, aber die Unzufriedenheit und die Konflikte, die Sonntag voraussah, sollten nicht lange auf sich warten lassen.

In der Öffentlichkeit zogen Rheinische Gasgesellschaft und Stadt Heidelberg zunächst an einem Strang, weil es ja den Vertrag zu verteidigen galt. Das Verhältnis zwischen beiden Partnern verschlechterte sich jedoch umgehend, als sich die Inbetriebnahme des Gaswerks immer mehr verzögerte. Zwar bestätigte Doer den Eröffnungstermin im Frühjahr 1852 nochmals, aber tatsächlich waren „die Einrichtungen [...] für courantes Gas noch nicht einmal begonnen". Immerhin pachtete die RGG das Werk von Pfaltz, als dieser die Einstellung des Betriebs ankündigte, und versorgte dessen Kunden weiter.[38] Erst Ende Mai 1852 und damit lediglich vier Monate vor der vereinbarten Inbetriebnahme erwarb Doer ein Grundstück etwa 200 Meter westlich der Portativgas-Fabrik auf dem heutigen Gelände der Stadtwerke.[39]

Kaum war im Herbst 1852 endlich mit der Verlegung der Leitungen begonnen worden, kam es zu Beschwerden über die Bauausführung und über Schäden an Straßen, Gehwegen und Häusern sowie vor allem über nicht oder nicht vorschriftsmäßig ausgeführte Pflasterarbeiten.[40] Die Stimmung zwischen Betreiber, Stadt und Kunden verschlechterte sich noch weiter durch den Streit über die Einrichtung der Hausanschlüsse und die Installation von Zählern, Leitungen und Leuchten bei den Kunden. Sie durfte dem Vertrag entsprechend nur von der Gasgesellschaft ausgeführt werden,

Bernhard Stier

sicherte dieser somit ein lukratives Monopol und zog entsprechend empörte Proteste des örtlichen Handwerks nach sich, das sich um sein Geschäft gebracht sah.[41] Gleichzeitig versuchte die RGG, um die ebenfalls vertraglich festgeschriebenen Konventionalstrafen herumzukommen: „Trotz des von uns angewendeten Eifers, unser Gaswerk bald zu vollenden", bestehe die Stadt „unerbittlich" darauf. Dabei arbeite man doch, so der Bettelbrief vom April 1853 weiter, Tag und Nacht, das Wetter sei schuld, die Ausgaben höher als gedacht, so dass „nicht nur unser Gesellschafts-Capital, sondern auch ein bereits aufgenommenes Anleh[e]n auf 60.000 [fl] bereits erschöpft sind und wir uns genöthigt sehen, ein weiteres Capital aufzunehmen."[42]

## Holpriger Anlauf, anhaltende Streitigkeiten – Enttäuschung über das Gaslicht

Schließlich waren über 5.000 fl an Konventionalstrafen aufgelaufen, als die neue Straßenbeleuchtung am 23. September 1853 ein Jahr später als vereinbart (und knapp zwei Jahre nach Mannheim) in Betrieb ging.[43] Bereits der Probebetrieb war eine Katastrophe, wie das „Mannheimer Journal" voller Häme berichtete: Er fiel sehr „kläglich aus, denn sechs Achtel der Laternen versagten den Dienst. Wir sehen nun täglich bald da bald dort das Straßenpflaster aufreißen, die Röhren werden untersucht, verkittet und am Abend wiederum probi[e]rt, und abermals bei den meisten Laternen dasselbe Schicksal, sie brennen nicht!" Und dass sich die Heidelberger Presse über die reguläre Inbetriebnahme ausschwieg, während über andere wichtige Ereignisse wie die zwei Tage später erfolgte Eröffnung des Zoologischen Gartens ausführlich berichtet wurde, sprach für sich.

Nicht nur diese Blamage zeigte, dass das Unternehmen den Anforderungen nicht gewachsen war, denn auch im Normalbetrieb – wenn davon überhaupt die Rede sein kann – sorgte das Gaslicht für Verdruss: Die Straßenlaternen, so Aufseher Heusch bereits Anfang Oktober, würden ungleichmäßig, schwach und teilweise gar nicht brennen und nach Ausweis der in ihrer Genauigkeit allerdings zweifelhaften Gaszähler viel zu viel Gas verbrauchen. In der Nacht vom 7. auf den 8. November war schließlich „der Gaas oder der Druck so schwach [...], daß die Stadtbeleuchtung der Gaaslaternen nicht viel heller als unsere alte Oelbeleuchtung schien".[44] Nach den Ermittlungen des Laternenaufsehers, der zeitweise sogar die alten Öllaternen wieder in Betrieb nehmen musste, war die Gasbeleuchtung also eine große Enttäuschung, aber die Gesellschaft entgegnete natürlich umgehend, „daß diese Anzeige auf einer absurden Uebertreibung Ihres Aufsehers beruht". Nicht abzustreiten war jedoch der Ausfall etlicher Leuchten infolge Einfrierens der Gaszähler sowie die zahlreichen Gaslecks, denen die Gesellschaft zunächst hilflos gegenüberstand.

In dieser angespannten Situation stellte die „Rheinische" ihre erste Monatsrechnung, legte dabei aber nicht etwa ein Zwölftel des vereinbarten Jahresbetrags von 4.830 fl, sondern die tatsächlich erbrachten Brennstunden multipliziert mit einem mehr überschlagenen als gemessenen, vertraglich jedenfalls nie vereinbarten Verbrauch von 5 c'/h zugrunde und kam so für 306.000 c' Gas auf einen Betrag von über 1.200 fl.[45] Die Stadtverwaltung protestierte umgehend, verweigerte die Zahlung und reagierte

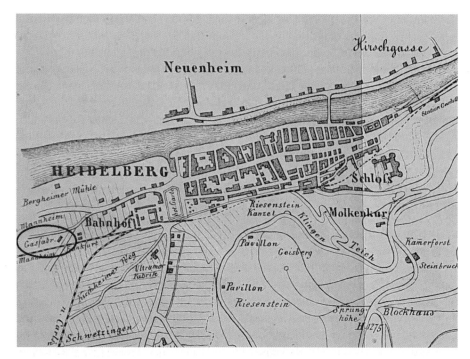

Das neue Gaswerk entstand ca. 200 m westlich der Portativgas-Fabrik auf dem Gelände der heutigen Stadtwerke an der stadtauswärts rechten Seite der Speyerer Straße. (Ausschnitt aus: „Führer im Wald der Stadt Heidelberg". Heidelberg, Ernst Mohr ca. 1871. Lithografie von H. Herbst nach einer Zeichnung von E. Kraeuterl; erweiterte Kopie nach der Zeichnung von Geometer Schifferdecker 1851. Kurpfälzisches Museum Heidelberg, Inv.-Nr. S 10669)

auch ablehnend auf den nicht gerade seriösen Vorschlag, einfach den Vertrag anzupassen und mehr Gas abzunehmen. Um auf die vereinbarten Werte zu kommen, baute die RGG deshalb in alle Straßenlaternen schwächere Brenner ein, wodurch die Beleuchtung natürlich noch schlechter wurde. Dementsprechend verschärfte sich der Ton im gegenseitigen Umgang, zumal nach einer im Januar 1854 von der Stadtverwaltung organisierten Informationsveranstaltung erste Privatkunden begannen, die Zahlung wegen angeblich mangelhafter Qualität des Gases zu verweigern.[46] Kein halbes Jahr nach Inbetriebnahme des Gaswerks war in Heidelberg jedermann der Meinung, der Abschluss sei ein großer Fehler gewesen. Dass der als Autorität zu Rate gezogene Robert Bunsen (1811–1899) die vorgesehene vergleichende photometrische Messung von Öl- und Gaslicht vor Ort („am Eingang jeder Straße", wie der Vertrag formulierte) als praktisch „nicht ausführbar" und damit die Formel „ein Drittel bessere Beleuchtung durch das Gas gegenüber dem Öl" als nicht verifizierbar erklärte, komplizierte die Sache weiter.[47] Als die Streitigkeiten mit der Stadtverwaltung eskalierten, trat Direktor Doer im Februar 1854 ab und zog sich als Rentier nach Baden-Baden zurück, blieb aber mit seinem bedeutenden Anteil Aktionär der Gesellschaft. Auch das Personal vor Ort wechselte in der Folgezeit auffällig häufig.

Bernhard Stier

Nun bildeten Kritik am örtlichen Gaswerk und Beschwerden über Gasqualität und mangelnde Helligkeit der Straßenlaternen wie der privaten Beleuchtung in den Anfangsjahren der Gasversorgung überall ein Lieblingsthema der Lokalpresse, und Klagen kamen auch dort auf, wo das Gaslicht gut funktionierte. Im Fall Heidelberg deutet aber alles darauf hin, dass tatsächlich massive Mängel bestanden. Die Ursachen lagen zum einen in den überzogenen Erwartungen hinsichtlich des Preis-Leistungsverhältnisses, die das Angebot geweckt hatte, und in den unklaren Bestimmungen des Vertrags, denn mit der vereinbarten Gaslieferung ließ sich keine vernünftige Straßenbeleuchtung erzielen. Ob dabei eine gezielte Irreführung vorlag, ist aus rückschauender Perspektive kaum noch zu entscheiden, denn einerseits hatte die RGG beim Abschluss den irreführenden Eindruck erweckt, dass man für den alten Preis eine deutlich verbesserte Beleuchtung erhalten könne, andererseits leistete sie sich kostspielige Fehler im Vertrag, die auf sie selbst zurückfielen, wie z.B., für jede Straßenlaterne einen eigenen Zähler vorzusehen, oder die höchst problematische Formulierung der Prozedur für Vergleichsmessungen (s.o.).

Folgende technische Mängeln lassen sich aus den verschiedenen Berichten und Korrespondenzen herauslesen:[48] Druckverluste und Gaslecks, die zu penetrantem Gasgeruch in den Straßen und sogar in den Häusern, zu Schäden an Straßenbäumen und zur Verseuchung von Erdreich und Brunnenwasser führten; mangelhafte Reinigung und Trocknung des Gases, daraus folgend Kondensation von Kohlenwasserstoffverbindungen und Wasser in den Leitungen; Verstopfen bzw. Einfrieren bei Kälte und dadurch insgesamt unzuverlässiges und ungleichmäßiges Licht. Dabei muss natürlich davon ausgegangen werden, dass die Betroffenen eher übertrieben, während die Betreiber des Gaswerks zu beschwichtigen suchten und um Ausreden nicht verlegen waren. Aber es war nicht zu übersehen, dass das Unternehmen sein Metier nur mangelhaft beherrschte. Wie oft sich Ingenieur Michiels in Heidelberg aufhielt und ob er überhaupt vor Ort erschien, ist nicht zu rekonstruieren. Jedenfalls engagierten Ladenburg und Doer bereits Ende 1851 mit John Tebay einen weiteren, aber in der Region ansässigen englischen Gas-Techniker – nur um diesem später die Schuld daran zuzuschieben, dass die „ausgeführte Röhrenleitung sich leider so ungewöhnlich mangelhaft erwies".[49]

## Prozesse

Auch das Vorgehen in der folgenden Auseinandersetzung wirft kein gutes Licht auf die Gesellschaft: Der Vorschlag vom Frühjahr 1854, für eine verbesserte Straßenbeleuchtung nicht nur die Abnahmemenge für die Stadt, sondern auch den Preis für das Privatgas auf fünf fl zu erhöhen, sollte die Angelegenheit auf Kosten der Kunden bereinigen. Das kam dem Eingeständnis gleich, dass Ladenburg & Co. ihre Versprechungen nicht halten konnten – und die „Badische" mit ihrer vorausschauenden Kritik Recht behalten hatte. Im Juni lehnte der Bürgerausschuss den Vorschlag gegen das Votum von Bürgermeister Karl Michael Anderst (1785–1861) ab, der erkannte, dass der Ansatz für die Straßenbeleuchtung zu knapp gewesen war, und deshalb die Einigung befürwortete, auch wenn sie den Privatkunden-Preis auf das Mannheimer Niveau anheben würde.[50] Begleitet von ständigen Klagen über die Beleuchtung und immer neuen Vorschlägen und Vermittlungsversuchen[51] zog sich die Angelegenheit noch einige Monate hin, während das Oberamt immer deutlicher seine Unzufriedenheit mit der „wirklich bedauerlichen Beleuchtung" äußerte.[52] Als im November 1854 eine Gasprobe nur 50 Prozent der versprochenen Leuchtkraft erbrachte und auch eine letzte Verhandlungsrunde den „erbärmlichen Zustand der Gasbeleuchtung" nicht verbessern konnte, ließ die Stadtverwaltung den Streit eskalieren: Im Februar 1855 beauftragte sie den Universitätsmechaniker und Instrumentenbauer Peter Desaga (1812–1879), systematische Gasproben bzw. Lichtstärkenmessungen durchzuführen, veröffentlichte in der Zeitung die Ergebnisse inklusive Berechnung des Wert-Abschlags – was quasi einer Aufforderung zur Zahlungsverweigerung gleichkam – und nahm entsprechend Abzüge an der monatlichen Gasrechnung vor.[53] Etliche Privatkunden schlossen sich dem Protest an und behielten ebenfalls Teile der Gasrechnung ein.[54] Die „Rheinische" widersprach öffentlich, legte eigene Messergebnisse vor, welche – wie hätte es auch anders sein können – den geforderten Standard sogar übertrafen, und klagte schließlich gegen den Rechnungseinbehalt. In diesem Schiedsgerichtsverfahren[55] brachte die Stadt alle Beschwerden auf den Tisch, die sich mittlerweile aufgestaut hatten: die schlechte Gasqualität und die nicht vertragsgemäße Lichtstärke, die Kritik am Missbrauch des Installationsmonopols für die Hausanschlüsse, die an etlichen Stellen immer noch nicht erfolgte Wiederherstellung des aufgerissenen Straßenpflasters und schließlich den ausstehenden Bau des vereinbarten zweiten Gasometers. Für die RGG antwortete Leopold Ladenburg; er war als Rechtsanwalt mit Zulassung am Oberhofgericht in Mannheim in solchen Dingen versiert und als Mitaktionär persönlich interessiert. In seinen Schriftsätzen bestritt er alles, was zu bestreiten war, und dazu noch einiges mehr: die Eindeutigkeit der vertraglichen Bedingungen, das Recht der Stadt zur Beleuchtungskontrolle und zur Veröffentlichung der Resultate, die persönliche Qualifikation von Desaga und schließlich die bei der Prüfung von der Stadtverwaltung verwendeten, angeblich nicht normgerechten Vergleichskerzen. Der Gemeinderat, so das Fazit des Gegenangriffs von Ladenburg, „läßt hinter dem Rücken der Gesellschaft Kerzen verfertigen, läßt mit diesen Kerzen Gasproben anstellen, veröffentlicht das Resultat mit dem Beisa[t]z, diese Proben verdienen vollen Glauben, he[t]zt dadurch alle Privat-Consumenten auf"[56].

Am Ende war die Stadt in allen Punkten erfolgreich, musste aber die einbehaltenen Beträge nachzahlen.[57] Allerdings hatte auch das Schiedsgericht keine endgültige Lösung für das Problem der Lichtmessung und konnte nur die Einigung auf eine gemeinsame Referenzkerze vorschlagen. Das Verhältnis zwischen Stadt und Unternehmen wurde in den folgenden Jahren weder besser noch klarer, weil die Verwaltung auf einzelne Forderungen aus dem Urteil wie z.B. auf die unsinnige Bestimmung „jeder Straßenlaterne ihren eigenen Gaszähler" (s.o.) dann doch wieder verzichtete oder hinnahm, dass der zweite, 1857 endlich hergestellte Gasbehälter trotz einer 1859 erfolgten Mahnung drei Jahre später immer noch nicht betriebssicher und abgenommen war.[58] Vor allem aber war das Grundproblem der schwachen Straßenbeleuchtung nicht behoben. Über die einzig sinnvolle Abhilfe, den Mehrbezug an Gas, wurde seit 1862 erneut und beinahe zehn Jahre lang verhandelt,[59] weil sich Stadt und RGG nicht

Bernhard Stier

über den Preis einigen konnten und letztere die Verhandlungen plötzlich mit der ange-
strebten Verlängerung des 1877 auslaufenden Vertrags verknüpfte. Daraus entstand
prompt ein neuer Streit, denn mittlerweile hatte sich die Stimmung in den Gremien
zugunsten einer möglichst baldigen Kommunalisierung gedreht, während die RGG das
Gaswerk unbedingt behalten wollte, weil es sich mittlerweile ausgezeichnet rentierte.
Erst 1871 kam ein Zusatzvertrag über die reichlich bescheidene Menge von 600.000
Kubikfuß jährlich zu einem nun marktgerechten, d.h. den ungefähren Grenzkosten der
Erzeugung entsprechenden Preis von 1 fl 45 xr für das Tausend zustande.

## Der „Gas-Streik" von 1868

Die ständigen Auseinandersetzungen über Gasqualität und Preise beeinträchtigten
auch die Beziehung des Unternehmens zu seinen Kunden; allerdings verbreitete sich
offenbar unabhängig davon die Nutzung des Leuchtgases immer weiter. 1863 scheiter-
ten zwei Versuche, eine eigene, von der RGG unabhängige Gaserzeugung aufzubauen,
am sicherheitspolizeilichen Einspruch der Bahnverwaltung bzw. am Wegemonopol der
RGG.[60] Die Spannungen, in deren Zentrum immer der Gaspreis stand, eskalierten zu
Beginn des Jahres 1868, aber diesmal lagen die Ursachen nicht in Heidelberg: Auslöser war die Konkurrenz des US-amerikanischen Petroleums, das seit Mitte der 1860er-
Jahre in großen Mengen billig auf den Markt kam und seit 1865 zollfrei nach Deutschland importiert werden durfte.[61] Dieses aus Erdöl destillierte Leuchtmittel entwickelte
sich zu einem ernsten Konkurrenten für das Gas, und angesichts des Kostenvorteils
waren immer mehr Kunden bereit, auf die Vorteile des leitungsgebundenen Energie-
trägers zu verzichten, oder sie versuchten, die Gaswerke zu Preisnachlässen zu bewegen. Im Januar 1868 kam es deshalb zu einer landesweiten Protestwelle gegen die
Preispolitik der Gaswerke und zu einem regelrechten „Gas-Streik". Er begann in Mannheim, griff umgehend auf Heidelberg und andere Städte in Baden und in Süddeutsch-
land über und gelangte im Laufe des Jahres sogar zu nationaler Bekanntheit.[62]

Während die Mannheimer Aktivisten ihr Ziel rhetorisch scharf und mit der direkten Aktion der Konsumverweigerung angingen, bemühten sich die Heidelberger zunächst um einen konzilianten Ton:[63] Es sei „vorerst noch wünschenswerth, nicht auf
dem Wege der Selbsthülfe vorzugehen", sondern „in freundschaftlicher Weise" zu
einer Einigung zu kommen, so die Initiative, die sich bald „Comité der Gasconsumenten" nannte und zunächst von Universitätsprofessoren und Vereinsvorständen, später
von Otto Kühn (1829–1878), dem Betreiber des Hotels Schrieder, geleitet wurde. Die
aufmüpfigen Kunden ließen keinen Zweifel daran, dass sie eine deutliche Preissenkung vor allem für ‚Normalverbraucher' erwarteten und sich mit bloßer Tarifkosmetik
oder mit Rabatten für Großkunden nicht zufriedengeben, im Weigerungsfall auch zur
‚Selbsthülfe' greifen, d.h. zum Petroleum bzw. zum neuen Verfahren der eigenen Öl-
gaserzeugung übergehen oder die Zahlungen an das Gaswerk verweigern würden. Die
zunächst geforderten drei Gulden entsprachen zwar ungefähr den Kosten der Petro-
leumbeleuchtung,[64] berücksichtigten jedoch nicht die Vorteile der Handhabung beim
Gas und die Tatsache, dass diesen Preis nur die modernsten und rentabelsten Gaswerke bieten konnten, zu denen Heidelberg mit Sicherheit nicht gehörte. Nach mehreren

Verhandlungsrunden, in denen die „Rheinische" keine gute Figur machte und gegen die Macht von Öffentlichkeit und Presse nur hinhaltenden Widerstand leisten konnte, einigten sich die Parteien – ebenso wie in Mannheim – auf einen neuen Preis von 3 fl 45 xr und den Wegfall der Zählermiete.[65] Das war ein akzeptables Ergebnis: ein Nachlass von etwa 17 Prozent auf den Arbeitspreis, der bei kleineren Verbrauchern durch den Wegfall der Zählergebühr noch etwas höher lag. Aber auch für die Gasgesellschaft war die Aktion – so paradox es klingen mag – ein Erfolg, denn in den folgenden beiden Geschäftsjahren stieg der Gasverkauf um mehr als ein Viertel an, so dass die Skaleneffekte der Produktion den Preisnachlass mehr als kompensierten.

**Aufforderung**
an alle
**Gas-Consumenten Heidelbergs.**
Wir fordern hiermit sämmtliche Gas-Consumenten auf, zu einer wichtigen Besprechung ihrer Interessen in der Gasangelegenheit
Montag den 11. d. M., Abends präcis 8 Uhr, im Gartensaale der Harmonie sich einzufinden und rechnen der Wichtigkeit des Gegenstandes wegen, auf eine allgemeine Betheiligung.
**Das Comité der Gas-Consumenten.**

**Rheinische Gasgesellschaft.**
In Folge des gestrigen Beschlusses der General-Versammlung wird vom 1. Juli d. J. an der Gaspreis von 4 fl. 30 kr. auf Drei Gulden 45 kr. per 1000 C.' herabgesetzt, außerdem auch die Uhrenmiethe nicht weiter mehr erhoben.
Mannheim, den 26. Mai 1868. **Der Verwaltungsrath:**
Dr. Ladenburg. W. Köster.

Gasstreik: Unter dem Druck des Verbraucherprotests musste die Gasgesellschaft die Preise senken. (Heidelberger Journal, 10. und 29. Mai 1868)

## Das Gaswerk im Alltag: Erzeugung und Verbrauch, finanzielle Ergebnisse

Die Quellenlage zum Betrieb des Gaswerks ist bei weitem nicht so dicht wie zu den Streitigkeiten zwischen Betreiber und Stadtverwaltung, weil kein Firmenarchiv erhalten ist und damit alle internen Unterlagen fehlen. Hinzu kommt, dass sich das Unternehmen angesichts seines – wie noch zu zeigen sein wird – wirtschaftlichen Erfolgs mit der Publikation von Zahlen erkennbar zurückhielt, um nicht den Kritikern auch noch die Argumente zu liefern. Erst der 1858 zunächst als Kassierer eingestellte, später als Direktor amtierende Wilhelm Franz Riedel (1821–1899) setzte sich über die „veraltete irrige Ansicht des Verwaltungsraths hiesiger Gesellschaft" hinweg, „dass ich über die Betriebsresultate des Gaswerks überhaupt keine Mittheilungen in die Öffentlichkeit gelangen lassen solle".[66]

Das Hauptproblem bestand in den vergleichsweise hohen Anlagekosten von mindestens 200.000 fl.[67] Wenn man als Ersatz für die nirgends überlieferten Angaben zur maximalen Kapazität die Zahl der Retorten zur Gaserzeugung (20) und die Produktion der Anfangsjahre (1855 ca. 7,5 Mio. c') zugrunde legt, zeigt sich, dass das Gaswerk in Mannheim, das 1851 mit ca. 200.000 fl etwa gleichviel gekostet hatte, doppelt so groß war und auch doppelt so viel Gas erzeugte (40 Retorten, 1854/55 ca. 14,5 Mio. c').

Ursache waren zum Teil die ungünstige Lage ca. 2 Kilometer entfernt vom Mittelpunkt des Versorgungsgebiets (angenommen auf halber Strecke zwischen Mannheimer Tor und Karlstor, d.h. ungefähr am Universitätsplatz), sicher auch die Verzögerungen, vor allem aber – was sich offenbar schnell herumgesprochen hatte und von der Stadtverwaltung nur hinter vorgehaltener Hand zugegeben wurde – eine fehlerhafte „Anlage der Einrichtungen welche mehr auf unhaltbaren Theorien, als praktischen Erkenntnißen beruhten".[68] Konkrete Schwachpunkte und Mehrkosten wurden allerdings nicht genannt.

Wenn das Gaswerk auf längere Sicht dennoch zu einem wirtschaftlichen Erfolg wurde, lag das daran, dass es gelang, Kundenzahl, Erzeugung und damit die Auslastung kontinuierlich zu steigern, während mit Ausnahme des zweiten Gasbehälters offenbar keine weiteren Investitionen vorgenommen wurden: Im Sommer 1853 waren neben den 272 Straßenlaternen erst etwa 2.500 „Privatflammen" angemeldet,[69] während Mannheim (631 Straßenlaternen) 6.000 Flammen angab und in Wirklichkeit deutlich mehr besaß – auch Engelhorn machte ein großes „Geschäftsgeheimniß" aus dieser wichtigen Kennzahl. Die Anschlussquote, mangels anderer Daten aus der Zahl der Gasmesser bezogen auf die der Haushalte berechnet, stieg jedoch bis 1868 auf knapp 20 Prozent und war zu diesem Zeitpunkt höher als etwa in Karlsruhe. Zehn Jahre später lag sie bei fast 25 Prozent und damit ähnlich hoch wie in den beiden größten Städten des Landes.[70] Dementsprechend stieg die Gaserzeugung zunächst langsam, seit Ende der 1850er-Jahre dann stärker an. 1868/69 erreichte sie 22,5 Mio. c' und 1876/77, im letzten Betriebsjahr unter der Regie der RGG, knapp 40 Mio. c' (ca. 1,1 Mio. m³). Damit lag Heidelberg ungefähr gleichauf mit Pforzheim (1,2 Mio.), deutlich über Freiburg (0,7 Mio.) und kam auf 60 Prozent der Mannheimer Gasproduktion (1,9 Mio.) sowie auf die Hälfte der Produktion von Karlsruhe (2,3 Mio.). Was die Verbrauchsdichte anging (knapp 50 m³ je Einwohner und Jahr) erreichte es in etwa die großen Zentren des Landes (Pforzheim ca. 54, Karlsruhe 53) und übertraf sogar Mannheim (40). Ursache war die für Gasverwendung günstige ‚gehobene' Sozialstruktur Heidelbergs bei einer gleichzeitig erheblichen Bedeutung des gewerblichen Sektors. Hinzu kamen mit den beiden Bahnhöfen, der Universität einschließlich des Akademischen Krankenhauses[71] sowie der Museums- und Harmonie-Gesellschaft große öffentliche Einrichtungen bzw. Vereine als Kunden, während in Mannheim die Eisenbahn nicht vom (seit 1873) städtischen Gaswerk, sondern von einem privaten Konkurrenzunternehmen beliefert wurde. Spätestens in den 1870er-Jahren hatte das Leuchtgas seinen Platz im Alltag und im privaten Haushalt erobert, und auch eine neuerliche Verteuerung des Gases infolge des Booms der Gründerjahre und der steigenden Kohlenpreise konnte diese Entwicklung nicht aufhalten. Dementsprechend ging der prozentuale Anteil der nur sparsam erweiterten Straßenbeleuchtung gegenüber dem „Privat-Konsum" immer mehr zurück und fiel auf unter 20 Prozent der Gasabgabe.

Zwar ist auch über die Bilanzierung des Unternehmens und vor allem über seine Abschreibungspolitik nichts bekannt, aber die wenigen veröffentlichten Zahlen zeigen, dass sich die Gasversorgung der Stadt zu einem glänzenden Geschäft entwickelte. Es ließ den Ärger der Anlaufphase bald vergessen – jedenfalls für die Aktionäre der „Rheinischen": Immerhin zahlte sie bereits in den ersten, noch schwierigen Jahren fünf und 1860 schon zehn Prozent Dividende. Anfang 1863 lag der Kurs der Aktie deshalb bei

Marktplatz mit Rathaus 1881. Gaslaternen sind zu erkennen am Brunnen und am Eingangsportal des Rathauses, vor dem Hotel Prinz Carl, auf dem Karlsplatz sowie am Eingang der Fischergasse. (Universitätsbibliothek Heidelberg, Grafische Sammlung, Signatur A 791)

stolzen 142 Prozent.[72] Obwohl zwischenzeitlich eine Kapitalerhöhung stattgefunden hatte, stieg die Dividende 1864 auf 20 Prozent und trotz der Preissenkung aufgrund des Streiks für 1869/70 sogar auf 30 Prozent. In den folgenden Jahren setzte sich die gute Entwicklung fort, zumal die Gesellschaft das Werk nur noch auf Verschleiß und kurzfristige Ertragsmaximierung fuhr. Konkrete Zahlen veröffentlichte das Unternehmen nach dem 1871 erfolgten Ausscheiden des auskunftsfreudigen Direktors allerdings nicht mehr.

## Ein letzter Konflikt: der Übergang des Gaswerks an die Stadt

Vor dem Hintergrund der Kommunalisierungsbewegung in der Gasindustrie, die in den späten 1860er-Jahren einsetzte und in der sich kommunalpolitische und fiskalische Motive vermischten,[73] sowie nach den vielen Streitigkeiten,[74] nicht zuletzt auch angesichts der Dividenden, die das Heidelberger Werk abwarf, war es wenig wahrscheinlich, dass die Stadt den Vertrag erneuern würde. Vorausschauend empfahl die städtische Beleuchtungskommission bereits im Sommer 1873, die Verhandlungen einzuleiten, wobei klarzustellen sei, „daß eine Verlängerung des Vertrags mit der rheinischen Gasgesellschaft unter keinerlei Umständen stattfinden wird. Wir glauben, daß mit einem solchen Beschluß unsere Aufgabe wesentlich erleichtert werden wird, weil bei den Actionären der Rheinischen Gasgesellschaft, wie wir Ursache haben anzunehmen, die Vertragsverlängerung immer noch für möglich gehalten wird".[75] Prompt entstand ein neuer Streit, als die im Januar 1874 mit zwei Bevollmächtigten ausgehandelte Vereinbarung vom Verwaltungsrat der Gesellschaft gekippt wurde. Offenbar war dieser entschlossen, am Gaswerk festzuhalten.

Als Schwachpunkt aus Sicht der Verwaltung erwies sich jetzt, dass der Vertrag von 1851 nur eine Verpflichtung der Stadt zur Übernahme, für die Mannheimer Gasunternehmer aber keine explizit formulierte Verbindlichkeit zur Herausgabe des Werks enthielt. Die Stadtverwaltung, die ja Vorsorge treffen musste, kam dadurch in die Zwangslage, dass sie beim Auslaufen des Vertrags, wenn sie nicht bald etwas unternahm, möglicherweise „kein Gaswerk oder zwei Gaswerke" hätte, wenn sie ein eigenes errichten und dann – dem Vertrag entsprechend – noch das bestehende übernehmen müsste. Das brachte die „Rheinische" in die komfortable Position, an dem von ihr aufgerufenen Preis von 250.000 Talern (750.000 M bzw. 437.500 fl), zu dem sie gern verkaufen wollte und ein gutes letztes Geschäft machen würde, festzuhalten und ansonsten einfach auf Zeit zu spielen. Die von Gutachter Conrad Lang (1827–1881), Direktor des Karlsruher Gaswerks, im Auftrag der Stadt erstellte Schätzung über 302.780 fl lehnte die RGG unter Verweis auf den nicht berücksichtigten Firmenwert und die immense Aufbauleistung ab. Dabei vergaß sie nicht, nochmals an den „bekannten Strike" von 1868 zu erinnern.[76] Nach einem letzten Schlagabtausch – Verweigerung der Herausgabe des Werks, Drohung der Stadt mit dem Neubau eines eigenen Gaswerks, leichte Verbesserung des Angebots – ging die Anlage zum 1. Oktober 1877 für 340.500 fl (ca. 583.700 M) zuzüglich des Werts vorhandener Vorräte an Kohlen und Koks sowie des Installationsmaterials, der Laternen und des Leitungsnetzes (ca. 79.500 fl bzw. 136.300 M) und unter tagesgenauer Ablesung aller Zählerstände in das Eigentum der Stadt über.[77] Die Rheinische wurde nach der Abgabe ihres ersten und einzigen Gaswerks umgehend liquidiert. Einen letzten Prozess um Nachforderungen aus dem Kaufvertrag in Höhe von ca. 14.000 M, der bis vor das Reichsgericht in Leipzig ging, entschied sie 1880 für sich.[78]

## „Städtisches Gaswerk Heidelberg" – Ausblick

Die seit 1878 erstellten Jahresberichte[79] geben detaillierten Aufschluss über die weitere Entwicklung des nunmehr städtischen Gaswerks und bestätigen dabei rückblickend auch die finanziellen Ergebnisse aus der Zeit der „Rheinischen": Im ersten, 15 Monate umfassenden Geschäftsjahr (Oktober 1877 bis Dezember 1878) erzielte es bei Umsatzerlösen von 377.000 M einen Rohüberschuss von 200.000 M und einen Reingewinn von knapp 130.000 M nach Abschreibungen, Zinsen und Amortisation. Zugleich wurde aber deutlich, dass die Anlage erheblich verschlissen und nicht mehr auf dem aktuellen technischen Stand war. Unter Leitung des neu eingestellten Direktors Friedrich Eitner (1838–1901) begann sofort eine gründliche Modernisierung, u.a. mit Errichtung eines dritten Gasometers und Einbau eines „Exhaustors" zur Gasabsaugung aus den Retorten. Diese Maßnahmen verbesserten Effizienz und Ergebnisse deutlich, sodass trotz allmählicher Senkung der Gaspreise die Ablieferungen an die Stadtkasse kontinuierlich anstiegen. 1881 wurde im damals noch selbstständigen Neuenheim die

Gasbeleuchtung eingeführt. Zu Beginn der 1890er-Jahre überschritt die jährliche Erzeugung 2 Mio. Kubikmeter, im Jahr 1900 betrug sie 3,7 Mio.; dementsprechend waren laufende Erweiterungen erforderlich. Auch die Inbetriebnahme des städtischen Elektrizitätswerks im Juli 1900 unterbrach diesen Aufstieg nicht, denn während der elektrische Strom noch lange Zeit teure Repräsentationstechnologie blieb, war das Gas im Alltag unverzichtbar. Es wurde nun zunehmend bei der Wärmeerzeugung verwendet und fand zur Beleuchtung und zum Kochen auch bei den einfachen Leuten Verwendung.

Der Münz-Gaszähler („Gas-Automat") als typisches Instrument dieser ‚Gasifizierung' des Unterschicht-Haushalts wurde in Heidelberg allerdings erst 1913 und damit vergleichsweise spät eingeführt. Dagegen gehörte das städtische Gaswerk zu Beginn des 20. Jahrhunderts zu den ersten, welche die Möglichkeiten des regionalen Verbundbetriebs erkannten und nutzten (Anschluss von Handschuhsheim, Ziegelhausen und Schlierbach 1903; Eppelheim und Wieblingen 1908; Rohrbach 1912). Der Erfolg ließ sich an der Gaserzeugung wie in der Bilanz ablesen: Im Rekordjahr 1913 (8 Mio. m³) erzielte das Werk bei einem Umsatz von 1,4 Mio. Mark aus Gasverkauf, Nebenprodukten und Installation einen Reingewinn in Höhe von ca. 315.000 M; das waren ca. sieben Prozent der ordentlichen städtischen Einnahmen.[80] Das Gaswerk arbeitete derart erfolgreich, dass trotz ständiger Erweiterungen die Leistungsgrenze erreicht wurde und weitere interessierte Gemeinden vorerst nicht mehr angeschlossen werden konnten. Versuche des Stinnes-Konzerns bzw. von dessen „Oberrheinischer Eisenbahn-Gesellschaft" (OEG), die Heidelberger Gasversorgung zu übernehmen, die Stadt aus einer neu anzulegenden Großkokerei in Mannheim-Rheinau zu beliefern und auf diesem Weg den regionalen Markt für Energie und Nahverkehr in die Hand zu bekommen, konnten die Stadtwerke angesichts ihrer erfolgreichen Tätigkeit leicht abwehren. Stattdessen wurde im Mai 1913 der Bau eines neuen Gaswerks beschlossen. Da im Bergheimer Gewerbegebiet keine weiteren Ausbaumöglichkeiten vorhanden waren und bereits damals die Verlegung des Bahnhofs mit anschließender Neugestaltung des ganzen Stadtteils in Planung war, wurde es im Brunnengewann an der Eppelheimer Straße (heute Stadtteil Pfaffengrund am Standort der Stadtwerke) gebaut. Wegen kriegsbedingter Knappheit an Material und Arbeitskräften sollte es allerdings erst im Herbst 1915 den Betrieb aufnehmen.

## Anmerkungen

1    Überblick: Bernhard Stier: Leuchtgas aus Steinkohle. Entstehung und Entwicklung der Gasindustrie in Baden 1845–1914, erscheint in: Zeitschrift für die Geschichte des Oberrheins (ZGO) 171 (2023). Zur Geschichte der Gasindustrie in Deutschland sowie zur Technik der Gaserzeugung: Wolfgang Wehrmann: Die Entwicklung der deutschen Gasversorgung von ihren Anfängen bis zum Ende des 19. Jahrhunderts, Diss. Köln 1958; Johannes Körting: Geschichte der deutschen Gasindustrie. Mit Vorgeschichte und bestimmenden Einflüssen des Auslandes, Essen 1963; Akos Paulinyi, Ulrich Troitzsch: Mechanisierung und Maschinisierung 1600 bis 1840 (Propyläen Technikgeschichte, Bd. 3), Berlin 1997, S. 423–428; Franz-Josef Brüggemeier, Heinrich Theodor Grütter, Michael Farrenkopf (Hgg.): Das Zeitalter der Kohle. Eine europäische Geschichte, Essen 2018. Für wertvolle Hinweise danke ich besonders Diana Weber, Stadtarchiv Heidelberg, daneben Markus Enzenauer, MARCHIVUM Mannheim, und Josua Walbrodt, Kurpfälzisches Museum Heidelberg.

2 Karl Mitsch: Gemeinde-Betriebe der Stadt Heidelberg, Diss. Heidelberg 1914, S. 11–46; Wilhelm Veith: Das Gaswerk Heidelberg. Seine Entstehung und Entwicklung in 60 Jahren, Heidelberg 1914; Herbert Gätschenberger: Die Entwicklung der städtischen Werke Heidelberg und ihre Aufgaben unter besonderer Berücksichtigung der Konkurrenzproblematik mit der Privatwirtschaft, maschinenschriftl. Diplomarbeit, Universität Heidelberg 1954, S. 1–23; das benutzte Exemplar: Stadtarchiv Heidelberg [StAH], B 347m.

3 An erster Stelle das „Journal für Gasbeleuchtung und verwandte Beleuchtungsarten" 1 (1858) ff. [JfG] mit den 1875 und 1889 als Anhang dazu erschienenen General-Registern; dazu „Statistische Mittheilungen ueber die Gas-Anstalten Deutschlands" 1 (1862) ff. [Statistik].

4 StAH, Protokoll Engerer Ausschuss [EA] 18.1.1845, Nr. 38; Protokoll Gemeinderat [GR] 17.3.1845, Nr. 582; die Ausschreibung vom Herbst 1846: Heidelberger Journal [HDJ] 5.9.1846.

5 EA 15.1.1847, Nr. 28; GR 11.2.1847, Nr. 382; 15.2.1847, Nr. 407; 16.2.1847, Nr. 410; EA 23.2.1847, Nr. 74; GR 11.3.1847, Nr. 533. Der von den Bewerbern auszufüllende Vordruck des Vertragsentwurfs: StAH, UA 251/6a. Zur Gasversorgung von Karlsruhe: Nina Rind, Manfred Weiß: Stadtleuchten. Geschichte der Karlsruher Straßenbeleuchtung, Karlsruhe o.J. [2016], S. 21ff.

6 Der Vertrag mit dem nun von Heinrich Fries (1811–1857) geführten Bankgeschäft seines im März 1847 verstorbenen Vaters ist bis auf die Information, dass das Vorhaben Investitionen von mindestens 140.000 fl erforderte, nicht erhalten; die Bedingungen (250 Laternen à 21 fl; Privatgaspreis 6 fl 30 xr) lassen sich jedoch aus dem Angebot von Pfaltz vom 25.6.1850 (s.u., Anm. 18) rekonstruieren. Beschlussfassung: GR 4.11.1847, Nr. 1987; EA 9.11.1847, Nr. 318; Großer Bürgerausschuss [GA] 29.12.1847, hier die Angabe der 140.000 fl.

7 Herbert Derwein: Heidelberg im Vormärz und in der Revolution 1848/49. Ein Stück badischer Bürgergeschichte, Heidelberg 1958, S. 36, 41f.

8 „Die Gasbeleuchtung I.", HDJ 19.12.1847. Winters Empörung über die „im hiesigen Journal enthaltenen Lügen Artikel über die Gasbeleuchtung" [gemeint ist dieser sowie der ebenfalls kritische Artikel „Die Gasbeleuchtung für hiesige Stadt" vom selben Tag]: GR 3.1.1848, Nr. 17.

9 GA 29.12.1847, S. 647.

10 GR 11.2.1847, Nr. 382; dazu: HDJ 17.2., 18.2., 21.2., 26.2., 3.3.1847. Zum Verhältnis zwischen Winter und Bissing: Derwein: Heidelberg (wie Anm. 7), S. 49, 52ff.; hier auch die Szene im Gemeinderat vom 11.2.1847.

11 Die Darstellung von Veith: Gaswerk (wie Anm. 2), S. 3f. folgt dem Leserbrief im HDJ vom 13.7.1850 (s.u., Anm. 18). Akten dazu konnten keine gefunden werden.

12 Zu Koester, Smyers, Engelhorn und ihren Mannheimer Gas-Unternehmen: Hans Schröter: Friedrich Engelhorn. Ein Unternehmer-Porträt des 19. Jahrhunderts, Landau 1991, S. 35–39; Sebastian Parzer: Die frühen Jahre von Friedrich Engelhorn (1821–1864). Schüler, Goldschmied, Kommandant der Bürgerwehr und Gasfabrikant, Worms o.J. [2011], S. 35–39.

13 GA 29.12.1847, S. 648: Es sei neben dem Angebot von Fries nur noch „eine Offerte zum Apparate einer Gasbeleuchtung reitung [sic – B.S.] gemacht worden, nicht aber wegen Röhren, Laternen etc. wes wegen wir dieses Offert nicht brauchen können." Der Name wurde nicht genannt; Akte dazu konnte nicht aufgefunden werden. Vgl. jedoch den Artikel „Gasbeleuchtung", HDJ 29.12.1847, der auf einen „Ingenieur der priv. Gasapparat-Gesellschaft" in Mannheim und dessen verbesserte Methode der Gaserzeugung verwies.

14 Konzessionsgesuch vom 17.9.1848 und Übersendung der Baupläne am 21.9.1848; Zustimmung von Baukommission und GR vom 9.10.1848: StAH, UA 87/1. Die Genehmigung des Oberamts vom 18.10.1848: Ebd., UA 147/4 I. Der Grundstückskauf: StAH, Grundbuch Bd. 36 (1848), S. 534–537 (14.11.1848). Zu Pfaltz: Adreß-Kalender sämmtlicher Bewohner der Stadt Heidelberg [Adressbuch] für 1850, Heidelberg 1850, S. 61, sowie Auskunft Institut für Stadtgeschichte Frankfurt am Main (4.5.2023) und Haus der Stadtgeschichte Offenbach am Main (9.5.2023).

15 Baukommission an GR 15.11.1848; Vermerke Bürgermeisteramt [BMA] 20.11., 24.11., 5.12.1848, StAH, UA 87/1.

16 HDJ 28.11.1848. Lt. Annonce wurden die Apparate von Koesters Mannheimer Gasapparate-Fabrik geliefert. Alleiniger verantwortlicher „Gerant" (Geschäftsführer) der „Commandit-Aktiengesellschaft" von Pfaltz, Koester und Smyers-Wiliquet war Pfaltz. Die Vorführung bei Flaschner Roth: HDJ 13.1.1849.

17 Vertrag der „Gasbereitungsgesellschaft Pfaltz & Cie." mit der Bahn- und Postverwaltung 21.11.1850, StAH UA 251/6a; in UA 249/1 ein weiteres Exemplar sowie alle folgenden Verträge der Rheinischen Gasgesellschaft (s.u.) mit der Bahnverwaltung.

18 Antrag Pfaltz 25.6.1850 und ablehnender Vermerk Speyerer 12.8.1850, StAH UA 251/6a; GR 1.7.1850, Nr. 3157, und 12.8.1850, Nr. 3898. Das Zitat aus dem Leserbrief: HDJ 13.7.1850, danach auch die Darstellung bei Veith: Gaswerk (wie Anm. 2), S. 4.

19 Subskription: GR 26.2.1851, Nr. 399; HDJ 2.3.1851. Die Ausschreibung: EA 31.3.1851, Nr. 157; HDJ 4.4.1851 und 10.4.1851; Frankfurter Journal 5.4.1851 und 12.4.1851, jeweils 2. Beil.; Karlsruher Zeitung 5.4.1851. Vgl. den Bericht im Mannheimer Journal 5.3.1851.

20 EA 8.7.1851, Nr. 295: Doer & Comp., Mannheim; Clément Leprince, Düsseldorf; Spreng, Sonntag & Engelhorn, Mannheim. Angebote und Korrespondenz: StAH, UA 251/6a. Das Angebot der Fa. Neville & Goldsmid aus Den Haag war vorab ausgeschieden worden: GR 28.4.1851, Nr. 755.

21 Das Folgende: Gesellschaftsvertrag der RGG vom 18.11.1857, in: MARCHIVUM, UV0143; das gedruckte Exemplar in der Genehmigungsakte des Innenministeriums (Staatsgenehmigung am 14.12.1858): Landesarchiv Baden-Württemberg, Generallandesarchiv Karlsruhe [GLA] 236 Nr. 9749. Der ursprüngliche Gesellschaftsvertrag vom 30.9.1851 ist nur auszugsweise enthalten (s.u., Anm. 26).

22 Kaution: EA 13.10.1851, Nr. 449. Die Darlehen nach Ausweis der beiden Löschungsscheine vom 7.7.1860 (50.000 fl) und 10.12.1862 (60.000 fl), in: „Der Uebergang des Gaswerks in das Eigenthum der Stadt Heidelberg, sowie den Ankauf des Hauses von Kohlenhändler Carl Hertel betr. 1877", [SWHD, Akte „Übergang"]. Vgl. auch die Notiz über die Rückzahlung – wahrscheinlich des Darlehens über 60.000 fl – durch eine gleichzeitige Kapitalerhöhung, in: JfG 4 (1861), S. 424. Die Akten dazu mit der Staatsgenehmigung vom 30.4.1862: GLA 236 Nr. 9749: Erhöhung um 70.000 auf 200.000 fl; von den 140 neuen Aktien à 500 fl wurden 118 von den bisherigen Aktionären übernommen, 22 in Reserve gehalten. Vgl. Mitsch: Gemeinde-Betriebe (wie Anm. 2), S. 14, Anm. 1, der nur die 118 ausgegebenen neuen Aktien nennt.

23 MARCHIVUM, Polizeipräsidium (Familienstandsbögen), Doer, Joh. Simon, Zug. 8/1962 Nr. 54; GLA 239 Nr. 5733.

24 Vgl. den Hinweis in den Verhandlungen, Doer habe die von der Stadt gewünschten Änderungen erhalten und „sofort nach London mitgetheilt": Doer an BMA 31.8.1851, StAH UA 251/6a.

25 Parzer: Engelhorn (wie Anm. 12), S. 67 unter Bezug auf den Artikel im Mannheimer Journal 8.1.1851. Der Tilgungsplan: Die Gasbeleuchtung der Stadt Mannheim, Mannheim 1851, S. 8.

26 Gegenstand des Unternehmens war die „Erzeugung von Koch-[,] Leucht- und Heizgas in Baiern, Württemberg, Baden, Nassau den beiden Hessen, Frankfurt und in der Schweiz": Auszug aus dem Gesellschaftsvertrag vom 30.9.1851 als Anlage zum Vertrag mit der Stadt Heidelberg vom 6.11.1851, StAH, UA 251/6a. Für den mehrfach kolportierten Hinweis, die Kokserzeugung habe den ursprünglichen Unternehmenszweck und die Gaserzeugung nur einen Nebeneffekt gebildet – vgl. z.B. Statistik 2 (1868), S. 150 –, ließ sich kein Beleg finden; nach den Akten kann diese Ansicht ausgeschlossen werden.

27 Beispiele: Paul Warmbrunn: Findbuch des Bestandes Familien- und Werksarchiv Gebr. Gienanth-Eisenberg (Landesarchiv Speyer, Bestand T 89), Koblenz 2000, S. 43, 45. Zur „Badischen" von Spreng und Sonntag: Rind/Weiß: Stadtleuchten (wie Anm. 5), S. 31f.; Stier, Gasindustrie (wie Anm. 1).

28 EA 31.3.1851, Nr. 157. Zu Speyerers Haushaltspolitik: Derwein: Heidelberg (wie Anm. 7), S. 36, 122f.

29 Als Standardmaß in der Gasindustrie wurde in Deutschland der englische Kubikfuß (1 c' = 0,028317 m³) verwendet; die Preise wurden in fl je 1.000 c' angegeben – oft auch noch nach Einführung des metrischen Systems (1.1.1872) und nach dem Übergang zur Markwährung (1.1.1876; 1 fl = 1,7143 M). Faustformel für die Umrechnung: 1 fl/1.000 c' = ca. 6 Pf/m³.

30 Die Beleuchtung der Stadt durch Gas betr., HDJ 1.10.1851.

31 Der Preis war jedoch auf 5 fl 30 xr bzw. 5 fl zu ermäßigen, sobald 2.000 bzw. 2.500 „Privat-lichter" angemeldet waren; das war bereits vor Inbetriebnahme erreicht, so dass der Gas-preis dann tatsächlich nur 5 fl betrug. Vgl.: Die Gas-Beleuchtung der Stadt Mannheim (wie Anm. 25), S. 19.

32 Die Kontroverse: Ertheilung von Concessionen zur Gasbeleuchtung, in: Mannheimer Journal 22.7.1851 – dieser Artikel war nicht gezeichnet, nahm aber unverkennbar Partei für Mann-heim und die „Badische" –, Speyerers Vermerk vom 25.7.1851 über den „mit Gift und Galle" verfassten Leserbrief, StA UA 251/6a, sowie die anonyme, lt. GR 28.7.1851, Nr. 1191 jedoch von diesem selbst formulierte Antwort, in: HDJ 31.7.1851.

33 Angebot vom 22.9.1851, StAH, UA 251/6a: Bau auf Kosten der Stadt, aber „die Actien [ge-meint: Hypotheken – B.S.], welche die Stadt zur Bestreitung der Baukosten creirt, werden alle von uns genommen", soweit nicht Einwohner Heidelbergs Interesse hätten. D.h. das Unternehmen stellt das Kapital zur Verfügung; anschließend Rückpachtung für 35 Jahre und Verzinsung sowie Tilgung des Kapitals aus den steigenden Pachtzahlungen, so dass das Werk danach „freies Eigenthum" der Stadt sei.

34 Oberamt Heidelberg [OA] an GR 1.10.1851 und Antwort vom 2.10.1851; Beschluss der Kreis-regierung 3.11.1851. Alle Dokumente in: StAH, UA 251/6a. Spreng und Sonntag nutzten eine Unklarheit in den Bestimmungen über die Konzessionierung von Aktiengesellschaften und versuchten damit, den Vertrag und überhaupt die Gründung der „Rheinischen" für nich-tig erklären zu lassen. Vgl. Regierung des Unterrheinkreises an Innenministerium 9.8.1852, GLA 236 Nr. 5826. Dazu die – allerdings mißverständliche und teilweise falsche – Darstellung bei: Johannes Körting: Karlsruhe als Gasstadt der Frühzeit, Düsseldorf 1969, S. 22f.

35 HDJ 22.10.1851. Bei dem Artikel handelte es sich um eine Übernahme aus der Freiburger Zeitung vom 19.10.1851.

36 „Hinsichtlich der Qualität des einzuführenden Steinkohlengases, so wird solche eine vorzüg-liche seyn, indem sich die gedachte Gesellschaft der besten Kräfte in diesem Industriezweig nicht nur von Deutschland, sondern auch von England und Frankreich versichert hat und folglich alle Elemente in sich vereinigt, welche geeignet sind, den Erwartungen eines billig denkenden Publikums zu entsprechen." Angebot Joh. Simon Doer & Co. 1.7.1851, StAH, UA 251/6a.

37 Die Bitte Sonntags um ein Exemplar des Vertrags 30.10.1851: StAH, UA 251/6a; die – wohl nicht ohne Grund – abschlägige Entscheidung: EA 3.11.1851, Nr. 488. Sein Artikel: Gas-An-gelegenheiten, Mannheimer Journal 10.11.1851. Die Vergleichsrechnung: Gasangelegenhei-ten, Mannheimer Journal 21.7.1852, hier auch das folgende Zitat. Der Mannheimer Preis für die Straßenbeleuchtung: Die Gas-Beleuchtung der Stadt Mannheim (wie Anm. 25), S. 21f. (§§ 54–60).

38 RGG an Stadt 6.4.1852, StAH, UA 251/6a. Das folgende Zitat: Schreiben von ca. 30 Gaskun-den von Pfaltz an die Stadtverwaltung 21.5.1852, ebd.

39 StAH, Grundbuch Bd. 38, S. 807 (26.5.1852). Die Gründe für die Verzögerung sind unklar: Einerseits wollte die RGG die ausländischen Techniker nicht länger als nötig vor Ort belassen (RGG an GR 6.4.1852, StAH, UA 251/6a), andererseits beklagte sie Verzögerungen bei der Materiallieferung (RGG an GR 31.10.1852, StAH, UA 251/8a).

40 Zahlreiche einzelne Streitfälle, z.B. Vermerk BMA 27.1.1853 über die Pflasterarbeiten (Vor-stellung der Pflästerermeister Lang und Baierbach) und die Rechtfertigung Doers 11.2.1853 sowie Mängelliste des Stadtbaumeisters Reichard 29.11.1853: StAH, UA 251/6a; weitere Ak-ten zum Streit um die Wiederherstellung des Straßenpflasters: StAH, UA 251/8a.

41 RGG an BMA 14.9.1852, StAH, UA 251/6a. Die Grundlage bildete § 22 des Vertrags vom 6.11.1852 (wie Anm. 26); dazu die öffentliche Klarstellung der RGG: HDJ 28.9.1852. Der Pro-

test des „Lampenfabrikanten" (Adressbuch 1852, S. 80, 95) Wilhelm Wolf: HDJ 29.9.1852. Die Akten mit dem Schiedsspruch vom 22.12.1852, der die Leitungsverlegung der RGG zusprach, die Installation der Lampen aber freigab: StAH, UA 251/8a.

42  RGG an GR 26.4.1853, StAH, UA 251/6a. Zur Konventionalstrafe (100 fl/Woche) vgl. § 10 des Vertrags vom 6.11.1851 (wie Anm. 26).

43  Angesichts des lange Zeit unklaren Termins waren zur Sicherheit nochmals die Öllaternen aufgehängt worden, GR an OA 17.9.1853, StAH, UA 251/6a. Der Eröffnungstermin ist belegt im Spruch des Schiedsgerichts vom 17.12.1853 sowie im Schreiben des GR an das Schiedsgericht 16.1.1854, beide Dokumente StAH, UA 251/8a. Hier auch die Akten zum Streit über die Bezahlung der Vertragsstrafe und das Schiedsgerichtsverfahren. Das folgende Zitat: Mannheimer Journal 19.9.1853.

44  Vermerke des Stadtbaudieners und Laternenaufsehers Franz Heusch 2.10., 9.11. – daraus das Zitat –, 28.12.1853, 4.1., 6.1. und 8.1.1854. Das folgende Zitat aus der Entgegnung der RGG an GR 15.12.1853; alle Dokumente in StAH, UA 251/6a.

45  Rechnung 1.11.1853 sowie die Antwort der Stadt vom 23.11.1853, die Bürgermeister Anderst zur Absicherung von allen Mitgliedern des Gemeinderats unterschreiben ließ, StAH, UA 251/6a. Der Einbau schwächerer Brenner: RGG an GR 1.12.1853; Beleuchtungskommission an GR 17.12.1853, ebd.

46  Vermerk GR 19.1.1854; Protokolle der am 21.1.1854 abgehaltenen Versammlung und der Besprechung des Gemeinderats mit den Vertretern der Initiative vom 26.1.1854. Die Auflistung der ca. 15 Zahlungsverweigerer, vor allem Gastwirte, Handwerker und Kaufleute, und die Beschwerde der RGG, dass ein solcher von der Stadt zu verantwortender „Mißbrauch Einzelner nicht stattfinden dürfe!": RGG an GR 17.2.1854; alle Dokumente StAH, UA 251/6a.

47  GR an RGG 24.8.1853, StAH, UA 251/6a.

48  Bericht Heusch an GR 17.12.1853; RGG an GR 7.2.1854; Oberamtsphysicus Gustav Mezger an OA 9.2.1854; Brunnengemeinde des Röhrbunnens an GR 24.3.1854; BMA an GR mit Einladung zur Baumbesichtigung 5.7.1854. Alle Dokumente in StAH, UA 251/6a.

49  RGG an GR 24.9.1853, StAH, UA 251/6a. Zur Person Tebays (lt. Adressbuch 1854/55, S. 80 in Heidelberg ansässig), der u.a. die Gaswerke in Gießen und Worms baute, vgl. Ludwig Brake: 100 Jahre Gießener Gasversorgung, in: Mitteilungen des oberhessischen Geschichtsvereins Gießen 92 (2007), S. 169–200, hier S. 177ff., 188f.

50  Undatiertes Schreiben Leopold Ladenburgs an BMA [ca. Mitte Mai 1854], StAH UA 251/6a. Vermerk Anderst 31.5.1854 sowie Vortrag Anderst im EA und Protokoll der Sitzung, beide 7.6.1854, ebd. Diese Separatveranstaltung ist in den Protokollen des EA nicht dokumentiert. Die folgende Auseinandersetzung innerhalb der Stadtverwaltung: Gutachten der Beleuchtungskommission 12.7.1854 und undat. Vermerk Anderst dazu, StAH, UA 251/9.

51  Bericht Beleuchtungskommission 26.10.1854, Ladenburg an GR 20.12.1854, StAH, UA 251/6a.

52  OA an GR 10.11.1854; die hinhaltende Antwort: GR an OA 23.11.1854, StAH, UA 251/6a. Ebd. das folgende: BMA an RGG 27.11.1854 und GR an RGG 11.12.1854, daraus das folgende Zitat.

53  GR 25.1./1.2.1855, Nr. 224; EA 1.3.1855, Nr. 49; GR 4.4.1855, Nr. 544 und 19.4.1855, Nr. 568. Veröffentlichung der Ergebnisse und Gegendarstellungen der RGG: HDJ 6.4., 11.4., 12.4, 13.4., 18.4., 20.4., 24.4., 4.5.1855.

54  Schreiben der Privatkunden an GR 21.5.1855, StAH, UA 133/9 I. Die öffentliche Einladung zur Protestversammlung: HDJ 15.5.1855.

55  Klageschrift Ladenburgs 12.4.1855 und Erwiderung GR 15.5.1855 mit Zusammenfassung der ganzen Konfliktgeschichte, StAH, UA 133/9 I. Die weiteren Akten zum Verfahren: StAH, UA 133/9 II., UA 251/8a.

56  Ladenburg an Schiedsgericht 28.5.1855, StAH, UA 133/9 I.

57  Schiedsspruch 25.2.1856, StAH, UA 133/9 II. Hier auch die „empirische" Auflistung über handelsübliche Stearinkerzen mit Empfehlung geeigneter Referenzkerzen 29.2.1856.

58  RGG an GR 26.1., 4.3. und 29.6.1859 sowie GR an RGG 20.3.1859, StAH, UA 251/8a; Protokoll der Begehung des Gasbehälters 10.11.1862, StAH, UA 251/6b.

59 Beginnend mit dem Vorschlag Desaga 7.4.1862, StAH, UA 142/6b; dazu EA 31.3.1862, Nr. 127. Das folgende nach dem Flugblatt „Die Straßenbeleuchtung in Heidelberg betreffend." [Frühjahr 1865], mit dem die Stadt die entsprechenden Aktenstücke veröffentlichte, StAH, UA 251/10. Allerdings hatte die Stadt 1863 ein Angebot der RGG über den Mehrbezug zu günstigen 2 fl/1.000 c` ausgeschlagen. Zu den Verhandlungen: Veith: Gaswerk (wie Anm. 2), S. 7; Mitsch: Gemeinde-Betriebe (wie Anm. 2), S. 15. Ergänzungsvertrag 6.6.1871, StAH, UA 251/6b; dieser wurde auf allen seither gedruckten Exemplaren des 1851er Hauptvertrags mit aufgeführt.

60 Das Vorhaben von Otto Kühn (1829–1878), des Betreibers des Hotels Schrieder: Kühn an GR 12.2.1863, GLA 356 Nr. 5569; vgl. GR 26.2.1863, Nr. 281. Die Unternehmer Keller und Hefft in Gemeinschaft mit der Ultramarinfabrik: Schreiben an OA 11.9.1863, GLA 356 Nr. 5568.

61 Rainer Karlsch, Raymond G. Stokes: „Faktor Öl". Die Mineralölwirtschaft in Deutschland 1859–1874, München 2003, S. 30ff.; Bertram Brökelmann: Die Spur des Öls. Sein Aufstieg zur Weltmacht, Berlin 2010, S. 39ff.

62 Der Frankfurter Gaswerksdirektor Simon Schiele (1822–1895) auf der Hauptversammlung des „Vereins deutscher Gasfachmänner" 1868 in Stuttgart, in: JfG 11 (1868) S. 303–306, hier S. 305; Nikolaus Heinrich Schilling: Rundschau, in: JfG 12 (1869) S. 160–170, hier S. 161. Mannheim: Peter Koppenhöfer: Erster erfolgreicher Konsumentenstreik. Gasstreik gegen Engelhorn 1867/68, Veröffentlichung in Vorbereitung; Stier: Gasindustrie (wie Anm. 1).

63 „Bitte von Vertretern der Heidelberger Gasconsumenten um Abänderungen der seitherigen Bedingungen" an RGG 26.3.1868 als Anlage zum Schreiben der Initiative an GR vom selben Tag, StAH, UA 251/6b. Hier auch die weiteren Schreiben des „Comités" an die RGG vom 15.4., 1.5., 14.5. und 8.6.1868. Die Berichterstattung: Heidelberger Zeitung 20.3., 24.3., 15.4, 24.5.1868; HDJ 28.5.1868. Die „Zeitung" berichtete mehrfach und bezog eindeutig Position für die ‚Streikenden', während sich das HDJ sehr zurückhaltend äußerte.

64 Fr[iedrich] Hack: Das Monopol der Gasanstalten, in: Zeitschrift für die gesamte Staatswissenschaft 25 (1869), S. 239–260, der Kostenvergleich S. 244.

65 Die Annoncen der Kontrahenten in der Presse: Heidelberger Zeitung 12.4., 3.5., 8.5., 10.5., 24.5., 29.5., 30.5., 4.6.1868; HDJ 8.5., 10.5., 28.5., 29.5., 3.6.1868. Zu Mannheim: Ebd. 28.6.1868. Vgl. Stier: Gasindustrie (wie Anm. 1).

66 Correspondenz [= Mitteilung Riedel], in: JfG 8 (1865), S. 358–362, das Zitat S. 358. Alle folgenden Informationen, auch die weiter unten genannten über Erzeugung und finanzielle Ergebnisse, hier sowie in: JfG 4 (1861), S. 424; JfG 11 (1868), S. 359; JfG 14 (1871), S. 494f.; JfG 17 (1874), S. 740; Statistik 2 (1868), S. 150f.; in den Ortsartikeln der Statistik auch die Angaben über die anderen badischen Städte. Die älteren Jahrgänge der Gas-Statistik enthalten keine verwertbaren Informationen. Die Gaserzeugung von 1855 bis 1864: JfG 8 (1865), S. 361; von 1865/66 bis 1876/77: handschriftliche Aufstellung „Gaswerk Heidelberg. Jährliche Gasproduktion" 1. Juli 1865/66 bis 1876/77, SWHD, Akte „Uebergang". Zur Person Riedels, der später das Kemnersche Gaswerk in Mannheim leitete: MARCHIVUM, Polizeipräsidium (Familienstandsbögen), Riedel, Wilhelm Franz, Zug. 8/1962 Nr. 167.

67 Riedel, JfG 8 (1865), S. 361, gibt 220.000 fl an, der (unternehmensfreundliche) Leserbrief im HDJ 9.9.1853 240.000 fl, davon jeweils die Hälfte für Werk und Leitungsnetz mit Laternen. 210.000 fl: Vermerk Anderst 12.7.1854, StAH, UA 251/9. Die RGG selbst bezifferte im Streit um die Genehmigung des neuen Gesellschaftsvertrags 1858 den Unternehmenswert auf 200.000 fl: Regierung des Unterrheinkreises an Innenministerium 21.6.1858, GLA 236 Nr. 9749.

68 Anfrage der Stadt Worms über das Werk, „das übrigens durchaus nicht gut ausgefallen sein soll", und über den Lieferanten Gienanth vom 28.3.1856; dazu undat. Entwurf der Antwort des BMA mit der Bitte, von der Auskunft „den discretesten Gebrauch zu machen", StAH, UA 251/9.

69 Undatiertes [ca. Sommer 1853] Verzeichnis der größeren Gasabnehmer, StAH, UA 251/6a. Nach der Auflistung waren in Privathaushalten in der Regel ca. 5 Flammen, d.h. Brenner bzw. Leuchten, bei Gastwirten, Gewerbebetrieben und Handwerkern je 10 bis 25 eingerichtet. Die Synagoge und das Hotel Schrieder verfügten über je 40; an der Spitze stand die Museumsgesellschaft mit 260 Flammen. Zahlenangaben für Harmonie, Theater und Universität

fehlen. Das folgende zu Mannheim und Engelhorn: Die Gasbeleuchtung der Stadt Mannheim (wie Anm. 25), S. 21 (§ 53 des Vertrags). Das Zitat: Peter Nestler, Mannheim, an Bürgermeister Anderst 1.8.1854, StAH, UA 251/9.

70  Gasmesser: Statistik 2 (1868), S. 151; für 1877/78: Bericht über den Betrieb des Gaswerks Heidelberg in der Betriebs-Periode vom 1. October 1877 bis 31. December 1878, StAH, UA 88/5. Zu Anschlussquoten und Gasverwendung vgl. Stier: Gasindustrie (wie Anm. 1).

71  Mit 1.176 Flammen: Aufstellung mit Leitungsplan 3.1.1876, StAH, UA 252/12.

72  Heidelberger Zeitung 5.2.1863; die anderen Informationen in diesem Abschnitt: wie Anm. 66.

73  Zur Kommunalisierung: Wolfgang Krabbe: Kommunalpolitik und Industrialisierung. Die Entfaltung der städtischen Leistungsverwaltung im 19. und frühen 20. Jahrhundert. Fallstudien zu Dortmund und Münster, Stuttgart u.a. 1985, S. 43ff., 78ff.

74  Ein weiterer Prozess wurde 1873/74 um die Heranziehung der Gesellschaft zur Gewerbekapitalsteuer geführt; er hatte seinen Ursprung in einem während der Anlaufphase 1854 gewährten Nachlass. Die Akten: GLA 239 Nr. 8934; das Urteil auch in: Der Bürgermeister (Organ des badischen Rathschreibervereins) 27 (1875), S. 107f. Dazu: GR 18.8.1854, Nr. 1276; GR 31.8.1854, Nr. 1378; EA 4.12.1854, Nr. 318.

75  Beleuchtungskommission an GR 29.7.1873 und Protokoll GR 30.7.1873, StAH, UA 87/3. Die Klageschrift vom 9.8.1875, nach welcher der Vorgang im Folgenden geschildert wird: StAH, UA 133/9 V. Hier sowie in UA 87/3 und 87/5 die Akten. Details zu den Verhandlungen auch in den Prozessakten (s.u. Anm. 78) GLA 240 Nr. 4738. Vgl. Mitsch: Gemeindebetriebe (wie Anm. 2), S. 16f.; Veith: Gaswerk (wie Anm. 2), S. 9.

76  Der Aktenfaszikel StAH, UA 87/4 mit dem Gutachten Langs ist nicht erhalten; es ging von den Wiederbeschaffungskosten abzgl. Abnutzung aus. Das am Ertragswert orientierte Gegengutachten des von der RGG beauftragten Frankfurter Gasdirektors Simon Schiele vom 13.3.1875: StAH, UA 251/11. Dazu Schreiben RGG an GR 15.3.1875, StAH, UA 87/3.

77  Beleuchtungskommission 24.4.1876 mit Vertrag vom 16./20.3.1876. Genehmigung: GR 26.4.1876; GA 14.7.1876 mit Bericht des Oberbürgermeisters Heinrich Bilabel (1832–1913). Alle Dokumente in: StAH, UA 87/3; der Vertrag auch in StAH, UA 87/5. Der Liquidationsbeschluss der RGG vom 20.9.1877: SWHD, Akte „Uebergang".

78  Urteil des Reichsgerichts vom 15.6.1880, GLA 240 Nr. 4738. Hier und in Nr. 4737 die Akten zu diesem Prozess.

79  StAH, UA 88/5 und 88/6; einzelne Berichte auch in UA 88/2 und UA 252/12. Sämtliche folgenden Informationen hier sowie in den Arbeiten von Veith, Mitsch und Gätschenberger.

80  Nach Abzug von ca. 60.000 M für Zins und Tilgung; vgl. Veith: Gaswerk (wie Anm. 2), S. 40f.; Stadt Heidelberg. Rechenschafts-Bericht zu den Rechnungen der Städtischen Kassen für das Jahr 1913, Heidelberg 1914, S. III. Ergebnisse der städtischen Betriebe insgesamt, jedoch auf Basis der Bruttoüberschüsse bei Mitsch: Gemeinde-Betriebe (wie Anm. 2), S. 103f.

Wen Xuan

# Borodin in Heidelberg. Der Einfluss der Heidelberger Jahre auf sein wissenschaftliches und musikalisches Werk

Alexander Borodin ist bekannt für seine Kompositionen, aber auch für seinen Beitrag zur chemischen wissenschaftlichen Forschung. Weniger bekannt ist jedoch sein Aufenthalt in Heidelberg 1859–1862. Dabei ist gerade dieser von großer Bedeutung für seine weitere Biografie.

Der Versuch, Hinweise zu Borodin im Universitätsarchiv, in der Universitätsbibliothek, im ehemaligen Bunsen-Labor oder im aktuellen Chemischen Institut z. B. in Bunsens oder Erlenmeyers Nachlass zu finden, blieb leider erfolglos. Sein Name findet sich auch nicht in der Matrikel der Universität Heidelberg 1386–1936,[1] so dass auch kein Studienausweis vorliegt. Vieles über seinen Aufenthalt erfahren wir aber aus seinen Briefen: seine Einbindung in das Studentenleben und in das deutsche Berufsumfeld sowie seine Interaktion mit anderen Russen.

Es ist allgemein bekannt, dass Borodin seinen russischen Stil in der Musik ab 1862 bekräftigte, denn im Herbst dieses Jahres lernte er Mili Balakirew (1836–1910) kennen und wurde das fünfte Mitglied der sogenannten Gruppe der Fünf.[2] Stützpunkte dieser Gruppe, für die Balakirev mehrere Jahre lang die Hauptreferenz blieb, existierten bereits 1857. Die Gruppe entstand im Todesjahr von Mihaïl Glinka (1804–1857) – der als „Vater der russischen Musik" bezeichnet wird – um die nationale Musik zu übernehmen. Borodin, der Mussorgsky bereits seit 1856 kannte, zeigte 1857, als Mussorgsky bereits sehr regelmäßig mit Balakirev korrespondierte, keine besondere Lust, sich diesem Kreis anzuschließen. Bis 1862 komponierte er nicht unbedingt Musik im russischen Stil.

Man könnte daher vermuten, dass Borodins Leben zwischen 1857 und 1862 höchstwahrscheinlich zu seiner Entscheidung führte, verstärkt russische Musik zu komponieren. Dieser Zeitraum umfasst die zweite Hälfte seiner Assistenzzeit in der medizinisch-chirurgischen Klinik sowie seinen Aufenthalt in Europa, insbesondere in Heidelberg, um seine Chemie-Kenntnisse zu erweitern. Obwohl er 1858 seine Doktorarbeit in Medizin verteidigte, wurde sein Erfolg in der Chemie bereits von der russischen Akademie bemerkt. Sobald er 1862 nach Russland zurückkehrte, beschloss er, sich Balakirevs Gruppe anzuschließen. Eine gründliche Analyse von Borodins Leben in Heidelberg könnte daher einige Hinweise geben, um diese Hypothese zu bestätigen und einige wenig bekannte Elemente in Borodins Leben aufzudecken.

## Borodins Aufenthalt in Heidelberg

Reisen russischer Wissenschaftler wurden während der Regierungszeit Zar Alexanders II. (1855–1881) staatlich organisiert. Die kaiserliche Regierung war sich der Rückständigkeit des russischen Kaiserreichs gegenüber dem modernen Europa bewusst. Der bedeutendste politische Schock in den 1850er-Jahren war die Niederlage im Krimkrieg gegen englische und französische Streitkräfte im Jahr 1856. Vor diesem

Krieg wurde die Rückständigkeit Russlands oft aus Patriotismus bzw. der Staatsräson geleugnet, aber auch, weil der Westen nur sehr oberflächlich bekannt war.[3] Die Niederlage im Krimkriege wurde als Zeichen interpretiert, dass Russland sich modernisieren müsse. Leibeigenschaft und fehlende technische Bildung galten als die beiden Hauptursachen der russischen Rückständigkeit.[4]

Deshalb schickte das kaiserliche Russland nun schnell seine Wissenschaftler zum Aufholen ins Ausland, insbesondere seine Postdoktoranden in Chemie in die deutschsprachigen Staaten, wo sich die Wissenschaft sehr schnell entwickelte. In diesem Zusammenhang wurden Borodin sowie viele russische Chemiker wie Mendelejew 1859 nach Heidelberg geschickt.

Im 19. Jahrhundert wurde Heidelberg zu einem bedeutenden Wissenschaftsstandort. Der Chemiker Robert Wilhelm Bunsen (1811–1899) zog von Breslau (Wroclaw) nach Heidelberg, um ein großes Laboratorium zu gründen. Später kamen auch Gustav Kirchhoff (1827–1887) und Hermann von Helmholtz (1821–1894) in dieses Laboratorium. Etwa zur gleichen Zeit wurde das Programm für Auslandsstipendien im Russischen Kaiserreich formalisiert. Der staatlich bestellte Projektleiter Nikolai Pirogov (1810–1881) entschied sich für den Wechsel nach Heidelberg: Ab 1862 mussten sich alle russischen Studenten mit einer Auslandsmission während ihres zwei- bis dreijährigen Aufenthalts mindestens einmal in Heidelberg treffen.[5]

Borodins erste Wohnung befand sich in der Friedrichstraße 12,[6] etwa 300 Meter von Bunsens Laboratorium entfernt.

Bei seiner Ankunft in Heidelberg fühlte er sich in der deutschen Gesellschaft nicht wohl. Er erlitt einen „Kulturschock". Zwölf Tage nach seiner Ankunft schrieb er am 13. November 1859 an seine Mutter:

> „Die Gesellschaft der Ausländer bildet hier ihre eigenen Kreise und macht keine Bekanntschaft mit den Deutschen. Russen gibt es viele hier. Unter ihnen sind sogar zwei Schriftstellerinnen: Marko-Vovčok[7] und noch irgendeine Dame, die Aufsätze kritzelt. Selbst russische Literaturabende gibt es. [...] Die Gesellschaft der Deutschen hingegen ist bis zum Äußersten unerträglich, ihre Prüderie und ihre Klatschsucht sind furchtbar. [...] Und erst die hiesigen Damen! Einfach schrecklich, eine Fratze schlimmer als die andere. Die Gesellschaft der deutschen Studenten ist noch widerwärtiger. Ihre Kindereien sind furchtbar, sie selbst sind dumme Jungs, wie sie im Buche stehen. [...] Des Sonntags veranstalten die Studenten Trinkgelage und es vergeht kaum eine Woche ohne Duell. Der Anlaß hierfür ist immer ein und derselbe: ein Student nennt einen anderen ‚dummer Junge'. Und das geht nun schon so seit undenklichen Zeiten. Das nenn' ich Konservatismus! Diese Duelle gehen übrigens immer glimpflich aus. Dem einen wird die Stirn verletzt, dem anderen die Wange aufgeschlitzt, das ist alles. Alle diese Zusammenkünfte sind von einer Unzahl der aller unsinnigsten Formalitäten begleitet, die jedoch immer peinlich genau vollzogen werden."[8]

In seinem Auslandsreisebericht vom 31. Januar 1863 beschrieb Borodin diese berufliche Erfahrung. Wie andere russische Chemiker wollte auch er in Bunsens Labor arbeiten. Doch es war kein Platz frei, außerdem interessierte sich Bunsen nicht für organische Chemie, Borodins Arbeitsgebiet. Schließlich ging er zu Erlenmeyer. Mit ihm verstand er sich sehr gut, sie wurden sehr gute Kollegen und Freunde. Erlenmeyer ließ ihn arbeiten, wann er wollte, außerdem lud er russische Chemiker ein, ihre Arbeiten in der von ihm geleiteten Zeitschrift „Kritische Zeitung für Chemie" zu veröffentlichen.[9]

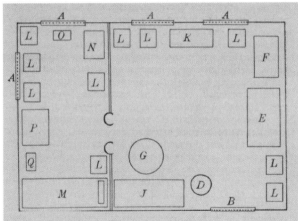

Friedrichstraße am 18. März 2023 (Foto: Autor), links: Borodins Zimmer am 13. November 1859. A: Fenster, B: Tür, F: Harmonium, G: Tisch, M: Bett, L: Stühle, J: Sofa (Quelle: Dianin, Briefe von Borodin, wie Anm. 6)

Obwohl Borodin die deutsche Sprache gut beherrschte, hatte er nur sehr wenig Kontakt zu den Einheimischen. Am 16. Oktober 1860, nach dem Internationalen Chemiekongress in Karlsruhe und seiner Abreise nach Paris, schrieb er an seine Mutter:

> „Ich muss gestehen, dass mir beim Abschied von Heidelberg etwas traurig zumute war, wo ich hier fast ein ganzes Jahr so ruhig und gut gelebt hatte. Es stimmt natürlich, daß ich außer Erlenmeyer mit Deutschen kaum Kontakt hatte. Erst in letzter Zeit war ich in einer sehr angenehmen englischen Gesellschaft."[10]

Nach einem Jahr in Heidelberg hatte Borodin immer noch sehr wenig Kontakt zu den Deutschen. Dennoch sagte er, dass er „fast ein ganzes Jahr so ruhig und gut gelebt" hatte. Daraus können wir schließen, dass er nicht unbedingt die Nähe zu Deutschen gesucht hatte. Vielleicht empfand er ähnlich wie Mendelejew, der z.B. am 18. April 1860 an Feozva Nikitišna Leščova[11] schrieb:

„Diese Deutschen sind Geschichtenerzähler, oder, um es einfacher zu sagen, Klatschmäuler, noch schlimmer als die Russen. Hier ist es auch nicht üblich, dass ein Mann einen Abend in der Familie verbringt. Alles geht in der Kneipe vonstatten, und wer dort nicht hingeht, macht sofort irgendetwas falsch. Spricht man einmal zwei Worte mit einem Fräulein, schreien die Deutschen schon ‚Bräutigam' im Chor. Ein Russe bot einer Deutschen einmal die Hand an, um ihr durch den Schmutz zu helfen, und dann kam sie nach Hause und gab ihr ‚Geheimnis' preis, nämlich dass der Russe angeblich um sie gefreit hätte, und am nächsten Tag gratulierte ihm die ganze Stadt. Das ist wirklich kein Unsinn, sondern Wahrheit – echte deutsche Wahrheit."[12]

Manchmal schrieb Borodin auch positive Anmerkungen über Deutschland, so in seinem Brief vom 8. April 1860 an Ivan Maksimovič Sorokin:

„Ich bin, mein Freund, durch die Dörfer hier gewandert; unsere Dörfer sind mit den hiesigen nicht zu vergleichen. Die Schenken, alter Kumpan, sind hier sauberer und einladender als bei uns die Häuser der Kaufleute, von denen der Bauern ganz zu schweigen. Sauberkeit und Ordentlichkeit sind hier zu Hause. Ein Mann mag siebenundsiebzig Flicken auf der Hose haben, aber nicht ein Loch. Das Bier und der Käse sind überall ordentlich, es gibt an allen Ecken kleine Läden, Schulen, Krankenhäuser und selbst manchmal eine Apotheke. Die Straßen sind überall großartig und an vielen Stellen steht eine Equipage, die regelmäßig zur nächstgelegenen Bahnstation fährt. Davon sind wir, mein Freund, noch weit entfernt."[13]

Und an anderer Stelle heißte es:

„Ja, wir Russen lachen manchmal über Deutschland, aber wenn man an sein eigenes Nest denkt und Vergleiche anstellt, wird einem traurig zumute. Wieviel Zeit werden wir noch brauchen, um einen Solchen Stand der Entwicklung zu erreichen."[14]

## Austausch mit anderen Russen in Heidelberg

Der Beginn seines Aufenthaltes in Heidelberg wird in einem Brief an seine Mutter vom 5. November 1859 kurz nach seiner Ankunft beschrieben:

„Um zwölf Uhr am nächsten Tag waren wir schon an Ort und Stelle. Wir stiegen im Badischer Hof ab und gerieten somit genau in das Hotel, in dem alle unsere Russen, die in Heidelberg leben, speisen. Am Table d'hote traf ich Mendeleev, Sečenov und viele andere. Nach dem Essen gingen wir alle zu Mendeleev. Er hat ein sehr entzückendes, sauberes Laboratorium, das sogar mit einer Gasleitung ausgestattet ist. Am Abend gingen wir in eine Sauna, d.h. in ein Bad. Die Wirtin des Bades selbst empfing uns, eine sehr freundliche Dame, die gleichzeitig an ein und demselben Ort die verschiedensten Dinge unterhält, wie z. B. die Bäder, Noten, Kosmetik- und Drogerieartikel und Musikinstrumente. Während man uns das Bad vorbereitet, spielten Boščov und ich vierhändig die Ouvertüre aus der Oper ‚Ein Leben für den Zaren' auswendig."[15]

Kaum in Heidelberg angekommen, war Borodin bereits in einer russischen Gemeinde, die sich sehr oft traf. Isolation und Heimweh nach der Heimat schufen schnell einen starken Zusammenhalt zwischen Auslandsrussen. Sofort suchte Borodin nach Möglichkeiten, Musik zu machen, und seine erste Gelegenheit war, „Ein Leben für den Zaren" von Michail Glinka zu spielen. Seitdem fand die Gruppe der Russen in Heidelberg oft in Borodins Briefen an seine Mutter Erwähnung.

Im Brief vom 16. Oktober 1861 bestätigte Borodin, dass die Russen immer noch unter sich seien:

> „Unser russischer Kreis lebte hier jedoch sehr freundschaftlich und half sich gegenseitig, wo es nur ging. Ich bezweifle, dass Sie irgendwo anders einen so engen und freundlichen Kreis finden werden. [...] Innerhalb unseres russischen Kreises lebten wir wirklich auf Augenhöhe. Eine so enge Freundschaft in einem Kreis wird nirgendwo anders zu finden sein."[16]

In dieser Zeit im Ausland, in der das soziale Umfeld schwierig ist, waren die Anwesenheit von Landsleuten in der Nähe, starke Freundschaften und das Gefühl der Gleichberechtigung so wichtig. Das gab ihnen Unterstützung und Sicherheit. Außerdem war es offenbar viel einfacher, sich in Heidelberg mit russischen Bekannten zu treffen als in Russland, wie Mendelejew am 26. September 1860 in seinem Brief an Feozva Nikitišna Leščova bezeugt:

> „Ich muss Ihnen sagen, Feozva Nikitišna, daß Heidelberg ebenso wie auch Wiesbaden, Baden und Paris die besten Stellen für Treffen mit Bekannten sind. Man kann in Petersburg leben und jahrelang seine Bekannten nicht treffen – in diesen Städten hier trifft man sie alle, macht die Bekanntschaft von Tausenden von Russen und freundet sich mit ihnen so an, wie es in Rußland selten der Fall ist. Im Laufe des Monates Juli hatte ich hier in Heidelberg mindestens 50 neu ankommende oder sich auf der Durchreise befindende bekannte oder auch noch nicht bekannte Russen zu Besuch."[17]

Ähnlich wie bei Borodin und Mendelejew verlief der Aufenthalt auch anderer russischer Chemiker in Heidelberg. Einerseits waren sie begeistert, in einem fremden Land zu sein und die Freiheit, die Chemiezeit und eine gute materielle Versorgung genießen zu

Vier russische Chemiker (v.l.n.r.): Zhitinskiy, Borodin, Mendelejew und Olevinskiy am 8. Juni 1860 in Heidelberg (Quelle: David Lloyd-Jones, Borodin in Heidelberg, wie Anm. 18)

können; auf der anderen Seite litten sie alle unter der schwierigen Integration und der Sehnsucht nach dem Heimatland. Die natürliche Lösung schien zu sein, sich untereinander zu treffen und einen Zirkel zu bilden.[18]

Mendelejew, der vor Borodin angekommen war, stellte fest, dass es nicht mehr viel von den deutschen Chemikern zu lernen gebe, und zog es vor, sein eigenes Labor in seinem Wohnhaus in der Schulgasse 2 einzurichten. In seinem Brief an Šiškov[19] vom 2. Dezember 1859 schrieb er:

> „Bunsen war liebenswürdig wie immer. Es fand sich für mich sogar ein Plätzchen in seinem Laboratorium, doch konnte ich dort nicht arbeiten. Der Ihnen bekannte Carius (er hat sich jetzt ein eigenes Laboratorium eingerichtet) hat die Luft mit seinen schwefelhaltigen Stoffen so verpestet, daß mir (und ich mußte neben ihm stehen) Kopf und Brust noch am nächsten Tag schmerzten. Bald erkannte ich, daß ich in diesem Laboratorium eigentlich überhaupt nichts verloren hatte: selbst Waagen und derartige Dinge waren in ziemlich schlechtem Zustand, und das Wichtigste: es gab kein sauberes, ruhiges Eckchen, in dem man so heikle Versuche wie z. B. kapillare mit so genauen Instrumenten wie z. B. dem Kathetometer hätte durchführen können. Die Interessen dieses Laboratoriums sind leider äußerst schülerhaft – die meisten der dort Arbeitenden sind Anfänger. Ich habe mich dann entschlossen, alles bei mir zu Hause aufzubauen."[20]

In kurzer Zeit versammelten sich um Mendelejew russische Chemiker zu einem Kreis: außer ihm und Borodin waren da auch Sechenov, Savich, Maïnov, Olevinskiy und junge Leute wie Butlerov und Alekseev. Manchmal nahmen andere russische Gelehrte an ihrer Diskussion teil, wie z. B. der Schriftsteller Passek oder der Historiker Eshevskiy.[21] Jeden Tag traf man sich zum Mittagessen in der Pension Hofmann in der Bergheimer Straße 14, die von Hofmann selbst geleitet wurde.[22] Dort wurde viel über Chemie und Nachrichten sowie die politische Situation gesprochen, die alle interessierte. Außerdem gingen Mitglieder des Heidelberger Kreises manchmal gemeinsam ins Theater oder machten Ausflüge, zum Beispiel nach Mannheim.[23]

### Rückkehr nach Sankt Petersburg und die Russische Chemische Gesellschaft

Aus Heidelberg schrieb Borodin am 16. Mai 1861 an Mendelejew in St. Petersburg:

> „Russen gibt es hier in Hülle und Fülle, größtenteils junge Leute, von denen einige tätig sind, besonders auf dem Gebiet der Zoologie – ein interessantes Thema. Samstags finden Literaturabende statt. **Es ist hier eine chemische Gesellschaft am Entstehen.**"[24]

Er konnte nicht ahnen, dass dieser Plan bereits 1868 Realität werden würde. Nach dem Aufenthalt in Heidelberg kehrten die meisten Wissenschaftler nach St. Petersburg zurück. Viele von ihnen fanden eine Stelle als Lehrer und/oder Forscher. Inzwischen hatten sich die Bedingungen in St. Petersburg verbessert. Auf der anderen Seite gab es bei den Chemikern, die in Heidelberg gelebt hatten, ein großes Verlustgefühl, auch wenn es für sie keine leichte Zeit gewesen war. Alle kehrten nach Hause zurück und vermissten die Gemeinschaft und den intensiven Gruppenkontakt, den sie kennen gelernt hatten. Nun mussten sie Gleichgesinnte suchen.

Mendelejew begann fast unmittelbar nach seiner Rückkehr aus Heidelberg, Chemie-„Abende" für sich und seine Freunde zu organisieren. Doch dieser kleine Kreis erwies sich bald als ungeeignet für die Ziele der St. Petersburger Chemiker. Sie wollten viel weiter gehen, nämlich eine Chemische Gesellschaft und eine Zeitschrift für Chemie gründen.[25]

Im Januar 1868 wurde auf dem Ersten russischen Kongress der Wissenschaftler und Ärzte, bei dem es auch eine Chemie-Sektion gab, in St. Petersburg die Russische Chemische Gesellschaft gegründet. Die Gesellschaft wurde durch Beiträge finanziert und unter der Leitung ihres ersten Präsidenten, Nikolai Sinin, Borodins Professor, autonom verwaltet. Diese Gesellschaft baute auf den Erfahrungen der Geselligkeit des Heidelberger Kreises auf und bot jungen russischen Chemikern berufliche Vorteile.

Die Gründung erfolgte noch während des Kongresses mit einem Statut vom 4. Januar 1868. Ein Foto dokumentiert die Gründer, zu sehen sind von links nach rechts stehend: F. R. Vreden, P. A. Lachinov, G. A. Schmidt, A. R. Shulyachenko, A. P. Borodin, N. A. Menshutkin, N.A.Sokovnin, F. F. Beilstein, K. I. Lisenko, D. I. Mendelejew, F. N. Savchenkov; sitzend: V. Yu. Richter, S. I. Kovalevsky, N. P. Nechaev, V. V. Markovnikov, A. A. Voskresensky, P. A. Ilyenkov, P. P. Alekseev, A. N. Engelgardt.[26]

Die Gründer der Russischen Chemischen Gesellschaft, Mitglieder des 1. Kongresses russischer Naturforscher und Ärzte 1868 (Quelle: https://commons.wikimedia.org, wie Anm. 26)

## Nationale Identität in der Wissenschaft

Die Orientierung an der westlichen Wissenschaft in Russland kann in zwei Hauptphasen zusammengefasst werden. Die erste Phase ist die Zeit Peters des Großen (Zar von 1689–1725) mit dem Ziel, europäisches Wissen, Experten und Modelle von Institutionen zu importieren, um Russland zu dienen. Die eingeführten Lehr- und Forschungsmethoden sind überwiegend deutsch. Es besteht keine Notwendigkeit, eine „russische Wissenschaft" mit nationaler Identität aufzubauen.[27]

Die zweite Phase wird durch den Krimkrieg (1854–1856) verursacht. Diesmal bestand die Dringlichkeit darin, die Gleichberechtigung zwischen Russland und den europäischen Staaten zu demonstrieren. Es galt als eine Pflicht, das Ansehen und die Ehre Russlands zu verteidigen. Es lag daher nahe, Institutionen aufbauen zu wollen, um eine Autonomie mit russischem Charakter herzustellen.[28] Obwohl Erlenmeyer russische Chemiker einlud, in seiner „Zeitschrift für Chemie und Pharmacie" zu veröffentlichen, zogen es viele russische Chemiker vor, ihre Beiträge in einer russischen Zeitschrift zu veröffentlichen. Vor diesem Hintergrund wurde die Russische Chemische Gesellschaft gegründet und eine eigene Zeitschrift geschaffen.

Die Russische Chemische Gesellschaft unternahm große Anstrengungen, um Russland auf der internationalen chemischen Bühne zu verteidigen. Beispielsweise versuchte die Gesellschaft, traditionelle russische Namen in der Nomenklatur für die Benennung neu entdeckter Moleküle beizubehalten, obwohl es viel einfacher gewesen wäre, die moderne Nomenklatur zu verwenden.[29]

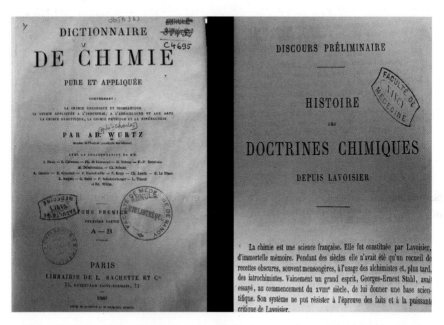

Deckblatt und Vorwort des „Dictionnaire de Chimie Pure et Appliquée" von Adolphe Wurtz, Exemplar in der Medizinischen Fakultät der Universität Lothringen (Quelle: Charles Adolphe Wurtz, Dictionnaire, wie Anm. 30)

Wen Xuan

1868 veröffentlichte der elsässisch-französische Chemiker Adolphe Wurtz (1817–1884) sein Wörterbuch der reinen und angewandten Chemie,[30] das einen erheblichen Einfluss auf die französischen Chemiker hatte. Dieses Wörterbuch war sehr innovativ, es wurde mit dem Ziel geschrieben, die Atommasse zu standardisieren und Konzepte von Wertigkeit und Struktur einzuführen. Die Debatte wurde nach dem ersten Satz im Vorwort des Buches so eingeleitet: „Die Chemie ist eine französische Wissenschaft", was viele deutsche Chemiker verärgerte. Dieser Satz ist noch heute auf der Statue von Wurtz eingraviert, die sich auf der Place Saint-Pierre-le-Jeune in Straßburg befindet.

Dieser Konflikt zwischen französischen und deutschen Chemikern steht sicherlich in engem Bezug zum Herannahen des Deutsch-Französischen Krieges. In diesem Zusammenhang intervenierten russische Chemiker. Am 9. Oktober 1870 veröffentlichten vier russische Chemiker – Nikolai Sinin, Alexander Boutlerov, Dmitri Mendelejew und Aleksander Engelgardt – in der St. Petersburger Zeitung, einer deutschsprachigen Tageszeitung in der russischen Hauptstadt, eine gemeinsame Antwort auf die Kontroverse:

„Mit den Worten ‚Chemie ist eine französische Wissenschaft' beginnt Herr Wurtz, Professor für Chemie an der Pariser Medizinischen Hochschule und Mitglied des Instituts, seine vor etwa zwei Jahren veröffentlichte Geschichte der chemischen Lehren. Wir russischen Chemiker lesen diese Worte mit einem gewissen Erstaunen. Dieselbe Verwunderung und tiefe Ratlosigkeit erleben wir heute, wenn wir zwei kürzlich erschienene Artikel in einer deutschen Chemiezeitschrift lesen. [...] Die Russen wehrten sich besonders gegen die Widmung des Nachdrucks: ‚An alle Freunde der deutschen Wissenschaft'".[31]

Diese Debatte zeigt deutlich, dass der Nationalismus in der zweiten Hälfte des 19. Jahrhunderts nicht nur in Politik und Wirtschaft, sondern auch in der Wissenschaft präsent war. Jede Disziplin konnte an der Verteidigung der nationalen Identität und Überlegenheit beteiligt sein.

Borodin beteiligte sich nicht direkt an der Debatte über die Nationalität der Chemie wie Sinin, Boutlerov, Mendelejew und Engelgardt. Aber er selbst hatte auf dem Höhepunkt seiner Karriere als Chemiker einige direkte Konflikterfahrungen mit seinen europäischen Konkurrenten. Im 19. Jahrhundert wurden wissenschaftliche Entdeckungen in Russland nicht immer in Europa bekannt. Getrennt durch geografische Entfernung und Sprachbarrieren neigten europäische Wissenschaftler dazu, die Arbeit ihrer Kollegen in Russland zu übersehen.

1869, als Borodin an seinen Entdeckungen über Aldehyde arbeitete, entdeckte er, dass Kekulé auf demselben Gebiet arbeitete. Er erwähnte es in einem Brief an seine Frau vom 21. September 1869:

„In der Welt der Chemie wäre es fast zu einer unangenehmen Konfrontation mit Kekulé gekommen. In einer seiner Arbeiten berührte er diesen Bereich, in dem ich arbeite. Er ist zwar mit ganz anderen Prinzipien vorgegangen und hat sich meinem Thema nicht genähert, aber dennoch konnte er in einem späteren Stadium seiner Recherche leicht auf meine Ideen stoßen und diese weiterverfolgen. Um die Möglichkeit einer Konfrontation zu vermeiden, habe ich gestern auf einer Tagung der Chemischen Gesellschaft über meine Arbeit berichtet, obwohl sie noch lange nicht abgeschlossen war."[32]

Trotz Borodins Warnung erkannte Kekulé Borodins Beitrag immer noch nicht an. Borodin berichtete am 9. März 1870 weiter:

„Kekulé (in Bonn) macht mir Vorwürfe, dass ich mir seine Arbeit mit Valeraldehyd (woran ich jetzt arbeite) angeeignet hätte. Er veröffentlichte es in den Berichten der Deutschen Chemischen Gesellschaft. Eine solche List zwingt mich dazu, eine Aussage über die von mir entdeckten Tatsachen zu machen und zu zeigen, dass ich an diesen Dingen bereits 1865 gearbeitet habe, aber Kekulé ist erst im August letzten Jahres darauf gestoßen. Schau dir diesen ehrlichen Deutschen an! Obwohl dies alles unserer Chemischen Gesellschaft bekannt ist, hielt ich es für notwendig, es bekannt zu geben, damit es in der üblichen Weise der Berliner Gesellschaft mitgeteilt werden kann."[33]

Es scheint keine zufriedenstellende Lösung gegeben zu haben. Kekulé akzeptierte Borodins Standpunkt nicht. Schließlich beschloss Borodin, eine Konfrontation zu vermeiden. Er schrieb an seine Frau (das Datum dieses Briefes ist ungewiss, zwischen 1869 und 1870):

„Ich beschloss, Kekulé nicht zu antworten, sondern einfach meine Arbeit fortzusetzen. Sonst könnte er denken, dass ich von seiner Aussage wirklich überrascht bin. Wenn meine Arbeit erledigt ist, werde ich Kekulé nebenbei im Vorbeigehen bemerken. So kann ich mit viel mehr Fingerspitzengefühl agieren."[34]

In Borodins zukünftigen Veröffentlichungen über die Kondensation von Aldehyden erwähnte er seine eigene Arbeit von 1864 einfach, ohne Kekulé einen Vorwurf zu machen.[35]

Borodin setzte seine Forschung zur Aldehydkondensation fort. Am 4. Mai 1872 präsentierte er auf einem Treffen der Chemischen Gesellschaft die physikalisch-chemischen Eigenschaften neuer Moleküle, die er entdeckt hatte, sowie die Bedingungen für ihre Bildung. Diese Moleküle werden heute in der organischen Chemie „adoles" genannt, Abkürzung für **Ald**ehydalk**ohol**, die Borodin entdeckte, als er die Reaktion der Kondensation von Acetaldehyd untersuchte. Zur gleichen Zeit wurde eine sehr ähnliche Studie von Wurtz veröffentlicht.[36]

Nachdem Borodin von den veröffentlichten Arbeiten von Wurtz erfahren hatte, schrieb er einen Artikel über seine Arbeit in den Berichten der Deutschen Chemischen Gesellschaft. Danach stellte er seine Forschungen in diesem Bereich ein. Er war der Ansicht, dass sein Labor nicht mit dem von Wurtz konkurrieren konnte. Weder standen ihm ausreichend finanzielle Mittel noch ein Assistent zur Verfügung. Wurtz hatte damals schon etwa zehn Assistenten und sein Labor war besser ausgestattet.[37]

## Entstehung des Nationalstils in der Musik

Am Ende des 19. Jahrhunderts entwickelte sich wie oben gezeigt ein nationales Bewusstsein unter den Chemikern. Dieses findet sich gleichzeitig auch in anderen Bereichen wie, z. B. der Sprache, der Literatur und der Musik. Zunächst konzentrierten sich die Bemühungen auf Nachahmung, um sich europäische Kenntnisse anzueignen. Später wurde die Suche nach einer nationalen Identität zur Priorität. Auch Borodin durchlief diese Perioden in seinem wissenschaftlichen und musikalischen Leben. Mehrere Elemente im Zusammenhang mit der beruflichen Laufbahn als Chemiker gingen in die gleiche Richtung: seine Schwierigkeiten bei der Integration in die deutsche Gesellschaft während seines Aufenthalts in Heidelberg, die nationalistische Haltung des Kreises russischer Chemiker in Heidelberg und der zukünftigen Russischen Chemischen Gesellschaft sowie seine Konflikte mit europäischen Chemikern über die Vorrangigkeit

Wen Xuan

seiner wichtigsten Entdeckungen in der organischen Chemie. Diese Erfahrungen als führender professioneller Chemiker könnten ihn veranlasst haben, sich von europäischen, insbesondere deutschen, Traditionen zu lösen und den russisch-nationalistischen Stil anzunehmen.

Im folgenden analysiere ich in Auszügen sein musikalisches Werk anhand ihrer Texte sowie ihrer literarischen und musikalischen Inspiration.

Um meine Hypothese der Hinwendung von europäischen/deutschen Traditionen hin zu einem russisch-nationalistischen Stil in der Musik zu validieren, ist es sinnvoll, seine musikalischen Aktivitäten in zwei Phasen zu analysieren, die mit seinem ersten Aufenthalt in Heidelberg durchsetzt sind. Diese Aufschlüsselung erlaubt uns zu zeigen, wie sich Borodins Nationalismus in den verschiedenen Kompositionen niederschlägt.

Zu Beginn seiner musikalischen Karriere komponierte Borodin viel im klassischen oder romantischen Stil, manchmal um ein bestehendes europäisches Thema zu imitieren oder weiterzuentwickeln, oder er komponierte zu einem europäischen Gedicht, oft auf Deutsch, wie es viele Musiker in Russland zu dieser Zeit taten. Als er seine zukünftige Frau in Heidelberg kennenlernte, stellte er sich als glühender Mendelssohnist vor.

> „Während ich spielte, stand Borodin am Flügel und hörte aufmerksam zu. Er kannte damals Schumann noch kaum und Chopin wohl nur ein bisschen besser. Am ersten Tag unserer Bekanntschaft stellte er sich als ‚glühender Mendelssohnist' vor. […] Was mir an ihm gefiel, war seine liebevolle Beziehung zur Musik, die ich vergötterte. Es freute mich, dass ich einen glühenden Mendelssohnisten dazu brachte, sich an den mir so werten Komponisten Chopin und Schumann zu ergötzen."[38]

Borodin war stark beeinflusst von Franz Xaver Gebel (1787–1843), einem in Russland lebenden Deutschen, der einen wichtigen Einfluss auf die Kammermusik in Russland hatte. Borodin liebte besonders seine Streichquintette, und Gebel hatte Einfluss auf die verschiedenen Streicherensembles, die Borodin den 1850er- und 1860er-Jahren komponierte.[39]

Obwohl es auch einige russische Elemente gab, waren sie aber nicht dominant. Einige Beispiele sind hier aufgeführt, um diese Periode seiner Komposition, eher im westlichen Stil, zu veranschaulichen:

- ca. 1847, Trio für 2 V. und Vc.:
  Dieses Streichtrio wurde nach Themen aus Giacomo Meyerbeer (1791–1864) Robert le Diable komponiert.

- 1849, Fantasia per il piano sopra un motivo da I. N. Hummel:
  Die Partituren sind leider verloren. Dem Titel nach handelt es sich aber tatsächlich um ein von Themen des österreichischen Komponisten Johann Nepomuk Hummel (1778–1837) inspiriertes Werk.

- 1852–1856, Quartett für Fl., Ob., Va., Vc.:
  Es besteht aus vier Sätzen, Satz 1 und 4 sind eine Bearbeitung von Joseph Haydns op. 93.[40]

- 1852–1856, Quartett für 2 V., Va und 2 Vc, f-Moll:
  Der erste Satz, Allegro con brio, hat einen Mendelssohn-Stil.[41]

- 1854–1855, Das schöne Fischermädchen:
  Text: Heinrich Heine.

Ab 1862 ist eine Veränderung in Borodins Kompositionen erkennbar. Zu dieser Zeit wurde er offiziell Teil der „Gruppe der Fünf". Er hörte auf den Rat von Balakirev, der ihn darin unterstützte, weniger westliche und mehr russische Musik zu komponieren.

> „Balakirev lehrte nicht, er begnügte sich damit, ,die Form musikalischer Kompositionen' zu erklären und versuchte, Modest [Mussorgsky] von seinem Extremismus, Alexander Porfirievich [Borodin] von seinem Mendelssohnismus zu heilen. Borodins Westernismus machte ihn wütend und vor allem wurde er wütend, als Borodin behauptete, dass ,sogar die gemeinsame Sprache der Slawen Deutsch sei'."[42]

Jedes seiner vier Opernprojekte ist von der russischen Literatur inspiriert, zu einem heroischen oder patriotischen Thema:

- 1867–1868, Carskaja nevesta (Die Zarenbraut):
  Der Librettist war Borodin selber nach Lev Mey (1822–1862), über Iwan IV. Wassiljewitsch, der Schreckliche (1530–1584).

- 1872, Mlada Acte IV:
  Der Librettist war Viktor Krylov (1838–1908), nach einem Szenarium von Stepan Gedeonov. Es stammt aus einer alten Geschichte, die vor der Bekehrung der Slawen zum Christentum liegt.

- 1878, Bogatyri (Die Recken):
  Das Libretto ist von Viktor Krylov, über die Helden der alten slawischen Legenden.

- 1869–1887, Knjaz' Igor' (Fürst Igor):
  Das Libretto ist von Borodin selbst, der eine Adaption basierend auf dem mittelalterlichen Igorlied schrieb. Das Textbuch ist ein literarisches Werk der Ostslawen aus dem Ende des 12. Jahrhunderts, der Zeit der Kiewer Rus, über die Geschichte des Widerstands des Volkes der Rus unter der Führung von Fürst Igor Swjatoslawitsch gegen die Invasion der Polowzer Fürsten im Jahr 1185.

Borodin komponierte vor seiner Reise nach Heidelberg 1859 die Hälfte seiner Melodien zu Gedichten von Heinrich Heine und Eugraph von Kruse. Nach seinem Heidelberg-Aufenthalt basierten von vierzehn Liedern nur noch drei auf westlichen Gedichten: „Vergiftet sind meine Lieder" (1868) und „Aus meinen Tränen" (1870/1871), beide von Heinrich Heine, und "Septain" von Georges Collin. Außerdem fertigte er zuvor Übersetzungen ins Russische an. Mehrere Liedtexte schrieb er selbst oder wählte Texte russischer Dichter wie zum Beispiel:

- 1881, Dlja beregov otčizny dal'noj (Um deiner Heimat Sonnenstrahlen verließest du das fremde Land), Text von Aleksandr Puškin (1799–1837)

- 1881, U ljudej-to v domu (Bei anderen ist es schön zu Hause), Text von Nikolaï Nekrassov (1821–1877)

- 1884–1885, Spes' (Hochmut), Text von Alexei Tolstoi (1817–1875), ein Cousin von Lew Tolstoi (1828–1910)

Nach seinem ersten Auslandsaufenthalt ließ sich Borodin viel weniger von westlichen Quellen inspirieren, sondern komponierte viel zu eigenen Texten. Dies ist keine drastische Änderung, da er sich weiterhin von deutschen Gedichten und Themen westlicher Komponisten inspirieren ließ, aber der Anteil reduzierte sich stark. Wenn er sich von einem ausländischen literarischen Text inspirieren ließ, übersetzte er den Text selbst in die russische Sprache.

Wen Xuan

## Heidelberg – Sehnsuchtsort

Die meisten russischen Chemiker waren nicht offiziell an der Universität Heidelberg immatrikuliert. Sie hatten nicht viel Kontakt mit den Deutschen. Sie blieben viel unter sich und bildeten den kleinen Kreis, der die zukünftige russische chemische Gesellschaft werden sollte. Dieser Aufenthalt in Heidelberg spielte im beruflichen und privaten Leben der russischen Chemiker eine sehr wichtige Rolle.

Für Borodin war dieser Aufenthalt ausschlaggebend für die Entscheidung, sich der Balakirev-Gruppe anzuschließen, um russische Musik zu komponieren. Die Bewegung des Nationalismus ist sowohl in der Welt der Chemie als auch in der Welt der Musik sichtbar.

Borodins Entscheidung war jedoch nicht radikal oder absolut. Nach diesem Aufenthalt komponierte er trotz der allgemeinen nationalistischen Bewegung innerhalb der russischen Gesellschaft nur noch wenig westlich inspirierte Musik. Er hat aber seine Erfahrungen in Deutschland nie negiert, er wurde kein russischer Nationalist. Die Entscheidung, russische Musik zu komponieren, war nicht die Folge einer Ablehnung anderer Kulturen. Im Gegenteil, gerade seine Heidelberger Zeit blieb ein Höhepunkt in seiner Biografie. So schrieb er am 30. Juli 1877 [43] in einem Brief an seine Frau:

> „Niemals zuvor reiste ich so weit weg von dir und doch scheint mir, daß du mir niemals so nahe warst wie jetzt. Stell' dir nur vor: ich bin in Heidelberg!!! [...] Von Bonn aus fuhr ich mit der Rheinischen Eisenbahn ins Gelobte Land, mein Mekka, mein Medina, mein Jerusalem – nenn' es wie du willst – mit einem Wort gesagt, nach Heidelberg![44]

## Anmerkungen

1  Vgl. Matrikel der Universität Heidelberg 1386–1936, UAH M11: 1858–1872, DOI: 10.11588/DIGLIT.45641.

2  Vgl. André Lischke: Histoire de la musique russe: des origines à la Révolution, Paris 2006, S. 391–392. Der Gruppe der Fünf gehörten neben Borodin Mili Balakirew, César Cui, Modest Mussorgski und Nikolai Rimski-Korsakow an.

3  Vgl. Alain Besançon: Être russe au XIXe siècle, Paris 1974, S. 39.

4  Vgl. Michael D. Gordin: „Le Premier Cercle". Le Kruzhok de Heidelberg et la nationalisation de la chimie russe, Sociologie du Travail, Bd. 48, Nr. 3, 2006, S. 286ff.

5  Vgl. ebd.

6  Vgl. А. П. ДИАНИН (Dianin) Александер Повлович (А. Р.), Письма А. П. Бородина (1857–1871) – с предисловием и примечанием С. А. Дианина (Briefe von A. P. Borodin (1857–1871) – mit einem Vorwort und einer Anmerkung von S. A. Dianin), Москва (Moskau), 1927.

7  Marko-Vovčok, Marko Wowtschok, Pseudonym, eigentlich Marija Olexanderiwna Wilinska (1833–1907), ukrainisch-russische Schriftstellerin.

8  Christiane Hirth: Aleksandr Porfir'evic Borodin in Heidelberg, Diplomarbeit am Institut für Übersetzen und Dolmetschen der Universität Heidelberg, 1994, S. 31ff.

9  Vgl. Nikolaï Alexandrovitch Figurovskii, Youri Ivanovitch Solov'ev: Aleksandr Porfir'evich Borodin: A Chemist's Biography, Berlin, Heidelberg 1988, S. 133f.

10  Hirth: Borodin in Heidelberg (wie Anm. 8), S. 60.

11  Feozva Nikitišna Leščova (1828–1905), Mendelejews erste Frau.

12  Annette Nolte: D. I. Mendeleev in Heidelberg, in: Russica Palatina. Skripten der Russischen Abteilung des Instituts für Übersetzen und Dolmetschen der Universität Heidelberg, 1993, S. 67.

13  Hirth: Borodin in Heidelberg (wie Anm. 8), S. 48.

14  Ebd., S. 116.

15  Ebd., S. 28f.

16  Dianin: Briefe von Borodin (wie Anm. 6), S. 54 (persönliche Übersetzung des Verfassers).

17  Nolte: Mendeleev in Heidelberg (wie Anm. 12), S. 36f.

18  Vgl. David Lloyd-Jones: Borodin in Heidelberg, in: The Musical quarterly, Band 46, Nr. 4, 1960, S. 500ff.

19  Leon Nikolaevič Šiškov (1830–1909): Chemiker, Sprengstoff-Forscher, reges Mitglied des Chemie-Zirkels.

20  Nolte: Mendeleev in Heidelberg (wie Anm. 12), S. 71.

21  Vgl. Figurovskii, Solov'ev: Borodin Biography (wie Anm. 9), S. 31.

22  Vgl. Nolte: Mendeleev in Heidelberg (wie Anm. 12), S. 69.

23  Vgl. ebd., S. 70.

24  Hirth: Borodin in Heidelberg (wie Anm. 8), S. 72.

25  Vgl. Т. Б. ВОЛОКОВА (T. B. VOLOKOVA): Русское физико-химическое общество и Петербургский-Ленинградский университет. (Société physicochimique russe et Université de Saint-Pétersbourg-Leningrad.), Вестник Ленинградского университета (Bulletin de l'Université de Leningrad), Bd. 5, 1950, S. 120ff.

26  Vgl. Serge Lachinov – Музей-архив Д. И. Менделеева (СПбГУ), Общественное достояние, - D. I. Mendeleïev Museum-Archive (SPbSU), Public domain, https://commons.wikimedia.org/w/index.php?curid=7491234 (zuletzt abgerufen am 21.5.2023).

27  Vgl. Gordin: Le Premier Cercle (wie Anm. 4).

28  Vgl. ebd., S. 288.

29  Vgl. ebd., S. 303.

30  Charles Adolphe Wurtz: Dictionnaire de chimie pure et appliquée. Comprenant la chimie organique et inorganique, la chimie appliquée à l'industrie, à l'agriculture et aux arts de la chimie analytique, la chimie physique et la minéralogie. Dictionnaire : 1.1. A-B, sans lieu, Paris, 1869, S.1.

31  Gordin: Premier Circle (wie Anm. 4), S. 303.

32  Dianin, Briefe von Borodin (wie Anm. 6), S. 150f. (persönliche Übersetzung des Verfassers).

33  Ebd., S. 202 (persönliche Übersetzung des Verfassers).

34  Ebd., S. 211 (persönliche Übersetzung des Verfassers).

35  Vgl. Figurovskii, Solov'ev: Borodin Biography (wie Anm. 9), S. 74 (persönliche Übersetzung des Verfassers).

36  Vgl. Charles Adolphe Wurtz: Sur un aldéhyde-alcool. Comptes Rendus hebdomadaires des séances de l'Académie des sciences, Bd. 74, 1872, S. 1361.

37  Vgl. Figurovskii, Solov'ev: Borodin Biography (wie Anm. 9), S. 70.

38  Hirth: Borodin in Heidelberg (wie Anm. 8), S. 75.

39  Vgl. André Lischke: Alexandre Borodine. Espagne, bleu nuit éditeur, coll. horizons, 2004, S. 13.

40  Vgl. Dorothea Redepenning: Borodin, Aleksandr Porfir'evič, in: Musik in Geschichte und Gegenwart online (MGG-online), hg. von Laurenz Lütteken, New York, 2016.

41  Vgl. Lischke: Alexandre Borodin (wie Anm. 39), S. 17.

42  Nina Nikolaevna Berberova: Alexandre Borodine. 1834–1887. Biographie, Actes Sud, 1989, S. 31.

43  Christiane Hirth datiert den Brief fälschlicherweise auf den 30. Juni 1877.

44  Hirth: Borodin in Heidelberg (wie Anm. 8), S. 91.

Wolfgang Vater

# Die Heidelberger Taubstummenkurse 1902–1916

## Vorläufer der Staatlichen Gehörlosenschule Heidelberg

Peter Friedrich de Walpergen (1730–1809) ist vielleicht der berühmteste Heidelberger Gehörlose. Seine Aquarelle und Federzeichnungen, mit bewundernswerter Exaktheit gezeichnet, sind für die Heidelberger Topografie des 18. Jahrhunderts von unschätzbarem Wert.[1]

Zu seinen Lebzeiten wurde er vermutlich als „taubstumm" bezeichnet, der übliche Begriff im 18. und 19. Jahrhundert für die Unfähigkeit, zu hören und sich lautsprachlich auszudrücken. In der NS-Zeit wurde die Bezeichnung „gehörlos" anstelle von „taubstumm" von den Gehörlosen als wertneutral bevorzugt, da hier das Defizit („-losigkeit") nicht im Mittelpunkt steht und der etymologische Bezug zu „dumm" wegfällt. Die Betroffenen sagen, dass Gehörlosigkeit keine Behinderung sei, sie gehe eben mit einer anderen Form von Kommunikation einher. Seit der zweiten Hälfte des 20. Jahrhunderts wird das Wort „taubstumm" als diskriminierend empfunden.

In diesem Text werden Begriffe wie „Taubstummenanstalten" in Anführungszeichen gesetzt, um zu verdeutlichen, dass es sich um in den Quellen benutzte Bezeichnungen und Namen handelt.

## Sprachunterricht für Hörgeschädigte: zwei konkurrierende Methoden

Die schulische Bildung der Hörgeschädigten in Europa im 18. Jahrhundert begann mit zwei unterschiedlichen und sich teilweise bekämpfenden Methoden der Sprachbildung. In Paris gründete 1770 Abbé Charles-Michel de l'Epée (1712–1798) die „Institution des sourds et muets par la voie des signes methodiques" und unterrichtete seine Schüler im Sinne Rousseaus „naturgemäß" in der ihnen eigenen Muttersprache, der Gebärdensprache (französische Methode). Anlässlich eines Aufenthalts des österreichischen Kaisers Josef II. in Paris besuchte er eine öffentliche Schulstunde des Abbés und beschloss, in Wien eine ähnliche Institution unter Johann Friedrich Stork (1746–1823) zu eröffnen.

Der Pädagoge Samuel Heinicke hingegen vertrat den Standpunkt, dass die „Tonsprache" für Gehörlose das „geschwindeste und bequemste Mittel zum Ausdruck der Gedanken sei".[2] Er war bestrebt, seinen Zöglingen trotz ihrer Taubheit die Lautsprache beizubringen (deutsche Methode). 1777, sieben Jahre nach Gründung des Pariser Instituts, berief Kurfürst Friedrich August III. von Sachsen den in Hamburg wirkenden Heinicke (1727–1790) nach Leipzig und übertrug ihm die Leitung des „Kursächsischen Instituts für Stumme und andere mit Sprachgebrechen behaftete Personen".

## Hörgeschädigtenpädagogik in Baden

In Baden waren die Erfolge des Sprachlehrers Heinicke nicht unbemerkt geblieben, sodass Markgraf Karl Friedrich (1728–1811) ein Konsistorium beauftragte, einen geeigneten Kandidaten für die Erlernung des Unterrichts „taubstummer" Personen zu finden. Das Konsistorium schlug den „Pfarrkandidat Hemeling nach genügsamer Prüfung der Gaben und Anlagen zur Geduld und Menschenliebe vor".[3] Er wurde für ein halbes Jahr zu einer praktischen Ausbildung nach Leipzig gesandt. Bei Heinicke fand Hemeling wenig Entgegenkommen und Anleitung, so dass er sich außer Stande erklärte, „Taubstumme" unterrichten zu können. Daraufhin wurde er nach Wien zu Johann Friedrich Stork geschickt und kehrte von dort „mit zufriedenem und frohem Herzen als ein begeisterter Anhänger der „französischen Methode" zurück.[4] Hemeling eröffnete 1783 mit drei „taubstummen" Kindern die erste „badische Taubstummenanstalt" in Karlsruhe. Der Landesfürst stiftete 150 fl. für den Unterricht zweier „Zöglinge" und stellte für den Lehrer 300 fl. Jahresgehalt zur Verfügung. Die Schüler waren bei Karlsruher Bürgern untergebracht. Hemeling erteilte den Unterricht nebenberuflich in seiner Wohnung. Zwei Jahre später wurde zum Zwecke der Verbreitung der Methode des Gehörlosenunterrichts die Verfügung getroffen, dass die Karlsruher Seminaristen wöchentlich zwei Stunden dem Gehörlosenunterricht beizuwohnen hätten. Großherzog Karl Friedrich und dem evangelischen Kirchenrat ist es zu verdanken, dass das „Institut" während der napoleonischen Kriege nicht aufgelöst wurde. Im Jahre 1803 besuchten das Karlsruher Institut drei, 1810 vier Schüler.

1880 verwarfen die maßgeblichen „Taubstummenpädagogen" Europas auf dem Mailänder Kongress 1880 die Gebärdensprache zugunsten der Lautsprache. „In der Überzeugung der unbestrittenen Überlegenheit der Lautsprache gegenüber der Gebärdensprache erklärt der Kongress, dass die Anwendung der Lautsprache der Gebärdensprache vorzuziehen sei."[5]

Das nationale Denken überlagerte und formte um die Jahrhundertwende auch den Bildungsgedanken. Die Beschlüsse des Mailänder Kongresses prägten das Leben der Gehörlosen für die nächsten 100 Jahre und werden heute von der Gehörlosencommunity negativ bewertet. Es seien zu viele Unterrichtsinhalte wegen des zeitaufwendigen Spracherwerbs samt der damit verbunden Artikulationsübungen verloren gegangen.

Zu Beginn der 1880er-Jahre begann ebenfalls in Baden der Kampf gegen die Gebärde. Auch außerhalb des Unterrichts wurde auf dessen Unterdrückung hingearbeitet. Durch einen Prüfungsbescheid 1880 wurde den Bediensteten der badischen Anstalten dieses zur Pflicht gemacht und der Rat erteilt, „dass lieber der Unterrichtstoff auf das Notwendigste beschränkt werde, als ihn auf Kosten der Sprachgewandtheit auszudehnen".[6]

## Gesetz, die Erziehung und den Unterricht nicht vollsinniger Kinder betreffend

Bis Ende des 19. Jahrhunderts hatten sich im Großherzogtum Baden nach vielen Zwischenstationen zwei „Taubstummenanstalten" etabliert: Meersburg (1825) und Gerlachsheim (1874). Beide Rektoren wiesen Ende des 19. Jahrhunderts mehrfach darauf hin, dass im Großherzogtum noch viele „Taubstumme" unbeschult seien. Die Abgeordneten der I. und der II. Kammer der Ständeversammlung in Karlsruhe griffen diesen Gedanken auf und drängten zur Abhilfe. Staatsminister Dr. Hekk erklärte, dass sich nach den behördenseits angestellten Erhebungen 61 taubstumme und 10 blinde Kinder im Alter von acht bis 16 Jahren ohne Unterricht im Lande befänden. Das erfordere die Errichtung einer weiteren Taubstummenanstalt.[7]

Zuvor mussten jedoch die gesetzlichen Rahmenbedingungen geschaffen werden. Bisher war die Unterrichtung und Erziehung Hörgeschädigter vornehmlich ein humaner Akt. Zwar gab es seit 1877 für beide Einrichtungen ein Statut und Richtlinien, doch war es kein von den Kammern verabschiedetes Gesetz. Wegen dieser Rechtsunsicherheit wandten sich 1889 die vorgenannten Vorstände der beiden Einrichtungen (Härter / Meersburg, Willareth / Gerlachsheim) mit einer Denkschrift an Regierung und Landstände mit der Bitte, „dass alle, die für die Not der leidenden Menschheit ein mitleidiges Herz und Gelegenheit und Beruf haben, das Elend auf Erden mildern zu helfen und dahin zu wirken, dass, 1. in den ‚Taubstummenanstalten' die achtjährige Schulzeit eingeführt, 2. Schulzwang für die ‚Taubstummen' ausgesprochen werde, 3. minderbemittelte Eltern und Gemeinden von der Leistung eines Unterhaltskostenbeitrags tunlichst befreit werden sollen".[8]

Die Denkschrift blieb nicht ohne Wirkung. In den 80er- und 90er-Jahren des 19. Jahrhunderts nahmen sich Abgeordnete der II. Kammer der Sache energisch an. So bestätigte 1886 die Schulbehörde (Oberschulrat) im Landtag, dass die obige Frage bei ihnen schon mehrmals erörtert worden sei. Die Abgeordneten verlangten immer wieder Auskünfte über den Stand der Angelegenheit. Zudem wurde der Gesetzentwurf, der den Schulzwang beinhaltete, sehnlichst erwartet, da bis dato viele „taubstumme" Kinder vorzeitig wieder aus der Anstalt genommen wurden oder gar gänzlich wegen des hohen finanziellen Elternbeitrags zuhause geblieben waren.

Auch der Heidelberger Oberbürgermeister Dr. Karl Wilckens setzte sich entschieden für die baldige Verabschiedung des hierfür notwendigen Gesetzes ein und plädierte hinsichtlich einer avisierten dritten Anstalt für Heidelberg, da die Universität die regelmäßige Tätigkeit eines Ohrenarztes und den Einsatz neuer Methoden zur Auffindung von Hörresten und dessen Einsatz beim Spracherwerb gewährleiste. Der angekündigte Gesetzentwurf ging im Mai 1900 im Auftrag S.K.H. des Großherzogs Friedrich I. dem Unterrichtsminister und dem Minister des Innern zu. Da aber die erforderlichen Räumlichkeiten in Hei-

Dr. Karl Wilckens (1851–1914), Oberbürgermeister der Stadt Heidelberg (1885–1913). Engagierter Befürworter einer Gehörlosenschule in Heidelberg, leider konnte er ihre Einweihung in der Quinckestraße 69 nicht mehr erleben. (Quelle: Ruperto Carola, Illustrierte Fest-Chronik der V. Säkular-Feier der Universität Heidelberg, Nr. 12, 12. Dezember 1886, S. 214)

Die Heidelberger Taubstummenkurse

delberg noch nicht vorhanden waren, und die Vorlage mehrere Ausschüsse passieren musste, wurde die Verabschiedung verschoben. Dass das Vorhaben endlich doch gedieh, war den fortgesetzten Bemühungen der Direktoren der beiden Anstalten und dem energischen Eintreten des seit 1895 an der Heidelberger Universität als Direktor der Ohrenklinik wirkende Professor Dr. Passow zu verdanken. Er war es auch, der vehement den Gedanken vertrat, bei der Beschulung der Hörgeschädigten die partiell Tauben (Schwerhörige und Spätertaubte) von den Gehörlosen zu trennen. Zumal von den Medizinern Hörprüfmethoden zur Differenzierung der Hörgeschädigten bereitgestellt wurden.

Passow erhielt 1896 einen Ruf an die Ruprecht-Karls-Universität Heidelberg auf das Extraordinariat für Ohrenheilkunde.[9] Seinem Organisationstalent und seiner Tatkraft, begünstigt durch persönliche Beziehungen zum badischen Hof, verdankt ihm Heidelberg die Erbauung der Universitäts-Ohrenklinik und die Errichtung der „Heidelberger Taubstummenkurse" in der Plöck 61.

Die Berichterstattung in der II. Kammer für die 190. Öffentliche Sitzung vom 21. Juni 1902, die zur Beratung über den Gesetzentwurf zur Erziehung und Unterrichtung nicht vollsinniger Kinder führte, lag in den Händen des Abgeordneten Dr. Karl Wilckens, der sich in ausgezeichneter Begründung für die Annahme desselben einsetzte. Das Gesetz wurde 1902 endlich einstimmig angenommen und fand die Sanktion des Großherzogs Friedrich I. Ebenso wurde der Antrag zur Errichtung provisorischer Kurse für partiell Taube in Heidelberg als Abteilung der Gerlachsheimer Anstalt von der zuständigen Kommission angenommen und im Budget für die erwarteten Kosten 29.500 Mark bereitgestellt.

## Eröffnung der „Heidelberger Taubstummenkurse"

Schon vor der Verabschiedung der gesetzlichen Vorgaben, wurde die Wahl eines geeigneten Ortes für die Errichtung einer dritten Anstalt im Lande diskutiert. Die vorhandenen beiden Anstalten Meersburg und Gerlachsheim befanden sich an relativ kleinen Orten ohne Anbindung an universitäre medizinische Fakultäten und geistige Zentren. Eine Petition der Stadt Neckargemünd führte in der 108. Öffentlichen Sitzung der II. Kammer vom 20. Juni 1902 zu einer regen Debatte. Während die Abgeordneten Nagel, Hug, Dieterle und Zehnter für die Errichtung der Bildungsanstalt in Neckargemünd bzw. für eine ländliche Region votierten, empfahlen der Regierungsvertreter und die beiden Heidelberger Abgeordneten Wilckens und Rohrhurst neben anderen deren Ansiedlung in größeren Städten, da die Wechselwirkung zwischen Arzt und Lehrer für den Unterricht förderlich sei.

1902 waren die gesetzlichen Grundlagen vorhanden, nur kein Standort für ein Unterrichtsdomizil. Mangels eines geeigneten Gebäudes mietete die Unterrichtsverwaltung ein dem Unterländischen Studienfond gehöriges Wohnhaus in Heidelberg, Plöck 61 für 5.000 Mark jährlich an. Sie richtete es entsprechend der Bedürfnisse der Zöglinge ein. Als Vorsteher bzw. Direktor der „Taubstummenkurse" war Reallehrer Schittenmüller aus Meersburg in Aussicht genommen. Als dieser ablehnte, wurde die Leitung Reallehrer Holler aus Gerlachsheim mit einer Vergütung von 200 Mark jährlich übertragen. Holler hatte sich in Gerlachsheim für Hörübungen eingesetzt und auch dort Erfahrungen sammeln können. Für die Einrichtung und Weiterführung bis zur Errichtung einer dritten „Taubstummenanstalt" wurden ins jährliche Budget zwischen 29.000 und 40.000 Mark aufgenommen.

Am 20. Oktober des Jahres 1902 wurden die „Heidelberger Taubstummenkurse" als Provisorium mit 12 Zöglingen, zwei Lehrern und einer Industrielehrerin in der Plöck 61 eröffnet. Es wurden Kinder aufgenommen, die noch verwertbare Hörreste besaßen und die durch die Methode der Hörerziehung ohne Gebärdengebrauch zur Lautsprache geführt werden konnten. Inspektor der Anstalt wurde Prof. Dr. Passow. Als er 1901 an die Charité nach Berlin wechselte, folgte ihm Prof. Dr. Kümmel, später Prof. Dr. Beck.

Karl Adolf Passow (1859–1926), Extraordinarius für Ohrenheilkunde an der Universität Heidelberg 1896–1902 (Quelle: Werner Schwab, Werner Ey: Heidelberg als Wiege der vereinten Oto-Rhino-Laryngologie und deren Geschichte, Sonderdruck aus: Ruperto Carola, 7. Jahrgang, Heft 18, 1955, S. 107)

Ein Großteil der Pädagogen stand den Kursen allerdings skeptisch gegenüber. Die meisten Lehrer bevorzugten eine Differenzierung der Schüler und Schülerinnen nach Begabung und nicht nach dem Hörgrad. Besonders deutlich formulierte Georg Neuert, dritter Direktor der Heidelberger Einrichtung ab 1924, seine Kritik: „Das aufkommende Interesse, das zur Errichtung einer Anstalt für partiell Taube geführt habe, lag nicht nur an der besonderen Problematik der Nichtvollsinnigen, sondern an den Persönlichkeiten, die sich ihrer angenommen, hatten, so an Prof. Dr. Passow. Und es bleibt bedauerlich, dass er nicht den gleichen Einfluss und die gleiche Intensität auf die Trennung der Zöglinge nach ihrer Begabung zum Gegenstand seiner Fürsorge gerichtet habe. Dadurch hätte er sich einen besonderen Verdienst um die Weiterentwicklung des ‚Taubstummenbildungswesens' erworben."[10]

## Hausordnung und Unterrichtsgestaltung

Rektor Wiedemer schrieb in „Deutsche Taubstummenanstalten, -Schulen und -Heime in Wort und Bild": „Die Anstalt ist ein Internat. Die Familie ist unser Vorbild. Den Familiencharakter zu wahren und zur Geltung zu bringen, ist unser Hauptbestreben. Wenngleich für die Zöglinge eine bestimmte Hausordnung und eine stete Beaufsichtigung durch Lehrkräfte unerlässlich ist, so suchen wir ihnen doch möglichst Freiheit zu gewähren bei Spiel und Umgang."[11]

Die zu dieser Zeit geringe Zahl der Zöglinge (I. Klasse = 10, II. Klasse = 7, III. Klasse = 8), denen zum Teil sehr umfangreiches Gehör und fast durchweg normale

Begabungen attestiert wurden, erbrachte recht ordentliche Ergebnisse. Der Unterricht vollzog sich unter völligem Ausschluss der Gebärde nach den Prinzipen der Lautsprachmethode. Von besonderen Hörübungen war man abgekommen, da ein folgerichtig erteilter Lautsprachunterricht das Hören permanent einbezieht. Als bemerkenswert darf hervorgehoben werden, dass sich die Kinder auch außerhalb des Unterrichts jeglicher Gebärde enthoben.

Lehrkollegium und Schüler*innen der Heidelberger Taubstummenkurse 1908, Plöck 61 (Quelle: August Wiedemer, wie Anm. 11)

August Wiedemer beschrieb die angewandte Methode: „Fertige Wörter und Sätze – phonematisch, sprachlich und begrifflich verarbeitet – werden dem partiell Hörenden im Einzelunterricht ans Ohr gesprochen. Wenn möglich werden hörverstärkende Hilfen (Hörrohre, gehörverbessernde Apparate, später Akustikapparate) zu Hilfe genommen und lungenstärkende Übungen durchgeführt. Daneben wird das Ablesen trainiert und durch besondere Ableseübungen in einem stundenplanmäßigen Ableseunterricht gefestigt. Dabei wird dem Schüler normal vorgesprochen und übergroße Mundbewegungen vermieden. Gutes Sprechen und sicheres Ablesen sind die Grundpfeiler unserer Arbeit [...]. Die Heidelberger Sonderanstalt ist noch im Aufbau begriffen. Sie konnte erst nur fünf Klassen aufnehmen. Endgültige Resultate werden erst mit dem Ausbau sämtlicher Klassen vorliegen. Das eine steht aber jetzt schon fest: Sie geht einer vorteilhaften Zukunft entgegen."[12]

Bei solchen Ergebnissen war es leicht, den Nachweis der Nützlichkeit und Notwendigkeit einer Sondereinrichtung zu erbringen. Das Provisorium sollte bis 1915 fortgeführt werden, um dann eine neue Anstalt für partiell Hörende (Schwerhörige) zu

　　　　　　　　　　　　　　　　　　　　　Wolfgang Vater

Artikulation einzelner Schüler*innen, während die anderen mit Stillarbeit beschäftigt sind; Spezialaufnahme für „Die Woche" (Quelle: Die Woche, moderne illustrierte Zeitschrift, Berlin, 1900, Heft 7, S. 24f.)

errichten. Die Kritik wegen der einschränkenden Bezeichnung – für partiell Hörende – blieb nicht aus, weil es für die eigentlich Taubstummen in absehbarer Zeit aussichtslos erschien, eine weitere Anstalt in einer größeren Stadt mit Universität und/oder Industrieanlagen zu erhalten. Gerade für deren Fortbildung und Berufsfindung wäre es notwendig, so die Kritiker, in einem städtischen Umfeld leben und arbeiten zu können. So sahen es auch die Eltern aus Heidelberg und Umgebung. Sie protestierten massiv, da sie ihre tauben Kinder nicht in die weitergelegenen Anstalten in Meersburg oder Gerlachsheim schicken wollten.[13]

## Bemühen um einen Neubau

1906 wurden die Kurse bereits von 27 Kindern, verteilt auf drei Klassen, besucht. Das Wohnhaus in der Plöck 61 war von Anfang an ein Notbehelf, so dass mehr und mehr Kritik an der Örtlichkeit aufkam. Im Bericht der Budgetkommission der II. Kammer 1906/07 wurde auf die Nachteile des Unterrichts in den Räumen des Mietshauses hingewiesen. Abgeordnete aller Parteien der II. Kammer und hier insbesondere der Heidelberger Rupert Rohrhurst wiesen auf die völlig ungenügenden Unterkunftsverhältnisse

Die Heidelberger Taubstummenkurse

der Kurse hin. „Der Hof ist klein, gewährt den Kindern nicht die Möglichkeit, sich ohne Gefahr zu tummeln, ein Garten, in dem die Kinder sich beschäftigen können, fehlt vollständig, die Räume sind eng, die Luft- und Lichtverhältnisse nicht sonderlich günstig, die Nachbarschaft des chemischen Laboratoriums auch nicht besonders angenehm. Ich bitte deshalb die Großherzogliche Regierung, die Errichtung eines Neubaus ins Auge zu fassen."[14] Rohrhurst schlug in diesem Rahmen vor, dass die neue Anstalt auch als eine Art „Seminar für die Ausbildung von Taubstummenlehren" dienen könne, zudem wäre das regelmäßige Abhalten von Fortbildungskursen möglich. Die Kammer versprach, dass dem vorgenannten Bedürfnis rasch entsprochen werde und dass ein Bauplatz für 40.200 Mark in Neuenheim erworben worden sei. Leider wurde darauf 1908 das Lehrerseminar in der Keplerstraße errichtet.

Dr. Rupert Rohrhurst (1860–1952), Heidelberger Stadtschulrat, Präsident der II. Kammer des badischen Landtags von 1909–1917 (Quelle: Konrad Exner-Seemann: Parlamentsarbeit, wie Anm. 14)

Die Suche nach einem geeigneten Bauplatz konzentrierte sich auf den im Jahre 1891 eingemeindeten Stadtteil Neuenheim. Drei Standorte kamen in Frage: Das ehemalige Schulhaus des Neuenheim College, Ecke Mönchhof-/Quinckestraße, das Rev. Lionel Armitage 1906 verkaufte, war im Gespräch. Zweitens wurde ein Gebäude in der Bergstraße 70, Pension Villa Frieda, in dem zeitweise das Vorseminar der Lehrerbildungsanstalt untergebracht war, in Erwägung gezogen. Und drittens wurde selbst an das Gebäude des Lehrerseminars in der Keplerstraße gedacht. Rohrhurst unterbreitete den Vorschlag, das bisherige Seminargebäude in Heidelberg-Neuenheim als Taubstummenanstalt zu nutzen. Auch Mitglieder der I. Kammer nahmen sich der Sache der „Taubstummen" an. 1908 wies Geh. Rat Prof. Dr. Windelband auf den kümmerlichen Zustand der äußeren Verhältnisse im Mietshaus Plöck 61 hin und bat um Abhilfe. In der 8. Öffentlichen Sitzung vom 6. März 1809 anerkannte Staatsminister Freiherr Dr. von Dusch den verbesserungswürdigen Zustand der Kurse, räumte jedoch ein, dass für einen Neubau nach Ansicht der Unterrichtsverwaltung kein praktisches Bedürfnis vorliege.

1910 traten bei den Kursen einige Änderungen ein. Bisher unterrichteten und betreuten zwei etatmäßige Lehrer und vier nicht etatmäßige die Zöglinge, nun wurden drei weitere Lehrer aus Gerlachsheim nach Heidelberg versetzt. Die Leitung ging von

Wolfgang Vater

Holler auf Realoberlehrer August Wiedemer aus Gerlachsheim über. 1912 wurde er zum Rektor der Einrichtung ernannt.

Immer wieder gab es Vorstöße hinsichtlich der Forderung nach Bau einer dritten Anstalt, so auf der 34. Öffentlichen Sitzung der II. Kammer vom 12. Februar 1910 und auf der 51. Öffentlichen Sitzung der II. Kammer vom 12. März 1910. Das blieb nicht ohne Folgen. Ein Regierungsvertreter vermeldete: „dass sich das Land zusammen mit der Stadt nach einem Bauplatz umgesehen habe und für die Lösung dieser Frage für tunliche Beschleunigung gesorgt werde".[15] Selbst bei der Bevölkerung Heidelbergs stieß dieses Thema auf besonderes Interesse, so in der Sitzung des Bürgerausschusses vom 28. März 1911.[16]

Bei ansteigender Schülerzahl wurde der Ankauf eines geeigneten Geländes und der Errichtung eines zweckmäßigen Gebäudes immer drängender. Die I. und II. Kammer der badischen Landstände genehmigte 1912 den Erwerb eines Bauplatzes in Heidelberg-Neuenheim (Quinckestraße 69) mit 10.500 qm und stellte für die Fundierungsarbeiten 62.000 Mark zur Verfügung. Im Haushaltsplan des Jahres 1914/15 wurden für Bau und Innenausbau weitere 440.000 Mark genehmigt. Im Jahr 1914 erfolgte die Grundsteinlegung. Der Bauplatz lag in Neuenheim an der noch nicht angelegten Quinckestraße nördlich neben dem Neuenheimer Friedhof und gegenüber dem Lehrerseminar (PH-Heidelberg / Keplerstraße). Der Bauplatz war so groß, dass hinter dem Schulhof noch ein großer schöner Garten angelegt werden konnte und an der Straßenseite kleinere Ziergartenanlagen Platz fanden. Gleich nachdem der Bauplatz von der Stadtbehörde an die Staatsbehörde übergegangen war, wurden auf Vorschlag Rektors Wiedemer die Obst- und Gemüsegartenanlagen angelegt und Obstbäume gesetzt. Dadurch konnten die Zöglinge während der Bauzeit nicht nur häufig von der alten Anstalt aus im Garten beschäftigt werden, sondern der Garten und die Obstbäume warfen auch Erträge für die Anstaltsküche ab.

Nach der Fertigstellung der Fundamente, wurden Kanalisation sowie die Zuleitungen von Wasser, Gas und Elektrizität ausgeführt. Im Frühjahr 1913 begannen die Maurerarbeiten. Das Wetter war zum Bauen günstig und so glaubte man, dass die Anstalt bis zum Frühjahr 1915 bezogen werden könnte. Als Ende Juli der Bau so weit vorangeschritten war, dass die Zimmerleute den Dachstuhl hätten aufschlagen können, brach am 1. August der Weltkrieg aus. Die meisten Handwerker mussten einrücken. Zum Glück konnten die Zimmerleute noch im Spätjahr den Dachstuhl aufschlagen und die Dachdecker im Vorwinter das Schieferdach fertig stellen, so dass der Winter dem Gebäude nicht schaden konnte. Zwar bedingten die Kriegsverhältnisse manche Änderungen und Reduzierungen des Bauvorhabens, doch konnte am 10. Januar 1916 der Neubau der „Großherzoglichen Taubstummenanstalt zu Heidelberg Quinckestraße 69" bezogen werden. In Anbetracht der ernsten Zeit wurde von einer Einweihungsfeier abgesehen.

Hollenbach schreibt: „Der beste Dank für die Errichtung der Heidelberger Taubstummenanstalt wird darin bestehen, dass Lehrer und Zöglinge treu arbeiten und fleißig lernen und dass die taubstummen Kinder zu frommen, pflichttreuen, arbeitsamen und nützlichen Mitgliedern der Menschen erzogen werden."[17]

# Anmerkungen

1    Vgl. Siegrid Wechssler: Blumen und Schmetterlinge. Studien nach der Natur von Peter Friedrich de Walpergen, Heidelberg 1992. Auch: Peter Friedrich de Walpergen: Schloß und Stadt Heidelberg, hg. von Siegrid Wechssler, Heidelberg 1987. Und: Wolfgang Vater: Peter Friedrich de Walpergen. Ein taub- und stummgeborener Heidelberger Künstler, hg. vom Hör-Sprachzentrum Heidelberg/Neckargemünd, o. J.

2    Paul Schumann: Geschichte des Taubstummenwesens vom deutschen Standpunkt aus dargestellt, Frankfurt a.M. 1940, S. 155.

3    Hermann Willareth: Über die Entwicklung des Taubstummen-Bildungswesens im Großherzogtum Baden, Tauberbischofsheim 1891, S. 4.

4    Vgl. ebd.

5    Edmund Treibel: Der zweite internationale Taubstummenlehrer-Kongress in Mailand, Berlin 1881, S. 17. Vgl. auch Wolfgang Vater: Bedeutungsaspekte des Mailänder Kongresses von 1880, in: Website der Staatlichen Schule für Hör- und Sprachgeschädigte mit Internat, Neckargemünd-Heidelberg, archiviert vom Original am 17.12.2000 (abgerufen am 27.8.2022)

6    Georg Neuert: Das Taubstummenbildungswesen in Baden, seine Entwicklung und sein heutiger Stand 1916 bzw. 1924, nach amtlichen und privaten Quellen, bearbeitet von Georg Neuert, neubearbeitet und hg. von Wolfgang Vater, Staatliche Schule für Gehörlose, Schwerhörige und Sprachbehinderte, Heidelberg-Neckargemünd, Heidelberg 2002, S. 206.

7    Vgl. ebd., S. 196.

8    Ebd., S. 191.

9    Vgl. Dagmar Drüll: Heidelberger Gelehrtenlexikon 1803–1932, Wiesbaden [2]2019, S. 593.

10   Neuert (wie Anm. 6), S. 214.

11   August Wiedemer: Die Taubstummenanstalt Heidelberg – Sonderanstalt für Taubstumme mit Hör- oder Sprachresten (1907), in: Gustav Wende: Deutsche Taubstummenanstalten, -schulen und -heime in Wort und Bild, Halle a.S. 1915, o. S.

12   Ebd.

13   Hermann Stetter: Die Taubstummenanstalt zu Heidelberg, S. 135, in: Gotthold Lehmann: Taubstummen-Unterricht und Taubstummen-Fürsorge im Deutschen Reich, Düsseldorf 1930.

14   Konrad Exner-Seemann: Parlamentsarbeit im Zeitalter der konstitutionellen Monarchie, Rupert Rohrhurst – Ehrenbürger der Stadt Heidelberg und Präsident der badischen Abgeordnetenkammer, Ubstadt-Weiher 1996, S. 45.

15   Neuert (wie Anm. 6), S. 251f.

16   Vgl. Heidelberger Tageblatt vom 29.3.1911, Nr. 75.

17   Badische Blätter für Taubstumme, Nr.2/3, 5. Jahrgang, 1.3.1916.

Nils Jochum

# Ein politischer Hochschullehrer zwischen Kaiserreich und Nationalsozialismus: der erste Heidelberger Geografie-Professor Alfred Hettner (1859–1941)[1]

## Einleitung

„Die ,Schuld' Deutschlands besteht nur darin, [...] daß es aufgehört hat, bloß ein Volk der Dichter und Denker zu sein [...] und danach getrachtet hat, wirtschaftlich und politisch nicht etwa an Stelle anderer Mächte, sondern neben ihnen einen Platz in der Welt zu gewinnen."[2]

Der Beginn des Ersten Weltkriegs jährte sich bereits zum vierten Mal, als der Heidelberger Geografie-Professor Alfred Hettner diese Worte in seiner Wohnung in der Ziegelhäuser Landstraße Nr. 19 niederschrieb. Das Zitat aus dem Sommer 1917 erlaubt sowohl einen Blick zurück als auch nach vorne. Zurück in eine Zeit der zweifachen Expansion: die des jungen deutschen Nationalstaats um einen Platz an der Sonne in der Welt und die der Geografie an den Universitäten. Dass sich letztere dabei bereitwillig in den Dienst des imperialen Wettlaufes stellte, bringt der Slogan „Wissen ist Macht, geographisches Wissen ist Weltmacht"[3] auf den Punkt. Blickt man ausgehend von Hettners Einschätzung zu Deutschlands „Schuld" am Krieg in die Zukunft, lässt sich seine spätere Ablehnung des Versailler Friedensvertrages bereits vorausahnen.

Sowohl mit der Befürwortung der imperialistischen Expansion als auch der Zurückweisung einer deutschen Kriegsschuld war sich Hettner mit seinen Heidelberger Professorenkollegen einig, wie Christian Jansen anhand seiner politischen Publikationen gezeigt hat.[4] Abgesehen davon ist Hettners politisches Denken und Handeln bislang noch nicht eingehend untersucht worden. Gleichwohl hat die Beteiligung von Geografen an der kolonialen Wissensproduktion des Kaiserreichs sowie an der Ausformulierung der nationalsozialistischen Blut- und Boden-Ideologie vor dem Hintergrund aktueller Debatten[5] um Rassismus, koloniales Erbe sowie das Verhältnis von kolonialen und NS-Verbrechen in den letzten Jahren besondere Aufmerksamkeit erfahren.[6] Auch das Urteil über Alfred Hettner ist davon nicht ganz unberührt geblieben; das Bild vom „rassismusfreien" Hettner hat Risse bekommen.[7] Andererseits hat Jansen die bislang oft nur behauptete Ablehnung des Professors gegenüber dem Nationalsozialismus sowie dessen Angriffe auf Hettners „liberalistische" Wissenschaftsauffassung empirisch bekräftigt.[8]

Hettner war sich des Spannungsverhältnisses zwischen seiner der „Objektivität" verpflichteten Profession einerseits und seiner politischen Subjektivität andererseits bewusst: „Auch wir Gelehrte sind Menschen, die warm empfinden und national denken und fühlen."[9] Der Beitrag nimmt dieses Zitat sowie Jansens Einordnung von Hettner als „liberalem Imperialisten"[10] zum Ausgangspunkt, um auf einer breiten Quellenbasis, welche nicht nur Hettners Publikationen, sondern auch seine private Korrespondenz, seine Vereinstätigkeiten sowie seine Personalakten umfasst, nach seinem politischen

Denken und Handeln zu fragen: Wofür konnte sich der erste Heidelberger Geografie-Professor politisch „erwärmen", worin äußerte sich sein „nationales Denken und Fühlen"? Bei der Beantwortung dieser Fragen werden drei Schwerpunkte gesetzt: Hettners Verhältnis zum Kolonialismus, sein publizistisches Wirken im Ersten Weltkrieg und seine Einstellungen zu Antisemitismus und Nationalsozialismus.

## Hettner in Heidelberg – Biografie und Erinnerung

Der am 6. August 1859 in Dresden geborene Hettner studierte in Halle, Bonn und Straßburg Geografie, Geologie und Philosophie. Anschließend wurde er bei Georg Gerland im Jahr 1881 über das „Klima in Chile und Westpatagonien" promoviert und habilitierte sich bei Friedrich Ratzel in Leipzig im Jahr 1887 mit einer geomorphologischen Arbeit über die Sächsische Schweiz. Als Ratzels Assistent in Leipzig gründete er im Jahr 1895 die noch heute bestehende „Geographische Zeitschrift". Nach Zwischenstationen in Tübingen und Würzburg „kam wenige Wochen darauf der Ruf nach Heidelberg, wohin ich mich gesehnt, an das ich schon für meine Habilitation gedacht hatte"[11], so Hettner in seinen autobiografischen Notizen.

„Das bayerische Ministerium gab mich frei, und so konnte ich den Ruf (Sommer 1899) annehmen. Es war ein unbestimmtes Gefühl, das mich hinzog, und es hat mich nicht betrogen, denn Heidelberg hat mir schon nach wenigen Wochen das größte Glück meines Lebens gebracht."

Alfred Hettner, ca. 1910 (Quelle: Leibniz Institut für Länderkunde, Archiv für Geographie, https://ifl.wissensbank.com/qlink/145516000 [Abruf 16. Mai 2023])

Mit dem letzten Satz bezieht sich Hettner auf seine erste Ehefrau Bertha Rohde, welche nach schwerer Krankheit bereits im Jahr 1902 verstarb. Auch während der einsamen Trauerjahre und trotz mehrerer auswärtiger Rufe blieb er Heidelberg treu. Nicht zuletzt, weil „das badische Ministerium [ihm] sehr freundlich entgegenkam", indem es seine außerordentliche Professur im Jahr 1906 in einen ordentlichen Lehrstuhl für Geografie umwandelte. Diesen hatte er bis zu seiner Emeritierung im Jahr 1928 inne, lehrte also 30 Jahre in Heidelberg. 1910 wurde Hettner zum außerordentlichen Mitglied der Heidelberger Akademie der Wissenschaften ernannt. Am 31. August 1941 verstarb der 82-Jährige in dem Haus am Neckar, dem er seit seiner Ankunft im Sommer 1899 „immer treu geblieben" war.

Nils Jochum

Ziegelhäuser Landstraße 19 am Neckar, Erinnerungstafel rechts unten (Foto: Nils Jochum)

Zwanzig Jahre später ließ die Stadt Heidelberg anlässlich seines 100. Geburtstages und auf Fürsprache seiner Schüler dort eine Erinnerungstafel anbringen.[12] Bereits zu Lebzeiten geachtet ist Hettner insbesondere aufgrund „seiner" „Geographischen Zeitschrift" und seines methodischen Standardwerkes „Die Geographie, ihre Geschichte, ihr Wesen und ihre Methoden" bis heute einer der international bekanntesten deutschen Geografen.[13] Auch das Geographische Institut der Universität Heidelberg erinnert an seinen „Gründungsvater" mit einem Gedenkstein vor dem Institutsgebäude im Neuenheimer Feld und der von 1997 bis 2006 durchgeführten Veranstaltungsreihe „Hettner-Lectures".[14] Zuletzt wurde im Jahr 2009 sein 150. Geburtstag durch das Institut und die Studierendenschaft gewürdigt.[15] Neben diesem erinnerungskulturellen Nachleben vor Ort haben Johan Frederik Ostermeier und Ute Wardenga die wissenschaftlichen Leistungen von Alfred Hettner für die Geografie aufgearbeitet.[16]

Gedenkstein vor dem Geographischen Institut INF 348, eingeweiht 1984 (Foto: Nils Jochum)

## Karriere, Kolonien, Kaiserreich: Blütejahre eines „liberalen Imperialisten"

Im Jahr 1871 existierte nur ein ordentlicher Lehrstuhl für Geografie auf dem Gebiet des neu gegründeten Deutschen Kaiserreiches. Bis 1910 wurden mehr als 20 Geografie-Lehrstühle errichtet, der Heidelberger war einer davon.[17] Die Institutionalisierung der Geografie an den deutschen Universitäten fiel dabei zeitlich mit der wissenschaftlichen und politischen Expansion des Deutschen Reiches nach Übersee zusammen. Kamen die ersten Geografieprofessoren noch aus den Gymnasien, wurden dann außereuropäische Forschungserfahrung und schließlich Kolonialexpertise ausschlaggebend.[18] Am 4. August 1906 ernannte der badische Großherzog den seit 1899 „etatmäßigen außerplanmäßigen Professor" und zwischenzeitlich bereits zum „ordentlichen Honorarprofessor" aufgewerteten Hettner zum „ordentlichen Professor".[19]

Waren die Errichtung von Hettners außerordentlicher Professur und die Umwandlung in einen ordentlichen Lehrstuhl kolonialpolitisch motiviert? Für beide Vorgänge finden sich in den badischen Landtagsprotokollen, den Heidelberger Senatsprotokollen, der Personalakte von Hettner sowie in seiner Korrespondenz mit dem badischen Kultusminister Franz Böhm darauf keine Hinweise. Stattdessen verwies beispielsweise der Gymnasiallehrer und Heidelberger Abgeordnete Rupert Rohrhurst von der Nationalliberalen Partei im badischen Landtag auf den „Wert [der] Geographie als ein sehr wichtiges und bedeutsames Lehrfach" und beglückwünschte Hettner als „bedeutende[n] und feinsinnige[n] Vertreter seines Faches" zu seinem neuen Lehrstuhl.[20] Sicherlich ebenso wichtig war der Umstand, dass die Freiburger Universität ebenfalls im Jahr 1906 ihre bereits 1891 – und damit acht Jahre vor Heidelberg – eingerichtete außerordentliche Professur in eine ordentliche Professur umwandelte. Die allgemein gestiegene Bedeutung der Geografie als Lehrfach, die Ausbildung von Geografielehrern und das akademische Schritthalten mit Freiburg scheinen für die Heidelberger Universität und den badischen Landtag wichtigere Argumente gewesen zu sein als dezidiert kolonialpolitische Überlegungen. Auch die Besetzung der Professur mit Hettner spricht gegen eine Fokussierung auf die koloniale Wissensproduktion, da dieser zwar ausgedehnte Reisen in Südamerika vorzuweisen, eine deutsche Kolonie jedoch bislang nicht einmal betreten hatte. Umso überraschender ist es, dass sich Hettner am 12. Mai 1905 zum ersten Vorsitzenden der Heidelberger Abteilung der Deutschen Kolonialgesellschaft wählen ließ, welche „bald eine rege Tätigkeit entfaltete"[21]. Wenige Wochen zuvor, am 18. März 1905, hatte Hettner einen Ruf der Universität Breslau erhalten. Nun erinnerte er den badischen Kultusminister Franz Böhm an das Versprechen, dass sich die Regierung für die Umwandlung seiner außerordentlichen Professur in einen Lehrstuhl einsetzen würde und stellte Gehaltsforderungen für ein zukünftiges Ordinariat.[22] Zwei Tage später dankte er dem Minister in einem Brief für dessen Wohlwollen und lehnte den Ruf nach Breslau ab. Anscheinend war sich Hettner zu dem Zeitpunkt, als er sich zum Vorstand der Kolonialgesellschaft wählen ließ, seines Ordinariats also bereits sicher.

Warum dieses plötzliche Engagement? Wollte sich Hettner in der Heidelberger Stadtgesellschaft nun einfach stärker verwurzeln, nachdem sein Verbleib in Heidelberg feststand? Mit der Vereinstätigkeit ging eine Steigerung seines Bekanntheitsgrades einher, wenngleich Hettner rückblickend zur Kolonialgesellschaft lediglich sagte: „Die Teilnahme am öffentlichen Leben, etwa an der von mir geförderten Kolonialgesellschaft, war gering."[23] Hoffte er, dass die Vereinstätigkeit die Bewilligung seines Ordinariats im badischen Landtag positiv beeinflussen könnte? In den öffentlichen Sitzungsprotokollen findet sein Vereinsengagement keine Erwähnung, in den Gremien mag dies anders gewesen sein. Opportunistische Motive können also weder bestätigt noch ausgeschlossen werden. Fest steht, dass Hettner ein überzeugter Anhänger der moralischen und wirtschaftlichen Notwendigkeit deutscher Kolonien war und ihrem Verlust noch in den 1920er-Jahren nachtrauerte. Gegen situationsbezogenen Opportunismus und für eine innere Überzeugung spricht insbesondere der Umstand, dass Hettner die

Nils Jochum

Vorstandstätigkeit nach seiner Ernennung zum Ordinarius nicht aufgab, sondern über seine Emeritierung hinaus bis 1931 behielt und anschließend vom Verein als Ehrenmitglied geführt wurde.[24]

Wie äußerte sich Hettners koloniales Denken und Handeln konkret? Als Vorsitzender konnte er die Themen der gewöhnlich fünf bis acht Vorträge im Jahr bestimmen, welche „von sachkundigen Rednern" nicht nur zu den deutschen Kolonien, sondern auch über „andere Gebiete der deutschen Interessenssphäre"[25] gehalten wurden. Während der Verein zunächst im Kontext der Reichstagswahl 1907 einen starken Mitgliederanstieg verzeichnete, stagnierte er seitdem bei 100 Mitgliedern. Die vorgezogenen Reichstagswahlen wurden nötig, weil SPD und Zentrum die brutale Kriegführung gegen die OvaHerero und Nama in Deutsch-Südwestafrika kritisiert und den Nachtragshaushalt zur weiteren Kriegsfinanzierung abgelehnt hatten. Im Zuge der Wahl erklärte Hettner den Lesern der Berliner Nationalzeitung nicht nur den wirtschaftlichen Wert der deutschen Kolonien, sondern überhöhte seine Argumentation mit einer moralischen Verpflichtung der Deutschen zur Kolonisation, die in einer Rechtfertigung des Genozids an den OvaHerero und Nama gipfelte: Weil „der Niedrigere, Schlechtere weichen muss, [wenn] er dem Fortschritt der ganzen Menschheit im Wege steht", war ihr „Zugrundegehen" im „Kampfe der Völker" laut Hettner „unvermeidlich".[26] Neben diesem Beispiel entgrenzter kolonialer „Öffentlichkeitsarbeit" hatte Hettner bereits im Sommersemester 1899, seinem ersten Semester in Heidelberg, vor 48 Zuhörern eine Vorlesung über „die deutschen Kolonien" gehalten. Bis zum Ende des Ersten Weltkrieges folgten weitere Vorlesungen über die „Geographie der Kolonisation", die „Kolonialreiche der Gegenwart" und die „Hauptprobleme der Weltpolitik".[27]

Tongefäß (Quelle: Staatliche Museen zu Berlin, https://id.smb.museum/object/10644/ton-gef%C3%A4%C3%9F [Abruf 16. Mai 2023]. Lizenz: CC BY-NC-SA 4.0)

Expeditionen oder Forschungsaufenthalte in den deutschen Kolonien führte er hingegen nicht durch. Abgesehen von einem Zwischenstopp in Tsingtau (heute Qingdao) besuchte Hettner keine deutsche Kolonie. Zu Beginn seiner Karriere war er auf Feldarbeit in Südamerika konzentriert. Als Hauslehrer in Bogotà gelandet, konnte Hettner in den Jahren 1883 und 1884 die Anden bereisen. In den Jahren 1888 bis 1890 führte Hettner im Auftrag von Adolf Bastian, dem Direktor des Berliner Museums für Völkerkunde (heute Ethnologisches Museum im Humboldtforum) eine Forschungsreise nach Peru und Bolivien durch. Er hatte den Auftrag „möglichst viele Altertümer für das Museum zu sammeln"[28], wie er in seinen autobiografischen Notizen schrieb. Hettner „sammelte" in der Tat fleißig: In der heutigen Sammlung des Ethnologischen Museums befinden sich 312 Objekte, vorwiegend Tongefäße sowie Tier- und Gesichtsdarstellungen, z.T. aus der Inka-Zeit, welche mit seinem Namen verknüpft sind.[29]

Kolonialstein (Quelle: Michael Linnenbach, https://commons.wikimedia.org/wiki/File:Kolonialstein_HD.jpg [Abruf 16. Mai 2023]. Lizenz: CC BY 4.0)

Auch während der Weimarer Republik hielt Hettner weiter kolonialgeographische Vorlesungen und verantwortete den Kolonialrevisionismus der Deutschen Kolonialgesellschaft mit. So richtete sein Verein in den 1920er-Jahren Lichtbildvorträge in einem Hörsaal der Universität aus, bei denen u.a. über „Deutsch-Ostafrika unter Mandatsherrschaft" referiert wurde. Der Präsident der Deutschen Kolonialgesellschaft, Dr. Theodor Seitz, konnte für einen Vortrag mit dem Titel „Wie sieht es heute in unseren afrikanischen Kolonien aus?" gewonnen werden.[30] In diese Zeit, genauer gesagt ins Jahr 1924, fällt auch die Errichtung eines Steines in der Nähe des Bierhelderhofs „Zum Gedenken an die 40 Jähr. Kolonialgeschichte des Deutschen Reiches", welches jedoch bereits seit fünf Jahren ohne eigene Kolonien auskommen musste. Es ist wahrscheinlich, dass dieses kolonialrevisionistische Denkmal von Hettners Verein errichtet wurde.[31]

Darüber hinaus finden sich koloniale Argumentationsmuster in Hettners Publikationen. Die Idee einer angeblichen kulturellen Überlegenheit und rassischen Höherwertigkeit der Kolonisatoren gegenüber den Kolonisierten stand im Mittelpunkt eines modernen Kolonialismus, wie er vom deutschen Bürgertum um die Jahrhundertwende vertreten wurde. Dass die rassische Argumentation zu diesem Zeitpunkt in den Vordergrund rückte, war aus Hettners Sicht problematisch. Ein Deutungsmonopol der immer populärer werdenden Rassenlehre lehnte der Geograph entschieden ab:

> „Seit Gobineau ist es in weiten Kreisen Mode geworden, alle Unterschiede der Kultur ohne weiteren Beweis auf die Rasse und ihre größere oder geringere Begabung zurückzuführen, die Rassenverschiedenheit als die maßgebende Ursache der Geschichte der Menschheit anzusehen. Dieser Ansicht stehen jedoch große Bedenken gegenüber. [...] Von einer sicheren wissenschaftlichen Kenntnis der Rassen sind wir noch weit entfernt."

Nils Jochum

Hettner kritisierte die von Rassetheoretikern behauptete Kausalität von Rasse und Intelligenz und plädierte für ein „enges" Verständnis der Rassen als „klimatische Varietäten des Menschen".[32] Die prinzipielle Existenz menschlicher Rassen stellte er jedoch nicht in Frage, sondern nahm sie als selbstverständliche Tatsache hin und benutzte diese Schematisierung der Menschheit in vielen Publikationen.[33]

Letztlich interessierte sich Hettner weniger für die aus seiner Sicht schlichte Tatsache der Rassen, sondern vielmehr für das Konzept der „sozialen Vererbung", d.h. der Kultur. Diese hielt er für wissenschaftlich ergiebiger:

> „Die Kultur gewinnt immer mehr die Oberhand, so daß die biologisch erblichen Veränderungen, die die Rasse ausmachen, mehr zurücktreten [...]. Ist demnach die erste Hauptperiode der Menschheit vorzugsweise Rassengeschichte, so ist die zweite hauptsächliche Kulturgeschichte."

Vor diesem Hintergrund sah er die Aufgabe der Geografie darin, „den Gang der Kultur über die Erde zu verfolgen und in seiner Naturbedingtheit zu verstehen."[34]

Als Vertreter einer hierarchisch-dynamischen Kulturstufentheorie ging Hettner davon aus, dass sich Kulturen in Etappen entwickelten, als Fortschritt zu „höherer" Kultur oder als Rückschritt zu „niederer" Kultur: „So besteht die Entwicklung der Menschheit in der zwar nicht ununterbrochenen, jedoch im Ganzen fortschreitenden Ausbreitung immer höherer Kulturformen" betonte er in seinem Werk „Der Gang der Kultur über die Erde" und sah die europäisch-nordamerikanische Kultur als die höchste zeitgenössische Kulturform an. Mit der Frage der Kulturstufen beschäftigte er sich bereits in seiner Dissertation und erklärte die „niedrigere Stufe" der Kolumbianer naturdeterministisch mit dem dortigen tropischen Klima:

> „Die tropische Natur spendet dem Menschen bei geringer Anstrengung Nahrung, Kleidung und Wohnung, aber nimmt ihm eben damit einen mächtigen Stachel zur Arbeit; der tropische Urwald und auch die tropische Steppe hemmen Verkehr und Ansiedlung auf das Empfindlichste, isolieren den Menschen und erschweren dadurch wirtschaftlichen und geistigen Aufschwung."[35]

In seinem Reisebericht zu den kolumbianischen Anden gibt er jedoch auch freimütig zu, dass die Wohnverhältnisse Bogotás mit den „socialen Zuständen im Erzgebirge oder in manchen deutschen Großstädten" durchaus vergleichbar seien.[36] Wenngleich Hettner seine deutschen Leser an dieser Stelle humorvoll vor einem falschen Überlegenheitsgefühl warnte, bediente er dieses jedoch ansonsten durch sein hierarchisches und naturdeterministisches Kultur-Verständnis.

Möchte man Hettner mit seinen moralischen und wissenschaftlichen Begründungsversuchen des Kolonialismus und seinem daraus abgeleiteten Engagement gesellschaftlich einordnen, so kann er als „liberaler Imperialist" im bürgerlichen Mainstream seiner Zeit verortet werden. Zum Vergleich sei an dieser Stelle nur an seine Heidelberger Kollegen Max und Alfred Weber sowie den Theologen Ernst Troeltsch erinnert, die es als Verfechter des Deutschen Kolonialreiches ebenfalls für moralisch gerechtfertigt ansahen, „wenn ein ‚starkes', ‚lebensvolles' Volk sich auf Kosten seiner europäischen Nachbarn, erst recht aber außereuropäischer Völker ausbreitete."[37] Wie viele seiner

Professoren-Kollegen im wilhelminischen Heidelberg gehörte Hettner der Nationalliberalen Partei der liberal-konservativen Mitte an.

## Zwischen Krieg und Frieden – Hettners Sicht auf den Ersten Weltkrieg und seine Folgen

Für Hettner war der Krieg eine Zäsur. In seinen autobiografischen Skizzen schreibt er:

> „Und dann kam der Weltkrieg. Es war mir von vornherein selbstverständlich, daß sich die Geographische Zeitschrift zum größeren Teile in dessen Dienst zu stellen und sowohl die politischen wie die militärgeografischen Probleme zu erörtern hatte. Und auch ich stellte meine eigene wissenschaftliche Arbeit ganz in diesen Dienst"[38]

Eine volle wissenschaftliche Objektivität sei im Krieg nicht möglich, vielmehr solle nun „die Liebe zu unserem Vaterland [...] uns die Feder führen."[39] Mit diesen Worten appellierte Hettner an seine Kollegen in der „Geographischen Zeitschrift" und schwor sie auf den Krieg ein. Er selbst brachte in den Kriegsjahren drei populärwissenschaftliche Bücher heraus, eine Neuauflage seines Russlandbuchs, „Englands Weltherrschaft" sowie „Der Friede und die Deutsche Zukunft". Ein Vorab-Exemplar des letzteren ließ er sogar an Theobald von Bethmann-Hollweg schicken. Die eigentliche Drucklegung des Buches hatte sich jedoch verzögert, sodass Bethmann-Hollweg als Reichskanzler bereits entlassen war. Der Ex-Kanzler ließ Hettner am 20. Dezember 1917 einen Brief zukommen, in dem er sich für die „freundliche Zueignung" bedankte.[40] Hettner hatte sich zuvor einer Kundgebung im Heidelberger Tageblatt zugunsten von Bethmann-Hollweg angesichts dessen Bemühungen um einen „Verständigungsfrieden" mit der Entente angeschlossen.[41] Beide verbanden – im Vergleich zu den rechten Kreisen um den „Alldeutschen Verband" – moderatere, weil realistischere Kriegsziele, welche weitreichende Annexionen in Europa ausschlossen. Die neugegründete radikale „Deutsche Vaterlandspartei", welche umfassende Annexionen neben einem autoritären Staatsumbau durchsetzen wollte, lehnte Hettner ab.[42]

In den Kriegszieldiskussionen mit seinen Heidelberger Kollegen gehörte Hettner eher zu den gemäßigten Professoren. Er war im Unterschied zum erst später „bekehrten" Alfred Weber bereits im Jahr 1916 gegen eine Annexion der baltischen Staaten und warnte seinen Heidelberger Kollegen vor übertriebenen Siegeshoffnungen. Anstatt einer territorialen Ausdehnung Deutschlands in Europa, wie sie viele seiner Geographen-Kollegen um den Berliner Ordinarius Albrecht Penck vertraten, setzte Hettner weiter auf das „maritim-koloniale Expansionsprogramm" der Vorkriegszeit und sah Belgien in diesem Zusammenhang als Faustpfand an. Hettner verstand sich also nicht als mahnender Anwalt eines „selbstgenügsamen" Deutschlands, sondern wollte einen territorialen Machtzuwachs weniger in Europa, sondern vielmehr in Übersee.[43]

Vom Kriegsausgang und noch mehr vom Friedensschluss war Hettner tief enttäuscht. Den Versailler Vertrag empfand er wie die meisten seiner Zeitgenossen als „Gewaltfrieden schlimmster Art"[44] und sah Deutschland auf den Status einer „Parianation" mit geraubten Kolonien herabgedrückt.[45] Gegen Versailles seien „Brest-Litowsk und auch die überspanntesten Ideen unserer ärgsten Chauvinisten während des Krieges Kinderspiele gewesen"[46]. Nachdem er im ersten Friedenssemester vor 13 Zuhörern

„Die geographischen Probleme des Friedens" gelesen hatte, fokussierte sich Hettner im Sommersemester 1919 auf „Deutschland und seine Nachbargebiete". Währenddessen wurden die Bestimmungen des Versailler Vertrages bekannt. Im Wintersemester 1919/1920 antwortete Hettner auf den „Gewaltfrieden [und] Haß der Franzosen" dann beinahe trotzig mit seiner Vorlesung „Unser deutsches Vaterland". Der Titel schien die Stimmung der Heidelberger Studierendenschaft aufgreifen: die Vorlesung wurde von 51 Studierenden besucht, darunter zehn Frauen.[47] Die versuchte Aussöhnung mit Frankreich unter seinem Parteifreund Gustav Stresemann von der Deutschen Volkspartei (DVP), in welche der größere Teil der Nationalliberalen Partei aufgegangen war, lehnte er ab. Die Aussöhnung sei „eine Torheit, da Frankreich nichts anderes [wolle] als unsere Schwächung und Knechtung",[48] schrieb Hettner 1925. Auch der Verlust des „guten deutschen Charakters" seiner französisch gewordenen Alma Mater, der Universität Straßburg, schmerzte ihn.[49]

Wie die allermeisten seiner Kollegen hatte Hettner die Novemberrevolution entschieden verurteilt.[50] Bereits 1919 schrieb er in der „Geographischen Zeitschrift" von der „frevelhaften" und „schmachvollen Revolution im Rücken unseres Heeres"[51] welche die militärische Niederlage in einen Zusammenbruch verwandelt habe. Mit diesen Worten übertraf Hettner seine Heidelberger Kollegen an Schärfe im Ton und kam so dem Bild vom Dolchstoß am nächsten. Wohl aufgrund dieser Aussage ordnet ihn Jansen dem gemäßigten Flügel der „nationalen Opposition"[52] zu. Hettner lehnte die republikanische Staatsform ab; als Vernunftrepublikaner und Mitglied der DVP arrangierte er sich jedoch mit Weimar. Das hielt ihn nicht davon ab, vor allem den Kolonien des Deutschen Kaiserreiches nachzutrauern und sich in den 1920er-Jahren kolonialrevisionistisch zu betätigen.

## Ein antisemitischer „Vierteljude"? Hettner zwischen Judentum, Antisemitismus und Nationalsozialismus

Alfred Hettner war kein religiöser Mensch. Zwar war er evangelisch getauft, konnte Religion persönlich jedoch nichts abgewinnen und leistete seinen Beamteneid auf die neue Republik ohne Gottesbezug.[53] Dass seine Großmutter mütterlicherseits, Elisabeth Julie Oppenheimer, jüdischer Herkunft gewesen war, war ihm bekannt. Sein Schüler und Freund Ernst Plewe kam daher zum Schluss, dass Hettners eigene Herkunft ihn gegen Rassismus immun gemacht habe, er vielmehr selbst unter diesem zu leiden gehabt habe.[54] Dem ist entgegenzuhalten, dass sich in zwei von Hettners Publikationen antisemitische Äußerungen finden. Dies stellte bereits Johan Ostermeier im Jahr 1987 fest und wurde von Boris Michel zuletzt thematisiert.[55] In seinem Russlandbuch aus dem Jahr 1904 charakterisiert Hettner die jüdische Bevölkerung im Westteil des damaligen Zarenreiches:

> „Ihre Zahl wird auf 3 ½ bis 4 Millionen geschätzt und ist zu gross für die Erwerbsmöglichkeiten, die ihnen geboten sind; man kann von einer jüdischen Überbevölkerung sprechen. Die dadurch bedingte große Armut und der übermäßig gesteigerte wirtschaftliche Wettbewerb haben im Laufe der Jahrhunderte die nationalen Eigenschaften, die der Jude schon in anderen Ländern unter ähnlichen Verhältnissen erworben hatte, noch gesteigert: körperliche

Schwäche und Mangel an Mut, Unreinlichkeit, eine vorwiegend auf den Erwerb gerichtete Intelligenz, geringe Bedenklichkeit in der Wahl der zum Erwerbe führenden Mittel."[56]

Die andere Stelle stammt aus seiner Länderkunde zu Europa, in der Hettner von den Juden schreibt, welche „über ganz Europa als Parasiten versprengt"[57] seien.

Wie lassen sich diese zweifellos antisemitischen Äußerungen einordnen? Zur Beantwortung dieser Frage ist eine Begebenheit im Jahr 1930 aufschlussreich. Am 30. Mai 1930 beschwerte sich der Leipziger Rabbiner Felix Goldmann in einem Brief an Hettner über dessen antisemitischen Vergleich von Juden und „Parasiten".[58] Hettner änderte daraufhin die Formulierung für die neue Auflage seiner Länderkunde im Jahr 1932, zu einer Zeit also, in der Antisemitismus in der Öffentlichkeit bereits sehr präsent war. Für ihn war es kein Widerspruch in seinem Antwortschreiben an den Rabbiner Goldmann auf sein eigenes „jüdisches Blut" hinzuweisen und zugleich in einem „großen Prozentsatz [...] der Juden [an der deutschen Gesamtbevölkerung] eine Gefahr für das Volkstum" zu sehen. Der Immigration der sogenannten „Ostjuden" gab er eine Mitschuld am Antisemitismus in Deutschland.[59] Hettner klagte bereits im Jahr 1898, dass er sich vergeblich bemüht hatte, seinen Namensvetter und Rabbinersohn Alfred Philippson auf die Liste für den neuerrichteten Geografielehrstuhl in Tübingen zu bringen: „Der Antisemitismus ist zu mächtig".[60] Mit dem Geologie-Professor Wilhelm Salomon Calvi, der gleichzeitig mit ihm nach Heidelberg gekommen war und der aufgrund seiner jüdischen Herkunft nach der nationalsozialistischen Machtübernahme seinen Lehrstuhl abgeben musste und nach Ankara emigrierte, verbanden ihn Freundschaft und enge Zusammenarbeit.[61] Einerseits vertrat Hettner also über viele Jahrzehnte – jedenfalls bis zur Machtergreifung der Nationalsozialisten – antisemitische Überzeugungen, insbesondere gegenüber den osteuropäischen Juden. Zugleich ließ er sich jedoch auf einen Meinungsaustausch ein, war offen für jüdische Kritik an seinen Äußerungen und pflegte enge Kontakte zu jüdischen Kollegen.

Mit dem Beginn der nationalsozialistischen Diktatur wurde Hettners eigene jüdische Herkunft zum Problem für ihn. Selbst nach Erlass der sogenannten „Nürnberger Gesetze" schrieb Hettner am 14. Oktober 1935 einen deutlichen Brief an seinen Freund und ehemaligen Reichsgerichtspräsidenten Walter Simons:

> „Mit deinen Äusserungen über die Judengesetzgebung und die Rasse fällst Du hunderttausenden von ‚Nichtariern' in den Rücken, die immer Deutsch gedacht, für Deutschland gearbeitet und gekämpft haben und jetzt zu Deutsche[n] zweiter Klasse degradiert oder denen das Deutschtum überhaupt abgesprochen wird. Dein Vergleich von Juden und ihren Mischlingen mit Negern und Mulatten ist sehr verletzend und unberechtigt. Auch mir persönlich fügst Du damit, da ich ja nun einmal ‚Nichtarier' bin eine schwere Kränkung zu."[62]

Die beiden letzten Sätze können als Beleg für Hettners rassistische Einstellungen gegenüber „Negern und Mulatten" gelten, da er den Vergleich mit ihnen als „sehr verletzend" empfand. An die Stelle von Ernst Plewes Urteil über den gegen Rassismus „immunen" Hettner muss also ein differenzierteres Bild treten.

Der Brief an Simons zeugt zugleich von Hettners Mut, nach 1933 abweichende Meinungen zu äußern. Nach dem Krieg wurde seine ablehnende Haltung gegenüber dem Nationalsozialismus immer wieder von Freunden, Kollegen und Heidelberger Geografiestudent*innen betont.[63] Was lässt sich also über Hettners Einstellung zum Na-

Nils Jochum

tionalsozialismus und zu seinem Leben ab 1933 sagen? Noch im Jahr 1932 hatte er im Vorfeld der Reichspräsidentenwahlen einen Honoratiorenaufruf in drei Heidelberger Lokalzeitungen zugunsten einer Wahl Hindenburgs gegen Hitler unterzeichnet.[64] Die Machtübernahme der Nationalsozialisten und den Beginn der Diktatur erlebte Hettner als Emeritus. Mit der NS-Bürokratie kam er allerdings bereits im Jahr 1933 in Berührung, als er in einem Formular die Kenntnis der Vorschrift bestätigen musste, „daß jede auch nur lose Beziehung zu der Sozialdemokratischen wie zu der Kommunistischen Partei verboten ist".[65] Bereits in den 1920er-Jahren hatte Hettner die Gegnerschaft der landschaftskundlichen Geographen sowie großer Teile der Schulgeografie auf sich gezogen.[66] Diese sahen sich nun endgültig im Aufwind und diskreditierten sein wissenschaftliches Ansehen. Gegen die Angriffe der beiden nationalsozialistischen Schulgeografen Oswald Muris und Hans Schrepfer, seine Geografie sei „liberalistisch-positivistisch" und von „geringe[r] Aktivität im nationalpolitischen Sinne", wehrte sich Hettner im Jahr 1934 vehement und öffentlich in „seiner" „Geographischen Zeitschrift".[67] Wenige Monate darauf übergab er die wirtschaftlich seit langem angeschlagene und politisch zunehmend angefeindete Zeitschrift an seinen Schüler Heinrich Schmitthenner.[68] Laut Christian Jansen war Hettner der einzige Heidelberger Hochschullehrer, der sich gegen Vorwürfe von nationalsozialistischen Kollegen öffentlich zur Wehr setze. Direkte Konsequenzen hatte dies wohl nicht für ihn, dennoch zeugt sein Verhalten von einer im damaligen Heidelberger Lehrkörper seltenen Courage.[69]

Dies gilt umso mehr, weil Hettner seine jüdische Abstammung nun auch auf seiner neuen Standesliste angeben musste.[70] In der Terminologie der „Nürnberger Gesetze" von 1935 war Hettner „Mischling 2. Grades" bzw. „Vierteljude"; die Eigenschaft „arisch" in seiner Standesliste wurde durchgestrichen. In seinen Personalakten im Universitätsarchiv Heidelberg und Generallandesarchiv finden sich auch weitere Schriftstücke, die seine „nichtarische Abstammung" thematisierten.[71] Beispielsweise antwortete der badische Kultusminister dem Rektor der Heidelberger Universität, dass eine Ehrung angesichts von Hettners 80. Geburtstag aufgrund seiner Herkunft „voraussichtlich nicht in Betracht" komme.[72] Selbst das Hauptarchiv der NSDAP wandte sich am 5. Juli 1939 an den Dekan der Philosophischen Fakultät:

> „Wie wir aus Gelehrtenkreisen hören, soll Hettner nicht völlig arischer Abstammung sein. Die Klärung dieses Punktes ist von um so größerer Wichtigkeit, als Hettner als einer unserer bedeutendsten Schule bildenden Geographen auch heute noch großen wissenschaftlichen Einfluss hat."[73]

Die Fakultät gab die gewünschte Auskunft, dass Hettner „Mischling 2. Grades" sei. Zu diesem Zeitpunkt war Hettner bereits körperlich angeschlagen. Aufgrund seines chronischen Beinleidens, welches bereits bei seiner Musterung im Jahr 1881 festgestellt worden war, ihn zunehmend an Fernreisen gehindert und ihm den Vorwurf eines „Stubengelehrten" eingetragen hatte, konnte er seine Wohnung in der Ziegelhäuser Landstraße kaum noch verlassen. Hier verstarb er am 31. August 1941, bis zuletzt gepflegt durch seine zweite Ehefrau Maria Mall.

## Fazit

Wie lässt sich die eingangs gestellte Frage nach dem politischen Denken und Handeln von Alfred Hettner abschließend beantworten? Drei unterschiedliche politische Systeme haben seine Biografie geprägt. Er war im Kaiserreich sozialisiert und hatte dort Karriere gemacht. Parallel dazu erlebte er den Aufbau des deutschen Kolonialreiches, wurde als liberaler Imperialist zu einem seiner überzeugten Verfechter und blieb es sogar nach seinem formalen Ende 1919. Mit seiner Vereinstätigkeit in der deutschen Kolonialgesellschaft und seinen Mitgliedschaften in der Nationalliberalen Partei und der Deutschen Volkspartei befand sich Hettner im bürgerlichen Mainstream seiner Zeit. Er brach aus den imperialistisch-nationalistischen Diskursen seiner Zeit nicht aus, sondern war von ihnen beeinflusst und bestimmte sie als „typischer" Professor aus dem Bildungsbürgertum der Kaiserzeit mit. Dabei argumentierte er nationalistisch und vertrat Ansichten, welche wir heute als pseudowissenschaftlich, rassistisch oder antisemitisch ablehnen, von seinen Zeitgenoss*innen jedoch weitgehend geteilt wurden.

Den Ersten Weltkrieg erlebte er als Heidelberger Ordinarius in privilegierter Position und versuchte zugleich seine wissenschaftliche Arbeit und Energie „in den Dienst des Vaterlandes zu stellen", wie er selbst betonte. Nach den Enttäuschungen und Empörungen über Kriegsende und Friedensschluss konzentrierte er sich in den 1920er-Jahren auf die Sicherung seines aus wissenschaftsparadigmatischen wie politischen Gründen zunehmend in Frage gestellten geographischen Erbes. Politisch nun weniger aktiv blieb er seinen konservativen Ansichten treu. Während er damit in der Weimarer Republik zunächst als vergleichsweise rechte Stimme gelten muss, erlag er nach 1933 keiner „Selbst-Nazifizierung" von Sprache und Inhalt wie viele Hochschulkollegen, sondern vertrat weiter selbstbewusst seine wissenschaftlichen Ansichten. Dazu mag ihn auch seine bereits erfolgte Emeritierung und sein immer noch hoher, auch internationaler Bekanntheitsgrad ermuntert haben. Nicht nur angesichts seiner jüdischen Herkunft bleibt dieses Verhalten jedoch bemerkenswert. Wenngleich Hettner mit seinem politischen Denken und Handeln also insgesamt als typischer Vertreter seiner „liberal-imperialistischen" Professorengeneration gelten kann, ergibt sich seine individuelle Weltanschauung erst aus den einzelnen Einblicken, welche uns die Quellen von seiner Personalakte bis hin zu seinen vielfältigen Selbstzeugnissen und Publikationen gestatten. Sie zeichnen in ihrer Komplexität, Widersprüchlichkeit, Subjektivität und Zeitgebundenheit ein differenziertes Bild von Alfred Hettner als politischem Professor, welches sich einem pauschalen Urteil entzieht.

## Anmerkungen

1   Der Text stellt den Abschluss einer Recherche im Auftrag des Direktoriums des Heidelberger Geographischen Instituts dar. Herrn Prof. Dr. Frank Engehausen danke ich für seine vielfältige Unterstützung.

2   Alfred Hettner: Der Friede und die deutsche Zukunft, Stuttgart, Berlin 1917, S. 17.

3   Dieser wurde erstmals 1911 im Gründungsaufruf des Verbandes Deutscher Schulgeographen geäußert.

4   Christian Jansen: Professoren und Politik. Politisches Denken und Handeln der Heidelberger Hochschullehrer 1914–1935 (Kritische Studien zur Geschichtswissenschaft 99), Göttingen 1992.

5   Für eine lokalhistorische Initiative in Heidelberg siehe: Koloniale Spurensuche in Heidelberg des Vereins schwarzweiss, http://www.koloniale-spuren-heidelberg.de/ [8.8.2022]. Alfred Hettner wird in den Beiträgen über die „Produktion von kolonialem Wissen" und die „Heidelberger Abteilung der Deutschen Kolonialgesellschaft" erwähnt.

6   Siehe u.a. Carsten Gräbel: Die Erforschung der Kolonien. Expeditionen und koloniale Wissenskultur deutscher Geographen 1884–1919, Bielefeld 2015; Boris Michel: Antisemitism in early 20th century German geography. From a „spaceless" people to the root of the „ills" of urbanization, in: Political Geography 65, 2018, S. 1–7; Hans Dietrich Schulz: Albrecht Penck: Vorbereiter und Wegbereiter der NS-Lebensraumpolitik?, in: E&G Quaternary Sci. J. 66, 2018, S. 115–129; Mechtild Roessler: „Wissenschaft und Lebensraum". Geographische Ostforschung im Nationalsozialismus (Hamburger Beiträge zur Wissenschaftsgeschichte 8), Berlin und Hamburg 1990. Zu Hettners Nachfolgern während des Nationalsozialismus, Johann Sölch (1928–1935) und Wolfgang Panzer (1935–1945), siehe Ute Wardenga: Geographie, in: Wolfgang U. Eckart, Volker Sellin, Eike Wolgast (Hgg.): Die Universität Heidelberg im Nationalsozialismus, Heidelberg 2006, S. 1213–1244.

7   Johan Frederik Ostermeier: De opvattingen van Alfred Hettner (1859–1941) over de plaats van de geografie in het systeem. Een bijdrage tot zijn intellectuele biografie, Nijmegen 1986, S. 13–16; Michel: Anti-semitism (wie Anm. 6), S. 4.

8   Jansen: Professoren (wie Anm. 4), S. 296f.

9   Alfred Hettner: Unsere Aufgabe im Kriege. Vom Herausgeber, in: Geographische Zeitschrift. Jg. 20, 1914, H. 11, S. 603.

10  Jansen: Professoren (wie Anm. 4), S. 135. Jansen nutzt die Formel „Liberaler Imperialismus" im Kontext der Kriegszieldiskussionen während des Ersten Weltkrieges, um die „gemäßigte" Haltung von Reichskanzler Bethmann-Hollweg und vieler Professoren – darunter Hettner – zu charakterisieren. Er verortet seinen politischen Denkstil zwischen den Kategorien liberaldemokratisch und konservativ, ebd., S. 68.

11  Ernst Plewe: Alfred Hettner. Drei Autobiographische Skizzen, in: Alfred Hettner. * 6.8.1859. Gedenkschrift zum 100. Geburtstag (Heidelberger Geographische Arbeiten 6), Heidelberg, München 1960, S. 58. Für die folgenden Zitate siehe ebd., S. 58f.

12  Gottfried Pfeifer: Begrüßungsworte anlässlich der Gedenkfeier am 28. November 1959 in der Alten Aula der Universität Heidelberg, in: ebd., S. 8.

13  Die American Geographical Society verlieh Hettner 1930 die Goldene Collum-Medaille, UAH PA 4198.

14  Der Gedenkstein wurde 1984 anlässlich der Goldenen Doktorjubiläen von Hettners letzten beiden Doktoranden eingeweiht. Vgl. Werner Fricke: Alfred Hettner – Forscher und Stubengelehrter. Reflexion über seine Rezeption anlässlich des Alfred-Hettner-Jubiläums, in: Bertil Mächtle, Peter Dippon, Marcus Nüsser, Alexander Siegmund (Hgg.): Auf den Spuren Alfred Hettners – Geographie in Heidelberg (= HGG-Journal 23), Heidelberg 2010, S. 5–21.

15  Ebd.; Constanze Lucht, Natascha Schneider: Zum 150. Geburtstag von Alfred Hettner – Tradition und Moderne kommen zusammen, in: Columbus. Zeitschrift von und für Studenten/innen des Geographischen Instituts der Universität Heidelberg. Jg. 5, 2009, H.2, S. 2–6.

16  Ostermeier: Hettner (wie Anm. 7); Ute Wardenga: Geographie als Chorologie. Zur Genese und Struktur von Alfred Hettners Konstrukt der Geographie (Erdkundliches Wissen 100), Stuttgart 1995.

17  Gerhard Sandner: In Search of Identity: German Nationalism and Geography, 1871–1910, in: David Hoosen (Hg.): Geography and National Identity (The Institute of British Geographers Special Publications Series 29), Oxford UK, Cambridge MA 1994, S. 73.

18  Gräbel: Erforschung (wie Anm. 6), S. 31f.

19  Karlsruher Zeitung vom 30.4.1915 und 22.8.1916, jeweils S. 1.

20  Redebeitrag des Abgeordneten Rupert Rohrhurst (natl.), in: Protokoll der 52. Sitzung des Badischen Landtages vom 27.3.1906, S. 29, zum Freiburger Lehrstuhl S. 14.

21 Daniel Häberle: Zum fünfundzwanzigsten Bestehen der Abteilung Heidelberg der Deutschen Kolonialgesellschaft (1. November 1886–1911), Heidelberg 1911, S. 13f.

22 Briefe Hettners an Böhm vom 21., 22. und 23.3.1905, GLA 52 Böhm Nr. 157.

23 Plewe: Hettner Gedenkschrift (wie Anm. 11), S. 59.

24 Siehe die Standesliste auf der vorletzten Seite von Hettners Personalakte, UAH PA 4198.

25 Häberle: Abteilung Heidelberg (wie Anm. 21), S. 16.

26 Alfred Hettner: Der Wert unserer Kolonien, in: Nation und Welt. Beilage der Nationalzeitung, 6.2.1907, S. 1. Ich danke Herrn Prof. Dr. Marcus Nüsser vom Südasien-Institut für diesen Hinweis.

27 Zahlungslisten der Zuhörer des Herrn Professor Dr. Hettner, UAH Akademische Quästur Rep. 27 513.

28 Plewe: Hettner Gedenkschrift (wie Anm. 11), S. 52. Vgl. Archiv der Berliner Gesellschaft für Anthropologie, Ethnologie und Urgeschichte, Findbuch: Bd. XVIII: Das Ethnologische Hilfskomitee Berlin, http://www.bgaeu.de/BGAEU-EH.htm [9.8.2022].

29 Siehe die Website „Sammlungen online" der Staatlichen Museen zu Berlin, https://recherche.smb.museum/?language=de&question=%22Alfred+Hettner%22&limit=15&controls=none (16.5.2023).

30 Akte der Stadt Heidelberg, Kultur- und Presseamt, Titel: „Deutsche Kolonialgesellschaft" (1927–1939), StA Heidelberg Nr. 239c Fasc. 5.

31 Hans Schmiedel: Ein Kolonialdenkmal in Heidelberg, in: Heidelberg. Jahrbuch zur Geschichte der Stadt. Jg. 10, 2005/2006, S. 197–203.

32 Alfred Hettner: Der Gang der Kultur über die Erde, Leipzig, Berlin ²1929, S. 32, 29.

33 Siehe stellvertretend Kapitel V: „Die Rassen der Menschheit" in Alfred Hettner: Allgemeine Geographie des Menschen. I. Band Grundlegung der Geographie des Menschen, Stuttgart 1947, S. 122–144. Posthum hg. von Heinrich Schmitthenner. Das nachfolgende Zitat ebd., S. 145.

34 Hettner: Gang der Kultur (wie Anm. 32), S. 11. Das nachfolgende Zitat ebd., S. 10.

35 Alfred Hettner: Das Klima von Chile und Westpatagonien. Erster Teil. Luftdruck und Winde. Meeresströmungen, Dissertation Kaiser-Wilhelms-Universität Strassburg, Bonn 1881, S. 373f.

36 Ders.: Reisen in den columbianischen Anden, Leipzig 1888, S. 86.

37 Jansen: Professoren (wie Anm. 4), S. 124.

38 Plewe: Hettner Gedenkschrift (wie Anm. 11), S. 66.

39 Ders.: Unsere Aufgabe (wie Anm. 9), S. 603.

40 UBH Heid. Hs. 3929 D II, 15a.

41 Jansen: Professoren (wie Anm. 4), S. 405.

42 Plewe: Hettner Gedenkschrift (wie Anm. 11), S. 66.

43 Jansen: Professoren (wie Anm. 4), S. 135–142. Ebd., S. 137.

44 Alfred Hettner: Der Friede und die politische Geographie, in: Geographische Zeitschrift. Jg. 25, 1919, H. 8/9, S. 233.

45 Vgl. ders.: Gang der Kultur (wie Anm. 32), S. 156.

46 Ders.: Friede (wie Anm. 44), S. 233. Das nachfolgende Zitat ebd.

47 Zahlungslisten der Zuhörer des Herrn Professor Dr. Hettner, UAH Akademische Quästur Rep. 27 513.

48 Jansen: Professoren (wie Anm. 4), S. 174.

49 Antwortschreiben Hettner an Rektor bzgl. eines goldenen Doktorjubiläums vom 4.11.1931, UAH PA 4198.

50 Jansen: Professoren (wie Anm. 4), S. 165.

51 Alfred Hettner: Deutschlands territoriale Neugestaltung, in: Geographische Zeitschrift. Jg. 25, 1919, H. 2/3, S. 52.

52 Jansen: Professoren (wie Anm. 4), S. 162.

53  Dokument vom 16.12.1919, UAH PA 4198.

54  Zitiert bei Ostermeier: Hettner (wie Anm. 7), S. 15.

55  Ebd.; Boris Michel: Anti-semitism (wie Anm. 6), S. 4.

56  Alfred Hettner: Das europäische Russland. Eine anthropogeographische Studie. III. Die Völ-ker, in: Geographische Zeitschrift Jg. 10, 1904, H. 10, S. 543.

57  Ders.: Grundzüge der Länderkunde. Band I. Europa, Leipzig, Berlin 1907, S. 38.

58  Brief von Felix Goldmann an Alfred Hettner vom 30.5.1930, Heid. Hs. 3929 D II, 140.

59  Vgl. den zweiten Brief von Felix Goldmann an Alfred Hettner vom 12.9.1930, Heid. Hs. 3929 D II, 140.

60  Brief Alfred Hettners an Hermann Wagener vom 18.12.1898, Heid. Hs. 3929 D I, 165.

61  Plewe: Hettner Gedenkschrift (wie Anm. 11), S. 71, Fn. 10.

62  Heid. Hs. 3929 D I, 141.

63  Thomas Henry Elkins: Human and regional geography in the german-speaking lands in the first forty years of the twentieth century: an outsider's view, in: Eckart Ehlers (Hg.): Philip-pson-Gedächtnis-Kolloquium 13.11.1989 (Colloquium Geographicum 20), Bonn 1990, S. 27; Fricke: Hettner (wie Anm. 14), S. 12; Lucht, Schneider: Zum 150. (wie Anm. 15), S. 3.

64  Jansen: Professoren (wie Anm. 4), S. 403.

65  Formular vom 13.12.1933 in Hettners Personalakte, UAH PA 4198.

66  Boris Michel: Antisemitismus, Großstadtfeindlichkeit und reaktionäre Kapitalismuskritik in der deutschsprachigen Geographie vor 1945, in: Geographica Helvetica 69, 2014, S. 193, Fn. 1.

67  Alfred Hettner: Neue Angriffe gegen die heutige Geographie. I., in: Geographische Zeit-schrift. Jg. 40, 1934, H. 9, S. 341–343. Ders.: Neue Angriffe auf die die heutige Geographie. II., in: Geographische Zeitschrift. Jg. 40, 1934, H. 10, S. 380–383.

68  Siehe dazu Gerhard Sandner: Die „Geographische Zeitschrift" 1933–1944. Eine Dokumenta-tion über Zensur, Selbstzensur und Anpassungsdruck bei wissenschaftlichen Zeitschriften im Dritten Reich. Teil II, in: Geographische Zeitschrift. Jg. 71, 1983, H. 3, S. 127–149.

69  Jansen: Professoren (wie Anm. 4), S. 296f.

70  Standesliste (wie Anm. 24).

71  Vgl. die Erkundigung eines M. Volkenborn aus Wuppertal-Barmen vom 20.6.1935, UAH PA 4198.

72  Minister des Kultus und Unterrichts an den Rektor der Universität, vom 20.3.1939: Betr.: Ju-biläen der Hochschulprofessoren, hier: Professor Hettner, UAH PA 4198.

73  Reichsleitung der NSDAP, Hauptstelle Kulturpolitisches Archiv an den Dekan der Philosophi-schen Fakultät, vom 5.7.1939, UAH PA 4198.

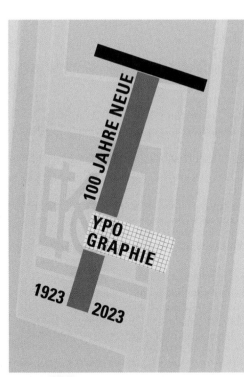

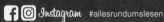

Ulrike Duchrow

# Mythos Heidelberg und der aufkommende Nationalsozialismus in „Der Kranz der Engel" von Gertrud von le Fort

„Wir waren jetzt schon so weit zur Höhe emporgestiegen, daß der Blick frei wurde. Da lag die Altstadt zu unseren Füßen lieblich ins Tal geschmiegt wie ein in die Wiege gebettetes Kind. Die blauen Dächer bedeckten die Häuser, wie Schwalbenflügel ihre Nester hüten [...] Alles schien hier wie mit allem einig: Das hochgewölbte Dach der Alma Mater und das kleinste Haus waren einander zugeordnet, sanft aufeinander abgestimmt durch den geschwisterlichen Kuß der Farben. Selbst der architektonisch unschöne Bau der Bibliothek störte nicht, weil er durch die Blüte seines Steins in den allgemeinen Zusammenklang einstimmte, sich ihm unterordnend wie die Einzeldinge auf den Bildern großer Meister der Vergangenheit."[1]

Aus diesem Zitat ihres Romans „Der Kranz der Engel" spricht Gertrud von le Forts Begeisterung für Heidelberg, ihr Interesse an der Architektur und der landschaftlichen Umgebung der Stadt. Hier studierte die Dichterin von 1908 bis 1914. Diese Jahre waren prägend für ihr Leben und ihr Werk.

„Wenn ich heute ermutigt werde, meine Kollegnachschriften der Universitätsbibliothek Heidelberg zur Verfügung zu stellen, so beweist mir dieses noch über Jahrzehnte hinweg, daß ich offenen Geistes aufzunehmen vermochte, was man mir darbot, und es als unvergeßliche Frucht durch mein ganzes Leben zu bewahren. Heidelberg bedeutet dann auch die wichtigste und entscheidendste Etappe meines Lebens."[2]

Diese Aussage wiegt umso schwerer als die Heidelberger Jahre nur eine kurze Zeit in ihrem langen Leben waren. Sie wohnte an vielen anderen Orten, in Italien, in der Schweiz, in Bayern, doch an Heidelberg hing sie mit besonderer Liebe. Die Zeit wurde auch deshalb wichtig für ihr weiteres Leben, weil hier lebenslange Freundschaften ihren Anfang nahmen.

Gertrud von le Fort hat nicht nur viel von Heidelberg empfangen, sie hat der Stadt auch manches zurückgegeben: neben dem erwähnten Heidelbergroman ein Gedicht über das Schloss und die Nachschrift einer Vorlesung des Theologen Ernst Troeltsch, der „Glaubenslehre", die nur durch ihre gewissenhafte Wiedergabe erhalten ist und

Gertrud von le Fort 1934 (Foto: Universitätsbibliothek Heidelberg)

1925 als Buch erschien. Zum Dank für das, was die Theologische Fakultät ihr gegeben hatte, bestimmte sie ihr testamentarisch ein Legat aus den Einkünften ihres literarischen Werkes.[3]

## Herkunft und Jugend

Als sich Gertrud von le Fort im Sommersemester 1908 in Heidelberg als Gasthörerin einschrieb, war sie bereits beinah 32 Jahre alt. Ein reguläres Studium beabsichtigte sie nicht. Es wäre ihr auch nicht möglich gewesen, weil sie wegen ihres unkonventionellen, immer wieder unterbrochenen Bildungsweges kein Abitur hatte. Der Beruf ihres Vaters, des preußischen Majors Lothar Freiherr von le Fort, brachte häufige Umzüge der Familie mit sich, immer wenn seine Garnison verlegt wurde. Deshalb schrieb le Fort auch, dass es keinen Ort gebe, den sie als ihre Heimat bezeichnen könne.[4] Von Minden, wo sie am 11. Oktober 1876 geboren wurde, zog die Familie nach Berlin, weiter nach Koblenz, Hildesheim, Halberstadt und nach Ludwigslust in Mecklenburg. Sie erhielt Privatunterricht bei Hauslehrern, aber auch ihr Vater hatte einen wichtigen Anteil an ihrer Bildung. Er weckte ihr Interesse an Geschichte, u.a. durch Erzählungen aus der Familiengeschichte, und brachte ihr Kant nahe. Die le Forts waren Protestanten aus Italien und Savoyen, die, um der Verfolgung zu entgehen, nach Genf auswanderten und später in Mecklenburg ansässig wurden. Die Familiengeschichte war bestimmend für die Themen und Schauplätze ihrer Werke. „Eines war mir aus der Geschichte meiner Familie immer erklärlich: Daß ich im Dichten stets nur den Raum zu suchen vermochte, den meine Familie durchwanderte: Italien, Frankreich, Deutschland."[5] Ihre Mutter Elsbeth, geb. von Wedel-Parlow, las ihr biblische Geschichten vor und prägte ihre christliche Erziehung. Erst in Hildesheim besuchte sie zwei Jahre lang – vom 14. bis 16. Lebensjahr – eine reguläre Schule. Dort zeigte sich bereits ihr literarisches Talent, und in den folgenden Jahren kam es zu ersten Veröffentlichungen in verschiedenen Literaturzeitschriften: Gedichte, mehrere Erzählungen, Novellen und zwei Essays zu literarischen Themen. In ihrem Ludwigsluster Bekanntenkreis fand sie einen Gesprächspartner, mit dem sie sich über Literatur und Geschichte unterhalten konnte, den Gymnasialprofessor Schaumkell, der ihr den folgenreichen Rat gab, in Heidelberg zu studieren.[6]

## Universität und Stadt

Hier „konnte [ich] in vollen Zügen die geistige Atmosphäre einatmen, nach der ich mich so lange gesehnt hatte."[7] Die Zeit vor dem Ersten Weltkrieg war eine bedeutende Epoche in der Heidelberger Universitätsgeschichte und zeichnete sich durch besondere Lebendigkeit aus. Karl Hampe, Mediävist an der Universität, beschrieb die Atmosphäre zu dieser Zeit:

> „Natur und Geist sagten mir hier in gleicher Weise zu. Sicherlich nicht jenes Gemisch aus Trinkfreudigkeit, Sentimentalität und Schlossbeleuchtungszauber, das man in der breiten Masse als Altheidelberg preist. Wohl aber der ganz einzige Zusammenklang der feingestimmten Landschaft mit einem gewissen Künstlertum des Geistes, das hinausgreifend über das rein fachwissenschaftliche Können, zum mindesten seit den Tagen der Romantik, auf diesem Boden heimisch gewesen ist."[8]

Gertrud von le Forts Absicht war es nicht, einen akademischen Abschluss zu erreichen, vielmehr wollte sie ihr theologisches, philosophisches, historisches und kunst-

Ulrike Duchrow

historisches Wissen erweitern, die wissenschaftliche Sprache und Denkweise erlernen. „Langsam aber stetig wuchs in mir die Freude am Denkenlernen und an der Verantwortung des Denkens."[9] In den Geisteswissenschaften lehrten zu dieser Zeit bedeutende Professoren: der Soziologe Max Weber, die Historiker Karl Hampe, Eberhard Gothein und Hermann Oncken, der Theologe und Philosoph Ernst Troeltsch, der Kirchenhistoriker Hans von Schubert, der Theologe Friedrich Niebergall, der Philosoph Karl Jaspers, der Germanist Friedrich Gundolf, die Kunsthistoriker Carl Neumann und Henry Thode. Außer bei Max Weber, der während le Forts Jahren in Heidelberg keine Vorlesungen hielt, hörte sie bei allen genannten Professoren Vorlesungen und nahm an Seminaren teil. Hier erlangte sie Kenntnisse der Kultur- und Kirchengeschichte, auf die sich ihre spätere schriftstellerische Tätigkeit gründete. Die meisten ihrer Romane und Erzählungen behandeln auf dem Hintergrund von historischen Stoffen theologische Themen. Ein Schwerpunkt sind dabei die Glaubenskriege, z.B. der Roman „Die Magdeburgische Hochzeit" und die Novelle „Der Turm der Beständigkeit". Protagonisten sind meist widerständige Menschen, die sich gegen staatliche und kirchliche Willkür auflehnen, z.B. in der Novelle „Am Tor des Himmels". Erika Dinkler fasst den Gewinn der Heidelberger Studienjahre so zusammen:

> „Gleichberechtigt neben der systematischen Theologie steht in den Studien Gertrud von le Forts das Fach Geschichte, insbesondere die Geschichte der Kirche, speziell in ihrem historisch-politischen Bezuge. Nur aus der Verbindung von Systematik und geschichtlicher Besinnung, aus der lebendigen Kombination der beiden Fragestellungen ist Gertrud von le Forts Fähigkeit verständlich, in der Geschichte die Wahrheit in ihrer Tiefe und ständigen Bedrohtheit systematisch zu erfassen und zu gestalten."[10]

Aber nicht nur die geistige Anregung genoss sie, sondern auch das romantische Flair der Stadt.

> „Es war zwar nicht mehr das Heidelberg der Romantiker, aber immer noch von dem Zauber der lebendigen Erinnerung an sie erfüllt – unvergeßlich und unvergessen. Ich konnte mir jeden Augenblick vorstellen, daß Brentano mir begegnen würde – das Schloß und die alten Wälder, im Frühling von Maiglöckchen über und über erfüllt, hatten noch keine Konzession an die Gegenwart gemacht – auch der Neckar rauschte noch, ungefesselt durch Stauwerke, schäumend unter der Alten Brücke hindurch."[11]

Wie das Zitat am Anfang dieses Aufsatzes zeigt, begeisterte sie die historische Heidelberger Architektur. Bei Professor Peltzer hörte sie eine Vorlesung zum Heidelberger Schloss, das in „Der Kranz der Engel" eine wichtige Rolle spielt, sie interessierte sich für die Ausgrabungen beim ehemaligen Augustinerkloster. Ihre Briefe und Lebenserinnerungen beschwören aber nicht nur das romantische Image der Stadt, sondern enthalten auch kritische Töne. Heftig lehnte sie sich gegen die geplante Regulierung des Neckars auf, ein Thema, das in dem genannten Roman mehrfach vorkommt, meist in metaphorischer Bedeutung. Der Plan, das Schloss zu restaurieren, empörte sie ebenfalls.

> „Leider hat der Besuch des jungen Großherzogspaares, das vor einigen Tagen hier war, von neuem das Projekt, das Schloß wieder aufzubauen, angeregt. Es wäre einfach schrecklich, wenn es zustande käme [...] Es ist schrecklich, dass es so geschmacklose Fürsten gibt. Alles hofft auf Thode[12], der schon einmal die Gefahr beseitigen half."[13]

Ihr Interesse am Schloss war auch später noch lebendig. Bei ihrem letzten Besuch in Heidelberg verfasste Gertrud von le Fort ein Gedicht über das Schloss, das 1952 in der Ruperto-Carola Nr. 6 erschien: „Bestandenes Schicksal. An das Heidelberger Schloß". Im Stil der Hymne feiert das Gedicht das Bewahren in der Zerstörung, die Erneuerung aus den Trümmern:

> „Alles, auch das Verhängnis ward dir gesegnet:
> Zerstörung nahmst du an als Meisterin der Gestaltung."

Im Schicksal des Schlosses spricht le Fort das Schicksal Deutschlands an. Es endet mit den Zeilen:

> „So wurdest du Weisung und Zeichen
> einem zu tröstenden Volk".

Die Personifizierung des Schlosses wirkt pathetisch und der Vergleich der schönen Ruine mit dem zerstörten Deutschland erscheint dem Geschehen des Zweiten Weltkriegs unangemessen. Viel eindrücklicher hat die Dichterin über das Schicksal Deutschlands in anderen Texten, u.a. in ihrer berühmten Rede „Deutschlands Weg durch die Nacht" geschrieben.

Professor Friedrich Niebergall mit Studierenden bei einem Ausflug zur Stiftsmühle (Foto: Universitätsbibliothek Heidelberg)

Ulrike Duchrow

Während ihrer Studienjahre nahm sie auch am geselligen studentischen Leben teil. Professor Niebergall wanderte mit seinen Studierenden manchmal am Neckar entlang zur Stiftsmühle, wo bei Kuchen und Wein theologische Gespräche geführt wurden.[14] Es ist eine Fotografie von diesen Ausflügen erhalten, auf der le Fort nach der damaligen Mode gekleidet in einem langen weißen Kleid und mit Hut zu sehen ist. In den Vorlesungen bei Troeltsch begegnete sie dem Theologen Friedrich Gogarten, mit dem sie jahrelang eine rege Korrespondenz pflegte. Sie tauschten sich über ihre jeweiligen Veröffentlichungen aus. Le Fort schickte ihm Gedichte, z.B. ihre verschiedenen Emigrantengedichte, von Gogarten erhielt sie theologische Artikel.[15] Sie wurde die Patin seiner Tochter Marianne. Zu ihrer Zeit war auch Stefan George in Heidelberg, den sie im Kolleg seines Schülers Friedrich Gundolf kennenlernte. „[...] sein feines, etwas hochmütiges Profil war sehr einprägsam. Ein letztes Verhältnis zu George besaß ich nicht, darin einig mit vielen meiner Studienfreunde."[16] Bei den Studierenden verblasste zu dieser Zeit der Stern Georges bereits, die Aufmerksamkeit galt nun Rilke.

Zwei theologische Lehrer wurden ihr besonders wichtig: Ernst Troeltsch und Hans von Schubert. Troeltsch unterstützte sie dabei, einen Hörerschein zu erhalten, der nach den Bestimmungen der Universität nur Frauen zustand, die ein Examen nachweisen konnten, z.B. Lehrerinnen. Auf Grund ihrer bereits veröffentlichten literarischen Arbeiten wurde ihr durch Troeltschs Fürsprache vom Prorektor die Erlaubnis zur Teilnahme an Lehrveranstaltungen gewährt.[17] Über Troeltsch schreibt sie: „Rückblickend glaube ich sagen zu dürfen, dass er mein bester Freund gewesen ist."[18] Er besuchte sie auf ihrem Gut Boek und in der schlimmsten Zeit des Ersten Weltkriegs erhielten die Troeltschs Pakete mit Lebensmitteln vom ländlichen Sitz der Familie le Fort. Auch mit Hans von Schubert und seiner Familie verband sie eine enge Freundschaft. Sie wohnte bei den Schuberts während ihrer späteren, zum Teil längeren Aufenthalte (1920/21 und 1925) in Heidelberg in der Bergstraße 82. Die Tochter, Erika Dinkler von Schubert hat über le Forts Heidelberger Zeit einen Aufsatz in den „Heidelberger Jahrbüchern" geschrieben, auf den im vorliegenden Artikel mehrfach verwiesen wird. Eine freundschaftliche Beziehung verband sie auch mit dem Kunsthistoriker Carl Neumann, dessen Werk über Rembrandt sie besonders beeindruckte.

Der Theologe, Philosoph und Religionswissenschaftler Troeltsch lehrte von 1894 bis 1914 in Heidelberg und gilt als einer der bedeutendsten Theologen seiner Zeit. Theologiegeschichtlich wird er in die Richtung der „liberalen Theologie" eingeordnet. Ihn beschäftigte die Infragestellung des Christentums durch die Naturwissenschaften und den technischen Fortschritt. Er verweist auf die Bedeutung des Christentums für die Kultur Europas. Christentum und Moderne seien aufeinander angewiesen. Ohne Religion sei die Moderne der Kultur beraubt. Zwischen Naturwissenschaft und Religion sieht er keinen Widerspruch.[19]

> „In seinem Kolleg über Glaubenslehre spiegelte sich deutlich das furchtbare Ringen um die christliche Wahrheit. Der Glaube an sie war schon damals weithin unterhöhlt, aber er wurde von Ernst Troeltsch doch immer wieder seiner letzten Substanz nach bejaht und gerettet. Mit aller Skepsis seiner Zeit ringend, war sein tiefes Bekenntnis ein gläubiges, wenn auch dem orthodoxen gegenüber stark relativiert."[20]

Hans von Schubert, Professor für Kirchengeschichte (Foto: https://de.wikipedia.org/wiki/Hans_von_Schubert, Abruf 28. September 2023)

So beschreibt Gertrud von le Fort ihren Lehrer in ihrem autobiografischen Buch, „Hälfte des Lebens". Sie hat die Manuskripte mehrerer Vorlesungen von Troeltsch aus den Jahren 1911 und 1912, die sie stenographisch festgehalten und später ausgearbeitet hatte, der Universitätsbibliothek übergeben: Allgemeine Ethik, Praktische Christliche Ethik, Einführung in die

Ernst Troeltsch, Professor für Systematische Theologie (Foto: Universitätsbibliothek Heidelberg)

Philosophie, Religionsphilosophie.[21] 1911, zur Zeit ihres Aufenthalts in Heidelberg, veröffentlichte Troeltsch sein berühmtes Werk „Soziallehren der christlichen Kirchen" als Band 1 seiner Gesammelten Schriften. Ein zentraler Teil dieses Buches ist die Darstellung des mittelalterlichen Katholizismus. Ein weiteres Thema, mit dem er sich beschäftigte, war die Bestimmung der Rolle christlicher Religiosität in der Vielfalt der anderen Religionen und Weltanschauungen. Er definierte, was seiner Auffassung nach allen Religionen gemeinsam ist: In allen Religionen lasse sich „eine Tendenz [...] auf Vergeistigung, Verinnerlichung, Versittlichung, und Individualisierung" beobachten. Die konfessionelle Trennung suchte er zu überwinden.[22] Auch zu Fragen des Glaubens, der Frömmigkeit und der Kirche hat er sich geäußert. Er bekannte sich persönlich zur Mystik, wie Gertrud von le Fort berichtet: „Das eigentlich Erschütternde und ganz Unvergeßliche seiner Persönlichkeit waren die Augenblicke, wo der religiöse Mensch in ihm durch alles theoretische Denken des Wissenschaftlers hindurchbrach und hindurchleuchtete."[23]

Bei Hans von Schubert hörte sie Vorlesungen zur Kirchengeschichte. Sie wurde von seiner Art, historische Themen so darzustellen, dass sie für die Gegenwart Bedeutung haben, gefesselt.[24]

Es mag zunächst erstaunen, dass Gertrud von le Fort angesichts ihrer betont protestantischen Familientradition, aber auch angesichts der engen persönlichen Bezie-

Ulrike Duchrow

hung zu ihren beiden protestantischen Lehrern 1926 in Rom zum katholischen Glauben konvertierte. Sie selbst schrieb dazu:

> „Inwieweit auch meine Konversion zur katholischen Kirche von der Heidelberger Zeit mitbestimmt wurde, ist kaum je verstanden worden. Es bedurfte der ganzen theologischen und historischen Weitschau meiner Heidelberger Lehrer, um diesen Weg zu ermöglichen, dem meine von Jugend auf der Einheit der Kirche zugewandten Innerlichkeit zustrebte."[25]

Troeltschs Theologie, vor allem sein Interesse an der Mystik und seine „weite, über das Konfessionelle hinausgreifende Auffassung des Religiösen",[26] mögen für ihre Konversion eine wichtige Rolle gespielt haben. Ihre engen Freunde haben unterschiedlich auf die Konversion reagiert, von Schubert mit Verständnis, Friedrich Gogarten brach die bis dahin sehr intensive Korrespondenz ab. Ob es wegen ihrer Konversion geschah, ist allerdings nicht sicher.[27]

## „Der Kranz der Engel"

Sie verwahrte sich zwar dagegen, dass ihre literarischen Werke autobiografische Züge und die dargestellten Personen Vorbilder in ihrem Umfeld hatten. Es ist aber kaum ein Zufall, dass ihr erster Roman „Das Schweißtuch der Veronika" von dem tiefen religiösen Erlebnis eines jungen Mädchens und seiner Bekehrung zum katholischen Glauben handelt. Der Roman, der 1928 erschien, ist die Vorgeschichte zu „Der Kranz der Engel". Nach seinem Erscheinen erhielt ihr erster Roman den Titel „Der römische Brunnen" und beide Werke werden unter dem Titel „Das Schweißtuch der Veronika" zusammengefasst.

Kranz der Engel am Ruprechtsbau des Heidelberger Schlosses (Foto: Immanuel Giel, Wikimedia Commons, Abruf 28. September 2023)

Für das Verständnis von „Der Kranz der Engel" ist es nötig, die Vorgeschichte kurz zu skizzieren. Veronika ist die Hauptperson beider Romanwerke. Es geht um ihre Entdeckung des Glaubens, ihr Festhalten am Glauben in Anfechtung und ihre Treue zur Kirche. Das Mädchen, das früh seine Mutter verloren hat, wird nicht getauft und soll nach dem Willen des atheistisch eingestellten Vaters nicht christlich erzogen werden. Es wächst bei der ebenfalls glaubensfernen Großmutter auf, die es für das antike Rom begeistert. Ein junger Dichter, Enzio, ist Gast im Haus der Großmutter und erkundet mit Veronika Rom. Es entsteht eine enge Freundschaft zwischen den beiden. Ein Gründonnerstagsgottesdienst im Petersdom, bei dem das Schweißtuch der Veronika gezeigt wird, wird für das Mädchen zu einem starken mystischen Erlebnis, führt aber zugleich zu einem Konflikt mit dem atheistischen Enzio, den ihr Kniefall vor der Reliquie empört. Veronikas Weg zur Katholikin beginnt an diesem Gründonnerstag. Sie nimmt Unterricht bei Pater Angelo, lässt sich taufen und empfängt die erste Kommunion. Ihr Vater, der auf einer Expedition umkommt, hat einen Freund zum Vormund von Veronika bestimmt, einen Gelehrten in Heidelberg.

Hier beginnt der zweite Teil des Romans, der Schauplatz wechselt von dem weltgeschichtlich bedeutsamen Rom ins romantische, damals noch beschauliche Heidelberg. Während der erste Teil die Spannung zwischen antikem Heidentum und Christentum darstellt, geht es im zweiten um den Konflikt zwischen christlicher Kultur und der aufkommenden nationalsozialistischen Ideologie.

Gertrud von le Fort war schon vor 1933 eine entschiedene Gegnerin des Nationalsozialismus. Ihre Empörung über die antisemitische Hetze der Nationalsozialisten regte sie zu dem 1930 erschienen Roman, „Der Papst aus dem Ghetto" an, der von der Judenverfolgung im Rom des 12. Jahrhunderts handelt. Sie konnte zwar während der NS-Zeit einige Werke veröffentlichen, ihre Religiosität war dem Regime aber suspekt. In den Literaturgeschichten fand sie seit 1938 keine Erwähnung mehr.[28]

Die erste Notiz zu „Der Kranz der Engel" stammt aus dem Jahr 1929, entstanden ist er vor allem während der Kriegsjahre. „Es ist viel (in dem Buch) von unser aller Erleben, und die Sehnsucht nach seiner Überwindung hat die Linien gezeichnet. Mir selbst ist es zu einem Stück Leben geworden, weil ich es in den schlimmsten Kriegsjahren schrieb und vielleicht hätte ich diese ohne die Versenkung in das Werk nicht innerlich überstanden. Es hat mir viel Kraft genommen, aber auch viel Kraft gegeben."[29] Dieser Umstand erklärt vielleicht die starke emotionale Beteiligung der Dichterin, die aus ihrer Darstellung spricht. Der druckfertige Satz wurde Opfer eines Bombenangriffs in München und musste mühsam aus der Urschrift neu erstellt werden. Der Roman erschien 1946, 18 Jahre nach „Der römische Brunnen". Die Handlung findet in den Jahren nach dem Ersten Weltkrieg statt. Er gilt als einer der ersten literarischen Versuche, die deutsche NS-Diktatur zu deuten.[30] Wie schon der erste Teil ist der Roman aus der Perspektive der Ich-Erzählerin Veronika erzählt. Es geht darin um das Verhältnis zweier junger Menschen, die einander lieben, Veronika und Enzio, aber unterschiedliche Grundeinstellungen vertreten. Der Konflikt, der sich daraus ergibt, ist das Thema des Romans, das keineswegs nur auf der zwischenmenschlichen Ebene dargestellt wird, sondern den zeitgeschichtlichen Kontext mit zum Gegenstand hat. Der Titel des Romans bezieht sich auf das Relief am Ruprechtsbau des Heidelberger Schlosses, die beiden Engel, die eng aneinandergeschmiegt einen Kranz halten.

## Heidelberg in „Der Kranz der Engel"

Heidelberg bietet nicht nur das romantische Ambiente für eine Liebesgeschichte, vielmehr haben Landschaft und Architektur symbolische Bedeutung und sind damit Teil der Handlung. Gleich zu Beginn verrät die Wortwahl, mit der Enzio den Blick von der Alten Brücke auf die Stadt und die Rheinebene beschreibt, etwas von seiner Gedankenwelt.

Ulrike Duchrow

„Wir standen miteinander auf der alten Brücke, unter deren schwingendem Bogen der noch ungefesselte Strom – Enzio sagte: der zur Fesselung verurteilte Strom – brausend in die Rheinebene hinauseilte, [...] seine [des Schlosses, U. D.] weit aufgebrochenen Dächer und Türme erweckten mit ihrem rötlichen, im Abendlicht fast purpurn glühenden Gestein die Vorstellung, es veranstalte dort droben die Natur eine mystische Wiederholung des Schicksals, gleichsam als brenne dieses Schloß noch einmal über dem Tal – so sagte wieder Enzio.“[31]

Diese Bilder deuten auf das Schicksal Deutschlands nach dem Ersten Weltkrieg, so wie Enzio es sieht. Darauf ist später zurückzukommen; vorerst soll das Bild, das le Fort von Heidelberg zeichnet, weiter ausgeführt werden. Das Sinnbildliche der Beschreibung zeigen die vielen Personifizierungen:

„Zur Linken stiegen die schwärmerisch bewaldeten Berge mit der Ruine des Schlosses empor. [...] Das Tal selbst mit den kleinen treuherzigen Schieferdächern der innig in seine Tiefen geschmiegten Altstadt war über und über mit einem zarten, träumerisch-blauen Duft erfüllt.“[32]

Das Paar überquert die Alte Brücke und geht am rechten Ufer neckaraufwärts auf das Haus ihres Vormunds zu, in dem Veronika wohnen wird:

„Unser Weg folgte jetzt am anderen Ufer des Neckars einer behaglichen Fahrstraße: auf der einen Seite säumte sie der Strom, auf der anderen eine Reihe Landhäuser, deren schlichte Absichtslosigkeit von den zweckbewußten Bauten der Gegenwart weltenweit entfernt schien. Schöne geruhsame Gärten blickten über die hohen Mauern, die teilweise mit Efeu und Glyzinien überschüttet wurden. [...] durch die vergitterten Tore schimmerte die zärtliche Farbe der Mandelblüte und die leuchtende der Pyrrhussträucher und Forsythien.“[33]

Bei der Beschreibung des Hauses, das Veronika und Enzio nun betreten, könnte le Fort an das Haus Ziegelhäuser Landstraße 17 gedacht haben, das berühmte Haus Max Webers, in dem auch, teilweise gleichzeitig, Ernst Troeltsch gewohnt hat. In ihrer Biografie schreibt le Fort: „Sie lebten beide in dem gleichen, wundervoll von Bäumen umrahmten Haus am Neckar, nahe der Alten Brücke gegenüber dem Schloß – eine Wohnung, wie man sie erträumt, wenn man an Heidelberg denkt.“[34] Im Roman spricht die Dichterin von einem „baumreichen Garten, [...] der, eine zweite und dritte Terrasse bildend, am Berg emporstieg.“[35] Michael Buselmeier schreibt über das Haus: „Die Aussicht über den Neckar war fabelhaft, im ausgedehnten Berggarten rauschte eine Quelle, der Löwenbrunnen.“[36]

In ihrem Roman gestaltet le Fort das Bild von Heidelberg, wie sie es empfunden hat, als sie 1908 in die Stadt kam. Die Beschreibung der Altstadt, des Schlosses, des Neckartals, der Buchenwälder nehmen einen breiten Raum ein, teils nüchtern sachlich, meist jedoch im Ton höchster Begeisterung beschrieben, vor allem im ersten Teil des Romans, denn die Darstellung der konkreten Umgebung der Personen ist eng mit ihrer Geschichte verbunden, die sich tragisch zuspitzt. Die Beschreibung ist nicht auf den sinnlichen Eindruck beschränkt, sondern wie die zitierten Beispiele zeigen, im Zusammenhang der Handlung reflektiert, so z.B. wenn Veronika das Schloss mit den Ruinen des Forums in Rom vergleicht: „hier war nicht die ewige Vollendung, sondern hier hob der Zauber der Verwandlung an.“[37]

Gertrud von le Fort zeichnet ein verklärtes, romantisches Bild von Heidelberg, es zeigt die Stadt und Umgebung von ihrer freundlichsten Seite, noch unberührt von den

Eingriffen der modernen Zivilisation in Stadtbild und Natur. Es gibt Anklänge an die Gedichte über Heidelberg, z.B. von Hölderlin und Eichendorff, nicht nur im Ton, sondern auch bei Motiven und Metaphern. Die blühenden Gärten, der Buchenwald, der lebendig fließende Neckar, die Nachen mit singenden Studenten auf dem Fluss. Die Ich-Erzählerin bewundert den Buntsandstein, den sie „liebevolles Gestein" nennt, die „lieblichen[n] Marienfiguren über den Straßenecken", „die barocken Fassaden schöner Adelshöfe und stattlicher Bürgerhäuser" der Altstadt. Der und die heutige, an den unterkühlten Stil der modernen Literatur gewöhnte Lesende, mag sich an le Forts manchmal überschwänglicher Sprache stören, der man gestalterische Kraft aber nicht absprechen kann. Der Roman zeichnet einerseits ein idealisiertes Bild der Stadt, das auch dem damaligen Zustand nach dem Ersten Weltkrieg wohl nicht ganz entsprochen hat, andererseits hat die Dichterin ein waches Auge für drohende Veränderungen zum Nachteil der Stadt, z.B. für die geplante Regulierung des Neckars, vor allem aber stellt sie das „Wetterleuchten" ihrer Zeit metaphorisch in der Beschreibung der Stadt dar.

## Nationalistische Ideologie und Religion

Der Anfang ihrer Liebe liegt in Rom, als Veronika, noch ein Kind, mit Enzio, der Gast in ihrem Haus war, die Stadt durchwandert. Vor allem aber hat ein gemeinsames Erlebnis während des Krieges die beiden verbunden. Als Enzio verwundet wurde, hat er nach Veronika geschrien und auf geheimnisvolle Weise ihre Hilfe gespürt. Sie selbst glaubte zum gleichen Zeitpunkt seine Stimme zu hören. Dieses mystische Erlebnis verbindet die beiden trotz ihrer unvereinbaren Einstellung zur Religion. Veronika ist tief gläubig und kann sich ihr Leben nur als von Gott gegeben und von Gott geführt vorstellen. Das wird schon durch ihren Namen betont, der an die Veronika mit dem Schweißtuch aus der Legende erinnert, deren Seele sich das Antlitz des leidenden Christus eingeprägt hat. Sie plant, in ein Kloster einzutreten und hat dies nur verschoben, weil ihr Beichtvater ihr eine Bedenkzeit empfohlen hat, die sie zum Studium in Heidelberg nutzen will.

Enzio betrachtet sich als Atheist und lehnt Religion und Kirche ab. Auch ihn charakterisiert sein Name. Er erinnert an den letzten Stauferkönig in Italien, der besiegt wurde und das Ende seines Lebens in Gefangenschaft verbrachte. Durch den Gegensatz der Weltanschauungen kommt es zum Konflikt, der das Hauptthema des Romans ist und seine Handlung bestimmt. Wie bereits das oben zitierte Gespräch der beiden auf der alten Brücke zeigt, benutzt Enzio eine Sprache, die Veronika befremdet, weil sie eine gewaltsame Symbolik enthält, „der zur Fesselung verurteile Strom", „als brenne das Schloß", „die [...] Berge sich wie mit plötzlichem heroischen Entschluß portalhaft vor der Ebene öffneten [...]." Seine Sprache drückt seinen Schmerz über den verlorenen Krieg aus. Er ist körperlich und geistig durch den Krieg gezeichnet. Eine Verwundung hat eine dauerhafte Behinderung zur Folge. Granatsplitter in seinem Körper symbolisieren, wie er den Krieg in seinem Inneren weiterführt. Auch äußerlich ist seine Situation instabil. Er musste wegen des Krieges sein Studium unterbrechen, seine Mutter ist durch die Inflation verarmt. Die Gedichte, die er in der Zeit seines Romaufenthalts geschrieben hat und die Veronika so fasziniert haben, sind ihm unwichtig gewor-

Ulrike Duchrow

den. An die Stelle der Dichtung ist Propagandaliteratur getreten. Im weiteren Verlauf des Romans zeigt sich, dass er an die Dolchstoßlegende glaubt und eine gefährliche nationalistische Ideologie vertritt. In Enzio gestaltet le Fort eine Figur, die an Stefan George erinnert.[38]

Eine wichtige Rolle spielt Veronikas Vormund, ein Philosoph, bei dem Veronika und Enzio Vorlesungen hören. Seine Wohnung ist mit den Porträts der Romantiker geschmückt, „die guten Geister dieses Hauses und dieser Stadt"[39], wie der Vormund sagt. Er weist Veronika und seine Gäste am ersten Abend nach Veronikas Ankunft auf ein Haus am anderen Ufer des Neckars hin, „das sozusagen die erste Schatztruhe des Liederhortes gewesen sei [...]"[40]. Gemeint ist „Des Knaben Wunderhorn", dessen erster Band in einem inzwischen verschwundenen Gartenhaus zwischen Brunnengasse und Fahrtgasse von Clemens und Sophie Brentano sowie Achim von Arnim 1805 für den Druck vorbereitet wurde.[41] Seine Begeisterung für die Romantik bedeutet aber nicht, dass er ganz in ihr aufgeht. Er sieht die Krise seiner Zeit deutlich, vor allem beunruhigt ihn die religiöse Krise, er glaubt aber, dass in der christlich geprägten Kultur der Vergangenheit Kräfte liegen, die immer wieder zur Erneuerung führen würden, die Vergangenheit sei ein Vermächtnis, das wir zu erfüllen hätten. Eine Verwandtschaft des Vormunds mit le Forts Lehrer Ernst Troeltsch ist unverkennbar,[42] vor allem, was die Bedeutung betrifft, die er der Religion beimisst.

Veronika erhält von ihrem Pfarrer, Pater Angelo, den Rat, trotz ihres Plans, in ein Kloster einzutreten, nicht an der Welt vorbei zu gehen, sondern sich ihr ganz zu öffnen und ihr Licht des Glaubens in die Welt zu tragen. Am Anfang des Romans zweifelt sie jedoch, ob ihr das Enzio gegenüber gelingen könnte. Sie fühlt sich nicht nur durch seine Sprache befremdet, sondern auch durch seinen harten Gesichtsausdruck, der ihr zu zeigen scheint, dass er sich in seiner „metaphysischen Verlassenheit zurecht gefunden"[43] und sich ganz auf sich selbst gestellt hat. Sie hat Angst vor seinem Unglauben und fürchtet andererseits, dass er von ihrer Frömmigkeit abgeschreckt sein könnte. Die Kluft zwischen ihnen scheint ihr unüberbrückbar. Das ändert sich, als sie beide sich ihrer geschwisterlichen Freundschaft in Rom, als Veronika noch ein Kind war, erinnern, vor allem an das Kriegserlebnis. Sie gestehen sich ihre Liebe und verloben sich während eines Spaziergangs im Schlosspark – wie könnte es in Heidelberg anders sein. Der Kranz der Engel am Ruprechtsbau wird für Veronika zum Schutzengelpaar, zum Symbol ihrer Zusammengehörigkeit. Es steht für ihren Wunsch, dass alles, was ihres ist, auch seins werden soll. Das Symbol kommt im Roman leitmotivisch an mehreren Stellen vor.

Dieser Wunsch Veronikas geht jedoch nicht in Erfüllung, Enzios und ihre Auffassungen sind zu verschieden. Das zeigt sich deutlich in einer Schlüsselszene, die sich nicht zufällig etwa in der Mitte des Romans befindet, in dem Gespräch des Paares im Speyrer Dom. Hier wird deutlich, was Enzio denkt und wofür er sich einsetzt. Für ihn repräsentiert der Dom die weltgeschichtliche Bedeutung des Reiches.

> „Er sprach von der [...] weltgebietenden Hoheit des Reichs. Er nannte den Dom eine Schöpfung der Urkraft des germanischen Geblüts, den Bürgen der größten Sendung und der stolzesten Erfüllung, die jemals einem Volk zuteilgeworden sei – er nannte ihn geradezu den Ausdruck der Reichsherrlichkeit."

Veronika „erschrak, so als schwänge da in der heiligen Harmonie des Raumes plötzlich ein falscher Klang."[44] Er sieht im Speyrer Dom nicht nur die Herrlichkeit des Alten Reiches, sondern zugleich dessen Untergang, den er mit der Niederlage Deutschlands nach dem Ersten Weltkrieg vergleicht. Seine Lebensaufgabe besteht darin, sich für „den nie verjährten Anspruch unseres Volkes" einzusetzen, für eine Wiedergeburt des Reichs. Das Nationale ist für ihn zur Religion geworden. Für die „Masse" und die Demokratie hat er nur Verachtung übrig. Enzio schreckt auch vor Gewalt nicht zurück. „Glaub mir, es geht nur noch mit Sprengstoff"[45], sagt er anlässlich des gerade entstehenden Baus der Neuen Universität. Er richtet sich damit gegen die „vergangenen Wahrheiten", denen dieser Neubau für die Vorlesungen in den Geisteswissenschaften gewidmet ist und die nicht mehr für ihn gelten. Gertrud von Le Fort zeigt eine entgegengesetzte Reaktion der beiden Hauptpersonen auf die verzweifelte Situation nach dem Ersten Weltkrieg. Während Enzio mit nationalem Fanatismus reagiert, mit einem Denken in entgegengesetzten Kategorien, Freund – Feind, Sieg – Niederlage, versucht die Autorin in der Gestalt der Veronika die Situation mit ihrer christlichen humanistischen Überzeugung zu verarbeiten.

Die Szene im Speyrer Dom zeigt auch die Unvereinbarkeit der Auffassungen des Paares im Blick auf Religion. Veronika widerspricht Enzio, als er den Begriff „ewiges Reich" verwendet. Sie besteht darauf, dass nur Gott ewig sein kann. Am Verhältnis zur Religion droht ihre Liebe zu zerbrechen. Veronika war sich Enzios ablehnender Haltung zu Religion und Kirche immer bewusst. Sie glaubte, die Liebe verbinde den Gottfernen mit Gott. Menschenliebe und Gottesliebe sind für sie eins. Sie schreibt, „dieser religiöse Gegensatz war für mich selbst zu etwas Religiösem geworden"[46]. Zum Konflikt kommt es jedoch, als sie darauf besteht, ihre Ehe unter das Sakrament zu stellen. Ein Verzicht würde bedeuten, dass sie auch von allen anderen Sakramenten, d.h. aus der katholischen Kirche ausgeschlossen würde. Enzio verlangt: „Liebe mich mit deiner eigenen Liebe – liebe mich wie ich dich liebe."[47] Er steht der Religion nicht nur gleichgültig gegenüber, sondern mit Widerwillen. Schon in Rom konnte er ihren Kniefall im Petersdom nicht ertragen. Früher habe er geglaubt, Jesus sei überwunden, nun aber habe er dessen Gefährlichkeit erkannt. Er wirft Veronika vor, dass sie ihn zur Aufgabe seines Lebenswerks zwinge. Mit dem Sakrament würde er sich der Kirche unterwerfen, ihn von einer „höheren Macht abhängig machen". Dann aber könne er nicht sein Letztes einsetzen, darum aber gehe es bei seinem Werk. Es handele sich um „eine unerhörte eigene Kraftentfaltung unseres Volkes" und er werde sie nicht einschränken lassen. Unverkennbar spricht hier die Philosophie Nietzsches, die verhängnisvoll auf die nationalsozialistische Ideologie gewirkt hat. Veronika empfindet schmerzlich, dass ihre Liebe gegenüber seiner Verachtung ihres Glaubens machtlos ist und erkennt ihrerseits, dass sie mit ihrem „Werk" gescheitert ist, den Glaubensfernen in ihren Glauben mit aufzunehmen, „denn Enzio war für mich der Inbegriff der ganzen Welt gewesen, der unerlösten, aber heißgeliebten, der ich das Heilandsbild der Ewigen Liebe hatte zeigen wollen."[48]

Der Vormund warnt Veronika vor einer Verbindung mit einem Menschen, der ihrem Glauben so ablehnend gegenübersteht. Er, der nicht als kirchlich gebunden dargestellt wird, betrachtet das Christentum als „schöpferisches Prinzip unserer Kultur". Ihn be-

Ulrike Duchrow

unruhigt zutiefst der Verlust der metaphysischen Dimension des Denkens. Eine Erneuerung der Gesellschaft nach dem Weltkrieg kann er sich nur als Rückbesinnung auf das christliche Erbe vorstellen. So wie Veronika versucht, durch Liebe den Unglauben zu überwinden, beruft sich der Vormund ihm gegenüber auf die christliche Kultur. Er hält Enzio in seinem Kampf gegen alles Religiöse für gefährlich, er werde unsere Kultur und auch Veronika zerstören. Der Vormund reagiert auf die Verbindung zwischen Veronika und Enzio konsequent so wie auch die meisten Leser*innen reagieren würden. Eine unterschiedliche Einstellung zu Glaube und Kirche ist mit einer ehelichen Gemeinschaft durchaus vereinbar. Aber Verachtung gegenüber dem Glauben des anderen kommt einer Entwürdigung der Person des oder der anderen gleich. Gertrud von le Fort geht einen ungewöhnlichen Weg. Sie fügt eine weitere Stimme hinzu, die des Pater Angelo. Er schreibt an Veronika, die Haltung von Enzio entspreche dem Zustand der heutigen Welt, die von der bloßen Gleichgültigkeit gegenüber dem Christentum zu offener Feindschaft übergehe. Es gebe eine natürliche und eine übernatürliche Haltung, dieser Feindschaft zu begegnen. Die erste trenne sich vom Gottlosen, um die eigene Seele zu bewahren, die übernatürliche Haltung harre an seiner Seite aus. Er rät Veronika, dem Ungläubigen die Treue zu halten, ihn in seiner Dunkelheit nicht zu verlassen. „Teilen Sie bewusst seine Dunkelheit und er wird unbewusst Ihr Licht teilen [...] seien Sie durch Ihre Gottesliebe seine letzte Verbindung zu Gott."[49] Veronika nimmt die übernatürliche Haltung ein, sie nimmt sich vor, auf das Sakrament der Ehe zu verzichten und ist damit nach den Regeln der Kirche von der Eucharistie ausgeschlossen. Ihre Einheit mit der Kirche ist ihre Identität, sie aufzugeben ist ein übernatürlicher Akt. Dieses Opfer und die Tatsache, dass Enzio das Opfer annimmt, dass er über ihre religiöse Bindung gesiegt hat, zerstört sie innerlich und führt zu einer schweren Krankheit, die sie dem Tod nahe bringt. Die Angst, sie zu verlieren führt bei Enzio zu einer Wende. Er wird ihren Glauben achten ohne ihn zu teilen und so eine Ehe mit ihr auch im kirchlichen Sinn schließen. Dieser Schluss des Romans ist zwar psychologisch kaum überzeugend – man kann sich nicht vorstellen, dass Enzio sich wirklich so wandelt, dass er sich freiwillig den Bedingungen der Kirche beugt – im Sinne der Vorstellung von Liebe, wie sie im Roman dargelegt wird, nämlich als Einheit von Gottes- und menschlicher Liebe, ist der Schluss jedoch verständlich: Die Liebe hat ihn verwandelt.

Der Roman hat eine kontroverse Diskussion zwischen katholischen Theologen, sogar innerhalb des Jesuitenordens ausgelöst, die in Auszügen in dem Band „Werk und Bedeutung"[50] veröffentlicht ist. Es geht dabei um die dem Roman zugrundeliegende Auffassung von den Wegen der Gnade. Die Kritiker, werfen ihm vor, dass die Kirche nicht mehr als der einzige Weg zum Heil angesehen werde. Veronika gehe einen eigenwilligen und nicht klar von Gott und der Kirche vorgezeichneten Weg, sie liebe Enzio mehr als Gott und opfere einem Menschen höchste religiöse Werte. Von anderen katholischen Theologen erhält das Werk aber auch höchstes Lob. Indem sie Veronikas Opfer rechtfertigen, berufen sie sich auf das Pauluswort: „Gern wollte ich selber mit dem Fluch beladen fern von Christus sein für meine Brüder" (Römer 9,3). Veronika setze sich nicht aus Gleichgültigkeit über die Forderungen der Kirche hinweg, sondern aus der Überzeugung, dass ein äußerstes Opfer den Verlorenen retten werde.[51] Was in dem Roman über den Unglauben der Gegenwart und dessen möglicher Überwindung gesagt werde, habe höchste Aktualität.[52]

Wie in diesem Roman so stehen Frauen im Mittelpunkt des gesamten dichterischen Werks von Gertrud von le Fort.

> „Ich habe in zwei Weltkriegen von unerhörter Grausamkeit die Überbetonung der männlichen Kräfte erlebt und bin mit dem großen russischen Philosophen Berdjajew der Ansicht, daß die Frau in Zukunft eine größere Bedeutung gewinnen muß. Die Frau ist ihrem ganzen Sinn nach die Trägerin und Beschützerin des Lebens, und heute gilt es wie noch nie, das Leben zu beschützen: nicht nur den Menschen, sondern auch Tier und Pflanze, die ganze Schöpfung! Das Hervortreten der Frau hat denn auch nichts mit vordergründigen Frauenproblemen zu tun – es geht um etwas viel Tieferes und Allgemeineres. Es geht – mit einem Wort – um das Vertrauen auch auf die verhüllten Kräfte.“[53]

So sind es in ihren Novellen oft sehr junge, ohnmächtige Frauen, die die Handlung bestimmen und sich im christlich humanistischen Sinn bewähren, sich für andere opfern oder prophetisch warnen. Auch Veronika hat sich auf diese Weise bewährt, obwohl es scheinen könnte, dass sie sich dem Verlobten unterwirft. Sie ist ihrer Überzeugung treu geblieben und hat dafür das für sie schwerste Opfer auf sich genommen, sich ganz der Gottesliebe anvertrauend.

Ihre Ansicht zur Frau äußerte Gertrud von le Fort auch in theoretischen Texten, u.a. in dem Werk „Die Ewige Frau“, das die „symbolhafte“, metaphysische Bedeutung der Frau darstellt. Es wurde von Edith Stein ebenso wie von Marianne Weber lobend erwähnt. Die Letztere schreibt der Dichterin:

> „Ich habe endlich Ihr Buch über die Frau aufmerksam, ja andächtig gelesen und bin tief ergriffen von seiner Schönheit und Tiefe [...] Daß Sie die Bedeutung der sponsa (Brautschaft im weitesten Sinn) für die ganze Kultur so unerschrocken vertreten in dieser Zeit, halte ich für ein wahrhaftes Verdienst für unser bedrängtes Geschlecht.“[54]

Doch Gertrud von le Fort warnt auch davor, ihre Werke nur auf die Frau hin zu deuten und weist auf männliche Gestalten in ihrer Dichtung hin. Es geht ihr vor allem um das Menschenbild und erst dann um das Frauenbild.[55] Der Frauenbewegung kann Gertrud von le Fort trotz ihrer Betonung der Eigenständigkeit der Frau nicht zugerechnet werden. Sie erwähnt ausdrücklich, dass in ihren Betrachtungen geschichtliche, soziale, psychologische und biologische Aspekte nicht berücksichtigt sind.[56]

## Mythos Heidelberg und die Krise der bürgerlichen Welt

Besonders mit Heidelberg verbunden ist das Thema Romantik, das den ganzen Roman in verschiedenen Zusammenhängen durchzieht. Die Tradition des Hauses an der Alten Brücke, in dem Veronika bei ihrem Vormund wohnt, ist ganz von den Heidelberger Romantikern geprägt. Sodann ist die Berufung des Vormunds auf die Epoche der Romantik der Kontrapunkt zu der nationalistischen Ideologie Enzios. Schließlich gipfelt die Darstellung der romantischen Tradition Heidelbergs in einer Aufführung, die mit der konfliktbeladenen Beziehung von Enzio und Veronika verwoben ist.

Bei ihrer Ankunft im Haus des Vormunds fallen Veronika die Bilder der Romantiker ins Auge. Die Frau des Vormunds, genannt Seide, erklärt ihr:

> „‚Dies ist jetzt sozusagen Ihre Ahnengalerie geworden, kleine Veronika', sagte Seide, auf die Bilder deutend. ‚In Ihrer Eigenschaft als Gast dieses Hauses haben Sie nämlich überaus erlauchte Vorfahren. Achim von Arnim, Clemens Brentano, Bettina, die Günderode, Eichendorff, sie alle sind einst bei der mütterlichen Familie meines Mannes drüben in dem alten Haus am Schloßberg ein- und ausgegangen.'"[57]

Man hört bereits hier eine gewisse Ironie heraus, die nicht nur die Sprecherin charakterisiert, sondern auch eine ambivalente Haltung der Autorin zur Romantik verrät. Bei einem Gespräch, das der Vormund auf der Terrasse seines Hauses mit Studenten über die Romantiker führt, zeigt sich ein Gegensatz der Generationen. Während dieser sich für die Romantiker begeistert, reagieren die aus dem Krieg heimgekehrten Studenten darauf mit Hohn. Sie meinen, einmal müsse alles zu Ende sein, wo keine Erben seien, könne auch kein Vermächtnis erfüllt werden. Es gebe auch im geistigen Sinn aussterbende Geschlechter. Wie sich immer wieder an Enzios Äußerungen zeigt, sucht diese Generation ihr Heil in einer nationalen Erneuerung. Es kommt deshalb unerwartet, dass Enzio eine Aufführung zu Seides Geburtstag plant, die der Heidelberger Romantik gewidmet ist.

Eine Gruppe von Studenten – es sind außer Veronika nur Männer – soll die „guten Geister des Hauses und der Stadt", wie der Vormund die Romantiker nennt, darstellen und Texte, Gedichte und Briefe, die sich auf Heidelberg beziehen, vortragen. Um sich der romantischen Stimmung ganz hinzugeben, werden die Proben an Orte in Heidelberg gelegt, wo die Verse hingehörten oder entstanden sein könnten, zum Beispiel in den Schlossgarten. Für Enzio und Veronika ist die Stimmung jedoch schmerzlich gebrochen. Die Dichterin verschränkt in das Geschehen um die Aufführung den immer heftiger werdenden Konflikt innerhalb des Paares. Veronika trägt das Gedicht von Marianne von Willemer vor, dessen Schlussverse eine existentielle Bedeutung für sie bekommen: „Hier war ich glücklich, liebend und geliebt." Während Enzio Veronika mit seinen heftigen Angriffen auf Jesus und der Ablehnung alles Religiösen konfrontiert, erklingt ein Gedicht von Eichendorff, das mit dem Vers „Gelobt sei Jesus Christ" endet. Vor allem spielt ein weiteres Lied in dieser Aufführung eine metaphorische Rolle:

> Willkommen und Lebewohl
> Sag mir nicht willkommen, wenn ich komme
> Nicht leb wohl, mein Liebster, wenn ich geh,
> Denn ich komme nimmer, wenn ich komme,
> Und ich gehe nimmer, wenn ich geh.

Gertrud von le Fort hat dieses Lied wahrscheinlich bei Karl Jaspers, bei dem sie in Heidelberg ein Kolleg über Kierkegaard gehört hat, kennengelernt. Er interpretiert das Lied in einem „Existenzerhellung" genannten Werk als „das sich ‚Wiederfinden' derer, die in der Ewigkeit schon sich gehören."[58] Es ist ein Geschehen, das als Transzendenz mitten in der Realität erfahren wird. Wie das Symbol der Engel mit dem Kranz ist es ein Motiv, das an mehreren Stellen im Roman wiederkehrt und wie jenes zu der kunstvollen Struktur des Romans beiträgt.

Die Romantiker-Aufführung dient Gertrud von le Fort vor allem dazu, die Krise der bürgerlichen Welt angesichts der Katastrophen zweier Weltkriege darzustellen.

„Ja, er stellte uns schließlich sogar an der Treppe auf und verlangte, dass wir über diese herab leise und geisterhaft – diese Worte gebrauchte er – durch das ganze Haus gehen und, nachdem wir unsere Verse gesprochen, lautlos wie ein Spuk über die Terrasse in der Dunkelheit des nächtlichen Gartens verschwinden sollten. Erst als das Wort ‚Der Auszug der Penaten‘ an mein Ohr schlug, erschrak ich."[59]

Die Zuschauer verstehen die Ironie der Aufführung nicht. Sie sind wie die Gastgeberin Seide Exponenten der bürgerlichen Welt, „unbekümmert, ahnungslos vor dem geheimen Sinn dieses Aufzugs, das Verhängnis über sich und es doch nicht erkennend."[60]

Die Aufführung ist ein eindrückliches Beispiel für die Vielschichtigkeit, die den literarischen Wert des Romans ausmacht. Sie ist realistisch erzählt, zugleich eine Metapher im Gesamtzusammenhang des Romans. Sie feiert die romantische Tradition Heidelbergs und ist zugleich ironisch gebrochen. Damit drückt sich in ihr der Zeitbezug des Romans aus, in dem es um die Gefährdung der Kultur geht, da wo sie zur bloßen Fassade verkommt.

Heidelberg ist nicht nur beliebige Kulisse für die Handlung, sondern hat eine wichtige Funktion in ihr. In der Stadt, die als Inbegriff der Romantik gilt, wird die Spannung zwischen authentischer kultureller Tradition und dem Aufkommen einer unmenschlichen Ideologie besonders deutlich.

„‚Wie der Strom sich gegen sein Schicksal empört!‘, sagte mein Vormund, hinabblickend. ‚Wie er sich dagegen auflehnt – aber es wird ihm wenig nützen!‘ Ich wusste, er dachte jetzt nicht an das Stauwerk, sondern an das bitterböse Wort, daß man auch Gedanken stilllegen könne wie den Neckar."[61]

Das hatte Enzio gesagt. Der Vormund hat die Ironie der Aufführung verstanden. Sein leidenschaftlicher Appell an die Studierenden, aus der Kultur der Vergangenheit Kraft für eine Erneuerung zu schöpfen, war einer tiefen Skepsis gewichen.

Der Roman ist nicht nur als sprachliches Kunstwerk lesenswert, sondern genauso wegen seines Themas, der Darstellung einer heraufziehenden Katastrophe, des Konflikts zwischen christlicher Kultur und glaubenslosem Nationalsozialismus und seiner theologischen Reflexion dieser Themen.

Nach dem Erscheinen von „Der Kranz der Engel" begann die Periode in Gertrud von le Forts Leben, in der sie großen dichterischen Ruhm erlangte und zahlreiche Auszeichnungen erhielt. Um nur die wichtigsten zu nennen: 1948 den Badischen Staatspreis zusammen mit Reinhold Schneider, 1950 wurde sie ordentliches Mitglied der Deutschen Akademie für Sprache und Dichtung in Darmstadt, 1953 wurde ihr das Große Bundesverdienstkreuz überreicht, 1966 der Stern dazu, 1956 wurde ihr der Dr. theol. h.c. durch die Katholische Fakultät der Universität München verliehen. Auch in Heidelberg wurde sie geehrt: Zum 85.Geburtstag überreichten ihr die Freunde der Studentenschaft Heidelberg eine Festgabe, das Jubiläumswerk „575 Jahre Ruprecht-Karl-Universität".[62] Hermann Hesse hat sie für den Literaturnobelpreis vorgeschlagen. 1983 veranstalteten die Universitätsbibliothek Heidelberg und das Deutsche Literaturarchiv-Marbach/N. eine Ausstellung zu Gertrud von le Fort.

Gertrud von le Fort, die 1971 mit 95 Jahren in Oberstdorf starb, gilt in der Literaturgeschichte als Repräsentantin der sog. christlichen Literatur so wie auch Reinhold Schneider, Edzard Schaper, Werner Bergengruen in Deutschland, Paul Claudel und

Ulrike Duchrow

George Bernanos in Frankreich. Ihre Werke wurden auch im Ausland gelesen, Francis Poulenc schrieb eine Oper zu der Novelle „Die Letzte am Schafott". Die Dichterin kam nach dem Zweiten Weltkrieg einem tiefen Bedürfnis nach einer Auseinandersetzung mit dem Geschehen während des NS-Regimes entgegen. Sie galt in den 1950er- und 1960er-Jahren als literarische und moralische Autorität. Inzwischen ist es still um sie geworden, stiller, als es dem literarischen Rang ihres Werkes entspricht.

## Anmerkungen

1   Gertrud von le Fort: Das Schweißtuch der Veronika. Teil 2: Der Kranz der Engel, Heiligen-kreuz 2018, S. 142f.

2   Gertrud von le Fort: Hälfte des Lebens, München 1965, S. 83.

3   Erika Dinkler: Heidelberg im Leben und Werk von Gertrud von le Fort, in: Heidelberger Jahr-bücher 16, 1972, S. 4.

4   Vgl. le Fort: Hälfte (wie Anm. 2), S. 7.

5   Brief an Werner Lenarz vom 26.8.1938, zit. n. Gertrud von le Fort: Wirken und Wirkung, Do-kumente zusammengestellt von Eleonore von La Chevallerie, Heidelberg 1983, S. 11.

6   Vgl. le Fort: Hälfte (wie Anm. 2), S. 81.

7   Ebd. S. 82.

8   Zit. n. Dinkler (wie Anm. 3), S. 7.

9   Le Fort: Hälfte (wie Anm. 2), S. 83.

10  Dinkler (wie Anm. 3), S. 11.

11  Le Fort: Hälfte (wie Anm. 2), S. 82f.

12  Professor Henry Thode lehrte von 1893 bis 1911 in Heidelberg Kunstgeschichte. Gertrud von le Fort hörte bei ihm ein Kolleg zur Renaissance.

13  Brief Gertrud von le Forts an ihre Schwester vom 19.6.1908, zit. n. le Fort: Wirken (wie Anm. 5), S. 119.

14  Vgl. le Fort: Wirken (wie Anm. 5), S. 83.

15  Vgl. Horst Renz (Hg.): Gertrud von le Fort – Friedrich Gogarten, Briefwechsel 1911–1927, Berlin 2022.

16  Le Fort: Hälfte (wie Anm. 2), S. 90.

17  Vgl. Brief Gertrud von le Forts an ihre Mutter, 21.5.1908, zit. n. le Fort: Wirken (wie Anm. 5), S. 86.

18  Le Fort: Hälfte (wie Anm. 2), S. 87.

19  Vgl. Ernst Troeltsch: Christentum und Religionsgeschichte, Tübingen 1913, S. 333.

20  le Fort: Hälfte (wie Anm. 2), S. 87.

21  Vgl. Dinkler (wie Anm. 3), S. 6.

22  Vgl. Troeltsch: Christentum (wie Anm. 19), S. 355.

23  Gertrud von le Fort an H. H. Schrey, 14.12.1940, zit. n. Dinkler (wie Anm. 3) S. 9.

24  Vgl. Dinkler (wie Anm. 3), S. 11.

25  Le Fort: Hälfte (wie Anm. 2), S. 83f.

26  Dinkler (wie Anm. 3), S. 9.

27  Vgl. Renz: Gertrud von le Fort (wie Anm. 15), Vorwort.

28  Vgl. Metzler Autoren Lexikon, Stuttgart 1986.

29  Zit. n. Dinkler (wie Anm. 3) S. 19.

30  Vgl. Hans-Rüdiger Schwab: Leselicht, in: le Fort: Kranz (wie Anm. 1), S. 12.

31  Le Fort: Kranz (wie Anm. 1) S. 19.

32  Ebd., S. 142.

33  Ebd., S. 28.

34  Le Fort: Hälfte (wie Anm. 2), S. 89.

35  Le Fort: Kranz (wie Anm. 1), S. 29.

36  Michael Buselmeier: Literarische Führungen durch Heidelberg, Heidelberg 1991, S. 153.

37  Le Fort: Kranz (wie Anm. 1), S. 108.

38  Vgl. Nicolas J. Meyerhofer: Gertrud von le Fort, Berlin 1993, S. 28.

39  Le Fort: Kranz (wie Anm. 1), S. 47.

40  Ebd., S. 54.

41  Vgl. Michael Buselmeier nennt diesen Ort als wahrscheinlichen Entstehungsort von „Des Knaben Wunderhorn". Vgl. Metzler (wie Anm. 28), S. 90.

42  Vgl. Schwab: Leselicht (wie Anm. 30), S. 15.

43  Le Fort: Kranz (wie Anm. 1), S. 40.

44  Ebd., S. 193f.

45  Ebd., S. 143.

46  Ebd., S. 91.

47  Ebd., S. 231.

48  Ebd., S. 232.

49  Ebd., S. 336.

50  Gertrud von le Fort: Werk und Bedeutung. „Der Kranz der Engel" im Widerstreit der Meinungen, München o.J.

51  Vgl. Ebd., S. 43.

52  Vgl. Ebd., S. 52.

53  Gertrud von le Fort: Woran ich glaube und andere Essays, Zürich 1968, S. 78f.

54  Marianne Weber an Gertrud von le Fort, 18.1.1935, zit. n. Gisbert Kranz (Hg.): Gertrud von le Fort. Leben und Werk in Daten, Bildern und Zeugnissen, Frankfurt/M. 1976, S. 181.

55  Vgl. Sabine Düren: Die Frau im Spannungsfeld von Emanzipation und Glaube, Regensburg 1998, S. 97.

56  Vgl. Gertrud von le Fort: Die ewige Frau, München 1941, S. 5.

57  Le Fort: Kranz (wie Anm. 1), S. 32.

58  Karl Jaspers: Philosophie Bd. 2. Existenzerhellung, Berlin 1932, S. 71f.

59  Le Fort: Kranz (wie Anm. 1), S. 291.

60  Ebd., S. 295.

61  Ebd., S. 302.

62  Dinkler (wie Anm. 3), S. 6.

**Detlef Garz**

# „Ihre Stellung hier ist aussichtslos ...“

## Heinz Lichtenstein stößt auf den Heidelberger Geist

Der nachfolgende Ausschnitt[1] stammt aus einem Manuskript, das der in die USA emigrierte Mediziner Heinz Lichtenstein (1904–1990) unter dem Pseudonym Martin Andermann für das 1939 initiierte wissenschaftliche Preisausschreiben der Harvard Universität „Mein Leben in Deutschland vor und nach dem 30. Januar 1933“ eingereicht hat[2]. Dabei steht der Vorname Martin für seine Verehrung des Philosophen Martin Heidegger, bei dem er neben dem Brotstudium der Medizin mit großer Leidenschaft Philosophie gehört hatte, und der sprechende Name Andermann verbirgt seine wahre Identität und weist gleichermaßen auf sie hin.

Heinz Lichtenstein in den 1920er-Jahren mit Vater und Bruder (Foto: Ursula Mandelstam)

Heinz Lichtenstein wurde 1904 in eine wohlhabende bildungsbürgerliche jüdische Familie als jüngstes von vier Geschwistern in Königsberg geboren. Sein Vater war (ein bekannter) Anwalt und Politiker, seine Mutter eine (ehemalige) Lehrerin. Kant, Schiller und Goethe gehörten zu den philosophisch-literarischen „Hausgeistern und -göttern“ väterlicherseits, und durch seine Mutter wurde das Musikalische in Gestalt von Beethoven, Mozart und Schubert eingebracht.

Sein Studium führte ihn zunächst nach Freiburg und dann – Heidegger folgend – nach Marburg. In Heidelberg trat er im Mai 1929 eine Assistentenstelle an[3], und am 25. Juli 1930 wurde er ebendort zum Doktor der Medizin promoviert.

## Mein Leben in Deutschland vor und nach dem 30. Januar 1933

[...] Im Mai 1929 trat ich als Assistent meine Stellung an der Heidelberger Medizinischen Universitätsklinik an, wo ich bald Gelegenheit fand, meine Ideen betreffs Deutschlands einer Prüfung zu unterziehen.

Die Medizinische Universitätsklinik Heidelberg, deren Leiter damals Geheimrat von Krehl war, galt als eine judenfeindliche Klinik. Durch Vermittlung von Krehls Schwiegersohn, der Professor in Marburg war und mich kannte, war ich dort angekommen. Freilich war ich dort nur Volontär-Assistent, d.h. ich bezog kein Gehalt,

UNIVERSITAET HEIDELBERG

UNTER DEM REKTORATE DES PROFESSORS

ERNENNT DIE MEDIZINISCHE FAKULTÄT
DER BADISCHEN RUPRECHT-KARLS-UNIVER-
SITÄT DURCH IHREN DEKAN, DEN PROFESSOR

KRAFT DER IHR ZUSTEHENDEN BEFUGNIS

NACH BESTANDENER PRÜFUNG ZUM DOKTOR
DER MEDIZIN

GEGEBEN ZU HEIDELBERG

Promotionsurkunde
Heinz Lichtensteins
(Quelle: Wieder-
gutmachungsunter-
lagen Saarburg AZ
199376)

und hatte nicht den Rang eines sog. Voll-Assistenten. Es hieß, dass Krehl keine
jüdischen Voll-Assistenten duldete. Es war außer mir noch ein Jude Volontärassis-
tent an dieser Klinik, sonst waren alle Assistenten Nichtjuden. Ein großer Teil der
Assistenten waren ehemalige Verbindungsstudenten, aber nicht alle. Einige hatten
adlige Namen, kurz, es war eine ‚feudale' Klinik, und man tat sich dort nicht wenig
zugute darauf. Die Klinik betrachtete sich in jeder Hinsicht als eine Elite-Anstalt.
Mehrere Assistenten waren Söhne oder Neffen namhafter deutscher Ärzte, sodass
es eine ganze Anzahl berühmter Namen an der Klinik gab. Ich wurde zunächst
freundlich aufgenommen, und fand unter den jüngeren Ärzten leicht Anschluss.
Krehl selbst war stets freundlich zu mir, man sagte, dass er mich gut leiden mochte. Krehl war eine sehr umstrittene Persönlichkeit. Seine Feinde behaupteten, er
wäre bigott und verlogen, und dieses Urteil bezog sich besonders auf seine sehr
betonte Kirchlichkeit, die man bei einem Naturwissenschaftler und Arzt a priori für
etwas Unaufrichtiges hielt. Politisch galt er vielen als ein Erzreaktionär, zum mindesten war er innerhalb der medizinischen Fakultät Heidelbergs der Führer eines
rechten Flügels, ein Faktor, der bei der Berufung eines neuen Professors an die
Heidelberger Fakultät wesentlich mitberücksichtigt wurde. Es war ganz bekannt,
dass es in der ganzen Fakultät nur ein oder zwei republikanisch gesonnene Professoren gab, die von den Rechtsdenkenden, die sich selbst immer gerne als die
Rechtdenkenden ausgaben, wie anrüchiges Gesindel behandelt wurden. Das hat
mir einer dieser Professoren in späteren Jahren selbst erzählt. Ich glaube, dass
Krehl in vieler Hinsicht anständiger war als seine Feinde wahr haben wollten. Er
liebte nicht die Juden, und machte kein Hehl daraus. Gerade bei ihm mag aber sein
persönliches Schicksal an der antisemitischen Haltung wesentlich mitgespielt haben. Seine erste Frau war nämlich Jüdin gewesen, und man sagte, dass er es nie

Detlef Garz

verwunden habe, dass sie ihm mit seinem Freunde, der ebenfalls Jude gewesen war, durchgegangen war. Wie dem auch sei, es war ein großer Unterschied zwischen Krehls Antisemitismus und dem seiner nationalsozialistischen Assistenten. Als ich in die Klinik eintrat, kam ich mitten in eine Debatte, die unter der Assistentenschaft heftig wogte. Zwei Assistenten waren fanatische Nationalsozialisten und suchten mit allen Mitteln für ihre Ideen Propaganda zu machen. Die meisten Assistenten waren lau, einige mehr, die anderen weniger sympathisierend. Die beiden Nazis waren ihnen in mancher Hinsicht zu radikal, doch wohl allen im Grunde nicht unsympathisch. Krehl ging es wohl ähnlich. Er billigte die nationale Gesinnung, und zu einem großen Teil auch den Antisemitismus. Die Radikalität dieses Antisemitismus, der keinen Unterschied der Person gelten ließ, war Krehl zuwider. Er liebte es, einzelne Juden hier und da zu protegieren, um damit zu demonstrieren, dass er kein Antisemit sei. Im Sinne des Nationalsozialismus war er es auch wirklich nicht. Ich besinne mich deutlich eines Vorfalles, der sich während einer Visite abspielte. Damals beschäftigte der Fall eines Berliner Professors der Pathologie weite Kreise. Dieser Mann, übrigens selbst jüdischer Abstammung, hatte die Geschmacklosigkeit begangen, bei einer pathologisch-anatomischen Demonstration ein Herzpräparat zu zeigen und dabei zu bemerken: „Ich zeige ihnen nunmehr die Organe des berüchtigten ostjüdischen Schiebers und Hochstaplers K. Wie Sie sehen, war K., wie die meisten Ostjuden, durch und durch syphilitisch verseucht". Diese Bemerkungen des Professors hatten seine Entlassung aus dem Staatsdienste zur Folge gehabt, und der Fall wurde in medizinischen Kreisen lebhaft diskutiert. Während der Krankenvisite kam die Rede auf des Berliner Professors Maßregelung, die die meisten Assistenten zu abschätzigen Bemerkungen über die republikanische Regierung, die durch solchen Akt den Hochstapler K. gleichsam schütze, zum Anlass nahmen. Der alte Krehl bekam einen Wutausbruch, als er diese Reden hörte. ‚Meine Herren', sagte er, ‚ich bin dafür bekannt, nicht besonders judenfreundlich zu sein. Das hat aber nichts mit diesem Falle zu tun. Hier handelt es sich um die Frage des Bruches des ärztlichen Geheimnis, und, vor allem, um gewisse Grenzen, die jedem Menschen durch seinen Anstand gezogen sind. Einen Toten, der sich nicht wehren kann, zu schmähen, ist gegen jede menschliche und erst recht gegen jede ärztliche Anständigkeit. Ich bin gewiss kein Freund des verstorbenen Hochstaplers K., aber das spielt hier keine Rolle. Professor L. musste gehen, er konnte nach diesem Vorfall nicht länger im Amte bleiben'. Krehl war sichtlich erregt, zumal er fühlte, dass seine Assistenten größtenteils anders dachten. Für eine Anzahl unter ihnen gab es gegenüber Juden keine Verpflichtungen des Anstandes und der Moral, und darum fanden sie Krehls Haltung altmodisch und sentimental. Krehl konnte diese Kluft nie überbrücken. Einem meiner Kollegen, mit dem er viel sprach, erklärte er ganz deutlich, er könne nicht umhin anzuerkennen, dass es viele bedeutende Juden in der Medizin und Wissenschaft gegeben habe, die er verehrt und hochgeschätzt habe. Er förderte trotzdem den Nationalsozialismus als eine in seinen Augen patriotische Bewegung. Als es dann zu spät war – so erzählte mir Jahre später ein Kollege – soll es ihm tief ans Herz gegriffen haben, was geschah.

Mein Bekannter, der damals noch in Heidelberg war, berichtete, dass Krehl zu vielen jüdischen Leuten, die er kannte, hingegangen sei, sich entschuldigend für eine Entwicklung, für die er sich mit verantwortlich fühlte, die er aber so nicht gewollt habe. Derselbe Bekannte behauptete, dass die Aufregungen des Jahres 33 mit zu seinem Tod beigetragen hätten. Ich halte das alles für möglich, es bestätigt den Eindruck, den ich damals von Krehl empfing: den eines erzkonservativen, aber eben auch in seinen Moralbegriffen konservativen Mannes, dem im Grunde nichts so fremd war, wie jene neue Auffassung von Gut und Böse, die der Nationalsozialismus predigte. Ich war damals noch ganz erfüllt von jener etwas weltfernen Atmosphäre der Heideggerjahre, wenn auch nicht ganz so apolitisch, wie die meisten Heideggerschüler. In Heidelberg platzte ich zum ersten Male hinein in eine ganz mit Politik geladene Situation. In Marburg behaupteten Philosophen und Theologen das Feld. In Heidelberg war das ganz anders. Zwar, auch hier gab es ‚Existenzphilosophie‘, vertreten durch Karl Jaspers, aber eine mindestens ebenso große Rolle an der Universität spielten die Soziologen, die recht politisch und teilweise stark links eingestellt waren. Die Studentenschaft spiegelte diese Verhältnisse wieder, es gab einen soziologischen Kreis, der links und sehr politisch war, es gab die Philosophen, die versuchten, unpolitisch zu sein, und die Mediziner, die, wenn sie etwas waren, rechts oder nationalsozialistisch waren. Ihr Hauptwortführer war einer der krehlschen Assistenten, Doktor K., der ein unbedingter Nationalsozialist war und dank seiner Glaubensleidenschaft und dank dem Fehlen irgendeines adäquaten Gegenspielers starken Einfluss auf viele junge Mediziner ausübte. Ich war eine Zeit lang nahe daran, sein Gegenspieler zu werden, und da er das wusste, arbeitete er mit allen Mitteln daran, mich aus Heidelberg, zum mindesten aus der krehlschen Klinik zu entfernen. Schließlich hatte er Erfolg, doch es dauerte etwa 18 Monate, bis es so weit war, und in der Zwischenzeit gab es Zeit zu vielen Diskussionen und Debatten, denen ich unendlich viel verdanke. Es war meine erste wirkliche Begegnung mit einem nationalsozialistischen ‚Kämpfer‘, und an dieser Begegnung ist mir so vieles klar geworden, dass ich Herrn Dr. K. wirklich Dank schulde. Seit jenen Jahren 1929/30 war ich ‚im Bilde‘, ich hatte einen Blick tun dürfen in jene Bewegung, die Deutschlands Zukunft bedeuten sollte, und ich darf eins versichern: ich unterschätzte sie seit damals nicht mehr. Herr Dr. K. ließ sich mit mir auf Diskussionen ein, ich weiß nicht, ob er es aus Gefälligkeit mir gegenüber tat, oder um den andern Kollegen, die fühlten, dass ich ihm zum mindesten in der Diskussion nicht unterlegen war, zu zeigen, dass er mit mir fertig werden könne. Ich glaube, dass er trotz seines Vorgehens gegen mich keinen persönlichen Hass gegen mich gehegt hat, was seiner Gesamthaltung gut entsprochen hätte. Denn Dr. K.s Antisemitismus war nicht eine persönliche Abneigung gegen jüdische Individuen, sondern hatte, sozusagen, metaphysisches Format. Er bekämpfte nicht die – einzelnen – Juden, sondern das, was er ‚den Juden‘ nannte. ‚Der Jude‘ war für ihn genau das, was für einen mittelalterlichen Christen ‚der Satan‘ war, und tatsächlich sagte er mir einmal am Ende eines langen Gespräches, und übrigens mit tiefstem Ernst: ‚Für mich sind sie die Inkarnation des Satans‘. Dieser Ausdruck ‚Inkarnation des Satans‘ ist ein Lieblingswort der Nazis, es soll, glaube ich, von Luther stammen. Als

Dr. K. es auf mich anwandte, hat er mir kurz vorher versichert, dass er mich, wenn er das Prinzipielle außer Acht ließe, und nur vom persönlichen Gefühl aus urteile, nicht unangenehm finde, ja sogar ganz gern haben könne. Das habe aber gar nichts mit der Grundfrage zu tun, und wenn es die Stunde gebiete, würde er sich nicht scheuen, jeden Gegner zu töten, – „auch Sie", setzte er ausdrücklich hinzu, und versicherte mir, dass es ihm womöglich ‚persönlich leid tun könne', aber notwendig sei. Dass jene Gespräche mich aufwühlten, brauche ich nicht zu versichern, denn der Mann, mit dem ich sprach, war todernst, fanatisch vielleicht, aber in seiner Art anständig, wenn man unter Anstand den Einsatz und die Opferbereitschaft für eine Idee versteht. Dr. K . hat später bewiesen, dass er auch imstande war, sein allerpersönlichstes Glück für seine Idee zu opfern. Das war viel später, als ich nicht mehr in Heidelberg war, doch da es authentisch ist, mag es hier zur Kennzeichnung des Mannes erwähnt sein. Dr. K. liebte ein Mädchen, verlobte sich mit ihr, und war ihr offenbar tief zugetan. Er war anscheinend glücklicher, als er je gewesen war, denn so, wie ich ihn kannte, war er keine heitere Natur. Kurz vor der Hochzeit erfuhr er, dass der Vater des Mädchens, der von der Mutter geschieden war, Jude sei. Er löste die Verlobung auf, zog also die bittere Konsequenz seiner Idee, und opferte damit gewiss einen großen Teil persönlichen Lebensglückes. Ich erwähne dies nur, um zu zeigen, dass es diesem Manne heiliger Ernst war, mit dem was er sagte, und ich habe auch nie daran gezweifelt, dass er mich getötet haben würde, wenn wir als Feinde einander begegnet wären. Dr. K. war ein guter Arzt, und ich kann immer wieder nur sagen, dass ich allen Grund hatte, diesen Mann und seine Überzeugungen ernst zu nehmen. Kein Wunder also, dass es mich mächtig anzog, dahinter zu kommen, wie Dr. K. zu diesen mir so feindlichen Überzeugungen gelangt war. Wenn Dr. K. sagte, ich als Jude, sei die Inkarnation des Satans, so konnte man das zunächst für eine bildhafte Ausdrucksweise halten. Aber es war mehr als das. Dr. K. glaubte an ‚den Satan', wie er an Gott glaubte. Dr. K. war religiös, auf eine ganz und gar unmoderne Art religiös. Darum glaubte er an den Satan. Es ist bei modernen Gläubigen eine sonderbare Inkonsequenz, dass sie meist bekennen, an einen persönlichen Gott zu glauben, den urchristlichen Glauben an den Satan aber lächelnd als Aberglauben abtun. Dr. K.s Christentum war daran urtümlich und konsequent. Für ihn war ‚das Böse' eine Macht in dieser Welt, die genauso real war wie Gott. Mit dem Bösen konnte man nicht paktieren, man musste es bekämpfen, wo man es traf, es war der Todfeind. Dr. K. – und die meisten echten Nationalsozialisten, die ich kennengelernt habe – war überzeugt, dass das Böse in dieser Welt sich in der Gestalt des Juden verkörpere, und er bekämpfte daher auch nicht einen Herrn Cohn oder Levy, sondern Satanas selbst, der sich in der Gestalt der Cohns und Levys verkörperte. Dr. K. hatte noch andere Ausdrucksweisen für das von ihm bekämpfte Prinzip. Er kämpfte gegen den Rationalismus, und, als Träger des Rationalismus diesmal nicht nur den Juden, sondern auch den ‚westlerischen Geist'. ‘Westlerisch' war eins seiner Lieblingsworte. Westlerisch war im Grunde westeuropäisch, es war der Geist des Liberalismus, der Aufklärung, des Rationalismus, letzten Endes wohl das, was die Franzosen mit Stolz esprit cartésien nennen. ‚Jüdisch' und ‚westlerisch', ebenso ‚liberalistisch', war alles vom

Übel, gehörte alles zum bösen Prinzip. Was dagegen gesetzt wurde, war ‚deutsch‘, ‚bluthaft‘, ‚lebens-nahe‘, doch hatte er für die positiven Ziele keine so deutlichen Ausdrücke, wie für das, was er bekämpfte. Für dieses hatte er noch einen gern gebrauchten Ausdruck, nämlich ‚zersetzende Kräfte‘, oder ‚zersetzender Geist‘. Jüdisch war gleich liberalistisch und gleich zersetzend, und was zersetzt worden war, war das ‚Organische‘, und der Nationalsozialismus war letzten Endes nichts als eine Bewegung zur Wiederherstellung des ‚Organischen‘. Organisch solle der nationalsozialistische Staat werden, organisch war in seinen Worten gleichbedeutend mit ‚gut‘, es war der Ausdruck einer neuen Wertordnung, eben der Ordnung ‚organischer‘ Werte, zu denen auch die Rangordnung der Rassen gehörte. Dr. K. war in den Diskussionen mit mir in einer schwierigen Position. Denn ich entsprach nicht dem, was er sich als Gegner vorzustellen pflegte. Sein typischer Gegner, auf den alle seine Argumente zielten, war einer, der an die Vorherrschaft der Vernunft über das Leben glaubte, der an den Fortschritt glaubte, der an die liberalistischen Ideen des 18. Jahrhunderts glaubte. Seine Argumente sollten stets zeigen, dass diese Haltung wesentliche Grundkräfte, elementare Mächte im Dasein, vollständig übersehen habe, und dass sie daher völlig oberflächlich und überlebt seien. Nun konnte er bei mir mit diesen Argumenten nicht verfangen, denn in seinem Sinne war ich kein ‚Liberaler‘. Als Heideggerschüler war ich kritisch geworden gegen die rationalisierende Begrifflichkeit des naturwissenschaftlichen Zeitalters, wusste darum, dass es nicht anginge, vom ‚Fortschritt‘ als von einer ‚Tatsache‘ zu sprechen. Ich gab daher Dr. K. die meisten seiner kritischen Bemerkungen zu, doch ich zeigte ihm, dass man von seinen Voraussetzungen auch zu ganz anderen Konsequenzen gelangen konnte. Vor allem griff ich seine Gleichsetzung ‚Organisch‘ gleich ‚Gut‘ an, die im Grunde eine Verabsolutierung des Biologischen sei, wozu es keinen stichhaltigen Grund gebe. Ich versuchte ihm zu zeigen, dass er sich die Dinge im Grunde sehr einfach mache, indem er das Problem des Nihilismus, in das Europa aufgrund einer bestimmten Konsequenz seiner Geistesgeschichte hineingeraten sei, in primitivster Weise personifiziere. Dass er nämlich einfach anstelle Nihilismus ‚den Satan‘, oder, in seiner Sprache ‚den Juden‘ setze. Dass er die Dinge so darstelle, als ob ein völlig gesunder Organismus mit einemal durch böse Miasmen ‚zersetzt‘ worden wäre, und dass, wenn man nur diese gefährlichen zersetzenden Keime töte, die ‚organische Ordnung der Dinge‘ sofort wiederhergestellt sei. Ich wandte ihm ein, dass er im Grunde die wirkliche, echte Auseinandersetzung mit dem Problem des Nihilismus, so wie sie Heidegger etwa aufgenommen habe, einfach fliehe, indem er glaube, man könne mit der Ausrottung des jüdischen, des westlerischen Geistes, ja, der Zurückdrängung der Vernunft überhaupt, die quälenden Fragen und Probleme, die Europa aufzunehmen habe, wenn es nicht um seinen geschichtlichen Sinne gebracht werden wolle, einfach zum Schweigen bringen. Im Übrigen habe er kein Recht, den Juden so ohne weiteres mit dem Satan zu identifizieren. Denn im Grunde sei er, Dr. K., im christlichen Sinne einer, der recht eigentlich den Satan anbete. Denn es sei unchristlich, das Organische, das Blut, oder, wie man auch sagen könne, das Fleisch als das Göttliche zu verherrlichen, und die Vernunft, den Geist als zersetzend zu verdammen. Das sei eine Umkehrung des Verhältnisses Gott-Satan, im Grunde sei er es und seine nationalsozialistischen Freunde, die Satan zu Gott gemacht hatten. Dr. K. hatte mit mir einen schweren Stand. Ich vermochte zwar ihn nicht zu überzeugen, aber auf manche der schwankenden, jüngeren Kollegen machten meine Argumente Eindruck. Dr. K. fand daher, dass ich zu weichen hätte. Er protestierte – im Namen der ‚Assistentenschaft‘ – beim alten Krehl dagegen, dass ich unter die Voll-Assistenten aufgenommen werden sollte. Krehl plante nämlich dergleichen, und Dr. K. und seine Anhänger wollten dies auf jeden Fall verhindern. Ich merkte das bald und sah die Aussichtslosigkeit dieses Kampfes ein. Krehl hatte nur noch ein halbes Jahr bis zu seiner Pensionierung. Ich hätte mich also niemals – im besten Falle – länger halten können, als Krehl im Amte war. Ich begann, Mitte 1930 mich um andere Stellen zu bewerben. Mitte August stand ich in Verhandlungen mit einer Berliner Klinik. Damals traf ich eines Tages Dr. K. Er sprach mich an mit den Worten: „Wann gedenken Sie, Heidelberg zu verlassen?" Da niemand von meinen Verhandlungen mit Berlin, ja überhaupt von meinen Absichten, von Heidelberg fortzugehen, etwas wusste, war diese Frage eine Art Ultimatum. Ich erwiderte, dass ich in der Tat fortzugehen gedachte, wahrscheinlich zum Oktober. Das beruhigte ihn sichtlich, und er fuhr fort: „Ihre Stellung hier ist aussichtslos, Sie werden nie zum Voll-Assistenten ernannt werden, die gesamte Assistentenschaft würde protestieren". Das war zwar übertrieben, denn nur er und seine Anhänger hätten protestiert, aber ich hatte nicht die Absicht zu kämpfen. Ich hatte das Gefühl, dass ich gegen diesen elementaren Hass nicht aufkommen könnte, dass dieser Typ Mensch in einer Weise reagierte, die der meinen grundsätzlich entgegengesetzt war. Einer musste weichen, und da er der aggressivere war, fühlte ich, dass ich weichen musste.

Ich habe oben meine Unterhaltungen mit Dr. K. ungefähr so wiedergegeben, wie sie sich abgespielt haben, nur dass ich die Quintessenz vieler Diskussionen zusammengefasst habe. Ich habe aber nichts nachträglich hinzugefügt, denn diese Unterhaltungen waren für mich so bedeutsam, dass ich bald anfing, sie für mich schriftlich zu fixieren. Ich habe mehrere solcher Entwürfe behalten, wenn auch nicht alle. Die Formulierungen, die ich oben gebrauche, sind aus jenen Jahren, und zum Teil wörtlich meinen Aufzeichnungen entnommen. Dr. K. war für mich ein entscheidendes Erlebnis. Ich fühlte immer wieder, dass zwischen uns irgendwo eine Verwandtschaft bestand: wir hatten beide das durchgemacht, was ich die nihilistische Existenzkrise genannt habe. Aber während sich mir diese Krise als eine europäische Tragödie, als die Tragödie des europäischen Geistes darstellte, die man durchleben müsse, die man auf sich zu nehmen habe und über die man hinauszuwachsen habe, kurz, während ich in dieser Krise das sah, was Heidegger, Plato zitierend, die gigantomachia peri tes ousias [die gigantische Schlacht um das Sein] nannte, sah dieser Mensch und alle, die ihm ähnlich waren, in der Krise nicht einen Gigantenkampf um das Sein, sondern einen Gigantenkampf zweier Prinzipien darin, die er zusammenfasste mit den typisierenden Schlagworten ‚Jude‘ und ‚Deutsch‘, oder, wie es später hieß ‚Arisch‘. Für ihn, wie für Hitler, war es ausgemacht, dass, ‚indem ich den Juden vernichte, vollende ich das Werk des Herrn‘ (Hitler in ‚Mein Kampf‘). Doktor K. war eine aggressive Natur. Ich habe mich später oft gefragt, ob diese Personifizierung einer geistesgeschichtlichen Situation die einzige Möglichkeit für aggressive, nicht zur Kontemplation neigende Naturen sein mag, um sich vor der nihilistischen Verzweiflung zu retten. Das Nichts ist nämlich nicht fassbar, daher auch nicht angreifbar. Es ist vielleicht für gewisse Naturen eine Erlösung, sich das Nichts als personifiziert zu denken. Damit hört es dann auf, Nichts zu sein, wird konkreter Feind, das Böse, der Jude, oder was immer. Die Hauptsache ist, man kann es nunmehr angreifen, eventuell vernichten und sich auf diese Weise von der nihilistischen Verzweiflung und der in ihr aufbrechenden Angst befreien. Über alle diese Fragen dachte ich nach, als ich von Oktober 1930 ab, in Berlin saß und versuchte, mir über das Erlebnis mit Dr. K., das mich nicht mehr losließ, immer mehr und mehr klar zu werden.

Als ich im Oktober 1930 nach Berlin kam, war die nationalsozialistische Partei gerade mit über 100 Abgeordneten in den Reichstag eingezogen. Für die meisten liberalen oder linksgerichteten Bürger war dies der erste große Schock, und, wie so oft bei unangenehmen Ereignissen, bemühte man sich, die Bedeutung dieses Wahlsieges zu verkleinern. In Heidelberg hatte ich in einer Atmosphäre ungeheuerster geistiger Spannungen gelebt. Heidelberg war eine Art Experimentierstation deutscher Geistigkeit. Alle Gegensätze und Entwicklungen, die vielleicht im großen gesehen noch gar nicht deutlich waren, waren in Heidelberg in nuce vorhanden, hatten ihre Vertreter, und man diskutierte heftig, leidenschaftlich, in den Cafés und in der Gesellschaft, alles platzte mit höchster Wucht aufeinander, und rückschauend möchte ich sagen, man war 1930 in Heidelberg ungefähr bei jenem Spannungsgrade angelangt, der im übrigen Deutschland erst drei Jahre später erreicht wurde. Von hier aus kam ich nach Berlin, wo die Atmosphäre völlig verschieden war. Die Berliner Atmosphäre war viel nüchterner, praktischer, alltäglicher. In Heidelberg nahm jede Frage weltanschaulichen, metaphysischen Charakter an. In Berlin, der großen Arbeiter- und Beamtenstadt, war man der Erde weit näher, man versuchte vor allem, konkrete Probleme anzugehen, Probleme der Arbeitslosenfürsorge, der Krankenkassen, der Jugendfürsorge, und tausend andere unmittelbare Fragen der Organisation. [...]

Nach dem erzwungenen Ende seiner Anstellung in Heidelberg konnte Heinz Lichtenstein auch die im Oktober 1930 begonnene Tätigkeit am Städtischen Hufeland-Krankenhaus in Berlin aufgrund der Repressalien nur bis Ende 1933 ausüben. Die 1934 nach Königsberg verlegte Praxis lebte dort ebenfalls nicht mehr auf, sodass Heinz Lichtenstein sich schon bald für eine Beschäftigung im Ausland, aufgrund von persönlichen Kontakten: vor allem in der Schweiz, interessierte, wo er schließlich – auf gering qualifizierten Stellen – von April 1937 bis November 1938 tätig war. – Es sei angemerkt, dass er bereits 1935 einen vielbeachteten Aufsatz zur „Zur Phänomenologie des Wiederholungszwanges und des Todestriebes" in der von Sigmund Freud herausgegebenen Zeitschrift „Imago" publiziert hatte. Im Oktober 1938 konnte er zusammen mit seiner Frau Ursula, einer Krankenschwester, die er im Mai 1933 in Berlin geheiratet hatte, in die USA emigrieren.

Da sein deutsches Arztdiplom nicht anerkannt wurde, musste er „noch einmal studieren", um das US-Staatsexamen zu erwerben. Erst daran anschließend konnte er

Anfang 1940 eine Praxis in Buffalo, im Bundesstaat New York, eröffnen. Kurz darauf begann er eine Ausbildung als Psychoanalytiker, die er 1948 abschloss. Er praktizierte bis ins hohe Alter. Wiederum fast zeitgleich wurde ihm eine Stelle, zunächst als Lehrbeauftragter, später als Dozent an der University of Buffalo angeboten. Noch später, von 1964 bis zu seiner Emeritierung 1973 im Alter von 69 Jahren, war er Professor für Klinische Psychiatrie an der nun umbenannten University of New York at Buffalo.

Im Anschluss an seine Ausbildung als Psychoanalytiker war er nicht nur therapeutisch, sondern auch wissenschaftlich tätig. Er besuchte regelmäßig Fachkonferenzen und publizierte ausführlich. Zu seinen bekanntesten Werken gehört die 1977 veröffentlichte Arbeit „Dilemma of Human Identity", die eine Fortschreibung der klassischen Psychoanalyse unter Einbezug gesellschaftlicher Entwicklungen darstellt.

Sein Verhältnis zu seinem Aufnahmeland USA war von Dankbarkeit, aber auch von Skepsis gegenüber den gesellschaftlichen Entwicklungen bestimmt. Diese Skepsis, die ihn zu einer eher pessimistischen Weltsicht führte, basierte auf drei miteinander zusammenhängenden Aspekten:

Grundlegend für seine Analyse ist seine Perspektive auf die – für ihn verhängnisvolle – Macht der Technik, die sich der Kontrolle durch ihren menschlichen Schöpfer entzogen und eine Eigendynamik entwickelt hat.

Dies geschieht, zweitens, in einer sich rapide modernisierenden Gesellschaft, die das „richtige" Verhältnis zu den Individuen, durch die sie ja allererst konstituiert wird, verloren hat. Verstärkt wird dieses Gefühl durch die „weltweite" Rebellion der Jugendlichen in den 1960er- und 1970er-Jahren, die er zugleich verständnis- wie sorgenvoll kommentiert.

Die moderne westliche Gesellschaft kreiert aber nicht nur interne Spannungen, sondern sie setzt sich auch, drittens, in eine besondere Beziehung zu den weniger entwickelten Gesellschaften, was im Briefwechsel mit seinem nach Palästina/Israel emigrierten Bruder Erwin immer wieder zur Sprache kommt, wobei Israel für Heinz Lichtenstein nur ein prominentes Beispiel für generelle Konflikte ist, die das Resultat eines Modernitätsunterschieds bzw. „Modernitäts-Rückstands" darstellen.

Schon früh schreibt er seinem Bruder:

„Nichts wünschte ich mir so, als mal eine Weile vollkommen entfernt von der gewohnten Umgebung und der gewohnten Arbeit zu sein. Es ist für mich beinah unmöglich in der Angebundenheit des Berufslebens meine Gedanken zu sammeln, und ich brauche nicht nur – und dasselbe gilt für uns alle – Ferien von der Umgebung, sondern auch ‚Ferien vom Ich'. Aber das ist leider unmöglich. So wie das Leben heute ist, gleichen wir alle mehr oder weniger dem Sisyphus der Mythologie. Man muss arbeiten, um zu verdienen, und es ist unmöglich, so viel zu verdienen, dass man sich einen langen Aufenthalt irgendwo leisten kann – lang genug, um in der verfügbaren Zeit etwas Konstruktives zu tun. [...] Meine eigene Situation: Wie es in ‚Alice in Wonderland' heißt, man muss dauernd rennen, um an derselben Stelle zu bleiben."[4]

Unter der Überschrift zum „Charakter unserer Zeit" fasst er seine Überlegungen annähernd 20 Jahre später noch einmal zusammen und verweist auf die fundamentale, anthropologische „Ort- und Haltlosigkeit" des modernen Menschen. Eine Analyse, die sicher auch heute noch ihre Gültigkeit hat.

Heinz Lichtenstein in den 1950er-Jahren (Foto: Ursula Mandelstam)

„Es passieren dauernd so viele Dinge, die einen halb betäuben, weil man ihre Folgen nicht absehen kann, man lebt mit dem Gefühl, dass jeden Tag etwas Unerwartetes und Devastierendes geschehen könnte, dass man halb benommen von einem Tag zum anderen, von einer Woche zur nächsten taumelt. [... Ich finde] es außerordentlich verwirrend, dass im Grunde niemand eine klare Antwort hat, was für Schritte man nehmen soll, um die ökonomischen, politischen und persönlichen Probleme zu lösen. Ich lese einige Zeitungen, einige ‚intellektuelle Magazine‘, höre mir einige als intelligent geltende Radiokommentatoren an, manches mal auch ‚Fachleute‘ – jeder sagt etwas anderes, oftmals das Gegenteil von dem, was vorher behauptet wurde, und der Erfolg ist, dass man schwindlig wird, und nur das eine sichere Gefühl hat, dass keiner eine Antwort auf die Probleme unserer heutigen Zeit hat, dass wir plötzlich in einer Welt leben, wie die Astronauts auf dem Mond, wo es keine Schwerkraft mehr gibt, und man nicht mehr weiß, was unten und was oben ist."[5]

## Anmerkungen

1   Bei dem hier abgedruckten Text handelt es sich um einen Auszug aus der Publikation Detlef Garz, Nicole Walter (Hg.): Emigrationserfahrungen eines Psychoanalytikers. Heinz Lichtenstein alias Martin Andermann. Leverkusen-Opladen 2023. Wir danken dem Verlag Barbara Budrich für die Genehmigung des Teilabdrucks.

2   Vgl. Detlef Garz: Von den Nazis vertrieben. Autobiographien von Emigrantinnen und Emigranten. Das wissenschaftliche Preisausschreiben der Harvard Universität aus dem Jahr 1949, Opladen 2021. Vgl. auch das Heidelberger Projekt von Kilian Schultes: „Heidelberg 1933 – Harvard 1940" – Ein E-Learning-Projekt von Studierenden für Studierende. In: Daniel Burckhardt, Rüdiger Hohls, Claudia Prinz (Hgg.): Geschichte im Netz: Praxis, Chancen, Visionen. Beiträge der Tagung hist. 2006, Teilband II (Historisches Forum 10), Berlin 2007. Der Beitrag einer anderen Teilnehmerin des Preisausschreibens ist 2002 erschienen im Jahrbuch des Heidelberger Geschichtsvereins: Norbert Giovannini, Petra Nellen: „Nacht über Heidelberg." Eine Heidelberger Studentin im Nationalsozialismus. Zu Barbara Sevins unveröffentlichter Autobiographie, in: Heidelberg. Jahrbuch zur Geschichte der Stadt 6, 2002, S. 219–240.

3   Heinz Lichtenstein kam zu dieser Zeit von einem längeren Erholungsurlaub in der Schweiz nach Deutschland zurück.

4   Brief vom 12.11.1955, 0166. The Central Archives for the History of the Jewish People Jerusalem (CAHJP): P170/320 Correspondence Lichtenstein Heinz.

5   Ebd., Brief vom 3.2.1975, 0446.

**Michael Ehmann**

# „Um 5.04 Uhr war das Urteil ohne Zwischenfall vollstreckt"

Zum Gedenken an Alfred Seitz,
Mitglied der Lechleiter-Widerstandsgruppe,
zum 120. Geburtstag

Der Autor dieses Beitrags war mehr als 25 Jahre an der Thoraxklinik in Heidelberg beschäftigt und ist eher zufällig auf die Verdienste seines 1942 ermordeten Kollegen Alfred Seitz aufmerksam geworden. Bei den Recherchen konnten einige neue Erkenntnisse gewonnen werden: Geklärt wurde der Verbleib von fünf Leichen nach den Hinrichtungen von Mitgliedern der Lechleiter-Widerstandsgruppe am 15. September 1942, die Rolle eines V-Mannes der Gestapo und nicht zuletzt die in Vergessenheit geratene überregionale Würdigung der Widerstandsgruppe.

Georg Lechleiter (1885–1942), der führende Kopf der nach ihm benannten Widerstandsgruppe, war seit 1919 für die Kommunistische Partei (KPD) in Mannheim politisch engagiert. Von 1924 bis 1933 gehörte er dem Badischen Landtag an. Lechleiter, gelernter Schriftsetzer, betätigte sich auch als Redakteur. Wegen seiner kritischen Artikel wurde er in der Weimarer Republik und später während der NS-Zeit mehrfach inhaftiert.[1] Spätestens nach dem Einmarsch der Wehrmacht in die Sowjetunion im Juni 1941 war für Lechleiter und ihm bekannte NS-Gegner der Zeitpunkt gekommen, mittels einer konspirativen Vereinigung aktiv gegen das Regime vorzugehen. Da die Gruppe im Untergrund arbeitete, lässt sich nicht mehr genau rekonstruieren, wer mit wem in persönlichem Kontakt stand. Als gesichert kann gelten, dass die Familie Käthe und Alfred Seitz und deren Vater Philipp Brunnemer in direktem Kontakt zu Georg Lechleiter gestanden haben.

Die Widerstandsgruppe benutzte als „Waffe" den geschriebenen Text. Versierte Redakteure fanden sich mit mutigen Unterstützer*innen zusammen, um mit der Zeitung „Der Vorbote" unzensierte und regimekritische Informationen in Mannheimer Großbetriebe zu bringen.

Heute wissen wir, dass von Anfang an ein V-Mann der Gestapo eingeschleust war. Um möglichst viele Beteiligte verhaften zu können, beobachtete man die Aktivitäten der Widerstandsgruppe monatelang. Es folgten Folterverhöre, die Ermordung von drei Inhaftierten und ein Hauptprozess, der auf persönlichen Wunsch von Robert Wagner, dem „Reichsstatthalter in Baden" und Gauleiter,[2] vor dem Volksgerichtshof in Mannheim stattfand. Der zweite Prozess sollte wenige Monate später in Stuttgart stattfinden. Henker Johann Reichart und seine drei Gehilfen[3] vollstreckten später in Stuttgart die Todesurteile innerhalb weniger Sekunden. Die Leichen wurden zu „Lehr- und Forschungszwecken" den anatomischen Instituten der Universitäten Tübingen und Heidelberg überlassen.

Dass die Gruppe offensichtlich weit über die Region bekannt und anerkannt war, bestätigt ein besonderer Ort der Erinnerung. Auf dem „Sozialistenfriedhof" in Berlin-Friedrichsfelde, wo alljährlich Gedenkfeiern insbesondere zu Ehren der dort bestatteten Rosa Luxemburg und Karl Liebknecht stattfinden, sind auf der Großen Gedenktafel im Rondell der Gedenkstätte der Sozialisten die Namen von sieben Mitgliedern[4] der Lechleiter-Gruppe verewigt: Georg Lechleiter, Jakob Faulhaber, Henriette Wagner, Käthe Seitz, Alfred Seitz, Philipp Brunnemer und Albert Fritz. Die Gedenktafel wurde 1951 auf persönlichen Wunsch des damaligen Staatspräsidenten der DDR, Wilhelm Pieck, in Auftrag gegeben, der eigene Skizzen zur Gestaltung angefertigt hatte.[5]

## Vier Opfer der NS-Justiz aus einer Familie

Alfred Emil Seitz wurde als jüngstes von insgesamt fünf Kindern am 10. Februar 1903 in Mannheim geboren. Seine Eltern waren der Schmied Johann Seitz (1872–1907) und Margaretha, geb. Koch (1871–1941). Da der Vater im Alter von 35 Jahren verstarb, wuchs Alfred[6] mit seinen älteren Geschwistern Anna Margaretha, Johanna Katharina, Heinrich Philipp und Oskar Friedrich in sehr einfachen Verhältnissen bei der Mutter auf.

Alfred erlernte zunächst den Beruf des Mechanikers bei der Firma BBC in Mannheim und arbeitete dort bis zu seiner Entlassung weiter. Nach einem Unfall, bei dem er sich schwer verletzte, überbrückte er die Zeit mit Hilfsjobs. 1929 heiratete er in Mannheim Käthe, geb. Brunnemer. Die beiden hatten sich bei der gemeinsamen Arbeit in der orthopädischen Praxis des jüdischen Arztes Dr. Jordan in Mannheim kennengelernt. Von 1931 bis 1932 absolvierte Alfred am Städtischen Klinikum in Mannheim die Ausbildung zum Krankenpfleger. Danach zog das Paar nach Karlsruhe und arbeitete dort an verschiedenen Stellen, bis sie schließlich im April 1936 nach Heidelberg übersiedelten. Alfred hatte eine Anstellung als OP-Pfleger im Krankenhaus Rohrbach gefunden, wo er rasch zum Oberpfleger aufgestiegen war.

Käthe (Katharina) Philippine Seitz wurde am 12. Februar 1894 in Ludwigshafen geboren. Ihre Eltern waren Marie-Luise, geb. Wüst (1872–1945) und Philipp Brunnemer (1867–1942). Sie wuchs als Einzelkind wohlbehütet und in gesellschaftlich gehobenen Verhältnissen auf. Ihr Vater, Philipp Brunnemer, war ein hochangesehener Raffineriemeister.[7] Die enge Bindung an das Elternhaus spiegelt sich auch darin wider, dass Käthe 1912 mit den Eltern nach Griethausen (seit 1969 Ortsteil von Kleve) und bald darauf nach Kleve umzog, wo der Vater tätig war.

Käthe gehörte, wie ihr Vater auch, schon als Jugendliche der SPD an. 1913 heiratete sie Theodor Janssen. Aus der Ehe gingen drei Kinder hervor: Heinz (Heinrich) Philipp, Hilde (Hildegard) Luise Maria und Theo (Theodor) Wilhelm. Schon bald nach der Einführung des Frauenwahlrechts in Deutschland wurde Käthe am 14. September 1919[8] für die SPD in die „Stadtverordnetenversammlung" gewählt und brachte sich aktiv in die Politik ein. „Sie muss wohl viel geleistet haben, denn als wir Kleve verließen, schenkte die Stadt Kleve ihr ein 12-bändiges Werk (Lexikon) aus dem Jahre 1863", schreibt Tochter Hilde voller Stolz in ihren Lebenserinnerungen.[9] Insbesondere die Arbeiterwohlfahrt lag Käthe sehr am Herzen, denn sie war laut ihrer Tochter eine „eingefleischte Sozialistin", die sich für ein Walderholungsheim in Kleve, den Ausbau von Kinderkrippen, Musik- und Lesezirkel, Bildungskurse für die arbeitende Bevölkerung „und überhaupt für die Aermsten der Armen"[10] eingesetzt hatte.

Michael Ehmann

Philipp Brunnemer wurde am 19. April 1867 in Weingarten (Rheinland-Pfalz) geboren. Er war verheiratet mit Marie-Luise (1872–1945),[11] geborene Wüst. Schon von früh auf gehörte er der SPD an und blieb dieser zeitlebens treu. In Mannheim arbeitete sich Philipp bei ESTOL[12] bis zum Raffineriemeister hoch. 1912 wechselte er zu „Van den Bergh"[13] nach Kleve, dem Hauptsitz des Unternehmens. Dort war er als Werkmeister zum leitenden Angestellten aufgestiegen.

Die Eigentümer des Unternehmens Van den Bergh waren fromme Juden. Ganz sicher kam Philipp in seiner gut zehnjährigen Tätigkeit als Werkmeister in Kontakt mit Mitgliedern der Familie Van den Bergh, zu denen er ein gutes Verhältnis hatte: „Mein Großvater baute nach seiner Versetzung nach Kleve ein Haus [...] finanzielle Sorgen hatten wir keine, das Personal war sehr nett, vor allem zu uns Kindern."[14]

Hilde (Hildegard Luise Maria) Janssen wurde am 5. Mai 1917 in Kleve geboren. In ihren Erinnerungen „Ich lebe trotzdem!" schildert sie ihre Kindheit in Kleve sehr lebhaft. Darin beschreibt sie ihre Großmutter Luise Brunnemer als resolute und hochgebildete Frau, die offensichtlich sehr emanzipiert war, denn: „Aus ihrem Lockenkopf wurde ein Herrenschnitt."

1932 begann Hilde mit 15 Jahren eine kaufmännische Ausbildung im Mannheimer Kaufhaus der Gebrüder Rothschild.

Mit den „Eltern"[15] zog sie danach nach Karlsruhe. Dort besuchte Hilde eine weiterführende Schule und absolvierte die Ausbildung zur medizinisch-technischen Assistentin (MTA). Von 1939 bis 1940 war sie in Heidelberg im gleichen Krankenhaus beschäftigt wie ihr Stiefvater: „Ich selbst hatte eine sehr schöne Stelle im Tbc-Krankenhaus in Heidelberg. Ich hatte ein großes bakteriologisches Labor mit einem dazugehörenden Tierstall, zwei Hämmel, Meerschweinchen und weiße Mäuse. Damals arbeitete man noch mit Tieren."[16] Bis zu ihrer Verhaftung 1942 arbeitete sie beim Gesundheitsamt in Heidelberg.

Links: Käthe und Alfred Seitz; rechts: Käthe mit Tochter Hilde (Quelle: MARCHIVUM und Privatbesitz Hildegard Rieseberg)

## Vom inneren Widerstand zum aktiven Handeln

Aus politischer Sicht kann für das Ehepaar Seitz, Käthes Tochter Hilde und Philipp Brunnemer davon ausgegangen werden, dass sie einen regionalen Beitrag zur Bildung einer politischen Volksfront, also dem solidarischen Zusammenschluss von KPD und SPD gegen das NS-Regime, leisten wollten. Sie standen als Mitglieder oder Sympathisanten der SPD bzw. dem „Reichsbanner" nahe, der größten demokratischen Massenorganisation zur Verteidigung der Demokratie in der Weimarer Republik. Philipp Brunnemer kannte als Raffinerie- und Werkmeister unter den Arbeitern zahlreiche Kommunisten und Sozialisten, mit denen er sich solidarisch zeigte. Hilde schrieb dazu später: „Auch dürfte bei den breiten Arbeitermassen in Mannheim nicht vergessen sein, dass meine Mutter zusammen mit meinem Grossvater [...] die Arbeiterbazars bearbeitet und geleitet hat [...]".[17]

Insbesondere die Diktatur des NS-Regimes, die Kriegstreiberei und den immer stärker aufkommenden Antisemitismus lehnten alle vier kategorisch ab. Alfred brachte später seine Haltung bei Vernehmungen durch die Gestapo so zum Ausdruck: „Ich war auch bis 1933 bei jüdischen Ärzten tätig (mit Unterbrechung) und bei diesen ist mir es gut gegangen. Die Behandlung der Juden habe ich als zu hart empfunden." Von Hilde wissen wir, dass schon seit 1933 Kontakt zu anderen Widerstandskämpfer*innen bestanden hatte. „Trotz aller Not und Verstossung durch die Nazis arbeitete meine ganze Familie – Eltern und Großeltern – weiter im Verborgenen unter Führung des Gen. Lechleiter gegen das Nazi-Regime. Unzählige Male wurden während der ersten sechs Jahre Nazizeit – 1933 bis 1939 – immer wieder Verhöre durch die Gestapo angestellt, ohne dass nur einer der Mitverschworenen hätte entlarvt werden können."[18]

Der zentrale Leitgedanke des „Vorboten" stand unter der Losung „Hitler hat den Krieg begonnen, Hitlers Sturz wird ihn beenden". Max Oppenheimer, der sich in seinem Buch „Der Fall Vorbote" intensiv mit der Lechleiter-Gruppe beschäftigte, ordnete zum besseren Verständnis die Inhalte der vier Ausgaben der Zeitung nach folgenden Kriterien: militärische Lage, wirtschaftliche Lage, verbunden mit Anleitungen zur Organisationsarbeit und zur konkreten antifaschistischen Tat.[19] Informationen erhielt die Redaktion des „Vorboten" durch Abhören der deutschsprachigen Sendungen der BBC und von Radio Moskau. Insbesondere Thomas Mann lieferte regelmäßig aus dem amerikanischen Exil über die BBC mahnende Apelle: „Deutsche Hörer! Man wüßte gern, wie ihr im Stillen von der Aufführung derer denkt, die in der Welt für euch handeln, die Juden-Greuel in Europa zum Beispiel – wie euch dabei als Menschen zumute ist, das möchte man euch wohl fragen."[20] Diese Rede, am 27. September 1942 gesendet, erreichte die Lechleiter-Gruppe nicht mehr. Die meisten Verurteilten waren wenige Tage zuvor ermordet worden, andere saßen in Haft und bangten um ihr Leben.

## Der hoffnungslose Kampf ums Überleben

Am 25. Februar 1942 schnappte die Falle zu. In einer Meldung an das Reichssicherheitshauptamt in Berlin wurde von der „Stapoleitstelle Karlsruhe" über die „Aufdeckung einer illegalen kommunistischen Gruppe in Mannheim"[21] berichtet. Am nächsten Tag begannen die Verhaftungen und Folterverhöre. „Durch die schlagartige Verhaf-

Michael Ehmann

tung aller Genossen war jede Verbindung mit der Außenwelt abgeschlossen und waren wir alle der Gestapo, wobei sich ganz besonders in viehischer Weise ein Inspektor Gerst benommen hat, ausgeliefert."[22] Niederträchtig sind die späteren Behauptungen der NS-Justiz, wer alles über wen ausgesagt haben soll. Insbesondere dem „Halbjuden" Ludwig Moldrzyk werden massenweise Denunziationen zugeschrieben. Wie aus dem zweiten Prozess hervorgeht, sollen auch Lechleiter, Faulhaber, Käthe Seitz, Rudolf Maus und Rudolf Langendorf[23] denunziert haben. Da wir heute wissen, dass die Gruppe von Anfang an verraten und von der Gestapo beobachtet wurde, sind diese „Beweismittel" äußerst fragwürdig, zumal alle Denunzierten ohnehin schon in Haft waren.

Am 14. Mai 1942 begann der „Hauptprozess" vor dem Volksgerichtshof im Mannheimer Schloss. Vorsitzender Richter war Karl Engert. Alle vierzehn Angeklagten wurden zum Tode verurteilt. Allerdings lief der Prozess nicht so wie von der NS-Justiz erhofft.

Vorladung Philipp Brunnemer, Mai 1942
(Quelle: Privatbesitz Hildegard Rieseberg)

Jakob Faulhaber[24] drehte dem Gericht während seiner Ausführungen den Rücken zu und erläuterte selbstbewusst den anwesenden Zuhörer*innen, dass er kein Verbrecher sei, sondern ausschließlich für seine politischen Ideale kämpfe. In einer Prozesspause versuchte sich der Mitangeklagte Max Winterhalter die Pulsadern aufzuschneiden. Provisorisch behandelt, wurde er zur Urteilsverkündung auf einer Liege in den Gerichtssaal gefahren. Als schließlich am 15. Mai 1942 das Todesurteil über alle vierzehn Angeklagten verhängt wurde, brach Käthe Seitz bewusstlos zusammen.

Der zweite Lechleiter-Prozess, der am 21. Oktober 1942 begann, war an das Oberlandesgericht in Stuttgart abgegeben worden. Auch dieser Prozess verlief nicht nach Plan. Staatsanwalt Berthold Schwarz, der in Vertretung von Generalstaatsanwalt Otto Wagner am Prozess teilnahm, beging aus Sicht des Vorsitzenden Richters Hermann Cuhorst einen gravierenden Fehler, als er in seinen Ausführungen „auf Weisung des Reichsjustizministeriums"[25] für alle Angeklagten die Todesstrafe forderte. Während einer Verhandlungspause kam es zu einer heftigen Auseinandersetzung: „Cuhorst ist auf mich zugegangen, offen gestanden in höchster Erregung und hat mir die bittersten Vorwürfe gemacht, wie ich dazu komme, gegen sämtliche Angeklagten die Todesstrafe zu beantragen [...]."[26] Cuhorst entschied sich bei acht Angeklagten gegen die Todesstrafe – nicht etwa aus Mitgefühl, sondern aus Protest gegen die versuchte Einflussnahme „von oben". Henriette Wagner, Albert Fritz, Ludwig Neischwander, Brunno Rüffer und Richard Jatzek wurden jedoch zum Tode verurteilt und am 24. Februar 1943 hingerichtet.

# Die Tragödie ist noch nicht zu Ende

„Soweit bekannt ist, nahmen alle anatomischen Institute im Deutschen Reich die steigende Zahl von Leichnamen Hingerichteter gern und ohne Zögern an."[27] Die sterblichen Überreste der NS-Opfer vom 15. September 1942 wurden nach Tübingen und Heidelberg (vgl. Tabelle), die vom 24. Februar 1943 nach Heidelberg überführt. Warum man im Leichenbuch[28] der Heidelberger Anatomie mit Datum vom 15. September 1942 die Namen zunächst nicht und später anstatt zehn nur fünf Personen nannte, ist bis heute ungeklärt. Die bisherige Erzählung, dass die Leichen nach Heidelberg anonym[29] überführt worden seien, ist ebenfalls nicht zutreffend.

Nach Kriegsende begann die intensive Suche nach dem Verbleib der Opfer sowohl in Tübingen als auch in Heidelberg. Insbesondere Hinterbliebene, der „Landesausschuß Württemberg-Baden der vom Naziregime politisch Verfolgten, Kreis-Betreuungsstelle Mannheim"[30] und der Heidelberger Bürgermeister Josef Amann[31] wollten zur Aufklärung beitragen. Hermann Hoepke[32], nach 1945 Direktor der Anatomie, versuchte die Fakten zu rekonstruieren. Da er seit 1940 nicht mehr an der Anatomie beschäftigt war, ist ihm das nicht vollständig gelungen. Neben den eindeutigen Belegen aus den Hinrichtungsprotokollen stellten auch die Ermittler der US-Armee[33] anhand einer von der Anatomie Heidelberg übermittelten Liste fest, dass am 15. September 1942 zehn Leichen nach Heidelberg überführt worden waren (vgl. Tabelle).

| 15.9.1942 | Leichenbucheintrag | Ehrengrabmal Bergfried-hof Heidelberg namentlich erwähnt | Hinrichtungsprotokoll vom 15.9.1942 |
|---|---|---|---|
| Seitz Käthe | Heidelberg | X | Heidelberg |
| Seitz Alfred | Heidelberg | X | Heidelberg |
| Lechleiter Georg | Heidelberg | X | Heidelberg |
| Schmoll Robert | Heidelberg | X | Heidelberg |
| Faulhaber Jakob | Heidelberg | X | Heidelberg |
| Moldrzyk Ludwig | | | Heidelberg |
| Winterhalter Max | | | Heidelberg |
| Maus Rudolf | | | Heidelberg |
| Kupka Johann | | | Heidelberg |
| Brunnemer Philipp | | | Heidelberg |
| | | Gräberfeld X Tübingen namentlich erwähnt | |
| Seizinger Daniel | Tübingen | X | Tübingen |
| Sigrist Eugen | Tübingen | X | Tübingen |
| Langendorf Rudolf | Tübingen | X | Tübingen |
| Kurz Anton | Tübingen | X | Tübingen |

Das ganze Dilemma spiegelte sich in einem Schreiben an den Internationalen Suchdienst in Arolsen wider: „Die Leichen wurden seinerzeit der Anatomie Heidelberg zugeführt, für Sektionszwecke verwendet und die Überreste in Kisten ohne Namens-

Michael Ehmann

angaben oder sonst irgendwelcher Unterlagen zur Verbrennung auf dem Friedhof weitergegeben."[34]

Die Anatomie in Heidelberg sollte sich das Projekt „Gräberfeld X" aus Tübingen zum Vorbild nehmen und ihre NS-Vergangenheit aufarbeiten. Ein Vorschlag wäre, das Projekt als „Gräberfeld P" zu bezeichnen, ein Aschensammelgrab auf dem Heidelberger Bergfriedhof. Dort tauchte nämlich 1954 der Name von Ludwig Moldrzyk[35] in den Gräberlisten des Bergfriedhofs[36] in Heidelberg auf. Er ist einer der angeblich „Verschollenen" vom 15. September 1942.

Philipp Brunnemer schrieb am Abend vor seiner Hinrichtung an seine Frau Luise: „Es wäre mein Wunsch, dass ich eingeäschert werde und Du würdest meine Asche dort beisetzen lassen, sodass wir im Grab noch beisammen sein können." Wir dürfen davon ausgehen, dass der bislang ebenfalls als „verschollen" geltende Philipp Brunnemer mit seiner Tochter Käthe und seinem Schwiegersohn Alfred nach der Einäscherung gemeinsam auf dem Bergfriedhof in Heidelberg ebenfalls im „Gräberfeld P" bestattet wurde.

## Gab es wirklich einen Verräter?

„Die Polizei unterschätzte die Flexibilität der KPD; nur durch ständiges Ausschnüffeln, Einschleusen von Spitzeln und laufende Festnahmen konnte sie die Aktivitäten dieser Partei während der folgenden Jahre unterbinden."[37] Um die zahlenmäßige Stärke der Lechleiter-Gruppe ermitteln zu können, benötigte man einen eingeschleusten „V-Mann", in diesem Fall Gustav Süß. Mit Lechleiter war er zeitweise als Redakteur bei der „Arbeiter-Zeitung" in Mannheim tätig. Bisher ging man davon aus, dass Süß neben Lechleiter, Faulhaber, Käthe und Alfred Seitz bei dem entscheidenden Treffen vom 22. Juni 1941[38] zur Herausgabe der Zeitung „Der Vorbote" anwesend gewesen sei. Süß war zwar längst über die Aktivitäten und Planungen von Lechleiter informiert, bei dem besagten Treffen war allerdings nicht er mit anwesend, sondern Albert Fritz.[39]

Es steht außer Frage, dass Süß über einen langen Zeitraum glühender Verfechter eines sowjetkommunistischen Deutschlands[40] war. Wie konnte es sein, dass ein so engagiertes KPD-Mitglied Agent der Gestapo wurde? Sicherlich spielten seine zahlreichen Vorstrafen aufgrund seiner Presseartikel während der Weimarer Republik eine große Rolle. Hinzu kam, dass es zu Meinungsverschiedenheiten mit der Redaktion der „Arbeiter-Zeitung" und der KPD gekommen war.[41] Obwohl Süß nach eigenen Angaben nicht mehr für die KPD tätig war, wurde er 1934 wegen Vorbereitung zum Hochverrat gemeinsam mit Elsa Isidora Steidel, geborene Braun, angeklagt. Sie war die Tochter von Katharina Braun und des bekannten Mannheimer Rechtsanwalts Dr. Isidor Rosenfeld.[42] Im KZ Dachau begann Süß 1938 damit, schriftliche Denunziationsberichte über ihm bekannte KPD-Funktionäre anzufertigen. Der Mannheimer Gestapo-Beamte Franz Frietsch berichtete später an den Oberreichsanwalt Ernst Lautz, dass im Zusammenhang mit der Lechleiter-Gruppe dreißig Personen festgenommen wurden. „Ausserdem wurde ein V-Mann an Lechleiter angesetzt, der ständig berichtete, dass Lechleiter staatsfeindlich eingestellt ist und dass er durch den Krieg mit Russland sehr bedrückt sei."[43]

Der endgültige Beweis findet sich im Entwurf der Anklageschrift des Oberreichs-anwalts, in dem dieser bei den Ausführungen zu Süß handschriftlich „V-Mann"[44] ver-merkt hat. Süß wurde nicht nur im ersten Prozess als Beteiligter der Lechleiter-Gruppe namentlich erwähnt, auch im zweiten Prozess in Stuttgart wurde er genannt. In den Ausführungen zu Henriette Wagner, die während des zweiten Prozesses von Richter Cuhorst auf das Übelste beschimpft und gedemütigt wurde, führte dieser aus: „Endlich kam durch Vermittlung der Angeklagten einmal ein Treffen zwischen Lechleiter und einem gewissen Süß zusammen."[45]

Nachdem Süß zur Wehrmacht eingezogen worden war, tauchte er im September 1944 als sowjetischer Kriegsgefangener unter den „Absolventen der Schule Nr. 12"[46] auf, die Teil des „wissenschaftlichen Forschungsinstituts 99" war, einer sowjetischen antifaschistischen Tarn-Institution. Nach den Schulungen schloss er sich der Gruppe Ulbricht[47] an, wo er als Lektor tätig war. Dort wurde er schließlich als Agent der Ge-stapo[48] enttarnt und durch ein sowjetisches Militärtribunal zu einer zehnjährigen Frei-heitsstrafe verurteilt, die er bis zu seinem Tod am 30. Dezember 1947 im Speziallager Nr. 7 Sachsenhausen verbüßte. Nach Kriegsende wurde seine Agenten-Rolle durch Aussagen des Gestapo-Beamten Johann Weis bestätigt: „Den fraglichen Süss sah ich zum ersten mal bei dem Gestapochef Käppel und zwar kann dies im Jahre 1942 gewe-sen sein. Durch den genannten Käppel lernte ich Süss 1943 persönlich kennen. Käppel erklärte mir bei dieser Gelegenheit, dass Süss ein sehr wertvoller Mann sei und in der Sache Mannheim viel gutes Material geliefert habe. (Die 14 Hinrichtungen der badi-schen Genossen)."[49]

## Die juristische Aufarbeitung der Lechleiter-Prozesse nach 1945

Die drei Hauptakteure der Lechleiterprozesse waren die Richter Karl Engert und Her-mann Cuhorst sowie Oberreichsanwalt Ernst Lautz. Bei den Nürnberger Prozessen[50] saßen sie gemeinsam auf der Anklagebank. Cuhorst wurde zum Entsetzen aller Pro-zessbeobachter freigesprochen. Allerdings sorgte die Spruchkammer in Stuttgart dafür, dass er eine Haftstrafe zu verbüßen hatte und nie wieder in sein Richteramt zurück-kehren konnte. Ernst Lautz war bei beiden Lechleiter-Prozessen als Oberreichsanwalt in Berlin der Mann im Hintergrund, bei dem die Fäden zusammenliefen. Er wurde zu 10 Jahren[51] Freiheitsstrafe verurteilt. Karl Engert, aus gesundheitlichen Gründen ver-handlungsunfähig und damit aus Sicht der Nürnberger Ankläger nicht zu verurteilen, war nach seiner Tätigkeit als Vizepräsident des Volksgerichtshofs in gehobener Posi-tion im Reichsjustizministerium tätig. Er war ein „alter Kämpfer", der mit Adolf Hitler schon seit 1920[52] persönlich bekannt war. Beim „Wiesbadener Juristenprozess"[53] ver-starb Engert 1951 vor Beginn der Hauptverhandlung in den Städtischen Krankenan-stalten Osnabrück.[54] Wegen Verschlechterung seines Zustandes war er vom Franziska-nerkloster Ohrbeck, welches von 1942 bis 1954 als Lazarett und Krankenhaus genutzt wurde,[55] nach Osnabrück verlegt worden.

Johann Reichart, der während der NS-Zeit als Henker mehr als 3000 Hinrichtungen[56] durchgeführt hatte, war in der Nachkriegszeit – nun für die US-Armee – weiterhin gut bezahlter Vollstrecker von Todesurteilen. Im Osten Deutschlands wäre er nicht so glimpflich davongekommen. Aus einem Urteil des Landgerichts Halle aus dem Jahr 1946[57] geht hervor, dass dort zwei „Scharfrichtergehilfen" zum Tode verurteilt worden waren.

August Gundel, als Gefängnisvorstand in Stuttgart bei den meisten Hinrichtungen in Stuttgart anwesend, hielt akribisch die mit der Stoppuhr ermittelten Hinrichtungszeiten fest, führte Protokoll und organisierte die Übergabe der Leichen an die Gehilfen der anatomischen Institute. Anschließend teilte er telefonisch den Tod an die Standesämter mit, denn „Der Anzeigende ist persönlich bekannt. Er ist beim Tod zugegen gewesen". 1948 wurde er wegen zahlreicher „Persilscheine" als „Mitläufer"[58] eingestuft. Von Vikar Karl Domogalla[59] hingegen, der seit 1940 in Stuttgart zum Tode Verurteilte begleitete, findet sich kein „Persilschein" zugunsten Gundels in den Akten. Vikar Domogalla war es, der 1942 die letzten Grüße von Alfred Seitz an die „Bühler Schwestern" am Krankenhaus Rohrbach ausgerichtet hatte.[60]

## Ich lebe trotzdem!

Hilde Janssen überlebte als einzige Angeklagte der Familien Seitz und Brunnemer. Ihr großes Glück war, dass ihr 1942 der Prozess in einem abgekoppelten Verfahren in Mannheim gemacht wurde. Obwohl sie Botengänge übernommen hatte und es zu Gegenüberstellungen gekommen war, ist es der Gestapo nicht gelungen, sie eindeutig zu überführen: „Man holte mich zum Verhör ab. Mit drei Gestapo-Beamten ging ich im Gericht die breite Treppe hoch. [...] Die Treppe herunter kamen alle, die im Untergrund mitgearbeitet hatten, doch ohne meine Eltern und meinen Großvater. Von allen Seiten wurden wir beobachtet. Wir gingen aneinander vorbei und – kannten uns nicht! Das gelang uns. Keine Regung oder Bewegung wurde beobachtet. Anschließend wurde ich in meine Zelle zurückgebracht. Jetzt erst wurde mir bewusst, wie nahe ich an dem Todesurteil vorbeiging."[61]

Zudem fand sie in der Justiz einen Unterstützer. Amtsgerichtsrat Rudolf Jäger war 1942 in Mannheim als Strafrichter für einen Haftbefehl gegen Hilde Janssen zuständig. Nach 1945 erklärte er den Vorgang wie folgt: „In diesem Zusammenhang kam ich mit Frl. Janssen dienstlich in Berührung. Sie war zwar nicht Angeklagte des Hauptprozesses, da sie eine Beteiligung an der Herstellung der Zeitung verbergen konnte. [...] Ich habe damals den Haftbefehl erlassen und sie vernommen. Der richterliche Haftbefehl hatte für sie die entscheidende Folge, dass sie, einstweilen wenigstens, der Gestapo weggenommen und ihr Verfahren bei der Justiz anhängig wurde."[62] Die Rechnung ging auf, das Leben von Hilde Janssen war gerettet. Das Urteil lautete: zwei Jahre Zuchthaus in Hagenau (Elsass) und „lebenslanger Ehrverlust".

Ein Freund der Familie, Willi Faster, konnte sie unter abenteuerlichen Umständen vor einer anschließenden „Schutzhaft" der Gestapo bewahren. Der in Straßburg geborene Faster war Hauptmann der Wehrmacht und Stadtkommandant in Hagenau. In seiner Position war er sehr gut vernetzt, sprach fließend Französisch und war schon damals ein bekannter Zauberkünstler.[63] Faster und seine spätere Frau Hilde setzten sich in den Schwarzwald ab. Hilde versuchte vergebens, ihre Großmutter zu sich in den Schwarzwald zu holen. Im Januar 1945 verstarb Luise Brunnemer plötzlich an einem schweren Asthmaanfall.

Hilde Faster lebte zuletzt im Aenne-Burda-Stift in Offenburg. Dort starb sie hochbetagt am 18. Januar 2007 im Alter von fast 90 Jahren.

## Die Lechleiter-Gruppe im kollektiven Gedächtnis

Wilhelm Pieck (1876–1960)[64] hielt am 24. Mai 1942 im Radio eine Rede aus seinem Moskauer Exil: „Deutsche Männer und Frauen! Deutsche Soldaten! Hört auf mich, es ist grauenhaft, was ich euch zu sagen habe. Aber gerade darum muß es ausgesprochen werden. In unserem Land geht mit jedem Tag mehr der Mord um, der Mord an den Besten unseres Volkes. [...] Ihr Mannheimer und Ludwigshafener Arbeiter, erhebt euch einmütig zu einem gewaltigen Proteststreik gegen die Hinrichtungen eurer 14 Kameraden.“[65]

In Erinnerung an die Lechleiter-Gruppe hatte man nach 1945 zügig damit begonnen, Straßen und Plätze umzubenennen. So wurde zum Beispiel in Mannheim der Margueritenweg in Philipp-Brunnemer-Weg umbenannt. Kurz zuvor war der „Platz des 30. Januar" in Georg-Lechleiter-Platz umbenannt worden. Dort befindet sich auch das zentrale Mahnmal[66] für die Widerstandsgruppe, wo alljährlich am 15. September Gedenkfeiern zu Ehren der Toten stattfinden.

Die frühesten umfangreichen schriftlichen Erinnerungen an die Gruppe stammen aus den Jahren 1945 und 1947. Im Oktober 1945 war in der „Stuttgarter Zeitung"[67] ein Artikel „Hochverrat – Ein Augenzeugenbericht von einem Prozeß" erschienen. Darin wurde in aller Härte und sehr detailliert über den Verlauf des zweiten Lechleiter-Prozesses berichtet. Von Williy Grimm, selbst Verfolgter des NS-Regimes, stammte ein ausführlicher Artikel „Als Opfer seid ihr gefallen". Erschienen war dieser im Wochenblatt der Kommunistischen Partei Deutschlands „Badisches Volksecho",[68] bei der Grimm Chefredakteur war. Erstmals wurden Porträtfotos von den am 15. September 1942 hingerichteten Mitgliedern der Lechleiter-Gruppe veröffentlicht. Warum in dem Beitrag die Fotos von den am 24. Februar 1943 hingerichteten Mitgliedern nicht abgebildet wurden, bleibt offen.

Auf dem Bergfriedhof in Heidelberg wurde 1950 ein Ehrengrab errichtet. Die beiden Heidelberger Tageszeitungen Tageblatt und Rhein-Neckar-Zeitung berichteten in ihren Ausgaben vom 24. Juli 1950[69] darüber. Auf den Fotos ist die große öffentliche Anteilnahme zu erkennen. Im gleichen Jahr erschien ein Abrisskalender „Wir mahnen zum Frieden".[70] In diesem Kalender wird zahlreicher Menschen aus dem Widerstand gedacht, am 15. September und 24. Februar auch mit kurzen Hinweisen an die Opfer der Lechleiter-Gruppe. Am Ehrengrab in Heidelberg finden am 1. November ebenfalls alljährlich Gedenkfeiern zu Ehren dort bestatteter Widerstandskämpfer*innen statt.

1969 erschien unter dem Titel „Der Fall Vorbote" das bis heute wichtigste Standardwerk über die Lechleiter-Widerstandsgruppe. Das Buch ist Max Oppenheimer[71] zu verdanken, der als Jude selbst Verfolgter des NS-Regimes war. Oppenheimers Vater Leopold (1881–1943) und sein Bruder Hans (1921–1945) überlebten den Holocaust nicht.

Die Originalakten aus den Lechleiter-Prozessen waren in Ostberlin archiviert und dort zunächst nur den beiden „Westlern" Max Oppenheimer und Fritz Salm zugänglich. Nachdem Oppenheimers Buch erschienen war, veröffentlichte Fritz Salm, ebenfalls ein

Michael Ehmann

Verfolgter des NS-Regimes, 1973 sein Buch „Im Schatten des Henkers".[72] Er beschäftigte sich in seinem Werk mit dem gesamten „Arbeiterwiderstand in Mannheim".

Mittlerweile begegnen uns in zahlreichen Städten Deutschlands Stolpersteine, so auch im Gedenken an die Widerstandskämpfer*innen der Lechleiter-Gruppe.[73] Manche Betrachter*innen stören sich daran, dass man die Steine mit den Füßen (be)tritt und sehen darin eher eine Beschädigung des Gedenkens. Aus heutiger Sicht lässt sich aber feststellen, dass sich die Stolperstein-Idee hervorragend bewährt hat und eine würdige Form des Gedenkens darstellt.

In Stuttgart wurde 2019 der Öffentlichkeit eine Ausstellung zur Aufarbeitung der NS-Justiz vorgestellt. Ein Ausstellungskatalog[74] rundet das Konzept ab. Im gleichen Jahr wurde erstmals der „Alfred-Seitz-Preis" ausgelobt. Dieser Preis richtet sich an Pflegende der Thoraxklinik, die sich mit pflegerelevanten Projekten bewerben können. Gestiftet ist der Preis von der Heidelberger Thoraxstiftung. Nachdem Alfred Seitz an der Thoraxklinik zunächst viele Jahrzehnte vergessen war, ist nunmehr ein dauerhaftes Gedenken an seinen aufrichtigen und mutigen Einsatz im NS-Widerstand gesichert.

Zur Erinnerung an alle „Kameradinnen und Kameraden"[75] aus der Lechleiter-Widerstandsgruppe ein Gedicht von Jakob Faulhaber, das er 1921 in seinem Tagebuch „Aus meinem Leben"[76] niedergeschrieben hat:

> Wenn in des Lebens hartem Lauf
> Das Leid mich will erdrücken
> Dann schlag' ich jene Seiten auf
> Die Freude jubeln, und Entzücken
> Doch les' ich weiter dann in Dir
> Und finde Leiden – Grauen
> Dann spüre ich den Drang in mir
> Durch Tat mir Schönes zu erbauen!

Von den Aktiven der Lechleitergruppe wurden ermordet: Johannes (Hans) Heck, Fritz Grund, Willi Probst, Käthe Seitz, Alfred Seitz, Philipp Brunnemer, Georg Lechleiter, Jakob Faulhaber, Ludwig Moldrzyk, Rudolf Langendorf, Rudolf Maus, Robert Schmoll, Johann (Hans) Kupka, Anton Kurz, Max Winterhalter, Daniel Seizinger, Eugen Sigrist, Albert Fritz, Ludwig Neischwander, Henriette Wagner, Bruno Rüffer und Richard Jatzek.

Zu langen Haftstrafen verurteilt wurden: Ernst Hahner, Georg Fritz, Hermann Müller, Rudolf Mittel, August Leinz, Otto Edenhofer, Otto Quick und Emil Frey.

„Sozialistenfriedhof" Berlin-Friedrichsfelde (Foto: A. Savin, WikiCommons, Abruf 28. September 2023)

# Anmerkungen

1 https://www.leo-bw.de/detail/-/Detail/details/PERSON/kgl_biographien/1012568946/Lechleiter+Georg (zuletzt abgerufen am 13.6.2023).

2 Bundesarchiv (BA) Berlin, R 3017/33090, Oberreichsanwalt beim Volksgerichtshof, Schreiben vom 28.3.1942 des Generalstaatsanwalts Karlsruhe an den Oberreichsanwalt in Berlin, S. 893–894.

3 Ebd. Vergütung der Scharfrichter und ihrer Gehilfen, Reichart, Eichinger, Weiss und Schuier, S. 1223–1224.

4 Heinz Voßke: Geschichte der Gedenkstätte der Sozialisten in Berlin-Friedrichsfelde, Ostberlin 1982, S. 138–144.

5 Der Zentralfriedhof Friedrichsfelde im Berliner Ortsteil Lichtenberg erhielt bereits während des 1. Weltkriegs den Beinamen Sozialistenfriedhof aufgrund der zahlreichen Begräbnisstätten sozialdemokratischer, sozialistischer und kommunistischer Politiker, u.a. von Wilhelm und Karl Liebknecht und Rosa Luxemburg. https://de.wikipedia.org/wiki/Zentralfriedhof_Friedrichsfelde.

6 Zur besseren Lesbarkeit wird in den Lebensläufen von Alfred, Käthe, Philipp und Hilde gesprochen.

7 Hildegard Rieseberg (Enkelin von Käthe Seitz), Privatbesitz, Freiburg, Schreiben des Unternehmens ESTOL vom 6.10.1947 an Hilde Faster.

8 Ebd.

9 Hildegard Faster: Ich lebe trotzdem!, Schutterwald 2005, S. 22.

10 Marchivum Mannheim, 7/1950_00172, Verfahren vor dem Sondergericht Mannheim, Brief vom 26.8.1946 von Hilde Faster an die Landesleitung der Kommunistischen Partei Deutschlands in Mannheim.

11 Rieseberg (wie Anm. 7), undatierte Auflistung der Geburtsdaten der Geschwister, Eltern und Großeltern.

12 ESTOL Zweigniederlassung der Margarine-Union AG im Mannheimer Industriehafen.

13 Gerhard Wöbbeking: Unilever in Deutschland. Von den Anfängen bis zum Jahr 2000. Unveröffentlichte Firmengeschichte, erarbeitet 1995 bis 2005, überarbeitet Dezember 2017, redigiert März 2019. Auf Nachfrage von der Fa. Unilever dem Autor als PDF übermittelt.

14 Faster (wie Anm. 9), S. 22.

15 Hilde spricht Alfred mit „Vati" an.

16 Faster (wie Anm. 9), S. 28.

17 Ebd.

18 Marchivum (wie Anm. 10).

19 Max Oppenheimer: Der Fall Vorbote, Frankfurt am Main 1969, S. 117.

20 Thomas Mann: Deutsche Hörer!, Frankfurt am Main 1987, S. 75.

21 Arolsen Archives DE ITS 1.2.2.1 / 11292926 (zuletzt abgerufen am 10.2.2023).

22 Marchivum (wie Anm. 10).

23 BA Berlin (wie Anm. 2), Anklageschrift vom 27.6.1942, S. 1095.

24 Jakob Faulhaber beging in der Haft in Mannheim einen Selbstmordversuch. Er hatte versucht, sich die Pulsadern aufzuschneiden.

25 Staatsarchiv Ludwigsburg, EL 902/20 Bü 79227-6 Bild 170 (zuletzt abgerufen am 10.2.2023).

26 Ebd. Bild 171 [Anm.: Aussage Bertold Schwarz im Spruchkammerverfahren gegen Hermann Cuhorst].

27 A 2413–5, Christoph Redies, Sabine Hildebrandt: Ohne jeglichen Skrupel, in: Deutsches Ärzteblatt 109, 2012, H. 48, S. 2413.

28 Universitätsarchiv (UAH) KE 205. Leichenbuch der Anatomie Heidelberg. Darin eindeutig erkennbar, dass die Einträge vom 15.9.1942 und 24.2.1943 nachträglich eingefügt wurden und für den 15.9.1942 unvollständig sind.

29　Oppenheimer (wie Anm. 19), S. 117.

30　Archiv Institut für Anatomie und Zellbiologie Heidelberg: Ordner Korrespondenz NS-Präparate. Schreiben vom 7.6.1948 „Betr. Aschenreste der Opfer des Faschismus".

31　Ebd., Schreiben des Heidelberger Bürgermeisters Josef Amann an Hermann Hoepke (Direktor des anatomischen Instituts Heidelberg) vom 12.7.1948 und 19.7.1948 „Aschenreste der Opfer des Faschismus". Amann war 1933 gemeinsam mit Georg Lechleiter Badischer Landtagsabgeordneter.

32　Felix Sommer: Anatomie, in: Wolfgang U. Eckart, Volker Sellin, Eike Wolgast (Hgg.): Die Universität Heidelberg im Nationalsozialismus, Heidelberg 2006, S. 655.

33　Arolsen Archives DE ITS 2.1.1.2 BW 011 3 DIV ZM, „List of the ‚Personal data cards‘ remaining in the possession of Anatomie Institute". Schreiben vom 25.8.1950. Darin werden alle zehn Namen der Hingerichteten vom 15.9.1942 mit Geburtsdaten vermerkt und beziehen sich eindeutig auf den Verbleib in der Anatomie Heidelberg, ITS 251, DocID: 70517495 (zuletzt abgerufen am 10.2.2023).

34　Ebd., Schreiben der Landesbezirksdirektion für Innere Verwaltung und Arbeit in Karlsruhe vom 17.5.1951.

35　Staatsarchiv Ludwigsburg EL 20/1 VI Bü. 807 Bild 13: Ludwig Moldrzyk ist unter Eintrag 178 verzeichnet.

36　Ebd., Bild 1, Quellenhinweis zur Gräberliste Bergfriedhof Heidelberg von 1954.

37　Robert Gellately: Die Gestapo und die deutsche Gesellschaft. Die Durchsetzung der Rassenpolitik 1933–1945, Paderborn 1993, S. 55.

38　Oppenheimer (wie Anm. 19), S. 37.

39　BA Berlin (wie Anm. 3), Angeklagter Albert Fritz, Vernehmungsprotokoll der Gestapo, S. 542, und Angeklagte Käthe Seitz, Vernehmungsprotokoll der Gestapo, S. 595.

40　Landesarchiv Rheinland-Pfalz Speyer, H 91, Nr. 6937. Gestapo-Akte Gustav Süss. Am 30.12.1928 war Süß auf Vorschlag der „Arbeiter-Zeitung" in Mannheim mit einer Russlanddelegation, organisiert durch das Zentralkomitee der KPD in Berlin, zunächst in das Karl-Liebknecht-Haus in Berlin gereist. Ferner beschreibt Süß den Aufenthalt in Moskau, dass er im „Heim der Touristenorganisation, Twrestkajastrasse [Anm. Twerskaja-Straße, M.E.] untergebracht" [Anm. Hotel Lux, M.E.] war.

41　Ebd., 6-seitiger Bericht von Gustav Süß vom 13.4.1938, KZ Dachau.

42　Ebd., Prozess wegen Vorbereitung zum Hochverrat vom 19.7.1934, OLG Karlsruhe gegen Gustav Süß und Elsa Isidora Steidel.

43　BA Berlin (wie Anm. 3), Gestapo-Bericht vom 12.3.1942, S. 477.

44　Ebd., Entwurf der Anklageschrift, S. 964.

45　Ebd., Urteil des Oberlandesgerichts Stuttgart vom 22.10.1942, Henriette Wagner, S. 1153.

46　Jörg Morré: Hinter den Kulissen des Nationalkomitees. Das Institut 99 in Moskau und die Deutschlandpolitik der UdSSR 1943–1946, München 2001, S. 208: „1. Kurs (September–November 1944)" und S. 212: „4. Gruppe: 1. Belorussische Front/Berlin (28. Mai 1945)".

47　Michael Kubina: Der Aufbau des zentralen Parteiapparates der KPD 1945–1946, in: Manfred Wilke (Hg.): Anatomie der Parteizentrale. Die KPD/SED auf dem Weg zur Macht, Berlin 1998, S. 78.

48　Karl-Heinz Schwarz-Pich: Die kommunistische Lechleiter-Gruppe. Von ihrer Gründung in Mannheim 1941 bis zu ihrer Zerschlagung im Februar 1942, in: Jahrbuch für Historische Kommunismusforschung 2012, S. 314.

49　Stadtarchiv Ludwigshafen, N 1, Nachlass Herbert Müller, Abschrift „Tatsachenbericht der Angelegenheit Gustav Süss, Ludwigshafen".

50　Trials of War Criminals before the Nuernberg Military Tribunals under Control Council Law No. 10. Nuernberg, October 1946–April 1949, Bd. 3: The Justice Case, ed. von US Military Tribunals, Washington 1951, S. 32.

51　Ebd., S. 1231.

52　https://www.hdbg.eu/biografien/detail/karl-engert/5928 (zuletzt abgerufen am 10.2.2023).

53 Felix Wiedemann: „Anständige" Täter – „asoziale" Opfer. Der Wiesbadener Juristenprozess 1951/52 und die Aufarbeitung des Mords an Strafgefangenen im Nationalsozialismus, in: Vierteljahrshefte für Zeitgeschichte 67, 2019, S. 593–619.

54 NLA OS, Rep 492, Nr. 890 Sterberegistereintrag StA OS Nr. 1100–1951.

55 https://www.haus-ohrbeck.de/haus-ohrbeck/portraet-haus-ohrbeck.html (zuletzt abgerufen am 10.2.2023).

56 Roland Ernst: Der Vollstrecker, München 2019.

57 https://junsv.nl/ostdeutsche-gerichtsentscheidungen, LFD.NR.1837 LG HALLE 14.6.1946 DJUNSV BD.XIII S. 481 (abgerufen am 10.2.2023).

58 Staatsarchiv Ludwigsburg EL 902/20 Bü 49189, Sühnebescheid vom 27.4.1948, Bild 18.

59 Diözesanarchiv Rottenburg, G 1.1, A 20.1 f a. Karl Domogalla (1911–1994).

60 Rieseberg (wie Anm. 7): Schreiben von Vikar Domogalla vom 3.1.1945 an Pfarrer Sohm in Rödenbach (Schwarzwald). Die eigentliche Adressatin war Hilde Faster, die sich mit ihrem Mann vor der Gestapo versteckt hielt. Die „Bühler Schwestern" waren katholische Ordensschwestern des Klosters Bühl (Baden) und arbeiteten von 1920 bis 1973 am Krankenhaus Rohrbach. Vgl. Michael Ehmann: Die Thoraxklinik in der NS-Zeit unter der Leitung von Walter Schmidt und Ludwig Adelberger, in: Norbert Giovannini (Hg.), Ingrid Moraw, Reinhard Riese, Claudia Rink: Stille Helfer – Eine Spurensuche in Heidelberg (1933–1945), S. 43–64.

61 Faster (wie Anm. 9), S. 41.

62 Rieseberg (wie Anm. 7), Schreiben Dr. Rudolf Jäger vom 1.12.1947 an Richter Max Güde.

63 https://www.zauber-pedia.de/index.php?title=Willi_Faster. Darin auch folgende Anmerkung: „Am 2. Juni 1935 war Willi Faster einer der Antragsteller, dass Nichtarier weder zu den Veranstaltungen der Ortsgruppe München noch als Gäste zugelassen werden dürfen." Auf Nachfragen des Autors an die Tochter Hildegard sind antisemitische Äußerungen des Vaters nicht bekannt (zuletzt abgerufen am 10.2.2023).

64 Der kommunistische Politiker Wilhelm Pieck war von 1949 bis zu seinem Tod Präsident der DDR. 1935 bis 1945 lebte er überwiegend in Moskau.

65 BA Berlin, NY 4036/417, Pieck Wilhelm, Reden und Aufsätze, Blatt 214–218 „Zur Hinrichtung von 14 Mannheimer Arbeitern", vom 24.5.1942. Gemeint waren die 14 Todesurteile vom 15.5.1942, denn die Hinrichtungen wurden erst am 15.9.1942 vollzogen.

66 https://www.leo-bw.de/detail/-/Detail/details/PERSON/kgl_biographien/1012568946/Lechleiter+Georg: Skulptur von Manfred Kieselbach (zuletzt abgerufen am 10.2.2023).

67 Staatsarchiv Ludwigsburg, EL 902/20 Bü 79227-6 Bild 83.

68 Badische Landesbibliothek Karlsruhe, Digitale Sammlung der Badischen Landesbibliothek Karlsruhe. Badisches Volksecho. 1947 37 (10.9.1947).

69 Stadtarchiv Heidelberg, Mikrofilme Heidelberger Tageblatt und Rhein-Neckar-Zeitung 1950.

70 Herausgeber: Rat der VVN Hamburg, 1950. Im Besitz des Autors.

71 Norbert Giovannini, Claudia Rink, Frank Moraw: Erinnern, Bewahren, Gedenken. Die jüdischen Einwohner Heidelbergs und ihre Angehörigen 1933–1945. Biographisches Lexikon mit Texten, Heidelberg 2011, S. 322–336. Siehe auch: Anton Ottmann: Max Oppenheimer – ein Kämpfer gegen den Faschismus, in: Heidelberg, Jahrbuch zur Geschichte der Stadt Jg. 27, Heidelberg 2022, S. 165–175.

72 Fritz Salm: Im Schatten des Henkers. Vom Arbeiterwiderstand in Mannheim, 2. verb. Auflage Frankfurt/Main 1979.

73 https://de.wikipedia.org/wiki/Gedenkorte_der_Mitglieder_der_Lechleiter-Gruppe. In Heidelberg für Albert Fritz in der Albert-Fritz-Straße 52 und für Alfred und Käthe Seitz in der Karlsruher Straße 46.

74 Sabrina Müller: NS-Justiz in Stuttgart. Katalog zur Dauerausstellung des Hauses der Geschichte Baden-Württemberg im Landgericht Stuttgart, Stuttgart 2019.

75 Mitglieder antifaschistischer Vereinigungen bezeichnen sich als Kameradinnen und Kameraden.

76 Marchivum Mannheim, KE 01675, Jakob Faulhaber: Tagebücher 1921–1925.

Frank Engehausen

# Kurt Ritter – Vom politischen Fall eines Heidelberger Staatsanwalts

Vor dem Sondergericht Mannheim, über dessen Tätigkeit in Zusammenhang mit Heidelberger Strafrechtsfällen in den Jahren des „Dritten Reiches" an dieser Stelle schon zweimal berichtet worden ist,[1] mussten sich nicht nur politische oder weltanschauliche Gegner des Nationalsozialismus verantworten, sondern auch Menschen, die sich durch eine angemaßte Mitgliedschaft in der NSDAP oder einer ihrer Gliederungen Vorteile verschaffen wollten. So legte die Heimtückeverordnung vom 21. März 1933, die Delikte definierte, die in die Zuständigkeit der Sondergerichte fielen, unter anderem fest: „Wer die Uniform eines Verbandes, der hinter der Regierung der nationalen Erhebung steht, in Besitz hat, ohne dazu als Mitglied des Verbandes oder sonstwie befugt zu sein, wird mit Gefängnis bis zu zwei Jahren bestraft", und das Tragen einer solchen Uniform oder auch nur eines die Mitgliedschaft kennzeichnenden Abzeichens musste in jedem Fall mit Gefängnishaft bestraft werden; Zuchthaus sogar war, sofern es keine mildernden Umstände gab, vorgesehen, wenn beim Begehen oder Androhen einer Straftat die Uniform oder ein Abzeichen unautorisiert getragen oder mitgeführt wurde.[2]

In der Strafrechtspraxis der Folgejahre zählten solche Delikte nicht zu den Schwerpunkten der Tätigkeit der Sondergerichte, kamen aber regelmäßig vor, in Heidelberg zum Beispiel im Herbst 1937, als sich ein wohnsitzloser Durchreisender in einem Café in der Hauptstraße in der Hoffnung auf Freigetränke und eine Geldspende als Mitarbeiter der Kreisleitung der NSDAP ausgab und dem Wirt die regelmäßige Vermittlung von Besuchergruppen in Aussicht stellte,[3] im Frühjahr 1935, als bei einem Zimmermann nach einer Kneipenschlägerei ein Parteiabzeichen in der Jackentasche gefunden wurde, obwohl er nicht der NSDAP angehörte,[4] oder im Sommer 1936, als der Besitzer einer Heidelberger Fahnenfabrik angeklagt wurde, weil er „parteiamtliche Gegenstände" (unter anderem Fahrradwimpel, Hakenkreuzarmbinden und Fahnen) verkauft hatte, ohne dafür die Lizenzgebühren an den Schatzmeister der NSDAP abgeführt zu haben.[5] Unter diesen und ähnlichen, allesamt bizarr anmutenden Fällen sticht einer heraus, weil er eine juristische Amtsperson betraf. Diese und ihr „Heimtückevergehen" seien im Folgenden nach der Sondergerichtsakte vorgestellt.

Beschuldigter in dem Strafverfahren war der zum Tatzeitpunkt 34-jährige Kurt Ritter. In Mannheim-Seckenheim geboren als Sohn eines Verwaltungsbeamten, der zuletzt als Ratschreiber in Dossenheim amtierte, besuchte Ritter das Gymnasium in Heidelberg.[6] Nach dem 1922 mit „hinlänglich" bestandenen Abitur nahm er ein Studium der Rechtswissenschaften auf und das Referendarexamen legte er 1927 mit der Note „gut" ab. 1929 wurde er mit einer Arbeit über „Die Verfassungsrechtlichen Streitigkeiten vor dem Staatsgerichtshof für das Deutsche Reich" (veröffentlicht Heidelberg 1930) promoviert, die bei dem prominenten liberalen Staatsrechtslehrer und Kommentator der Weimarer Reichsverfassung Gerhard Anschütz entstanden war. Ritter liebäugelte offenkundig zeitweilig mit einer akademischen Karriere, trat nach dem im Juni

1931 abgelegten Assessorexamen dann aber doch in den badischen Justizdienst ein. Nach wechselnden Tätigkeiten an verschiedenen Standorten erfolgte seine erste planmäßige Anstellung als Staatsanwalt in Heidelberg zum 1. Dezember 1933.

Am Amts- und Landgericht Heidelberg fand Ritter am Jahresende 1933 eine politisch unübersichtliche Situation vor. In der Anwendung des Gesetzes zur Wiederherstellung des Berufsbeamtentums vom April 1933 waren mit Jakob Geißmar und Franz Heinsheimer die beiden jüdischen Direktoren des Landgerichts aus Heidelberg entfernt worden – der eine in den Zwangsruhestand und der andere durch Versetzung nach Karlsruhe[7] –, und an ihre Stelle waren mit Roland Erb und Karl Frisch zwei politisch ganz unterschiedliche Charaktere aufgerückt: ersterer ein Altparteigenosse der NSDAP seit 1928 sowie als Angehöriger des Stadtrats eine lokalprominente Figur und letzterer Vorsitzender der Heidelberger Ortgruppe des Deutschen Richtervereins, der, um Systemkonformität zu demonstrieren, Berufsverbandsfunktionär blieb, als dieser vom Nationalsozialistischen Juristenbund absorbiert wurde.[8] Weniger Bewegung hatte es auf der unteren Hierarchiestufe der Amts- und Landgerichtsräte gegeben, was auch daran lag, dass politisch einschlägig profilierte Nachwuchskräfte, die auf Richterstellen hätten nachrücken können, fehlten. Neben der Duldung zur Bewährung und im Idealfall zur politischen Selbstgleichschaltung war ein zweites Mittel der Personalpolitik des nun nationalsozialistischen Landesjustizministeriums die Versetzung von Beamten, um alte Personalkonstellationen aufzubrechen.[9] Hiervon betroffen war in der Heidelberger Staatsanwaltschaft unter anderem Hans Anschütz, der Sohn von Ritters 1933 politisch resigniertem und um vorzeitige Emeritierung nachsuchendem Doktorvater; er wurde nach Offenburg versetzt.

Wie sich Kurt Ritter am neuen beruflichen Wirkungsort Heidelberg zurechtfand, geht aus den zu seiner Person überlieferten amtlichen Akten (Dienststrafverfahren, Sondergericht, Spruchkammer, Wiedergutmachung) nicht hervor; es ist aber anzunehmen, dass er beträchtliche Mühen darauf verwenden musste, als Berufsanfänger in der Staatsanwaltschaft nicht nur seine fachliche Qualifikation, sondern auch seine politische Zuverlässigkeit zu demonstrieren. Besonders erfolgreich scheint er mit beidem nicht gewesen zu sein, denn schon knapp ein Jahr nach seinem Amtsantritt wurde er zum 1. Oktober 1934 als Amts- und Landgerichtsrat nach Mosbach versetzt, obwohl sich durch die großen Personalfluktuationen gerade in Heidelberg im Prinzip wohl auch Aufstiegschancen vor Ort ergeben hätten. Auch in Mosbach scheint Ritter Schwierigkeiten gehabt zu haben, Fuß zu fassen, denn bereits im Mai 1935 wurde ihm die Zuständigkeit für Fälle am Landgericht entzogen, und er war fortan nur noch als Amtsgerichtsrat tätig. Vielleicht nahm Ritter selbst seine Versetzung nach Mosbach und seine dortige Kompetenzbeschneidung in erster Linie als politische Ränkespiele wahr, denn er versuchte von 1934 bis 1936 wiederholt, etwaige Zweifel an seinen Sympathien für den Nationalsozialismus durch den Erwerb von Mitgliedschaften in einschlägigen Organisationen zu zerstreuen. Dass er es dabei mit der Wahrheit nicht immer ganz genau nahm, wurde aktenkundig, als er im Juni 1936 wegen eines politischen Delikts ins Visier der Strafverfolgungsbehörden geriet.

Der Vorfall, durch den der Stein des Unheils gegen Ritter ins Rollen gebracht wurde, war banal: Am 25. Juni 1936 kehrte Ritter von einer Reise zurück, die er mit seiner

Frank Engehausen

Mutter, seiner Schwester und einer ihrer Freundinnen nach Oberitalien unternommen hatte, und geriet mit seinem Kraftfahrwagen in Konstanz in eine Zollkontrolle. Die Aufmerksamkeit des zuständigen Beamten erregten fünf Flaschen Chianti, die von der Reisegruppe mitgeführt wurden – nach Auffassung Ritters zollfrei, da ihm und den drei Begleiterinnen jeweils eine Flasche als Reiseproviant zustehe und die fünfte dem gemeinsamen unmittelbaren Verzehr diene. Als der Zollinspektor eine andere Auslegung der Vorschriften vortrug und die Verzollung des Weines mit einer Gebühr von 1,80 Reichsmark pro Flasche forderte, kam es zu einer verbalen Auseinandersetzung – wohl auch, weil Ritter und seine Begleiterinnen nur Schweizer Franken mit sich führten und kein deutsches Bargeld. Im Wortgefecht äußerte Ritter, so gab es der Zollbeamte später zu Protokoll, „Man schämt sich ja, dass man Deutscher ist" und „Man merkt halt, dass man wieder im Hitler-Deutschland ist". Wegen letzterer Aussage, die bei weiter Dehnung des Straftatbestands durchaus als ein Heimtückevergehen verstanden werden konnte, wurden polizeiliche Ermittlungen gegen Ritter aufgenommen, die sich auch noch auf andere so, so ähnlich oder vielleicht auch gar nicht gefallene Sätze in dem Disput bezogen. Dieser verlängerte sich noch durch den Vermittlungsvorschlag des Zollbeamten, die Reisegruppe solle mit Rücksicht auf das fehlende Bargeld drei Flaschen behalten und zwei „zu Gunsten der Kriegshinterbliebenen" abgeben. Ob Ritter während der „sehr erregten Verhandlung" dieses Ansinnen zurückgewiesen habe mit dem Verweis, selbst Familienangehörige im Krieg verloren zu haben (was nicht zutraf), und ob seine Mutter gesagt habe, dass man mit einem „alten Kämpfer" wie ihrem Sohn doch nicht so umspringen dürfe, ließ sich letztlich nicht mehr klären.[10]

Vermutlich führte gerade diese vermeintliche Aussage der Mutter, Ritter sei ein Altparteigenosse der NSDAP, dazu, dass bei den polizeilichen Ermittlungen der politischen Haltung Ritters besondere Aufmerksamkeit zuteilwurde. Auskunft hierüber erteilte unter anderem der Dossenheimer Bürgermeister und Ortsgruppenleiter der NSDAP Erwin Merkel: Ende April 1933 habe Kurt Ritters Vater, der bis zu seinem Eintritt in den vorgezogenen Ruhestand 1934 Ratschreiber unter ihm (Merkel) gewesen war, die Aufnahme in die NSDAP beantragt; auch habe er gesagt, „man möge auch seinen Sohn Kurt und seine Tochter Maria aufnehmen". Da der Vater für die beiden Kinder jedoch keine schriftlichen Anträge vorgelegt habe und diese auch später nicht eingegangen seien (und auch nicht eingehen konnten, da die Partei zum 1. Mai 1933 für Neumitgliedschaften gesperrt wurde), sei die Aufnahme nicht erfolgt. Merkel wusste, dass Kurt Ritter „vielfach Anstrengung gemacht hat, die Parteimitgliedschaft zu erwerben", und berichtete, dass er sich bei einem Besuch „auf dem Rathaus in Dossenheim" im August 1935 „furchtbar angestellt" habe: „Er sprach davon, dass er sich totschießen werde, wenn er die Parteimitgliedschaft nicht erlange, er müsse sich als Amtsgerichtsrat ja direkt schämen, jedermann da hinten in Mosbach sei Parteimitglied, nur ihm mache man jetzt Schwierigkeiten u.s.w.".[11]

Die Gelegenheit der an ihn gerichteten staatsanwaltschaftlichen Auskunftsaufforderung nutzte Merkel zu ausgiebigen Lästereien über Ritter. Rein formal hätte wohl nichts gegen seine Aufnahme in die Partei gesprochen, da gegen seine politische Haltung in Dossenheim nichts vorgelegen habe. Allerdings gefiele seine „menschliche Haltung" verschiedenen „Mitgliedern der Partei und einem grossen Teil der Bevölkerung

Soviel ich weiss, ist Dr.Ritter kein strenger, kirchlich gesinnter Katholik. Jch möchte deshalb nicht annehmen, dass er dem Zentrum nahe stand. Aber er ist eben sehr ehrgeizig, aus diesem Grunde könnte er vielleicht Anschluss dort gesucht haben. Doch war er, ich glaube im Jahre 1931, einmal bei mir, er war noch Referendar, ich war damals Gemeinderatsmitglied der NSDAP. Er schlug vor, er wolle sich vom Zentrum als Bürgermeisterkandidat für Dossenheim aufstellen lassen, die Nationalsozialisten möchten ihm ihre Stimmen geben. Es blieb bei dieser Fühlungnahme.

Jch weiss, dass Dr.Ritter in der Folgezeit (nach dem 17.VIII.35) vielfach Anstrengung gemacht hat, die Parteimitgliedschaft zu erwerben. Auf das mündliche Gesuch des Vaters Ritter Ende April 1933 erfolgte, da kein förmlicher schriftlicher Antrag vorlag, auch keine förmliche schriftliche Ablehnung. Bei seiner Anwesenheit am 17.VIII.35 auf dem Rathaus in Dossenheim hat er furchtbar angestellt, ähnlich habe er es übrigens auch auf der Kreisleitung in Heidelberg gemacht. Er sprach davon, dass er sich totschiessen werde, wenn er die Parteimitgliedschaft nicht erlange, er müsse sich als Amtsgerichtsrat ja direkt schämen, jedermann da hinten in Mosbach sei Parteimitglied, nur ihm mache man jetzt Schwierigkeiten u.s.w.

Wenn sich Dr.Ritter abfällig über Hitler-Deutschland und dergl. geäussert haben soll, so könnte er solches in der Ekstase getan haben; denn da ist er unberechenbar. Ob eine derartige Äusserung auf seiner sonstigen politischen Linie läge und ihm das hiernach zuzutrauen wäre, darüber möchte ich mich nicht äussern. Jch halte mich nicht für berechtigt, ein politisches Personalurteil abzugeben.

Den Brief vom 14.VII.33 an Dr.Ritter (dessen Privatakten S.1a) mit der Bitte um Beschleunigung der Privatklage Merkel gegen Schmitt habe ich geschrieben.

Auszug aus der Aussage des Dossenheimer Bürgermeisters Erwin Merkel vor dem Mannheimer Oberstaatsanwalt vom 5. November 1936. (Generallandesarchiv Karlsruhe 507 Nr. 1621)

nicht, man wirft ihm Standesdünkel vor". So sei er schon seit vielen Jahren mit der Tochter eines Steinbrucharbeiters (übrigens war dies die Freundin seiner Schwester, die der Reisegruppe nach Oberitalien angehört hatte) liiert, die er aber bislang nicht habe heiraten wollen, da ihm der Stand ihres Vaters „nicht fein genug" sei; dabei „haben ihre Eltern in Erwartung der Heirat viel für die Ausbildung des Mädchens getan und sollen Ersatzansprüche wegen Verlöbnisbruch angekündigt haben". Für charakteristisch hielt Merkel, dass Ritter mit Verweis auf seine Amtsstellung als Staatsanwalt in Heidelberg den Anspruch geäußert habe, als erster in die „OEG" einzusteigen, was in „Dossenheim ziemlich Ortsgespräch" gewesen sei, und ihn selbst habe Ritter im Rathaus angerufen und aufgefordert, „ich möchte veranlassen, dass die SA und die SS ihn auf der Strasse grüßen möchte, da er als Staatsanwalt beim Landgericht Heidelberg der höchste Beamte in Dossenheim sei". „Wenn sich Dr. Ritter", so schloss Merkel seine boshafte Aussage, „abfällig über Hitler-Deutschland und dergl. geäussert haben soll, so könnte er solches in der Ekstase getan haben; denn da ist er unberechenbar.

Frank Engehausen

Ob eine derartige Äusserung auf seiner sonstigen politischen Linie läge und ihm das hiernach zuzutrauen wäre, darüber möchte ich mich nicht äussern. Ich halte mich nicht für berechtigt, ein politisches Personalurteil abzugeben".[12]

Ganz ähnlich wie Merkel äußerte sich gegenüber dem Mannheimer Staatsanwalt auch der Heidelberger Kreisleiter der NSDAP Wilhelm Seiler über Ritter. Dieser sei mit dem Begehren um Aufnahme in die Partei mehrfach vorstellig geworden und habe stets behauptet, bereits im Frühjahr 1933 einen schriftlichen Aufnahmeantrag abgegeben zu haben. Dies hielt Seiler nicht nur mit Blick auf die bürokratische Effizienz der Parteiorganisationen nicht für glaubhaft, sondern auch weil Ritter wohl kaum fast zwei Jahre gewartet haben würde, um sich nach dem Fortgang der Angelegenheit zu erkundigen. Vielmehr sei für ihn „ganz klar, daß es Dr. Ritter erst im Laufe des Jahres 1935 damit ernst geworden ist, zur Partei zu gehören". Auch Seiler traute Ritter „eine Entgleisung in politischer Hinsicht" zu und bemerkte dazu, „daß sich Dr. Ritter bei uns unbeherrscht, fast hysterisch benommen hat, so daß ihm alles zuzutrauen ist. Mit Tränen in den Augen erklärte er mir, daß durch die ,Nichtaufnahme' in die Partei seine Ehre so angegriffen sei, daß es ihm als Staatsbeamten unmöglich wäre, noch weiter zu leben, und er sich eigentlich eine Kugel durch den Kopf schießen müßte". Er frage sich, „ob dieser Mann nicht irgendwie krankhaft veranlagt sein könnte. Diesen Eindruck gewinne ich aus all den Berichten und Vorkommnissen, die mir mitgeteilt werden und die in ihrer Zahl nicht sehr klein sind, da Herr Dr. Ritter unter einem krankhaft übersteigerten Ehrgeiz und Geltungsbedürfnis leidet".[13]

Die Frage, ob Ritter einen Aufnahmeantrag gestellt hatte und deshalb geglaubt haben konnte, Mitglied der NSDAP zu sein, war insofern für ihn von besonderer Brisanz, als in der Reaktion auf das wegen des Streits beim Konstanzer Grenzübertritt eröffnete Ermittlungsverfahren auch sein Dienstherr sich für Ritters politische Haltung interessierte. Dabei stellte sich heraus, dass er im Frühjahr 1935 und nochmals am Jahresanfang 1936 in Fragebögen zum Personal- und Befähigungsnachweis interpretationsbedürftige, wenn nicht falsche Angaben zu seinen politischen Mitgliedschaften gemacht hatte. Dort hatte er zunächst eingetragen, dass er „seit Frühjahr 1933" Mitglied der NSDAP sei, und dies in dem späteren Bogen wiederholt, allerdings mit dem Kommentar „noch nicht zugeteilt" versehen. In beiden Bögen fand sich zudem die Mitteilung einer Mitgliedschaft in der „Motor-SS" von April 1934 bis Mai 1935 und seitdem die Mitgliedschaft im Nationalsozialistischen Kraftfahrkorps (NSKK). Im NSKK das Amt eines „Rechtsreferenten" innezuhaben, gab Ritter 1935 an, 1936 dagegen nicht mehr.[14] Auch letztere Angaben hielten der Überprüfung nicht stand: Ritter war zwar tatsächlich in Heidelberg in die Motor-SS eingetreten, aber mit seinem Umzug nach Mosbach am Jahresende 1934 in Ermangelung einer dortigen Schwesterorganisation dem allgemeinen SS-Sturm überstellt worden, an dessen Übungen er jedoch nie teilgenommen und für den er auch keine Mitgliedsbeiträge gezahlt hatte. Auch zu den Angehörigen des NSKK in Mosbach war er nie in Beziehung getreten.

Seine Angaben zu rechtfertigen beziehungsweise kosmetisch zu behandeln, bereitete Ritter erhebliche Mühen, denen er sich im Verhör durch den Mannheimer Oberstaatsanwalt Mitte Mai 1937 unterzog: Den Streit um seine Parteimitgliedschaft schilderte er als einen gezielten Sabotageakt des Dossenheimer Ortsgruppenleiters Merkel, und er beharrte darauf, sich selbst immer als Mitglied der NSDAP betrachtet zu haben. Vom SS-Dienst in Mosbach habe er sich mit Rücksicht auf die Belastungen am neuen Arbeitsplatz befreien lassen, und dass er schließlich aus dem dortigen SS-Sturm ausgeschlossen worden sei, sei ihm zunächst nicht mitgeteilt worden. Die Mitgliedschaft im NSKK erklärte Ritter für ein Missverständnis: Man habe ihm für den Fall eines Übertritts das Amt eines Rechtsreferenten angeboten, den Worten dann aber keine Taten folgen lassen und ihn nur als „Motorsturmmann" aufgenommen: „Es war niemals meine Absicht, aus der SS auszuscheiden, um als einfacher Motorsturmmann bei einer Formation Dienst zu tun, die natürlich nicht das Gewicht hat wie die ältere Gliederung der SS".[15]

Den Eindruck zu erwecken, nicht gewusst zu haben, dass er kein SS-Mann mehr war, war für Ritter insofern von großer Bedeutung, als er noch im August 1935, also ein Dreivierteljahr nach seinem Umzug nach Mosbach, in einem Heidelberger Atelier Fotos von sich in seiner SS-Uniform hatte machen lassen (schwarzer SS-Dienstrock mit Koppel und Schulterriemen). Dies war eindeutig als ein Heimtückevergehen zu werten, wenn er statt eines beurlaubten SS-Mannes (eigene Einschätzung) ein ehemaliger war (nach Aktenlage). Eines solchen Vergehens habe er sich keinesfalls schuldig gemacht, meinte Ritter, und bilanzierte in seinem Verhör vor dem Oberstaatsanwalt: Bei den Konstanzer Zollvorgängen sei er „vollkommen unschuldig", und er könne nach seiner Auffassung „nicht einmal dienstpolizeilich belangt" werden. „Wegen meiner Parteimitgliedschaftsbehauptung war ich vielleicht nicht kritisch genug. Hierwegen und wegen meiner Angaben über Zugehörigkeit zum NSKK und Rechtsreferenten mache ich mir selbst Vorwürfe, und habe wohl auch eine Dienststrafe verdient. Aber eine nach dem Heimtückegesetz kriminell strafbare Handlung habe ich nicht begangen. In der Frage des Besitzes der Uniform war ich völlig ahnungslos".[16]

Der Mannheimer Oberstaatsanwalt sah das anders und erhob Anklage gegen Ritter, über die das Sondergericht am 1. Oktober 1937 verhandelte. Es befand den Angeklagten gleich mehrerer Vergehen gegen das Heimtückegesetz für schuldig: Die in Konstanz gefallene despektierliche Äußerung über „Hitlerdeutschland", die Ritter hartnäckig bestritt und für einen Hörfehler des Zollbeamten hielt, wertete das Gericht als eine nach dem Gesetz strafbare Behauptung, „die geeignet ist, das Wohl des Reiches [...] schwer zu schädigen", und die Falschangaben zu Mitgliedschaften und Ämtern in der Partei und ihren Gliederungen waren Vergehen nach § 4 des Gesetzes, der solche Anmaßungen für strafbar erklärte, wenn sie eines persönlichen Vorteils wegen oder in der Absicht, einen politischen Zweck zu erreichen, gemacht wurden. Die fotografischen Porträts in der SS-Uniform schließlich dokumentierten einen Verstoß gegen die gesetzlichen Regelungen zu den parteiamtlichen Uniformen und Abzeichen. Bei der Strafzumessung hielt das Gericht Ritter zugute, dass er sich bislang inner- und außerhalb seines Dienstes tadellos verhalten habe; auch stellte man seine „Neigung zum Misstrauen gegenüber seiner Umwelt" als charakterliche Eigenart in Rechnung. Andererseits habe gerade der Konstanzer Vorfall wegen der beträchtlichen Öffentlichkeit (eine KdF-Reisegruppe hatte den Disput mit dem Zollbeamten aufmerksam beobachtet) dem Ansehen des deutschen Beamtentums geschadet. Und da man die Falschangaben in den Personalbögen auch eher für verzerrende Ausschmückungen

Frank Engehausen

der Wahrheit als für glatte Lügen halten mochte, meinte das Gericht, dass für die drei Teildelikte jeweils nur kurze Haftstrafen angemessen seien, die es schließlich zu fünf Monaten Gefängnis summierte.[17] Ob Ritter die Haftstrafe antreten musste und, wenn ja, wie viel Zeit er tatsächlich im Gefängnis verbrachte, ist den eingesehenen Akten nicht zu entnehmen; allerdings findet sich in seiner Wiedergutmachungsakte ein Verweis auf die sogenannte Großdeutschlandamnestie vom April 1938, durch die kurze Haftstrafen anlässlich des „Anschlusses Österreichs an das Reich" aufgehoben wurden, so dass die Folgen des Strafgerichtsverfahrens für Ritter vergleichsweise glimpflich gewesen sein dürften.

Dies galt allerdings nicht für das Dienststrafverfahren, dem sich Ritter gleichzeitig ausgesetzt sah. Hatte er im Verhör durch den Oberstaatsanwalt Mitte Mai 1937 noch konzediert, dass er wegen der Personalbogenfälschungen eine Dienststrafe als durchaus angemessen akzeptieren könne, so nahm dieses Verfahren gegen ihn – maßgeblich wegen der erfolgten Verurteilung aufgrund der Heimtückevergehen – einen für ihn desaströsen Verlauf: Am 15. Juni 1939 wurde Ritter ohne Pensionsansprüche aus dem Justizdienst entlassen. Einige Wochen später, im August 1939, wurde er zum Kriegsdienst in der Wehrmacht eingezogen. Von August 1941 bis Juli 1944 war Ritter Angestellter bei der Treuhandnebenstelle Litzmannstadt, wo er zeitweilig die Rechtsabteilung leitete, und von Oktober 1944 bis Februar 1945 war er erneut Soldat bei der Wehrmacht. Diese Lebensstationen lassen sich aus Ritters Spruchkammerakte und einer Wiedergutmachungsakte erschließen, auf die abschließend noch Blicke geworfen werden sollen, weil auch sein Sondergerichtsverfahren von 1937 dort jeweils eine Rolle spielt.

Den nach dem Gesetz zur Befreiung von Nationalsozialismus und Militarismus obligatorischen Meldebogen füllte Kurt Ritter, inzwischen wohnhaft in der Blumenthalstraße in Heidelberg, am 12. Mai 1946 aus. Er erklärte dort, von dem Gesetz nicht betroffen zu sein (das heißt, in keine der Gruppen von Hauptschuldigen bis Mitläufern und Entlasteten zu gehören); im Gegenteil sei er „von den Nazis verfolgt" worden, „vom Richteramt ohne Pension entfernt und durch das Sondergericht Mannheim am 1. Okt. 1937 wegen politischer Äusserung aufgrund des Heimtückegesetzes mit 5 Monaten Gefängnis bestraft worden. Im Hinblick auf die schweren Schäden, die ich gesundheitlich und materiell erlitten habe, erwarte ich Wiedergutmachung. Z. Zt. werde ich durch das HK [Hilfskomitee] f. d. Opfer des Nat. Soz. betreut".[18] Trotz dieses Selbstfreispruchs musste Ritter in dem Meldebogen Angaben zu politischen Mitgliedschaften machen und trug in der weniger brisanten Kategorie der Verbände und Vereine, die der NSDAP angeschlossen waren, wahrheitsgemäß den Nationalsozialistischen Rechtswahrerbund (1933–1934), die Nationalsozialistische Volkswohlfahrt (1935–1944) sowie den Nationalsozialistischen Kriegerbund (1943–1944) ein. Bei den schwerer wiegenden Mitgliedschaften in den Gliederungen der Partei beließ er es bei einem Eintrag zum NSKK (1934/35), für das er zudem nur „Anwärter" gewesen sein wollte – seine Mitgliedschaft in der Motor-SS, die ihm doch 1937 vermeintlich viel wichtiger gewesen war, blieb unerwähnt.

Nicht nur gegenüber dem Öffentlichen Kläger der Heidelberger Spruchkammer legte sich Ritter seine politische Biografie so zurecht, dass die SS-Episode darin nicht

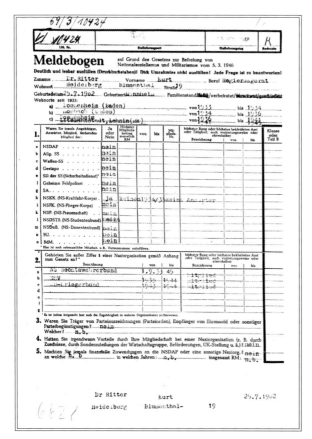

Meldebogen vom 12. Mai 1946 mit Leerstelle bei der SS-Mitgliedschaft (Generallandesarchiv Karlsruhe 465q Nr. 20212)

mehr vorkam, auch gegenüber US-amerikanischen Militärstellen hatte er in Zusammenhang mit seiner Wiederverwendung im öffentlichen Dienst – Ritter war zwischenzeitlich die Leitung des Heidelberger Zollamts übertragen worden – diese Mitgliedschaft verschwiegen. Deswegen und auch wegen lückenhafter Angaben zu seiner Tätigkeit in der deutschen Besatzungsverwaltung in Polen während des Krieges verurteilte ihn das Militärgericht in Heidelberg im März 1947 als Fragebogenfälscher, was ihn seinen Posten im Zollamt kostete.[19] Umso wichtiger war es auch mit Blick auf seine beruflichen Perspektiven für Ritter nun, der Heidelberger Spruchkammer eine plausible Deutung seiner (Irr-)Wege im nationalsozialistischen Deutschland zu präsentieren und trotz der Falschangaben als „entlastet" aus dem Verfahren herauszukommen.

Ritter tat dies in der Erwiderung der Klageschrift mit anwaltlicher Unterstützung mit dem Zentralargument, dass seine nun beanstandeten politischen Mitgliedschaften eine Voraussetzung des Widerstandes gewesen seien, den er im Justizapparat dem Nationalsozialismus geleistet habe: „Unstreitig ist, dass der Betroffene sowohl vor, als auch nach der sogenannten Machtübernahme in seiner Eigenschaft als Richter und Staatsanwalt mutig für Recht und Gesetz gekämpft hat, aus seiner antinationalsozialistischen Gesinnung auch keinen Hehl machte. Der Betroffene war aber Beamter und zufolge dieser seiner Stellung in einer besonders prekären Lage. Von seinen Vorgesetzten be-

Frank Engehausen

argwohnt, ständig in Gefahr der Entlassung und Arbeitslosigkeit ausgesetzt, sah er sich schliesslich auf die unverhohlen ausgesprochene Drohung seines Vorgesetzten, des nachmaligen Oberlandesgerichtspräsidenten Reinle, dazu gezwungen, durch Beitritt in eine Organisation der NSDAP Tarnung und Deckung zu suchen". Dass er in die Motor-SS geraten sei, erklärte Ritters Rechtsanwalt quasi als Zufall, da sein Mandant als „Halter eines PKW, sowie Mitglied des ADAC" hierin einen naheliegenden Schritt gesehen habe. Solche „sportlichen Gesichtspunkte" hätten „gegenüber formationsmässigen und weltanschaulichen Erwägungen" jedenfalls schwereres Gewicht gehabt; außerdem sei 1934 in der Phase des Zusammenschlusses und der Umformung aller möglicher Organisationen im Zuge der sog. Gleichschaltung kaum zu erkennen gewesen, worin denn z.B. die Unterschiede zwischen Motor-SS, Motor-SA oder dem NSKK bestanden hätten – dies mochte nebenher auch als eine kleine Entschuldigung der aktuellen Meldebogenfälschung dienen. Wie auch immer man die Frage bewerte, ob Ritter tatsächlich Mitglied der Motor-SS gewesen sei oder einer von „unten her" gebildeten „wilden Formation", die sich vorübergehend selbst der SS zugeordnet habe, dann aber im NSKK aufgegangen sei, liege das Hauptargument darin, dass „der Vorgang sich lange vor dem 1.9.39 abspielte, da die SS noch keine verbrecherische Organisation war".[20]

Die Spruchkammer Heidelberg schenkte den von Ritter selbst und in seinem Namen vorgetragenen Argumenten zu seiner politischen Biografie im Wesentlichen Glauben und kam zu einer günstigen Einschätzung; quasi Gold wert waren für Ritter nun die im seinerzeitigen Sondergerichtsurteil dokumentierten despektierlichen Aussagen über ihn vom ranghöchsten Nationalsozialisten der Region, Kreisleiter Seiler, und Merkel, dem Prototypen eines bauernschlauen, bornierten und brutalen NSDAP-Dorftyrannen. Auch die 1937 inkriminierte Aussage über die Zustände in „Hitlerdeutschland", die Ritter damals gar nicht gemacht haben wollte, erschien nun in einem ganz anderen Licht als starkes Indiz für seine durchgehend antinationalsozialistische Haltung, von der er sich auch in der Ausübung seiner juristischen Ämter immer habe leiten lassen. An der „Unabhängigkeit seiner Rechtsprechung (er ist gegen Delikte von Parteigenossen unnachsichtig eingeschritten, auch wenn sie sich auf ihre Parteizugehörigkeit beriefen und hat z.B. im Jahr 1934 ein Betrugsverfahren gegen einen verfolgten Juden eingestellt)" hatte die Spruchkammer jedenfalls keine Zweifel, auch wenn in der Akte nicht dokumentiert ist, ob sich diese Einschätzung noch auf andere Belege stützte als auf die Selbstauskünfte Ritters. Wegen der Falschauskünfte im Meldebogen sah die Spruchkammer Ritter durch das Urteil des Militärgerichts als ausreichend bestraft an und wollte deshalb keine eigenen Sanktionen verhängen, zumal er sich über seinen Status als Anwärter von Motor-SS oder NSKK „offenbar selbst niemals völlig klar" gewesen sei. Den „unvollkommenen Antworten" in Bezug auf seine „Kriegsverwendung in Litzmannstadt" maß die Spruchkammer ebenfalls kein Gewicht bei, da es keine Indizien gebe, „dass seine Tätigkeit in Polen irgendwie gegen die Gesetze verstossen hätte oder nationalsozialistisch orientiert gewesen sei"[21] – eine damals übliche Einschätzung, die heute nicht mehr haltbar wäre im Wissen um die wichtige Bedeutung der Haupttreuhandstelle Ost und ihrer Filialen für die wirtschaftliche Germanisierung Polens.[22]

Mit der günstigen Einstufung durch die Spruchkammer, die ihn für „entlastet" erklärte, sah Ritter die Chance gekommen, die Aufhebung des Beschäftigungsverbots im öffentlichen Dienst, das durch das Militärgerichtsurteil wegen Fragebogenfälschung ausgesprochen worden war, zu erwirken. Er wandte sich hierzu an das Militärgericht selbst mit einem Gnadengesuch und mit der Bitte um Unterstützung auch an verschiedene deutsche Stellen. An die württembergisch-badische Landesstelle der Vereinigung der Verfolgten des Naziregimes (VVN) schrieb er im Oktober 1947, dass er eine „Rehabilitierung im Gnadenwege" anstrebe, „nicht um das Geld herauszubekommen, – dies soll Nazi-Opfern zufliessen – sondern um wieder arbeiten zu können in meinem Beruf als Richter".[23] Einen ersten Schritt hierzu unternahm Ritter nach der Aufhebung der Beschäftigungsbeschränkungen durch die Militärregierung am Jahresende 1947 mit einem Schreiben an das Amt für Wiedergutmachung in Karlsruhe, in dem er sich als einer der Juristen vorstellte, „die in der Nazizeit verfolgt, entamtet und sondergerichtlich bestraft worden sind, und zwar ausschließlich aus politischen Gründen". Diese schilderte Ritter in großer Ausführlichkeit und bat schließlich darum, „für mich mit Nachdruck einzutreten und sich dafür einzusetzen, dass ich so bald wie möglich im Wege der Wiedergutmachung ins Richteramt zurückgeführt werde". Insbesondere bat er „um Verwendung in Heidelberg, wo Bedarf an tüchtigen Juristen besteht".[24]

Vom Wiedergutmachungsamt unter Übergehung seines früheren Dienstherrn wieder ins Richteramt eingesetzt zu werden und dazu noch am Wunschdienstort Heidelberg, erwies sich als ein unrealistisches Anliegen, das Ritter denn auch offensichtlich nicht weiterverfolgte. Ein Dreivierteljahr später, am 1. September 1948, stellt er einen förmlichen Wiedergutmachungsantrag, bei dem es allerdings nicht um seine berufliche Zukunft ging, sondern um den Ausgleich von Vermögensschäden infolge erlittener politischer Verfolgung. Hier machte Ritter einen Verdienstausfall in Höhe von 13.450 Reichsmark seit seiner Suspendierung vom Richteramt 1936 und seiner Entlassung aus dem Staatsdienst 1939 geltend. Da er während des Krieges sämtlichen Hausrat und andere Vermögenswerte (darunter eine Briefmarkensammlung „in Werte von über 110.000 Mk") verloren habe, seien seine aktuellen wirtschaftlichen Verhältnisse angespannt. So müsse er seine Einkünfte fast ausschließlich „zu dringend notwendigen Anschaffungen" verwenden. Ritter hatte inzwischen eine Anstellung beim Landesfinanzamt in Karlsruhe gefunden, wo er als „Regierungsrat verwendet" wurde, allerdings bloß „wie ein mittlerer Beamter" mit in „gleicher Stellung tätigen Kräften", die, anders als er selbst, „keine Akademiker" sind.[25]

Das Wiedergutmachungsamt beschied den Antrag vorerst nicht, nicht wegen des offenkundigen Fehlens von Bedürftigkeit, sondern weil zunächst festgestellt werden musste, ob die von Ritter geltend gemachten Vermögensschäden überhaupt durch politische Verfolgung verursacht worden waren, d.h., es galt, das Sondergerichts- und das Dienststrafverfahren zu prüfen. Die förmliche Aufhebung von Letzterem wäre auch die Voraussetzung dafür gewesen, Ritter wieder in den Justizdienst aufnehmen zu können. Bis ein entsprechendes Gutachten in der Karlsruher Wiedergutmachungsbehörde zustande kam, verging ein gutes halbes Jahr, in dem der zuständige Sachbearbeiter die Gerichts- und die Personalakten ziemlich gründlich prüfte – gründlicher jedenfalls als die Heidelberger Spruchkammer anderthalb Jahre zuvor.

Frank Engehausen

So fiel dem Gutachter z.B. auf, dass nicht jedes Heimtückevergehen mit einem politischen Delikt gleichgesetzt werden könne: Dies gelte zwar im Falle Ritters für seine Aussage über „Hitlerdeutschland", aber nicht für die beiden anderen inkriminierten Handlungen der Falschangaben zu politischen Mitgliedschaften und des unberechtigten Tragens der SS-Uniform, die den überwiegenden Teil der vom Sondergericht ausgesprochenen Strafe ausgemacht hatten. So drängte sich dem Gutachter der Verdacht auf, „als wolle Dr. Ritter aus ähnlichen Motiven und auf ähnlichem Wege heute Karriere machen, wie er dies zur Zeit des Nationalsozialismus versucht hat. Die Tatsache allein, dass er auf Grund des Heimtückegesetzes bestraft worden ist, macht ihn nicht zum Nazi-Opfer, sondern es kommt allein auf die Beweggründe an. Nachdem ihm sowohl das Sondergericht als auch der Dienststrafsenat seine politische Einstellung zur NSDAP bescheinigt haben, wird man seine dahingehende Behauptung nicht lediglich als Schutzbehauptung bewerten dürfen. Ein Gegner des Nationalsozialismus behauptet auch nicht wahrheitswidrig, Parteimitglied zu sein. Unter diesen Umständen scheint nicht mit der Aufhebung des Disziplinarurteils gerechnet werden zu können". Wie die Spruchkammer zu ihrer günstigen Einschätzung hatte kommen können, war dem Gutachter nicht nachvollziehbar; er vermutete jedoch, dass ihr die Personalakten Ritters nicht vorgelegen hatten. Dass sich Ritter 1945 und 1946 erneut falscher Angaben in amtlichen Formularen schuldig gemacht hatte, spreche eindeutig gegen eine Wiederverwendung gerade im Justizdienst. Er empfehle, „den derzeitigen Anträgen des Dr. Ritter gegenüber Zurückhaltung zu zeigen".[26] Auch Ritter scheint schließlich die Hoffnung verloren zu haben, in den Justizdienst zurückzukehren – dies legt das jüngste Schriftstück in seiner Wiedergutmachungsakte nahe. Darin wurde im Januar 1955 intern vermerkt, Ritter habe bislang noch keine Wiederaufnahme seines Dienststrafverfahrens beantragt.[27] Offensichtlich hatte er sich damit begnügt, dass er wieder ins Beamtenverhältnis übernommen worden war – wenn auch nur im Finanzdienst.

Was nun ist die Quintessenz des politischen Falls des Heidelberger Staatsanwalts im Nationalsozialismus und seines Wiederaufstiegs zum Oberregierungsrat in der Finanzverwaltung der frühen Bundesrepublik? Es fällt nicht schwer, die Einschätzung des Gutachters im Wiedergutmachungsamt zu übernehmen und in Ritter einen prinzipienlosen Karrieristen zu sehen, der nicht davor scheute, die Wahrheit bis zur Lüge zu dehnen, um seine persönliche Situation zu sichern bzw. zu verbessern – sowohl vor als auch nach 1945. Ein solch hartes Charakterurteil müsste aber wohl berücksichtigen, dass am Anfang seiner Unaufrichtigkeit und wohl auch der deutlichen charakterlichen Deformation der Anpassungsdruck eines diktatorischen Regimes stand, das von seinen Bürgern und insbesondere von den Staatsdienern Bekenntnisse ideologischer Gleichförmigkeit erzwang, die weit über das hinausgingen, was üblicherweise an Zustimmung zu den elementaren Werten einer Gesellschaftsordnung erwartet werden darf. Kurt Ritters berufliche Karriere und persönliche Entwicklung wären – zumindest wahrscheinlich – ohne die monströsen Konformitätsansprüche des Nationalsozialismus anders verlaufen. Ziemlich sicher ist auch, dass ihm die Falschaussagen der Nachkriegsjahre als Kollateralschäden seines Verhaltens im Nationalsozialismus erspart geblieben wären.

# Anmerkungen

1 Frank Engehausen: Tatort Heidelberg – Sondergerichtsakten als Quellen zur Alltagsgeschichte im Nationalsozialismus, in: Heidelberg. Jahrbuch zur Geschichte der Stadt 24 (2020), S. 111–120; Ders.: Tierlehrer Fritz Wedde und sein Steinadler – ein Sondergerichtsfall aus dem Jahr 1943, in: Heidelberg. Jahrbuch zur Geschichte der Stadt 27 (2023), S. 127–136.

2 Frank Engehausen: Tatort Heidelberg. Alltagsgeschichten von Repression und Verfolgung 1933–1945, Frankfurt/Main u. New York 2022, S. 369.

3 Vgl. ebd., S. 125–129.

4 Vgl. ebd., S. 52–57.

5 Vgl. Generallandesarchiv Karlsruhe 507 Nr. 1062–1065.

6 Die Angaben zu seiner Biografie nach der Sondergerichtsakte ebd. Nr. 1621.

7 Vgl. Günter Zobeley: Ein dunkles Kapitel, in: 100 Jahre Landgericht und Staatsanwaltschaft Heidelberg 1899–1999, hg. v. Landgericht Heidelberg, Heidelberg 1999, S. 29f. An das Schicksal Heinsheimers wird in dieser Festschrift nicht erinnert – mutmaßlich, weil er, als Altbeamter nach einer Ausnahmeklausel des Gesetzes zunächst noch im Amt geduldet, erst 1935 infolge der Nürnberger Rassegesetze als Karlsruher Landgerichtsrat entlassen wurde. Heinsheimer wurde 1940 nach Gurs deportiert und konnte von dort 1943 in die Schweiz fliehen; vgl. seine Wiedergutmachungsakte Generallandesarchiv Karlsruhe 480 Nr. 5796.

8 Vgl. die Spruchkammerakten der beiden ebd. 465q Nr. 12227 (Erb) und Nr. 961 (Frisch).

9 Zum Problem des Mangels an nationalsozialistischem Nachwuchs im Landesjustizdienst vgl. Frank Engehausen: Das badische Justizministerium 1933/34, in: Ders., Sylvia Paletschek u. Wolfram Pyta (Hgg.): Die badischen und württembergischen Landesministerien in der Zeit des Nationalsozialismus, Stuttgart 2019, S. 552–555.

10 Generallandesarchiv Karlsruhe 507 Nr. 1621, Urteil des Sondergerichts Mannheim vom 1.10.1937.

11 Ebd., Aussage Merkels vor dem Mannheimer Oberstaatsanwalt vom 5.11.1936.

12 Ebd.

13 Ebd., Schreiben vom 8.11.1936.

14 Ebd., Urteil des Sondergerichts vom 1.10.1937.

15 Ebd., Protokoll vom 12.5.1937.

16 Ebd.

17 Ebd., Urteil des Sondergerichts vom 1.10.1937.

18 Ebd., 465q Nr. 20212.

19 Ebd., Spruch der Spruchkammer Heidelberg vom 21.7.1947.

20 Ebd., Schreiben vom 18.7.1947.

21 Ebd., Spruch der Spruchkammer Heidelberg vom 21.7.1947.

22 Vgl. Bernhard Rosenkötter: Treuhandpolitik. Die „Haupttreuhandstelle Ost" und der Raub polnischer Vermögen 1939–1945, Essen 2003.

23 Generallandesarchiv Karlsruhe 480 Nr. 1161, Schreiben vom 15.10.1947.

24 Ebd., Schreiben vom 9.12.1947.

25 Ebd., Antrag vom 1.9.1948.

26 Ebd., Gutachten vom 7.3.1949.

27 Vgl. ebd., Schreiben vom 21.1.1955.

Reinhard Riese

# Läufer – Mitläufer – Institutsleiter

## Otto Neumann und das Heidelberger Institut für Leibesübungen[1]

### Das Sportgelände der Universität – ein Rückblick

Wer heute auf dem zentralen Platz des Universitätscampus „Im Neuenheimer Feld" vor der Mensa steht, ahnt nicht, wie dieses Gelände in den 1950er- und 1960er-Jahren aussah. Um zum Tiergarten und zum Freibad zu gelangen, nahm man damals die verlängerte Mönchhofstraße/Tiergartenstraße und erreichte östlich des Botanischen Gartens ein Sportgelände – den Universitätssportplatz. Dazu gehörten ein Stadion entlang der Straße, mehrere Gras- und Aschespielfelder sowie Tennisplätze nördlich der Chirurgischen Klinik. Dieses Sportgelände wurde in Verbindung mit der 550-Jahr-Feier der Universität am 24. Juni 1936 mit den Heidelberger Leichtathletik-Hochschulmeister-

Universitätssportplatz um 1960. Links die Umkleidebaracke, im Hintergrund rechts die ersten Neubauten naturwissenschaftlicher Institute (Quelle: Lurz, Vogt: Neuenheim, wie Anm. 4, S. 279)

schaften und einem Fußballspiel zwischen den Universitäten Frankfurt und Heidelberg eröffnet.[2] Am folgenden Sonntag, dem 28. Juni 1936, fand in Anwesenheit des Reichserziehungsministers Bernhard Rust und des badischen Kultusministers Otto Wacker ein Fußballspiel im Rahmen der Studentenweltmeisterschaften zwischen Deutschland und Ungarn statt. Beim Empfang der beiden Mannschaften am Vorabend im Rathaus beschwor Oberbürgermeister Carl Neinhaus in seiner Begrüßung die Freundschaft und „Waffenbrüderschaft" beider Völker.[3]

Ein eigenes Sportgelände für die Universität war erstmals 1922/23 am nördlichen Neckarufer nordwestlich der später errichteten Ernst-Walz-Brücke angelegt worden. Die Sportanlagen wurden auch von Vereinen (TSG 78), Schulen und der Lehrerbildungsanstalt genutzt.[4] Mit dem Baubeginn der Chirurgischen Klinik (1933/34) musste dieses Gelände aufgegeben werden; der Universitätssportplatz wurde weiter nach Norden verlegt und 1936 in Betrieb genommen. An der Errichtung des „neuen idealen Sportfelds" wirkte „Universitätssportlehrer" Otto Neumann entscheidend mit.[5]

Auf dem Geländestreifen zwischen Stadion und Chirurgie richtete die SA-Standarte 110 ein Jahr später eine „NS-Kampfspielbahn" ein, die am 1. Mai 1937 feierlich eröffnet wurde. Die ideologische Zielsetzung war offensichtlich:

> „Für den Kampf unseres Volkes, da braucht man ganze Kerle – Männer, die zu jeder Stunde weltanschaulich und gefestigt ihren Mann stellen. Keine Weichlinge, keine ‚halben Portionen' und Zimperlinge. Wir brauchen Kameraden, die vor Gefahren nicht zurückschrecken und in allen Lagen Mut und Entschlossenheit zeigen."[6]

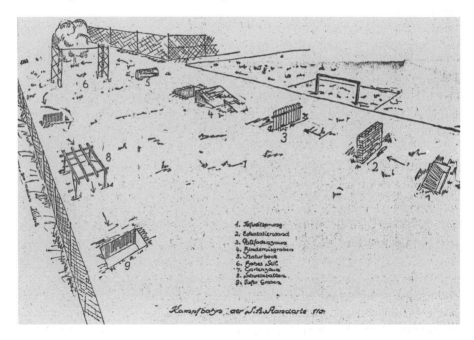

SA-Kampfbahn 1937 (Quelle: Lurz, Vogt: Neuenheim, wie Anm. 4, S. 283)

Den SA-Sport beherrschten also Auslese und Kampf mit dem Ziel der „Wehrhaftigkeit". So fand in unmittelbarer Nachbarschaft zum „zivilen" Universitätssportplatz das paramilitärische Training der SA-Mitglieder, darunter auch vieler Studenten, statt.

Selbstverständlich überdauerte der „Kampfplatz" das „Dritte Reich" nicht; der Universitätssportplatz aber behielt bis in die 1960er-Jahre seinen Standort und sein Aussehen: das Stadion mit einer 400m-Bahn, einer Erdtribüne nach Norden parallel zur Straße und einer Baumreihe entlang der südlichen Laufbahn. Hier wurden viele Wettkämpfe in der Leichtathletik und im Fußball ausgetragen. In der Südwestecke zum

Botanischen Garten hin stand eine Holzbaracke, genannt das „grüne Häusel". Sparta-nisch eingerichtet, diente sie als Geräteschuppen und als Umkleideraum für Schüler und Jugendliche. Von Duschen keine Spur! In der Nordwestecke an der Straße wurde in den 1950er-Jahren ein kleineres Gebäude errichtet, das „Sporthaus". Im Oberge-schoss befand sich die Dienstwohnung des Institutsleiters Otto Neumann, von der er gerne das Training der Leichtathleten aller Altersgruppen und Leistungsklassen beob-achtete. Im Erdgeschoss und im Untergeschoss waren Umkleideräume, die schon eher modernen Anforderungen entsprachen. Außerdem wohnte wohl der Platzwart Fritz Arnold dort.

Bis zum Neubau des Sportinstituts (heute: Im Neuenheimer Feld 700) im Jahre 1964 waren die Institutsräume im Marstallhof Nr. 3 untergebracht. Dort standen zwei Hallen für Sportzwecke zur Verfügung. Auf dem Turnplatz im Hof des Marstallgebäu-des fanden Wettkämpfe und Spiele statt. Seit 1898 hatte sich der Chemiker Johannes Rissom (1868–1954) für den universitären Sportbetrieb eingesetzt; er war ausgebilde-ter Sportlehrer und führte seit 1910 zweisemestrige (seit 1922 viersemestrige) „Turn-lehrerkurse" für Lehrer an Höheren Schulen durch. Diese konnten nur als Zusatzfach, nicht als Nebenfach belegt werden. Nachdem er auf Drängen des neuen Ordinarius Karl Freudenberg aus der Verwaltung des Chemischen Instituts ausgeschieden war, wurde er 1926 Geschäftsführer des Akademischen Ausschusses für Leibesübungen und 1931 an die Spitze des neu geschaffenen „Instituts für Leibesübungen" berufen, das er bis zu seinem Ruhestand 1934 leitete.[7] Sein Nachfolger wurde – mit gewissem zeitlichem Abstand – Otto Neumann.

## Otto Neumann: Biografie bis 1945

Otto Neumann wurde am 28. August 1902 als Sohn des Apothekers Emil Neumann und seiner Frau Franziska geb. Geck in Karlsruhe geboren.[8] Er besuchte die Volks-schule und das Humboldt-Realgymnasium, an dem er am 18. März 1921 das Abitur ablegte – mit dem erklärten Ziel, Sportlehrer zu werden. Sein sportliches Talent wurde schon als Jugendlicher erkannt und durch Training gefördert. Nach dem frühen Tod des Vaters (1907) fehlten aber die finanziellen Mittel, um ein Sportstudium in Berlin anzutreten. Deshalb absolvierte er in Mannheim zunächst eine zweijährige kaufmän-nische Ausbildung in der Elektrotechnik-Firma Stotz und war anschließend als kauf-männischer Angestellter tätig. 1925/26 war er an der dortigen Handelshochschule immatrikuliert und arbeitete dann ein Jahr lang in einem Tiefbau-Unternehmen als „Erdarbeiter und Heizer", um sich das nötige Geld für ein Studium in Berlin zu verdie-nen. Nach viersemestrigem Studium legte Neumann im Sommer 1929 an der Berliner Universität das „akademische Turn- und Sportlehrerexamen" und gleichzeitig an der Deutschen Hochschule für Leibesübungen die Diplomprüfung ab. So hatte er mit 27 Jahren nach erzwungenen Verzögerungen und manchen Schwierigkeiten sein Berufs-ziel doch erreicht.

Seit 1922 nahm Neumann in seiner Spezialdisziplin 400 m für die MTG Mannheim an deutschen Meisterschaften teil und gewann mehrere Meistertitel. In der Berliner Zeit war er Mitglied der deutschen Leichtathletikmannschaft und errang als Höhepunkt

4 x 400-m-Staffel, Silbermedaille 1928; Otto Neumann 2. von rechts (Quelle: Rieder: Bewegung, wie Anm. 40, S. 17)

seiner Karriere bei den Olympischen Spielen 1928 in Amsterdam als Startläufer der 4 x 400-m-Staffel die Silbermedaille.[9] Dank seiner sportlichen Erfolge und seiner in Berlin erworbenen Qualifikationen wurde ihm vom Wintersemester 1929/30 an die Leitung des Hochschulsports („studentische Leibesübungen") an der Handelshochschule Mannheim übertragen. Gleichzeitig war er als Leichtathletik- und Fußballtrainer für Mannheimer Sportvereine tätig.

Die ersten Gewaltmaßnahmen der Nationalsozialisten, die auch die Handelshochschule erfassten, brachten Neumann in eine erhebliche Zwangslage. Aus beschlagnahmten Mitgliederlisten war ersichtlich, dass er, der bisher als „unpolitisch" gegolten hatte, seit der Berliner Zeit SPD-Mitglied war und in Mannheim dem „Republikanischen Studentenbund" angehörte. Da die SA mit Macht in die Hochschule und insbesondere den Hochschulsport drängte, befürchtete er seine Entlassung – so seine nachträgliche Darstellung. Um seine berufliche Existenz nicht zu gefährden, trat er auf Anraten von Kollegen schon am 26. Februar 1933 in die NSDAP und die SA ein.[10] Sein Ansehen als erfolgreicher Sportler und guter Trainer veranlassten die SA ihrerseits dazu, ihn trotz seiner politischen „Belastung" als Sportreferent des Sturmbanns II/171 und Truppführer, später „ehrenamtlicher" Sturmführer einzusetzen. Im Juli 1933 verwendete sich auch der ASTA bei der Hochschulleitung dafür, ihn als „Wehrsportlehrer" planmäßig anzustellen.[11] Nach der Auflösung der Handelshochschule und ihrer Eingliederung in die Heidelberger Universität[12] wechselte Neumann im Herbst 1933 in dieser Funktion nach Heidelberg. Als Leiter des SA-Hochschulamtes war er zuständig für den Hochschulsport und nahm auf Anordnung des ersten NS-Rektors Wilhelm Groh an den Sitzungen des akademischen Senates teil.[13] So organisierte er im Juli 1934 den „Tag der Leibesübungen der Heidelberger Studentenschaft". Nachdem das SA-Amt im Ok-

Reinhard Riese

tober 1934 infolge des „Röhm-Putsches" aufgelöst worden war, wurde die Kompetenz für die ideologische Schulung dem Nationalsozialistischen Deutschen Studentenbund (NSDStB) und für den Hochschulsport der Universität übertragen. Neumann wurde von der Universität übernommen und leitete als Assistent im Sportinstitut die Abteilung I „für körperliche Ertüchtigung", d.h. die dreisemestrige obligatorische sportliche „Grundausbildung" für alle Studenten – bei 100 Pflichtstunden dominierte der Kampfsport[14] – während „Hochschulturnmeister" Otto Matthes für die Sportlehrer-Ausbildung und die Studentinnen zuständig war.

Im Juni 1937 lehnte Neumann zum Ärger der SA-Funktionäre das Angebot einer hauptamtlichen Stelle als Sportreferent der SA-Gruppe Kurpfalz trotz einer höheren Dotierung ab und verblieb lieber in einer politisch weniger exponierten Funktion als Assistent an der Universität. Dort hatte er inzwischen seine Promotion abgeschlossen und konnte auf die Leitung des Instituts für Leibesübungen hoffen, die ihm 1938 kommissarisch und am 22. Mai 1939 endgültig übertragen wurde. Mit Beginn des Zweiten Weltkriegs wurde er zur Wehrmacht nach Mannheim eingezogen, wo er zuvor einen kurzen Wehrdienst geleistet hatte. Während des Krieges war er nur für einige Monate 1940/41 vom Kriegsdienst freigestellt und erlebte das Kriegsende im bayerischen Pocking.

## Promotion 1936 und Rätsel um eine Dissertation

Die Voraussetzung für die Leitung des Instituts für Leibesübungen war – so wurde Neumann im Reichserziehungsministerium bedeutet – die Promotion. Das Thema der Dissertation, eine historische Untersuchung über das Verhältnis von Wehrgedanke und Leibesübungen, sei ihm dort vorgeschlagen worden, so schreibt Neumann 1947 im Zusammenhang mit seiner Entnazifizierung.[15] Die Voraussetzungen erfüllte er durch den Nachweis von neun Studiensemestern in Wirtschaftswissenschaften und Geschichte, die er in den Jahren 1925–1936 an den Hochschulen Mannheim (4), Berlin (1) und Heidelberg (4) belegt hatte.

Unter dem Titel „Der Wehrgedanke in der Geschichte der deutschen Leibesübungen" legte er seine Dissertation im Jahre 1936 dem „Professor für Geschichte mit besonderer Berücksichtigung der Kriegsgeschichte und Wehrkunde" Paul Schmitthenner (1884–1963) vor, der seit 1933 die „Kriegsgeschichtlich-Wehrkundliche Abteilung" des Historischen Seminars, seit 1935 das „Kriegsgeschichtliche Seminar", leitete. Seinem Text stellt Neumann als Motto ein Zitat des NS-Ideologen und einflussreichen Sportpädagogen Alfred Baeumler voran: „Das Vaterland ist nicht nur da sichtbar, gegenwärtig, wo das Volk in Waffen auftritt, sondern auch da, wo die junge wie die ältere Mannschaft in sportlichen Wettkämpfen sich übt." Die Prämisse, die Neumann in der Einleitung formuliert, ist stark vom nationalsozialistischen Menschenbild und Erziehungsideal geprägt:

> „Leibesübungen und Wehr erwachsen eben aus der gleichen weltanschaulichen Grundhaltung des Volkes, einer Haltung, die vom Krieger im Ernst der Schlacht wie vom Jüngling im erbitterten Ringen um den Sieg im sportlichen Wettkampf die gleichen Tugenden erheischt: Kamp-

feswille, Mut, Zähigkeit, Einsatzbereitschaft, Entschlußkraft, Aufopferungsfähigkeit, Mannschaftsgeist, Selbstbewußtsein und Verantwortungsfreudigkeit."[16]

Eine „Wesensverbundenheit von Leibesübungen und Wehr" stellt Neumann in besonderen Blütezeiten fest: im Mittelalter, in den Befreiungskriegen gegen Napoleon, im Kaiserreich von 1871 und dem Ersten Weltkrieg sowie schließlich in der Gegenwart des „Dritten Reiches". Für letztere führt er – überraschend wenige – Zitate aus Hitlers „Mein Kampf" und Äußerungen des Reichssportführers Hans von Tschammer und Osten an. An die Stelle von bürgerlich-liberalistischem Individualismus sei jetzt der „Totalitätsanspruch" der NS-Ideologie getreten, der auch die Leibesübungen dominiere. Neumann schreibt:

> „Der ewige Baugrund dieses Erziehungswerkes sind die drei Pfeiler der nationalsozialistischen Idee: Rasse, Volksgemeinschaft und Führertum. Ohne den Glauben an die Heiligkeit des deutschen Blutes und der deutschen Rasse, ohne den opferbereiten Willen zur Gemeinschaft Volk, ohne Bejahung der Persönlichkeit und des Führerprinzips gibt es kein Heldentum. Erst dann können die Leibesübungen ihren Sinn in Volk und Staat erfüllen, wenn sie ihre ganze Kraft aus diesen ewigen Quellen der nationalsozialistischen Weltanschauung schöpfen. Erst dann haben Turnen und Sport ihre Wehraufgabe gelöst, wenn das kämpferische, heldische Ideal, zu dem sie jeden deutschen Buben erziehen sollen, in allen Wesenszügen dieser politischen Grundhaltung entspricht."[17]

In „Mein Kampf" hatte Hitler, selbst alles andere als ein sportlicher Mensch, die Rolle des Sports in der NS-Ideologie vorgegeben, nämlich die rassistische Auslese und die Ertüchtigung des Menschen zu einem wehrhaften Teil der Volksgemeinschaft. Damit war dem Missbrauch des Sports im NS-System Tür und Tor geöffnet.[18] Es ist erstaunlich, wie scharf Neumann die Entwicklung seit 1923 als „Entartung" charakterisiert – eine Zeit, in der er doch selbst große sportliche Erfolge erzielt hatte. Die Übereinstimmung von Wehrbereitschaft und Sport solle sich seiner Meinung nach auf die Gesinnung des Volkes beziehen; vormilitärische Formen wie Drill und Exerzieren lehnt er allerdings für die Sportausübung ab.

Schmitthenners Gutachten über die Dissertation[19] fällt wohlwollend positiv aus, weil sie „ihre aus dem heutigen Geist geborenen Urteile mit reiner Ursprünglichkeit und lauterer Gesinnungsechtheit" fälle. Er bescheinigt der Studie „wissenschaftlich gesehen historischen und politischen Wert zugleich". Lücken stellt er bei der Darstellung der Zeit der Landsknechte und bei dem „Reichkuratorium für Jugendliche" von 1932/33 fest. „Eine stärkere Verwebung mit der grossen Zeitgeschichte hätte der Arbeit mehr Tiefe und geschichtliche Bedeutung verliehen." Insgesamt bewertet er die Dissertation mit „fast 1". Aus seinen Bemerkungen erschließt sich, dass Schmitthenner durchaus mehr Parteinahme für das NS-System gewünscht hätte. Die mündliche Prüfung am 24. Juni 1936 nahmen die Professoren Paul Schmitthenner (Geschichte und Kriegsgeschichte; Note: 1), Ernst Schuster (Volkswirtschaftslehre; Note 1–2) und Walter Thoms (Betriebswirtschaft; Note: 1) – alle drei Mitglieder der NSDAP – ab. Daraus ergab sich für die Promotion eine Gesamtbeurteilung mit „ausgezeichnet".

Warum ist von Neumanns Dissertation in Heidelberg nur ein Exemplar – und zwar im Historischen Seminar – vorhanden? In der Universitätsbibliothek, an die ja Pflichtexemplare abzugeben waren, fehlt die Arbeit, im heutigen Institut für Sport und Sportwissenschaft liegt nur eine nachträglich angefertigte Kopie. Neumann erklärt das 1947 folgendermaßen: Das Berliner Ministerium habe seine Dissertation nach der Fertigstellung 1936/37 als „bereits überholt" abgewertet, weil die Praxis der Sportausübung – anders als von Neumann gewünscht – in die Richtung einer stärkeren Ideologisierung und Militarisierung ging. Aus Verbitterung darüber habe er alle ihm zugänglichen Exemplare entfernt und vernichtet.[20] Eine ganz andere Version teilt Gerhard Treutlein, USC-Mitglied und Sportdozent an der PH Heidelberg, mit. Vom Hörensagen habe er erfahren, dass Neumann die Exemplare seiner Dissertation 1946/47 habe verschwinden lassen, um Spuren an seine Nähe zum NS-System zu verwischen.[21] Was Realität und was Legende ist, ist schwer zu entscheiden. Die erste Version stammt von Neumann selbst, die zweite hat die größere Plausibilität für sich und ist kein Einzelfall an den deutschen Sportinstituten.[22] Es bleibt festzuhalten, dass Neumann seit 1947 zwar auf den Doktortitel großen Wert legte, das Thema seiner Dissertation aber sorgfältig verschwieg. In einer Publikationsliste, die er für seine Ernennung zum Honorarprofessor zusammenstellte, fehlt seine Dissertation.[23]

## Entlassung und Entnazifizierung

Nach dem Kriegsende 1945, das er als Soldat im bayerischen Pocking erlebte, war er kürzere Zeit in US-amerikanischer Kriegsgefangenschaft und wurde – belastet durch seine frühe Mitgliedschaft in der NSDAP und SA – aus dem Hochschuldienst entlassen. Inzwischen hatte er eine vierköpfige Familie zu versorgen, seine Frau Maria geb. Mörz und die beiden Söhne Fritz (geb. 1936) und Hannes (geb. 1939); deshalb arbeitete er u.a. als Hilfsarbeiter und freiberuflicher Sportlehrer. Das Entnazifizierungsverfahren, das ursprünglich an seinem damaligen Wohnort Mannheim durchgeführt werden sollte, wurde wegen seines Berufsmittelpunkts seit 1933 von der Heidelberger Spruchkammer übernommen. Unter der formalen Berücksichtigung des frühen Eintritts in die NSDAP und SA beantragte der Öffentliche Kläger, Rechtsanwalt Janda-Eble, im Februar 1947 die Einstufung in die Kategorie II, d. h. als „Belasteter".[24] Gegen diesen schwerwiegenden Antrag trug Neumann über 20 Entlastungszeugnisse („Persilscheine") zusammen.[25]

Immer habe er sich – so deren Tenor – nicht für Politik interessiert, sondern nur für den Sport engagiert. In seiner Mannheimer Zeit vor 1933 habe er auch für katholisch orientierte Vereine (DJK) und „jüdische" Vereinsfunktionäre (MTG) gearbeitet. Sein Parteieintritt sei 1933 auf Druck der Hochschule erfolgt, die sonst mit seiner Entlassung drohte. Sein Verhältnis zur Partei sei distanziert oder kritisch gewesen; Hitlergruß und Uniform habe man bei ihm selten gesehen. Seinen Mitarbeitern habe er geraten, nicht in die NSDAP einzutreten: „Es genügt, wenn der Chef den Dummen macht und den Kopf hinhält."[26] Immer habe er sich bemüht, die Sportanlagen von parteimäßigen und paramilitärischen Veranstaltungen freizuhalten, was zu Konflikten mit den NSDAP- und SA-Funktionären führte.[27] Bei aller gebotenen Skepsis gegenüber derartigen „Persilscheinen" wirken manche dieser Aussagen überzeugend. Die Spruchkammer unter dem Vorsitz von Rechtsanwalt R. G. Galler referierte die Zeugenaussagen und schloss sich dem Votum von Neumanns Rechtsbeistand, A. Kulzinger, an, der für eine Einstufung als „Mitläufer" plädiert hatte.[28] Damit wich die Kammer in erster Instanz vom Antrag des Klägers um zwei Stufen ab. In ihrer Begründung hob sie sein „nichtnationalsozialistisches Verhalten" hervor und wertete seine Parteimitgliedschaft als „unvermeidliches Übel". Er habe keine „militärische Gesinnung erkennen lassen" und „den Nationalsozialismus nur unwesentlich unterstützt". Mit dieser Entscheidung war eine Sühnezahlung von 700 RM verbunden.[29]

## Autobiografie und Selbstreflexion

Unter dem Titel „Der unvollendete Champion" schrieb Neumann in den 1970er-Jahren auf fast 400 Seiten in sieben Kapiteln seine Erinnerungen auf: Das Kind – Der Läufer – Der Sportstudent – Der Trainer – Der „Mitläufer" – Der Forschende – Der Unvollendete.[30] Es ist ein eher seltener Fall, dass der Leiter eines Universitätsinstituts derartig ausführlich auf sein Leben zurückblickt. Den größten Teil des Textes füllen Begebenheiten aus dem Sport und aus dem Privatleben. Sein Rückblick in dem Abschnitt „Der Mitläufer" lässt sich mit den biografischen Dokumenten und den Aussagen im Entnazifizierungsverfahren vergleichen und kontrastieren.

Die häufig geäußerte Aussage, er sei unpolitisch gewesen, relativiert er selbst im Rückblick. In der Schlussphase der Weimarer Republik mit Parteienstreit und Wirtschaftskrise habe er einzig in der SPD eine politische Abhilfe gesehen. Bald sei er aber von der NS-Regierung überzeugt gewesen: „Schon die ersten Erfolge im

Otto Neumann (undat. Foto, Slg. Gerhard Treutlein; Quelle: Wittig: Basketball, wie Anm. 36)

Kampf gegen die Massenarbeitslosigkeit überzeugten mich vom guten Willen und der Tatkraft der neuen Regierung."[31] Der rassistischen Ideologie des Nationalsozialismus habe er fern gestanden, aber die Hoffnung auf wirtschaftliche Besserung und die Aussicht auf Förderung des Sports, besonders im Schulunterricht, habe ihn für das neue System gewonnen. Beeindruckt war Neumann von der nationalen Aufbruchsstimmung auf dem 15. Deutschen Turnfest im Juli 1933 in Stuttgart, wo Hitler die versammelten Sportler und Sportlerinnen durch seine Rede und die Beschwörung des Jahn-Mythos für sich gewann. Neumann schreibt: „Es war [...] nicht nur reiner Selbsterhaltungstrieb, der mich für die neuen Ideen empfänglich machte. Dahinter stand zugleich der Glaube an den guten Kern der nationalsozialistischen Bewegung."[32] Dem Leser vermittelt Neumann den Eindruck, er sei – im Widerspruch zu den biografischen Fakten – erst im Laufe des Sommers 1933 in die NS-Organisationen eingetreten. Ausführlich thematisiert er seine Abneigung gegen die SA, ihre Funktionäre und den von ihr organisierten Wehrsport. Tatsächlich war er aber beruflich auf seine Tätigkeit als Sportreferent der SA angewiesen und organisierte Sportfeste, bei denen wehrsportliche Übungen einen nicht unerheblichen Raum einnahmen. Sein Rückblick:

> „Mit dieser Berufung war ich [...] endgültig in ein unerwünschtes, politisches Fahrwasser geraten. In mancher stillen Stunde dachte ich bedrückt über den raschen Wechsel vom fördernden Mitglied des sozialistischen Studentenrings zum erfolgreichen SA-Führer nach. [...] Wenn ich mich aber zu dem Entschluß durchrang, wohl oder übel mitzumachen, widersprach es meinem Ehrgeiz, nur halbe Arbeit zu tun. Trotz dieser Selbstbeschwichtigungsversuche endete dennoch jede Gewissenserforschung in dem wenig schmeichelhaften Eingeständnis, daß es die nackte Angst um die berufliche Existenz war, die mich zum Umschwenken verleitet hatte."[33]

Dass er seit Jahresende 1933 in Heidelberg tätig war, blendet er vollständig aus. Seine Erzählung erweckt den Anschein, als ob er weiterhin an der Handelshochschule Mannheim tätig gewesen sei. Begriffe wie „Heidelberg", „Universität" oder „Schmitthenner" fallen in diesem Zusammenhang nicht. Diese Tendenz zum selektiven Verschweigen setzt sich bei der Erwähnung seiner Promotion fort. Er habe das wirtschaftswissenschaftliche Studium 1936 in Mannheim intensiv fortgesetzt und sei bei seinem Doktorvater, Professor Schuster, mit „summa cum laude" promoviert worden.[34] Namen ersetzt Neumann häufig durch verschlüsselte Pseudonyme; aber dass er vorgibt, in Wirtschaftswissenschaften promoviert worden zu sein, verstört doch sehr. Auch über die Entnazifizierung berichtet er nicht. So hinterlässt diese Selbstreflexion einen zwiespältigen Eindruck: einerseits eine bemerkenswerte selbstkritische Offenheit, andererseits ein auffälliges Verschweigen unliebsamer Tatsachen und Begebenheiten aus seinem Leben.

## Institutsleitung 1950–1968

Nachdem das Spruchkammerverfahren mit der Einstufung als „Mitläufer" beendet war und die US-Militärregierung die Beschäftigungseinschränkung aufgehoben hatte, drängte die Universitätsleitung auf die Wiedereinstellung von Neumann, der ihr volles

Otto Neumann als Trainer der 4 x 100-m-Staffel der Universität Heidelberg Anfang der 1950er-Jahre (Quelle: Lurz, Vogt: Neuenheim, wie Anm. 4, S. 274)

Vertrauen besitze und den drei anderen Bewerbern vorzuziehen sei. Am 21. November 1947 trat er seinen Dienst als Sportlehrer im Angestelltenverhältnis – noch nicht als Institutsleiter – an und wurde drei Jahre später zum Direktor des Instituts für Leibesübungen berufen.[35] In dieser Funktion hat er den Heidelberger Hochschulsport fast 20 Jahre lang entscheidend geprägt und weiterentwickelt. Dies zeigt sich daran, dass die Zahl der wissenschaftlichen Mitarbeiter und der Studierenden mit der Fachrichtung Sport erheblich zunahm.

Neumann war auch Verbindungsmann zum Vereinssport. Denn er gehörte zu den Initiatoren, als am 18. November 1949 der Universitäts-Sport-Club (USC) Heidelberg gegründet wurde, in dem junge aktive Sportler sich mit Förderern aus dem früheren Akademischen Sport-Club (ASC) zusammenfanden. Letzterer war als ASC Straßburg 1899 genau 50 Jahre zuvor gegründet und nach dem Ersten Weltkrieg 1919 als ASC Heidelberg/Straßburg weitergeführt worden. Neumann übernahm die Leitung der Leichtathletik- und Tennis-Abteilung. Große Erfolge feierte die 1950 gegründete Basketball-Abteilung. Zwischen 1957 und 1977 holte die 1. Herrenmannschaft, in der zeitweise auch Neumanns Söhne mitspielten, insgesamt elfmal den deutschen Meistertitel.[36]

Viel Energie verwendete Neumann darauf, den Raumbedarf des Instituts sicherzustellen. Aber er konnte es nicht verhindern, dass die Turnhalle im Marstallhof 1956/57 der Erweiterung der Mensa weichen musste. Die Anmietung von Hallenstunden in der Klingenteich-Halle war nur eine Notlösung. Gleichzeitig beschäftigten ihn die Folgen, die die Verlegung der naturwissenschaftlichen Institute und Kliniken ins Neuenheimer Feld haben würden. Vergeblich setzte er sich dafür ein, den bisherigen Standort des Universitätssportplatzes zu erhalten; als dies nicht möglich war, favorisierte er ein Gelände östlich des Tiergartens (im Bereich der heutigen Kliniken). Aber seine Bedenken gegen den Standort der Sportanlagen an der Peripherie des Campus blieben ohne Wirkung.[37] Im Oktober 1964 konnten die Institutsmitarbeiter ihre Arbeit am heutigen Standort im neu errichteten Gebäude aufnehmen, das den damaligen Anforderungen vollauf entsprach.

### Forschungsprojekt: Die „leibseelische" Entwicklung

„Nach dem zweiten Weltkrieg wurden in der BRD zwar an einigen deutschen Hochschulen Ausbildungsgänge für Sportlehrer eingeführt, jedoch war damit – insbesondere unter dem Eindruck der politischen Korrumpierung des Sports im Nationalsozialismus – keine generelle akademische Ausbildung verbunden. [...] Die Geburt der Sportwissenschaft als akademische Institution und damit als autonome Fachdisziplin [wird] ab Mitte der 60er Jahre bis zum Beginn der 70er Jahre [des 20. Jahrhunderts] angesetzt. [...] Der Weg dahin war nicht gerade mit Wohlwollen von seiten der etablierten, nicht selten leibfeindlichen Wissenschaften bedacht worden."[38]

In Heidelberg blieb Neumann im Kern eher ein Praktiker, der sich mit einiger Mühe – wie er selbst zugibt – die Kenntnisse angrenzender „klassischer" Disziplinen erst aneignete.[39] Neben der Methodik beschäftigte er sich in seinen Vorlesungen mit der „Geschichte der Leibesübungen", wozu er sicherlich seine Dissertation heranziehen konnte, mit den „Organisationsformen" des Sports, der körperlichen Erziehung und

dem „Leib-Seele-Problem". Darin untersuchte er den Zusammenhang von Sportausübung und Persönlichkeitsbildung und nahm damit eine Vorreiterrolle in der Sportwissenschaft der 1950er-Jahre ein. Als „Versuch einer psychologischen Diagnostik und
Deutung der Persönlichkeit des Sportlers" ließ er 120 Studenten – eingeteilt in Trai-
ningssportler, Allgemeinsportler und Nichtsportler – bei sportlichen Betätigungen beobachten.[40] Auf einer Skala von +3 bis –3 bewerteten die Beurteiler (Psychologen
und Sportpädagogen) die ausschließlich männlichen Versuchsteilnehmer in Kategorien wie Selbstbeherrschung, Ausdauer, Pflichterfüllung, Fairness, Toleranz, Dominanz,
Leistungsstreben und Furcht. Die Ergebnisse wurden aufwendig in Tabellen und Grafiken zusammengestellt. Der Sport biete – so resümierte Neumann – eine Basis für die
Entwicklung psychodiagnostischer Verfahren. Für diese Studie, die als erster Band der
wissenschaftlichen Reihe des Deutschen Sportbundes erschien, wurde Otto Neumann
im Juni 1955 die Carl-Diem-Plakette verliehen.[41]

Carl Diem und Otto Neu-
mann (undat. Foto, Quelle:
Rieder: Bewegung, wie
Anm. 40, S. 35)

In einer ähnlichen Versuchsanordnung untersuchten Neumann und sein Team 1200
männliche Schüler im Alter von 11 bis 18 Jahren aus zwei Heidelberger Gymnasien –
darunter das nahe gelegene Bunsen-Gymnasium. Insgesamt wurden 150.000 Kenn-
ziffern erhoben und ausgewertet. Ein umfangreiches Buch und ein Film über „Die leibseelische Entwicklung im Jugendalter" dokumentierten das Projekt im Jahre 1964.[42]
Die Ergebnisse sind wenig überraschend: Die Entwicklung im Jugendalter erfolgt dis-
kontinuierlich, und die sportliche Betätigung verhilft den Jugendlichen zu körperlicher,
emotionaler und intellektueller Weiterentwicklung. Aus heutiger Sicht lässt sich manches einwenden: Die Studie ist zwar empirisch angelegt, basiert aber auf subjektiven
Beobachtungen statt auf objektiv überprüfbaren Merkmalen. Zudem wurden die Schüler in nur einem Kalenderjahr untersucht. Erst die Beobachtung über mehrere Jahre
hinweg hätte die Entwicklung der Probanden in der Phase der Adoleszenz erhellen
können, wozu aber die organisatorischen Möglichkeiten fehlten.

Über die „leibseelische Entwicklung" gingen Neumanns Forschungen nicht hinaus.
Dazu fehlten ihm wohl ein breiter gestreutes wissenschaftliches Interesse und vielleicht
auch ein wenig der Forschungseifer, wie er selbstkritisch bemerkt:

„Meine Freunde in der Professorenschaft versuchten den ihrer Ansicht nach allzusehr auf den Genuß einer ausgiebigen Freizeit erpichten Kollegen stärker zur wissenschaftlichen Arbeit hinzulenken. Nach einem verbissen geführten Tennismatch machte mir mein Partner, ein Ordinarius der Pädagogik [vermutlich Hermann Röhrs], ernsthafte Vorhaltungen: ‚Wenn Sie mit der gleichen Zähigkeit, mit der Sie schier aussichtslosen Bällen nachjagen, sich Ihrer wissenschaftlichen Tätigkeit widmen und diese Arbeit nicht ständig durch ausgedehnte Ski- und Sommerreisen unterbrechen würden, so hätten Sie schon längst eine Professur geschafft‘."[43]

Aufgrund seiner Lehrtätigkeit wurde ihm schließlich im Juni 1965 auf Vorschlag der Philosophischen Fakultät der Titel eines „Honorarprofessors" verliehen. Die Presse kommentierte: „Mit dieser, in Fachkreisen schon lange erwarteten Ernennung ist nun endgültig ein Tabu durchbrochen, das seit mehr als 30 Jahren über das Fach Leibeserziehung an den Universitäten verhängt worden war."[44]

Für ein Ordinariat war die Sportwissenschaft nach der in der Universität vorherrschenden Ansicht damals noch nicht reif; es wurde erst 1973 für Neumanns Nachfolger Herrmann Rieder geschaffen. Im Jahr 1965, drei Jahre vor seiner Pensionierung erlebte Neumann eine persönliche Anerkennung durch die Verleihung des Professorentitels und zugleich die lang ersehnte feierliche Einweihung des Institutsneubaus östlich des Tiergarten-Freibades. Neben zahlreichen Vereins- und Verbandsehrungen wurde Otto Neumann 1982 – im Jahr seines 80. Geburtstags – das Bundesverdienstkreuz 1. Klasse verliehen. Fast acht Jahre später verstarb er am 12. April 1990.

## Schlussbetrachtung „Der Unvollendete"

„Der Vater dieses Buches ist der Zorn. Der Zorn über die launische Schicksalsgöttin, die mit aufreizender Blindheit strahlendes Glück und bittere Not über uns Erdenbürger verstreut."[45] Worauf gründet der Autor diese Wut und das Gefühl des Scheiterns, ein „unvollendeter Champion" zu sein? Dabei kann Neumann durchaus auf ein erfolgreiches Leben zurückblicken. Die Wechselfälle eines Lebens im 20. Jahrhundert teilt er mit sehr vielen Menschen seiner Generation: die wirtschaftlichen Schwierigkeiten in der Weimarer Republik, die Begeisterung für den Nationalsozialismus und der berufliche Aufstieg, Leid und Zerstörung im Zweiten Weltkrieg, der Absturz 1945 und die Alltagsnöte der Nachkriegszeit, schließlich der Wiederaufschwung und die beruflichen Erfolge in der frühen Bundesrepublik.

In dem Schlusskapitel seiner Selbstreflexionen geht es Neumann aber nur am Rande um einen historisch-politischen Rückblick, eher um eine persönliche Bilanz als talentierter und begeisterter Sportler. Während er seine Tätigkeit an der Universität mehrfach mit dem Wort „Routine" abwertet, betont er seine „persönliche Erlebnisfähigkeit" und „die vielen Freuden, die mir mein sportlicher Lebensstil erschlossen hat", mit dem er seine körperliche Leistungsfähigkeit austesten konnte.[46] Wenig Verständnis hat er dabei für Mitmenschen, die ihre körperliche Fitness vernachlässigten. Aber wieso der Titel „unvollendet"? In seiner Rückschau stellt er fest, dass seiner Karriere immer „knapp vor Erreichen der absoluten Spitze ein Halt geboten wurde"[47]. So beklagt er noch Jahrzehnte später, dass er als Staffelläufer den Weltrekord knapp verfehlte, als Fußballtrainer keine Mannschaft zur Meisterschaft führte und in den Sportverbänden keine Spitzenposition erreichte. Auch seine wissenschaftliche Arbeit blieb – so sein kritischer Rückblick – „in den Kinderschuhen stecken" und viele geplante Forschungsvorhaben unvollendet.[48]

Sein Resume klingt etwas versöhnlicher. Auf die Frage, wie alt er am liebsten wäre, schreibt er: „Genau so alt, wie ich in Wirklichkeit bin. So verliert auch der Gedanke, daß trotz aller stolzen Erfolge im Sport und Beruf eine mitunter bitter empfundene Kluft zwischen erträumter Größe und wirklich Erreichtem [herrscht], seinen Stachel."[49]

## Anmerkungen

1    Einen Anstoß und erste Hinweise zu diesem Thema gab eine Arbeit zum Geschichtswettbewerb des Bundespräsidenten der damaligen Thadden-Schülerin Laura de Boer: Sport und Gesellschaft – eine Beziehung im Wandel? Eine Untersuchung von Leben und Wirken des Heidelberger Sportprofessors Prof. Dr. Otto Neumann (1902–1990), MS 2021. Hinzu kamen eigene Erinnerungen als Bunsen-Schüler und USC-Jugendlicher. Den Mitarbeiterinnen und Mitarbeitern der besuchten Archive und Institute danke ich für ihre freundliche Unterstützung.

2    Heidelberger Neueste Nachrichten (HNN) 23.6.1936, S. 9; 24.6.1936, S. 7.

3    HNN 29.6.1936, S. 14.

4    Meinhold Lurz, Daniela Vogt: Neuenheim im Wandel. Eine Sozialgeschichte in Bildern von 1870 bis 1950. Hg. Stadtteilverein Neuenheim. Heidelberg 1990, S. 275–279.

5    Ruperto Carola. Beilage zu „Der Heidelberger Student". 77. Halbjahr, SS 1936, Nr. 6, S. 6; vgl. Ludwig Zahn: Leibesübungen an der Heidelberger Universität, in: HNN, Sonderbeilage zum Universitätsjubiläum 27.6.1936, S. 18.

6    Volkgemeinschaft/Heidelberger Beobachter 2.5.1937, S. 11; vgl. Lurz, Vogt: Neuenheim (wie Anm. 4), S. 282f. Vgl. zum SA-Sport Hajo Bernett: Nationalsozialistische Leibeserziehung. Eine Dokumentation ihrer Theorie und Organisation (Texte – Quellen – Dokumente zur Sportgeschichte). Überarbeitet und erweitert von Hans Joachim Teichler und Berno Bahro, Schorndorf ²2008, S. 267–274.

7    Zahn: Leibesübungen (wie Anm. 5) und Eike Wolgast: Das zwanzigste Jahrhundert, in: Gisbert Freiherr zu Putlitz (Hg.): Semper apertus. Sechshundert Jahre Ruprecht-Karls-Universität Heidelberg. Bd. III: Das zwanzigste Jahrhundert. Hg. Wilhelm Doerr, Berlin u.a.1985, S. 1–54, hier S. 10f.; eine Zeittafel zur Institutsgeschichte: http://www.issw-uni-heidelberg.de/institut/geschichte/index.html (1.6.2023).

8    Biografische Angaben nach der Personalakte im Universitätsarchiv Heidelberg (UAH) PA 5164, 5165 und der Spruchkammerakte im Generallandesarchiv Karlsruhe (GLA) 465q 34987.

9    Klaus Amrhein: Biographisches Handbuch zur Geschichte der Deutschen Leichtathletik 1898–1998, Darmstadt 1999, S. 328f.

10   Spruch der Spruchkammer Heidelberg 22.7.1947, S. 2 (GLA 465q 34987, Nr. 55; in Abschrift UAH PA 5164), basierend auf den Entlastungszeugnissen von Willy Kraus und Fritz Corterier (GLA 465q 34987, Nr. 16f.).

11   Schriftwechsel in: Universitätsarchiv Mannheim 1 Nr. 456.

12   Kilian Schultes: Die Staats- und Wirtschaftswissenschaftliche Fakultät, in: Wolfgang U. Eckart, Volker Sellin, Eike Wolgast (Hgg.): Die Universität Heidelberg im Nationalsozialismus, Heidelberg 2006, S. 557–624, hierzu S. 560–565.

13   Volker Sellin: Die Rektorate Andreas, Groh und Krieck, in: Eckart, Sellin, Wolgast (wie Anm. 12), S. 16. Zum „Tag der Leibesübungen" von 1934: Der Heidelberger Student. 74. Halbjahr, SS 1934, Nr. 5, S. 9.

14   Hierzu wurden die Personal- und Vorlesungsverzeichnisse der Universität ausgewertet. Vgl. Bernett: Leibeserziehung (wie Anm. 6), S. 204–210.

15   Neumann an Spruchkammer Heidelberg 23.6.1947 (GLA 465q 34987, Nr. 40).

16  Otto Neumann: Der Wehrgedanke in der Geschichte der deutschen Leibesübungen. Phil. Diss. Heidelberg 1937, S. 3 und 8.

17  Ebd., S. 109; teilw. abgedr. in: Bernett: Leibeserziehung (wie Anm. 6), S. 109.

18  Adolf Hitler: Mein Kampf, München 1937, S. 451ff.; vgl. Bernett: Leibeserziehung (wie Anm. 6), S. 25–86.

19  Gutachten Schmitthenner, in: Akten der Philosophischen Fakultät 1935/36. Promotionsakten (UAH H IV-757/38, fol 295; vgl. Promotionsurkunde 11.2.1938 (ebd. H IV 757/41, Nr. 55).

20  Neumann an Spruchkammer Heidelberg (wie Anm. 15).

21  Interview mit Gerhard Treutlein, in: de Boer: Sport (wie Anm. 1), Anhang S. 29.

22  So Hans Joachim Teichler im Vorwort zu Bernett: Leibeserziehung (wie Anm. 6), S. 9.

23  Liste der Veröffentlichungen, undat., um 1964 (UAH PA 5165).

24  Klageschrift 29.3.1947 (GLA 465q 34987, Nr. 10).

25  Entlastungsschreiben gesammelt in: GLA 465q 34987, Nr. 15–36.

26  Aussage Walter Stock 4.6.1947 (GLA 465q 34987, Nr. 31).

27  Aussage F. Arnold (GLA 465q 34987, Nr. 30).

28  A. Kulzinger an Spruchkammer Heidelberg 15.4.1947 (GLA 465q 34987, Nr. 47).

29  Spruch der Spruchkammer Heidelberg 22.7.1947 (GLA 465q 34987, Nr. 55 und in Abschrift UAH 5164), Zit. S. 4.

30  Otto Neumann: Der unvollendete Champion. Der Werdegang eines unsportlichen Jungen, der ins Wasser geworfen wurde. MS, o.O. o. J. Der Begriff „Selbstreflexion" ist von de Boer: Sport (wie Anm. 1) übernommen.

31  Neumann: Champion (wie Anm. 30), S. 292–341, Zit. S. 334.

32  Ebd., S. 298.

33  Ebd., S. 303.

34  Ebd., S. 320f.

35  Personalbogen Otto Neumann 3.8.1950 (UAH PA 5164) und die Korrespondenz 1947–1950 (ebd.).

36  Lutz, Vogt: Neuenheim (wie Anm. 4), S. 269–274; Peter Wittig: Basketball-Geschichte des USC Heidelberg, in: https//www.usc-hd.de/verein/usc-historie (1.6.2023).

37  Korrespondenz Bauvorhaben 1954–1964 (UAH 148/39); vgl. Ansgar Schmitt: Das Neuenheimer Feld nach 1945, in: Gisbert Freiherr zu Putlitz (Hg.): Semper apertus. Sechshundert Jahre Ruprecht-Karls Universität Heidelberg 1386–1986. Bd. V: Die Gebäude der Universität Heidelberg. Textband. Hg. Peter Anselm Riedl, Berlin u.a. 1985, S. 514–558, bes. S. 524f.

38  Verena Burk, Marcel Fahrner (Hgg.): Sportwissenschaft. Themenfelder, Theorien und Methoden, Tübingen ²2020, S. 18f. (2. Teil: Zit. G. Drexel).

39  „In den Gefilden der leibeserzieherischen Theorie fühlte ich mich [...] äußerst unwohl." In: Neumann: Champion (wie Anm. 30), S. 342, vgl. ebd., S. 349.

40  Otto Neumann: Sport und Persönlichkeit. Versuch einer psychologischen Diagnostik und Deutung der Persönlichkeit des Sportlers (Wissenschaftliche Schriftenreihe des Deutschen Sportbundes. Bd. 1), München 1957. Vgl. Hermann Rieder (Hg.): Bewegung – Leistung – Verhalten. Zu aktuellen Fragen der Sportforschung. Festschrift zum 70. Geburtstag von Prof. Dr. Otto Neumann, Schorndorf 1972.

41  RNZ 23.6.1955, S. 5.

42  Otto Neumann: Die leibseelische Entwicklung im Jugendalter, München 1964.

43  Neumann: Champion (wie Anm. 30), S. 362.

44  RNZ 1.7.1965, S. 11.

45  Neumann: Champion (wie Anm. 30), S. 5.

46  Ebd., S. 397, vgl. ebd. S. 388.

47  Ebd., S. 370.

48  Ebd., S. 387.

49  Ebd., S. 398.

**Klaus Harthausen**

# Die Geschichte des Heidelberger Hafens in Bergheim

Wer heute am Neckar zwischen dem Wehrsteg und der Ernst-Walz-Brücke spazieren geht, kann sich kaum vorstellen, dass vor rund 50 Jahren noch Kräne und Kohlenberge das Bild des Neckarufers in diesem Abschnitt prägten.

Mit dem Bau der Staustufe Wieblingen im Zuge der Kanalisierung des Neckars und seines Ausbaus zur Großschifffahrtsstraße entstand 1925 unterhalb der Ernst-Walz-Brücke (damals: Hindenburgbrücke) durch Aufschüttungen am ehemaligen Mühlkanal ein Gelände, das erst zur Anlegestelle und dann zum Hafen ausgebaut wurde. Das neu entstandene Gelände war als Anlegeplatz gut geeignet: Das Ufer lag außerhalb der Schifffahrtsrinne und hatte durch das neue Stauwehr einen nahezu konstanten Wasserpegelstand. Von 1928[1] bis zum Zweiten Weltkrieg wurde es nur im westlichen Teil von der Mannheimer Kies- und Baustoff-Firma Weber & Co. für den Umschlag von Sand und Kies genutzt, ab September 1934 war dort ein Dampfdrehkran in Betrieb. In den 1930er-Jahren gab es durch ambitionierte zivile und militärische Bauprojekte reichlich Bedarf an Baumaterial, so für die Reichsautobahn Heidelberg-Mannheim oder den Kasernenbau in Heidelberg. Sogar für den Bau des „Westwalls" wurde in Bergheim Material umgeschlagen.[2]

Nach dem Krieg erkannte man bei den Stadtwerken den Nutzen des Areals für die Anlandung von Kohle und baute es zu einer größeren Umschlaganlage aus. Die östlichen Geländeteile, die vormals als Exerzierplatz der Grenadiere und später zeitweilig für die Heidelberger Messe genutzt worden waren, kamen hinzu. Die Stadtwer-

Hafenbetrieb vom Wehrsteg aus gesehen, 12. April 1951. Rechts vorne ist der Dampfdrehkran in Betrieb. (Foto: Schaub, Stadtwerke Heidelberg Nr. 979)

Kohleverladung im Hafen, 12. April 1951 (Foto: Schaub, Stadtwerke Heidelberg Nr. 981)

ke wurden bis dahin noch über den Hafen in Mannheim-Rheinau mit Kohle beliefert. Für eine wirtschaftlichere Abwicklung des Kohlenbezugs entschloss man sich deshalb nach 1945, am Neckarkai einen eigenen Hafenbetrieb einzurichten. Im Vergleich zum Transport über den Hafen in Rheinau konnten die Stadtwerke damit rund zwei DM pro Tonne Kohle einsparen.[3] Aber auch nachkriegsbedingte Engpässe bei der Reichsbahn spielten bei der Entscheidung für den Schiffstransport bis Heidelberg eine Rolle, denn wegen des Mangels an Bahnwaggons und der gesprengten Brücken gab es starke Beschränkungen für den Kohlentransport vom Ruhrgebiet in den Süden.[4]

Die Wasser- und Schifffahrtsdirektion erlaubte der Stadt mit einem Hafenvertrag die Nutzung des linken Neckarufers zwischen Strom-km 22,520 und Strom-km 23,000. Im März 1948 wurde von den Stadtwerken ein eigener Hafenbetrieb eingerichtet, zunächst mit einem elektrischen Uferdrehkran mit fünf Tonnen Tragkraft und 20 Meter Ausladung. Aufgrund der hohen Nachfrage von weiteren Unternehmen wurde der zwischenzeitlich von Weber & Co. angemietete alte Dampfdrehkran bereits drei Jahre später durch eine leistungsfähigere Verladebrücke der Firma Rheinmetall ersetzt. Diese wurde am 4. Dezember 1952 in einem kleinen Festakt von Oberbürgermeister Dr. Carl Neinhaus eingeweiht. Der auf die Brücke aufgesetzte Drehkran hatte ebenfalls fünf Tonnen Tragfähigkeit und 18 Meter Ausladung. Die Kranbahn, auf der die Verladebrücken entlang der anlegenden Schiffe verschoben werden konnten, wurde auf 385 Meter Uferlänge ausgedehnt, so dass der gesamte Platz genutzt werden konnte. Eine Förderanlage und ein Kohlenbunker erleichterten die Lagerung. Ebenfalls 1952 wurden an der Einfahrt eine Fahrzeugwaage mit 25 Tonnen Tragkraft eingebaut und eine Transformatorenstation errichtet, die mit den Büros der Hafenmeisterei kombi-

Klaus Harthausen

niert war. 1958 wurde noch eine zweite, von Mohr & Federhaff in Mannheim gelieferte Verladebrücke mit Wippdrehkran aufgestellt. Diese moderne Krananlage hatte sechs Tonnen Tragkraft und 28 Meter Ausladung bei Greiferbetrieb bzw. 7,5 Tonnen und 22 Meter bei Stückgutbetrieb. Die Länge der Brücke betrug 45 Meter.[5] Zumindest zeitweise verfügte der Hafenbetrieb wohl auch über ein eigenes Schleppboot, zu dem aber keine näheren Angaben zu finden sind.

Hafenbetrieb, Blick von der Neuenheimer Seite, 2. Juli 1951 (Foto: Schaub, Stadtwerke Heidelberg Nr. 997)

Kranbetrieb mit der neuen Rheinmetall-Verladebrücke, 6. Dezember 1952. Im Hintergrund ist der elektrische Drehkran zu sehen. (Foto: Schaub, Stadtwerke Heidelberg Nr. 1443)

Die Geschichte des Heidelberger Hafens

Neben der „Vereinigte Baustoff- und Eisen GmbH (VBE)", die 1968 aus dem Zusammenschluss dreier Baustoffunternehmen (darunter die ehemalige Firma Weber) hervorging, siedelte sich auf dem günstig gelegenen Gelände auch eine Kohlengroßhandelsfirma als Nutzerin an. In der „Neckar-Kohlenhandel GmbH" hatten sich die Firmen Döbler, Oberfeld und Müller zusammengeschlossen. Sie belieferte verschiedene Einzelkunden sowie die US-Streitkräfte des Standorts Heidelberg mit Koks und Briketts zum Heizen. Der Kohlengroßhandel errichtete weitere Silos und vergrößerte die Umschlagkapazität des Hafens, die Abfuhr erfolgte mittels LKW. Weitere zumindest zeitweise am Umschlag beteiligte Unternehmen waren die Portland-Zementwerke AG (bis 1975), die Nagelfabrik Helmreich & Cie. in Wieblingen (bis zu Verlagerung nach Mannheim 1963) sowie die Papiersackfabrik Luh. Insgesamt umfasste das Gelände rund 41.000 Quadratmeter Fläche.[6]

Einfahrt mit der Hafenmeisterei, dahinter Verladesilo der Neckar-Kohlenhandel GmbH und die Kranbrücke 6. Dezember 1952 (Foto: Schaub, Stadtwerke Heidelberg Nr. 1440)

## Kohle für Heidelberg

Die Kohle war in Europa bis zur Mitte des 20. Jahrhunderts der dominierende Brennstoff für Industrie, Gewerbe und Haushalte. Sie wurde auch in Deutschland in großen Mengen abgebaut, transportiert und verbraucht. Bei den Stadtwerken Heidelberg bestand Kohlebedarf für das 1900 errichtete Elektrizitätswerk, das 1933 zu einem Heizwerk umgebaut wurde. Zusätzliche Heizwerke kamen 1956/57 im Pfaffengrund und in Neuenheim hinzu. Auch für die Gasversorgung wurden früher große Mengen an Kohle benötigt. Das Stadtgas wurde teilweise aus Mannheim bezogen und teilweise durch Kohlevergasung vor Ort selbst erzeugt. Bereits ab 1877 wurde in einem Gas-

Klaus Harthausen

werk an der Eppelheimer Straße (heute: Alte Eppelheimer Straße) Kohle zu Stadtgas verkokst und ab 1915 auch im Pfaffengrund. Wegen des hohen Bedarfs errichteten die Stadtwerke 1956/57 ein neues Gaswerk mit angeschlossener Gaskokerei. Es hatte einen Kohlebedarf von 100.000 bis 120.000 Tonnen jährlich, hinzu kam das Heizkraftwerk mit 30.000 bis 40.000 Tonnen.[7] Die Leistung des Hafens stieg schnell an: Wurden 1948 noch 52.386 Tonnen Kohle umgeschlagen, waren es im Jahr 1953 bereits 204.864 Tonnen und bis Ende 1956 – vor Inbetriebnahme des Gaswerks – stieg die Umschlagsleistung auf 309.425 Tonnen an.[8] Die Krankapazitäten waren bald ausgelastet und die Stadtwerke gingen 1956 zu einem Zweischichtbetrieb über. Im Jahr 1960 wurde mit 617.395 Tonnen ein Spitzenwert erreicht.

## Der „Mannheimer Vertrag" von 1961

Die Stadt Heidelberg, Eigentümerin der Uferanlagen, hatte anlässlich der Inbetriebnahme der neuen Kranbrücke am 25. September 1958 eine nachträgliche Bewilligung nach dem Wassergesetz für den bereits 1947 errichteten Lade- und Löschplatz beantragt. Bis dahin war man bei der Stadt davon ausgegangen, über ein altes Wassernutzungsrecht zu verfügen, außerdem stützte man sich auch auf die Heidelberger Hafenpolizeiordnung von 1936. Mit dieser Auffassung stimmte auch die Wasser- und Schifffahrtsdirektion überein, die mit der Stadt 1947 einen Nutzungsvertrag für das Neckarufer abgeschlossen hatte. Die Bewilligung des Innenministeriums wurde jedoch erst am 7. August 1963 nachträglich erteilt. Hintergrund dieses langen Verfahrens waren Einwände des Staatlichen Hafenamts Mannheim. Der Mannheimer Industriehafen sah eine Konkurrenz beim Stückgutumschlag und stellte sich auf den Standpunkt, dass der Bergheimer Hafen de jure gar nicht existiere. Man wollte den Umschlagplatz auf einen Werkshafen der Stadtwerke beschränkt wissen, insbesondere sollte kein Stückgutumschlag erfolgen. Wegen des schwebenden Genehmigungsverfahrens musste im September 1958 die Montage der von Mohr & Federhaff bereits gelieferten und im Aufbau befindlichen Verladebrücke auf Erlass des Regierungspräsidiums zeitweilig eingestellt werden, auch der Wippdrehkran durfte zunächst nicht aufmontiert werden.[9]

Der neue Verladekran von Mohr & Federhaff, 25. Mai 1959 (Foto: Stadtwerke Heidelberg, Nr. 2545)

Um die Bedenken auszuräumen, wurde am 20. September 1961 eine Vereinbarung zwischen der Stadt Heidelberg und der Stadt Mannheim sowie dem Staatlichen Hafenamt getroffen. Damit wurde unter anderem der Verkauf von Brennstoffen durch die Neckar-Kohlenhandel GmbH außerhalb des unmittelbaren Umlandes von Heidelberg sowie eine Erweiterung des Stückgutverkehrs untersagt. Dieser „Mannheimer Vertrag" verhinderte eine Umstellung auf den Stückgutumschlag und eine Diversifizierung des für Massengüter eingerichteten Heidelberger Hafens.

Dass sich das Innenministerium seiner eigenen Argumente zur angeblich fehlenden Genehmigung des Heidelberger Umschlagplatzes später wohl doch nicht mehr so sicher war, könnte man aus einem 1964 herausgegebenen Erlass schließen, mit dem es pauschal alle Wasserbenutzungsrechte aus der Zeit vor dem 1. März 1960 für ungültig erklärte und verfügte, dass im Folgejahr jeweils ein Neuantrag gestellt werden musste.[10] Nach einem Urteil des Verwaltungsgerichtshofs Mannheim zum Hafen Plochingen im Jahr 1968[11] diskutierte man im Aufsichtsrat der Stadtwerke 1971 zwar nochmal, dass der „Mannheimer Vertrag" nicht der geltenden Rechtslage entsprach, verzichtete jedoch auf weitere Schritte, da sich bereits ein Ende des Engagements im Hafen abzeichnete.[12]

## Rückgang des Hafenbetriebs

Im Heidelberger Hafen wurden Kohle und Koks umgeschlagen, überwiegend für den Bedarf der Stadtwerke. Hinzu kamen Kies, Sand und Bimskies für die Bauwirtschaft, Rohgips aus Obrigheim und Zementklinker für die Portland-Zementwerke sowie verschiedene Stückgüter, insbesondere Walzdraht und Papier. In den Akten ist aber auch der gelegentliche Umschlag von Einzelgütern vermerkt, beispielsweise von Schienen oder heute kurios anmutenden Gütern wie Knochen und Fischmehl in Säcken. Bei niedrigen Wasserständen des Rheins wurden die Heidelberger Kräne auch des Öfteren zum „Überschlag" von Schiff zu Schiff genutzt, um eine Schiffsladung für die Bergfahrt auf dem Neckar, der infolge der Kanalisation weniger von Niedrigwasser betroffen war, zu komplettieren. Das Hafenpersonal der Stadtwerke umfasste 1964 – zu den Hochzeiten des Hafenbetriebs – 17 Beschäftigte, die allerdings teilweise auch im Fuhrpark tätig waren, der für den Kohlentransport vom Hafen zu den Verbrauchsstellen zuständig war.

Nach der Stilllegung des kohlebasierten Gaswerks 1966, der Umstellung von Stadtgas auf Erdgas 1971 sowie dem Bau von mehreren ölbetriebenen Heizwerken ging der Kohlenumschlag der Stadtwerke erheblich zurück und der Hafen wurde für das Unternehmen zunehmend unrentabel. Die US-amerikanischen Streitkräfte hatten bereits 1959 ihren Koksumschlag im Heidelberger Hafen beendet. Der Umschlag von Kohle als Brennstoff für den privaten und kleingewerblichen Bedarf endete 1970 und die Neckar-Kohlenhandel GmbH zog sich aus dem Hafen zurück.[13] Die Kohle hatte im privaten Bereich an Bedeutung verloren, nachdem die meisten Haushalte auf Heizöl, Gas oder Fernwärme umgestiegen waren.

Am 29. Mai 1974 teilten die Stadtwerke der Stadtverwaltung in einem Schreiben mit, dass sie aus wirtschaftlichen Gründen und wegen des nur noch geringen eigenen

Klaus Harthausen

Umschlags den Hafenbetrieb so bald wie möglich stilllegen wollten.[14] Der Hafenumschlag betrug 1974 zwar noch 238.000 Tonnen, war aber klar im Rückgang begriffen. Im ersten Halbjahr 1975 waren es dann nur noch 85.000 Tonnen und es war absehbar, dass ab dem zweiten Halbjahr mit Inbetriebnahme des neuen, ölbetriebenen Fernheizwerks Mitte der noch verbleibende eigene Umschlag von ca. 40.000 Tonnen pro Jahr wegfallen würde. Ebenfalls in diesem Jahr stellte die Firma Portland-Zement den Schiffstransport von Gips für das Zementwerk Leimen, der etwa die gleiche Menge betrug, endgültig ein.[15]

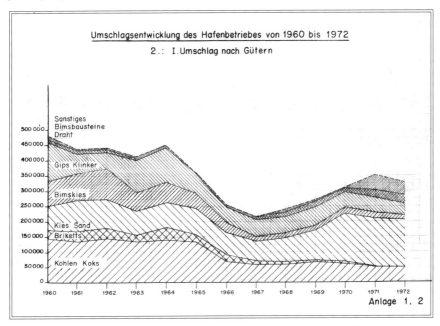

Entwicklung des Umschlags des Hafenbetriebs der Stadtwerke 1948–1972 (Quelle: Stadtwerke Heidelberg)

Obwohl der Hafenbetrieb für die Stadtwerke in den Jahren von 1965 bis 1973 ein Verlustgeschäft war (mit Ausnahme einer „schwarzen Null" im Jahr 1971), rechnete sich der Betrieb noch immer, solange keine größeren Investitionen zu tätigen waren. Denn wegen der günstigeren Frachtkosten für die eigenen Kokerei- und Fernwärme-Kohlen konnten deutliche Einsparungen in Höhe von 1,569 Mio. DM erzielt werden.[16] Mit dem sich anbahnenden Ende der eigenen Kohle-Verfeuerung war jedoch absehbar, dass diese Wirtschaftlichkeitsbetrachtung bald negativ ausfallen würde.

## Das Ende des Hafenstandortes Bergheim

Bereits 1954 hatte sich die Stadtverwaltung an die Stadtwerke gewandt und moniert, dass „die schwarzen Kohlenberge, da wo sie jetzt liegen, nicht am rechten Platz sind und den über die Autobahn oder in Zukunft vom neuen Bahnhof über die Ernst-Walz-

Die Geschichte des Heidelberger Hafens

175

Brücke kommenden Zuschauer stören. Es müsse versucht werden, an den Einfallstoren der Stadt einen freundlichen Anblick zu schaffen."[17] Doch erst mit dem absehbaren Ende des eigenen Kohlebedarfs hatten die Stadtwerke ein wirtschaftliches Interesse, den Hafenbetrieb zu beenden. Auch Oberbürgermeister Reinhold Zundel plädierte 1974 für eine Stilllegung. Zunächst wurde zwischen der Stadt als Grundeigentümerin und den Stadtwerken vereinbart, das Pachtverhältnis im März 1976 zu beenden, außerdem sollten die Stadtwerke die Rheinmetall-Kranbrücke bis zum Ende dieses Jahres abbauen.[18]

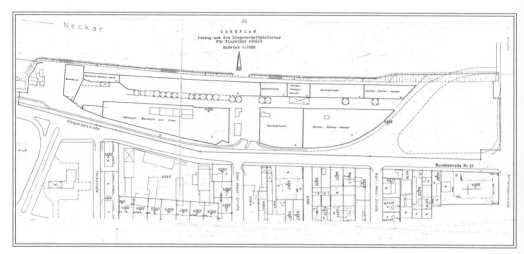

Lageplan des Hafens 1973, die Aufteilung der Lagerflächen ist jeweils bezeichnet. Die Flächen für die geplante Verlegung der B 37 zum Iqbalufer sind bereits freigemacht. (Quelle: Stadtwerke Heidelberg)

In der Sitzung des Gemeinderats vom 29. Januar 1976 wurde beschlossen, den Hafen stillzulegen, sobald eine städtebauliche Entwicklung des Areals in Angriff genommen werden konnte. Der Verladebetrieb der VBE sollte bis dahin noch übergangsweise weiterlaufen können. Die Stadtwerke beendeten in der Folge ihren Hafenbetrieb sowie den Grundstückspachtvertrag mit der Stadt zum 31. März 1976. Die verbliebenen Umschlaganlagen wurden an die VBE verpachtet, die den Hafen in eigener Regie weiterführte. Zu diesem Zeitpunkt hatten die Stadtwerke nur noch drei Beschäftigte im Hafenbetrieb, die nach dessen Schließung in andere Abteilungen versetzt wurden. Die Rheinmetall-Kranbrücke wurde im August 1976 abgebaut und verkauft, die übrigen Anlagen an VBE abgegeben. Die VBE schlug 1977/78 in Eigenregie noch 269.975 Tonnen Baustoffe um.[19]

Mittlerweile hatte man bei der Stadt den Plan gefasst, auf dem Hafengelände ein Hotel sowie ein „Japanisches Kultur- und Sportzentrum" zu errichten. Ende 1979 kündigte die Stadt dann auch der verbliebenen Pächterin VBE und drohte ihr mit einer Räumungsklage, wogegen sich diese mit Rechtsmitteln wehrte. Schließlich einigte man sich in einem außergerichtlichen Vergleich auf eine Kündigung frühestens zum

Klaus Harthausen

30. Juni 1982.[20] Im September 1982 beschloss der Gemeinderat dann einen neuen Be-bauungsplan für das Gebiet. Damit war das Ende des Hafens besiegelt: Am 8. August 1984 wurden als letzte Ladung 1.200 Tonnen Sand von der „MS Energie" gelöscht.[21] Die modernere der beiden Verladebrücken wurde an die Firma Götz in Neckarstei-nach verkauft. Diese demontierte die Anlage im Oktober 1984 und transportierte sie auf dem Wasserweg zum Hafen Stuttgart, wo sie eine neue Verwendung fand.[22] Die markante Silhouette der Heidelberger Hafenanlagen war damit verschwunden. Das ur-sprünglich geplante Japan-Zentrum kam dann doch nicht, heute sind auf dem Gelände ein Marriott-Hotel, die Wasser- und Schifffahrtsdirektion sowie die Wasserschutzpolizei angesiedelt.

## Anmerkungen

1   Akten Stadtwerke Heidelberg (SWH): 09.01.09.00; andere Quellen geben den 1.6.1931 an.
2   Günther Augspurger: Die Geschichte der Heidelberger Häfen, in: Jahrbuch des Stadtteilver-eins Handschuhsheim 2008, S. 35.
3   Fritz Bergmaier: Vortrag des Werksleiters der Stadtwerke Heidelberg bei seinem Ausschei-den am 31. Januar 1957, Heidelberg 1957, S. 30. Der Bedarf der Stadtwerke wurde 1948 mit 30-35.000 t Kohle angegeben.
4   Akten SWH G.2-1.3: Protokoll der Wirtschaftsausschusssitzung vom 23.4.1948.
5   Akten SWH G.2-11.
6   Stand 1958.
7   Bergmaier: Vortrag des Werksleiters (wie Anm. 3), S. 31.
8   Akten SWH G.2.
9   Akten SWH G.2-1: Gesprächsvermerk vom 18.9.1958.
10  Staatsanzeiger Baden-Württemberg vom 14.10.1964, VIII 2220/159.
11  VGH Mannheim, Beschluss vom 11.11.1968, Az. II 710/68.
12  Akten SWH G.2-1, Aufsichtsvorlage Sitzung vom 7.5.1971.
13  Akten SWH G.2-1.
14  Akten SWH G.2: Schreiben vom 29.5.1974.
15  Ebd.: Aufsichtsratssitzung am 10.10.1975.
16  Ebd.: Schreiben vom 29.5.1974.
17  Akten SWH G.2-1 – 6204: Zitat Baudirektor Schöning gemäß Aktenvermerk vom 27.10.1954.
18  Akten SWH G.2: Zweiter Nachtragsvertrag zum Pachtvertrag vom 20.2./8.3.1973.
19  Akten SWH G.2-11: Schreiben des Wasser- und Schifffahrtsamts vom 19.7.1978.
20  Akten SWH G.2-11.
21  RNZ vom 9.8.1984; die nicht plausible Angabe von 12.000 t wurde korrigiert. Ebenso: Aug-spurger: Geschichte der Heidelberger Häfen (wie Anm. 2), S. 36.
22  RNZ vom 4.10.1984.

Dietrich Dancker

# Die Gründung der Erbhofsiedlung Neurott – ein Stück nationalsozialistischer Wirtschaftspolitik?

## Einführung

Historisch Interessierte werden bei Heidelberger Bauten aus der Zeit des Nationalsozialismus an die Kasernenbauten der Wehrmacht denken, vor allem aber an die Thingstätte auf dem Heiligenberg und den Ehrenfriedhof oberhalb des Bergfriedhofs. Diese beiden Anlagen wurden in einem Zeitungsartikel aus dem Jahr 1936 als „vom Geist des III. Reiches getragene Neuschöpfungen [...], aber auch als Musterbeispiele neuer Baugesinnung" bezeichnet.[1] Weit weniger bekannt sein dürfte ein Bauvorhaben, das in der Zeit des Nationalsozialismus an der äußersten südwestlichen Peripherie Heidelbergs entstand. Am 26. Juni 1938 wurde die zum Stadtteil Kirchheim gehörende landwirtschaftliche Siedlung Neurott eingeweiht. Die neu entstandenen Höfe waren Erbhöfe im Sinne des Reichserbhofgesetzes vom 29. September 1933. Dieses Gesetz atmet in Inhalt und Sprache den Geist nationalsozialistischer Ideologie. Die Eintragung der Höfe der Siedlung Neurott in die Erbhöferolle gem. § 1 (3) Reichserbhofgesetz verknüpfte die Gründung der Siedlung mit der nationalsozialistischen Ideologie. Handelte es sich dabei also wie bei Ehrenfriedhof und Thingstätte um eine vom Geist des „Dritten Reiches" getragene Neuschöpfung, um ein „Stück nationalsozialistischer Wirtschaftspolitik"?[2] Darauf versucht der vorliegende Artikel, eine Antwort zu geben.

## 1. Chronologie

Zunächst soll der Verlauf der Ereignisse skizziert werden, ohne in diesem ersten Schritt Wertungen oder übergreifende historische Einordnungen vorzunehmen. Wie Heidelbergs Oberbürgermeister Dr. Carl Neinhaus anlässlich der Einweihung der Siedlung Neurott am 26. Juni 1938 berichtete, begannen die Planungen der Stadt Heidelberg für die Siedlung im Jahr 1933.[3] Jedoch lässt sich der Beginn der Geschichte der Siedlung Neurott deutlich früher datieren, nämlich auf das Jahr 1852. In jenem Jahr ließ die noch selbständige Gemeinde Kirchheim den Hegenichwald abholzen. Dadurch entstand ein erheblicher Teil der landwirtschaftlichen Flächen, die später in den Bestand der Siedlung Neurott eingehen sollten. Diese Flächen, die als sogenannter „Bürgergenuss" an Kirchheimer Bürger zur Nutzung vergeben wurden, gelangten durch die Eingemeindung Kirchheims im Jahr 1920 in das Eigentum der Stadt Heidelberg. Um diese Flächen in das Siedlungsprojekt einbringen zu können, musste die Stadt Heidelberg den Nutzungsberechtigten eine finanzielle Ablöse gewähren. Diese Ablösung erfolgte im Jahr 1934.

Im Jahr 1928 wurde die badische Staatsdomäne Bruchhausen aufgelöst und kommunalrechtlich auf die Gemeinden Sandhausen und Oftersheim und die Stadt Heidelberg aufgeteilt. Das Land der einstigen Domäne verblieb zunächst im Eigentum des badischen Staates, der es an die Zuckerfabrik Waghäusel verpachtet hatte. Nach Auslaufen des Pachtvertrages veräußerte das Land die Flächen schließlich an die Siedlungsgesellschaft „Badische Landessiedlung Anstalt des öffentlichen Rechts". Damit handelte der badische Staat in Einklang mit § 2 des Reichssiedlungsgesetzes vom 11. August 1919. Dort wird verfügt, dass die Länder des Deutschen Reiches bei Auslaufen bestehender Pachtverträge den jeweiligen Siedlungsgesellschaften ein Vorkaufsrecht für freiwerdendes Staatsdomänenland zu gewähren hätten.[4] Die auf diesem Wege an die Badische Landessiedlung gelangten Flächen bildeten einen weiteren wesentlichen Anteil am Grundstock der Erbhofsiedlung Neurott.

Schließlich ist hier der Bau der Reichsautobahn in den Jahren 1935 und 1936 zu nennen,[5] der sich auf Stadtplanung wie Raumordnung auswirkte. Stadtplanerisch verband die Stadt Heidelberg mit dem Autobahnbau „bestimmte Siedlungsprojekte entlang der Reichsautobahn", wie OB Neinhaus im November 1934 schrieb. Im November 1936 drängte Neinhaus darauf, entsprechende Anträge „mit größter Beschleunigung voranzutreiben, um dringend benötigten Wohnraum zu schaffen".[6] Für die Landwirtschaft stellten sich Fragen der Raumordnung. Dabei ging es etwa um Überführungen über die Autobahn, die es Landwirten aus Wieblingen oder Kirchheim ermöglichen würden, weiterhin ihre Äcker zu erreichen. So wurde auch von Kirchheimer Landwirten gegenüber den ursprünglichen Planungen eine zusätzliche Überführung gefordert. Tatsächlich sollte allen durch die Stadt Heidelberg vorgebrachten Änderungswünschen stattgegeben werden. Auf die Kirchheimer Forderung hin wurde eine zusätzliche Überführung „zwischen der Gemarkung Eppelheim und der Zufahrt Speyerer Straße" geschaffen.

Zu klären war auch die Frage der Entschädigung jener Kirchheimer (und Wieblinger) Landwirte, die Ackerland für den Bau der Reichsautobahn abzutreten hatten. Dies sollte auf Initiative des Kreisbauernführers durch die Zuteilung von „pachtfrei werdenden" Grundstücken erfolgen. Von städtischer Seite wurde durch den Sonderbeauftragten für die Neuordnung der Gemarkung angeordnet, bisher an Oftersheimer verpachtete Grundstücke für die Entschädigung heranzuziehen.[7]

Freilich erforderte auch die Begründung der Erbhofsiedlungen Neurott und Bruchhausen – letztere auf der Gemarkung der Gemeinde Sandhausen gelegen – ebenfalls entsprechende Maßnahmen. Die Strecke der Reichsautobahn verlief über das Gelände der einstigen Domäne Bruchhausen und teilte es in eine östliche und eine westliche Hälfte, „so dass die Bewirtschaftung an und für sich außerordentlich erschwert wird"[8].

Letztendlich wurde beschlossen, die östlich der Reichsautobahn gelegenen Flächen in die zu begründende Erbhofsiedlung Bruchhausen einzubringen, jene westlich der Reichsautobahn in die auf ehemaligem Kirchheimer Allmendgelände gelegenen Siedlung Neurott. Dies traf sich mit den städtischen Siedlungsplänen aus dem Wirtschaftsplan des Jahres 1933.

Andererseits hatte das Land Baden im Jahr 1935 eigene Siedlungspläne für das einstige Domänengelände entwickelt.[9] Durch den Verlauf der Reichsautobahn erschien es nicht sinnvoll, das gesamte ehemalige Domänengelände der Siedlung Bruchhausen zuzuschlagen. Vielmehr bot sich eine Verbindung mit den Siedlungsplänen der Stadt Heidelberg an. Umgesetzt wurden die Siedlungspläne schließlich durch die Badische

Dietrich Dancker

Landessiedlung auf deren Grundbesitz, dem Gelände der einstigen Domäne Bruchhausen. Um ein geschlossenes und hinreichend großes Siedlungsgebiet zu schaffen, waren in einer Flurbereinigungsmaßnahme Flächen der Landessiedlung gegen ehemaliges Allmendgelände im Eigentum der Stadt Heidelberg einzutauschen. Geregelt wurde dies in einem Vertrag, den die Landessiedlung am 12. September 1935 vorlegte.[10] Getauscht wurden Flächen im Verhältnis 2:1, d.h. die Landessiedlung erhielt doppelt so viele Flächen, wie sie der Stadt übereignete. In der Vorlage für OB Neinhaus schrieb der Sonderbeauftragte für die Neugestaltung der Gemarkung Dr. Ludwig Neundörfer, die Stadt Heidelberg habe dies „in Rücksicht auf ihre Landwirte in Kirchheim getan". Anders sei die Siedlung Neurott nicht zu finanzieren gewesen.[11]

Diese Maßnahme zog sich letztlich bis nach Ende des Zweiten Weltkriegs hin und wurde erst im Jahr 1951 mit einer abschließenden Gebührenzahlung der in Liquidation befindlichen Landessiedlung abgeschlossen.[12]

Zu regeln war auch die Übergabe der Flächen durch die bisherigen Pächter. Dies sollte nicht nur reibungslos geschehen, sondern ohne dass zeitweilig Flächen brachlagen. Die Stadt Heidelberg machte den Pächtern genaue Auflagen, welche Saaten noch zulässig waren („zweckmäßig mit Früchten zu bestellen, die bis August abgeerntet werden können", „Einsaat von Klee und Winterfrüchten ist untersagt").[13]

Mit dem Bau der Gehöfte wurde im November 1936 begonnen. Die Gebäude wurden in einem damals zeittypischen Stil errichtet, der nationalsozialistischen Vorstellungen entsprach.[14] Die ursprüngliche Fachwerkarchitektur ist heutzutage noch an einigen Gebäuden erkennbar. Dass die Siedlung zügig innerhalb von zwei Jahren (1936–1938) errichtet wurde, ist nicht zwingend auf die Zustände in einer Diktatur zurückzuführen. Wie das Einspruchsverfahren bei der Planung der Reichsautobahn zeigt, waren verwaltungsrechtliche Standards damals noch gegeben. Beschleunigend hat sicherlich eine Standardisierung bei der Bebauung – die Siedlung Neurott wurde nach dem Vorbild der Siedlung Lauerskreuz bei Neckargerach errichtet – und bei der Finanzierung – nach Vorgabe des Reichsnährstandes verpflichtend über die Deutsche Siedlungsbank in Berlin – gewirkt. Diese Standardisierung kann allerdings, gerade angesichts der Vorgaben des Reichsnährstandes, als Ausdruck einer totalitären Wirtschafts- und Gesellschaftsordnung gesehen werden.

Übrigens war das öffentliche Interesse an der Einweihung der Siedlung Neurott eher begrenzt, nimmt man die Berichterstattung in den „Heidelberger Neuesten Nachrichten" zum Maßstab. Dass über den in der Vorwoche in Heidelberg stattgefundenen Deutschen Studententag weit ausführlicher berichtet wurde, verwundert nicht. Doch selbst das Endrundenspiel um die Deutsche Fußballmeisterschaft zwischen Schalke 04 und Hannover 96 nahm in der Ausgabe vom 27. Juni 1938 breiteren Raum ein.

## 2. Akteure

### 2.1. Stadt Heidelberg

Die Stadt Heidelberg nahm für sich in Anspruch, den entscheidenden, zumindest aber ersten Impuls für die Begründung der Siedlung Neurott gegeben zu haben. Entsprechende Überlegungen seien erstmals im Jahr 1933 in den Wirtschaftsplan eingeflossen.

Neurott in den 1930er-Jahren (Quelle: Denkmaltopographie der Bundesrepublik Deutschland, Kulturdenkmale in Baden-Württemberg, Stadtkreis Heidelberg, Teilband 2, Ostfildern 2013, S. 167)

Wie gezeigt, oblag die Durchführung der Siedlungsmaßnahme jedoch der Badischen Landessiedlung. Für die Stadt Heidelberg blieb danach nur noch eine untergeordnete Rolle. So war sie für die Anlage von Wegen und Zäunen zuständig. Als eine „Helferin in der Not" konnte sich die Stadt betätigen, als im November 1937 in der Siedlung Bruchhausen die Maul- und Klauenseuche ausbrach. Die Siedlung Neurott wurde von dort mit Wasser versorgt. Da die Badische Landessiedlung noch keine eigene Wasserversorgung angelegt hatte, sprang die Stadt Heidelberg in die Bresche und ließ auf eigene Kosten eine Wasserleitung legen.

Trotz oder gerade wegen ihrer eher eingeschränkten Rolle bestand die Stadt darauf, an der Eröffnungsveranstaltung am 27. Juni 1938 angemessen beteiligt zu werden. OB Neinhaus bekundete gegenüber der Badischen Landessiedlung seine Absicht, neben dem badischen Ministerpräsidenten Dr. Walter Köhler eine eigene Ansprache zu halten. Dieses Ansinnen wurde durch die Landessiedlung abschlägig beschieden. Der Ministerpräsident lege Wert darauf, Erbhofsiedlungen allein zu eröffnen. Schließlich wurde vereinbart, die Stadt Heidelberg solle für die Beflaggung bei der Eröffnung zuständig sein.

In die Zuständigkeit der Stadt fiel zudem die Neuaufteilung jener Flächen, die von den Landwirten aufgegeben wurden, die die Hofstellen in der Siedlung Neurott bezogen. Dass die Durchführung des (Siedlungs-)Planes im Wesentlichen Sache der Stadt gewesen sei, die sich der Badischen Landessiedlung nur als der für bäuerliche Neusiedlungen zuständigen Stelle bediente,[15] erscheint indes übertrieben.

## 2.2. Land Baden

Der badische Ministerpräsident Walter Köhler nahm die offizielle Einweihung der Siedlung vor und übergab den Siedlern ihre Urkunden.[16] Von Amts wegen war er Aufsichtsratsvorsitzender der Badischen Landessiedlung, der Hauptakteurin der Siedlungsmaßnahme.

Dietrich Dancker

Der badische Staat war eines von 24 Mitgliedern der Anstalt, erbrachte jedoch 93 % der Kapitaleinlagen (1.000.000 RM von 1.075.000 RM). Die weiteren Mitglieder waren die Badische Landeskreditanstalt für Wohnungsbau und 22 badische Landkreise. Dennoch hatte das Land in der Mitgliederversammlung nur einen Stimmrechtsanteil von 50 % („ebenso viele Stimmen wie die übrigen Vertragschließenden zusammen").[17] Die Badische Landessiedlung war für die Siedlungsmaßnahme Neurott so bedeutungsvoll, dass sie in einem eigenen Abschnitt vorgestellt werden soll.

## 2.3. Badische Landessiedlung AdöR

Ausweislich ihres Briefkopfes war die Badische Landessiedlung ein Siedlungsunternehmen im Sinne des Reichssiedlungsgesetzes vom 11. August 1919. In der Satzung fehlt dieser Verweis indes. Hier wird eine Entschließung des Badischen Staatsministeriums vom 24. September 1934 als Rechtsgrundlage genannt. (Allerdings wurden durch das Reichssiedlungsgesetz keine Siedlungsunternehmen gegründet, sondern die Länder verpflichtet, solche Unternehmen zu gründen). Als Aufgabe nennt die Satzung „die Durchführung der landwirtschaftlichen Siedlungstätigkeit in Baden, insbesondere die Bildung deutschen Bauerntums". Auch wenn der Begriff des „deutschen Bauerntums" nationalsozialistischer Ideologie entstammt, ist die Schaffung neuer landwirtschaftlicher Hofstellen durch Siedlungstätigkeit nicht originär nationalsozialistisch. Auf das Reichssiedlungsgesetz von 1919 wurde bereits verwiesen. In der Spätphase der Weimarer Republik wurde die Ansiedlung von Arbeitslosen auf dem Grund in Konkurs geratener Rittergüter als sozialpolitische Maßnahme erwogen. Diese Pläne, die sich vor allem mit dem Namen des „Reichssiedlungskommissars" Hans Schlange-Schöningen verbinden,[18] betrafen jedoch die Ostprovinzen des Reiches („Ostelbien"). In Baden wurde im Jahr 1919 die Badische Siedlungs- und Landesbank zur Durchführung entsprechender Maßnahmen gegründet, jedoch bereits 1921 nach politischen Auseinandersetzungen im Badischen Landtag wieder aufgelöst. Wieder aufgegriffen wurde die Thematik in Baden erst wieder im Jahr 1933, zunächst durch die Einrichtung einer entsprechenden Abteilung bei der Badischen Bauernkammer, im Jahr 1934 dann durch die Gründung der Badischen Landessiedlung.

Briefkopf der Badischen Landessiedlung (Quelle: Stadtarchiv Heidelberg 11-5a)

Zur Durchführung von Siedlungsmaßnahmen, d.h. der Schaffung neuer Hofstellen, war der Erwerb landwirtschaftlich nutzbarer Flächen erforderlich. Wie dies im Fall der Siedlung Neurott geschah, ist oben dargestellt. Andernorts brachte sich die „Badische Landessiedlung" jedoch auf dem Wege der Arisierung – d.h. durch Erwerb unter Zwang und zu Preisen unterhalb des Marktwertes von jüdischen Eigentümerinnen und Eigentümern – in den Besitz solcher Flächen. Den Begriff Arisierung verwendet der ehemalige Geschäftsführer der Landessiedlung, Dr. Krumm, selbst in seinem im Jahre 1954 verfassten Bericht.[19] Akten zu Entschädigungsverfahren für derartige Fälle in den Kraichgauorten Michelfeld und Hoffenheim sind im Staatsarchiv Ludwigsburg erhalten.[20]

Auch in die Kriegs- und Besatzungspolitik des nationalsozialistischen Deutschlands war die Badische Landessiedlung verwickelt: Sie wurde mit der treuhänderischen Verwaltung eingezogenen „volksfeindlichen" Vermögens in Elsaß-Lothringen betraut. Nach Kriegsende wurde die Badische Landessiedlung von den US-Militärbehörden unter Vermögensaufsicht gestellt und damit ihre Siedlungstätigkeit beendet. Auch gegen Verantwortliche der Landessiedlung persönlich gingen die Behörden vor. Dies ergibt sich aus einem Schreiben des ehemaligen Geschäftsführers Dr. Krumm an das Ernährungsamt der Stadt Heidelberg, in dem als Absenderadresse das Internierten-Krankenhaus Karlsruhe angegeben ist. Dr. Krumm bittet um eine entlastende Aussage für sein anstehendes Entnazifizierungsverfahren. In dem Antwortschreiben bescheinigte das Amt, die Siedlerstellen in der Siedlung Neurott seien nicht vorrangig an Mitglieder der NSDAP vergeben worden. Die Siedlung steuere jetzt wertvolle Nahrungsmittel zur Lebensmittelversorgung Heidelbergs bei.

## 2.4. NSDAP

Der Einfluss der NSDAP als Organisation – in Abgrenzung zur NS-Ideologie – erscheint auf den ersten Blick eher gering. Sicher war der badische Ministerpräsident Walter Köhler Parteimitglied (und stellvertretender Gauleiter) und als „Alter Kämpfer" in sein Amt gelangt.[21] Das unterschied ihn von OB Neinhaus, der sein Amt schon vor 1933 angetreten hatte und erst im Mai 1933 in die NSDAP eingetreten war. Bei der vorbereitenden Besprechung zur Einweihungsfeier waren der Kreispropagandaleiter und der Kreisbauernführer als Vertreter der NSDAP anwesend. Die Person des Kreisbauernführers Robert Schank[22] verweist auf die nationalsozialistische Organisation, die sowohl auf die deutsche Landwirtschaft jener Zeit allgemein als auch auf die Gründung der Siedlung Neurott großen Einfluss hatte: den Reichsnährstand.

### Exkurs: Das Reichserbhofgesetz vom 29. September 1933

Der Reichsnährstand diente dazu, die Landwirtschaft im deutschen Reich im nationalsozialistischen Sinne zu organisieren. Die nationalsozialistischen Vorstellungen zur Landwirtschaft wurden vor allem im Reichserbhofgesetz kodifiziert. Vordergründig handelt es sich hierbei um eine erbrechtliche Regelung, wie es der Name andeutet. Die unter den Geltungsbereich des Gesetzes fallenden Höfe durften im Erbgang nicht

Dietrich Dancker

unter den Erben aufgeteilt werden. Damit wurde an das in vielen Regionen traditionelle Anerbenrecht angeknüpft. In Baden waren dies Teile der Schwarzwaldregion. Die entsprechenden Amtsgerichtsbezirke waren in § 1 des Badischen Hofgütergesetzes von 1898[23] aufgelistet. Vor 1933 galt für die Siedlung Neurott im Bereich der alten Kurpfalz das Realteilungsrecht. Demnach wurden Höfe im Erbgang unter allen Erben aufgeteilt. Dieses Recht beinhaltete die Gefahr der Zersplitterung landwirtschaftlichen Besitzes in immer kleinere, wirtschaftlich nicht lebensfähige Einheiten. Tatsächlich hatte das Reichserbhofgesetz eine doppelte Stoßrichtung: Einerseits gegen die großen Rittergüter vor allem „Ostelbiens", andererseits gegen die Zersplitterung landwirtschaftlichen Besitzes vor allem in Südwestdeutschland.[24] (Eine gegebene oder drohende Zersplitterung von Besitz schien für die Kirchheimer Landwirte kein Problem darzustellen; eher wurde im Vorfeld der Siedlungsmaßnahme eine „bedeutende Schmälerung der Nutzflächen"[25] befürchtet.)

Das Reichserbhofgesetz sah demgegenüber mittelgroße Betriebe in der Größe von einer „Ackernahrung" (ca. 7,5 ha)[26] bis 125 ha vor. Dies hätte sich durchaus sozialpolitisch oder volks- wie betriebswirtschaftlich begründen lassen. Jedoch wurde das Gesetz gleich in der Präambel unter nationalsozialistisch-ideologische Vorzeichen gestellt: Es ging darum, das Bauerntum als „Blutquell des deutschen Volkes" zu sichern. Der Hof sollte dauerhaft als „Erbe der Sippe in der Hand freier Bauern" verbleiben. Bauer konnte nur sein, wer deutscher Staatsbürger und „deutschen oder stammesgleichen Blutes" war.

Waren die beschriebenen Anforderungen erfüllt, fiel ein Hof unter die Geltung des Reichserbhofgesetzes. Der Eintrag in die Erbhofrolle hatte rein deklaratorische Wirkung. Wenn ein Hof zum Erbhof wurde – oder wie die Höfe des Neurott als solcher entstand – war dies also nicht zwingend eine ideologische Entscheidung.

Die Bauern vor Ort unterstanden in verschiedenen Formen der Standesaufsicht durch den Kreisbauernführer. Auf diese Aufsicht machte der Heidelberger Kreisbauernführer Schank einen der Hofinhaber des Neurott ausdrücklich aufmerksam.

## 2.5. Reichsnährstand[27]

Der Reichsnährstand wurde mit dem Reichsnährstandsgesetz vom 13. September 1933 begründet. Schon die zeitliche Nähe zur Verabschiedung des Reichserbhofgesetzes weist auf den engen Zusammenhang beider Gesetze hin. Mit ihnen sollten im Vorfeld des ersten „Reichserntedankfestes" am 1. Oktober 1933 entscheidende Schritte zur Gestaltung der deutschen Landwirtschaft im Sinne des Nationalsozialismus getan werden. Der Reichsnährstand wurde als berufsständische Selbstverwaltungsorganisation geschaffen. Die Mitgliedschaft war für alle in Erzeugung und Vertrieb landwirtschaftlicher Produkte Tätigen verpflichtend. Alle übrigen landwirtschaftlichen Berufsverbände wurden aufgelöst.

Auf regionaler und lokaler Ebene war der Reichsnährstand durch die Kreis- und Ortsbauernführer vertreten. In der Gründungsphase der Siedlung Neurott trat der Heidelberger Kreisbauernführer Robert Schank wiederholt in Erscheinung. So machte er sich zum Fürsprecher jener Landwirte, die Ackerflächen durch den Bau der Reichsautobahn verloren.[28] Ebenso forderte er späterhin die Abnehmer landwirtschaftlicher Produkte auf, die Rechnungen zügig zu begleichen, denn die Neusiedler des Neurott seien dringend darauf angewiesen. Andererseits drängte er auch einen Landwirt, der gegenüber einem Handwerksbetrieb im Zahlungsrückstand und von Vollstreckungs-maßnahmen bedroht war, zu einer gütlichen Einigung. Gegenüber einem Landwirt, der im Jahr 1942 ohne Genehmigung des Kreisbauernführers ein Grundstück in seinen Be-sitz zu bringen versuchte, machte er seine Standesaufsicht geltend. Schließlich vergab der Kreisbauernführer teilweise auch Fördermittel.[29]

Briefkopf der Kreisbauernschaft Heidelberg (Quelle: Stadtarchiv Heidelberg 237 Fasc. 41)

## 3. Spuren nationalsozialistischer Ideologie

Nicht zuletzt angesichts der umfangreichen Kompetenzen des Reichsnährstandes und des Kreisbauernführers wundert es nicht, dass in der Gründungsphase der Siedlung Neurott immer wieder Spuren nationalsozialistischer Ideologie zu Tage traten – dies nicht nur in konzeptionellem Sinne, sondern auch im Alltagsgeschäft. Im Zusammen-hang mit der Übergabe von Ackerflächen an die neu entstehenden Hofstellen schrieb die Badische Landessiedlung, es sei „unverständlich, wie der Eindruck entstehen konnte, dass auch nur ein Grundstück unbewirtschaftet brachliegen bleiben sollte. In Bestrebungen, den deutschen Boden bestmöglichst auszunutzen, gehen wir voll und ganz einig."[30] Als die Kreisbauernschaft die Anschaffung eines Pferdes bezuschusste, enthielt der Zuwendungsbescheid die Nebenbestimmung, das Pferd dürfe nicht „beim Juden" beschafft werden.[31] In der oben erwähnten Auseinandersetzung um einen Grundstückserwerb schrieb der Kreisbauernführer:

> „Wo kämen wir [denn] hin, wenn jeder wild machen wollte, was ihm beliebt, so wie das in der liberalistischen und planlosen Systemzeit üblich und an der Tagesordnung gewesen ist. Diese Methoden wollen wir im Interesse unseres Bauerntums unter allen Umständen vermeiden, denn wenn es noch nach jenen liberalistischen Spielregeln ginge, wären Sie heute nicht Bauer auf einem immerhin schönen Hof in der Neurott-Siedlung."[32]

　　　　　　　　　　　　　　　　　　　Dietrich Dancker

## Fazit

Abschließend soll die in der Überschrift aufgeworfene Frage beantwortet werden, ob die Begründung der Siedlung Neurott ein „Stück nationalsozialistischer Wirtschaftspolitik" gewesen sei.

Fraglos standen die rechtlichen (Reichserbhofgesetz) wie organisatorischen (Badische Landessiedlung) Rahmenbedingungen in engem Zusammenhang mit der NS-Ideologie, mit rassischer Verfolgung sowie mit Krieg und Besatzungsherrschaft. Gleichwohl waren die Auswirkungen dieser Rahmenbedingungen auf die Gründung der Siedlung Neurott recht begrenzt. Die wesentlichen Voraussetzungen der Maßnahme waren nicht nationalsozialistischen Ursprungs, nämlich die Auflösung der Domäne Bruchhausen und der Bau der Reichsautobahn. Anders als in Hoffenheim oder Michelfeld gelangte die Badische Landessiedlung nicht auf anrüchige Weise in den Besitz der für das Siedlungsvorhaben erforderlichen Flächen. Auch entstand durch die Begründung der Siedlung Neurott kein neues „deutsches Bauerntum", sondern es wurden lediglich bestehende landwirtschaftliche Betriebe umgesiedelt. Doch sah sich die nationalsozialistische Agrarpolitik auch als „Stoßtrupp gegen die Landflucht".[33]

Aus gutem Grund gelten kontrafaktische Überlegungen in der Geschichtsschreibung als fragwürdig. Doch erscheint ein Szenario plausibel, in dem eine vergleichbare Maßnahme unter demokratischen Bedingungen erfolgt wäre. Tatsächlich wurden vergleichbare Siedlungsmaßnahmen auch nach dem Ende des Zweiten Weltkrieges und des Nationalsozialismus durchgeführt. In Baden wurde dazu 1946 die Badische Landsiedlung GmbH gegründet, die Aufgaben der unter alliierter Vermögenskontrolle stehenden Badischen Landessiedlung AdöR übernahm. Auf lokaler Ebene wurden in Kirchheim die Siedlungen Kurpfalzhof und Kirchheimer Hof gegründet.

Dass die Siedlungsmaßnahme Neurott weniger verfänglich war als andere Maßnahmen der Badischen Landessiedlung, erleichterte das Entnazifizierungsverfahren. Das erwähnte Schreiben aus dem Interniertenkrankenhaus Karlsruhe an das Ernährungsamt Heidelberg spricht jedenfalls dafür.[34]

Wie geschildert, blieben die Zeitumstände des Nationalsozialismus aber nicht ganz ohne Einfluss. Diese Einflüsse auf die Begründung der Siedlung Neurott führen aus meiner Sicht zu zwei Erkenntnissen, die ich thesenhaft zusammenfassen möchte:

## Aneignungsthese

Der Nationalsozialismus eignete sich Konzepte an, die unter anderen Vorzeichen und anderen Umständen entwickelt worden waren und formte sie im eigenen Sinne um. Das Reichserbhofgesetz schloss in vielerlei Hinsicht an das Reichssiedlungsgesetz aus der Frühphase der Weimarer Republik an. An die Stelle sozialreformerischer oder gar sozialistischer Vorstellungen trat nationalsozialistisch-völkische Ideologie.

Die Gründung der Siedlung Neurott erscheint schon betriebswirtschaftlich und vor dem Hintergrund örtlicher Gegebenheiten sinnhaft. Dennoch wurde die Maßnahme im Sinne nationalsozialistischer Ideologie verbrämt.

# Durchdringungsthese

Scheinbar banale Vorgänge wie der Kauf eines Pferdes oder der Erwerb eines Grundstücks wurden von nationalsozialistischer Ideologie und Ausdrucksweise durchdrungen. Im Sinne eines Gewöhnungseffektes mag dies durchaus ein wirkungsvolles Element nationalsozialistischer Propaganda und Herrschaftsausübung gewesen sein.

## Anmerkungen

1   Zitiert in einer Aktennotiz in der Korrespondenz von OB Neinhaus, StAH AA 21b/4/1.

2   Begriff entnommen dem Titel einer Veröffentlichung von Ludwig Neundörfer, des Sonderbeauftragten für die Neugestaltung der Gemarkung: Die Neuordnung der Heidelberger Gemarkung aus den Gegebenheiten des Bodens und des Bauern- und Arbeiterhaushaltes. Ein Stück nationalsozialistischer Wirtschaftspolitik, o.J.

3   Heidelberger Neueste Nachrichten 27.6.1938.

4   https://www.gesetze-im-internet.de/rsiedlg/BJNR014290919.html (abgerufen am 13.3.2023).

5   Chronologie zum Bau der Reichsautobahn in StA HD 237 Fasc. 41: 21.9.1934 Beschluss der Stadt Heidelberg mitzuteilen, dass „mit den Arbeiten für die Reichsautobahn in diesem Winter begonnen wird"; 2.10.1935 Schreiben des Vorstands der Reichsautobahn, Baudirektion Mannheim an Stadt Heidelberg: „Reichsautobahn wird am 3.10.1935 dem allgemeinen Verkehr freigegeben."

6   Anweisung von OB Neinhaus an Oberrechtsrat Amberger, StAH AA 21b/4/4/1.

7   Wie Anm. 5.

8   Wie Anm. 5.

9   Zur Chronologie der Siedlungspläne von Stadt Heidelberg und Land Baden vgl. StAH AA 21b/4/1.

10  Badische Landessiedlung an OB Neinhaus, StAH 237 Fasc. 40.

11  Bericht des Sonderbeauftragten Dr. Neundörfer, StAH 11-5a.

12  Gem. Prüfbericht zum Jahresabschluss 1951 der in Liquidation befindlichen Anstalt, Hauptstaatsarchiv (HStA) Stuttgart EA 5/501.

13  Neundörfer an sämtliche Pächter der Gewanne Gäulsschlag, Dornschlag und Brunnenschlag östlich des Brunnens, StAH 237 Fasc. 40.

14  Denkmaltopographie der Bundesrepublik Deutschland, Kulturdenkmale in Baden-Württemberg, Stadtkreis Heidelberg, Teilband 2, Ostfildern 2013, S. 168.

15  So der Sonderbeauftragte für die Neuordnung der Gemarkung (wie Anm. 11).

16  Heidelberger Neueste Nachrichten 27.6.1938.

17  Gem. Satzung der Landessiedlung, HStA Stuttgart EA 5/501.

18  Bernt Engelmann: Einig gegen Recht und Freiheit. Ein deutsches Geschichtsbuch. Teil 2, Göttingen 1993, S. 175.

19  In seiner Eigenschaft als Liquidator der Badischen Landessiedlung erstattete der ehemalige Geschäftsführer Dr. Krumm dem Verwaltungsrat der Anstalt in der Sitzung vom 25.10.1954 einen Bericht über Vorgeschichte und Entwicklung der Badischen Landessiedlung (wie Anm. 12).

20  Z.B. Arisierung einer Wiese und Ackerland in Hoffenheim, StaatsA Ludwigsburg EL 402/24 Bü 687; Arisierung von Ackerland in Michelfeld EL 402/24 Bü 835. Zu Fällen in Hoffenheim liegen noch weitere Akten vor, die vom Verfasser nicht eingesehen wurden, da es um beispielhafte Belege und nicht eine vollständige Dokumentation geht.

21  Zu Walter Köhler Kristina Hartmann: Walter Köhler, Ministerpräsident, Finanz- und Wirtschaftsminister, in: Geschichte der Landesministerien in Baden und Württemberg in der Zeit

des Nationalsozialismus, https://ns-ministerien-bw.de/2014/12/walter-koehler-ministerprae-sident-finanz-und-wirtschaftsminister/ (abgerufen am 19.6.2023).

22 Robert Wilhelm Schank, geb. 7.8.1892 in Sattelbach bei Mosbach, Landwirt und Kaufmann, vgl. Joey Rauschenberger: Die NSDAP in Heidelberg, Organisation und Personal im „Dritten Reich" (Beiträge zur Heidelberger Stadtgeschichte. Bd. 2), Heidelberg 2022, S. 189.

23 https://www.landesrecht-bw.de/jportal/?quelle=jlink&query=HofgutG+BA&psml=bsbawue-prod.psml&max=true&aiz=true (abgerufen am 20.3.2023).

24 Stephan Malinowski: Die Hohenzollern und die Nazis, Geschichte einer Kollaboration, Berlin ⁵2022, S. 278; Isabel Heinemann, Willi Oberkrome, Sabine Schleiermacher, Patrick Wagner: Wissenschaft Planung Vertreibung, Katalog zur Ausstellung der Deutschen Forschungsge-meinschaft, o.O. 2006, S. 14.

25 Wie Anm. 11.

26 Angabe bei Adam Tooze: Ökonomie der Zerstörung, Die Geschichte der Wirtschaft im Natio-nalsozialismus, München 2008, S. 220.

27 Die Ausführungen zum Reichsnährstand stützen sich auf: Adam Tooze (wie Anm. 26), S. 224–236; Hans-Ulrich Wehler: Deutsche Gesellschaftsgeschichte. Bd. 4: Vom Beginn des ersten Weltkriegs bis zur Gründung der beiden deutschen Staaten 1914–1919, München 2003, S. 699–705.

28 Kreisbauernführer Schank an den Sonderbeauftragten Dr. Neundörfer 3.12.1934, StAH 237 Fasc. 41.

29 GLA 468 Zugang 1993-34, zu Fördermitteln Zuwendungsbescheid des Kreisbauernführers vom 23.9.1938 in Akte Nr. 31, zur Standesaufsicht Schreiben des Kreisbauernführers vom 7.4.1940 in Akte Nr. 32.

30 Badische Landessiedlung an Kreisbauernschaft Heidelberg, StAH 237 Fasc. 40.

31 Gem. Zuwendungsbescheid des Kreisbauernführers vom 23.9.1938 (wie Anm. 29).

32 Kreisbauernführer vom 18.2.1942, (wie Anm. 29), Akte Nr. 34.

33 Isabel Heinemann et al. (wie Anm. 24), S. 15.

34 Stadt Heidelberg, Stadtamt 71/Landwirtschaftsamt an Dr. Krumm im Interniertenkranken-haus Karlsruhe für Entnazifizierungsverfahren, StA HD Az 237b/9.

# BÜCHERSTUBE
## AN DER TIEFBURG

**Bücherstube an der Tiefburg**

Dossenheimer Landstraße 2 • 69121 Heidelberg-Handschuhsheim
Telefon  06221/47 55 10 • info@buecherstube-tiefburg.de

www.buecherstube-tiefburg.de

Martina und Hans-Dieter Graf

# Zwei stereoskopische Aufnahmen aus Heidelberg des US-amerikanischen Fotografen Carleton Harlow Graves (1867–1943)

Die fotografische Sammlung der Library of Congress (LoC) in Washington D.C. umfasst eine große Anzahl von stereoskopischen Aufnahmen, die, durch eine entsprechende Gerätschaft betrachtet, einen räumlichen Eindruck des Motivs vermitteln. Einige von ihnen zeigen Szenerien aus Heidelberg, die alle aus der Zeit um 1900 stammen.[1] Unter den Fotografen, soweit sie vermerkt sind, finden sich Namen, die in Wissenschafts- und Fachkreisen bekannt sind.[2] Wir haben uns jedoch mit Carleton H. Graves befasst, einem der unbekannteren Fotografen, zu dem man verlässliche Informationen vergebens sucht. Von Graves haben sich in der Sammlung der LoC – und wahrscheinlich nur dort – die beiden hier abgebildeten Motive aus Heidelberg erhalten, die wie folgt beschriftet sind: „7010 Heidelburg [!] bridge and castle, Germany"[3] und „7011 The broken tower of Heidelburg castle, Germany."[4] Am linken Rand des Passepartouts befindet sich jeweils der Vermerk: „C. H. Graves, Publisher and Gen'l [General] Manager, Philadelphia, U.S.A.", auf der rechten Seite steht: „Sold only by agents of The Universal Photo Art Co." und in die Fotos ist eingedruckt: „Copyright 1900 by C. H. Graves, Phila."; das heißt, Graves war zugleich Fotograf und Verleger der Aufnahmen.

Ansicht von Heidelberg, Alte Brücke (Foto: Library of Congress, Washington DC)

Die Stereoskopie „Heidelburg bridge and castle" zeigt die bekannte Ansicht der Alten Brücke über den Neckar mit Blick auf das Heidelberger Schloss im Hintergrund, der Friedrichsbau ist teilweise eingerüstet. Die andere Stereoskopie „The broken tower of Heidelburg castle" zeigt die Ruine des im 15. Jahrhundert errichteten und im

191

Pfälzischen Erbfolgekrieg 1693 gesprengten Krautturms (Pulverturm). Die Aufnahme wird belebt durch eine vor einem Holzgeländer stehende, von der Kleidung her augenscheinlich weibliche Person, möglicherweise die Reisebegleiterin und Ehefrau des Fotografen. Am Boden liegende Blätter und ein teilweise gelichteter Baum im Vordergrund lassen auf ein Aufnahmedatum im Herbst schließen.

Heidelberger Schloss, Pulverturm (Foto: Library of Congress, Washington DC)

Die von der LoC beigegebenen Informationen lösen lediglich den ersten Buchstaben einer der abgekürzten Vornamen des Fotografen auf und nennen sein Sterbedatum: „Graves, C. H. (Carleton H.), –1943". Um mehr über ihn zu erfahren, mussten wir uns in der zeitgenössischen Presse und Fachliteratur auf Spurensuche begeben. Die verstreuten und spärlichen Hinweise haben wir durch Recherchen in genealogischen Datenbanken wie z.B. Ancestry ergänzt und zu einer biografischen Skizze zusammengefügt.

## Person und Familie

Carleton Harlow Graves, so der vollständige Name, war ein US-amerikanischer Fotograf, Drucker und Verleger aus Philadelphia, der Stereoskopien und Fotografien als Einzelabzüge veröffentlichte, die entweder von ihm selbst oder von anderen Fotografen aufgenommen worden waren. Geboren wurde er am 5. März 1867 als Sohn von Robert Clemens Graves (1836–1917) und Martha Jane Reed (1838–1927) in Barnesville im Belmont County des US-Bundesstaats Ohio.[5] Damit erweisen sich die als allgemein gesichert geltenden Annahmen, sein Vater sei der Fotograf Jesse Albert Graves (1835–1895) gewesen, von dem er die „Fotokunst erlernt" habe, sowie dass er sich „um 1880" in Philadelphia selbstständig gemacht haben soll,[6] als nicht zutreffend.

Nach dem US-Zensus von 1870 und 1880 hatte Carleton vier Geschwister, zwei Schwestern und zwei Brüder, die zwischen 1859 und 1869 geboren wurden. Der Vater Robert Graves stammte aus Wheeling in West-Virgina,[7] er war in kaufmännischen Berufen tätig und führte zeitweise eine Buchhandlung in Barnesville,[8] die Mutter Martha Reed aus Noblestown in der Nähe von Pittsburgh.[9] Am 1. Oktober 1894 heiratete Carleton H. Graves die in Philadelphia geborene Isabella Crombargar (1875–1928). Sie war die Tochter von Perry Crombargar (1847–1916) und Karoline Klauder (1853–1875), deren Familie Anfang des 19. Jahrhunderts aus dem rheinhessischen Osthofen nach Pennsylvania ausgewandert war. Carleton und Isabella Graves hatten drei Töchter: Isabella Louise, die 1898 geboren wurde und nach wenigen Wochen verstarb, Martha (1900–1979), zuletzt als verheiratete Patton wohnhaft in Riverside, Connecticut, und Isabella (1904–1987), zuletzt als verheiratete Mutschler wohnhaft in Philadelphia. Da kein Porträt von Carleton H. Graves überliefert ist, müssen wir uns mit Hilfe der Angaben aus seinen Passanträgen ein Bild von ihm machen.[10] Danach war er ca. 178 cm groß, hatte grau-blaue Augen, hellbraune Haare und eine ovale Gesichtsform, die von einer „hohen Stirn" gekennzeichnet war. Graves verstarb am 7. Januar 1943 in Philadelphia. Bestattet wurde er auf dem West Laurel Hill Cemetery von Bala Cynwyd in Pennsylvania, wo sich auch die Gräber seiner 1928 verstorbenen Frau und des erstgeborenen Kindes befanden.[11]

## Vom Hobby zum Beruf

Zu Beginn der 1890er-Jahre war Carleton H. Graves Angestellter der Pennsylvania Railroad Company, sein Arbeitsplatz befand sich in der Broad Street Station in Philadelphia. Seine Leidenschaft galt der Fotografie, insbesondere der Landschaftsfotografie, so dass ihm sein Arbeitgeber die Möglichkeit einräumte, Ansichten entlang der Bahnstrecken zu fotografieren.[12] Im Sommer 1891 nutzte der fotografierbegeisterte Eisenbahnangestellte seinen Urlaub, um „auf eigene Rechnung", wie es hieß, eine Reise nach Europa zu unternehmen, die ihn auch nach Deutschland führte.[13] Nachdem Graves bereits in Berlin in Schwierigkeiten geraten war, weil er wohl verbotenerweise Abbildungen von Kaiser Wilhelm II. verkauft hatte, die den Monarchen mit einem unvorteilhaft wirkenden Bart zeigten, wurde er in Mainz in der Nähe der Zitadelle unter dem Vorwurf der Spionage verhaftet. Zwar kam der als Tourist auftretende Amerikaner nach einer Nacht in Polizeigewahrsam wieder frei, doch seine fotografische Ausbeute wurde beschlagnahmt, soweit er sie nicht bereits nach Hause gesandt hatte. In den USA berichteten die Zeitungen im ganzen Land über dieses Politikum.[14]

Spätestens nach dieser abenteuerlichen Fotoreise hatten die „eher ereignislosen und für den künstlerischen Geist wenig befriedigenden Bürotätigkeiten"[15] im beruflichen Leben von Carleton H. Graves keinen Platz mehr. Mit dem Wagnis, Zeit und Geld zu investieren, um in fremden Ländern Landschaftsansichten mit der Absicht einer künftigen Vermarktung zu fotografieren, eröffnete sich dem Amateurfotografen nun eine neue berufliche Perspektive und begründete die Zusammenarbeit mit dem Fotografen Charles Tyler Fellows (1858–1898), Inhaber der „Fellows Photographic Company" in Philadelphia. Wahrscheinlich hatte Graves die Reise nach Europa bereits im Hinblick auf eine mögliche Partnerschaft mit Fellows unternommen. In Fachkreisen wurde die berufsmäßige Neuorientierung jedenfalls wohlwollend zur Kenntnis genommen: „Mr. C. W. [!] Graves, der Partner von Mr. Fellows, ist einer unserer jüngeren Fotografen, aber in seinen wenigen Jahren Erfahrung hat er sich ziemlich hervorgetan, nicht nur durch seinen großen Erfolg als Landschaftsfotograf, sondern während einer kürzlich stattgefundenen Besichtigungsreise im Ausland [...]".[16]

## Fellows & Graves

Charles T. Fellows hatte sich in verschiedenen Positionen und Unternehmensbeteiligungen den Ruf eines der führenden Fotografen von Philadelphia erworben. Er kannte sich in den unterschiedlichen fotografischen Druck- und Vervielfältigungsverfahren seiner Zeit aus und war ebenso mit der Herstellung von Stereoskopien und Diapositiven (Lantern slides) vertraut Die Gründung der „Fellows Photographic Co." beruhte auf einer Geschäftsverbindung mit dem Chemiker und Mineralogen Prof. Frederick Augustus Genth, Jr. (1855–1910).[17] Als die beiden 1891 ihre Partnerschaft auflösten, war der Weg für Carleton H. Graves frei. 1892 wurde die Firma „Fellows & Graves, 24 North Ninth Street, Philadelphia" gegründet, die den gesamten fotografischen Betrieb der „Fellows Photographic Co." übernahm. Ein Beobachter notierte: „Bei einem kürzlichen Besuch in der Niederlassung dieser Herren fanden wir sie in völliger Aufregung vor, da sie ein zusätzliches Stockwerk in ihrem Gebäude bezogen hatten, um den Anforderungen ihres wachsenden Geschäfts gerecht zu werden. Dies ist eine Art von Fortschritt und Wohlstand, den wir mit Freude sehen."[18] In die Unternehmung brachte Carleton H. Graves die von ihm begründete „völlig neue Reihe amerikanischer und europäischer Ansichten" ein,[19] die zusammen mit den Originalnegativen des Fotografen Edward Livingston Wilson (1838–1903) mit Motiven aus Ägypten, Arabien und Palästina den Fundus der Firma vervollständigten. Im Jahr 1893 wurde die Partnerschaft „in gegenseitigem Einvernehmen" aufgelöst und das Geschäft von Graves zunächst allein weitergeführt.[20]

## Universal Photo Art Company

Um das Jahr 1895 gründete Carleton H. Graves die „Universal Photo Art Company", die er als „Publisher and General Manager" führte. Später eröffnete er neben dem Hauptsitz und den Produktionsstätten in Philadelphia eine Zweigstelle in Naperville, Illinois. Der Bildkatalog des Unternehmens umfasst thematisch sortierte und nummerierte Bildreihen, die Landschaftsansichten, Natur-, Architektur- und Kunstobjekte sowie wie Straßen- und Alltagsszenen aus aller Welt zeigen und Einblicke in fremdländische Kulturen und Lebensumstände geben. Von besonderer Bedeutung sind bis heute eine Serie philippinischer Ansichten, die das tägliche Leben und Straßenszenen in Manila verdeutlichen, sowie etwa 200 Aufnahmen aus Japan, die in ihrem Umfang beispiellos sein sollen. Darüber hinaus finden sich im Katalog auch Fotoserien mit arrangierten Szenen, die humorvolle, mitunter auch frivol anmutende zwischenmenschliche Beziehungen und Begebenheiten darstellen und in Verbindung mit kurzen Bildunter-

Martina und Hans-Dieter Graf

schriften ihren Reiz ausüben. Einzelne Serien der stereoskopischen Aufnahmen wurden in einem hochwertigen Platin-Druckverfahren, das als „The Art Nouveau (Platino) Stereograph" beworben wurde, auf einem hellgrauen Passepartout im Format von ca. 9 x 18 cm gedruckt. Um konkurrenzfähig zu bleiben, bot das Unternehmen auch preisgünstigere „Universal Series" oder „Universal Views" an.[21]

Soweit die angebotenen Stereoskopien die Zeiten überdauerten, befinden sie sich heute verstreut in verschiedenen Sammlungen von Museen und Bibliotheken, in größerer Zahl z.B. in der LoC, dem George Eastman Museum of Photography in Rochester, dem Paul Getty Museum in Los Angeles, der New York Public Library oder im Rijksmuseum in Amsterdam. Vielfach werden sie auch von Bildagenturen angeboten oder auf Internet-Plattformen gehandelt.[22]

## Germany revisited

Bereits nach der Rückkehr von seiner Europareise 1891 hatte Carleton H. Graves angedeutet, die Fototour, der wegen der Beschlagnahmungen nur ein Teilerfolg beschieden war, noch einmal unternehmen zu wollen.[23] Durch einen erhaltenen Passantrag[24] sowie eine Notiz im „Philadelphia Inquirer"[25] ist die Durchführung dieser Reise dokumentiert. Danach trat Graves, dieses Mal als arrivierter Geschäftsmann und in Begleitung seiner Frau, am 23. August 1899 die Fahrt an. Zu ihren illustren Mitreisenden in der gehobenen Salon-Klasse des Dampfschiffs „New York" gehörte der Sprachpädagoge und Gründer von Sprachschulen, Maximilian Berlitz (1852–1921).[26] Von dieser Reise haben sich neben den Aufnahmen aus Heidelberg solche aus Berlin und München sowie Szenerien entlang des Rheins von Bingen bis zur Burg Rheinstein zur Zeit der Traubenlese erhalten.[27] Dass Graves über die erhaltenen und hier gezeigten Aufnahmen von Heidelberg hinaus noch weitere angefertigt hat, ist wohl anzunehmen.

Ein Jahrzehnt später, um 1910, stieg Carleton H. Graves, der sich zwischenzeitlich auch ein von ihm entwickeltes Stereoskop hatte patentieren lassen,[28] aus dem Fotogeschäft aus und verkaufte seine Bestände an das Unternehmen „Underwood & Underwood", von dem die Aufnahmen weiter an die „Keystone View Company" gingen.[29] Der umtriebige Unternehmer orientierte sich noch einmal neu und gründete ein Verlagsunternehmen, die „C. H. Graves Company", das mit hohem Anspruch dafür warb, „Publishers of Out of the Ordinary Things" zu sein.[30]

Als Carleton Harlow Graves am 11. Januar 1943 im Alter von 75 Jahren an einem Herzinfarkt starb, blieb er nach seinem wechselvollen Berufsleben nicht etwa als Fotograf oder als „well-known publisher", als der er 1928 in einem Nachruf für seine verstorbene Frau bezeichnet wurde,[31] in Erinnerung, sondern – man staune – als Herausgeber einer medizinischen Fachzeitschrift mit dem Titel „Medical Searchlight and Science Bulletin"[32] und als Erfinder des „Minute-man", eines patentierten Zeitmessgeräts zur Gebührenberechnung von Fernsprechverbindungen, das zum Zeitpunkt seines Todes noch in Gebrauch war.[33]

# Anmerkungen

1  www.loc.gov/photos/?q=Heidelberg+Stereographs (Zuletzt abgerufen am 25.5.2023).

2  Namentlich genannt werden neben C. H. Graves: Truman Ward Ingersoll (1862–1922), William Herman Rau (1855–1920), T. D. Rust, Benjamin Lloyd Singley (1864–1938), Charles Lincoln Wasson (1866–1951) und R. Y. Young.

3  Digitalisiert unter: www.loc.gov/item/2020680072 (Zuletzt abgerufen am 25.5.2023). Die vorangestellte vierstellige Zahl bezeichnet die Katalognummer, die Heidelberger Ansichten tragen die Nummern 7010 und 7011. Die vorhergehende Nummer 7009 konnte nicht ermittelt werden, so dass es sich hierbei noch um eine weitere Abbildung von Heidelberg handeln könnte. Nummer 7008 zeigt das Kaiser-Wilhelm-Nationaldenkmal in Berlin, Nummer 7012 die Ruhmeshalle in München.

4  Digitalisiert unter: www.loc.gov/item/2020680071 (Zuletzt abgerufen am 25.5.2023).

5  Zu sämtlichen biografischen Angaben in diesem Kapitel und Informationen zu den familiären Beziehungen finden sich die entsprechenden Dokumente auf www.ancestry.com.

6  So z.B. William Culp Darrah: World of Stereographs, Gettysburg 1977, S. 52 und National Stereoscopic Association: Photographers of the United States of America, complied by T. K. Treadwell and William C. Darrah, updated by Wolfgang Sell 2003, S. 308; www.stereoworld.org/wp-content/uploads/2016/03/US-PHOTOGRAPHERS.pdf (Zuletzt abgerufen am 25.5.2023).

7  Verstorben in Kansas City, Missouri.

8  Vgl. die Eröffnungsanzeige in: Belmont Chronicle (Saint Clairsville, Ohio), 27.11.1856, S. 4.

9  Verstorben in Philadelphia, Pennsylvania.

10  Passanträge von 1891, 1899 und 1903 (www.ancestry.com).

11  Vgl. www.findagrave.com/memorial/91450223/carlton–heber–graves; der Totenschein von Carleton H. Graves findet sich auf www.ancestry.com (Zuletzt abgerufen am 25.5.2023).

12  Vgl. Anzeiger des Westens (St. Louis), 8.9.1891, S. 8. Der offizielle Fotograf der Pennsylvania Railroad war William Herman Rau (s. Anm. 2); vgl. Traveling the Pennsylvania Railroad: The Photographs of William H. Rau, edited by John C. Van Horne, Philadelphia 2002.

13  Vgl. The Adventures of a Philadelphia Photographer, in: Wilson's Photographic Magazine, Vol. 28., 1891, S. 657f.

14  Unter Überschriften wie „The Dangers of Photography on the Continent" oder „A Tourist and Amateur Photographer locked up as a Spy" berichtete die US-amerikanische Presse über diesen Fall. Vgl. Anm. 13 sowie ausführlich: Hans-Dieter Graf: Fotografieren verboten. Von den Abenteuern des amerikanischen Fotografen Carleton Harlow Graves in: Mainz Vierteljahreshefte 1/2023, S. 26–33.

15  The Adventures (wie Anm. 13), S. 657 („clerical duties somewhat uneventful and hardly satisfying to the artistic mind").

16  The Photographic Journal of America, Vol. 29, 1892, S. 743f.

17  Sohn von Friedrich August Genth sen. (1820–1893), der im hessischen Wächtersbach geboren wurde. Nach Studium (u.a. in Heidelberg) und Promotion emigrierte er 1848 in die USA und wurde dort einer der bekanntesten Mineralogen und Chemiker seiner Zeit. Nachruf auf den Sohn (mit Foto) in: The Philadelphia Inquirer vom 3.9.1910, S. 2 (www.newspapers.com). Vgl. auch: Photographic times and American photographer, 1/1891, darin Anzeigen von Fellows Photographic Co. aus der Zeit der Zusammenarbeit mit Genth.

18  The Photographic Journal of America, Vol. 29, 1892, S. 743f.

19  Ebd., S. 447f.

20  The Adventures (wie Anm. 13), S. 658.

21  Zur Universal Photo Art Company finden sich in der Literatur und auf Websites nur vereinzelte Hinweise. Vgl. z.B. Edward W. Earle / Howard Saul Becker.: Points of View: the Stereograph in America. A cultural History, Rochester 1979, S. 70; www.yellowstonestereoviews.com/publishers/uphotoart.html; www.worthpoint.com/worthopedia/stereoscopic-

views-h-graves-universal-52669824; www.bjstampsandcoins.com/product-page/copy-of-an-tique-1900-s-stereoview-bye-bye-papa-cute-baby-in-the-window (Alle zuletzt abgerufen am 25.5.2023).

22 Aufzurufen über die Websites der genannten Museen und Institutionen.

23 Vgl. The Adventures (wie Anm. 13), S.657f.

24 www.ancestry.com/discoveryui-content/view/1206672:1174?tid=&pid=&query-Id=15f0dc320782fc1b3aa1ba3b9618da77&_phsrc=ole12&_phstart=successSource (Zuletzt abgerufen am 25.5.2023).

25 Vgl. The Philadelphia Inquirer vom 23.8.1899, S. 6.

26 Vgl. The Adventures (wie Anm. 13), S.657f.

27 Aufzurufen über www.loc.gov/photos/ (Zuletzt abgerufen am 25.5.2023).

28 Stereoscope, Patent Nr. 932271 vom 24.8.1909; Vgl. Official Gazette of the United States Patent Office, Band 145, 1909, Seite XCV; (https://patentimages.storage.googleapis.com/68/d4/f1/5f06305848e193/US932271.pdf (Zuletzt abgerufen am 25.5.2023).

29 Vgl. The Photographic Journal of America, Vol. 29, 1892, S 447f. Die Keystone View Company wurde 1892 von dem Fotografen B. L. Singley (s. Anm. 2) gegründet und zählte zum größten Stereografieunternehmen der Welt (www.yellowstonestereoviews.com/publishers/keystone.html.

30 Nachruf in: The Philadelphia Inquirer vom 8.1.1943, S. 26. Das erste Verlagswerk war ein Faksimile von Catherine Shepherd: My Lady's Toilette Table (1911).

31 Nachruf „Mrs. Carleton H. Graves Dies", in: The Philadelphia Inquirer vom 17.1.1928, S. 4.

32 Nachruf „Medical Magazine Editor Dies", in: St. Louis Post Dispatch vom 8.1.1943, S. 21. Die ungewöhnlich erscheinende Herausgeberschaft dieses Magazins erklärt sich vermutlich dadurch, dass der Ehemann von Graves Tochter Isabella, Louis Henry Mutschler, Arzt war.

33 Nachruf „Invented Phone Timing Device", in: The Plain Speaker vom 8.1.1943, S. 1. Toll Clock, Patent Nr. 1178229 vom 4.4.1916. Vgl. Official Gazette of the United States Patent Office, 1916, S. LXXXIII; https://patentimages.storage.googleapis.com/01/7c/da/8aa7c-82d13e4e7/US1178229.pdf (Zuletzt abgerufen am 25.5.2023).

Sämtliche Zeitungsartikel sind abrufbar über newspapers.com. Die genannten fotografischen Fachzeitschriften lassen sich über „Google books" einsehen.

**Marius Mrotzek**

# Das Mausoleum Bartholomae auf dem Heidelberger Bergfriedhof

Auf dem Heidelberger Bergfriedhof findet man eine Reihe kunsthistorisch herausragender Grabdenkmäler. Im wahrsten Sinne des Wortes herausragend ist das Mausoleum für Philipp und Sophie Bartholomae. Es beeindruckt durch seine Größe.

Soweit ersichtlich wurde das Mausoleum bis auf den Passus im Standardwerk zum Heidelberger Bergfriedhof von Lena Ruuskanen und einer kurzen Beschreibung zu den Heidelberger Friedhöfen aus dem Jahre 1929 kunsthistorisch nicht weiter untersucht.[1]

Das Mausoleum, wie es sich heute in der Totale präsentiert (Foto: Wikipedia, Abruf 28. September 2023)

Der Standort des Mausoleums am Rande des Friedhofgeländes wirkt fast ein wenig deplaziert. Es befindet sich in unmittelbarer Nähe der Umfassungsmauer zum Steigerweg. Zwar treffen sich an seinem Standort zwei Wege, doch wurde kein Wert darauf gelegt, das Grab in die Sichtachse des Wegesystems einzubetten. Und so steht man als Betrachter recht unvermittelt vor dem Bauwerk.

Dennoch hebt es sich von den ihn umgebenden Grabdenkmälern entscheidend ab. Zwei Besonderheiten fallen bei der Betrachtung ins Auge: erstens, das wuchtige Sockelgeschoss dem eine ausladende Freitreppe vorgeblendet ist und zweitens das einem ägyptischen Tempel nachempfundene Obergeschoss. Richtig zusammen passt das freilich nicht. Der Eingang zur ebenerdigen Gruft ist mittig in die Freitreppe eingebaut und von roh behauenen Quadern umrahmt. Um den klobigen Eindruck etwas abzumildern, sind vor den Eingang zwei Sphinxen auf Postamente gesetzt worden, die diesen bewachen. Dem Betrachter verschlossen hingegen bleibt das mit einem Sternenhimmel ausgemalte Tonnengewölbe der Gruft. Dieses wurde genauso wie das Kupferdach erst vor kurzem von der Stiftung Denkmalschutz für die Summe von 147.000 Euro renoviert und bleibt somit auch für zukünftige Generationen erhalten.[2]

Allerdings hat sich im Lauf der Zeit die ursprüngliche gärtnerische Gestaltung verändert. So waren vor dem Grabmal einst zwei pyramidenförmige Buchsbäume platziert, sodass das Thema „Ägypten" auch hier wieder aufgegriffen wurde. Diese sind heute verschwunden. Hinter dem Grabmal befinden sich mittlerweile mächtige Bäume, die die monumentale Wirkung etwas abmildern und möglicherweise so nicht von den Bauherren vorgesehen war.[3]

Direkt auf die Grabkammer aufgesetzt eröffnet sich ein zum Betrachter hin offener Raum, in dem eine aus Carraramarmor angefertigte Figurengruppe steht, die mit „Pax" bezeichnet ist. Ihr strahlendes Weiß kontrastiert sehr effektvoll mit dem Grauschwarz der Architektur. Zusätzlich ist die Figur von zwei sie flankierenden Säulen eingerahmt, die ihrer Aussage, eine „Friedensbringerin" zu sein, Nachdruck verleihen. So scheint die Figur für den Betrachter aus dem Dunkel heraus in das Licht zu treten, um damit als Siegerin über diese zu triumphieren oder – wie es Leena Ruuskanen schreibt – „als Verkünderin des himmlischen Friedens."[4]

Foto vom einstmaligen Zustand von 1929. Man beachte die pyramidenförmig zugeschnittenen Ziersträucher. (Aus: Die Friedhöfe in Heidelberg. Führer durch die christlichen und jüdischen Friedhöfe, Frankfurt a. M. 1929, Abb. III, o.S.)

Marius Mrotzek

Trotz der einladenden Freitreppe ist das Grabmal nicht zum Betreten konzipiert, ganz im Gegenteil, Treppe und die Treppenläufe sind an beiden Seiten durch Ketten abgesperrt. Lediglich zur ebenerdigen Gruft führt ein Weg. Das Mausoleum ist also darauf angelegt, von der Ferne aus betrachtet zu werden. Daher bildet der Architrav mit dem dort angebrachten Namenszug „Bartholomae" den krönenden Abschluss, der von Weitem schon zu sehen ist und davon kündet, wer dort begraben liegt.

Somit ergibt sich eine Bedeutungsachse, die von unten nach oben oder wie folgt gelesen werden kann: Der Tod ist der Weg und der Sieg zum Ewigen Frieden, den die Bartholomaes nun für immer beschritten haben. Zwar enthält diese Aussage kaum eine neue Erkenntnis für den Betrachter, denn was will man anderes auf einem Friedhof erwarten – doch derart spektakulär wird diese Aussage weit und breit nicht noch einmal in Szene gesetzt.

Die beiden Personen, für die das Mausoleum gebaut wurde, treten in den Hintergrund. Man muss über die Absperrung treten, die Freitreppe hoch gehen, hinter die Figur der Pax treten, um schließlich einen Blick auf zwei aus Marmor gearbeitete runde Reliefs der beiden Verstorbenen zu erhaschen, die in die Wand eingelassen sind. Die Größe des Raums verwundert, da es sich um kein Familiengrab handelt, sondern nur um ein Grab für ein Ehepaar.

## Die Auftraggeber

Wer waren die Auftraggeber, die es sich erlauben konnten, ein derartiges Monument für sich errichten zu lassen? Philipp Bartholomae wurde am 7. Januar 1836 in Heidelberg geboren. Die Bartholomaes waren eine alteingesessene Heidelberger Bierbrauerfamilie, von denen mindestens drei Mitglieder in die USA immigrierten und auch dort im Braugeschäft tätig waren. Philipp wanderte zu einem unbekannten Zeitpunkt in die Staaten aus, um in Chicago bei seinem Verwandten Franz „Frank" Bartholomae in dessen Brauerei zu arbeiten. In den Adressbüchern der Stadt Chicago taucht Philipp Bartholomae erstmalig 1870 auf. Zu dieser Zeit hatte er allerdings bereits die Firma gewechselt und wurde in der Brauerei von John Huck als „superintendent" aufgeführt. Huck, ebenfalls aus Deutschland stammend, er ist in Einbach, Baden[5] geboren, hatte 1847 seine Brauerei in Chicago eröffnet und diese bis 1871 zu einer der größten ihrer Art in der Stadt aufgebaut. Zur Intensivierung der geschäftlichen Beziehungen trug auch die Tatsache bei, dass Philipp Bartholomae die Tochter John Hucks, Sophie geheiratet hatte.

Die Brauerei Huck wurde im großen Feuer von Chicago im Jahre 1871 zerstört. Huck hat danach seinen Brauereibetrieb nie wieder neu aufgebaut. Aber er unterstützte seinen Schwiegersohn, der zwei Jahre später eine eigene Brauerei eröffnete, sie bekam den Namen Eagle Brewery. Eine Reminiszenz an seinen Schwiegervater, dessen erste Brauerei ebenfalls unter diesem Namen firmierte. Ein Jahr später wurde mit Andrew E. Leicht ein Geschäftspartner mit ins Boot geholt und die Firma nannte sich nun Bartholomae & Leicht Breweries. Nach und nach zog sich Philipp aus dem operativen Geschäft zurück und gab es 1885 an seinen Cousin Georg ab. In Heidelberg ist er seit 1883 als „Privatmann" in der Bismarckstraße 11 nachweisbar, bis er am 1. April 1887 in ein für sich und seine Frau errichtetes Wohnhaus im Wolfsbrunnenweg 8 zog. Er starb am 4. Januar 1901, kurz vor seinem 65. Geburtstag.

Sophie Huck war zwei Jahre alt, als ihr Vater John Huck mit der Familie 1847 nach Chicago auswanderte. Ohne Zweifel stieg er durch seinen beruflichen Erfolg rasch in die besseren Kreise Chicagos auf, in denen sich dann auch seine Tochter Sophie bewegte. Mit ihrem Ehmann zog sie nach dessen Ausscheiden aus der Firma nach Heidelberg. Sie stirbt am 26. August 1898.

Die Idee zur Errichtung des Mausoleums wurde bald nach ihrem endgültigen Umzug von Chicago nach Heidelberg in die Tat umgesetzt.[6] Am 15. November 1888 kaufte Phillip Bartholomae 22 Begräbnisplätze und 0,64 Quadratmeter[7] „Platz zum Besitze auf vierzig Jahre"[8] für die eindrucksvolle Summe von insgesamt 1602 Mark und 77 Pfennigen. Dies sind laut Friedhofsordnung insgesamt elf Familiengräber von 2,40 Meter in der Länge sowie 1,20 Meter in der Breite.[9] Zu diesem Zeitpunkt war Philipp Bartholomae 52 Jahre alt, seine Frau sogar erst 43 Jahre. Recht jung also, um sich Gedanken um seine letzte Ruhestätte zu machen, sie starben tatsächlich ja erst über zehn Jahre später.

Zwei Jahre nach dem Kauf des Grabplatzes, 1890, wurden die fertigen Pläne zur Errichtung des Grabmals eingereicht. Leider haben sich in den Akten des Stadtarchivs die Pläne für den Bau nicht erhalten, sodass man nicht weiß, ob später noch Veränderungen vorgenommen wurden. Denn der Plan wurde laut Aktenvermerk dem ausführenden Architekten Otto Hasslinger nach der Begutachtung durch die Behörden zurückgesandt. Die Akten berichten von bürokratischen Hürden, die es noch zu beseitigen galt. Die Heidelberger Friedhofskommission, zuständig für die Einhaltung der Friedhofssatzung, wußte nicht recht, wie sie in diesem Fall zu verfahren hatte und wandte sich deswegen an den Heidelberger Stadtrat. Dabei waren nicht die angedachten Ausmaße des Bauwerks das Problem, ganz im Gegenteil, so wurde es von der Friedhofskommission noch vor der Fertigstellung mit viel Vorschusslorbeeren bedacht. Explizit wurde von einer „Sehenswürdigkeit und jedenfalls die schönste Zierde unseres Friedhofs" gesprochen.[10] Probleme bereitete vielmehr der Umstand, dass das Ehepaar Bartholomae sich in einer oberirdisch angelegten Gruft beerdigen lassen wollte. Dies aber lief der Friedhofsordnung zuwider, die Erdbestattungen vorsah. Die Friedhofskommission wollte dem Wunsch der Bartholomaes durchaus entsprechen, weswegen ein längeres Gutachten verfasst wurde, in dem auf die positiven Erfahrungen an anderen Orten mit oberirdisch aufgebahrten Leichensärgen verwiesen wurde.[11] Der Stadtrat seinerseits wollte sich absichern und schickte die Pläne des Bauwerkes mit dem Anschreiben der Friedhofskommission an höhere Stelle weiter zum Großherzoglich Badischen Bezirksamt in Heidelberg, das dagegen nichts einzuwenden hatte. Damit stand der Erbauung des Grabmals nichts mehr im Wege.

Doch wie kamen die Bartholomaes auf die Idee sich ein derart repräsentatives Grabmal zu errichten? Zieht man deren soziale Stellung in Betracht, dann kann man das Monument als Ausdruck von monetärem Erfolg und dem dadurch erfolgten sozialen Aufstieg interpretieren.

Marius Mrotzek

## Vorbilder in Chicago

Das Motiv mag man in einem gewissen Mentalitätsunterschied zwischen den USA und Europa finden: Erfolg, Reichtum und sozialer Aufstieg wurden in Nordamerika von je her deutlicher nach außen gezeigt.[12] Das wirkte sich auch auf die Grabkultur aus. In Chicago wurden ab den 1880er-Jahren vermehrt Mausoleen gebaut. Man kann sogar von einem gewissen Wetteifer sprechen. Und schließlich ist es unzweifelhaft etwas Besonderes, sich ein Mausoleum in ägyptisierenden Formen errichten zu lassen. Hinzu kommt, dass neben New York City auch Chicago städtebaulich in der zweiten Hälfte des 19. Jahrhunderts als architektonisches Versuchslabor gelten darf. Dies ist untrennbar mit dem Namen Louis Sullivan verbunden. Als Architekt schrieb er Baugeschichte und hinterließ nicht nur Gebäude, sondern auch eine Reihe von Mausoleen. Die meisten befinden sich auf dem Graceland Cemetry in Chicago, dem Friedhof der Vornehmen und Reichen der Stadt. Das erste Mausoleum wurde 1889 für den Holzhändler Martin Reyerson errichtet. Dieser war überraschend gestorben und sein Sohn hatte Sullivan beauftragt, ein imposantes Monument zu errichten. Sullivan orientierte sich dabei an einem damals eher für öffentliche Gebäude verwendeten „Egyptian revival style", einer sich an ägyptischen Bauten orientierenden Formensprache mit pyramidalen Aufbauten, tempelartigen Fronten und Dekor mit Sphinxen und Papyrussäulen. Allerdings verzichtete Sullivan gerade auf den für ein solches Gebäude typischen Dekor, er reduziert diesen auf ein Minimum. So wirkt das Mausoleum lediglich durch seine Form: Die sanft in den Ecken ausschwingende quadratische Form verleiht dem

Das Reyerson-Mausoleum von 1889 auf dem Graceland Friedhof in Chicago; Architekt: Louis Sullivan (Foto: Wikipedia, Abruf 28. September 2023)

Das Mausoleum Bartholomae

ansonsten massiv wirkenden Gebäude Eleganz. Eine auf dem Sockelgeschoss aufgesetzte pyramidenförmige Spitze vervollständigt den „ägyptisierenden" Eindruck. Zwar passen Sockel und Obergeschoss nicht unbedingt zueinander, doch kommt es gerade dadurch zu einer unerwarteten monumentalen Wirkung, die das Gebäude so interessant macht. Unterbrochen wird das Ganze durch das kräftig gegliederte Kranzgesims, welches den Blick zum Obergeschoss mit der Pyramide optisch unterbricht und dadurch der Eindruck entsteht, beides gehöre nicht zusammen. Dieses Problem hat man beim Grabmal Bartholomae durch die große Freitreppe umgangen: Damit werden Ober- und Untergeschoss optisch miteinander verbunden und bilden eine Einheit.

Zwar wäre es vermessen, das Reyerson-Grabmal in direkten Vergleich mit dem Bau der Bartholomaes zu setzen, doch stellt sich die Frage: Wie viele Vorstellungen und Ideen stecken im Bau auf dem Bergfriedhof, die die Bartholomaes aus der Neuen Welt mitbrachten, und wie viel der seines in Deutschland beauftragten Architekten?

Als Partner hatten sich die Bartholomaes den in Weinheim ansässigen Otto Hasslinger ausgesucht, der zwei Jahre nach Erwerb des Grundstücks auf dem Bergfriedhof die Baupläne eingereicht hatte. Desweiteren fragt man nach Vorbildern: Gab es diese in der Nähe, hatte man bereits ähnliches erbaut? Auf dem Hauptfriedhof in Mannheim war 1886 für den verstorbenen Carl Wilhelm Casimir Fuchs, Professor der Botanik und Geologie, von der Stadt Mannheim ein Ehrengrab errichtet worden, nach-

dem Fuchs 20.000 Goldmark für die Errichtung eines Parks gespendet hatte und nochmal die gleiche Summe für sein eigenes Grab aufgebracht hatte.[13] Die Parallele zum Grab Bartholomae ist nicht zu übersehen: Das Fuchs'sche Grab wirkt wie der Prototyp für die szenische Inszenierung des oberen Teils des Bartholomaeischen Grabes. So besteht das Grabmal Fuchs aus einem zentralen Kuppelbau mit einer triumphbogenartigen Öffnung und als zentrales Element ist eine aus weißem Kalkstein gefertigte, überlebensgroße Engelsfigur innerhalb der Architektur platziert. Diese hält in einer Hand einen Palmzweig zum Zeichen des Friedens, während die andere segnend nach vorne ausgestreckt ist. Die Zeit hat der Figur zugesetzt, so ist an der ausgestreckten Hand bereits der ein oder andere Finger verloren gegangen. Die gleiche Beschreibung könnte auch auf die Figur der Pax im Grabmal Bartholomae passen – bis hin zu den vorhandenen Schäden. Auch architektonisch

Das Fuchs'sche Mausoleum auf dem Mannheimer Hauptfriedhof (Foto: Wikipedia, Abruf 28. September 2023)

Marius Mrotzek

gibt es Anknüpfungspunkte: Umrahmt wird die Figur von zwei monumentalen Säulen. Der Schaft der Säulen scheint aus Odenwälder Syenit zu bestehen und die kunstgieserischen Verzierungen wie das Kapitell und die Säulenbasis ähneln stark dem Grabmal Bartholomae.

## Die am Bau beteiligten Personen und Unternehmen

Auch wenn sich die Pläne in den Akten des Stadtarchivs nicht erhalten haben, so haben die Bartholomaes durchaus dafür gesorgt, dass die an dem Bau beteiligten Personen allesamt gewürdigt wurden und deren Namen der Nachwelt erhalten geblieben sind, indem am Sockelgeschoß eine Plakette auf sie verweist: Als Architekt des Gebäudes wird der bereits erwähnte Otto Hasslinger aus Weinheim genannt. Für die Lieferung des Baumaterials ist das Granit-Syenitwerk in Bensheim verantwortlich und die Kunstgießerei Stotz aus Stuttgart lieferte die Ausstattung in Metall. Die künstlerischen Arbeiten schließlich wurden vom akademischen Bildhauer Raffaelo Romanelli aus Florenz und Emilio Dies aus Rom ausgeführt. Beide signierten ihre Werke, sie sind daher auf der Plakette nicht gesondert erwähnt.

Über Otto Hasslinger (1851–1920) ist nur wenig Biografisches bekannt. So war er in den 1890er-Jahren als Lehrer an der Gewerbeschule in Weinheim tätig, wobei man sich dort weniger mit Architektur als mit dem Erlernen von kunsthandwerklichen Fähigkeiten beschäftigte. Hasslinger war dort in erster Linie als Zeichenlehrer tätig, denn in den 1900er-Jahren gab er zusammen mit einem Kollegen ein entsprechendes Handbuch für Schulen heraus.[14] Mit dieser Publikation empfahl er sich für den Staatsdienst und wurde zum großherzoglich badischen Regierungsrat ernannt.[15] In den einschlägigen Architekturzeitschriften wird er jedoch auch als Architekt bezeichnet, so etwa in der „Architektonischen Rundschau" von 1901. Darin ist ganzseitig ein von ihm in Budapest erbautes Grabmal abgebildet.[16] Auch war er federführend an der Aufstellung des in Weinheim auf dem Marktplatz 1888/89 errichteten, heute noch stehenden Kriegerdenkmals beteiligt, und nach seinen Plänen wurde für die Firma Hildebrand 1895 in Weinheim ein Getreidesilo gebaut, das heute als Beispiel für herausragende Industriearchitektur gilt.[17] Somit hatte er zwei Berufe: Gewerbelehrer und freiberuflich tätiger Architekt.

Bei Paul Stotz sieht es mit dem Bekanntheitsgrad etwas anders aus: Sein Kunstgießereiunternehmen war im süddeutschen Raum wohlbekannt. Er bewarb explizit seine Ausstattungen für Friedhöfe mit kunstgewerblichen Erzeugnissen aus Bronze, wie es folgender Anzeigentext wiedergibt:

> „Paul Stotz, Kunstgewerbliche Werkstätte [...] / Spezialität Grabdekorationen in Bronze / als: Geländer, Säulen, Ketten, Gedenktafeln, Kränze, Palmen, / Kreuze, Urnen, Wappen, Reliefs, Kapitäle, Basen, Kranzhalter, In / schriften, Buchstaben, Rosetten, u.s.w., nach reichhaltigsten eigenen / Modellen oder Zeichnungen und Modellen der verehrlichen Besteller [...]."[18]

Aus seinem Katalog stammten zweifelsohne die am Grabmal angebrachten dorischen Kapitele sowie die fortlaufenden Zierleisten in Form von Eierstäben. Ebenfalls aus seiner seriellen Produktion stammen die am Fries angebrachten quadratischen Platten,

Eines der von der Firma Paul Stotz hergestellten Kapitelle
(Foto: Marius Mrotzek)

besser als Triglyphen bekannt. Ganz nach „eigenen Modellen", also nach individueller Anfertigung, dürften etwa die Inschrift mit der Nennung der am Bau beteiligten Firmen sowie vor allem die beiden Grabwächter, die Sphinxen, gelten. Eine ist mit „P. STOTZ MOD(elliert) & GEG-(ossen) signiert.[19]

Bei der Wahl des Gesteins saß man in Heidelberg – was Granite oder granitartige Steine betraf – quasi an der Quelle. Diese wurden in Bensheim gebrochen und standen in verschiedenen Farben zur Auswahl. In einem 1893 verfassten Artikel in der „Gartenlaube" über die Bensheimer Syenitwerke erfährt man folgendes:

„Der Marmor, mit dem der Süden seine Tempel und Paläste schmückt, ist den zerstörenden Einflüssen des nordischen Klimas nicht gewachsen; härter sind die Granite und Syenite, und als man sie in der Neuzeit zu polieren anfing, vermochten sie in der That zum Theil den Marmor im Norden zu ersetzen. So entstanden die verschiedensten Granitarbeiten, welche die Bauten der Gegenwart schmücken: Säulen, Wandverkleidungen in Vorhallen, polierte Stufen und Podeste, Pilaster und Friese, die in den verschiedenen Farbenzusammenstellungen das Auge entzücken; ferner Denkmale aller Art, monumentale Brunnen, Postamente für Standbilder und vollständige Grabmonumente."[20]

Um diesen Worten den nötigen Nachdruck zu verleihen, legte man der Antragstellung zur Errichtung des Grabmals Gesteinsproben bei, um ein haptisches Erlebnis für dieses Großprojekt bieten zu können.

Besondere Mühe machte man sich bei der Auswahl des Künstlers für die Darstellung der Pax. Es ist der Florentiner Raffaelo Romanelli, 1856 geboren. National und international erfolgreich, ist er heute vorallem für die von ihm geschaffene Büste des Michelangelo Buonarotti bekannt, die auf dem Ponte Vecchio in Florenz steht, und heute als beliebtes Fotomotiv dient. Somit ist sein Werk immer noch im öffentlichen Raum präsent. In der kunsthistorischen Forschung ist er jedoch so gut wie vergessen. Als akademischer Bildhauer, dem damaligen Geschmack seiner Zeit verpflichtet, teilt er damit das Schicksal vieler seiner Kollegen. Ein Wikipedia-Artikel und die ausführliche Beschreibung im „Dizionario degli Italiani" sind die wichtigsten Quellen zu seiner Person.[21] So ist auch nichts Weiteres über seine in Heidelberg aufgestellte Büste der Pax bekannt.

Glücklicherweise ist sie von ihm signiert mit „Prof. R. Romanelli / Borgo San Frediano 82". Das Entstehungsdatum ist nicht vermerkt, der Zeitraum lässt sich jedoch einkreisen. So wurde ihm der Professorentitel am 3. März 1892 verliehen, womit die Fer-

Detailaufnahme mit Signatur und Adresse
(Foto: Marius Mrotzek)

Gesamtaufnahme der Pax (Foto: Marius
Mrotzek)

Löwe und Waage, reliefartig auf der
Plinthe eingemeißelt (Foto: Marius
Mrotzek)

tigstellung der Statue nicht vor diesem Zeitpunkt erfolgt sein kann. Überraschenderweise existiert der Werkstattbetrieb heute immer noch in Florenz und die in den Stein gehauene Adresse ist fast noch korrekt. So führen seine Nachkommen das „Romanelli Sculpture Studio" unter der Adresse „Borgo San Frediano 70" bis heute weiter. Leider haben sich dort keine Unterlagen erhalten, die in die Auftragsvergabe der Pax Licht bringen würden.[22]

Die überlebensgroße Statue im Grabmal Bartholomae steht auf einem quadratischen Sockel, wobei dieser unabhängig von der Figur gefertigt wurde. Auf dem Sockel ist die Inschrift „Pax" in erhöhten Großbuchstaben eingemeißelt. Die Figur selbst steht auf einer kreisrunden, leicht gewölbten Plinthe, wobei sie schreitend dargestellt ist. Leena Ruuskanen hat das Terrain, auf dem die Frauenfigur schreitet, als „mohnbewachsen" bezeichnet.[23] Tatsächlich ist aber nur eine große Mohnpflanze zu sehen: Der Mohn und dessen schläfrig machende Wirkung sind untrennbar mit der Assoziation des Todes verknüpft. Daneben finden sich zwei weitere Symbole, die eines Löwen und einer Waage. Warum gerade diese Figuren – quasi am Rande – beigegeben wurden, ist schwer zu erschließen. Es handelt sich dabei definitiv nicht um Tierkreiszeichen, da die Geburtstage der beiden Verstorbenen nicht mit diesen zusammenfallen.[24] Der klassisch gewandeten Figur ist ein Begleiter beigegeben. Es ist ein Jüngling, der in einer Hand eine Fackel trägt. Wie für einen solchen Ort passend, hält er sie mit der Flamme nach unten, um damit anzudeuten, dass das Lebenslicht am Erlöschen ist. Da der Jüngling auch noch geflügelt ist, ist es nicht schwer, ihn als Thanatos oder den Gott des Todes zu identifizieren. Um deutlich zu machen, dass Frieden und Tod zwei Seiten von ein und derselben Medaille sind, hat die Frauenfigur ihren Arm um den Jüngling gelegt. Und so schreiten sie beide voran. Selbstverständlich dürfen bei dieser bedeutungsschweren Darstellung ein sie bekränzender Lorbeerkranz und ein Palmwedel in der Hand zum Zeichen des Sieges über den Tod nicht fehlen. Wie bereits erwähnt, ist die Hand, die einst einen Palmzweig zum Zeichen des Friedens trug, abgebrochen und verschwunden, womit ihr ein wichtiges Merkmal heute fehlt.

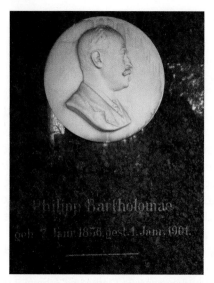

Sophie und Philipp Bartholomae von Emilio Dies in Marmor verewigt (Fotos: Marius Mrotzek)

Schließlich sei noch der Bildhauer Emilio Dies erwähnt, der die beiden Marmortondi von Philipp und Sophie Bartholomae ausführte. Diese sind beide mit „E. Dies Sculpsi / Roma 1891" signiert und datiert. Auch er war zu seiner Zeit ein vielbeschäftigter Künstler, der sich vor allem im Bereich der Sepulkralarchitektur einen Namen machte, wenn man dem Eintrag im „Dizionario degli artisti italiani viventi" von 1889 Glauben schenken möchte. Insbesondere wird er aber für eine Statue von König Ludwig I. von Bayern gelobt, die sich bis heute in Rom befindet und als eine seiner am besten gelungenen Darstellungen gilt.[25]

Es ist selbstverständlich müßig, darüber zu spekulieren, wie die Bartholomaes an die beiden Künstler gelangt sind. Vermutlich führte eine Italienreise das Ehepaar nach Florenz und Rom, wo sie die Aufträge vergeben haben. Romanelli erhielt ab 1903 pub-

Marius Mrotzek

lizistisch den Ritterschlag, indem er unter der Kategorie „Bildhauer" im damals äußerst beliebten „Baedecker"-Reiseführer für Florenz verzeichnet ist.[26] Leider ist über Emilio Dies nichts weiter bekannt. Selbst sein Todesdatum ließ sich nicht ermitteln.[27]

## Fazit

Die Bartholomaes haben weder Kosten noch Mühen gescheut, ihren Traum von einem Grabmal in die Tat umzusetzen. Dabei schwebte ihnen ganz konkret der „Egyptian revival style" als angemessen für ihren Bau vor. Um diesen Plan zu verwirklichen, haben sie sich mit Otto Hasslinger einen Architekten verpflichtet, der nicht nur über theoretische Kenntnisse, sondern als Gewerbelehrer auch über ganz praktische Erfahrungen verfügte, was die kunsthandwerklichen Ausführungen am Grabmal bezeugen. Außergewöhnlich ist aber der Schritt für den bildhauerischen Schmuck bis nach Italien zu reisen, um sich dort nach geeigneten Künstlern umzusehen. Dadurch entstand ein Grabmal, welches in Form und Funktion derart eigenwillig ist, dass – wie Ernst Fuchs in „Die Friedhöfe in Heidelberg" schreibt – „Man [...] weit und breit reisen [muss], bis man ein würdigeres Seitenstück zu diesem prachtvollen Kunstwerk findet."[28]

## Anmerkungen

1  Leena Ruuskanen: Der Heidelberger Bergfriedhof. Kulturgeschichte und Grabkultur, Ausgewählte Grabstätten, Heidelberg 1992, S. 45–47; Ernst Fuchs, in: Die Friedhöfe in Heidelberg. Führer durch die christlichen und jüdischen Friedhöfe, Frankfurt a. M. 1929, S. 9ff.

2  Siehe: https://denkmalstiftung-baden-wuerttemberg.de/mausoleum-der-famlie-bartholomae-wird-saniert-denkmalstiftung-baden-wuerttemberg-hilft/ (Aufruf 28.8.2023)

3  Einen guten Eindruck gibt die Abbildung in der Publikation Die Friedhöfe (wie Anm. 1), Abb. III., obgleich auch hier im Hintergrund hohe Bäume zu sehen sind. Zwar hatten die Bartholomaes eine Stiftung hinterlassen, damit die Pflege des Grabes gesichert war, doch hat spätestens die Weltwirtschaftskrise 1929 dieses Vermögen zunichtegemacht.

4  Ruuskanen: Bergfriedhof (wie Anm. 1), S. 45ff.

5  Siehe: https://www.taverntrove.com/friday-may-15-1818-john-a.-huck-birthday-311.html (Aufruf 28.8.2023)

6  Ruuskanen: Bergfriedhof (wie Anm. 1), S. 47. geht davon aus, dass das Grabmal von Philipp Bartholomae nach dem Tod seiner Frau für diese errichtet worden sei. Diese Sicht impliziert auch der Nachruf auf ihn in der Chronik der Stadt Heidelberg für das Jahr 1901, IX. Jahrgang, Heidelberg 1902, S. 127, „Eine prächtige Begräbnisstätte, die er sich und seiner Frau errichtet, (...)".

7  Die zusätzlichen 0,64 qm sind für die Einfriedung und den Abstand zu den nächsten Gräbern gedacht und müssen laut Friedhofsordnung hinzugekauft werden.

8  Bartholomae wird die Zeitspanne nochmals verlängern und zwar auf insgesamt 80 Jahre bis in das Jahr 1968.

9  Das Aktenkonvulut umfasst einen Schriftverkehr von der Antragstellung des Grabmonuments im Jahre 1888 bis zu Fragen über dessen Pflege und Erhalt Jahrzehnte später (1940) durch Angehörige der Familie Bartholomae. StAH AA 8/4a. AA V Begräbnisse, Grabdenkmal der Familie Philipp Bartholomä.

10  StAH AA 8/4a. Für die Transkription des Textes danke ich Herrn Vahle vom Stadtarchiv herzlich.

11  StAH AA 8/4a. Dabei ging es insbesondere um das mögliche Austreten von Flüssigkeiten und die Geruchsbelästigung, die allerdings durch einen fest verschlossenen Sarg nicht auftreten würde.

12  Siehe dazu: Ingrid Reuter, Norbert Fischer: Bürgerliche Nobilitierung durch sepulkralen Aristokratismus: Mausoleen auf dem Madrider Friedhof San Isidro, in: Barbara Borngässer,

Henrik Karge, Bruno Klein (Hgg.): Grabkunst und Sepulkralkultur in Spanien und Portugal, Frankfurt a.M., Madrid 2006, S. 497–515.

13  Siehe dazu: Förderkreis historischer Grabstätten Mannheim e.V. (Hg.): Die Friedhöfe in Mannheim. Wegweiser zu den Grabstätten bekannter Mannheimer Persönlichkeiten, Mannheim 1992, S. 69.

14  Otto Hasslinger und Emil Bender (Hgg.): Der Betrieb des Zeichenunterrichts: die Zeichenmaterialien und Lehrmittel sowie die Anlage und Einrichtung der Zeichensäle; ein Handbuch für Zeichenlehrer, Leipzig, Berlin 1907.

15  Landesarchiv Baden-Württemberg, Abt. Generallandesarchiv Karlsruhe, 466-22 Nr. 15453, Leipzig, Berlin 1907. Online einsehbar unter: Hasslinger, Otto - Deutsche Digitale Bibliothek (deutsche-digitale-bibliothek.de), (zuletzt aufgerufen am 21.6.2023).

16  Abbildung online einsehbar unter: https://digi.ub.uni-heidelberg.de/diglit/architektonische_ rundschau1892/0080/image,info (letzter Aufruf: 21.6.2023).

17  Siehe dazu: Claudia Baer-Schneider: Rettung in letzter Minute – Das Weinheimer Kriegerdenkmal, in: Denkmalpflege in Baden-Württemberg, Heft 3/2011, S.150–154. Zur Hildebrand'schen Mühle siehe Online in: MONOCHROM.LIFE, Hans Bayer: Die Hildebrandsche Mühle in Weinheim, 2. Reportage, 3.4.2016, https://monochrom.life/die-hildebrandsche-muehle-in-weinheim/ (abgerufen am 21.6.2023).

18  So konnte das Unternehmen einen so prestigeträchtigen Auftrag wie etwa für die Türen des Nordportals des Kölner Doms (1891–1893) ausführen. Siehe dazu den Artikel bei Wikipedia: https://de.wikipedia.org/wiki/Paul_Stotz (letzter Aufruf: 21.6.2023).

19  „Die Einführung der Bronze als Grabschmuck gab ferner Gelegenheit direkt auch für das große Publikum zu produzieren und so die geschäftliche Grundlage der Anstalt zu verbreitern." Zit. nach: Paul Stotz: Ein Meister des Eisengusses, in: Georg Fuchs: Deutsche Kunst und Dekoration. Illustr. Monatshefte für moderne Malerei, Plastik, Architektur, Wohnungskunst u. künstlerisches Frauen-Arbeiten, Jg. 3, 1898–1899, S. 263, online unter: https://doi.org/10.11588/diglit.6386.26 (letzter Aufruf: 21.6.2023).

20  Hier lohnt es sich, einen Blick in die tempelartige Halle zu werfen, wurde doch dort ein roter Granit verwendet, der die beiden Medaillons der Verstorbenen kontrastreich umrahmt. Zitiert nach: Karl Falk: Die Granit- und Syenitwerke im Odenwalde, in: Die Gartenlaube, Heft 20, 1893, S. 330, online unter https://de.wikisource.org/wiki/Die_Granit_und_Syenitwerke_im_Odenwalde (letzter Aufruf: 21.6.2023).

21  Allesandra Imbellone: Raffaelo Romanelli, in: Dizionario Biografico degli Italiani, Vol. 88 (2017).

22  Für die freundliche Auskunft danke ich Elisa Giovanelli von der Studio Galeria Giovanelli, Florenz.

23  Ruuskanen: Bergfriedhof (wie Anm. 1), S. 44.

24  Eine weitere Interpretation könnte aus der Darstellung der „Etica" aus der Iconologia des Cesare Ripa hergeleitet werden, wo eine Frau mit einem Löwen und einem Senkblei dargestellt wird. Nach Ripa steht der Löwe für das wilde und unbändige Temperament des Menschen, welches mithilfe des Senkbleis „in der Waage" gehalten wird, sodass dieser nicht zu Extremen neigt. Somit wäre die Darstellung eine Anspielung auf die seelische Ausgewogenheit des Menschen. Zur Abbildung siehe: Cesare Ripa: [Bearb.] Lepido Facio, Iconologia Overo Descrittione Di Diverse Imagini cauate dall'antichità, & di propria inuentione, In Roma: Appresso Lepido Facij, 1603. https://digi.ub.uni-heidelberg.de/diglit/ripa1603/0156/ image (letzer Aufruf am 21.6.2023).

25  Angelo De Gubernatis: Dizionario degli artisti italiani viventi, Firenze 1889, S. 181 ff.

26  Italy, Handbook for travellers by Karl Baedecker, First Part, Northern Italy, Leipsic 1903, S. 435.

27  Siehe dazu zuletzt Licia Marti, Emilio Dies, in: Dizionario Biografico degli Italiani, Vol. 39, 1991; https://www.trecciani.it/enciclopedia/emlio-dies_%28Dizionario-Biografico%29/ (letzter Aufruf am 16.8.2022).

28  Die Friedhöfe (wie Anm. 1), S. 92.

Benedikt Bader

# Die Villa Krehl als architektonischer Knotenpunkt

## Ein Beitrag zur Baugeschichte von Heidelberg

Die Villa Krehl in der Bergstraße 106 in Handschuhsheim war im Jahrbuch zur Geschichte der Stadt Heidelberg schon Gegenstand von zwei Aufsätzen.[1] Auch in anderen
stadt- und architekturhistorischen Arbeiten hat sie einen prominenten Platz.[2] Das ist
nicht verwunderlich bei dem „vielleicht [...] stolzeste[n] Privathaus, das vor dem ersten Weltkrieg gebaut worden ist"[3].

Dennoch lohnt es, die Villa Krehl erneut in den Blick zu nehmen. Sie erweist sich
nämlich als ein Knotenpunkt der Heidelberger Baugeschichte in der ersten Hälfte des
20. Jahrhunderts. Das hat zunächst mit ihrem Architekten, dem Karlsruher Architekturprofessor Friedrich Ostendorf (1871–1915), zu tun. Die Villa Krehl ist das gebaute
Schaustück seiner Architekturtheorie.[4] Was Bernd Müller in seinem „Architekturführer
Heidelberg" anspricht, den Einfluss Ostendorfs und seiner Schüler auf die Heidelberger
Architektur dieser Zeit[5], hat seinen Kristallisationspunkt in der Villa Krehl und kann von
ihr aus näher beleuchtet werden. Neben Ostendorf selbst, der mit dem Physikalischen
Institut am Philosophenweg ein weiteres stadtbildprägendes Ensemble errichtet hat,
verknüpfen sich hier die Wege vieler für Heidelbergs Baugeschichte wichtiger Persönlichkeiten. Die Villa Krehl bildet so als biografischer Knotenpunkt den Ausgang für die
bauliche Entwicklung Heidelbergs bis in die 1930er-Jahre mit der Neuen Universität als
sozusagen der Villa Krehl gegenüberliegendem Kulminationspunkt. Die Villa Krehl ist
aber auch ein topografischer Knotenpunkt. Rund um sie gruppieren sich Gebäude, an
denen sich Aspekte der Architektur der ersten Hälfte des 20. Jahrhunderts aufzeigen
lassen. Um beide Aspekte besser zu verstehen, sei ein kurzer Blick auf die Entwicklung
der Architektur zur Bauzeit der Villa Krehl geworfen.

## Die Suche nach dem richtigen Baustil: Reformarchitektur und die Architekturtheorie Ostendorfs

Nach 1900 erreichte die alte Diskussion, was der der Gegenwart angemessene Architekturstil sei, einen neuen Höhepunkt. Der heute so populäre Jugendstil war es eben
nicht. Er ersetzte im Grunde nur das Vokabular der historistischen Ornamentik durch
neue Formen.[6] Gegen ihn und den noch immer virulenten Historismus entwickelten
sich Bestrebungen, für die sich der Begriff „Reformarchitektur" durchgesetzt hat.[7] Darunter werden vielfältige Ansätze subsumiert, bei denen sich drei Strömungen unter-
scheiden lassen[8], für die sich Beispiele rund um die Villa Krehl finden:

1.    Eine monumentale Richtung: Sie zeichnet sich durch formal reduzierte und
massig gruppierte Baukörper aus. Anlehnung wird an die Romanik, aber auch an as-
syrische, ägyptische oder als „germanisch" deklarierte Architektur wie das Theoderich-
Grab in Ravenna gesucht. Eines der seltenen Beispiele dafür in Heidelberg ist der 1903
errichtete Bismarckturm am Philosophenweg.

2.  Eine Tendenz zum Heimatstil: Es werden Anleihen an regionalen, ländlichen Bauformen und auch an angelsächsische Landhäuser genommen. Ein malerisch-anheimelndes, ein gewachsen wirkendes Bild wird angestrebt, das Individuelle betont. Hierher gehört auch die „Um 1800"-Strömung, die im Biedermeier und ländlichem Barock die Lösung sucht. In Heidelberg finden sich viele Beispiele: etwa das nur wenige Meter von der Villa Krehl gelegene Haus Bergstraße 114.

3.  Eine klassizisierende Richtung: Sie tritt als letzte vor dem Ersten Weltkrieg hervor und lehnt sich an einen klassizistischen Barock an. Dass der Barock nicht nur Fülle und Überschwang kennt, sondern auch klassizistische Strenge, lässt sich gerade in Heidelberg sehr gut sehen, man denke nur an die Alte Universität. Ein herausragendes Beispiel dafür ist die Villa Krehl, und ein herausragender Vertreter dieser Richtung ist ihr Architekt Friedrich Ostendorf.

Dieser Barockklassizismus schien tatsächlich eine Antwort auf die Frage nach einem zeitgemäßen Architekturstil zu sein als eine „zugleich konsistente, typisierte, traditionelle, städtebaulich funktionierende, materiell und komfortorientiert moderne Architektur"[9]. In Konkurrenz zum „Neuen Bauen", der Bauhaus-Moderne war er bis in die 1930er-Jahre einflussreich – gerade in Heidelberg.

Friedrich Ostendorf um 1907 (Quelle: Stadtarchiv Karlsruhe 8/PBS oIII 565)

Ostendorf als einen herausragenden Vertreter dieser Richtung zu bezeichnen, ist vielleicht zu wenig. In Julius Poseners grundlegendem Werk zur Entwicklung der Architekturmoderne ist er der Vertreter überhaupt; anschließende Veröffentlichungen zur Reformarchitektur folgen Posener darin.[10] Aber Ostendorf war früh gestorben; er fiel 1915 mit 44 Jahren, und galt als „extremer Einzelgänger"[11], der bei seinem Tod in der Fachpresse nur verhalten gewürdigt wurde. Das wundert nicht, denn in seinen theoretischen Schriften gibt er die Arbeiten der Stars seiner Zeit wie Theodor Fischer oder Hermann Muthesius der Lächerlichkeit preis und gerät so mit einer großen Zahl deutscher Architekten in Konflikt.[12] Dazu passt auch, dass die Zeitgenossen nicht von einer Ostendorf-Schule sprechen.[13] Im Weiteren wird sich zeigen, inwiefern Ostendorf zumindest in Heidelberg nachwirkt. Dazu wenden wir uns nun Ostendorfs Architekturtheorie und deren Umsetzung in der Villa Krehl zu.

„Das eigentliche Ziel der Baukunst ist das, Räume zu schaffen"[14], so Ostendorfs Ausgangspunkt. Dazu müssen Grundriss und Aufriss einer einheitlichen Idee folgen. Nur so entstehe ein Baukörper, der sich in die besonderen Bedingungen der jeweili-

Benedikt Bader

gen Situation fügt. Dabei müsse immer die „einfachste Erscheinungsform" angestrebt werden.[15] Eine Architektur, die mit Ausbuchtungen, Einschnürungen und Anfügungen malerisch wirken soll, lehnt Ostendorf ebenso ab wie das Kleinteilig-Individuelle und Handwerklich-Bescheidene der „Um 1800"-Bewegung.[16] Diese gilt ihm, dem es doch um eine grundsätzliche Lösung der Architekturfrage geht, als eine bloße Mode.[17] Beim Bauschmuck sei Zurückhaltung geboten auch, weil der moderne, schnelle Verkehr eine Wahrnehmung von Details unmöglich mache.[18] Dies ist nun durchaus modern. Aber Ostendorf bricht nicht mit der tradierten Formensprache. Vielmehr findet er im Barock seine Forderung nach Klarheit und Einfachheit und einer gewissermaßen zeitlosen Gültigkeit erfüllt.[19]

Die Arbeit des Architekten beschreibt Ostendorf in dem für ihn typischen Stil so:

> „Die Reihenfolge [...] beim Entwerfen eines Wohnhauses ist [...] die folgende. Zunächst wird das Bauprogramm nach äußerem und innerem Gehalt, nach Situation (Lage des Bauplatzes, zur Straße, zu den Himmelsrichtungen, zu den Nachbarn, Höhenverhältnisse) und Raumerfordernisse unter Berücksichtigung künstlerischer und praktischer Erwägungen [...] geklärt; durch solche Prüfung wird unter den verschiedenen möglichen Dispositionen des Hauses und des Gartens auf dem Baugrundstück eine als die beste erkannt [...]; diese Erscheinungsform wird in die, Straße und Garten umfassende, räumliche Vorstellungen hineinbezogen und nun erschaut der Architekt schon Haus, Straße und Garten im Zusammenhange."[20]

Wie zeigt sich nun Disposition und Erscheinungsform der Villa Krehl?

## Die Villa Krehl als Ostendorfs Schaustück

Die Villa Krehl ist das Referenzprojekt Ostendorfs. Mehr noch als sein eigenes Haus in Karlsruhe, bei dem der Garten wegen der bedrängteren Raumverhältnisse nicht die für Ostendorf wichtige Bedeutung hat.[21] Mehr auch als das etwas früher begonnene Physikalische Institut. Universitäre Anforderungen ließen ihm viel weniger Freiheit als der Bau für das reiche, seinen Ideen folgende Ehepaar Krehl.[22] Entsprechenden Niederschlag findet daher die Villa Krehl in Ostendorfs theoretischem Hauptwerk, den „Sechs Büchern vom Bauen".[23]

Die finanziellen Möglichkeiten Krehls (oder doch eher seiner Frau aus einer deutschrussischen Industriellenfamilie) waren das Eine.[24] Für das Programm der Villa aber war wichtig, dass Krehl ein Star der Universität war, 1904 geadelt, Ehrendoktor fast aller Fakultäten und Ehrenbürger von Heidelberg,[25] ein Mediziner von europäischem Rang mit Patienten von europäischem Rang, die er auch privat behandelte. Auch der badische Großherzog Friedrich II. war ein häufiger Gast.[26]

Das ist nun wichtig, denn was Repräsentation betrifft ist die Villa Krehl auffallend zurückhaltend. Gewiss, groß thront sie in barocken Formen, betont achsensymmetrisch und mit mächtigem Walmdach auf ihrem Sandsteinsockel. Bauschmuck aber, dem traditionellen Gradmesser für den Rang eines Hauses, gibt es wenig. An der Hauptfassade zur Bergstraße hin wird der Mittelbau nur durch hintereinander gestaffelte Lisenen aus Sandstein, Archivolte mit Kartusche und – ungewöhnlich und gar nicht barock – komplizierten Mustern der Sprossen der Fenster ausgezeichnet. Die beiden Seitenflügel sind noch schlichter. Säulen oder Pilaster, klassische Elemente der Re-

Villa Krehl, Hauptfassade zur Bergstraße (Quelle: Der Baumeister, Halbmonatshefte für Architektur und Baupraxis, XII. Jg., H. 8, Januar 1914)

Palais Lanz in Mannheim vor der Purifizierung der Dachgestaltung 1923 (Quelle: Marchivum GP00316-082)

Benedikt Bader

präsentation, fehlen ganz. Deutlich werden die Reduktion und Strenge der Villa Krehl, wenn man sie mit dem zeitgleich gebauten und ebenfalls neubarocken Palais Lanz im benachbarten Mannheim vergleicht. Dessen Fassade ist mit kompositen Halbsäulen, Pilastern und dem ganzen Kanon barocker Schmuckformen reichlich versehen. Die „einfachste Erscheinungsform" wird so in der Villa Krehl fassbar.

Ostendorfs Betonung des Gartens als untrennbar zum Haus gehörende Architekturaufgabe zeigt sich im Supplementband der „Sechs Bücher", der eben diesem Thema gewidmet ist: „Haus und Garten". Das Kapitel zur Gartenanlage im Gefälle bestreitet er allein mit der Villa Krehl als Referenz. „Gefälle" nimmt sich wie ein Sonderfall aus, kommt aber der Auffassung Ostendorfs von Gartenarchitektur entgegen. Und so war es auch Ostendorf, der das schwierige Grundstück dem Ehepaar Krehl vorschlug.[27] Denn auch bei Gärten geht es ihm um die Schaffung von Raum und dazu braucht es Boden und Wand.[28] Beides ergibt sich aus den Terrassierungen, die wegen des Gefälles notwendig sind. Im Heidelberger Hortus Palatinus, Ostendorfs historischem Beispiel par excellence, sieht er dieses Prinzip musterhaft ausgeführt.[29] Das Grundstück der Villa Krehl steigt von Südwest nach Nordost – also nicht in Längsrichtung des Gartens – stark an. Um hier einen ausreichend großen Garten zu gewinnen, mussten hohe Futtermauern an der südlichen Grundstücksgrenze, dem Hainsbachweg, errichtet werden.[30] Diese bis zu 13 m hohen Mauern aus rotem Sandstein sind schon durch ihre schiere Größe beeindruckend. Sie haben vom Boden bis knapp unter die Balustrade reichende, nischenartig ausgeformte Bögen. Die zwei höchsten dieser Nischen (in der im Supplementband veröffentlichten Vogelschau noch alle[31]) sind zudem gekehlt mit einem kuppelhaften Abschluss – ganz so wie die Einfassung der Scheffelterrasse des Heidelberger Schlossgartens. Vor dem Hintergrund der Beschäftigung Ostendorfs mit dem Hortus Palatinus und der ikonischen Bedeutung der Bögen der Terrasse für Heidelberg, ist es naheliegend die Krehlschen Bögen als Zitat anzusprechen.[32]

Die extreme Hanglage ist es auch, die Ostendorf vor dem Hintergrund der Repräsentationsbedürfnisse eines wilhelminischen Medizinstars zu ungewöhnlichen Lösungen führt. Der Haupteingang an der Bergstraße, also eine Schlüsselstelle der Repräsentation, liegt 6 m tiefer als das Erdgeschoss.[33] Diese berücksichtigt Ostendorf mit der achsenzentralen Position, einer ehrenhofartigen Auffahrt und dem aufwendigsten Bauschmuck des ganzen Gebäudes, einer großen Kartusche mit dem Äskulapstab, durchaus. Die Lösung für den Höhenunterschied, ein Tunnel der zu einer Wendeltreppe führt, ist aber wirklich unerhört. Manchen Betrachter erinnert der Eingang eher an ein „Stollenmundloch"[34] als an das Entree für eine Villa. Und das in einer Zeit, die weitausgreifende Treppenanlagen zu einem wichtigen Repräsentationsmittel macht wie seit dem Barock selbst nicht mehr. Man denke nur an die Treppenhallen der Berliner Gerichtsbauten oder den Lichthof des Kaufhauses Wertheim.[35] Die Krehlsche Treppe ist eben reinster Ostendorf. Er lehnt zweistöckige Hallen zur Aufnahme der Treppen schlichtweg ab. Er nennt sie, um ein Beispiel seines polemischen Tones zu geben, „einen wahren Tummelplatz des unerfreulichsten dilettantischen Tobens"[36]. Eine Wendeltreppe aber sei durch „ihre zentrale Art und der dadurch bedingten klaren Erscheinung außerordentlich schön"[37]. Sie ist für ihn eine ideale Lösung, die nicht nur den technischen Anforderungen entspricht, sondern auch die einfachste Erscheinungsform darstellt.

Die Krehlschen Bögen heute (Foto: Benedikt Bader, 2023)

Ursprüngliche Planung der Krehlschen Bögen, Ausschnitt Vogelschau (Quelle: Friedrich Ostendorf: Haus und Garten, Erster Supplementband zu den Sechs Bücher vom Bauen, Berlin 1914, Abb. 412)

Auch in ganz banaler Hinsicht berücksichtigt Ostendorf die Situation. Zum Schutz vor den Blicken des nördlichen Nachbarn zieht er den linken Gebäudeflügel weiter nach hinten, was dann wieder eine Wand zur Anlage eines Gartenraumes ergibt. Und auch das weiter oben am Hainsbachweg liegende Chauffeurs- und Gärtnerhaus liefert Wände für Räume zur Anlage unterschiedlicher Gärten.[38] Vom Nachbarn und auch von diesem Nebengebäude werden wir noch hören.

Die Villa Krehl ist also in der Tat das Schaustück von Ostendorfs Architekturtheorie. Genau gegenüber der Villa Krehl findet sich aber auch das Gegenteil, ein Beispiel für eine Architektur, die Ostendorf so scharf kritisiert: das 1906 gebaute Doppelhaus Bergstraße 91 und 93.[39] Barockisierende Formen und jugendstilige Ornamentik, eine Asymmetrie mit zwei unterschiedlichen Risaliten, die malerisch wirken soll. Es ist eine in Ostendorfs Augen (und Ostendorf hatte das Haus im Wortsinne vor Augen) zerfahrene Architektur. Ist es Zufall, dass er ein sehr ähnliches Haus als Negativbeispiel ganz zu Anfang seiner „Sechs Bücher" abbildet?[40]

Bergstraße 91, 93 (Foto: Benedikt Bader, 2023)

Und vielleicht hatte auch Karl Gruber dieses Haus vor Augen, wenn er die „banale Umgebung einer Villenstraße um 1900"[41] beklagt, in der die Villa Krehl steht. Mit Gruber kommen wir zu einem weiteren, für Heidelberg wichtigen Architekten.

## Karl Gruber und Hermann Reinhard Alker, Mitarbeiter an der Villa Krehl und Architekten Heidelberger Renommierprojekte

Ostendorf unterhielt in Karlsruhe ein großes Atelier. Einer der Architekten dort war Karl Gruber (1885−1966). Von 1909 bis 1912 war Gruber Assistent bei Ostendorf und wohl dessen wichtigster Mitarbeiter. Ihm wurde nicht nur die Bauleitung für die Villa Krehl übertragen, sondern er arbeitete auch an den „Sechs Bücher vom Bauen" mit.[42] „Beide Aufgaben haben gerade in ihrer Wechselwirkung von Theorie und Praxis Grubers Architekturauffassung geprägt."[43] Er war also sicher nicht zufällig the man on the spot an der für Ostendorf so wichtigen Baustelle. Gruber ist niemand anderes als der Architekt des wohl umstrittensten und wichtigsten Gebäudes, das in Heidelberg in der Zwischenkriegszeit errichtet wurde: der Neuen Universität.

Eine Gut-Schlecht-Gegenüberstellung, wie sie typisch für die „Sechs Bücher" ist. Die Villa Krehl und die Bergstraße 91, 93 sind gleichsam solch eine Gegenüberstellung in der Realität. (Quelle: Friedrich Ostendorf: Sechs Bücher vom Bauen, 1. Band, Einführung, Berlin ⁴1922, S. 4)

Es ist hier nicht der Ort, die Entstehungsgeschichte der Neuen Universität dar-zustellen. Fest steht, dass Gruber gewissermaßen eine mittlere Linie zwischen kon-servativer Architektur und Neuem Bauen einnimmt. Uns interessiert hier, inwieweit Ostendorfs Theorie nachwirkt oder etwas platter: Wie viel Villa Krehl steckt in der Neu-en Universität? Auf den ersten Blick nichts.[44] Vielleicht lässt sich das gaubenbesetzte Walmdach mit Ostendorf in Verbindung bringen. Es ist aber so flach, dass es gleich-sam symbolhaft für die mittlere Linie Grubers bei diesem wichtigsten Marker der Bau-gesinnung (Modern = Flachdach, Konservativ = Schrägdach) steht. Doch sehen wir genauer hin. Das, was damals wie heute an der Neuen Universität kritisiert wird, näm-lich, dass sie sich nicht in die barocke Altstadt einpasst,[45] ist insofern ostendorfisch, als dass ein Anpassen an die Umgebungsarchitektur nicht sein Ziel ist. Viel wichtiger ist die aus dem Programm entwickelte innere Stimmigkeit.[46] Sehen wir weiter. Die Fassade gewinnt ihre repräsentative Wirkung aus einer strengen Symmetrie[47], die Os-tendorf fordert und die Moderne ablehnt.[48] Und die Ausbildung einer Sockelzone, ein konservatives Motiv, durch den Kontrast der die Horizontale betonenden Fenster in den unteren Geschossen und der die Vertikale betonenden schmalen, hochrechtecki-gen Fenster der Obergeschosse folgt durchaus Ostendorfs Gedanken. Auch die Villa Krehl erzeugt ja Repräsentation mit reduzierten Mitteln. Die aus dem Bauprogramm entwickelte Idee wird also in der einfachsten Erscheinungsform umgesetzt. So ist bei-spielsweise der Stifterwunsch einer „university hall" wichtig, der die hohen Fenster der Obergeschosse motiviert. Gruber selbst begründet die Verweigerung einer barockisie-renden Form damit, dass er den Bau „seinem eigenen Wesen nach" gebildet habe.[49] Entsprechend sei eben die Idee, die die Charakteristik und den Sinn eines Gebäudes ausdrückt, das Bleibende an Ostendorfs Theorie, so Gruber noch 1961.[50] Nun ist ins-gesamt in den späten 1920er-Jahren auch bei Vertretern einer konservativen Archi-tektur eine Abkehr von historisierenden Entwürfen zu beobachten. Das wird auch bei anderen Protagonisten unseres Knotenpunkts zu zeigen sein. Aber diese Tendenz ist bei Ostendorf angelegt. Pointiert gesprochen führt das Ernstnehmen seiner Entwurfs-theorie zu einer Abwendung vom eigentlich von ihm favorisierten Barock.

Mit Gruber eng verbunden war Hermann Reinhard Alker (1885–1967). Auch er war seit 1911 Assistent bei Ostendorf und Mitarbeiter in dessen Atelier, wo er an der Planung für das Physikalische Institut und für die Villa Krehl beteiligt war.[51] Alker trug auch Zeich-nungen zu den „Sechs Büchern" bei, in denen ja die Villa Krehl eine zentrale Rolle spielt.

1924 wurde Alker von der Bad Heidelberg AG mit der Planung einer umfangreichen Kuranlage mit Radium-Solbad in Bergheim beauftragt. Die Entwürfe zeigen Bauten in einem reduzierten Barockklassizismus, eindeutig unter dem Einfluss Ostendorfs. Die Pläne sollten nicht verwirklicht werden. Es war dann Franz Sales Kuhn, der auf dem im Wortsinne von Alker gelegtem Fundament, das Radium-Solbad baute.[52] Wären die Pläne verwirklicht worden, so wäre in Bergheim zusammen mit der Krehlklinik von Ludwig Schmieder ein ganzes Neu-Barock-Viertel aus der Ostendorfschule entstanden.

Alker sollte in Heidelberg aber noch Bedeutsames bauen: Er ist der Architekt der Thingstätte auf dem Heiligenberg, 1400 m Luftlinie östlich der Villa Krehl. Und Alker ist es auch, der für sich die Idee reklamiert, dort eine der ersten Thingstätten der kurz-lebigen Thingbewegung zu bauen.[53]

Verständlicherweise beschäftigt sich die Literatur zur Thingstätte fast ausschließlich mit ihrem ideologischen Hintergrund und ihrer propagandistischen Nutzung, aber wenig mit der Architektur als solcher. Tatsächlich gibt es in Heidelberg wohl kein Bauwerk, bei dem sich Architektur und Ideologie so wenig trennen lassen. Der Versuch, das Bauwerk auf den Einfluss von Ostendorf zu untersuchen, stößt hier an Grenzen. Rein stilistisch ließen sich die trotz mäßiger Größe wuchtig wirkenden Bauten aus grob behauenem Sandstein eher in Verbindung mit der monumentalistischen Richtung der Reformarchitektur als mit dem Barockklassizismus bringen. Auch Überlegungen zu Raumbildung und architektonischer Idee oder zur einfachsten Form führen nicht weiter. Sie enden letztlich in der Beliebigkeit von Aussagen wie der, dass sich die Anlage geschickt zwischen die beiden Gipfel des Heiligenbergs schmiegt. Die Suche schließlich nach der Theorie Ostendorfs zum Gartenbau in dem weitläufigen Hanggelände gelangt eher zu einem gegenteiligen Befund. Von einer Scheidung von Boden und Wand zur Herstellung eines Raumes kann bei dem fließend ansteigenden Griechischen Theater keine Rede sein. Zu stark ist die Verpflichtung der Architektur zur Ideologie, zu speziell die Aufgabe. Das Mitwirken Alkers am Bau der Villa Krehl mag aber dazu beigetragen haben, dass er den Heiligenberg kannte und die Stelle für die Errichtung der Thingstätte empfahl.[54] Insofern erweist sich die Villa Krehl wieder als bio- wie topographischer Knotenpunkt.

## Ludwig Schmieder – der für Heidelberg wichtigste Ostendorfschüler

Auch Ludwig Schmieder (1884–1939) war Schüler und Mitarbeiter von Ostendorf. Dass er am Bau der Villa Krehl direkt beteiligt war, ist unwahrscheinlich. Er war für Ostendorf zu dieser Zeit in Karlsruhe tätig.[55] Dass er genaue Kenntnis über dieses Bauvorhaben hatte, darf aber unterstellt werden. Schmieder war seit 1913 in Heidelberg und wurde in der Folgezeit als Vorstand des Badischen Bezirksbauamts (damals entwarfen Baubeamte noch selbst) einer der wichtigsten Architekten in Heidelberg.

So ist er der Architekt des barockisierenden Botanischen Gartens, der 1914/15 im Neuenheimer Feld angelegt wurde.[56] Auf dem Gelände des alten Botanischen Gartens an der Bergheimer Straße entstand 1919–1922 nach Plänen Schmieders die neue Medizinische Klinik, später Krehlklinik genannt. Ostendorf war tot und Krehl wieder Bauherr für einen großen Bau – mit dem Ostendorfschüler Schmieder als Architekten. Seine barockklassizistischen Pläne aus der Vorkriegszeit passte Schmieder an die veränderten materiellen Verhältnisse an.[57] Die Zusammenarbeit zwischen Schmieder und Krehl war eng. Schmieder betont dies ausdrücklich für das Programm, den Grundriss, die Organisation der Räume.[58] Doch ist die Annahme, dass Krehl die Anregung zu einer barocken Anlage gegeben habe, sicher irrig.[59] Schmieder war Ostendorfschüler und fast alle Bauten der Zeit nach dem Ersten Weltkrieg in Heidelberg sind barockisierend. Das gilt auch für den anderen großen Klinikbau, der Orthopädie in Schlierbach. Ihr Architekt ist Karl Cäsar, der nach Ostendorfs Tod sicher nicht zufällig auf dessen Lehrstuhl folgte. Auch Wohnungsbauprojekte wie der Pfaffengrund (von Schmieder selbst), die Rathauserweiterung (von Franz Sales Kuhn) oder die heutige Deutsche Bank am Seegarten (ebenfalls von Kuhn) orientieren sich am Barock. Es wäre eher erklärungs-

bedürftig, wenn dies bei der Krehl-Klinik nicht der Fall wäre. Auffällig ist allerdings die Nähe zur Architektur der Villa Krehl. Der Zentralbau mit zwei Seitenflügel und Ehrenhof, das hohe Walmdach, die Auszeichnung der Mittelachse durch ein lisenenhaftes Bogenmotiv, die Rustica des Sockels und nicht zuletzt der Äskulapstab als zentraler Bauschmuck, zeigen trotz ganz unterschiedlicher Funktion eine enge Verwandtschaft beider Krehl-Bauten. Die Krehl-Klinik kann als ein direkter Nachfolger der Krehl-Villa interpretiert werden. Mit der Krehl-Klinik zeigt sich so auch ganz konkret, dass Ostendorf nach seinem Tod und der Zäsur des Ersten Weltkriegs in der Praxis nicht vergessen ist.

Auch Schmieder steht mit dem Bau der Neuen Universität in Verbindung. Sein Vorschlag zeigt einen eher stilreinen Barock, der eng an den der Alten Universität anschließt.[60] Das steht in starkem Kontrast zu der Lösung von Gruber und ist sicher mit dem größeren

Ludwig Schmieder vor 1929 (Quelle: [Festschrift] Gemeinnützige Baugenossenschaft Neu-Heidelberg, o.O. 1928, S. 40)

Gewicht, das der Heidelberger Baubeamte Schmieder der Geschlossenheit des Stadtbildes beimisst, zu erklären.

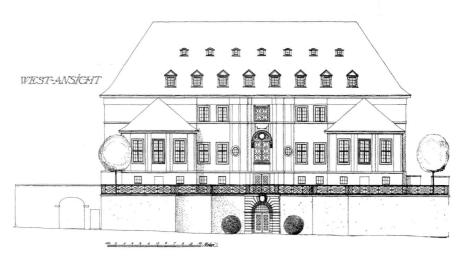

WEST-ANSICHT

Villa Krehl, Aufriss Hauptfassade (Quelle: Der Baumeister, Halbmonatshefte für Architektur und Baupraxis, XII. Jahrgang, Heft 8, Januar 1914)

Die Villa Krehl als architektonischer Knotenpunkt

Krehlklinik, Fassade Mittelbau zur Bergheimer Straße (Quelle: Ludwig Schmieder: Die neue medizinische Klinik der Universität Heidelberg, in: Deutsche Bauzeitung. Jg. 59, Berlin 1925, S. 557)

Entwurf Ludwig Schmieder, „Blick auf das neue Vorlesungsgebäude links und das umgebaute Kollegiengebäude rechts" (Quelle: Universitätsbibliothek Heidelberg, Sign. Heid. Hs. 1033, Teilnachlass Schmieder, Entwürfe zum Umbau des Kollegiengebäudes am Ludwigsplatz)

Benedikt Bader

Denn auch Schmieder ist durchaus nicht auf den Barock festgelegt. Das zeigt sich an einer weiteren Universitätsklinik, die Schmieder in Heidelberg bauen sollte: der Chirurgie. Ihre Baugeschichte ist einigermaßen bekannt. 1929 plante Schmieder diese als veritables Hochhaus geradezu „amerikanisch".[61] Seinen immer noch modernen Entwurf vom Februar 1933 überarbeitete er nach der Machtergreifung im März flugs in Richtung der nun opportunen, konservativen Architektur mit Schrägdächern und entsprechendem Bauschmuck. Die Geschmeidigkeit Schmieders ist bemerkenswert. Liest man aber, was Schmieder über das Bauen in Heidelberg 1939 offiziös schreibt, so zeigt sich mit der Betonung von Klarheit viel Ostendorf-Theorie, die über äußerliche Stilfragen hinaus geht:

> „Die wenigen Grundregeln, die sich aus unserer historischen Betrachtung der Wandlung des Heidelberger Stadtbildes ergeben, sind einfache. Man verwende nur klare Hauskörper, einheitliche Baustoffe und vor allem, so weit als irgend möglich, gleichartige Dachformen. In diesen weiten Rahmen kann sich jedermann einfügen."[62]

## Max Laeuger – Ostendorfs Kollege und Freund

1927 baute Max Laeuger (1864–1952) neben der Villa Krehl in der Bergstraße 100 für den Direktor der Psychiatrischen Klinik, Karl Wilmanns, eine Villa.[63] Wilmanns und Krehl kannten sich nicht nur als Ordinarien der medizinischen Fakultät, sondern auch als Mitglieder der Akademischen Krankenhauskommission und waren so beide mit der baulichen Entwicklung der Universität befasst.[64] Auch Laeuger, ursprünglich ein bedeu-

Mittig die Villa Wilmanns aus der Bauflucht der Bergstraße gezogen; ganz im Hintergrund, stark eingewachsen die Villa Krehl mit den Flügelbauten in gleicher Flucht (Foto: Benedikt Bader, 2023)

Die Villa Krehl als architektonischer Knotenpunkt

tender Keramiker, war Professor für Architektur und Gartenbau in Karlsruhe. Die Verbindung zu Ostendorf war eng – persönlich wie künstlerisch. Laeuger sind die „Sechs Bücher" gewidmet. Auch die Villa Krehl kannte er gut; von ihm stammen die Entwürfe für einige der strengen Krehlschen Gartenmöbel.[65] Da die Adressen Bergstraße 102 und 104 nicht vergeben sind, ist der Bau von Laeuger über den Hainsbachweg hinweg direkt dem von Ostendorf benachbart. Auch wenn heute die Situation durch das Haus Hainsbachweg 4 aus den 1950er-Jahren verunklart ist, fällt auf, dass Laeuger die Flucht der Seitenflügel der Villa Krehl aufnimmt. Dass ist bedeutsam, weil er damit das Haus aus der eigentlich maßgeblichen Flucht der Häuser Bergstraße 94–98 im gleichen Baublock nimmt. Mehr noch, das kraftvolle Attikagesims liegt auf gleicher Höhe wie die Traufe der Ostendorfschen Flügelbauten. Die Villa Wilmanns tritt so gleichsam in einen Dialog mit der Villa Krehl. Die Architektur Laeugers gehört der konservativen Moderne an. Auch ohne Bauschmuck bleibt sie mit Attikagesims, Schrägdach und prominenten Sprossenfenstern „dem Ordnungssystem des Klassizismus in mancher Hinsicht verbunden"[66]. Ihre kultivierte Natürlichkeit und schlichte Eleganz[67] ist unbedingt anschlussfähig an die Architektur Ostendorfs. Ja, die Villa Wilmanns lässt sich als diskrete Hommage an ihn deuten.[68]

Von Laeuger stammt noch ein weiteres Haus in Heidelberg. Die 1929/30 gebaute Villa für Willy Mayer-Gross, auch er Professor an der Psychiatrischen Klinik, steht ebenfalls in der Bergstraße (Nr. 167).[69] Sie ist erhalten und neigt, wenn auch durch Anbauten verändert, stärker konservativer Architektur zu. Laeuger hat noch weitere Verbindungen zu Heidelberg. Auch er wird zum Wettbewerb um die Neue Universität geladen,[70] und er wird von der Stadtverwaltung zur Aufstellung eines Gesamtbebauungsplanes hinzugezogen.[71] Dieser Vorgang steht im Zusammenhang mit einer Stadtentwicklungsplanung, die ganz auf die für Heidelberg typische Trias aus Wissenschafts-, Fremden-, und Wohnstadt setzt.[72] Doch wenden wir uns wieder dem Knotenpunkt zu.

## Sillib, Lohmeyer und Kuhn – wichtige Akteure Heidelberger Architektur

Wie schon erwähnt, zieht Ostendorf den linken Flügel der Villa Krehl weit nach hinten, um „Einblick von Seiten des nördlichen Nachbars zu hindern"[73]. Wer war nun dieser Nachbar, vor dessen Blicken Ostendorf Krehl schützen will? Es war Rudolf Sillib (1869–1946), der 1924 Direktor der Universitätsbibliothek werden sollte. Sein Haus in der Bergstraße 110 war 1909/10, also nur kurz vor der Villa Krehl, gebaut worden. Der Architekt war Franz Sales Kuhn, der für Heidelberg vielleicht wichtigste Architekt zwischen der Jahrhundertwende und den 1930er-Jahren. Auch Kuhn gehört der Reformarchitektur an und vertritt, weniger streng als Ostendorf, eine Anlehnung an den Barock. Die Architektur der Villa Sillib wird entsprechend auch „einem Bautyp, den der Architekt Friedrich Ostendorf [...] mit der Villa Krehl (ganz in der Nachbarschaft) realisiert hatte"[74] zugeordnet. Sillib war kein Architekt aber offensichtlich ein ambitionierter Bauherr. 1901 ließ er sich von Fritz Hirsch eine Villa in der Kußmaulstraße 10 bauen. Durchaus auch barockisierend und mit ungerahmt in die Wand geschnittenen Fenstern durchaus modern.[75] 1903/04 verantwortete Hirsch den ersten Umbau des „Museums" an der Südseite des Ludwigsplatzes, des heutigen Universitätsplatzes, für Zwecke der

Universität.[76] Mit Hirsch also beginnt das Ringen um eine Lösung für den Raumbedarf der Universität an dieser prominenten Stelle. Warum Sillib sich nach nur acht Jahren und nur 600 m nördlich eine neue Villa bauen ließ, ist nicht bekannt. Dass er aber Kuhn als Architekten wählt, ist sicher durch Karl Lohmeyer beeinflusst, einer weiteren Persönlichkeit mit Verbindung zur Villa Krehl.

Karl Lohmeyer (1878–1957) war in allen Belangen der Bildenden Kunst in Heidelberg eine wichtige Größe. Er war nicht nur der eigentliche Entdecker der Heidelberger Maler der Romantik, sondern auch ein Spezialist für Barockarchitektur. Lohmeyer war eng mit Sillib befreundet.[77] Sillib hatte nebenamtlich die Städtische Sammlung geleitet, aus der das Kurpfälzische Museum hervorging. Lohmeyer folgte ihm 1911 als erster hauptamtlicher Direktor nach. Und sie waren Nachbarn. 1922–1925 wohnte Lohmeyer im Chauffeur- und Gärtnerhaus der Villa Krehl (oder wie auch die Heidelberger Adressbücher höflich schreiben im „Krehlschen Gartenhaus").[78] Das war mitnichten ein Notbehelf. In seinen statusbewussten Erinnerungen lässt er es abbilden[79] und schreibt:

> „Von meinen Heidelberger Wohnungen waren die hübschesten einmal die im unteren Klingenteich [...] und dann die Wohnung im Krehlschen Gartenhaus, das mit dem vorderen großen Wohnbau des bekannten Arztes und Universitätslehrers Geheimrat Prof. Dr. Ludolf von Krehl an der Bergstraße in einem umfangreichen, dazu abgestimmten Gartengelände lag. Das hatte alles der tüchtige Karlsruher Architekt Ostendorf entworfen und angelegt."[80]

Der Einfluss Lohmeyers auf die städtische Baupolitik war bedeutsam. Nicht nur seiner amtlichen Stellung wegen war er gut vernetzt mit den kunsthistorischen Granden Heidelbergs wie Adolf v. Oechelhäuser oder Karl Neumann.[81] Er genoss über Heidelberg hinaus Ansehen als Gutachter und Preisrichter für denkmalpflegerische oder architektonische Pläne. So verwundert es nicht, dass auch Lohmeyer – wie Hirsch, Schmieder, Gruber, Laeuger und Kuhn – am Bau der Neuen Universität beteiligt war. In seinen Eingaben ging es ihm wohl eher um den genauen Standort im Verhältnis zur Jesuitenkirche und Hexenturm[82] als um die konkrete Architektur. Aber auch der Barockspezialist Lohmeyer tritt für eine Architektur ein, die keine „klassische Kopie" des Alten ist, doch auch ohne „neue, gesuchte und daher verstimmende Sachlichkeit"[83]. In Franz Sales Kuhn (1864–1938) scheint er den Architekten gesehen zu haben, der seine Vorstellungen zeitgenössischer Architektur umsetzte.

> „Mit dem Architekten Franz Kuhn, dem Heidelberger Ehrenbürger, der in einer Zeit, als alles noch voll Unruhe und Übertreibung in der Baukunst strotzte, schon mit seinen ruhigen und klaren Baumassen im Heidelberger Wohnbau vorbildlich wirkte, gab es natürlich manche Anknüpfungspunkte."[84]

Auch zwischen Kuhn und der Villa Krehl gibt es manche Anknüpfungspunkte. Da ist zum einen die stilistische Verwandtschaft, die explizit mit Ostendorf in Verbindung gebracht wird. Auch sein eigenes, 1927 gebautes Haus zeigt einen solchen Barockklassizismus.[85] Es steht unweit der Villa Krehl in der Bergstraße 138 (und Lohmeyer war dort „fast regelmäßiger Sonntagnachmittaggast"[86]). Hier zeigt sich zum anderen wieder der topografische Knotenpunkt. Die Villa Krehl ist geradezu eingebettet in Bauten von Kuhn. Allein in der Bergstraße stehen weitere fünf Villen von ihm und auch die Häuser oberhalb der Villa Krehl, rechts des Hainsbachwegs, Ludolf-Krehl-Straße 1–7 bzw. 1b

Die Villa Krehl als architektonischer Knotenpunkt

Franz Sales Kuhn, Ludolf-Krehl-Straße 1b, 3, 5 und 7 (Foto: Benedikt Bader, 2023)

wurden von Kuhn 1928–1933 gebaut, wobei auch der Straßenname auf Kuhns Anregung zurückgeht.[87] Dass Ludwig Schmieder von 1936 bis zu seinem Tode 1939 in der Ludolf-Krehl-Straße 19, über den Hainsbachweg hinweg dem Krehlschen Garten gegenüber, lebte, sei anekdotisch noch erwähnt.[88]

Auch Kuhns Architektur entwickelt sich von der klassizierenden Tendenz der Reformarchitektur (Villa Sillib) über einem reduzierteren Barockklassizismus (Villa Kuhn) hin zu einer Anpassung an die Moderne mit weiterem Verzicht auf Schmuckformen bei Beibehaltung konservativer Elemente wie Walmdach oder Fensterläden (Ludolf-Krehl-Straße). Diese Entwicklung haben wir bei den anderen Architekten schon beobachten können – bei Kuhn gruppiert sich dieses Phänomen rund um die Villa Krehl. Die innere Verbindung besteht in dem, was Lohmeyer bezogen auf Kuhns Architektur als „ruhige und klare Baumassen" (das Wort könnte von Ostendorf sein) beschreibt und über rein stilistische Fragen hinausreicht.

Und es gibt noch eine letzte Windung des Knotens. 1973 wurde Kuhns Villa Sillib abgerissen und durch ein Mehrfamilienhaus aus Fertigbetonteilen ersetzt, das sich durch seine Verweigerung irgendeiner architektonischen Idee und der geschoss- und quadratmeteroptimierten Kubatur auch nach einem halben Jahrhundert schwer würdigen lässt. Dem Gartenhaus der Villa Krehl war das gleiche Schicksal zugedacht. Es kam Gott sei Dank anders. Selbst wenn dies sicher auch mit der persönlichen Betroffenheit einflussreicher Anwohner zu tun hat (am prominentesten wohl Hilde Domin und ihr Mann, der Kunsthistoriker Erwin Palm)[89], so ist es doch ein Zeichen des Paradigmenwechsels bei der Bewertung der Architektur der Vormoderne in den 1970er-Jahren auch in Heidelberg.

Benedikt Bader

Links: Villa Sillib (Quelle: F. Plietzsch: Die Bauten von Franz Kuhn, B.D.A., Heidelberg, in: Der Profanbau. Zeitschrift für Architektur und Bauwesen, Leipzig 1913, S. 204)

Unten: Bergstraße 110, Mehrfamilienhaus von 1973 (Foto: Benedikt Bader, 2023)

## Anmerkungen

1  Thomas Leibrecht: Die Villa Krehl in Heidelberg, in: Heidelberg, Jahrbuch zur Geschichte der Stadt, Jg. 8, 2003/04, Heidelberg 2003, S. 99–113; Ernst Gund: Konversion der Villa Krehl, in: Heidelberg, Jahrbuch zur Geschichte der Stadt, Jg. 18, 2014, Heidelberg 2013, S. 202ff.

2  Einen guten Überblick gibt Leibrecht (wie Anm. 1), S. 109–111. Darüber hinaus wichtig sind: Kai Budde, Hans Gercke (Hgg.): Beruf: Photograph in Heidelberg, Ernst Gottmann sen. & jun. 1895–1955, Frankfurt 1980, S. 198–205; Julia Hauch: Friedrich Ostendorf (1871–1915). Architektonisches Werk, architekturgeschichtliche und theoretische Schriften, Mainz 1995, S. 123–128 und Clemens Kieser: Kunstwerk und Schaustück – Friedrich Ostendorfs Villa Krehl in Heidelberg-Handschuhsheim, in: Südwestdeutsches Archiv für Architektur und Ingenieurbau (Hg.): Friedrich Ostendorf. Bauten und Schriften, Karlsruhe 2010, S. 45–53.

3  Karl Gruber: Friedrich Ostendorf, Karl Weber und die Schäferschule im Wandel der Generationen, in: Ruperto-Carola. Bd. 29, Juni 1961, Heidelberg 1961, S. 140.

4   Kieser (wie Anm. 2), S. 45.

5   Bernd Müller: Architekturführer Heidelberg, Bauten um 1000–2000, Mannheim 1998, S. 176.

6   Julius Posener: Berlin auf dem Weg zu einer neuen Architektur, Das Zeitalter Wilhelm II., München ²1995, S. 122.

7   Sigrid Hofer: Reformarchitektur 1900–1918, Deutsche Baukünstler auf der Suche nach dem nationalen Stil, Stuttgart, London 2005, S. 10.

8   Wir folgen hier der jüngsten Darstellung von Matthias Walter: Inszenierung des Heimischen, Reformarchitektur und Kirchenbau 1900–1920, Basel 2020, S. 111–256.

9   Ebd., S. 205.

10  Neben der angeführten Habilitationsschrift von Sigrid Hofer (wie Anm. 7) sind das Werner Oechslin: „Entwerfen heißt die einfachste Erscheinungsform zu finden", Mißverständnisse zum Zeitlosen, Historischen, Modernen und Klassischen bei Friedrich Ostendorf, in: Vittorio Magnago Lampugani, Romana Schneider (Hgg.): Moderne Architektur in Deutschland 1900 bis 1950, Stuttgart 1992, S. 29–53 und Ulrich Maximilian Schumann: Territorien traditionalistischen Bauens, in: Kai Krauskopf, Hans-Georg Lippert, Kerstin Zaschke (Hgg.): Neue Tradition, Konzepte einer antimodernen Moderne in Deutschland 1920 bis 1960, Dresden 2009, S. 41–67.

11  Oechslin: Mißverständnisse (wie Anm. 10), S. 32.

12  Ebd., S. 29–32.

13  Erst in der späten Rückschau sprechen Schumann und Roos von einer Ostendorf-Schule. Vgl. Schumann: Territorien (wie Anm. 10), S. 54 und Dorothea Roos: Der Karlsruher Architekt Hermann Reinhard Alker, Bauten und Projekte 1921 bis 1958, Tübingen, Berlin 2011, S. 16. Der Ostendorf-Schüler Karl Gruber spricht 1961 dagegen von einer „Schäfer-Schule" nach dem Lehrer Ostendorfs, Karl Schäfer.

14  Friedrich Ostendorf: Sechs Bücher vom Bauen, 1. Band, Einführung, Berlin ⁴1922, S. 3.

15  Oechslin: Mißverständnisse (wie Anm. 10), S. 29.

16  Ebd., S. 37.

17  Friedrich Ostendorf: Haus und Garten, Erster Supplementband zu den Sechs Bücher vom Bauen, Berlin 1914, S. 486.

18  Posener (wie Anm. 6), S. 224.

19  Hofer (wie Anm. 7), S. 90.

20  Ostendorf: Supplement (wie Anm. 17), S. 129f.

21  Gerhard Kabirske: Ein gebautes Manifest – Das Haus Ostendorf in Karlsruhe, in: Südwestdeutsches Archiv für Architektur und Ingenieurbau (Hg.): Friedrich Ostendorf. Bauten und Schriften, Karlsruhe 2010, S. 34, vgl. auch Hauch (wie Anm. 2), S. 127.

22  Hauch (wie Anm. 2), S. 123 und Gruber (wie Anm. 3), S. 140. Auch Gruber sieht die Villa Krehl als den reinsten Ostendorfbau und wertet es als tragisch, dass er mit einer Villa keine seiner Begabung würdige Bauaufgabe gefunden habe (ebd.).

23  Die Sechs Bücher vom Bauen blieben unvollendet. Zu Ostendorfs Lebzeiten sind nur die ersten beiden Bände und der Supplementband erschienen, 1919 erschien posthum der dritte Band.

24  Zu den Vermögensverhältnissen siehe Leibrecht (wie Anm. 1), S. 101f.

25  Kieser (wie Anm. 2), S. 45.

26  Ernst Gund: Villa Krehl, ein zweites Handschuhsheimer Schlösschen, in: Stadtteilverein Handschuhsheim (Hg.): Jahrbuch Handschuhsheim 1995, Heidelberg 1995, S. 69.

27  Ludolf und Elisabeth Krehl: Ein Wort dankbarer Erinnerung an Friedrich Ostendorf, in: Deutsche Bauzeitung. Jg. 44, Berlin 1915, S. 567.

28  Ostendorf: Supplement (wie Anm. 17), S. 503.

29  Ebd., S. 451.

30  Ebd., S. 564–575.

31  Ebd., Abb. 412.

32  Auch Mader stellt eine Verbindung zum Hortus Palatinus her, nicht aber zur Scheffelterrasse; vgl. Günter Mader: Gartenkunst des 20. Jahrhunderts. Garten und Landschaftsarchitektur in Deutschland. Stuttgart 1999, S. 37. In der Chronik der Stadt Heidelberg für das Jahr 1911. Jg. 19, Heidelberg 1914, S. 49 wird ebenfalls dieser Vergleich gezogen.

33  Ostendorf: Supplement (wie Anm. 17), S. 575.

34  Kieser (wie Anm. 2), S. 46.

35  Posener (wie Anm. 6), S. 82–89 und S. 453–459. Die gewaltigen Treppenhäuser des Kriminalgerichts Moabit 1902–1906 und des Land- und Amtsgericht Berlin Mitte 1895–1905 erregten großes Aufsehen.

36  Ostendorf: Supplement (wie Anm. 17), S. 207.

37  Ebd., S. 212.

38  Ebd., S. 575.

39  Landesamt für Denkmalpflege Baden-Württemberg (Hg.): Denkmaltopografie Bundesrepublik Deutschland, Kulturdenkmale in Baden-Württemberg, Bd. II. 5.2 Stadtkreis Heidelberg, Ostfildern 2013, S. 95f.

40  Ostendorf, 1. Band (wie Anm. 14), S. 4, Abb. 1. Schumann sieht in der Abbildung eine Persiflage auf die Karlsruher Villa Koelle. Schumann: Territorien (wie Anm. 10), S. 57. Da es Ostendorf aber um Grundsätzliches geht, gründet er sein Negativbeispiel wohl nicht nur auf ein Vorbild.

41  Gruber (wie Anm. 3), S. 140.

42  Vgl. Andreas Romero: Baugeschichte als Auftrag, Karl Gruber: Architekt, Lehrer, Zeichner. Eine Biographie, Braunschweig 1990, S. 6 und Gruber (wie Anm. 3) S. 144.

43  Romero (wie Anm. 42), S. 6.

44  Interessanterweise bildet Oechslin (wie Anm. 10) Grubers Neue Universität und mehrfach auch die Villa Krehl ab, ohne jedoch auf die Bauten und ihre Beziehung zueinander einzugehen.

45  So beispielsweise Riedl in: Dieter Griesbach, Annette Krämer, Mechthild Maisant: Die Neue Universität in Heidelberg, Veröffentlichungen zur Heidelberger Altstadt, Heft 19, hg. Peter Anselm Riedl, Heidelberg 1984, S. 6.

46  Ostendorf Supplement (wie Anm. 17), S. 267–276.

47  Griesbach et. al. (wie Anm. 45), S. 90.

48  Gruber (wie Anm. 3), S. 146 und Norbert Huse: „Neues Bauen", 1918–1933, Moderne Architektur in der Weimarer Republik, Berlin ²1985, S. 57.

49  Griesbach et al. (wie Anm. 45), S. 91.

50  Gruber (wie Anm. 3), S. 146.

51  Roos (wie Anm. 13), S. 24–28.

52  Ebd., S. 99f.

53  Schutzgemeinschaft Heiligenberg (Hg.): Die Heidelberger Thingstätte. Die Thingbewegung im Dritten Reich: Kunst als Propaganda, Dokumentation zusammengestellt und kommentiert von Meinhold Lurz, Heidelberg 1975 S. 63.

54  Ebd.

55  Ludwig Schmieder: Der Neubau des Dienstgebäudes der Staatsschulden-Verwaltung und Landeshauptkasse Karlsruhe in Baden, in: Deutsche Bauzeitung, Jg. 48, 28.2.1914, S. 173f.

56  Eva-Maria Schroeter: Der Botanische Garten und das Botanische Institut, in: Peter Anselm Riedl (Hg.): Die Gebäude der Universität Heidelberg. Textband, Heidelberg 1987, S. 428.

57  Thomas Hoffmann: Die Medizinische Klinik (Ludolf-Krehl-Klinik), in: Riedl (wie Anm. 56), S. 432.

58  Ludwig Schmieder: Die neue medizinische Klinik der Universität Heidelberg, in: Deutsche Bauzeitung. Jg. 59, Berlin 1925, S. 557.

59  Hoffmann (wie Anm. 57), S. 440.

60 UBHD Heid. Hs. 1033, Teilnachlass Schmieder, Entwürfe zum Umbau des Kollegiengebäudes am Ludwigsplatz.

61 Dieter Griesbach, Mechthild Maisant: Die Chirurgische Klinik, in: Riedl (wie Anm. 56), S. 499. Einem Hochhaus hätte allerdings die Stadt auch in der Weimarer Zeit aus städtebaulichen Gründen nicht zugestimmt. Vgl. StA HD, AA 247/3.

62 Ludwig Schmieder: Das Heidelberger Stadtbild im Wandel der Jahrhunderte, in: Hermann Eris Busse (Hg.): Heidelberg und das Neckartal, in: Badische Heimat Jahresband 1939, Freiburg i. Br. 1939, S. 142.

63 Denkmaltopografie (wie Anm. 39), S. 225.

64 UAH Rep. 49/12, Bau-, Miet-, Brandsachen. Neubau Chirurgische Klinik, Sitzungsprotokoll der Akademischen Krankenhauskommission vom 14.12.[1926].

65 Gartenmöbel des Jugendstils: Künstlermodelle für Beissbarth & Hoffmann, Mannheim-Rheinau, S. 41f. und S. 56f.

66 Denkmaltopografie (wie Anm. 39), S. 225.

67 Ulrich Maximilian Schumann: Arkadische Mauern, unauffällige Erfolge – Max Laeuger als Architekt, in: Max Laeuger: Gesamt Kunst Werk, bearb. von Arthur Mehlstäuber, Karlsruhe 2014, S. 186.

68 Schumann: Territorien (wie Anm. 10), S. 62.

69 Schumann: Mauern (wie Anm. 67), S. 186 und Adressbuch Heidelberg 1931.

70 Griesbach et al. (wie Anm. 45), S. 16.

71 [Friedrich] Haller, [Paul] Rottmann: Neue Stadtbaukunst Heidelberg, Berlin, Leipzig, Wien o.J. [1928] S. IX. Vgl. auch Müller (wie Anm. 5), S. 171.

72 Hermann Overbeck: Die Stadt Heidelberg und ihre Gemarkung im Spiegel der Wandlungen ihrer Funktion, in: Gottfried Pfeifer et al. (Hgg.): Heidelberg und die Rhein-Neckar-Lande, Heidelberg, München 1963, S. 91.

73 Ostendorf: Supplement (wie Anm. 17), S. 575.

74 Kai Budde: Der Architekt Franz Sales Kuhn (1864–1938), Heidelberg 1983, S. 72. Noch weiter geht die RNZ, wenn sie anlässlich des Abriss der Villa Sillib eine Leserzuschrift zitiert, die Kuhn gar nicht erwähnt und sich nur auf die Nähe zu Ostendorf bezieht. „Muss Allerweltsstil weichen" (RNZ 29.3.1973).

75 Denkmaltopografie (wie Anm. 39), S. 276.

76 Griesbach et al. (wie Anm. 45), S. 89f.

77 Karl Lohmeyer: Erinnerungen. „Dem Süden zu". Eine Wanderung aus alten rhein-fränkischen Bürgerhäusern nach dem Land jenseits der Berge, Heidelberg 1960, S. 254. Zu Lohmeyer vgl. auch Dörte Kaufmann: Ein Name als Programm. Karl Lohmeyer und das Kurpfälzische Museum in Heidelberg, in: Heidelberg, Jahrbuch zur Geschichte der Stadt. Jg. 26, 2022, Heidelberg 2021, S. 51–61.

78 Heidelberger Adressbücher 1920–1926.

79 Lohmeyer (wie Anm. 77) zw. S. 240 und 241.

80 Ebd., S. 240.

81 Ebd., S. 238.

82 Ebd., S. 256.

83 Ebd.

84 Ebd., S. 255.

85 Budde (wie Anm. 74), S. 91–93.

86 Lohmeyer (wie Anm. 77), S. 255.

87 Budde (wie Anm. 74), S. 97–101.

88 Heidelberger Adressbücher 1936–1940.

89 Leibrecht (wie Anm. 1), S. 109; [Fritz Quo]o[s]: Bürgeraktion zum Schutz des Krehlschen Anwesens in: RNZ 19./20.5.1973.

**Hans-Jürgen Kotzur**

# Zum 90. Geburtstag des Heidelberger Malers Rainer Motz, genannt Munke

In Heidelberg, namentlich in Rohrbach, kannte ihn seinerzeit fast jeder. Sein Auftreten glich dem eines Paradiesvogels, den man so schnell nicht vergisst. Am 19. August 2024 würde Munke 90 Jahre alt werden.

Geboren in der Heidelberger Grabengasse, in der Heiliggeistkirche getauft, verbrachte er sein weiteres Leben im elterlichen Anwesen in Rohrbach, wo er sich 1960 in einem ehemaligen Stallgebäude ein Atelier einrichtete und auch dort wohnte. Über seine Schulbildung und seinen künstlerischen Werdegang gibt die einschlägige Literatur Auskunft.[1]

Motz Munke, Porträt 1976 (Foto: Elke Geiger, Heidelberg)

Sein künstlerisches Schaffen basierte auf einer Munke eigenen Fantasie, die er als Maler in Öl oder Acryl ambitioniert auf die jeweiligen Bildträger projizierte, frei von jeglichen intellektuellen Attitüden. Es entstanden Arbeiten, die sich um die damals aktuellen Stilrichtungen wenig kümmerten, sie geradezu negierten und einer schon vergessen geglaubten Poesie huldigten. Trotz Ablehnung und Spott seitens der Heidelberger Kunstkritik blieb er sich und seinen als exzentrisch empfundenen Vorstellungen bis zu seinem Tod 1990 treu. Seine Bilder stießen vor allem in Sammlerkreisen auf beachtliche Resonanz. Der Künstler hinterließ ein umfangreiches, einheitliches Werk, das eindrucksvoll eine „eigene Handschrift" erkennen lässt und das man aus heutiger Sicht als „neoromantisch" charakterisieren könnte.

Munke war nicht nur ein Nonkonformist, sein offenes, liebenswürdiges und tolerantes Wesen wurde von allen, die ihn kannten, geschätzt.

Nachfolgender als Vortrag konzipierter Beitrag[2] gewährt tiefe Einblicke in die künstlerische und weltanschauliche Gedankenwelt Munkes und offenbart sein Interesse an paranormalen bzw. parapsychischen Phänomenen. Auch in dieser Hinsicht war er ein Außenseiter unter den zeitgenössischen Künstlern.

# Munkes Totentanz-Triptychon[3] im Kontext nekromantischer Vorstellungen

1815. Ein junger Graf, noch nicht ganz 30 Jahre alt, hat eben einen Entschluss gefasst, den er mit großem Pathos inszeniert. Vor den erschreckten Augen seiner Untertanen steigt er zur Mitternacht in die Gruft seiner Ahnen, um dort über Leben und Tod, Vergangenheit und Zukunft, über sich, seine Herkunft und seine Pläne zu meditieren.

Drei Särge hat der Graf vorher öffnen lassen. Mit dem Küster schreitet er beim Schein einer Fackel der Kirche entgegen. Es ist Vollmond. Die Kreuze auf dem Friedhof werfen lange Schatten, Wind heult durch die Kiefern. Immer wieder verschwindet der Mond hinter fliegenden Wolken.

„Woher das unbegreifliche Grauen vor den Toten, die kein Glied mehr rühren können", lesen wir in des Grafen eigenem Bericht. „Woher die nächtlichen Schauer, woher die eisige Furcht vor dem, was einst Leben hatte und uns wieder erscheint ohne Fleisch und Blut."

Mit einer Handbewegung schickte er den Küster fort. Die Fackel in der Hand steigt der junge Standesherr die morschen Stufen hinab ins düstere Gewölbe. Sein alter Großvater war der erste, den er erblickte. Sein schlohweißes Haar hatte sich in der bleiernen Hülle wieder blond gefärbt. Sein Haupt lag nicht mehr in der alten Richtung auf dem Kissen, sondern hatte sich seitwärts abgewandt, und seine kalkbedeckten Augen starrten ihn an wie zum Vorwurf, dass er im jugendlichen Übermut der Toten Ruhe gestört. Ihm küsst er den eiskalten Schädel und schneidet „eine spärliche Locke von seinem ehrwürdigen Scheitel".

Im zweiten Sarg streckt sich unter goldenen Lumpen ein langes Gerippe hin, das eines Feldobristen, der im Dreißigjährigen Krieg unter Pappenheim gegen die Schweden zu Felde gezogen ist – ein weiterer Vorfahr.

Dem gleichen Geschlecht gehörte die Frau im dritten Sarg an. Der Totenkopf hatte eine dunkelbraune, hässliche Farbe angenommen; der ganze übrige Körper war mit einem langen, wunderbar erhaltenen Mantel von feuerfarbener Seide mit silbernen Fransen bedeckt. Er wollte ihn aufheben, doch bei der ersten Berührung zerfiel er fast in Staub.

Lange betrachtete der Graf bei flackerndem Fackellicht die Reihe seiner Vorfahren. Dann fällt er auf die Knie und betet, „bis das Eis in seiner Brust in schmerzlich-süße Tränen zerschmolz. Was von Furcht, Grausen und allen unheimlichen Gefühlen in ihm gewesen, es verschwand vor Gott, und stille sanfte Wehmut blieb allein zurück."

Sie haben es vielleicht erraten. Bei dem Grafen handelt es sich um den Fürsten Hermann Pückler-Muskau, das eben Zitierte habe ich seiner Biografie von Heinz Ohff entnommen.[4]

Pückler beschreibt eine über 200 Jahre zurückliegende Totenbeschwörung. Diese Geschichte hätte mit Sicherheit so ganz und gar dem Geschmack Munkes entsprochen. Besser kann man die Gedanken- und Gefühlswelt der Romantik nicht beschreiben und besser kann ein Text in die schwierige Materie des Geisterglaubens nicht einführen. Denn Munke gehört zu den wenigen Malern der jüngeren Kunstgeschichte, die nekromantischen Vorstellungen anhingen.

Hans-Jürgen Kotzur

Dieses spezielle Interesse hat verschiedene Wurzeln. Schon als Kind zeichnete ihn eine lebhafte und rege Fantasie aus. Es gibt dafür zahlreiche Beispiele. Sehr früh interessierten ihn philosophische Schriften, die Bibel kannte er wie kein anderes Buch. Obwohl er sich der evangelischen Kirche zugehörig fühlte und sich eindeutig zum Christentum bekannte, stand er anderen Religionen neugierig und offen gegenüber. Äußerst kritisch setzte er sich mit dem Katholizismus auseinander ganz im Sinn der Reformation. Dennoch war er von der katholischen Liturgie angetan, die ihn mit ihren farbenprächtigen Messgewändern und dem Duft von Weihrauch beeindruckte. Ihr widmete er mehrere Bilder. Auch der Reliquienkult hatte für ihn etwas Geheimnisvolles, denn er schlug eine Brücke zu seiner späteren nekromantischen Neigung.

Seine reiche Fantasie äußerte sich im Verlauf seines jungen Künstlerlebens immer pointierter und skurriler, Ende der 1960er-Jahre entstanden die ersten makabren Bilder. Vorausgegangen war eine intensive Beschäftigung mit der Welt der Märchen, voller Feen, Geister und Kobolde. Munke kannte seit seiner Kindheit alle Erzählungen der Brüder Grimm und die Märchen von Christian Andersen. Es entstanden eine große Anzahl von einschlägigen Bildern. Sie erzählen die Geschichten vom Froschkönig, dem Wassermann, der kleinen Meerjungfrau, der Undine und dem Rumpelstilzchen. Eine naive Märchenwelt sind jedoch die Munkschen Bilder nicht. In seiner Einführung zur Speyerer Ausstellung 1970 hat schon Karl

Rumpelstilzchen, 1970/71 (Foto: Elke Geiger, Heidelberg)

Günther darauf hingewiesen, dass in dem „Märchenhaften stets das Dämonische und Schreckliche" impliziert ist.

In der Tat fand der Künstler an den düsteren Geschichten der Grimmschen Märchensammlung besonderen Gefallen und setzte sie bevorzugt in Szene. Es entstanden Bilder zu „Fitschers Vogel" und zum „Machandelbaum". Fast gleichzeitig begann er auch seine ersten Gespenster und Spukgestalten zu malen. Zu ihnen gehören seine späterhin bekannten Kellergeister, die er gerne mit nur allzu menschlichen Schwächen und Gebrechen im Bild festhielt. Die Geschichte des Golems hat ihn auf einer Pragreise so fasziniert, dass er ihr ebenfalls mehrere Arbeiten widmete.

Mit der ersten Darstellung des „Nonnen-Kind-Gespenstes" von Kloster Lobenfeld 1969 eröffnete Munke den Reigen einer ganzen Ansammlung von Werken gleicher Thematik. Zugute kam ihm dabei seine raffinierte und ausgefeilte Lasurtechnik, die es gestattete, luzide, immaterielle Körper zu malen, die sofort Assoziationen an Geisterwesen wecken. Die meist ikonenhaft wirkenden Gesichter vermitteln den Eindruck von real geschauten Spukgestalten. Blau- und Grüntöne erzeugen eine unwirkliche und

Mitra 1972 (Foto: Elke Geiger, Heidelberg)

geheimnisvolle Stimmung und verleihen den Gemälden eine besondere Aura. Zu den nennenswerten Werken dieses Bildgenres gehören u.a. „Die eingesperrte Nonne" von 1973, das „Nonnengespenst" von 1974 und die „tote Nonne" auf dem Mittelbild des Totentanz-Triptychons von 1978. Besonders geschätzt hat Munke sein Bild „Mitra", das in der Galerie Ziegler in Köln 1972 das teuerste Gemälde in der Ausstellung war. Gerade solche Bilder mit makabren Darstellungen waren es, die den Rohrbacher Maler weit über die Stadtgrenzen hinaus bekannt machten.

Es war aber auch der Stoff, der ihn als Menschen nachdenklich werden ließ. Munke glaubte fest an die Existenz von Geistern und hielt Gespenster und Spukereignisse für reale Phänomene. Er glaubte an ein Weiterleben nach dem Tod im christlichen Sinn, aber auch daran, dass man mit den Geistern der Verstorbenen Kontakt aufnehmen könne. Er war sich sicher, dass es eine Verbindung zwischen Diesseits und Jenseits gibt.

Die rein naturwissenschaftliche Denkweise war Munke suspekt, er lehnte sie sogar im gewissen Sinne ab, weil sie alles geringschätzig rational zu begründen und erklären sucht und auch vor Dingen nicht halt macht, die sich mit dem Verstand nicht erfassen lassen.

Diese klare unbeirrbare Haltung sowie die Motive seiner Bildwerke lassen die Frage aufkommen, ob der Künstler vielleicht selbst Erfahrung mit außergewöhnlichen Ereignissen oder gar mit Gespensterbegegnungen gehabt hat. Dazu habe ich ihn 1976 und 1978 ausführlich befragt und seine Antworten notiert. Munke sagte dazu wörtlich:

„Anfang der 1960er-Jahre waren Séancen groß in Mode. Es war die Zeit, in der man über Spiritismus und Spukerscheinungen noch ernsthaft diskutierte. Ich hatte immer eine Vorliebe für solche Themen und auch den Wunsch, solche Séancen abzuhalten. Meine geladenen Gäste nahmen meine Geisterbeschwörungen leider nie ernst und so konnte auch nichts Außergewöhnliches passieren.

Der Glaube an Geister und Spukerscheinungen war bei mir fest verankert durch einige persönliche Erlebnisse. Schon als Kind beeindruckten mich dunkle Keller, weil ich in ihnen Gespenster vermutete. Deshalb hatte ich auch Angst, unseren Keller, eine alte tonnengewölbte Anlage, zu betreten. Nur in Begleitung meiner jüngeren Schwester wagte ich es, die Stufen hi-

Hans-Jürgen Kotzur

Gnom, 1975 (Foto: Bettina Schüpke, Wiesbaden)

Nonnen-Kind-Gespenst, 1969 (Foto: Elke Geiger, Heidelberg)

nab zu gehen zu dieser für mich geheimnisvollen Unterwelt. Die besondere Beziehung zu diesem Raum hat mich nie verlassen. Ich kann mich noch gut erinnern, wie ich später als Erwachsener einmal allein den Gewölbekeller betrat und plötzlich ein großes Unbehagen verspürte. Es war merkwürdig still in dem großen Raum. Eine lähmende Furcht erfasste mich beim Anblick eines kleinen buckligen Männleins, das völlig in sich versunken in der Ecke saß und über etwas nachzudenken schien. Ich rieb mir die Augen, weil ich diese Erscheinung für nicht möglich hielt, und verließ sofort den Raum. Dieses Erlebnis bildete den Auftakt zu einer ganzen Reihe von Bildern, die ich in den Jahren 1974 und 1975 malte.

Ein noch einschneidenderes Ereignis war für mich die Spukerscheinung in Kloster Lobenfeld Ende der 1960er-Jahre. Im Vorfeld hatte ich davon gehört, dass auf dem Areal des abgebrochenen „Hohen Nonnenhauses" gelegentlich eine Nonne erschiene zusammen mit ihrem Kind, das sie als Ordensfrau vor der Öffentlichkeit verbergen musste. Die Tragik dieser Geschichte und ihr schreckliches Ende bewegten mich so sehr, dass ich mehrfach diesen geheimnisvollen Ort aufsuchte und schließlich Zeuge eines Spuks wurde. Bei einem meiner Besuche nahm ich plötzlich Schwingungen wahr, die rational nicht zu erklären waren. Ich sah einen kurzen Augenblick die Nonne mit Kind und erschrak aufs Heftigste. Wieder zurück in Rohrbach, machte ich mich sofort daran das Erlebte auf ein Bild zu bannen. Es sollte nicht das einzige bleiben, in der Folge sind noch fünf weitere Gemälde zu diesem Thema entstanden.

Im Unterschied dazu habe ich niemals Horrorbilder gemalt, wie mir auch das Phänomen Horror fremd ist. Horror bedeutet für mich Gewalt und ist durch und durch negativ besetzt. Meine Geister und Gespenster waren gute Wesen, die niemandem etwas Böses antun wollten. Sie erschrecken die Menschen, wenn sie unvermittelt erscheinen, doch sie wollen mit dem Spuk nur auf sich aufmerksam machen, sie möchten mit ihnen in Kontakt treten, was leider nicht gelingt."

Munke, der offensichtlich die Fähigkeit besaß, Außergewöhnliches zu erkennen und Irrationales wahrzunehmen, gehörte nie einem spiritistischen Zirkel an. Ziel solcher spiritistischen Vereinigungen war es, während der Séancen durch einschlägige Praktiken den Kontakt zu den Geistern der Verstorbenen herzustellen, um mit ihnen zu kommunizieren. Im Unterschied zum geisterfreundlichen England gab es in der damaligen Bundesrepublik nur wenige elitäre Gruppierungen dieser Art. Dafür sorgten angebliche Spukereignisse immer wieder für Schlagzeilen in der Presse. An der Universität Freiburg existierte sogar ein Lehrstuhl für paraphysische Phänomene, der damals von dem legendären Geisterforscher Prof. Hans Bender besetzt war.

Munke hielt an seiner Auffassung von der Existenz von Geistern zeitlebens fest. Seine Überzeugung, dass es eine Verbindung zwischen Jenseits und Diesseits gibt, wollte er nach seinem Ableben unter Beweis stellen, indem er öffentlich ankündigte, von „oben" entsprechende Zeichen zu senden. In der Tat sollen sich nach seinem Tod einige Vorfälle zugetragen haben, die rational nicht zu erklären waren und deshalb als Zeichen Munkes interpretiert wurden.

Ohne die nekromantische Neigung Munkes wäre das Totentanzbild von 1978 niemals entstanden. Zunächst als einfaches Einzelbild gedacht in Anlehnung an den bekannten Holzschnitt von Michael Wolgemut aus der Schedelschen Weltchronik wurde im Verlauf der Entwurfsphase das Thema mehr und mehr ausgeweitet und dafür das Bildformat eines Triptychons mit Predellabild vorgesehen.

Totentanz-Triptychon im geschlossenen Zustand. Außenseite mit Darstellung des letzten Maskenfestes am Kurpfälzischen Hof, 1978 (Foto: Bettina Schüpke, Wiesbaden)

Hans-Jürgen Kotzur

Als Munke den Auftrag erhielt, hatte er gerade eine Schaffenskrise durchlaufen. Begeistert stürzte er sich in die Arbeit. Er konnte dabei auf Motive früherer Arbeiten zurückgreifen und zugleich neue Vorstellungen einbringen.

Auf den Außentafeln erzählt er die Geschichte vom letzten unbeschwerten Maskenfest am Hof des pfälzischen Kurfürsten, bevor die Franzosen 1689 das Heidelberger Schloss und die Altstadt zerstörten und ein Blutbad verübten. Während die adligen Gäste in ihren Kostümen noch unbekümmert ihr Fest feiern, mischt sich, bereits als Vorbote des Unglücks, der Tod in Gestalt einer rotpockigen Maske unter sie. Er dominiert, weiß gewandet vor einem blauen Vorhang, die linke Seite des Gemäldes, während auf der rechten eine Maskenkaskade die Komposition bestimmt. Schachbrettförmig verlegte Bodenplatten enden vor einer Torarchitektur im Renaissancestil, durch dessen Gitter das Neckartal zu erkennen ist. Links des Tores deutet Munke einen säulengetragenen Tanzsaal an, in dem sich weitere Gäste aufhalten.

Munke wäre nicht Munke, wenn er nicht mit Symbolen arbeiten würde. Sie alle deuten darauf hin, dass das fröhlich heitere Fest bald sein Ende finden wird. Die beiden erloschenen Kerzen sind beredte Sinnbilder für den zu erwartenden Tod, das federngeschmückte Affengesicht steht für die Sinnlosigkeit und Leere menschlicher Eitelkeit und Narretei. Die Bildmitte ziert schließlich die Darstellung des doppelgesichtigen Janus, der nicht nur in die Vergangenheit blickt, sondern auch die unmittelbar bevorstehende Zukunft sieht.

Totentanz-Triptychon, Gesamtansicht im aufgeklappten Zustand mit Predellabild, 1978 (Foto: Bettina Schüpke, Wiesbaden)

Auf dem Predellabild, das für die Außen- und Innentafeln gleichermaßen den Gedanken des „memento mori" aufgreift, malt Munke einen im Sarg liegenden Bischof.

Das recht plakativ gemalte Außenbild des Triptychons vermittelt eine ernste und zugleich heiter naive Auffassung vom historischen Geschehen. Es zeigt viele Munkespezifische Stilmerkmale, wie sie von anderen Bildern des Künstlers bekannt sind. Es wurde deshalb auch als Plakatmotiv für die Munke-Retrospektive 2017 im Heidelberger Forum für Kunst ausgewählt, ebenso diente es als Coverbild des Romans „Zazies Kinder" der Berliner Schriftstellerin Renate Gutzmer.

Völlig anders nähert sich Munke dem Thema auf den Innentafeln des Triptychons. Die statisch lineare Komposition weicht einer dynamisch bewegten und freieren Gestaltung. Die Bilder gewinnen dadurch an räumlicher Tiefe und wirken lebendiger. Er setzt Landschaft bewusst in Szene, dazu eine, die seine unmittelbare Heimat darstellt.

Das linke Flügelbild zeigt einen Friedhof, auf dessen Grabstein ein Skelett mit einer Panflöte musiziert. Auf einem weiteren Stein ist die Jahreszahl 78, auf einem anderen die Künstlersignatur R. Motz untergebracht. Im Hintergrund zu Füßen des Odenwaldes die geplünderte Ortschaft Rohrbach mit ihrer Kirche.

Auf dem rechten Flügelbild geht der Blick in die menschenleere Weite des Neckartals. Ein Gespenst blickt hinüber zu einem großen Baum, auf dem der Tod sitzt. Den Baumstamm umringen weitere Gerippe, ebenfalls Opfer der Pfalzverwüstung. Im Hintergrund das Neckartal in Nebel gehüllt. Auf der linken Seite durchbricht der Turm der Mittelburg bei Neckarsteinach die unwirkliche, diffuse Flusslandschaft. Im Vordergrund ein Stundenglas als Symbol der abgelaufenen Lebenszeit.

Totentanz-Triptychon im aufgeklappten Zustand, Mittelbild mit Totentanz, 1978 (Foto: Bettina Schüpke, Wiesbaden)

Hans-Jürgen Kotzur

Höhepunkt der Bildkomposition bildet jedoch die innere Mitteltafel des Triptychons mit dem eigentlichen Reigen. Vor dem Panorama des Odenwalds mit dem Königstuhl tanzen Verstorbene allen Alters und unterschiedlich sozialer Herkunft. Männer, Frauen, darunter eine Prinzessin und eine Nonne, in der Erkenntnis: Im Tod sind alle gleich.

Wenn auch das Werk wegen seiner fahlen Farben und makabren Darstellungen für viele Betrachter befremdlich erscheinen mag, die Schrecken eines Krieges, wie sie Otto Dix und auch andere Maler des 20. Jahrhunderts realistisch dargestellt haben, sind bei Munke nicht zu finden. Er hat mit seiner Malerei anderes im Sinn. Ihm war nicht daran gelegen, brutale reale Vorgänge eines bestimmten historischen Ereignisses in Szene zu setzen, ihn interessierte ganz speziell die Frage nach dem „Danach". Seine Intention beschreibt eine Welt, die außerhalb unserer Wahrnehmung existiert. Munke malt keine Toten, er malt deren Geister.

Trotz ungeschminkter und direkter Konfrontation mit dem Thema Tod, beinhaltet das Triptychon eine erstaunliche überraschende Botschaft, die man fast als geistiges Vermächtnis des Künstlers deuten kann.

Wir alle wissen dank naturwissenschaftlicher Erkenntnisse ganz genau, was im Grab mit dem Leichnam eines Verstorbenen vor sich geht. Munke wusste das auch. Er widersetzt sich aber vehement dem damit verbundenen Tabu in der öffentlichen Diskussion um das Sterben und den Tod.

Der Leichnam wird zunächst als tote aber in seinem Äußeren noch wahrnehmbare Person in die Erde gesenkt und beginnt sich dann zu zersetzten, zu transformieren. Erst nach seiner Skelettierung gewinnt er eine neue ästhetische Dimension. Genau diese Entwicklung ist auf der Mitteltafel des Totentanzbildes dargestellt. Die bereits vom irdischen Fleisch befreiten Verstorbenen beginnen sich zu bewegen, zu tanzen, zu frohlocken. Sie fühlen sich frei von allen materiellen diesseitigen Belastungen, sie werden zu verklärten Geistern, sie triumphieren über den Tod, der personifiziert glücklich, fast frech schauend über allen anderen thront. Das Bild hat insofern eine heitere und hoffnungsvolle Komponente: Habt keine Angst, es gibt ein Weiterleben und Wiedersehen, lautet die Botschaft Munkes. Bleibt fröhlich, ergo bibamus!

## Anmerkungen

1   Literatur: Dirk Hrdina, Eberhard Dziobek: „Er hat Farbe in unser Leben gebracht": die Wandmalereien von Motz Munke in Heidelberg-Rohrbach, Heidelberg 2014; Hans-Jürgen Kotzur: Das Totentanz-Triptychon von Rainer Motz, gen. Munke. Geschichte seiner Entstehung, 2016; Hans-Jürgen Kotzur: Heiter bis makaber. Die Bilderwelt des Heidelberger Malers Rainer Motz-Munke, Schriftenreihe des Heimatmuseums Heidelberg-Rohrbach, Bd. 17, 2018; Hans-Jürgen Kotzur: „Mythos Munke" Aus dem Leben des Heidelberger Malers Rainer Motz-Munke, Schriftenreihe des Heimatmuseums Heidelberg-Rohrbach. Bd. 18, 2018.

2   Der Vortrag war als Einführung zur Ausstellung des Totentanz-Triptychons im Kurpfälzischen Museum Heidelberg im Herbst 2022 gedacht, musste aber wegen der Covid-Pandemie sowie der Heizprobleme infolge der Energieverknappung abgesagt werden.

3   Derzeit in Privatbesitz. Ist als Schenkung an das Kurpfälzische Museum in Heidelberg vorgesehen.

4   Heinz Ohff: Der grüne Fürst. Das abenteuerliche Leben des Hermann Pückler-Muskau, München 1991.

# DAS MUSEUM ALS ERLEBNISORT
## Das Friedrich-Ebert-Haus in Heidelberg

Friedrich Ebert war das erste demokratische Staatsoberhaupt in der deutschen Geschichte. Im Friedrich-Ebert-Haus rund um seine Geburtswohnung in der Heidelberger Altstadt können Besucher Geschichte am authentischen Ort erleben.

Die Dauerausstellung „Vom Arbeiterführer zum Reichspräsidenten – Friedrich Ebert (1871–1925)" zeichnet seinen Weg in das höchste Staatsamt nach und präsentiert aus biographischer Perspektive die wechselvolle deutsche Geschichte vom Kaiserreich zur Weimarer Republik. Sonderausstellungen, Veranstaltungen und zahlreiche weitere Angebote zur politisch-historischen Bildung laden zur Auseinandersetzung mit der deutschen Demokratiegeschichte ein.

Der Eintritt ist frei, kostenlose Führungen nach Vereinbarung. Audioguide in Deutsch, Englisch, Französisch, Spanisch und Italienisch.

### Öffnungszeiten Museum:

**April bis Oktober:**    Dienstag bis Freitag: 9 – 18 Uhr
Samstag und Sonntag: 10 – 18 Uhr

**November bis März:**    Dienstag bis Freitag: 9 – 17 Uhr
Samstag und Sonntag: 10 – 17 Uhr

### Stiftung Reichspräsident-Friedrich-Ebert-Gedenkstätte

Pfaffengasse 18 · 69117 Heidelberg · Tel. 06221-910 70
friedrich@ebert-gedenkstaette.de · www.ebert-gedenkstaette.de

Hans-Martin Mumm

# Die Entstehung des Perkeo-Kults und der tragische Tod Ernst Ludwig Posselts

## Ein „Gedenkbüchlein" von 1837

Über Friedrich Gundolf wird von verschiedenen Reisebegleitern erzählt, dass er in fremden Städten Antiquariate aufsuchte und dort nach wenigen Minuten eine Rarität, eine Erstausgabe oder ein Widmungsexemplar in der Hand hatte. Ich selbst hatte dieses Glück nie, wobei allerdings der heutige Gebrauchsbuchmarkt ohnehin derlei Entdeckungen weithin ausschließt: Mit ein paar Mausklicks lässt sich der Wert eines Objekts sofort ermitteln und entsprechend vermarkten.

Titelseite des „Gedenkbüchleins ..." mit der Abbildung der Perkeo-Figur

## 1. Ein antiquarischer Fund

Der Fund, über den hier berichtet werden soll, ist keine Sensation, zählt aber doch zu den wenig beachteten Quellen aus der ersten Hälfte des 19. Jahrhunderts. Der Titel der anonymen Schrift lautet: „Gedenkbüchlein für alle, die in Heidelberg froh und vergnügt waren", umfasst 160 Seiten im Oktavformat und erschien 1837 im Verlag von

Karl Groos.[1] Der Umschlag zeigt vorne das Große Fass und hinten das heute abgängige Luther-Haus am Mönchhof in Neuenheim. Der eigentliche Text enthält keine Abbildungen; nur vor dem Titelblatt, also an sehr hervorgehobener Position, findet sich die Zeichnung der Perkeofigur vom Fasskeller. Es ist das erste Mal, soweit ich sehe, dass dem Hofzwerg eine Art kultischer Verehrung gewidmet ist.

Der Inhalt ist in zwölf Kapitel gegliedert. Am Anfang werden die Stadt, die Universität und die Bibliothek vorgestellt; dann kommen die Hauptsehenswürdigkeiten: das Gasthaus zum Ritter und das Große Fass; es folgen gesellige und gastronomische Empfehlungen; den Schluss bilden Erläuterungen zum Umland und zum pfälzischen Dialekt. So sehr die Gliederung thematisch stringent erscheint, so wenig hält sich die Erzählung daran. Sie beginnt zwar ungefähr bei dem jeweils angegebenen Stichwort, um dann in einen breiten, mit zahllosen Lesefrüchten versehenen, aber immer kurzweiligen Redefluss zu verfallen. Eingestreut zwischen den historischen Fundstellen finden sich auch eigenes Erleben, selbst Gehörtes oder Geschichten vom Hörensagen. Ein Gästeführungsexamen ließe sich mit diesem Werk leicht bestehen.

Mich haben an diesem Buch zwei Geschichten interessiert: die Erzählung von dem Hofnarren Perkeo und die Erwähnung des tragischen Tods von Ernst Ludwig Posselt, der über 30 Jahre zurücklag.

## 2. Clemens Perkeo

Von dem historischen Perkeo ist heute nur sehr wenig bekannt. Der Wikipedia-Eintrag nennt die Lebensdaten mit der gebotenen Vorsicht:

„Der kleinwüchsige, angeblich sehr trinkfeste Perkeo, eigentlich Clemens Pankert, nach anderen Quellen Giovanni Clementi (* 1702 in Salurn, Südtirol; † 1735) war Hofzwerg des Kurfürsten Karl III. Philipp von der Pfalz und Hüter des Großen Fasses im Heidelberger Schloss."[2]

Pankert/Clementi war gelernter Knopfmacher und kam 1718 mit seinem Herrn nach Heidelberg. Seinen Namen soll er tragen, weil er auf die stete Frage nach einem Schluck Wein zu antworten pflegte: „Perché no" – warum nicht? Über das weitere Leben des kleinen Knopfmachers gibt es keine sicheren Nachrichten. Er starb schon 1735. Ob er ein ehrenvolles Begräbnis bekam und wo überhaupt sein Grab liegt, ist nicht überliefert.

Im Nachhinein wird einerseits seine Schlagfertigkeit hervorgehoben, andererseits sein enormer Durst. Diese Erzählungen halten einer Prüfung allerdings nicht stand. Ohnehin ist anzunehmen, dass der Hofnarr eher Objekt der Belustigung war als deren Urheber. Wenn es nicht die Statue im Fasskeller gäbe, wäre Perkeo nur eine Fußnote geblieben zum Absolutismus des 18. Jahrhundert. In dem großen historischen Werk „Geschichte und Beschreibung der Stadt Heidelberg", das Friedrich Peter Wundt 1805 dem neuen Landesherrn Karl Friedrich widmet, ist von derlei Geschmacklosigkeiten des überwundenen Jahrhunderts jedenfalls keine Rede mehr.

Zu ihrer 500-Jahrfeier 1886, als sich die Kritik am 18. Jahrhundert längst überlebt hatte, nahm sich die Universität erstmals des Hofzwergs an. Theodor Alt konstatiert in seinem Porträt nüchtern den Mangel an Quellen; nicht einmal das Todesdatum war 1886 bekannt. Erst in der Dichtung Viktor von Scheffels lebe der Hofnarr fort:

Hans-Martin Mumm

„Unser Perkeo ist eben ein anderer als der geschichtliche, und wenn wir fragen, wer ihn dazu geschaffen habe, wirklicher für uns als jener war; so lautet, wie allemal, wenn nach den idealen Bildern Heidelbergs gefragt wird, die Antwort: ‚Joseph Viktor v. Scheffel'. Aber es ist bemerkenswert, dass der Dichter beinahe kein anderes Material zu benützen hatte, als die alte Holzstatue beim großen Fasse."[3]

Scheffel starb 1886; zu dem Zeitpunkt aber war sein Ruhm ungebrochen. Er hatte neben Anderem seine „Lieder aus dem Engeren" dem Heidelberger, dann die „Lieder aus dem Engeren und Weiteren" einem gewachsenen Publikum gewidmet. Schließlich machte er unter dem Titel „Gaudeamus" seine Gedichte und Lieder dem gesamten deutschsprachigen Publikum bekannt. Darin findet sich auch das 14-strophige Gedicht „Perkêo":

„Das war der Zwerg Perkêo im Heidelberger Schloß,
An Wuchse klein und winzig, an Durste riesengroß.

Man schalt ihn einen Narren, er dachte: „Liebe Leut',
Wärt' Ihr wie ich doch alle feuchtfröhlich und gescheut!"

Und als das Faß, das große, mit Wein gefüllet war,
Da ward sein künftiger Standpunkt dem Zwergen völlig klar.

„Fahr wohl," sprach er, „o Welt, du Katzenjammertal,
Was sie auf dir hantieren, ist Wurst mir und egal!"

[...]

„Nun singt ein De Profundis, dass das Gewölb' erdröhnt,
Das Faß steht auf der Neige, ich falle sieggekrönt."

... Perkeo ward begraben. Um seine Kellergruft
Beim leeren Riesenfasse weht heut noch feuchte Luft,

Und wer als frommer Pilger frühmorgens ihr genaht:
Weh' ihm! Als Weinvertilger durchtobt er nachts die Stadt."[4]

Hat der Dichter sich selbst geschildert als jemand, der die Ideale der Jugend verloren und nun Trost als „Weinvertilger" gefunden hat? Scheffel konnte mit dem Gang der Ereignisse nicht unzufrieden sein: Das Deutsche Reich war auf dem Weg, und zwar ohne Barrikaden und Revolution, so, wie er es sich in jungen Jahren erhofft hatte. Aber Scheffel liebte das Skurrile; für ihn war Perkeo das Absonderliche und Abgründige, das er mit Humor besang. Die Gestalt des Perkeo wurde durch ihn erst berühmt.

Auf der anderen Seite gilt aber auch: Besonders hervorgehoben wurde Perkeo von Scheffel nicht. Er ist eine von vielen Gestalten aus Geschichte und Sage, die seine Poesie bevölkern. Es ist eigentlich absurd zu behaupten, Scheffel habe den Perkeo „geschaffen, [...] wirklicher für uns, als jener war", wie Alt es behauptet hat. Aber in einem spezifischen Sinn trifft diese Aussage dennoch zu: Scheffel hat den Mythos Perkeo zwar nicht geschaffen, aber er hat ihn weithin bekannt gemacht und poetisch geadelt.

Heute ist zudem längst bekannt, dass Perkeo auch vor Scheffel schon literarisch gewürdigt wurde: Victor Hugo erwähnt ihn 1840 nach dem Besuch des Schlosses und rühmt seine Trinkfestigkeit.[5] Aber auch Hugo hat die Perkeogeschichte nicht erfunden, sondern gibt nur wieder, was er über ihn gehört hat.

Nun kommt das „Gedenkbüchlein", dessen Abfassung zeitlich vor Scheffel und Hugo liegt. Es enthält im Kapitel über das Große Fass eine Charakteristik Perkeos,[6] die aber seine Lebensdaten gar nicht kennt. Sie beginnt mit der Erneuerung des Großen Fasses 1728, teilt drei Anekdoten mit, die keinen zeitlichen Anhaltspunkt bieten, und verliert sich in die Karl-Theodor-Zeit, ohne Perkeos Ende zu benennen.

Die Erzählung im „Gedenkbüchlein" ist die erste Fassung der Perkeo-Legende, die bislang bekannt ist. Karl Cäsar von Leonhards knappe Bemerkung in seinem Fremdenbuch von 1834 enthält nur einen Hinweis, aber keine Geschichte.[7] Auffällig ist aber, dass das Gedenkbüchlein bereits eigentlich alle Merkmale der Legende enthält: die kleinwüchsige Erscheinung, der Mutterwitz und die Nähe zum Großen Fass. Wäre demnach der Autor des Gedenkbüchleins der Urheber der Perkeo-Legende? Oder gibt es eine – bislang unbekannte – ältere Fassung?

Wer sich mit der Entstehung eines Mythos befasst, kommt irgendwann zu einem Punkt, an dem die mündliche Erzählung in eine schriftliche Fassung umschlägt. Die folgenden Überlegungen haben daher nur Anspruch auf vorläufige Gültigkeit. Der Perkeo-Mythos hat demnach seinen Ursprung im wachsenden Fremdenverkehr. Zwar gab es bereits im 18. Jahrhundert eine Reihe prominenter Fass-Besucher; Wolfgang Amadeus Mozart ist der bekannteste von ihnen. Aber keiner von ihnen hat nachher von dem kleinen Hüter des Fasses erzählt. Erst als im 19. Jahrhundert, beginnend mit Graf Charles de Graimberg, das Heidelberger Schloss touristisch vermarktet wurde, mussten die Fremdenführer, zunächst durchweg männliche, die Frage nach der Holzstatue beantworten, die im Fasskeller ohne näheren Hinweis steht. Aus tausendfacher Wiederholung entstand so die Geschichte des kleinen Hofnarren aufs Neue. Das Gedenkbüchlein hat lediglich diese Erzählung für die Heidelbergbesucher aufgeschrieben.

Stützen kann sich diese Deutung nicht zuletzt auf die zwei bereits zitierten Quellen. Von Leonhard nennt im Grunde nur eine Kurzfassung der Gästerführererzählung:

„Viele, die mit grossen Erwartungen hierher gekommen, werden mindestens den treuen Wächter des Fasses, ein Schnizwerk von Holz, Clemens Perkeo, einen Tyroler Zwerg, Karl Philipps lustigen Rath, darstellend, nicht ohne einiges Ergözen betrachten."[8]

Das klingt nach einer selbst erlebten Schlossführung und nicht nach einer historischen Erzählung. Auch Theodor Alts Ausgangspunkt für den neuen Perkeo-Mythos ist 1886 die Holzfigur im Fasskeller. Bis auf weiteres ist also die heutige Perkeo-Erzählung das Ergebnis einer aufgefrischten, letztendlich neu erfundenen Gästeführererzählung.

## 3. Ernst Ludwig Posselt

Von ganz anderer Qualität ist die Notiz über das Schicksal Ernst Ludwig Posselts. Nach dem Hinweis auf den Tod des letzten Herrn von Handschuhsheim, der 1600 als Jugendlicher bei einem Streit auf dem Marktplatz verletzt wurde und schließlich starb, heißt es übergangslos im nächsten Satz:

„Ueber dem Kornmarkt, auf dem an der Ecke der Burgstraße das Haus steht, aus welchem sich der berühmte und großherzige Geschichtsschreiber E. L. Posselt, am 11. July 1804, in einem Anfalle von Melancholie aus einem Fenster des oberen Stockwerkes stürzte, wollen wir schnell hinwegeilen."[9]

Das Aufsehen, dass diese Selbsttötung ihrerzeit erregt hatte, war auch 30 Jahre noch nicht ganz abgeklungen.

Es war nicht allein der Tod, sondern der genaue Schauplatz des Ereignisses, der sich ins Gedächtnis eingeprägt hat. „An der Ecke der Burgstraße" stehen zwei Häuser. Das heutige Palais Graimberg hat, damals wie heute, nur zwei Stockwerke; auf der gegenüberliegenden Seite standen zwei Häuser, die später durch einen historistischen Neubau ersetzt wurden. Das abgängige Eckhaus auf der Westseite des Burgwegs dürfte der Schauplatz des Geschehens gewesen sein.[10]

Ansicht des Kornmarkts mit der Einmündung des Burgwegs, heute Zwingerstraße, nach Rudolph Schlichter: Gasthof zum Prinz Carl in Heidelberg, zwischen 1823 und um 1830 (Quelle: Kurpfälzisches Museum, Inv.-Nr. 5 7245, Ausschnitt)

Posselt hatte sich einen Namen gemacht, zunächst als Historiker, dann aber auch als Schriftsteller, der immer nah an den Zeitthemen schrieb. Geboren 1763, wurde er Geschichtslehrer am Karlsruher Gymnasium und war nebenher Privatsekretär bei Markgraf Karl Friedrich. Schließlich gab er seine Ämter auf und wirkte als freier Publizist. „Politisch stand er den Ideen der französischen Revolution nahe – eine Haltung, für die er wiederholt angefeindet und bedroht wurde", wie Ferdinand Leikam vom Stadtarchiv Karlsruhe über ihn urteilt.[11] Es war seine Stellung zwischen den Extremen, die seinen Ruf über den Tod hinaus begründete: Er teilte die Ideale der Revolution, ohne dem eigenen Land untreu zu werden. Ob die Selbsttötung durch äußere Ereignisse ausgelöst oder aber von einer inneren Krankheit herrührte, ist heute nicht mehr zu klären.

Das Gedenkbüchlein kommt ein zweites Mal auf Posselt zu sprechen, diesmal im Zusammenhang mit dem Gang über den Peterskirchhof. Dort heißt es:

> „Auch Posselt fand hier die Ruhe, welche das Leben ihm nicht zu geben vermochte; allein Vorurtheil erlaubte nicht die Stelle zu bezeichnen, wo einer der größten Männer Deutschlands ruht!"[12]

Posselts Grabstelle war bekannt, jedoch nicht durch einen Grabstein markiert. 1862 führte die Neckartalbahn mitten durch den Friedhof und löschte fast alle Spuren aus.

## 4. Epilog

Das „Gedenkbüchlein" erschien mitten in der „Ära Blittersdorf"[13]. Friedrich von Blittersdorf hatte 1835 bis 1843 die entscheidenden Positionen im Kabinett inne und suchte mit einer strikt konservativen Politik dem Zeitgeist entgegenzuwirken. Der oder die unbekannte Autorin hatte zunächst sicherlich keine Probleme mit der Zensur: Das Büchlein diente der Unterhaltung und allem vorangestellt sorgte die Gestalt des Perkeo für Unverfänglichkeit. Die beiden kurzen Bemerkungen zu Ernst Ludwig Posselt fielen dagegen nicht ins Gewicht, aber sie riefen eine Phase der badischen Geschichte ins Gedächtnis, die der Linie Blittersdorfs entgegenstand. Ob sie nicht anstößig waren oder einfach übersehen wurden, ist im Nachhinein nicht zu klären. Dem „Gedenkbüchlein für alle, die in Heidelberg froh und vergnügt waren" war es in jedem Fall wichtig, auch diese Seite der badischen Geschichte in Erinnerung zu rufen.

## Anmerkungen

1 Gedenkbüchlein für alle, die in Heidelberg froh und vergnügt waren, Heidelberg 1837.
2 Artikel „Perkeo", Wikipedia (Aufruf 15.4.2023).
3 Theodor Alt: Perkeo, in: Ruperto Carola. Illustrirte Fest-Chronik der V. Säcular-Feier für die Universität Heidelberg, Heidelberg 1886, S. 62f., hier S. 63; über den Autor findet sich nur die Angabe „Alt Mannheim", ebd., S. 256.
4 Joseph Victor von Scheffel: Gesammelte Werke 6, S. 220f.
5 Artikel „Heidelberger Schloss", Wikipedia (Aufruf 24.4.2023).
6 Gedenkbüchlein (wie Anm. 1), S. 90–93.
7 Karl Cäsar von Leonhard: Fremdenbuch für Heidelberg und Umgebung, Bd. 1, S. 126.
8 Ebd.
9 Gedenkbüchlein (wie Anm. 1), S. 14.
10 Auch Leonhard erwähnt Posselts Tod, nennt aber nicht das Haus; Leonhard (wie Anm. 7), S. 53.
11 Ferdinand Leikamp: Biographie Ernst L. Posselt, stadtgeschichte.karlsruhe.de/.../ausgaben/ blick-101/ernst-l-posselt (Aufruf 7.5.2023).
12 Gedenkbüchlein (wie Anm. 1), S. 21.
13 Artikel „Friedrich von Blittersdorf", Wikipedia (Aufruf 11.5.2023).

Hans-Martin Mumm

Emin Kağan Heybet

# Şaziye Hayri – Türkische Studentin in Heidelberg 1918/19

## Auszüge aus ihrem Tagebuch

In den Matrikelregistern der Universität Heidelberg für das Wintersemester 1918/19 findet sich ein interessanter Name: Chasie Hairi aus Constantinopel, geboren am 15. August 1899. Sie wurde am 8. November 1918 als 434. Studentin und eine von drei türkischen Studierenden[1] immatrikuliert. Zusätzlich finden wir die Angaben, dass sie „muham (mohamedanisch)" sei, in der Philosophischen Fakultät studieren wird und ihr Vater Beamter der Zolldirektion in Constantinopel ist.[2]

Şaziye Hayri, 1918/19, sitzt auf einer der beiden Begleitfiguren beim Bunsen-Denkmal. 1908 in der heutigen Ebert-Anlage errichtet, in den 1960er-Jahren vor das Psychologische Institut in der Hauptstraße platziert. (Quelle: Baskin Bahar: 2. Meşrutiyet'te Eğitim, Kadın ve İnas Darülfünunu (İlk Kadın Üniversitesi), unpublizierte Masterarbeit, İstanbul Üniversitesi, İstanbul 2007, S. 154)

Vertiefend und aufschlussreich ist, dass sie während ihres Aufenthalts in Heidelberg ein in türkischer Sprache verfasstes Tagebuch geführt hat. Das lange Jahrzehnte im Familienarchiv aufbewahrte Tagebuch „Tägliche Erinnerungen zu den Jahren 1918–1919"[3] deckt den Zeitraum von Februar 1918 bis Januar 1919 ab und ist 2020 von Hakan Sazyek in lateinischer Schrift in Ankara herausgegeben worden.[4] In den Zeitraum des Tagebuchs fallen wichtige Ereignisse der deutschen Geschichte: Das letzte Jahr des Ersten Weltkriegs, der Waffenstillstand, die Novemberrevolution und die Wahl zur Nationalversammlung der Weimarer Republik. Alle diese Ereignisse haben auch in Heidelberg ihren Niederschlag gefunden und erwartungsgemäß Spuren im Tagebuch der jungen, türkischen Studentin hinterlassen. Zugleich erfahren wir von ihrem Leben, ihren Wahrnehmungen und vielen alltäglichen Ereignissen in Stadt und Universität.

Şaziye Hayri hatte 1915 ihren Schulabschluss als zweitbeste Absolventin der Dârülmuallimât (Lehrerschule für Frauen) gemacht und wurde danach an der İnas Darülfünunu (Frauenuniversität) in Istanbul eingeschrieben.[5] Nach zwei Jahren Studium in der Literaturklasse bestand sie die Prüfung, die sie berechtigte in Deutschland mit einem Stipendium der Deutsch-Türkischen Vereinigung Medizin zu studieren. Am 9. Oktober 1917 verließ sie Istanbul. Während sie in Heidelberg mit Privatunterricht Deutsch zu lernen versuchte, änderte sie ihre Entscheidung für das Studienfach und den Studienort mehrfach. Es war wohl der Anblick der Leichname, den sie nicht ertragen konnte und der sie veranlasste, sich vom Medizinstudium abzuwenden. Obwohl auch das Studienfach Malerei/Kunstgeschichte und andere Universitätsstädte (Tübingen und München) infrage gekommen wären, entschied sie schließlich, sich an der Philosophischen Fakultät in Heidelberg einzuschreiben. Kurz nach der Einschreibung als Philosophie-Studentin endet das Tagebuch, so dass ihre Eindrücke von Stadt und Universität nicht über die ganze Zeit des Studiums hier und an anderen Universitäten erfasst werden können.

Die Universität Heidelberg hatte traditionell viele ausländische Studierende. Von 1914 bis 1919 schrumpfte deren Anteil beträchtlich, so dass im Sommersemester 1919 nur noch 81 ausländische Studierende immatrikuliert waren, darunter drei aus der Türkei.[6]

Dennoch ist das Tagebuch aufschlussreich, wenngleich an manchen Stellen nicht leicht zu dekodieren. Ihr Schreibstil ist eigenwillig. Die Ereignisse des jeweiligen Tages werden oft ohne jeden inneren Zusammenhang aneinander gereiht, dazwischen finden sich längere Beschreibungen. Sie springt assoziativ von einem Ereignis zum anderen, notiert Gesprächsfetzen, kleine Beobachtungen, Banales und Aufregendes, gewissermaßen ohne Luft zu holen und ohne weitere Gliederung. Insofern spiegelt das Tagebuch recht unvermittelt Denken, Erleben und Fühlen einer jungen, vitalen und sympathischen Studentin wieder, die auf der Suche nach sich selbst, nach Orientierung, nach Begegnungen in einer ihr manchmal fremden Umwelt ist, die studierenden Frauen ohnehin nicht durchgehend wohlwollend gesinnt war. Im Hinblick auf das Studium vermittelt das Tagebuch den Eindruck, dass sie vorwiegend mit dem Erlernen der deutschen Sprache befasst war. Begegnungen mit Hochschullehrern und Inhalte des Studiums werden knapp angedeutet. Einige Professorennamen hat sie sich offenbar nur phonetisch gemerkt,[7] im Tagebuch sind keine Reflexionen zu Studieninhalten enthalten. Angesichts der sprachlichen Komplexität der Lehre von Rickert und Jaspers ist sogar eher zweifelhaft, ob sie sich mit den von diesen vorgetragenen Themen überhaupt beschäftigen konnte, denn einen akademischen Sprachkurs hat es nicht gegeben. Wir erfahren auch nichts über eine Studienberatung oder Kontakte zu Tutoren. Einige Personennamen lassen sich leider nicht rekonstruieren.

Şaziye Hayri ist nach ihrem Aufenthalt in Deutschland eine der ersten Philosophielehrerinnen der neu gegründeten türkischen Republik geworden.[8] 1928 hat sie Herrn Safvet (Kurt) geheiratet, weshalb sie nach dem Gesetz den Nachnamen Kurt bekam. Mit ihrem Mann wohnte sie einige Jahre in verschiedenen Städten Zentralanatoliens. 1934 erhielt sie das Diplom der Literaturfakultät der Universität Istanbul. 1935 war sie parteilose Kandidatin für die Nationalversammlung, wodurch sie die erste weibliche Abgeordnete der Türkei geworden wäre; sie wurde aber nicht gewählt.[9] Sie verbrachte mehrere Winter in Ankara mit Übersetzungen, von denen nicht alle veröffentlicht wurden, und war mehrere Sommer auf Reisen in Europa. Sie schrieb auch einen Roman, Baybiçe, in dem es hauptsächlich um eine utopische Darstellung der Grundlagen der türkischen Republik unter Mustafa Kemal Atatürk ging.[10] Nach dem

Emin Kağan Heybet

Ableben ihres Mannes (1970) zog sie nach Istanbul und wohnte in dem auf der asiatischen Seite von Istanbul gelegenen Stadtteil Bostancı. Sie starb 1994 und wurde auf dem Friedhof Karacaahmet in Istanbul bestattet.[11]

Für diesen Beitrag habe ich ausgewählte Auszüge aus dem Tagebuch ins Deutsche übersetzt, um einmal diese neu publizierten, dokumentarischen Texte den deutschsprachigen Leser*innen bekannt zu machen, und zu versuchen, diese literarische Quelle für die Erforschung Heidelberger Stadtgeschichte nutzbar zu machen. Das bin ich dieser türkischen Studentin wenigstens schuldig, die so ein Zeugnis hinterlassen hat, als sie mit 19 Jahren aus der Türkei für ein Studium nach Heidelberg kam – genau wie ich.

## Studium in Heidelberg

28. Februar 1918, S. 25: In der Nacht las ich den Artikel „Große Menschen und ihre Wirkung auf die Gesellschaft" von Herrn Ziya Gökalp. Ich ging um zwölf Uhr ins Bett. Im Bett dachte ich stundenlang über meinen Beruf nach. Inspiriert durch den soziologischen Artikel habe ich überlegt, ob ich durch ein Studium der Literatur oder der Soziologie zu einem wichtigen Menschen werden und so meiner Heimat dienen kann. Ich weiß nicht, wann ich eingeschlafen bin.

26. April 1918, S. 41: Zuerst gingen Frau Doktor, Elkan[12] und ich zu einem Maler; in seiner Werkstatt standen ganz viele Gemälde. Er unterrichtet. Ich werde Bilder zeichnen und sie ihm schicken. Er wird mir sagen, wie talentiert ich bin.

30. April 1918, S. 42: Ich ging zu Herrn Schmid dem Maler.[13] Es regnet Hunde und Katzen. Ich brachte ihm die Gemälde. Er sagte, dass ich talentiert sei. Er empfahl mir einen Lehrer. Er hat mir drei Zimmer gezeigt, die voller Gemälde waren.

15. Mai 1918, S. 51: Mein Mallehrer kam vorbei. Heute ist es kühl, wir werden nicht zum Schlossgarten gehen können. [...] Ich habe einen Brief von Safiye erhalten. Ich ging zum Malunterricht. Ich fing an, mit Tinte zu zeichnen. Es macht viel Spaß, mir hat es gefallen. Auf dem Rückweg habe ich Malutensilien gekauft. Wir fragten in der Anlage nach Tuschmalereifetzen,[14] und fanden keine.

20. Mai 1918, S. 55: Ich habe der Vereinigung[15] eine Kostenaufstellung geschrieben. (Erstaunlich! 22.3.1985. Bemerkung)[16]

27. Mai 1918, S. 59: [Herr Şemsi] kam nochmal um 5 Uhr. Ich hatte gefrühstückt. Wir gingen zum Philosophenweg. Im Garten des Hotels aßen wir Kuchen. Wir setzten uns in den Turm. Eine alte Frau wollte uns begleiten, aber wir gingen doch nicht mit ihr. Wir gingen nach oben spazieren. Wir sind durch den schmalen Weg[17] über die Alte Brücke nach Hause gegangen.

29. Mai 1918, S. 60: Ich habe eine Karte von meinem Lehrer bekommen. Ich ging zum Schlossgarten, mein Lehrer und sein anderer Schüler warteten auf mich. Menschen haben sich um mich herum versammelt. Die anderen Schüler mochten mein Gemälde sehr. Wir sind zusammen nach Hause gegangen.

7. Juni 1918, S. 63: Die Vereinigung findet es nicht nützlich, dass ich Kunst studiere und heißt es gut, dass ich mit meinem Deutschkurs weitermache. Wir sprachen mit Herrn Şemsi über meinen Beruf.

8. Juni 1918, S. 63: Ich habe einen Brief von meiner Mutter und einen von meinem Onkel erhalten. Die Vereinigung hatte meiner Familie ziemlich unmissverständlich mitgeteilt, dass sie mich zurückrufen würden, da ich zu viel Geld ausgebe.

24. Juni 1918, S. 69: Ich hörte Professor Neumann[18] an der Universität zu. Er sprach über Dürer, einen der Maler des 12. Jahrhunderts.[19] Dann ging ich ins Konservatorium, Hess begleitete uns.

6. Juli 1918, S. 73: In der Nacht kam Herr Şemsi vorbei, wir saßen bis 11 Uhr zusammen. Ich neigte erneut dazu, mich für ein Medizinstudium zu entscheiden.

14. August 1918, S. 90: Ich habe einen Brief von Herrn von Braunbehrens[20] erhalten. Die Vereinigung hat mein Studium genehmigt und ist damit einverstanden, dass ich nach Tübingen gehe. Ich müsste meine Gemälde nach Berlin schicken.

30. August 1918, S. 98: Herr Herrmann sagte im Unterricht, dass ich sehr gut Deutsch lernen würde und eine sprachliche Begabung habe.

2. September 1918, S. 99: Ich besuchte ihn in seinem Garten.[21] Er war nicht in seinem Atelier. Ich habe einen schicken Kirchenturm gemalt, den ich durch die Blätter sah. Als ich vom Berg herunterkam, sah ich den Maler in den Garten kommen. Mein Gemälde hat ihm gefallen. Er lud mich in sein Büro ein, um mir das Gutachten zu geben, das er über meine Begabung verfasst hat.

5. September 1918, S. 100: Mein Deutschlehrer amüsierte mich wieder. Er fragte, wie ich das Wasser mit drei Buchstaben schreiben könne. Ich fragte ihn dann: Können Sie Eis trinken? Jeden Tag findet er etwas, was mich zum Lachen bringt.

13. September 1918, S. 101: Ich habe viele Briefe aus Istanbul bekommen. Auf dem Rückweg von meinem Deutschunterricht habe ich einen dringenden Brief von Herrn Hüseyin Ragıb gefunden. Mein Geigenlehrer kam. Ich begleitete ihn nach dem Unterricht bis zur Haltestelle. Monsieur Lancuvi sei sein Freund, sie nähmen zusammen mal Unterricht bei Professor Marteau. Das hat er erzählt, es war lustig.

7. Oktober 1918, S. 107: Am Nachmittag habe ich einen Anruf bekommen. Herr Hüseyin Ragıb hat mich eingeladen, weil er mich sehen will. Ich ging zu ihm, wir tranken Tee. Wir besprachen die Frage meiner Ausbildung und der Stadt.[22]

8. Oktober 1918, S. 107: Ich besuchte Herrn Hüseyin Ragıb in seinem Hotel. Ich habe ihm meine Entscheidung mitgeteilt, nach München zu ziehen. Wir haben in der Hotellobby miteinander gesprochen, wo eine Madame uns ermahnt hat, nicht zu sprechen, da sie ein Buch lese. Sie hatte Recht. Er wurde völlig unbegründet wütend, wollte die Tür zuknallen und hat das auch getan.

21. Oktober 1918, S. 110: Früh am Morgen habe ich ein Telegramm von Ruth erhalten. Sie hat mit Doktor Yeck [?] gesprochen. Er will, dass ich in Heidelberg bleibe und mich von ihm betreuen lasse. Ich habe Briefe von Herrn Şemsi und von Elkan bekommen. Ich fand ein neues Zimmer. Es ist eine nette Familie. Ich ging in die Philosophische Fakultät der Universität, um mich einzuschreiben.[23] Sie verlangten, dass die Übersetzung des Zeugnisses in Deutschland beglaubigt wird. Am Nachmittag kam Herr von Braunbehrens. Ich habe auch mit ihm darüber gesprochen. Der türkisch-deutsche Konsul in Mannheim hat uns beiden eine Karte geschrieben; es ist offenbar notwendig, zu ihm zu gehen.

Immatrikulationseintrag Şaziye Hairi als Chasie Hairi (Quelle: Universitätsarchiv Heidelberg, Matrikelregister Wintersemester 1918/19, jeweils der mittlere Eintrag)

22. Oktober 1918, S. 110: Ich fuhr nach Mannheim und habe den Generalkonsul, Herrn Reiser, besucht. Die Übersetzung wurde beglaubigt.

23. Oktober 1918, S. 110–111: Ich schrieb einen Brief an das Kultusministerium in Karlsruhe und habe darum gebeten, dass es [das Zeugnis – E.H.] der Universität zugeschickt wird.

24. Oktober 1918, S. 111: Ich habe Briefe von Herrn Lem'î und der Vereinigung erhalten. An der Universität habe ich Professor Jaspers gehört; er sprach über das Recht.

25. Oktober 1918, S. 111: Ich ging zur Universität. Professor Jaspers kam nicht. Ich habe mir die Haare gewaschen. Ich habe einen Brief von Frau Şükûfe Nihal aus Istanbul bekommen, worüber ich mich sehr freute.

28. Oktober 1918, S. 111–112: Ich ging zur Universität und hörte Rickert[24] zu. Er sprach über die philosophische Methode. Ich beschloss, weiterhin in Heidelberg zu studieren und meine Ferien in Großstädten zu verbringen.

31. Oktober 1918, S. 112: Als ich bei Frau Doktor nach dem Frühstück die Bilder in über Juden verfassten Büchern anschaute, kam Herr von Braunbehrens vorbei. Wir sprachen über die Frage meines Studiums. Im Gegensatz zur jetzigen dramatischen Situation sagte er: „Die Türken sind unsere Cousins." Er schlug vor, zusammen zum Schloss oder zu einem Konzert zu gehen. An der Universität hörte ich Professor Jaspers. Ich vergaß meine Handtasche an der Universität, da ich mich beeilen musste, um zum Tanzunterricht zu kommen.

4. November 1918, S. 113: Ich ging zur Universität und hörte Professor Rickert. In der Nacht habe ich mit dem Philosophielexikon gelernt.

6. November 1918, S. 114: Ich ging zur Universität, ich schrieb hunderte von Wörter auf. Ich muss sie im Wörterbuch nachschlagen und lernen. Nun verstehe ich Deutsch besser und spreche mit mehr Sicherheit.

7. November 1918, S. 114: Ich ging zur Universität, der Professor[25] spricht über Pestalozzi.

8. November 1918, S. 114: Ich wurde an der Universität eingeschrieben und bin eine Studentin geworden. Ich lernte Deutsch.

13. November 1918, S. 115: Wir gingen zuerst zur Universität, dann in die Konditorei. Ruth erklärte mir lange die deutschen Begriffe.

15. November 1918, S. 116: Wir gingen zur Universität. Dann wollten wir einen türkischen Studenten namens Ben Nathan[26] besuchen; konnten ihn aber nicht finden. Ausgehend von den Büchern in seinem Zimmer dachten wir, dass er ein Jude ist. [...] Als ich nach Hause kam, sagte das Dienstmädchen, dass jemand mich gesucht habe und seine Adresse hinterlassen habe. Wir gingen zu ihm, es war Herr Ben Nathan.

18. November 1918, S. 116–117: Ich wurde damit beauftragt, mich um die Studenten zu kümmern, die Soldaten gewesen waren und aus dem Krieg zurückkehren. Ich ging zu Professor Niebergall. Er gab mir Bücher und wir sprachen über mein Studium. [...] Heute habe ich Victor[?] Rickert besser verstanden. [...] Von der Vereinigung kam das Geld.

21. November 1918, S. 117: Professor Niebergall[27] spricht jetzt über Herbut.[28] [...] Fräulein Hatiş kam vorbei, wir gingen zur Universität und hörten Professor Rickert zu. Wir lernten Deutsch.

5. Dezember 1918, S. 121: Der Professor für Pädagogik spricht über die Geschichte des Christentums, dessen Bezug zur Erziehung und dessen Trennung von der Regierung. Die Universität wurde sehr voll, da alle jungen Soldaten, die aus dem Krieg zurückkamen, wieder mit dem Studium anfingen. [...] Ich hörte Rickert an der Universität.

12. Dezember 1918, S. 123: Ich habe heute Jaspers ziemlich gut verstanden. Er erzählte von metaphysischen Vorstellungen vom Universum und hat die Ideen einiger

Philosophen dargestellt. Mein Gehirn hat mir schrecklich wehgetan. Als ich nach Hause kam, brachten sie mich wegen einer Sache zum Lachen und sagten: Wenn Sie so herzlich lachen, schlafen Sie in der Nacht gut. Tatsächlich bin ich am nächsten Morgen verspätet zur Universität gekommen. Die Studenten lachten und schlurften mit den Füßen. (Anmerkung: In Deutschland, seien es Studenten, sei es das Volk, schlurfen Menschen mit den Füßen, wenn ihnen etwas nicht gefällt. Ich hatte mich zum Unterricht verspätet. Şaziye. 23.3.1985)

18. Dezember 1918, S. 127: Um sechs Uhr kam Jaspers. Er sprach über Wertschätzung und erklärte seine Meinung zu den Ideen griechischer Philosophen über die Wertschätzung.

Theaterstraße 18. Hier hatte Şaziye Hayri vermutlich im Spätjahr 1918 ein Zimmer gemietet. (Foto: Emin Kağan Heybet)

Emin Kağan Heybet

19. Dezember 1918, S. 127: Rickert spricht über Gefühl und die formelle Existenz des Gefühls, Jaspers über die Vorstellung vom Universum.

27. Dezember 1918, S. 131: Ich habe genäht. Da die Stille mich verrückt machte, da ich nicht verstanden werde, da es schon spät ist, beschloss ich, auf jeden Fall und möglichst schnell Deutsch vollständig zu erlernen. Deswegen beschloss ich, der Universität vorerst nicht viel Bedeutung beizumessen und mich intensiv mit dem Deutschen zu beschäftigen.

3. Januar 1918, S. 134–135: Auf dem Frühstückstisch fand ich einen Brief von der Vereinigung. In ihm stand, dass sie einen Brief aus Istanbul erhalten hatten und die Förderung aus Istanbul abgebrochen wurde, seitdem ich von Medizin zu Malerei gewechselt habe. Sie fragt, wieviel Geld ich unmittelbar und durch welche Bank bekommen hatte. Ich schrieb einen Brief, der dieses Missverständnis klärt. Ich wollte zu Herrn von Braunbehrens gehen, Tilli kam vorbei. Sie sagte, dass Muammer auch kommen wird, deshalb musste ich warten.

23. Januar 1918, S. 140: Ich ging zu Viktor[?] Niebergall,[29] er war sehr nett. Er hatte für mich Bücher über Pädagogik vorbereitet. Ich schrieb sie auf. Er musste zwar gehen, aber er sagte, dass ich in seinem Büro weiterbleiben durfte.

## Der Erste Weltkrieg, die Situation in Heidelberg in der Endphase und nach dem Krieg

3. März 1918, S. 26: Ich bin unglaublich betrübt, wenn ich darüber nachdenke, wie viel kleiner mein Heimatland in kürzester Zeit geworden ist, und wie ungebildet und unzivilisiert die Nation ist. Ich lag im Bett und war in der Nacht stundenlang traurig, so dass ich nicht schlafen konnte. Ich weinte sogar.

7. März 1918, S. 28: Wir gingen mit Frau Doktor[30] zur Post. Sie teilten uns mit, dass die Pakete ins Ausland momentan zurückgestellt werden, da die Situation in Rumänien aufgrund des noch jungen Friedenszustandes sehr kompliziert sei. Ich wurde traurig, und sie haben 50 kuruş, den Frachtpreis zurückerstattet. Das Paket werde ich dann morgen nach Hause holen.

11. März 1918, S. 30: Ich habe eben eine Liste und ein Telegramm erhalten, sie rufen mich sofort nach Berlin. Ich habe beschlossen, gleich morgen zu fahren. Ich bereite mich vor. Das Reisekleid schickte ich in die Bügelstube. Inzwischen kam Herr von Braunbehrens vorbei. Er sagte, dass es mittlerweile gefährlich sei, nach Berlin zu fahren. Deswegen sei es unmöglich für ein junges Mädchen, allein zu reisen. Er hielt mich deshalb von der Abreise ab. Ich tobte ein bisschen, dann gab ich ihm Recht.

20. April 1918, S. 39: Dann ging ich zum Schloss. Ich zeichnete einen Stern und einen Halbmond[31] auf den Boden vor der Scheffelstatue.

3. Mai 1918, S. 44: Ein Flugzeug flog vorbei, als ich dabei war, Deutsch zu lernen. Kinder fingen an zu schreien, Erwachsene zum Fenster zu laufen. Ich habe auch geguckt, Bayer war auch an seinem Fenster.

9. Mai 1918, S. 48: Ich habe mit Herrn Hörd über die Türkei und ihre Zukunft gesprochen. Ich habe ihm von der Besetzung von Haydarpaşa[32] erzählt.

10. Mai 1918, S. 49: Heute gibt es zu Hause eine Totenwache. Der junge Sohn des armen Herrn Grilet war in der Schlacht gefallen.

16. Mai 1918, S. 52: Herr Hörd kam ein bisschen spät, wir machten Unterricht. Danach sprachen wir über die Türkei. Er sagte, dass Deutschland früher ein kleines Reich gewesen sei. (Sehr wichtig. 22.3.1985. Anmerkung) Darin sind Idealisten wie Sie großgeworden und Deutschland erreichte letztlich dadurch diesen mächtigen Stand, sagte er. Wir setzten den Unterricht fort und er ging.

20. Mai 1918, S. 55: Wir kamen nach 11 Uhr in Heidelberg an. Wir hatten Spaß mit den dicken Frauen in der Straßenbahn. Als wir in der Theaterstraße waren, ertönten die Warnsirenen. Daraufhin ging ich nach Hause.

21. Mai 1918, S. 55: Ich habe dem Postbeamten die türkischen Früchte gegeben, um die er gebeten hatte. Er hat mir die erfreuliche Nachricht mitgeteilt, dass es nun möglich sei, wertvolle Pakete in die Türkei zu schicken.

22. Mai 1918, S. 57: Wir kamen um 10 Uhr nach Hause. Ich lernte Deutsch und ging um 11 Uhr ins Bett. Es ertönten grauenhafte Warnsirenen. Feindliche Flugzeuge flogen vorbei. Wir saßen im Untergeschoss bis 2 Uhr. Dann ging ich ins Bett.

18. Juni 1918, S. 67: Am Nachmittag ging ich wieder auf die Straße. In der Nähe des Bahnhofs habe ich Bilder in einer Zeitung gesehen, dass der König und die Königin Österreichs[33] Istanbul besuchten und Sultan Reşad sie empfangen hat. Ich habe die Zeitung gekauft.

2. Juli 1918, S. 72: Mein Geigenlehrer konnte nicht zum Unterricht kommen, da ein Flugzeug über Mannheim kreiste.

6. August 1918, S. 86: Während ich beim Essen war, kam Muammer vorbei. Wir nahmen den Zug, fanden aber keinen Sitzplatz. Der Kontrolleur kam, ich hatte meinen Pass nicht dabei. Der Kontrolleur hatte ein paar Jahre auf Goeben[34] in Çanakkale gearbeitet, er hat uns sehr gut behandelt. Im zweiten Zug kam ein übler Kontrolleur. Er sagte, dass wir in Stuttgart aussteigen, zur Polizeiwache gehen und uns melden müssen. Das machten wir auch. Die Männer dort bereiteten uns auch einige Schwierigkeiten. Wir haben sofort nach Heidelberg telegrafiert und baten darum, meinen Reisepass nachzuschicken. Wir gingen zum Hotel Marquardt und saßen stundenlang zusammen. Muammer sagte, dass er mich sehr liebe und sich nicht eben vorzustellen wagen könne, dass er meine Zuneigung gewinnen würde. Wir gingen sehr spät zu Bett.

10. August 1918, S. 88: Ich habe Goethes Werther gelesen. Ein Bataillon mit Musikkapelle und mit Rosen auf der Brust marschierte vorbei. Wie alle anderen habe ich zugeschaut und ihnen zugehört.

15. August 1918, S. 91: Ich kam nach Hause. Ein gewaltiger Luftkampf dröhnt uns in den Ohren. Ich ging ins Obergeschoss hinauf, die Geschosse der Bordkanonen der Flugzeuge fliegen auf Mannheim zu.

21. August 1918, S. 93: Warnsirenen, der Lärm der Flugzeug- und Abwehrkanonen waren zuende, dennoch haben wir die Lampen nicht angezündet. Und ich schreibe mein Tagebuch unter dem Mondlicht, was ich lieber mag als künstliches Licht. Da ertönt die Warnsirene wieder. [...] Muammer pflückte mir einen schönen Apfel. Als wir fröhlich und glücklich durch die mit Perlmutt geschmückten Straßen liefen, wurden ge-

Emin Kağan Heybet

waltige Flugzeugabwehrkanonen abgeschossen. Trotzdem haben wir über uns selbst gesprochen.

15. September 1918, S. 102: Nach dem Essen kam Muammer, wir eilten sofort zum Zug. Der Zug hat sich wegen eines Flugzeugs verspätet. [...] Wir gingen in ein Hotel. Am Tisch zu meiner linken Seite saß ein Schauspieler, der mich aus der Ferne beobachtete. Ich habe Muammer nur gereizt geantwortet, als mit einer Kanone geschossen wurde und Warnsirenen und Alarmglocken zu dröhnen begannen. Alle rannten in den Keller, wir auch. [...] Nach einer Viertelstunde war die Gefahr vorbei und wir gingen wieder hoch.

25. September 1918, S. 105: Flugzeuge flogen vorbei.

4. Oktober 1918, S. 106: Die Engländer haben den Sohn des bulgarischen Königs auf den Thron gesetzt.[35] Der Korridor Türkei-Deutschland ist blockiert.

9. Oktober 1918, S. 108: Auf dem Rückweg hat Muammer mich bis zu meinem Hotel begleitet. Wir trafen uns nochmal vor der Tür. Er war ganz aufgeregt. Das Kabinett Talat Pascha[36] ist gestürzt. Die Türken brauchen und sind dazu gezwungen, einen separaten Frieden zu schließen. Die Verhandlungen wurden verlängert, wir sind traurig.

12. Oktober 1918, S. 108: Heute Abend warten wir auf die Nachricht vom Friedensschluss.

13. Oktober 1918, S. 108–109: Die deutschen Abgeordneten haben Wilson beantwortet. Ein Waffenstillstand ist erforderlich.

14. Oktober 1918, S. 109: Ich versuchte, meinen Pass zu ändern. Es war dazu nötig, ihn nach Mannheim zu schicken.

17. Oktober 1918, S. 109–110: Eine Nachricht am 19. Juni. Sie teilten mit, dass mein lieber Freund Bayer an diesem Tag an der spanischen Krankheit gestorben ist. Ich bedauerte den Verlust eines zwanzigjährigen, schönen, intelligenten, belesenen, eleganten Kindes sehr.

21. Oktober 1918, S. 110: Heute Nacht flog ein Flugzeug über uns hinweg. Die Deutschen haben heute Abend ganz gute Friedensbedingungen vorgeschlagen. Es wird auf Wilsons endgültige Antwort gewartet. Bei uns wurde das Kabinett umgebildet. Es ist möglich, dass die Türken Deutschland verlassen und die Studierenden repatriiert werden.

29. Oktober 1918, S. 112: Flugzeuge flogen vorbei. Wir alle verließen das Hotel.

30. Oktober 1918, S. 112: Das Flugzeug hat zehn Bomben abgeworfen, viele Orte sind zerstört. Wir haben die zerstörten Orte besichtigt.[37]

1. November 1918, S. 112: Die Türkei hat gestern den Waffenstillstand[38] unterzeichnet.

4. November 1918, S. 113: Ich habe einen Schnupfen, ich bin spät aufgestanden. Ich habe einen Brief von der Vereinigung erhalten, in dem steht, dass sie unsere Studierenden hier genau wie bisher fördern werden, obwohl die Türkei sich von den Deutschen trennen musste und kein Geld aus der Türkei kommt, da die Wege geschlossen sind. Deshalb schlagen sie vor, dass wir nach Istanbul an unsere Familien schreiben und darum bitten, dass sie der Vereinigung Geld für uns überweisen. Sie verpflichten sich, diese Briefe mittels des Konsulats in die Türkei zu schicken. So schrieb ich je

einen Brief an Herrn Ekrem,[39] meine Familie und Herrn Nazım und schickte sie an die Vereinigung.

6. November 1918, S. 114: Ich habe einen Brief von Ruth erhalten. Sie schreibt, dass sie mein Heimatland so sehr liebt, als ob sie selbst dort geboren wäre. Es sei nicht richtig, die Deutschen verantwortlich für diese Katastrophe zu machen, da die Deutschen auch besonders erschöpft und krank sind.

9. November 1918, S. 114–115: Muammer kam. Als wir auf dem Weg zum Bahnhof waren, sahen wir viele Leute und eine Militärkapelle, die sich in der Anlage versammelt hatten. Wir vermuteten, dass ein Aufstand in Heidelberg ausgebrochen war. Ich ging zu Herrn von Braunbehrens, wir haben gefrühstückt. Er hat einen Orden von der Deutsch-Türkischen Vereinigung bekommen. Er zeigte mir diesen und viele andere seiner Orden. Dann sagte er: „Ich werde mich von diesen jetzt trennen." und er schloss sie in eine kleine Schublade ein. Deutschland ist einerseits besiegt von Amerika, Engländern und Franzosen, wartet auf den Frieden. Andererseits gibt es überall Aufstände. Das einfache Volk fordert die Absetzung des siegreichen [sic!] Kaisers, die Abschaffung der Rechte der Aristokratie. Einer der großen Aufstände findet in Ludwigshafen statt, da es eine Fabrikstadt ist. Mein Lehrer wohnt auch dort, er kam heute nicht zum Unterricht. [...] Heute wurde der deutsche Kaiser abgesetzt.

10. November 1918, S. 115: Die Franzosen haben die Bedingungen für einen Waffenstillstand geschickt, sie sind sehr hart.

12. November 1918, S. 115: Wir gingen zur Universität. Wir gingen spazieren und hatten Spaß. Sie erzählte mir vom Aufstand in Berlin.

16. November 1918, S. 116: Der Krieg ist zu Ende. Heute Abend ist die Stadt wieder in Licht getaucht.

20. November 1918, S. 117: Ich habe einen Brief von Safiye bekommen. Die Regierung hat alle türkischen Studierenden in Deutschland zurückbeordert. Ich schrieb eine Antwort.

25. November 1918, S. 119: Ich ging zur Universität. Ich übte Geige. Nachts nahm ich an einer Konferenz teil über das Recht, das die Frauen erhalten haben, um insbesondere den neuen Reichspräsidenten Deutschlands zu wählen.[40] Mehr als 20 Millionen Frauen, Männer weniger. Eine bemerkenswerte Menge, besonders bei einer Wahl. Es wurde empfohlen, dass deutsche Frauen sich stark mit Politik beschäftigen und viel Zeitung lesen. Die Konferenz endete um 10 Uhr, die Straße war voll mit Menschen, da die besiegten deutschen Soldaten heimkehren. Wir gingen bis vor die Kaserne. Feiern und Lichter füllen die Stadt.

5. Dezember 1918, S. 121: Ich wartete auf meinen Geigenlehrer, Muammer kam auch. Mein Geigenlehrer kam nicht, weil Ludwigshafen von den Franzosen besetzt wurde. Ich übte Geige.

8. Dezember 1918, S. 121–122: Die Straßenbahn fuhr weiter nach Ludwigshafen, obwohl es von den Franzosen besetzt ist. Im Bahnhof redete ich mit Muammer sehr viel über die Türkei. Wir haben einen guten Sitzplatz gefunden.

13. Dezember 1918, S. 123: Mein Geigenlehrer kam. Franzosen und Marokkaner sind in Ludwigshafen angekommen. Er erzählte, was für furchtbare Männer diese Afrikaner sind. Wir lachten sehr viel.

Emin Kağan Heybet

24. Dezember 1918, S. 129: Mein Geigenlehrer kam und berichtete wiederum mit Hass von den französischen Besatzern Ludwigshafens und den Beziehungen der deutschen Frauen zu ihnen. Er hat mich für den Jahresanfang bei sich zu Hause eingeladen.

3. Januar 1919, S. 135: Dann gingen wir drei [Şaziye, Muammer und Tilli – E.H.] zu einer Versammlung über die Wahl. Der Saal war ganz voll. Zuerst sprach eine alte Dame. Ein junger Mann in meiner Nähe hat sich lustig über sie gemacht und sagte, dass er sie heiraten wollte. Dann sprach der Justizminister. Darauf antwortete Professor Weber.[41] Es gab viele Kritiker und Befürworter sowie Klatschen und Gegenworte. Wir standen schon länger als zwei Stunden, wir mussten zurückkehren, als eine andere alte Person. Ich habe um 10 Uhr mit großem Appetit gegessen. Fräulein Bot[42] kam, wir unterhalten uns auch mit ihr über die Konferenz.

5. Januar 1919, S. 135–136: Ich war am Frühstücken, als Fräulein Alberti kam, um mich zu sehen. Sie war gerade von der Wahl[43] zurückgekommen. […] Am Tisch sprachen wir wieder über die Parteien. Fräulein Krizin sagte, dass hoffentlich das Zentrum der Katholiken gewinnt und lachte in einer abwertenden Art. Diese zwei Religionen sind verfeindet.[44] […] Wir gingen um halb elf Uhr auf die Straße. Wir wollten die Situation nach der Wahl in der Stadt beobachten, heute Nacht gibt es eine offizielle Ausgangsgenehmigung bis zwölf Uhr. Die Wahl hat die Demokratische Partei gewonnen.

11. Januar 1919, S. 137: 400 Mark kamen von meinem Vater aus Istanbul. Das ist die erste gute Nachricht aus der Türkei seit vier Monaten, die Antwort auf mein Telegramm, das ich geschickt habe.

19. Januar 1919, S. 140: In diesem Winter findet die Präsidentschaftswahl in Deutschland statt.[45]

Ankündigung der „Wählerversammlung" der SPD am 3. Januar 1919 in der Klingenteichhalle (Quelle: Heidelberger Tageblatt, 3. Januar 1919, Nr. 2, 37. Jg., S. 8)

## Hinweise auf Alltagsleben

15. März 1918, S. 32–33: Am Tisch fragte Frau Blancer: „Würden Sie einen Deutschen heiraten?" Ich antwortete, dass ich keinen Deutschen heiraten würde. Frau Doktor sagte, dass Fräulein Neşe gesagt habe, dass sie keinesfalls einen Türken heiraten, sondern nur einen Deutschen heiraten werde. Ich sagte: „Tatsächlich?" Dann zog ich mich in mein Zimmer zurück.

Bericht über Wählerversammlung am 3. Januar
1919. Webers Beitrag war eine energische und
ablehnende Replik auf das Plädoyer des sozialdemokratischen Justizministers der vorläufigen Badischen Landesregierung, Ludwig Marum (1882–
1934 (ermordet)) für den Sozialismus und die
Sozialisierung. Auf der Versammlung widmeten
sich zwei Rednerinnen, Frau Wolff-Jaffee (Jaffé)
und Frau Lissauer, der Bedeutung des neueinge-
führten Frauenstimmrechts. (Quelle: Stadtarchiv
Heidelberg, Heidelberger Zeitung, 4. Januar 1919,
Nr. 1, 31. Jg., S. 3)

3. Mai 1918, S. 44: Als ich ausgehen wollte, kam der Briefträger und
brachte 800 Mark aus Berlin. Ich gab
ihm 10 Kuruş als Trinkgeld. Ich ging
zu Löwenthal[46] und kaufte zwei gestrickte Seidenjacken, für beide be-
zahlte ich 280 Mark. Ich ging nach
Hause und aß zu Mittag. Ich übte eine
Stunde Geige. Ich habe mir ein Paar
Handschuhe für 6 Mark, einen Hut für
17 Mark, eine Schokolade für 4 Mark,
eine silberblaue Nadel für 3 Mark,
einen Hut für Namiye für 16 Mark,
eine gestrickte Seidenjacke für Herrn
Rasim für 140 Mark, ein Paar Socken
für 12 Mark, einundeinhalb Duzende
Servietten für 28 Mark, zwei Paare Socken für 9 Mark gekauft.

21. Mai 1918, S. 55–56: Um sieben Uhr ging ich am Neckarstrand
spazieren. Es war sehr voll. Viele einfache Menschen waren da. Ich wollte rudern. Ich ging zu Fräulein Ruth,
um sie abzuholen. Ich klopfte dreimal. Sie war nicht zu Hause. Ich ging
zum rechten Neckarufer. Ich betrachtete von der Brücke aus die Kinder
im Fluss. Ein Junge hatte sich aus-
gezogen. Er ruderte. Er hatte einen
wundervollen Körper. Die Sonne war
untergegangen, aber es war hell. Ich
ging zur zweiten Uferböschung runter.

Beide Seiten waren mit Gras bedeckt und in der Mitte flogen blaue Seideninsekten
umher. Ich habe ihre Schönheit nicht beobachten können, weil ich Angst hatte. Ein
junger Mann lag auf der Kante eines Steins am Strand und las ein Buch. Sonst war
niemand da. Die Zeit war vergangen, ich bin schnell gelaufen. Ich kam an eine Stelle, wo Mädchen Blumen pflückten. Ich überquerte den Fluss mit einem großen Boot.
Ein Mädchen bespritzte mich mit dem Wasser der Blumen, die sie im Fluss wusch. Auf
dem Heimweg habe ich meine Uhr fallen lassen. Sie ist nicht gebrochen, aber sie tickte
lautlos. [...] Ich ging wieder an den Neckarstrand. Ich fiel sofort hin. Das Wasser war
dunkel geworden. Es waren viele Boote auf dem Neckar. Ich gab auf zu rudern. Ich
saß auf einem Felsen am Universitätsplatz.

25. Mai 1918, S. 58: Wieder hatte ich schreckliche Träume. In einem davon war
mein Großvater tot und ich weinte deswegen zusammen mit meiner Mutter.

Emin Kağan Heybet

19. Juni 1918, S. 68:[47] Es ist der erste Abend, an dem ich verrückt geworden bin. Der Abend, an dem ich zum ersten Mal fühlte, was Liebe ist. Er[48] kam, um mich zu besuchen. Da verstand ich, dass ich ihn liebe. Der Traum, den ich vor zwei Monaten hatte ... Oh Gott, was für eine ewige und tiefe Liebe war es. Es fühlte sich so an, als ob er mein ganzes Blut aus meinen Lippen saugte. Mir ist immer noch schwindlig ... Ich liebe ihn sehr; ich liebe ihn. Er wurde als Soldat einberufen. Er wird nach seiner Prüfung in den Krieg ziehen. Was für eine unerträgliche Sache ...

12. Juli 1918, S. 75: Ich zog mich elegant an. Ein hübscher und eleganter Offizier begrüßte mich, als ich an seinem Haus vorbeilief. Ich antwortete unwillkürlich. Es war der liebe Bayer. Er wurde Soldat. Nach einer Sekunde Zögern hielten wir an und er kam zu mir. Ich streckte meine Hand aus. Wir schüttelten uns die Hände und unsere Blicke verfingen sich ineinander. Ich fragte: „Sie sind ein Soldat geworden, oder ein Offizier, wurden Sie bestraft?" Er sagte: „Nein, ich habe es eilig. Ich werde Sie noch besuchen." Wir trennten uns. Nach fünf oder zehn Schritten drehte ich mich um, er hatte sich ebenfalls umgedreht und schaute mich an. Seine dunkelblaue Kleidung, sein glänzendes Schwert sahen sehr gut aus auf seinem langen, feinen Körper.

20.–21. Juli 1918, S. 78–79: Ich stand um 6 Uhr auf und machte mich fertig. Das Wetter ist sehr schön. Ruth von Schölns kam. Wir konnten den Zug nehmen. Ein unangenehmer Mann tadelte Ruth. Wir stiegen in den 7:06 Uhr-Zug. Wir stiegen in Mannheim um und frühstückten im Zug. Gegen Mittag sind wir in Mainz angekommen. Eine Brücke in Mannheim war von einem Flugzeug zerstört worden. Wir besichtigten den Dom in Mainz, das ist eine wunderschöne Kirche. Dann gingen wir in das berühmte Museum. Die Stadt ist alt und ziemlich groß. Wir aßen zu Mittag, ein Deutscher mit einem türkischen Orden auf der Brust saß auch beim Essen am Tisch gegenüber. Wir gingen in ein Meerwasserbad. Die Kinder waren sehr frech, sie haben uns mit Wasser angespritzt. Um drei Uhr kamen wir an einen Dampfer, ein eleganter, kleiner Dampfer namens Schiller. Unsere Rheinfahrt hatte begonnen. Das Wetter war ziemlich heiß. An manchen Orten entlang des Flusses gab es dunkelgrüne Schatten von Bäumen, die von kleinen Inseln ins Wasser reichten. Die linke Seite scheint menschenleer, schöne Pavillons aber auf der rechten Seite. Wir saßen auf dem Deck des Dampfers, aßen viel Kuchen und Obst. Mein Ei war weich gekocht, ich hatte die Hände beschmutzt mit Ei. Ich warf es ins Meer und lachte sehr viel. Um sieben Uhr kamen wir in Rüdesheim an. Dort tranken wir den berühmten Rheinwein und aßen Eis. Wir nahmen den Zug und kamen um halb zehn Uhr in Hamburg an. Es begann, leicht zu regnen. Wir suchten ein Hotel und fanden auch eins. Es war elegant, aber der Inhaber war ein Armenier. Dann gingen wir in ein anderes Hotel, wo Männer und Frauen in einer tiefen, höhlenartigen Halle Karten usw. spielten. Dort fanden wir aber kein freies Zimmer. Schließlich gingen wir ins Hotel Metropol. Ein elegantes und vornehmes Hotel. Dort fanden wir ein Zimmer. Sie brachten uns Eier und Butter, was uns sehr gefiel. Im Traum habe ich Herrn Ekrem gesehen, der meine Arme küsste. Am Morgen standen wir früh auf, es regnete. Wir haben die erste Straßenbahn nicht erwischt, also nahmen wir die zweite. Wir saßen in der zweiten Etage des Zuges unter einem Regenschirm. Das Ei in Ruths Tasche war zerbrochen. Das Geld in der Tasche, das Taschentuch, alles war gelb. Ich brach in Gelächter aus. Die Landschaften, an denen wir vorbeifuhren, waren sehr schön.

Ein Junge pflückte rote Beeren. Einen ganzen Teller voll. Wir kamen in Saalburg[49] an und begannen, auf den römischen Ruinen spazieren zu gehen. Die Römer hatten sehr viele Brunnen gebaut. Eine lange, von Bäumen gesäumte alte römische Straße führte uns bis vor ein Gebäude. Wir besichtigten es eine oder zwei Stunden lang, dann frühstückten wir. Wiederum besichtigten wir das Museum usw. Wir aßen. Wir machten ein Foto von uns in römischer Kleidung und vor einem römischen Tempel, wobei wir Olivenzweige auf unsere Köpfe aufsetzten. Alle Leute haben uns beobachtet. Ich schlief eine Stunde, dann pflückte ich Brombeeren in einem Wald, bis Ruth mich suchte. Wir nahmen die Straßenbahn um fünf Uhr. Wir kamen über Homburg in Frankfurt an. Wir besichtigten dort die berühmte katholische Kirche, die im gotischen Baustil gebaut wurde.[50] Die Bevölkerung ist sehr fromm. Wir besuchten auch den Saal, in dem bis zur Zeit Goethes die deutschen Könige gekrönt wurden und wir traten auch hinaus auf den Römerplatz. Wir besichtigten den alten Teil Frankfurts. Seltsame und außergewöhnlich enge Gassen. Die Dächer liegen eine Handspanne voneinander entfernt. Wir besichtigten das Haus von Goethe, es ähnelt den Häusern in Istanbul. Das Fenster im Erdgeschoss ist vergittert. Auf dem Weg zum Bahnhof näherte ich mich einigen Männern, ich wusste, dass sie Ausländer waren. Es war sehr komisch, sie waren alle Türken. Ein oder zwei Stunden lang saßen wir in einem Café. Wir aßen im Restaurant Zum Schwarzen Stern.[51] [...] Unser Zug fuhr um zwölf Uhr ab. Zwei Offiziere boten uns ihre Plätze an, wir fuhren sehr angenehm. Es war drei Uhr, als wir ganz bequem mit Blick auf den Mond in der Plöckstraße in Heidelberg ankamen.

9. August 1918, S. 87: Wir [Muammer und Şaziye] sind in Heilbronn umgestiegen und zur Polizeiwache gegangen. Wir fragten nach der Anschrift von Rıfkı Safiye (Sie muss die Frau von Herrn Muhlis gewesen sein. Sieh an!). Wir gingen dorthin, aber sie war bereits nach Istanbul abgereist. Daraufhin besuchten wir die Familie von Rami Pascha. Eine junge Frau hat uns empfangen. Ich denke, dass sie Halise Rami hieß. Wir setzten uns. Ihre Mutter ist eine Deutsche. Sie luden uns zum Tee ein. Wir sagten, dass wir keine Zeit hätten. Wir gingen in ein Restaurant und aßen dort. Wir nahmen den Zug um vier nach sechs Uhr. Wir reisten ab, um nach Heidelberg zurückzukehren. Die Route war sehr schön. Wir sind teils auf der rechten, teils auf der linken Neckarseite und vorbei an schönen, grünen Bergen und Wäldern geflogen. Es wurde dunkel, wir waren alleine im Zug. Wir kamen um zehn Uhr in Heidelberg an, wir haben die letzte Straßenbahn erwischt.

3. Oktober 1918, S. 113: Ich unterhielt mich weiter mit Herrn Kemal Fuad. Ich habe einen schrecklichen Schnupfen. Ich überlegte, ob sich das zur spanischen Krankheit entwickeln könnte und ich vielleicht sterbe. Aber ich würde lieber sterben als das Vaterland so besiegt und miserabel zu sehen, und ich wäre frei von dieser Krankheit. Trotzdem bin ich nun mit der Idee beschäftigt, am Heranwachsen einer neuen Türkei mitzuwirken. Ich freue mich sogar darauf.

27. November 1918, S. 120: Fräulein Krizin lud mich in ihr Zimmer ein. Sie sagte, dass mein Deutsch sich sehr entwickelt hat. Heute Abend bin ich sehr glücklich.

9. Dezember 1918, S. 122: Ich konnte stundenlang nicht schlafen. Ich träumte von einem Haus, das an einem schönen Ort in Şişli in Istanbul stand. Ich sah zwei junge Menschen, einen Ehemann und eine Ehefrau. Er ist ein schöner und ernster Deutsche

Emin Kağan Heybet

und sie eine süße und verrückte Türkin. Sie studieren hier und ziehen dorthin zurück. Sie haben ein Mädchen und zwei Jungen. So ein Glück in diesem schönen Haus, stellte ich mir vor. Vielleicht mache ich das in der Zukunft auch und schreibe darüber.

10. Dezember 1918, S. 122: Fräulein Tilli kam. Ich unterrichtete sie in Türkisch, sie brachte mir Deutsch bei. Mit der süßen Tilli spricht man gut Deutsch und ich lerne richtig gut. Paul hat Interesse an mir und schenkt mir seine schönen Blicke. Oooh, ich bin frei von Sorgen, sogar glücklich, ja glücklich.

12. Dezember 1918, S. 122: Heute kam eine Karte aus Liberia, also Westafrika. Sie dachten, sie sei auf Türkisch, und gaben sie mir. Wir konnten nicht verstehen, in welcher Sprache sie geschrieben war.

21. Dezember 1918, S. 128: Mit viel Ruhe und Glückseligkeit habe ich „Der Mann mit der eisernen Maske" fertiggelesen.[52] Ich hatte eine Idee zu einem neuen Romanprojekt. Oder zu einem Lebensplan. Auf einem großen Bauernhof mit meinem Geliebten zu jagen und zu reiten, Romane zu lesen und Bücher für mein Vaterland zu schreiben. Sowohl selbst glücklich zu sein als auch für die Freude des Vaterlandes zu arbeiten.

25. Dezember 1918, S. 130: Als ich aufwachte, sah ich, dass das Dach der mir gegenüberliegenden englischen Kirche[53] ganz weiß war. Der erste Schnee! Er freute mich sehr. Heute sind alle Läden geschlossen, weil es Weihnachten ist. Auf dem Frühstückstisch fand ich ein Paket von Anna Liese, sie hat ein Geschenk geschickt. Fräulein Krizin bat mich, in ihr Zimmer zu kommen. Es gibt eine Menge an Beschwerden und Gerüchten. Fräulein Leni kam zu Besuch. Ich habe ihr von dem Gerücht erzählt, dass ich mir zu tief ausgeschnittene Kleidung anziehe. Das liebe Mädchen bringt mir großes Wohlwollen entgegen. Ich ging zum Tee bei Herrn von Braunbehrens. Sie baten mich in das weihnachtlich eingerichtete Zimmer, das voller Geschenke war. Seine Frau zeigte sie mir alle. Ihr Mann spielte Klavier. Ihre Söhne kamen, dann noch eine adlige Frau. Nach dem Tee begab sich ihr Mann in sein Zimmer, da er krank war. Die Kinder entschuldigten sich. Frau von Braunbehrens mag mich sehr. Sie haben meinen Korb mit Äpfeln gefüllt, den ich [nur] voll mit Grüßen mit-

Şaziye Hayris Portrait von Mustafa Şekip, der zur selben Zeit wie sie in der Schweiz studierte. Zeichnung vom 23. August 19[18] (Quelle: Hakan Sazyek: Bir Osmanlı Kızının Almanya Günlüğü. Şaziye Berin'in Heidelberg Hatıratı, Ankara 2020, S. 94)

gebracht habe.[54] Ich ging sofort an den Esstisch. Erich und Otto setzten sich zu meinen beiden Seiten, einer an die rechte, einer an die linke. Sie scheinen sich sehr für mich zu interessieren. Die Familie hat zusammen Klavier gespielt und gesungen. Ich verabschiedete mich, Otto brachte mich nach Hause. Ich gab ihm auch einen Apfel, er macht mir viele Komplimente. Als ich zurückkam, guckte ich in den Spiegel. Ein schönes und bescheidenes Gesicht betrachtete mich in diesem Moment.

13. Januar 1919, S. 138: Auf dem Rückweg von der Friseuse fand ich Muammer und Tilli in meinem Zimmer. Muammer geht heute für immer von hier weg. Er kam, um sich von mir zu verabschieden. Er hat meine Hand geküsst und sich sofort umgedreht und ist zur Tür gelaufen. Ich vermute, dass er seine Tränen verbergen wollte. Ich wurde auch sehr traurig. Wir hatten einen schönen Frühling und einen schönen Sommer miteinander verbracht.

## Amerkungen

1   Diese waren der Volkswirtschaftsstudent Nathan Ben Nathan aus Odessa, der in der Hirschgasse 12 wohnte und seit 1916 immatrikuliert war, und Avigor Leibowitz aus Katia, der im Oberen Faulen Pelz 8 wohnte und seit 1918 an der Philosophischen Fakultät studierte. Seit SoSe 1919 war auch stud. cam. Ali Nizami aus Konstantinopel immatrikuliert, der in der Rohrbacherstraße 11 wohnte. Im WiSe 1919/20 hatten diese türkischen Studierenden die Universität verlassen.

2   Matrikel der Universität Heidelberg, UAH M15: 1916/17–1920, 93v. und 94r.: https://digi. ub.uni-heidelberg.de/diglit/uah_m15/0188/image,info. (eingesehen 11.6.2023).

3   „1918–1919 Senesine Ait Hâtırât-ı Yevmiyye".

4   Hakan Sazyek: Bir Osmanlı Kızının Almanya Günlüğü. Şaziye Berin'in Heidelberg Hatıratı, Ankara 2020. Der Tagebuchtext belegt eindeutig, dass sie „Şaziye Hayri" hieß, Hayri war der Name ihres Vaters und sie wurde dementsprechend als Frau Hayri angesprochen.

5   Güldane Çolak: Avrupa'da Osmanlı Kızları, İstanbul 2013, S. 107.

6   Personalverzeichnis der Badischen Ruprecht-Karls-Universität in Heidelberg, Sommer-Halbjahr 1919, Heidelberg 1919, S. 113.

7   Das müsste v.a. an der zu der Zeit mit arabischen Buchstaben geschriebenen osmanischen Schrift liegen und auch an dem Herausgeber, der mit deutschen Eigennamen nicht allzu vertraut ist.

8   Çolak: Avrupa (wie Anm. 5), S. 109. Vgl. Anm. 2 und 6 (hier WiSe 1918/19). Seit dem 20. oder 21. Oktober wohnte Şaziye Hayri in der Theaterstraße 18 im Eckhaus zur Plöck. Wo sie davor wohnte, lässt sich nicht ermitteln. Sie spricht von einer „netten Familie", bei der sie untergekommen ist (Eintrag 21.10.1918). Das Einwohnerverzeichnis der Stadt Heidelberg nennt als weitere Bewohner einen Handwerker und die Witwe Dr. Amalie Alberts, bei der es sich möglicherweise um die Frau Dr. handelt, die im Tagebuch häufig erwähnt wird. https://digi.ub.uni-heidelberg.de/diglit/AdressbuchHD1919, S. 146 (eingesehen 26.6.2023).

9   Sazyek: Hatırat (wie Anm. 4), S. 1.

10  Şaziye Berin Kurt: Baybiçe, İstanbul 1933.

11  Çolak: Avrupa (wie Anm.5), S. 109.

12  Die deutschen Namen, deren originale Schreibweise nicht festgestellt werden konnten, wurden in der Form belassen, wie sie Hakan Sazyek transkribiert hat. Vgl. Anm. 4.

13  Es ist nicht auszuschließen, dass sie den Heidelberger Kunstmaler Guido Philipp Schmitt (1834–1922) in der Klingenteichstraße 6 konsultierte. Im Einwohnerverzeichnis von 1917 ist kein anderer bildender Künstler mit dem Namen Schmitt oder Schmidt verzeichnet.

14  Vermutlich Leinwandreste. Diese dürften sie in der Fa. Kunst Alois, Papier- und Kunsthandlung in der Leopoldstr. 3 (heute Ebert-Anlage) gesucht haben.

15 Gemeint ist hier und im Folgenden die 1914 gegründete deutsch-türkische Vereinigung und deren Ortsgruppe in Heidelberg. Vgl. Anm. 20 zu Karl von Braunbehrens.

16 Die mit (...) gekennzeichneten Teile sind von Şaziye Berin Kurt hinzugefügt worden, als sie das Tagebuch 1985 erneut las.

17 Gemeint ist hier wahrscheinlich der Schlangenweg.

18 Der Kunsthistoriker Carl Neumann (1860–1934) lehrte in Heidelberg von 1911–1929. Wir verzichten auf Einzelnachweise zu den Dozenten, die im Text genannt werden und verweisen auf Dagmar Drüll: Heidelberger Gelehrtenlexikon 2, 1803–1932, Wiesbaden, Heidelberg ²2019.

19 Hier irrt Şaziye Hayri. Albrecht Dürer der Jüngere lebte von 1471 bis 1528.

20 Dr. jur. Karl von Braunbehrens (1833–1918) war königlich-preußischer Staatsanwaltschaftsrat a.D., Unterstaatssekretär im preußischen Innenministerium und Vorstandsvorsitzender der Berliner Hypothekenbank. Nach seiner Pensionierung wurde er Vorsitzender der Ortsgruppe Heidelberg der Deutsch-Türkischen Vereinigung. Die Familie Braunbehrens besaß ein Haus auf dem Kohlhof (Nr. 7), in dem sie überwiegend den Sommer verbrachten. In der Stadt wohnten sie zur Miete unter wechselnden Adressen in Villen in Neuenheim (1914 Beethovenstr. 2; 1916 Blumenthalstr. 16 und 1917 Blumenthalstr. 17). 1920 ist unter der Kohlhofadresse nur die Witwe Braunbehrens verzeichnet. https://de.wikipedia.org/wiki/Otto_von_Braunbehrens.

21 Sazyek geht davon aus, dass es sich um den Garten des Malers handelte. Sazyek: Hatırat (wie Anm, 4), S. 99. Vermutlich war es der Zeichenlehrer Karl Hermann in der Handschuhsheimer Landstr. 17. https://digi.ub.uni-heidelberg.de/diglit/AdressbuchHD1919, S. 235 (eingesehen 26.6.2023).

22 Vermutlich ist die Stadt gemeint, in der sie studieren sollte.

23 Die Einschreibung erfolgte nicht an den Fakultäten (Dekanaten), sondern in der akademischen Quästur im Universitätsgebäude am Universitätsplatz.

24 Prof. Heinrich John Rickert war von 1915 bis 1932 in Heidelberg Ordinarius für Philosophie und Vertreter der (südwestdeutschen) Schule des Neukantianismus. Offenbar hat Şaziye Hayri an mehreren seiner Vorlesungen teilgenommen. Die sprachliche und thematische Komplexität von Rickert lässt nicht vermuten, dass sie viel von seinen Darlegungen verstehen konnte.

25 Wahrscheinlich spricht sie von Prof. Friedrich Niebergall (siehe Anm. 28).

26 wie Anm.1.

27 Friedrich Niebergall (1866–1932) war von 1908–1921 Privatdozent an der ev.-theol. Fakultät in Heidelberg und vertrat den Bereich der praktischen Theologie. Ein Schwerpunkt seine Lehrtätigkeit waren die Religionspädagogik und der Religionsunterricht.

28 Vermutlich sprach Privatdozent Niebergall über den Pädagogen, Schulreformer und Begründer der didaktischen Methodenlehre Johann Friedrich Herbart (1776–1841), dessen aufgeklärte und moderne Bildungskonzeption in starkem Gegensatz stand zu dem in den zeitgenössischen Schulen praktizierten, sterilen Formalstufenunterricht (Herbatianismus).

29 Friedrich Niebergall.

30 Vgl. Anm. 8.

31 Der Stern und der Halbmond waren – wie heute – Symbole, die auf der roten türkischen Flagge standen. Şaziye Hayris kleine Aktion im Schlosshof ist im Zusammenhang mit ihren Gedanken zur Zukunft der Türkei zu lesen.

32 Der Bahnhof im Stadtteil Haydarpaşa ist ein wichtiger Ort für den Verkehr mit Anatolien gewesen, der nach dem Waffenstillstand am 13. November 1918 von den Briten besetzt wurde. Şaziye Hayri dürfte hier Bezug auf eine andere, vorherige Auseinandersetzung genommen haben, zu der wir nichts ermitteln konnten.

33 Gemeint ist der österreichische Kaiser Karl I. und seine Frau Zita von Bourbon-Parma. Mehmed V. Reşad (1844–1918) war von April 1909 bis zu seinem Tod im Juli 1918 Sultan des Osmanischen Reiches und Kalif der Muslime. Der erwähnte Besuch dauerte von 19. Mai bis 22. Mai 1918.

34  SMS Goeben, ein Schlachtkreuzer der deutschen Marine, fuhr seit August 1914 unter osmanischer Flagge und mit seinem neuen Namen Yavuz u.a. Einsätze gegen die Schwarzmeerflotte der russischen Marine. Vermutlich war der von S.H. genannte Kontrolleur Mitglied der Goeben-Besatzung.

35  Eine Fehlinformation. Nach dem Waffenstillstand von Thessaloniki vom 29.9.1918 trat der bulgarische Zar Ferdinand I. am 3.10.1918 zugunsten seines Sohnes Boris III. zurück.

36  Talat Pascha, einer der einflussreichsten Vertreter der Jungtürkischen Bewegung, amtierte von Februar 1917 bis Oktober 1918 als Großwesir, bis er am 8.10. zurücktrat. Das neue Kabinett unter Ahmet Izzet Pascha wurde erst am 14.10. gebildet.

37  Der Eintrag enthält keine Lokalisierung des Bombenabwurfs.

38  Der Waffenstillstand von Moudros.

39  Ali Ekrem Bolayır war der Sohn des berühmten Schriftstellers Namık Kemal und ein bedeutender Literat der spätosmanischen Literatur. Er war außerdem Şaziye Hayris Lehrer an der Frauenuniversität in Istanbul gewesen und hatte eine besondere, über Jahre hinweg andauernde Beziehung zu ihr. Seine Briefe an Şaziye Hayri von 1917 bis 1937, wurden 2019 in einer umfangreichen Publikation veröffentlicht: Esra Sazyek: Şaziye Berin'e Mektuplarıyla Ali Ekrem Bolayır, İstanbul 2019.

40  Der Aufruf der Volksbeauftragten zur Einführung des Frauenwahlrechts datiert vom 12.11. und wurde am 14.11. veröffentlicht.

41  Gemeint ist der in Heidelberg wohnende Soziologe, Ökonom und Staatswissenschaftler Max Weber (1864–1920).

42  Vermutlich Frl. Botz.

43  Bei der Wahl handelte es sich um die Wahl zur badischen Verfassunggebenden Versammlung, die am 5. Januar 1919, also 14 Tage vor den allgemeinen Wahlen zur Nationalversammlung stattfand. Aus Heidelberg wurden Eberhard Gothein, Marianne Weber und Guido Leser gewählt. Mit über 10.000 Stimmen war die Deutsche Demokratische Partei in Heidelberg der überragende Wahlsieger. https://fundsplitter.com/2019/09/18/vor-hundert-jahren-wahl-zur-badischen-nationalversammlung-am-5-jan-1919.

44  Ein Hinweis auf die Gegnerschaft von Katholiken und Protestanten.

45  Am 11.02.1919 fand die Wahl des Reichspräsidenten durch die Deutsche Nationalversammlung statt.

46  Siegfried und Sally Löwenthal betrieben zwei Kleidergeschäfte, ein Damenoberbekleidungsgeschäft in der Hauptstr. 96–98 und das Seidenhaus Löwenthal in der Sophienstr. 11.

47  Dieser Eintrag wurde mit rotem Stift geschrieben – wahrscheinlich wegen der Wichtigkeit des Tages für sie.

48  Nicht aus diesem Eintrag, aber aus den folgenden Einträgen lässt sich feststellen, dass „er" Herr Bayer war.

49  Sie besuchten das römische Limeskastell nördlich von Bad Homburg.

50  Vermutlich besuchten sie die katholische St. Leonhard-Kirche in der Frankfurter Altstadt am nördlichen Mainufer.

51  Heute Restaurant Zum Schwarzen Stern, Römerberg 6, 60311 Frankfurt am Main.

52  Şaziye Hayri hat vermutlich den Mitte des 19. Jahrhunderts erschienenen Roman „Der Mann mit der eisernen Maske" von Alexandre Dumas dem Älteren in deutscher oder türkischer Übersetzung gelesen.

53  Sazyek setzt diese Kirche mit der Heiliggeistkirche gleich. Sazyek: Hatırat (wie Anm. 4), S. 130. Vermutlich war es aber die heutige Alt-katholische Erlöserkirche in der Plöck 44, ursprünglich die „Englische Kapelle", die mit Kriegsbeginn 1914 geschlossen worden war.

54  Vermutlich ein Hinweis darauf, dass der Korb leer war.

Elena Marie Mayeres, Katja Patzel-Mattern

# Freund*innen und frauenliebende Frauen im deutschen Südwesten 1920–1945

„Heute ist ja alles anders. [...] Es ist heutzutage nicht mehr so ein Tabuthema. [...] Und wenn ich heute als Lesbe was will, zum Bespiel als Forscherin, dann kann ich das besser durchsetzen. Man traut sich nicht mehr zu sagen, dass das kein Thema mehr ist."[1]

Diese Einschätzung einer lesbischen Frau Mitte 60 stammt aus den Oral History-Interviews, die Benno Gammerl für seine Geschichte schwulen und lesbischen Lebens in der Bundesrepublik führte. Doch trotz des hier zum Ausdruck kommenden Optimismus über das Erreichte ist die Geschichte lesbischen Lebens an deutschsprachigen Universitäten bisher unterrepräsentiert. Das gilt, obwohl die Arbeiten von Aktivist*innen, lokalen Gedenkinitiativen und Geschichtswerkstätten zeigen, dass es eine queer-lesbische Geschichte gibt, die es zu erzählen gilt.[2] Es gibt sie als eigenständige Geschichte einer Gruppe, die „im späten 19. Jahrhundert als eigene ‚Spezies' beschrieben worden war" – eine Figur der „Homosexualität", die sich erst ab den späten 1980er-Jahren aufzulösen begann.[3] Es gibt diese Geschichte aber auch als eine verflochtene, die gemeinsam mit der Geschichte der Mehrheitsgesellschaft in ihren gesellschaftlichen, politischen, rechtlichen und ökonomischen Entwicklungen erzählt werden muss.

Für die bisher limitierte universitäre Forschung zu lesbischer Geschichte gibt es vielfältige Gründe. In den Queer Histories wurde lange Zeit vor allem zu männlicher Homosexualität geforscht. Die Frauen- und Geschlechtergeschichte fokussierte hingegen heterosexuelle Frauen, die Geschichte lesbischer Frauen fand infolgedessen keinen eigenen Platz. Gleichzeitig gab es kaum Gelder und institutionelle Stellen für die Erforschung lesbischer Geschichte. So erklärt sich auch, dass die erste Dissertation zu queerer Geschichte in Deutschland erst in den 2000er-Jahren erschienen ist.[4] Zusätzlich sind auch die Überlieferung sowie die Quellenlage zu queer-lesbischer Geschichte unübersichtlich. Lesbisches Leben hat lange Zeit außerhalb der Öffentlichkeit existiert, im Privaten und in gegenöffentlichen Räumen. Auch wenn Sexualität hier sicherlich gelebt wurde, wurde sie kaum öffentlich. Der gesellschaftliche Diskurs thematisierte weibliche Sexualität nur in Bezug auf den Mann oder die Fortpflanzung. Überdies sind Räume des Privaten grundsätzlich wenig dokumentiert, und lesbische Sexualität ist bis heute zu Teilen stigmatisiert, was die Suche nach Zeitzeug*innen schwierig macht. Zuletzt ist auch die Frage nach den Begriffen komplex. Welche Begriffe haben frauenliebende Frauen verwendet und vor allem: Haben sie sich überhaupt selbst als solche definiert?

Das vom Land Baden-Württemberg geförderte Forschungsprojekt „Alleinstehende Frauen", „Freundinnen", „Frauenliebende Frauen" – Lesbische* Lebenswelten im deutschen Südwesten (ca. 1920er- bis 1970er-Jahre) war eines der ersten universitären Projekte zur Erforschung queer-lesbischen Lebens – und dies mit einem Fokus auf die bisher im universitären Bereich kaum erforschte queer-lesbische Geschichte jenseits der Metropolen.[5] Es findet seine Fortsetzung in dem erneut durch das Land geförderten Projekt „Zwischen Unsichtbarkeit, Repression und lesbischer Emanzipation – Frauenliebende* Frauen im deutschen Südwesten 1945 bis 1980er-Jahre". Arbeiteten die Forscherinnen im ersten Projekt vor allem mit Archivquellen, so suchen sie jetzt Zeitzeuginnen für Oral History-Interviews. Elena Mayeres und Katja Patzel-Mattern vom Historischen Seminar der Universität Heidelberg freuen sich über Menschen, die vom Leben in Frauenfamilien, sei es als Kind, sei es als Erwachsene, berichten möchten.[6]

Die folgenden Ausführungen geben einen exemplarischen Einblick in die Forschungs- und Quellenarbeit zu lesbischem Leben im deutschen Südwesten. Sie stützen sich auf die Forschungsergebnisse des ersten Projektes, genauer gesagt auf die Ergebnisse des Teilprojektes „Die Grenzen des Privaten. Rechtliche und private Rahmenbedingungen". Diese wurden wesentlich von Mirijam Schmidt zusammengestellt. In vier Abschnitten werden zunächst Begriffe der Zeit und der Forschung, anschließend die Arbeit mit den Quellen und schließlich die Bedingungen des Zusammenlebens in einer Frauenwohngemeinschaft während des Zweiten Weltkriegs diskutiert. Zum Abschluss werden die Ergebnisse der historischen Untersuchung lokal- und regionalgeschichtlich interpretiert und Heidelberger Perspektiven eröffnet.

## Alleinstehende Frauen, Freundinnen, frauenliebende Frauen, Lesben?

Sexualität war nicht zu allen Zeiten identitätsbildend. Frauen, die mit Frauen zusammenlebten, bezeichneten sich im Verlauf des 20. Jahrhunderts sehr unterschiedlich. Für Historiker*innen stellt sich deshalb die Frage, wie sie über die historischen Akteurinnen sprechen sollen. Sie als lesbisch zu kennzeichnen, wäre anachronistisch. Im Forschungsprojekt nutzen wir deshalb den sperrigen Begriff des „nicht-heteronormativen Lebens". Wir untersuchen und rekonstruieren das Leben von Frauen, die nicht in heterosexuellen oder in Mann-Frau-Beziehungen gelebt haben, die also beispielsweise nicht geheiratet, keine erotischen Beziehungen mit Männern unterhalten oder mit anderen Frauen zusammengewohnt oder -gelebt haben. Ob sich diese Frauen als lesbisch verstanden haben, ist nicht zu beantworten. Der Begriff „Lesbe" ist vergleichsweise jung und hat sich erst in den 1970er-Jahren im Zuge der Emanzipationsbewegung durchgesetzt. Frauen, die Beziehungen zu anderen Frauen lebten, nutzen davor andere Begriffe wie Freundin, Bubi oder Urninde. Diese Begriffe waren jedoch nicht so weit verbreitet wie die aktuelle Selbstbezeichnung Lesbe. Überdies lässt der bekannteste Begriff „Freundin" vielfältige Deutungen über die Ausgestaltung der Beziehung zwischen den Frauen zu.

„Lesbische" Geschichte in der heutigen Bedeutung des Wortes zu schreiben, ist daher unmöglich. Ziel queerer Geschichtswissenschaft kann es vielmehr sein, eine Geschichte anderer und/oder abweichender Beziehungs- und Lebensweisen zu schreiben. Queere Geschichtsschreibung ist also die Frage nach dem, was sich vom „Normalen" in einer bestimmten Zeit, vom gesellschaftlichen Ideal der Gestaltung des Zusammenlebens und des Zusammenseins, unterscheidet. Queere Geschichte zu schreiben, bedeutet damit zugleich, auch heterosexuelle Geschichte zu schreiben und die impliziten heterosexuellen Normen und Werte, die oft unausgesprochen bleiben, sichtbar zu machen. Zeitgenössische Vorstellungen von Lesbischsein und queerer Lebensweise

　　　　　　　　　　　　　Elena Marie Mayeres, Katja Patzel-Mattern

können nicht einfach geschichtlich übersetzt werden. Stattdessen gilt es, die historischen Vorstellungen von Sexualität und Geschlecht zu entschlüsseln und darin die jeweils zeitgebundenen Entwürfe frauenliebender Frauen zu rekonstruieren. Die Arbeit der Geschichtswissenschaft ist die Rekonstruktion gesellschaftlicher Normen und ihres Verhältnisses zum jeweils Anderen.

## Schwierige Quellenarbeit: Unsichtbarkeit und Unsichtbarmachung

Die bestehende Forschung zu lesbischer Geschichte betrachtet meist die Metropolen, allen voran Hamburg und Berlin.[7] Diese Fokussierung ist auch in der Quellenlage begründet. Es gibt kaum identifizierte und verzeichnete oder gar edierte Quellen zu lesbischem Leben in staatlichen, regionalen oder städtischen Archiven des deutschsprachigen Raums – vor allem nicht für die Mittelstädte und ländliche Regionen. Bewegungsorte in Hamburg und Berlin haben eigene Archive und eigene aktivistische Formen des Gedenkens und Erinnerns geschaffen. Solche gegenöffentlichen Archive und Orte gibt es kaum außerhalb der Metropolen (queer-lesbischen Lebens) und dort, wo sie existieren, sind sie häufig unterfinanziert. Bleibt damit Leben jenseits der Heteronorm in den Archiven zunächst grundsätzlich verborgen, so gilt dies insbesondere für jenes proletarischer Frauen. Sie hinterließen nur selten eigene schriftliche Zeugnisse. Wir kennen daher oft nur die Geschichte politisch aktiver sowie bürgerlicher und wohlhabender Frauen, die in den deutschen Großstädten lebten. Die Lebensgeschichten von Frauen aus der Provinz, von Arbeiter*innen und Frauen, die ihre Sexualität nicht politisch nutzten und damit öffentlich machten, sondern im Privaten lebten, bleiben in der Forschung meist unsichtbar. Daraus zu folgern, dass es in der Provinz keine lesbische Geschichte gab, wäre jedoch ein Fehlschluss. Die Aufgabe der Geschichtswissenschaft ist es vielmehr, ihre Erscheinungsformen zu entdecken. Es ist eine Aufgabe, die viel Sensibilität, Offenheit und Initiative bedarf. Ziel ist es, eine Geschichte sichtbar zu machen, die lange unsichtbar geblieben ist. Die fortdauernde Stigmatisierung von jenseits der Heteronorm Lebenden macht es zudem bis heute schwierig, Zeitzeug*innen zu finden, die bereit sind, über ihre Erfahrungen in oder mit Frauenbeziehungen zu sprechen. Nicht-heteronormatives Begehren und Frau-Frau-Beziehungen bleiben so unsichtbar, sind retrospektiv schwer zu entschlüsseln und zu rekonstruieren. Dabei gehen wir aufgrund von Schätzungen davon aus, dass Anfang der 1960er-Jahre auf dem Gebiet der Bundesrepublik ein knappes Drittel der Familien im Verständnis der damaligen Zeit unvollständig war, also ohne Mann und Vater lebte. Da gesellschaftlich ein familienunabhängiges Leben für Frauen nicht vorgesehen und dementsprechend ihre Einkommensmöglichkeiten begrenzt waren, werden sich ein Teil dieser Frauen mit anderen Frauen zusammengetan haben. Davon zeugen exemplarisch Lebenserinnerungen von Kindern dieser Frauen. Bekannt ist die Geschichte Uwe-Karsten Heyes, der über sein Aufwachsen bei der Mutter und ihrer Lebenspartnerin in der Zeit nach dem Zweiten Weltkrieg schreibt: „Eine Freundin – es war wohl mehr. [...] sie liebten sich. Zwei junge Frauen, die eine Mitte Zwanzig, die andere zehn Jahre älter. Wir wurden eine Familie." Die beiden „waren über viele Jahre ein Paar. Unzertrennlich, beide mit vielen schmerzenden Wunden, halfen sie sich über diese Zeit hinweg. [...] Für uns Kinder [...] waren die beiden Frauen überlebenswichtig."[8]

Jenseits der wenigen persönlichen Erinnerungstexte tauchen Frauen, die nicht-normativ gelebt haben, oft nur dort in den Quellen auf, wo sie in Konflikt mit dem Staat gerieten. Diese Quellen erlauben keinen neutralen Blick auf das Leben der Betroffenen, sondern sind, insbesondere im Falle von Akten aus dem Nationalsozialismus, geprägt durch die zeitgenössischen Geschlechtervorstellungen wie ideologische Setzungen. In den Akten wird jedoch deutlich, welche Verhaltensweisen vom Staat geahndet wurden und wie der Staat nicht-akzeptierte Lebensentwürfe und Beziehungen kontrollierte und sanktionierte. Es ist also eine Geschichtsschreibung der gesellschaftlichen Sanktionierung von anderen Lebensweisen. Die Rekonstruktion der Akten erfordert daher Sensibilität und Respekt gegenüber den Betroffenen von staatlicher Kontrolle. Ziel der Historiker*innen muss es sein, diese Menschen und ihr Schicksal mit Würde zu behandeln und ihre Stigmatisierung nicht in der Geschichtsschreibung zu wiederholen, sondern vielmehr, sie in ihr Recht zu setzen. Dies kann geschehen, indem in der staatlichen Überlieferung nach Spuren des Eigensinns der Akteurinnen gesucht wird. Gemeint sind damit nicht-angepasste Handlungen der Frauen in den Herrschaftsbeziehungen, mit denen sie sich konfrontiert sahen.[9] In ihnen wird sichtbar, wie sie in ihrem alltäglichen Verhalten oder in Formen der praktischen Lebensorganisation versuchten, Restriktionen und Drangsalierungen zu trotzen.

Insbesondere in Akten von Erziehungsinstitutionen, Fürsorgeeinrichtungen und der Wohlfahrt wird die Sanktionierung weiblicher Verhaltensweisen, Sexualität und Beziehungen deutlich. Im Zentrum dieser Akten stand meist das Verhalten von Müttern. Im Geschlechterbild der Nationalsozialist*innen nahm die als „arisch" definierte Mutter eine bedeutende Rolle ein. Der Mutter oblag die Erziehung und Sozialisation der Kinder, ihr Fehlverhalten oder das Fehlverhalten anderer weiblicher Personen im Haushalt wurde als Gefahr für die Entwicklung der Kinder gedeutet.[10] Die Einordnungen und Bewertungen non-normativen Verhaltens von Frauen war aber auch im Nationalsozialismus vielfältig und widersprüchlich. Sie hingen von der Klassenherkunft, der Religion, der ethischen und kulturellen Zugehörigkeit der Frauen und ihrer Anpassung an nationalsozialistische Vorstellungen von Sittlichkeit ab. Während als „arisch" definierte Frauen die Option hatten, ihre non-normativen Lebensentwürfe zu privatisieren und somit dem Blick der Behörden zu entgehen, bestand diese Option für Jüd*innen, Sinti*zze[11] und Rom*nja sowie People of Colour nicht. Die Verfolgung queerer Frauen im Nationalsozialismus war komplex und lässt sich nur in einer intersektionalen Perspektive deuten.

Weibliche Homosexualität wurde im Nationalsozialismus nicht wie männliche Homosexualität unter dem Paragrafen 175 verfolgt, auch wenn es immer wieder Überlegungen gab, den Paragrafen auf Frauen auszuweiten.[12] Frauen wurden meist über den Strafbestand der „Asozialität" oder aufgrund ihrer kulturellen und ethnischen Herkunft verfolgt. Institutionen der Verfolgung waren neben Polizei und Gestapo[13] deswegen vor allem Psychiatrien, Jugendfürsorge, Erziehungs- und Wohlfahrtseinrichtungen.[14] In den Quellen aus diesen Einrichtungen spiegeln sich die Konflikte darüber, was

Elena Marie Mayeres, Katja Patzel-Mattern

eine gute Familie ist, sowie über alternative Lebensentwürfe und Vorstellungen von Geschlecht und Begehren.[15]

## Eine Frauen-Wohngemeinschaft in Sindelfingen

Eine der Quellen, die im ersten Forschungsprojekt gefunden wurden, umfasst Akten der Fürsorge-Institutionen über eine Frauen-Wohngemeinschaft im deutschen Südwesten, genauer gesagt in Sindelfingen. An dem Beispiel wird besonders deutlich, wie wichtig auch die Einbeziehung regionaler und kultureller Faktoren für die Deutung sind. In den Akten geht es um Frau Voß und ihre Kinder. Nach dem Tod ihres Mannes nimmt sie intensiven Kontakt mit Frau Lux auf, mit der sie und ihre Kinder schließlich zusammenziehen.[16]

Sowohl Frau Voss als auch Frau Lux waren zu Beginn ihrer Freundschaft schon im Fokus der Behörden. Aufgrund bestehender Vorstrafen wurden sie überwacht. Die Beziehung zwischen den beiden wurde, so die Bewertung in den Akten, auch vom Umfeld von Frau Voß negativ bewertet. Die Fürsorgebehörde befragte sowohl Nachbar*innen als auch die Ehemänner von Freund*innen und verbot, sich auch auf diese Einschätzungen stützend, Frau Voß den Umgang mit Frau Lux. Frau Voß umging diese Verbote und traf sich weiter mit Frau Lux. Ihren Eigensinn rechtfertigte sie mit dem Hinweis auf weibliche Unterstützungsleistungen im Haushalt und bei der Kinderpflege. Sie mobilisierte also Verhaltensweisen, die in der Zeit als angemessen für Frauen bewertet wurden, um ihre Beziehung gegenüber Dritten zu erklären. Aber dennoch wurden ihre Kinder aufgrund der Anwesenheit von Frau Lux im Haushalt als „gefährdet" eingestuft: „Solange die Mutter jedoch ihre zweifelhaften Freundinnen nicht aus ihrem Haushalt ausschaltet, müssen die Kinder immer als gefährdet betrachtet werden."

Damit stand eine mögliche Entnahme der Kinder aus der Familie im Raum. Das Jugendamt überwachte über sechs Monate die Beziehung der beiden Frauen und führte Protokoll, wie oft und wie lange sie sich im Haushalt der jeweils anderen aufhielten. Für die Frauen und die Kinder bedeutete dies ständige Fremdkontrolle und die Angst vor einem behördlichen Eingriff in ihre Form der Lebensorganisation. Hinzu kam die gesellschaftliche Stigmatisierung durch die Überwachung. Nach sechs Monaten wurde das Verfahren zunächst eingestellt, da kein Nachweis für einen „unsoliden Lebenswandel" gefunden werden konnte. Frau Lux ließ sich von ihrem Ehemann scheiden und zog mit Frau Voß nach Sindelfingen, wo sie gemeinsam mit den Kindern in einer Wohnung lebten. Dieser Umzug führte zu einem Wechsel des für sie zuständigen Jugendamtes. Auch wenn der Vermieter das Arrangement der beiden nicht billigte, änderte sich am neuen Ort die Bewertung des Zusammenlebens der Frauen durch das Jugendamt:

> „Ich stelle fest, dass [...] sie im besten Einvernehmen mit den Leuten wohnen, tüchtig beim Feldgeschäft mitzupacken und auch die Kinder anhalten, den Bauern mitzuhelfen. Da zurzeit Heimarbeit wenig zu vergeben ist, haben sich die Frauen freiwillig – im Gegensatz zu vielen anderen Umquartierten – für das Feldgeschäft zur Verfügung gestellt. Ich traf die Kinder stets sauber und ordentlich an. [...] Ich bitte zu überprüfen, ob die Schutzaufsicht nicht aufgehoben werden kann aufgrund guter Führung."

Die Wohngemeinschaft wurde in Sindelfingen toleriert. Positiv zugutegehalten wurde Frau Voß auf der einen Seite ihre Erfüllung der Mutterrolle und auf der anderen Seite ihre aktive Mithilfe in der Kriegswirtschaft. Die Stadt war für die örtliche Versorgung auf den Feld- und Obstanbau angewiesen, eine Arbeit, für die aufgrund des Kriegseinsatzes der Männer und der hohen Verluste Arbeitskräfte fehlten. Angesichts des wahrgenommenen Engagements von Frau Voß rückten für die Behörden Konnotationen des Zusammenlebens mit ihrer Freundin, die zuvor als „unsittlich" eingestuft worden waren, in den Hintergrund. Diese Unfähigkeit, eine Gleichzeitigkeit von Anpassung und Non-Normativität zu denken, schützte Frau Voß und Frau Lux vor einer weiteren Beobachtung durch die Behörden.[17]

Inwieweit sich Frau Voß dessen bewusst war und ihre Mitarbeit in der Kriegswirtschaft und ihr Engagement für die nationalsozialistische Gemeinschaft eigensinnig zum eigenen Schutz genutzt hatte oder ob sie durch ihre Einordnung in die nationalsozialistischen Norm- und Wertvorstellungen geschützt wurde, ist nicht mehr rekonstruierbar. Beide Deutungen sind denkbar.[18] Klar wird jedoch, dass die Freundschaft der beiden Frauen und ihr Zusammenleben zunächst, auch ohne dass die Behörden einen Anlass finden konnten, als gefährlich und beobachtungswürdig galt. Auffallend ist dabei auch, dass eine Konstellation, die bei zwei Männern direkt den Verdacht der Homosexualität nahegelegt hätte, bei den beiden Frauen durch die Behörden nicht so gedeutet wurde. Vielmehr wurden den Frauen Vergnügungssucht und Vernachlässigung der Kinder unterstellt. Lesbische Geschichte ist auch deswegen so schwer zu rekonstruieren, weil selbst an den Stellen, an denen das Private öffentlich wird, lesbische Lebensweisen undenkbar blieben. Frauenliebende Frauen haben ihre Beziehungen und ihr Leben geheim gehalten und privatisiert, aber selbst da, wo andere Lebensweisen sichtbar wurden, wurden diese von der Gesellschaft nicht erkannt oder aber geleugnet. In welchem Verhältnis Frau Voß und Frau Lux zueinander standen, können wir als Historiker*innen nicht sagen; festzuhalten ist aber, dass sich beide für eine nicht-normative Lebensweise entschieden und zu dieser Entscheidung auch trotz der intensiven staatlichen Überwachung und angedrohter Sanktionen standen.

## Heidelberger Perspektiven und die Bedeutung der Regionalgeschichte

Die Einsicht in die unterschiedlichen Faktoren, die beeinflussten, wie non-normative Lebensweisen von Frauen gedeutet wurden, macht deutlich, wie wichtig eine regionale und lokale Forschungsperspektive ist. Dies zeigt sich nicht nur anhand des Beispiels der Sindelfinger Frauen-Wohngemeinschaft, sondern auch anhand der Biografie der Heidelberger Wissenschaftlerin Marie Baum. Marie Baum führte eine innige Beziehung mit der Geisteswissenschaftlerin Ricarda Huch, die sie als Lebensgefährtin bezeichnete. Obwohl sie aufgrund jüdischer Vorfahren ihre universitäre Anstellung im Nationalsozialismus verlor, geriet ihre Beziehung zu Ricarda Huch nicht in den Fokus der Behörden. Aufgrund der gesellschaftlichen Geringschätzung weiblicher Sexualität bewirkte die nicht-heteronormative Lebensweise in ihrem Fall keine zusätzliche Diskriminierung. Ihr Leben und ihr Wirken im Heidelberg der Nachkriegszeit verdeutlichen die Gleichzeitigkeit von neuen Räumen und Möglichkeiten für non-normativ-lebende

Elena Marie Mayeres, Katja Patzel-Mattern

Frauen sowie der gesellschaftlichen Reglementierung der weiblichen Rolle. Die Möglichkeiten, die Marie Baum im Heidelberg der Nachkriegszeit offenstanden, sind einerseits durch ihre Klassenherkunft als bürgerliche Frau, andererseits aber auch durch ihre Verankerung in den regionalen akademischen Strukturen begründet. In vielen universitären und politischen Kreisen war sie als eine der wenigen Frauen aktiv. Ihre Anstellung an der Heidelberger Universität verdankt sie, neben ihren akademischen Fähigkeiten, auch ihrer Freundschaft zu Alfred Weber und Gustav Radbruch, welche dem Dreizehnerausschuss angehörten und die Wiedereröffnung der Universität planten. Vor dem Nationalsozialismus gehörte Marie Baum sowohl dem innersten Kreis um Marianne Weber und Max Weber an als auch dem Vorstand des Bund deutscher Frauenvereine. Marie Baum verfügte daher über viele Verbindungen und Freundschaften innerhalb der akademischen Landschaft Heidelbergs, wie die zu Alfred Weber. 1945 wurden 70 Prozent der Wissenschaftler der Heidelberger Universität aufgrund ihrer NSDAP-Mitgliedschaft entlassen.[19] Dass Marie Baum, als 70-jähriger und unverheirateter Frau, die Arbeit an der Universität offenstand, hatte viele Gründe.[20] Auf der einen Seite fehlte es an Männern, die diese Stellen hätten besetzen können, auf der anderen Seite verfügte sie über eine besondere Stellung im wissenschaftlichen Betrieb. Ihr Engagement und ihre berufliche Karriere lassen sich als Beweis für neue Möglichkeitsräume nach 1945 deuten. Gleichzeitigkeit wird in der singulären Stellung von Marie Baum als meist einziger Frau auch deutlich, dass die wenigsten Frauen über vergleichbare Möglichkeiten verfügten.[21] Erst in der Deutung der lokalen Netzwerke werden ihre Handlungsräume und die fehlende Bedeutung ihrer Nicht-Heteronormativität verstehbar.[22] Ihre Beziehung zu Ricarda Huch, die weder offen noch versteckt war, scheint kaum Einfluss auf ihre wissenschaftliche und politische Karriere gehabt zu haben. Ihre Nicht-Heteronormativität wurde im Falle von Marie Baum sowohl vergessen als auch privatisiert. Gerade in dieser Privatisierung lag, neben ihrer Klassenherkunft und ihrem akademischen Lebenslauf, aber vermutlich auch die Chance ihrer universitären Karriere nach 1945 begründet. Die Lebensgeschichte von Marie Baum zeigt, wie unterschiedlich die Geschichten von Frauen im Südwesten nach 1945 waren und wie wichtig eine regionale und intersektionale Perspektive ist, um diese Unterschiede zu deuten.

Das Forschungsprojekt Lesbische Lebenswelten stärkt genau diese regionale Perspektive und widmet insbesondere den pluralen Lebensweisen in der Peripherie in der NS- und der Nachkriegszeit Aufmerksamkeit. Forschungen zur Frauengeschichte, auch im Südwesten und in Heidelberg, konstatieren für die Zeit nach 1945, trotz der starken gesellschaftlichen Orientierung an der bürgerlichen Kleinfamilie, eine Pluralität an Lebensentwürfen. Sie zeigen, dass alternative Lebensentwürfe durch viele Gründe motiviert waren und vielfach auch pragmatische Entscheidungen innerhalb einer „männerlosen" Gesellschaft der 1950er-Jahre gewesen sein mögen.[23] Wie das Beispiel der oben zitierten Autobiografie Uwe Karsten Heyes sowie die Lebensgeschichte von Marie Baum deutlich machen, existierten alternative Lebensentwürfe in der Nachkriegszeit oft ungesehen inmitten der sich neufindenden Gesellschaft. Sie wurden gesellschaftlich gleichzeitig toleriert, ignoriert und sanktioniert.[24] Diese Trias spiegelt sich nicht nur in der Bewertung der Frauenwohngemeinschaft im Nationalsozialismus, sondern prägt auch die junge Bundesrepublik.

# Anmerkungen

1 Benno Gammerl: anders fühlen. Schwules und lesbisches Leben in der Bundesrepublik. Eine Emotionsgeschichte, München 2021, S. 331f.

2 Lesbische Geschichte wurde bisher hauptsächlich außerhalb der Universitäten in aktivistischen Kreisen, Geschichtswerkstätten und Gedenkinitiativen geschrieben, wie zum Beispiel der Initiative Gedenkort Uckermark. In der universitären Forschung zu lesbischen Leben bilden diese außeruniversitären Quellen einen der wichtigsten Bezugspunkte. Insbesondere zu nennen sind hier Ilse Kokula, Kirsten Plötz, Christiane Leidinger, Claudia Schoppmann.

3 Gammerl: anders fühlen (wie Anm. 1), S. 269.

4 Martin Lücke: Männlichkeit in Unordnung. Homosexualität und männliche Prostitution in Kaiserreich und Weimarer Republik, Frankfurt am Main (Diss.) 2008.

5 Das Forschungsprojekt „LSBTTIQ in Baden-Württemberg. Lebenswelten, Repression und Verfolgung im Nationalsozialismus und in der Bundesrepublik Deutschland", welches auch aus Landesmitteln gefördert wurde, war hier wegweisend. Die Arbeit fokussierte jedoch vor allem schwule Männer.

6 Kontakt Elena Mayeres, M.A. und Prof. Dr. Katja Patzel-Mattern, Wirtschafts- und Sozialgeschichte, Ruprecht-Karls-Universität Heidelberg, Zentrum für Europäische Geschichts- und Kulturwissenschaften, Historisches Seminar, Grabengasse 3–5, 69117 Heidelberg, E-Mail: andere.lebenswelten@uni-heidelberg.de, Telefon: 01729612540.

7 Zu queer-lesbischen Leben außerhalb der deutschen Metropolen hat Kirsten Plötz geforscht. Sie untersuchte unter anderem Sorgerechtsfälle von lesbischen Frauen nach 1945 in Rheinland-Pfalz. Auch im Raum Baden-Württemberg gibt es außeruniversitäre Initiativen, die zu queer-lesbischen Leben forschen. Anzuführen sind hier sowohl die „lesbisch-schwule Geschichtswerkstatt HD-LU-MA" (https://ilonascheidle.de/index.php/category/geschichtswerkstatt/), das Netzwerk LSBTTIQ, als auch das Projekt „Der Liebe wegen" (https://der-liebe-wegen.org/).

8 Uwe-Karsten Heye: Vom Glück nur ein Schatten. Eine deutsche Familiengeschichte, München 2006, S. 75, 118.

9 Damit folgt der Aufsatz dem Begriffsverständnis Alf Lüdtkes; Alf Lüdtke: Eigen-Sinn, Fabrikalltag, Arbeitererfahrungen und Politik vom Kaiserreich bis in den Faschismus, Hamburg 1993.

10 Diese Bedeutung der arischen Mutter liegt auch in der Abwesenheit der Männer begründet. Wichtig ist es, hier auch darauf aufmerksam zu machen, dass dieses Mütterideal nur für als „arisch" definierte Frauen galt.

11 Rom:nja und Sinti:zze ist die gegenderte Schreibweise von Sinti und Roma. Wir orientieren uns mit dieser Schreibweise an Romani Selbstorganisationen wie RomaniPhen, Amaro Foro und Amaro Drom. Die Frage ob, „Sinti und Roma" gegendert werden soll, ist stark umstritten. Auf diese Kontroverse möchten wir hinweisen, weitere Informationen dazu unter: https://www.vdsr-rlp.de/kontroverse-zum-gendern-der-selbstbezeichnung-sinti-und-roma-einleitung/ (zuletzt abgerufen am 10.9.2023).

12 Claudia Schoppmann: Nationalsozialistische Sexualpolitik und weibliche Homosexualität (Frauen in Geschichte und Gesellschaft, Bd. 30), Pfaffenweiler ²1997, S. 83f., 90, 92, 95–110. Elisa Heinrich: Intim und respektabel. Aushandlungen von Homosexualität und Freundinnenschaft in der deutschen Frauenbewegung um 1900, Göttingen 2022.

13 Rüdiger Lautmann: Willkür im Rechtsgewand. Strafverfolgung im NS-Staat, in: Homosexuelle im Nationalsozialismus. Neue Forschungsperspektiven zu Lebenssituationen von lesbischen, schwulen, bi-, trans- und intersexuellen Menschen 1933 bis 1945, hg. von Michael Schwartz, München 2014, S. 35–42.

14 Claudia Schoppmann: Zwischen strafrechtlicher Verfolgung und gesellschaftlicher Ächtung: Lesbische Frauen im „Dritten Reich", in: Homophobie und Devianz – weibliche und männliche Homosexualität im Nationalsozialismus, hg. von Inga Eschebach, Berlin 2012, S. 35–51, hier S. 44–47.

15 Heike Schmidt: Gefährliche und gefährdete Mädchen. Weibliche Devianz und die Anfänge der Zwangs- und Fürsorgeerziehung, Wiesbaden 2002, S. 13.

16 Staatsarchiv Ludwigsburg, Amtsgericht Bad Cannstatt: Fürsorgeerziehung, F 260 I Bü 3257. Alle folgenden Zitate dieses Fallbeispiels sind der genannten Akte entnommen und werden deshalb nicht mehr gesondert angeführt. Die Namen aus den Akten sind pseudonymisiert.

17 Vgl. Kirsten Plötz: Als fehle die bessere Hälfte. „Alleinstehende" Frauen in der frühen BRD 1949–1969, Königstein/Taunus 2005, S. 258.

18 Vgl. Samuel Clowes Huneke: Die Grenzen der Homophobie. Lesbischsein unter national-sozialistischer Herrschaft, in: Homosexuelle in Deutschland 1933–1969. Beiträge zu Alltag, Stigmatisierung und Verfolgung, hg. von Alexander Zinn, Göttingen 2020, S. 117–129.

19 Die Entlassungen des Lehrkörpers wurden, aufgrund der ausstehenden Verfahren der Spruchkammern, welche mit der Entnazifizierung beauftragt wurden, von der Universität als Suspensionen gedeutet. Aufgrund der Rechtslage der Nachkriegszeit wurden ab 1951 auch viele aktive Nationalsozialisten wieder an der Universität angestellt. Dazu schreibt Eike Wolgast: „Da die Spruchkammerurteile, die zumeist auf Grund formaler Kriterien ergingen, im Laufe der Jahre immer milder wurden und das Gesetz zur Ausführung des Artikels 131 GG von 1951 die Amtsverdrängten ebenso begünstige wie Vertriebene und Flüchtlinge, sah sich die Universität genötigt, schließlich auch ehemals aktive Nationalsozialisten in ihre Reihen aufzunehmen oder als emeritierte Mitglieder ihres Lehrkörpers zu führen." In: Eike Wolgast: Die Universität Heidelberg 1386–1986, Berlin, Heidelberg 1986, S. 174f.

20 Heide Marie Lauterer: Marie Baum (1874–1964) und der gesellschaftliche und politische Wiederaufbau im Heidelberg der Nachkriegszeit, in: Standpunkte – Ergebnisse und Perspektiven der Frauenforschung in Baden-Württemberg, hg. von Susanne Jenische, Tübingen 1994, S. 147.

21 Marie Baum hat 1946 einen Lehrauftrag an der Universität Heidelberg übernommen, wo sie bis zu ihrem Lebensende lehrte. Sie war an der Gründung mehrerer Parteien und politischer Clubs wie dem Studentenclub Friesenberg und der Heidelberger Aktionsgruppe beteiligt. Sie war ebenfalls an der Gründung und Leitung eines Erziehungsheims für Mädchen beteiligt. Als Mitglied des Schulkuratoriums setze sie sich dafür ein, dass die Bildung von Mädchen auf einen Realschulabschluss beschränkt werde, damit die Mädchen früher auf den Arbeitsmarkt kämen.

22 Lauterer: Marie Baum (wie Anm. 20) sowie der Blog Der Liebe Wegen, online unter: https://der-liebe-wegen.org/?profil=marie-baum (zuletzt abgerufen am 10.9.2023).

23 Sybille Buske: Fräulein Mutter und ihr Bastard. Eine Geschichte der Unehelichkeit in Deutschland 1900–1970, Göttingen 2004; Lauterer (wie Anm. 20), S. 147.

24 Uwe Karsten Heye schreibt in seiner Autobiografie „Zum Glück nur ein Schatten" über die Liebesbeziehung seiner Mutter zu einer anderen Frau, die er als eine der wichtigsten Bezugspersonen bezeichnet. Gleichzeitig bemerkt Heye erst im Erwachsenenalter, dass seine Mutter in einer lesbischen Beziehung mit dieser Frau war. Trotz des Zusammenlebens und der Offensichtlichkeit der Liebesbeziehung blieb diese in den 1950er-Jahren sogar innerhalb der eigenen Familie unsichtbar.

Gisela Boeck

## *Anna und Clara Hamburger*

Zur Erinnerung an zwei beeindruckende
jüdische Frauen und Pionierinnen
in der Wissenschaft

HEIDELBERGER Miniaturen

KURPFÄLZISCHER VERLAG
HEIDELBERG

Carola Hoécker

# Madame Palatine – Liselotte von der Pfalz am Hof des Sonnenkönigs

## Eine Ausstellung im Kurpfälzischen Museum Heidelberg

„Madame sein ist ein ellendes handwerck"[1] schrieb die Pfalzgräfin Elisabeth Charlotte (1651–1722), von ihren kurpfälzischen Verwandten Liselotte gerufen, in einem ihrer berühmten Briefe aus Frankreich. Elend sah die Stammmutter des Hauses Orléans auf den Porträts aber ganz und gar nicht aus, die das Kurpfälzische Museum Heidelberg vom 6. November 2022 bis zum 22. Januar 2023 in einer interessanten, aber etwas unübersichtlich gestalteten Ausstellung mit Leihgaben aus Versailles, Speyer, der Sammlung Patrick Heinstein und mit Neuerwerbungen präsentierte. In die Dauerausstellung integriert, deren Exponate und Objektbeschriftungen entsprechend angepasst wurden, verteilte sie sich auf drei Museumsräume im ersten Stock des barocken Palais Morass. Anlass der Ausstellung, die in Kooperation mit dem Historischen Seminar entstand, war Liselottes 300. Todestag. Am 8. Dezember 1722 starb sie mit 70 Jahren in ihrem Schloss Saint-Cloud bei Paris.

Als Handwerk[2] bezeichnete Liselotte auch den körperlichen Verkehr mit ihrem homosexuellen Gemahl Philipp I., Herzog von Orléans und einziger Bruder des französischen Königs Ludwigs XIV. Aus politischen Gründen, insbesondere um einer Expansion Frankreichs in die Kurpfalz entgegenzuwirken, musste sie im Alter von 19 Jahren Philipp heiraten und als Calvinistin zum Katholizismus konvertieren. Fortan führte sie am Hof von Versailles den Ehrentitel „Madame". Trotz vieler Differenzen mit „Monsieur" gingen aus der Verbindung innerhalb von fünf Jahren drei Kinder hervor.

Mit ihrem Schwager Ludwig, der ihre humorvolle, lockere Art schätzte, verstand sich die Herzogin anfangs gut. Feindschaften mit seinen Mätressen und die von ihm veranlasste Zerstörung ihrer Heimatstadt Heidelberg während des pfälzischen Erbfolgekriegs verschlechterten das Verhältnis jedoch merklich. Täglich schrieb „Madame Palatine" Briefe an Verwandte und Freunde in ganz Europa, um sich auszutauschen, abzulenken und insbesondere auch der zeitweisen Isolation am Hof zu entrinnen. Ihre über 5000 erhaltenen Briefe sind eine sprudelnde, facettenreiche Quelle zum Alltagsleben am Hof des Sonnenkönigs und zählen zur Literaturgeschichte. Ungeschönt und oft burschikos berichtet „Madame" in ihnen nicht nur über die Verhältnisse in Versailles, sondern auch von ihrer Sehnsucht nach Heidelberg und ihrem früheren, vergleichsweise einfachen Leben auf dem kurpfälzischen Schloss, in dem sie geboren wurde und die meiste Zeit ihrer Kindheit und Jugend verbrachte.

Ein imposantes Panorama des Heidelberger Schlosses mit seiner von Salomon de Caus gestalteten geometrischen Gartenanlage bildete dann auch den Auftakt im Vorraum zur Ausstellung: Das Gemälde „Hortus Palatinus" (179 x 126 cm) von Jacques Fouquières entstand vor 1620 und hing bis 1685 im Schloss. Liselotte erbte es nach dem Tod ihres Bruders und ließ es in ihr Schloss Saint-Cloud bei Paris bringen, in dem sie sich häufig aufhielt. Dies erwies sich als Glücksfall, denn wenige Jahre später

„Hortus Palatinus" von Jacques Fouquières, Kurpfälzisches Museum Heidelberg (Foto: C. Hoécker)

sprengten die Truppen Ludwigs XIV. das Heidelberger Schloss und brannten die Stadt nieder. Da Liselotte nach ihrer Heirat Frankreich nicht mehr verlassen durfte und ihren Heimatort folglich nie wiedersah, hatte sie so ihre Erinnerungen für immer lebendig vor Augen.[3]

Liselotte war als Enkelin des sog. Winterkönigs Friedrich V. und der Prinzessin Elisabeth Stuart eine gute Partie. Beide waren in der Ausstellung auf Gemälden von Gerrit van Honthorst lebensgroß und im Krönungsornat zu sehen. In ihnen spiegelt sich eine wichtige dynastische Verbindung wider, denn Elisabeth wiederum war die Tochter des englischen Königs.

Als Leihgaben der Sammlung Heinstein waren außerdem verschiedene Jahrgänge eines französischen Messbuchs ausgestellt, die Liselotte als Herzogin gewidmet waren („A Son Altesse Royale Madame") und die sie aus diplomatischen Gründen gerne verschenkte. Sie zeugen von ihrer Stellung am Hof von Versailles und tragen das Allianzwappen Orléans/Pfalz als Goldprägung auf dem Einband.

Kostbare Medaillons sowie Gold- und Silbermedaillen mit Bildnissen der Herzogin, ihres Sohns Philipp II. von Orléans und ihres Schwagers Ludwig XIV. stimmten auf den nächsten, repräsentativsten Raum der Ausstellung ein, der Liselottes großes familiäres und gesellschaftliches Netzwerk anhand einer überwiegend chronologisch angeordneten Porträtgalerie aus dem 17. und 18. Jahrhundert beleuchtete. In Objektbeschriftungen und auf Texttafeln waren Zitate aus Liselottes Briefen zu lesen, die die Gemälde mit ihrer Biografie verknüpften und zum Sprechen brachten.

In einer der Tischvitrinen in der Mitte des Raums war ein Brief Liselottes ausgestellt, den sie 1679 aus Paris ihrem Vater Kurfürst Karl Ludwig geschrieben hatte, wenige Wochen vor dem Friedensschluss zwischen dem Kaiser und Frankreich in Nimwegen. Sie berichtete darin von einem Gespräch mit dem in Heidelberg geborenen Friedrich von Schomberg, damals Marschall der französischen Armee. Ganz in der Nähe zeigte ein Gemälde von Johann Baptiste de Rüll, ein Glanzstück der Dauerausstellung, den Kurfürsten im Krönungsmantel und mit der Reichskrone in der Hand. Die von ihm forcierte Eheschließung seiner Tochter mit dem Bruder des französischen Königs führte zwar zu einem großen Prestigegewinn für die Kurpfalz, aber letztendlich zu deren Verwüstung. Auch die Ehe Karl Ludwigs mit der stolzen Charlotte von Hes-

Carola Hoécker

Ausschnitt eines Briefes Liselottes an ihren Vater von 1679, Kurpfälzisches Museum Heidelberg (Foto: C. Hoécker)

sen-Kassel, die ebenfalls auf einem Porträt dargestellt war, verlief unglücklich. Als Kind litt Liselotte sehr unter den Streitigkeiten ihrer Eltern, weshalb Sophie, die Schwester ihres Vaters, sie für einige Jahre an ihren Hof in Hannover holte. Sophie wurde Liselottes wichtigste Bezugsperson. An ihre geliebte Tante, die in der Ausstellung auf einem Jugendporträt von 1648 zu sehen war, schrieb sie die meisten ihrer Briefe.

Die Porträtgalerie zeigte eine Auswahl weiterer Korrespondenzpartner*innen und Familienangehöriger Liselottes: ihre Tante Louise Hollandine von der Pfalz, die als Äbtissin in einem Kloster bei Paris lebte; ihren Bruder Karl II., der 1685 kinderlos starb, was die Kurpfalz in die Arme Frankreichs trieb; seine Gattin Wilhelmine Ernestine von Dänemark, mit der er sich nicht verstand; ihren Schwager, den französischen König Ludwig XIV.; den Kurfürsten Johann Wilhelm, der zum Schrecken Liselottes die Pfalz rekatholisieren wollte, sowie Liselottes Kinder und Enkel.

In Vitrinen waren Grafiken zentraler Orte, Ereignisse und Persönlichkeiten zu sehen, die in Liselottes Leben eine wichtige Rolle spielten, wie z.B. der Gelehrte Ezechiel von Spanheim, ihr früherer Erzieher, der sie in Paris besuchte und sich wie sie intensiv mit Numismatik beschäftigte.

Die in einer Gedenkmedaille Ludwigs XIV. und einem Kupferstich dargestellte Zerstörung Heidelbergs im Jahr 1693 wurde in einer Objekttafel zum Orléansschen Krieg erläutert. Hier wäre ein Hinweis auf die zeitgleiche Sonderausstellung „Krieg und Frieden" im Museumsneubau, zu der auch ein Katalog erschien (vgl. Rezension, S. 302), hilfreich gewesen, um anhand weiterer Exponate und Erläuterungen diese militärische Eskalation mit ihrer komplexen Vorgeschichte besser nachvollziehen zu können. So aber gingen die kriegerischen Ereignisse, die sich auch bedeutend auf das Leben Liselottes am Hof von Versailles auswirkten, etwas unter.

Liselotte war als Herzogin von Orléans gleich mehrfach in der Bildergalerie vertreten: Der Kupferstich von Pierre Simon zeigt sie 23-jährig, mit Perlen und Edelsteinen geschmückt und fröhlichem Gesicht, ein Jahr nach der Geburt ihres Sohnes. Neben ihrem Bildnis hing als Pendant das Porträt des zwölf Jahre älteren Ehegatten Philipp I. im Prunkharnisch, jedoch nicht derart mit Schmuck überladen, wie sie ihn nach ihrem ersten Treffen 1671 beschrieben hatte.

Madame Palatine mit 26 Jahren. Porträt von Pierre Mignard, Historisches Museum der Pfalz in Speyer (Foto: C. Hoécker)

Pierre Mignards Gemälde von 1678, eine Leihgabe des Historischen Museums der Pfalz in Speyer, entspricht wohl am ehesten Liselottes Lebensstil: Sie trägt ein relativ schlichtes Kleid und wenig Schmuck. Dass die vielen Intrigen am Versailler Hof ihr Gesicht runzlig werden ließen, wie sie im selben Jahr ihrer Tante Sophie berichtete, lässt sich nicht erkennen.

Im Jagdkostüm, um 1682, Sammlung Heinstein (Foto: C. Hoécker)

Ihre große Leidenschaft, die sie mit Ludwig XIV. teilte, war die Jagd, bei der sie stundenlang durch die Natur reiten und auf steife Hofroben verzichten konnte. Damit blieb sie eine Ausnahmeerscheinung unter den Damen der Versailler Hofgesellschaft. Gerne ließ sich die geübte Reiterin im Jagdkostüm porträtieren, wie auf dem Gemälde von Louis Ferdinand Elle d. J. zu sehen ist, einer Leihgabe der Sammlung Heinstein. Darauf trägt Liselotte eine Allongeperücke, die eigentlich Männern vorbehalten war, und ist erst auf den zweiten Blick als Frau zu erkennen. Wollte sie sich vielleicht über ihren Gemahl Philipp I. lustig machen, der sein Vermögen mit Liebhabern verprasste, was sie in Briefen beklagte?

Das Gemälde entstand zu einer Zeit, als Liselottes unglücklichsten Jahre begannen. 1683 hatte Ludwig XIV. heimlich seine Mätresse Madame de Maintenon geheiratet, die Liselotte als Bedrohung ansah. Zudem war sie eifersüchtig auf die kluge, besonnene Maintenon, die älter als der König und darüber hinaus nicht standesgemäß war. Einer der Briefe von Liselotte an ihre Tante Sophie, in denen sie ihrem Hass mit üblen Beschimpfungen und Unterstellungen Ausdruck verlieh, wurde zensiert (wovon sie erst einige Jahre später erfuhr) und Liselotte verlor vorübergehend die Gunst des Königs.

Nach dem Tod ihres kinderlosen Bruders musste sie außerdem ertragen, dass Ludwig XIV. Liselottes Erbansprüche auf die Kurpfalz für sich geltend machte. Als er diese nicht durchsetzen konnte, ließ er die Kurpfalz 1693 verwüsten. Trotz ihrer Bitten wurde Liselottes Heimatstadt nicht verschont. Wenige Wochen nach deren Zerstörung erkrankte Liselotte an den Pocken. Sie überlebte, ihr Gesicht blieb jedoch durch Narben entstellt, was auf den danach entstandenen Porträts allerdings nicht zu sehen ist.

Um weiterhin finanziell abgesichert zu sein, söhnte sie sich nach dem Tod ihres Gemahls 1701 mit Madame de Maintenon und Ludwig XIV. aus. Liselotte, die sehr gerne aß, nahm an Gewicht schließlich derart zu, dass sie nicht mehr selbst auf der Jagd reiten konnte. Ein Porträt des französischen Hofmalers Hyacinthe Rigaud, ein Highlight der Dauerausstellung, zeigt sie beleibt und mit Doppelkinn im Hermelinmantel im Alter von 61 Jahren. Selbstbewusst blickt sie den Betrachter an, die linke Hand auf der französischen Krone. Liselotte war von dem Bild hingerissen. „Man hatt sein leben

Carola Hoécker

nichts gleichers gesehen, alß Rigeaut mich ge-
mahlt hatt"[4] schreibt sie ihrer Halbschwester, der
Raugräfin Luise, im Juni 1713. Den Raum krönte
am Ende das wohl schönste Gemälde der Ausstellung: Die Leihgabe aus dem Schloss Versailles,
ursprünglich Teil einer Wandvertäfelung nach
einem Original von Pierre Mignard von 1678/79,
zeigte Madame Palatine mit ihrer Tochter Elisa-
beth-Charlotte und ihrem jüngsten Sohn Philipp II.. Mit einer Hand weist sie auf eine verwelk-
te Blume, Symbol für ihren verstorbenen ältesten
Sohn. Seine Geschwister konnten diesem Schicksal entgehen und wurden Vorfahren bedeutender
europäischer Herrscherhäuser.

Madame mit 61 Jahren, Porträt von
Rigaud, Kurpfälzisches Museum Heidelberg (Foto: C. Hoécker)

Auf keinem der Gemälde ist Liselotte jedoch
bei ihrer liebsten und häufigsten Beschäftigung,
dem Briefschreiben, dargestellt. In ihren Kabinet-
ten schrieb sie etwa 50 000 Briefe, ein Zehntel
davon ist heute noch erhalten. Sie verfasste die
Briefe nicht nur auf Deutsch, sondern auch auf
Französisch, das sie ausgezeichnet sprach. Dies
belegt nicht zuletzt ihre Korrespondenz mit ihrer
Konkurrentin Madame de Maintenon.

In zwei historischen Räumen des Palais Morass ging es mit der Ausstellung weiter: Das
ehemalige Bibliothekszimmer wurde mit barocken Möbeln im französischen Stil als Liselottes Schreibkabinett gestaltet, mit fenstergroßem
Ausblick auf ihr Schloss Saint-Cloud und ova-
len Porträts ihrer Kinder an den Wänden. Durch
die Enge des Raumes innerhalb der Inszenierung sollte die politische „Verbannung" und Isolation Liselottes nachempfunden werden, die
ihre Schreibproduktion erst recht ankurbelte.
Die jahrelangen Spannungen mit Madame de
Maintenon wurden durch Briefe – Leihgaben der
Sammlung Heinstein – an sie verdeutlicht. Auch
der Herzog von Saint-Simon hegte eine Abneigung gegen Madame de Maintenon und berichtete entsprechend einseitig von ihr. Seine Memoiren

Madame mit ihrer Tochter Elisabeth-
Charlotte (links) und ihrem jüngsten
Sohn Philipp II., Musée national des
châteaux de Versailles et de Trianon
(Foto: C. Hoécker)

und die Aussagen Liselottes verzerrten viele Jahre lang das Bild der inoffiziellen Ge-
mahlin Ludwigs XIV. Und obwohl sie sich 1701 schließlich mit ihr aussöhnte, hegte Liselotte weiterhin einen Groll gegen sie. Sie nannte sie noch 1715 in einem Brief an ihre
Tante Sophie eine Teufelin und freute sich ungemein, als sie starb.

Im letzten Raum der Ausstellung, einem Vorzimmer des 18. Jahrhunderts, stand abschließend die Rezeptionsgeschichte Liselottes im Mittelpunkt. Es waren u.a. Porträts zu sehen, die ihr fälschlicherweise zugeschrieben wurden. Im 19. und 20. Jahrhundert geriet Liselotte in Deutschland zur antifranzösischen Identifikationsfigur, die Nationalsozialisten vereinnahmten sie im Zweiten Weltkrieg zu Propagandazwecken. Viele Stereotype und Klischees geben bis heute und insbesondere in Deutschland ein verzerrtes Bild der Herzogin und des Hofs von Versailles wieder. Die deutsche Filmkomödie „Liselotte von der Pfalz" (1966) von Kurt Hoffmann, in der Philipp I. ausschließlich Frauen liebt und von Liselotte erfolgreich erobert wird, hatte – wie die ausgestellten Filmkostüme – mit der Realität wenig zu tun. Liselottes Eigenwilligkeit wurde in Deutschland häufig als volkstümlich oder volksnah interpretiert, obwohl sie sich weder so verstand noch so verhielt. Tatsächlich war sie eine überzeugte Vertreterin des Hochadels, dessen Herrschaftsansprüche und Anordnungen nicht in Frage gestellt werden durften. Von Untergebenen duldete sie keinen Widerspruch. In einem Brief von 1702 an ihre Tante Sophie geht hervor, dass sie undisziplinierte Pagen drastisch bestrafte und monatelang ins Gefängnis Saint-Lazare stecken ließ: „Man peitscht sie dort zweimal am Tag aus und noch öfter, wenn sie aufmucken."[5]

In Frankreich führte man Liselottes derbes Auftreten und ihre Direktheit auf ihre deutsche Herkunft zurück, man sah ihre Rolle in erster Linie als Schwägerin Ludwigs XIV. und Mutter des Regenten Philipp II.

Solange nicht alle überlieferten Briefe Liselottes in Zusammenarbeit mit französischen Institutionen digitalisiert und kritisch editiert sind, wird weiterhin manches zu Madame Palatine Spekulation bleiben. Mit der Ausstellung hat das Kurpfälzische Museum Heidelberg einen wichtigen Anstoß zu weiteren Forschungen gegeben. Jedoch wurden die Exponate weder in einem Katalog noch im Internet, wie z.B. in der Deutschen Digitalen Bibliothek, dokumentiert. Auf diese Weise könnten die Forschungen zu Madame Palatine schneller vernetzt und vorangetrieben werden.

## Anmerkungen

1   Brief aus Port Royal (bei Versailles) vom 21.9.1700 an ihre Tante Sophie von Hannover, vgl. https://www.elisabeth-charlotte.eu/b/d07b0428.html (30.7.2023), eine nützliche Datenbank zu ihren Briefen. Das Zitat ist auch Titel der wohl bekanntesten Biografie zu Liselotte, die der belgische Historiker Dirk Van der Cruysse 1988 verfasste: „Madame sein ist ein ellendes Handwerk". Liselotte von der Pfalz – eine deutsche Prinzessin am Hof des Sonnenkönigs, München [10]2005. In der UB Heidelberg befinden sich 53 ihrer Briefe, die in digitalisierter Form zugänglich sind, vgl. https://www.ub.uni-heidelberg.de/helios/digi/liselottedigital.html (30.7.2023).

2   Vgl. Anm. 10 in: https://www.elisabeth-charlotte.eu/b/d08b0517.html (30.7.2023).

3   1792 wurde das Gemälde infolge der Französischen Revolution versteigert, 1909 ging es aus dem Besitz des Herzogs von Sutherland an die Stadt Heidelberg.

4   https://www.elisabeth-charlotte.eu/b/d02b0580.html (30.7.2023).

5   Zitiert nach Van der Cruysse: Madame sein (wie Anm. 1), S. 517.

Carola Hoécker

**Thomas Neureither**

# Das Füllhaltermuseum in Handschuhsheim

Am 24. November 2016 wurde das Füllhaltermuseum in Handschuhsheim eröffnet. Die Stadt Heidelberg hatte sich
nach einem einstimmigen Votum des
Bezirksbeirats und der Verpflichtung
des Stadtteilvereins Handschuhsheim,
die Trägerschaft zu übernehmen, dazu
bereit erklärt, die ehemalige Fahrzeug-
halle der freiwilligen Feuerwehr im alten
Handschuhsheimer Rathaus umfang-
reich zu renovieren und zu einem örtlichen Museum umzuwidmen. Die Genehmigung begründete sich mit dem
Stadtentwicklungsplan, nach dem sich
die Stadt verpflichtet, Solidarität und
Eigeninitiative, Selbsthilfe und bürger-
schaftliches Engagement zu fördern.
Die Umbaukosten der Stadt wurden auf
248.000 Euro veranschlagt. Der Betrag
wurde aus Haushaltsresten des Vorjah-
res gedeckt. Die Inneneinrichtung mit
Vitrinen, Tischen, Stühlen etc. sollte
vom Stadtteilverein übernommen werden. Der Verein warb die dafür anstehenden Kosten bei Sponsoren, Vereinsmitgliedern und weiteren Bürgern ein
und verpflichtete sich auch zur Über-

Fensterausblick (Foto: Füllhaltermuseum Handschuhsheim)

nahme laufender Betriebskosten sowie zur Mietumlage der Räume in diesem städtischen Gebäude. Der Schauraum hat eine Größe von ca. 46 Quadratmetern, daran
schließt sich ein kleiner Raum an, der als Werkstatt zur Besichtigung dient. In diesem
Raum wurde auch eine Küchenzeile eingebaut.

Die Idee und das Ziel dieses Museums sind die Darstellung der Geschichte der Heidelberger Füllhalterindustrie. Da die geschäftlichen Verbindungen nicht an Stadtgrenzen enden, ist auch der Kreis und die weitere Umgebung ins Gesamtbild einbezogen.

## Sammlung

Seit 1991 sammle ich Füllhalter, Produktionsmaschinen mit Zubehör sowie Dokumente,
die Aufschluss über die „große Zeit" der Füllhalterindustrie, überwiegend in der ersten
Hälfte des 20. Jahrhunderts, geben. Der Grundstock der Sammlung stammte aus der

ehemaligen Füllhalter-Reparaturwerkstatt meines Großvaters Valentin Neureither, der ab 1913 bei der Heidelberger Federhalterfabrik „KAWECO" arbeitete und bis zu deren Konkurs 1929 dort auch einige Jahre lang als Leiter der Reparaturabteilung tätig war. Auf Sammlerbörsen, Flohmärkten, im Online-Handel und auf Auktionen konnte ich in den ersten 25 Jahren meiner Sammlertätigkeit weitere Objekte hinzukaufen. Allerdings waren in Sammlerkreisen detaillierte Informationen lediglich über eher noble Schreibgeräte vorhanden, die bei einem Weiterverkauf einen satten Gewinn versprachen, was die vielen frühen Heidelberger Werkstätten eher nicht betraf. Wie vielfältig und interessant die Entwicklung dieses Industriezweiges in Heidelberg war, entdeckte ich erst, nachdem ich die Adressbücher seit 1883 durchgearbeitet hatte. Ich konnte in Heidelberg und der näheren Umgebung des heutigen Rhein-Neckar-Kreises etwa vierzig Firmen nachweisen, die Füllhalter und Zubehör hergestellt hatten. Weitere Informationen erhielt ich von ehemaligen Mitarbeitern der Füllhalterindustrie auf Veranstaltungen, auf denen ich meine Sammlung zeigen konnte, z.B. an Schulen oder in Museen. Neben Sammlerliteratur waren Firmenschriften sowie eine Dissertation zur süddeutschen Füllhalterindustrie[1] wertvolle Quellen.

## Füllhalter in Heidelberg

In Heidelberg wurde 1883 im alten Gebäude des Möbelhauses Breitwieser, Schlossberg 2, die erste „Heidelberger Federhalterfabrik" Luce & Ensslen gegründet. In den ersten Jahren wurden hölzerne Schreibgriffel gedrechselt, Federn aus England importiert und weiteres Schreibzubehör aus dem Odenwald unter eigener Marke verarbeitet. Nach Besitzerwechseln traten um die Jahrhundertwende weitere Teilhaber in die Geschäftsführung ein, neben dem Direktorium aus Heinrich Koch und Rudolf Weber auch Rudolf Wissing, Fritz Dimmler, Georg und Hermann Böhler, Friedrich von Meyenburg und Otto Sommer. Einige der Gesellschafter hatten in den USA Kenntnisse über dort verwendete Schreibgeräte erhalten und brachten bedeutende Erfindungen von Lewis Edson Waterman aus dem Jahr 1883 mit auf den alten Kontinent, um die noch sehr unbefriedigenden Versuche des Einbaus eines Tinten-Vorratsbehälters in ein Schreibgerät zu verbessern. Die erste Großproduktion wurde in einer neuen Betriebsstätte in Handschuhsheim, Dossenheimer Landstraße 98, begonnen. Der große Erfolg der Heidelberger Federhalterfabrik Koch, Weber & Co. gründete in der Anfangszeit überwiegend nicht auf eigenen Entwicklungen von Schreibgeräten, sondern aus ausgelaufenen oder verbesserten Patenten aus den USA sowie dem Aufbau eines sehr weitläufigen Netzes von Niederlassungen mit Verkauf- und Reparaturwerkstätten in großen Teilen Europas, in Nordafrika und in Südamerika. Die Handelsvertreter oder „Reisende" wirtschafteten dabei auf eigene Rechnung, aber auch auf eigenes Risiko, was etwa der vertikalen gegenseitigen wirtschaftlichen Abhängigkeit des heutigen „Franchising" entspricht. Es wurden Füllfederhalter der Untermarken Perkeo, Liliput und Sport aus schwarzem Hartgummi hergestellt und vermarktet. Besonders erfolgreich war der Sicherheitsfüllfederhalter KAWECO (benannt nach den Namenskürzeln von Koch und Weber) sowie der Galalith-Drehbleistift Ko-Mio. Seit 1913 gab es aber durch Abwanderungen eine schleichende Erosion in der Firma. Heinrich Koch ging in

Thomas Neureither

Handschuhsheim in Pension und zog sein Kapital ab, und Fritz Dimmler gründete eine eigene Fabrik („Monte Rosa") in Zürich. Die Brüder Georg und Hermann Böhler gründeten 1919 in Dossenheim eine eigene Firma mit der Marke „Osmia". Heinrich Hebborn, der seit 1921 eine Niederlassung der Heidelberger Federhalterfabrik in Köln betrieben hatte, löste seinen Vertrag, nachdem er von heraufziehenden Schwierigkeiten der Mutterfirma im Jahr 1925 gehört hatte.

Verschiedene Füller und Schreibgeräte des Museums (Foto: Füllhaltermuseum Handschuhsheim)

Die Bedenken waren berechtigt, hatten ihren Grund aber nicht in der Inflation von 1923, sondern in finanziellen Schwierigkeiten nach der Errichtung eines aufwendigen Werksanbaus in der Dossenheimer Landstraße 100 und der Belastung mit neuen Gebäude-Sondersteuern. Die Aufschrift „KAWECO", die neue Firmenbezeichnung und Synonym für den Erfolg der Firma, wurde nicht mehr auf dem Gebäude angebracht. Massenentlassungen bei den 1200 Mitarbeitern in der ehemals größten Füllhalterfabrik des Kontinents waren die Folge. Gleichzeitig sackte der Absatz ein, nachdem in direkter Nachbarschaft die „Mercedes"-Füllhalterwerke in Kirchheim und die „Reform"-Werke in der Weststadt gegründet worden waren. Auch die weitere inländische Konkurrenz wurde spürbar, und die US-amerikanischen Firmen Sheaffer, Waterman und Parker drängten auf den europäischen Markt. Insbesondere Parker belegte einen weiteren Platz vor Ort, nachdem sich die Firma in die Dossenheimer „Osmia" eingekauft und sich mit aufwendiger Zeitungswerbung und öffentlichen Veranstaltungen bemerkbar gemacht hatte.

Philipp Mutschler verließ 1928 die KAWECO und gründete in Handschuhsheim eine Firma, in der Füllhalter der Marke „Certo" hergestellt wurden. Später weitete sich die Produktion auf die metallverarbeitende Branche aus. Der renommierte Name „Reform" wurde erst Jahrzehnte später von der aufgelösten Firma Heinz & Jung erworben. 1930 wurde die Heidelberger Federhalterfabrik „KAWECO" nach einem Konkursverfahren aufgelöst. Das Gebäude wurde zwangsversteigert, die weltweit gut eingeführte Marke sowie Patente, einige Maschinen und Rohware wurden von der Badischen Federhalterfabrik Knust, Grube und Woringen in Wiesloch angekauft, die noch bis Ende der 1970er-Jahre aktiv war.

Das alte KAWECO-Gebäude wurde zunächst an verschiedene kleinere Firmen vermietet und dann von Heinrich Hebborn & Co unter dem Namen „Füllfederfabrik Heidelberg" als Außenstelle seiner Firma in Köln bezogen. Hebborn ließ in den Türsturz der Hofeinfahrt eine Firmentafel in weißem Sandstein anbringen und die Pfosten durch zwei Füllhalter zieren. Die Gebäude in Köln und der dortige Firmensitz wurden nach der Zerstörung im Zweiten Weltkrieg aufgegeben. Ein 1927 vereinbartes Joint-Venture von Parker und Osmia wurde 1930 aufgelöst. C. Josef Lamy, der Manager dieser Verbindung, stammte ursprünglich aus Furtwangen und ging nach dem Ersten Weltkrieg in die USA, wo er bei der Schreibgerätefabrik Parker arbeitete. Als Geschäftsführer der Dossenheimer Niederlassung kehrte er in die alte Heimat zurück. Lamy löste sich aber bereits 1929 aus dem Vertrag der Parker-Osmia und begann in einer Garage in Neuenheim mit nur einem Mitarbeiter eine eigene Produktion in seiner neuen „Orthos"-Füllhalterfabrik. Unter der Fabrikmarke „Artus" zogen sie zunächst ins Untergeschoss des ehemaligen KAWECO-Gebäudes, dann in die Bahnhofstraße und schließlich mit „Lamy" als Firmenmarke nach Wieblingen. Viele weitere Mitarbeiter, die 1930 in der Handschuhsheimer KAWECO arbeitslos geworden waren, versuchten sich mit einem eigenen Firmenaufbau oder mit kleinen Reparaturwerkstätten. Das Interesse an Übernahmen von Fabrikarbeitern in anderen Branchen war gering, nachdem die Auswirkungen der Weltwirtschaftskrise 1932 ein Maximum erreicht hatten. Die folgende nationalsozialistische Zwangswirtschaft erlaubte die Produktion von Schreibgeräten nur noch auf Anordnung. Die verbliebenen Füllhalterfirmen wurden gezwungen, auch Rüstungsgüter herzustellen.

Nach dem Zweiten Weltkrieg gab es eine weitere Welle von Gründungen, die aber oft nur von kurzer Lebensdauer waren. Von den vielen Füllhalterfabriken in Heidelberg und Umgebung sind nur noch die Schreibfedernfabrik Bock in Handschuhsheim und die Schreibgerätefabrik Lamy in Wieblingen übriggeblieben. Beide Firmen zählen zur Weltspitze in der Branche. Der Name KAWECO wurde 1996 wiederbelebt, als sich die Firma H & M Gutberlet in Nürnberg die Namensrechte sicherte und zunächst den „Kaweco Sport" in der seit 1930 gebräuchlichen achtkantigen Form produzierte. Heute ist KAWECO mit einer breiten Schreibgerätepalette wieder in 76 Ländern der Erde vertreten.

## Ausstellung

Seit 1997 habe ich in Zeitungsberichten und dann auch beim Heidelberger Kulturbürgermeister nach einer Bleibe der Sammlung mit einem zeitlich begrenzten oder dauerhaften öffentlichen Zugang nachgesucht. Ab 2007 wurde dies auch von der Handschuhsheimer Geschichtswerkstatt unterstützt. Gemeinsam mit dem Stadtteilverein konnte das Museum seine Tätigkeit Ende November 2016 aufnehmen. Der Leihvertrag meiner Sammlung mit dem Verein wurde ab Januar 2017 zunächst auf zehn Jahre festgelegt.

Im Schauraum stehen an der Nord- und Südseite insgesamt zehn flache, verschließbare Tischvitrinen für die Füllhalter zur Verfügung. Die Vitrinen können durch Holzblöcke in gleicher Größe variabel in Gruppen abgeteilt werden. Die Raummöblie-

Thomas Neureither

rung besteht aus sechs größeren Klapptischen, die bei Nichtgebrauch unter der Treppe gelagert werden können. Es sind dreißig stapelbare Stühle vorhanden. Mehrere Tische und Stühle stehen standardmäßig im Raum, sodass Besucher Schreibproben mit verschiedenen Schreibgeräten anfertigen können. Ohne Tische und mit Bestuhlung kann das Museum auch als kleiner Vortragsraum benutzt werden. Im Schauraum befindet sich ein Rolltisch mit der Guillochiermaschine. Dieser Tisch kann bei vollständiger Auslastung des Raumes in eine Nische gefahren werden.

Guillochiermaschine (Foto: Füllhaltermuseum Handschuhsheim)

Auch Tintenfässer und verschiedene Tintensorten sind im Museum ausgestellt. (Foto: Füllhaltermuseum Handschuhsheim)

Zwei Tischvitrinen wurden mit Basiswissen zur Frühzeit der Schreibgeräte, zu Füllhaltertechnik und der Herkunft und Verwendung alter plastischer Materialien bestückt. Zwei weitere Tischvitrinen beinhalten Darstellungen der handwerklichen und industriellen Herstellung von Schreibfedern, Schnittmodellen, Reparaturbesteck und Schachteln. Eine Tischvitrine thematisiert den Füllhalter Anne Franks. In den fünf weiteren Tischvitrinen sowie in zwei privat angeschafften Standvitrinen werden ständig wechselnde Themen vorgestellt. Bisher gab es Sonderausstellungen zur Geschichte der Heidelberger Federhalterfabrik KAWECO, Vorstellungen von kleinen Handschuhsheimer Betrieben, die Dossenheimer Werke Osmia und Hermann Böhler sowie die Geschichte der Heidelberger Schreibgerätefabrik LAMY. Im Zyklus „Unsere kleine Farbenlehre" wurden in einer künstlerischen Darstellung Schreibgeräte verschiedener Firmen, aber der gleichen Farbe mit weiteren Gegenständen kombiniert dargestellt: „Farbe Blau", „Alles, was glänzt", „Farbe Grün" und „Schwarz auf Weiß".

Zurzeit betreuen vier ehrenamtlich arbeitende Personen den operativen Betrieb vor Ort. Das Museum ist regulär jeden 2. und 4. Sonntag im Monat von 15–17 Uhr geöffnet. Für angemeldete Gruppen gibt es Sonderführungen in Absprache mit der Museumsleitung. Für Füller-Schreibanfänger, die gerade ihren „Füllerführerschein" gemacht haben, können wir klassenweise ein kleines Mitmach-Vormittagsprogramm unter dem Thema „Wie sind die Buchstaben entstanden?" anbieten. Im August sind Museumsferien.

### Anmerkungen

1   Georg August Braun: Die Süddeutsche Füllhalterindustrie. Eine Untersuchung ihrer wirtschaftlichen und sozialen Verhältnisse, Heidelberg 1950.

Thomas Neureither

Simon Stewner, Norbert Giovannini

# Weber und Wirkung. Zur Rezeption von Max Weber in Heidelberg. Tagungsbericht

Für den 13. und 14. Oktober 2022 hatten das Universitätsarchiv Heidelberg, das Max-Weber-Institut für Soziologie und der Freundeskreis für Archiv und Museum der Universität Heidelberg zu einer Tagung eingeladen, die sich der Rezeption des Heidelberger Nationalökonomen und Soziologen Max Weber widmete.[1] Weber war eine wissenschaftliche Riesengestalt, die mit Verve in die politischen Debatten des Kaiserreichs und der Weimarer Republik eingriff und zugleich das Fundament der deutschen Soziologie begründete, vergleichbar allenfalls mit Emile Durkheim und dessen Schule in Frankreich. Darzustellen waren also Webers (Nach)-Wirkung – im Grund bis in die Gegenwart.

Weber ist historisch, seine universalgelehrte Präsenz wirkt heute fast befremdlich. Sein Darstellungsmodus ist erdrückend und stupend undidaktisch, aber er wirkt, irritiert, verunsichert und beeindruckt alle, die sich auf ihn einlassen. Außerdem hat er eine biografiesüchtige Gefolgschaft, die nicht müde wird, seine spärlichen erotischen Kontakte jenseits der „Kameradenehe" mit Marianne Weber zu thematisieren.

Den Prolog zur Tagung bildete ein Rundgang auf dem Bergfriedhof mit Folker Reichert (Prof. em. Universität Stuttgart). Neben der Grabstätte von Max und Marianne Weber wurden auch Gräber aus Webers universitärem Umfeld besichtigt, u.a. die von Georg und Camilla Jellinek, Kuno Fischer, Eberhard Gothein, Ludolf Krehl und nicht zuletzt das der Geliebten Mina Tobler. Reichert verwies auf die aufschlussreiche Symboldichte des von Arnold Rickert gestalteten Weberschen Grabs. Die Stele wurde auf einer angehobenen Stelle errichtet, um die Geistesgröße Webers hervorzuheben. Die Zitate auf der rechten und linken Schmalseite der Stele stammen von Goethe („Alles Vergängliche ist nur ein Gleichnis") und Shakespeare („Wir finden nimmer seinesgleichen"). Weber ruht also quasi en famille zwischen Faust und Hamlet.

Zwei Fragen standen im Zentrum der Tagung. Die vermeintlich schlichtere davon lautete: Von wem, wann und wie wurden Webers Werke rezipiert? Und die forschungsträchtigere: In welchem Umfang haben einzelne Rezipienten den Ruhm, die Wirkung und das folgenreiche Verständnis der Weberschen Paradigmen in eigene Projekte aufgenommen?

Im ersten Beitrag der Tagung widmete sich die Münchener Politologin Edith Hanke, Generalredaktorin der Max-Weber-Gesamtausgabe, der Redaktionsarbeit von Webers Witwe Marianne an dessen Nachlass, die sie kritisch-wohlwollend bewertete - nicht nur wegen der jungen, von Ehrfurcht und Verehrung geprägten Mitarbeiter, die sie akquirierte, sondern auch wegen ihrer eigenen, für eine Aktivistin der bürgerlichen Frauenbewegung unerwartet starken Stilisierung ihres Heroen. „Sein Schreibtisch ist mein Altar", sei ihre Devise gewesen, was schon dezente Zweifel an ihren Editionen rechtfertigt. Hanke verteidigte Marianne Webers „Erschließung" des Weber-Werkes und würdigte deren biografische Leistung. Auch die Fortsetzung des legendären jour fixe im Weber-Haus in der NS-Zeit und nach 1945 (die „Geistertees") zählte sie zu Mariannes bleibenden Verdiensten.

Aus dem etwas unsystematischen Vortrag des Berliner Soziologen Reinhard Blomerts mit dem Titel „Gab es eine Heidelberger Schule der Soziologie?" ließ sich zunächst nur mühsam der uneinheitliche Status der Weber-Rezeption in der Zwischenkriegszeit ermitteln. Blomert charakterisierte die Heidelberger Sozialwissenschaften in den 1920er-Jahren als eine „Suchbewegung" unter profilierten und einflussreichen Forschern wie Emil Lederer, Alfred Weber und Edgar Salin. Aber allenfalls bei dem ins Exil in die USA verjagten Emil Lederer entstand daraus eine wissenschaftliche Schule im Kontext der New School of Social Research in New York. Alfred Weber, der ewig im Schatten des großen Max stehende jüngere Bruder, initiierte zwar das legendäre Institut für Sozialwissenschaften im Palais Weimar (INSOSTA), war und blieb aber mehr Vermittler und Inspirator. Hellsichtig und tapfer entwickelten sich gleichwohl sein demokratisch-republikanisches Engagement und seit 1933 seine politischen Initiativen gegen die NS-Herrschaft.

Steffen Sigmund, Soziologe am Max-Weber-Institut (MWI) Heidelberg und Herausgeber des Max-Weber-Handbuchs[2], skizzierte einen Überblick der Heidelberger Soziologie von Max Weber über Eberhard Gothein und Alfred Weber bis zum Interim einer Verbindung von Soziologie und Ethnologie durch den NS-belasteten Wilhelm Emil Mühlmann in den 1960er-Jahren. Erst ab 1975 erfolgten in Heidelberg mit der Berufung von Wolfgang Schluchter (1976) und M. Rainer Lepsius (1981), beide Max-Weber-Forscher und -Editoren, eine Ausdifferenzierung und der Anschluss an internationale Standards. Sie standen für die programmatische Umbenennung des Instituts (das volkswirtschaftliche wurde nach Alfred Weber benannt), die Trennung von der Ethnologie, die Professionalisierung und Ausdifferenzierung des Fachs wie auch für die Vernetzung mit der Volkswirtschaftslehre. Entscheidend sei seit damals die Orientierung der Soziologie an Max Webers fundamentalem Forschungskonzept gewesen, so Sigmund. Sigmunds Beitrag regte zur Diskussion an: Warum gerade die Präferenz für Max Weber in der Mitte der 1970er-Jahre? War es die interne Wirkungskraft Weberscher Paradigmen, ließ sich mit ihm eher der Anschluss an die international vernetzte „moderne" Soziologie entwickeln? Oder ist das neu belebte Weber-Paradigma ein Reflex auf gesellschaftliche Entwicklungen, die sich von noch vorherrschenden „Ideologien" und kulturkritischen Paradigmen verabschiedet haben?

Im Abendvortrag von Wolfgang Schluchter am Ende des ersten Tages folgte wenig überraschend eine nüchterne Abrechnung mit dem Heidelberger Soziologentag von 1964. Damals sei es im Wesentlichen nur um die Abarbeitung intern schwelender Konflikte der deutschen Soziologie gegangen, nicht so sehr um das Werk Webers und seine Wirkmächtigkeit. Die Hauptvorträge und Diskussionen kreisten in den 1960ern entweder um die NS-Vergangenheit[3] oder versuchten – wie Herbert Marcuse – Weber einseitig als kapitalistischen Ideologen zu entlarven. Interessant ist, dass in der soziologiegeschichtlichen Literatur der Heidelberger Soziologentag einhellig als zentraler Wendepunkt in der Rezeptionsgeschichte Max Webers beschrieben wird.[4] Das mag wohl nicht im Sinne des Referenten gelegen haben, der in seinem und M. Rainer Lepsius Wirken den eigentlichen Beginn „richtiger" Soziologie in Heidelberg sehen möchte.

Die zweite Hälfte der Tagung war den „Wirkungen" Webers im Detail gewidmet. Hier überraschte Arno Mohr aus Heidelberg mit einem fundierten Beitrag zur Bezie-

Simon Stewner, Norbert Giovannini

hung des weltweit renommierten Politologen und Totalitarismusforschers Carl-Joachim Friedrich zu Webers Denken. Weniger positiv war Jens Hackes (München) Einschätzung der Weber-Beziehung des Journalisten und Politologen Dolf Sternberger, vor allem für Letzteren, dem die akademische Zunft an sich mit Misstrauen und latenter Geringschätzung gegenüber stand. Sympathisch engagiert war der Beitrag von Peter König (Heidelberg) zur Beziehung des Philosophen Ernst Löwith zu Max Weber, in der – in unseren Worten – die „Augenhöhe" des immer souveränen und feinfühlig-hellwachen Löwith mit Weber sichtbar wurde.

Dieser wie auch die Beiträge von Zoltan Hidas (Budapest) über den Philosophen Dieter Henrich und Max Weber, Reinhard Mehring (Heidelberg) über Webers Widerschein im Briefwechsel von Ernst-Wolfgang Böckenförde und Carl Schmitt sowie Carmen Deges (Jerusalem/New York) Reflexionen über die Beziehung zwischen Karl Jaspers und Max Weber konzentrierten sich indes auf die (mehr oder weniger höflichen) internen Dialoge der jeweiligen Protagonisten, so als sei Max Webers Denken nicht an sich prädestiniert, das ewig um sich selbst kreisende Gelehrtengespräch aufzubrechen.

Eberhard Demm (Grenoble/Berlin) mühte sich anerkennenswert redlich, die Aufnahme des Erbes von Max Weber im Umkreis Alfred Webers nach 1945 zu würdigen, soweit dieser versuchte, die Heidelberger Soziologie im Geist des von der NS-Hochschulführung zertrümmerten INSOSTA wieder aufzugreifen. In der Tat, einiges ist gewiss hängen geblieben, wenn man an Studierende wie Bernhard Vogel, Karl Schiller und Helmut Kohl denken möchte. Aber ohne jede Ausstrahlung in die Wissenschaftswelt seiner Zeit. Leider replizierte Demm in seinem Vortrag das böse und ungerechtfertigte Verdikt Alfred Webers gegen Emil Julius Gumbel, den leidenschaftlichen Pazifisten und Statistikprofessor am INSOSTA, nach dem Krieg. In Reichweite des Referenten lag die jüngste Archivpublikation zu Gumbel, die Alfred Webers Ressentiment Lügen straft.[5]

Andreas Cser (Heidelberg) beschloss die Tagung mit einer Revue der „Geschichtlichen Grundbegriffe" des 9000 Seiten starken Historischen Lexikons zur politisch-sozialen Sprache in Deutschland, das von 1972 bis 1997 in acht Bänden unter der Regie der Historiker Werner Conze und Reinhard Koselleck erschienen ist. Die sehr konventionelle Anlage dieses Standardwerks zur Begriffsgeschichte limitiert auch seinen praktischen Wert. Mit unverhohlener Bewunderung folgten die Tagungsteilnehmer Csers akribischer Suche nach Spuren des Max-Weberschen Denkens, die sich im Historischen Lexikon durchaus zahlreich, aber nicht unbedingt zuverlässig finden. Vermutlich wird man allerdings in der Gegenwart nach anderen Medien begriffsgeschichtlich-lexikalischer Darstellung streben.

Ein Fazit der Tagung ist indes unabweisbar: Max Webers Denken bleibt Inspirationsquelle zum Nachdenken und Forschen über gesellschaftliche Strukturen und Entwicklungen. Sein Konstrukt des Charismas ist in der Gegenwart von bedrückender und unzweideutiger Aktualität, und das Verständnis von „Politik als Beruf" sowie die Unterscheidung von Verantwortungs- und Gesinnungsethik sind eine bleibende Herausforderung praktischer Politik. Und das alles sind nur Bruchstücke eines gewaltigen Reflexionsberges, der unabgeschlossen seiner weiteren Erschließung harrt.

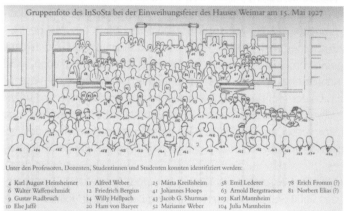

Gruppenfoto des InSoSta bei der Einweihungsfeier des Hauses Weimar am 15. Mai 1927. (Quelle: Universitätsarchiv Heidelberg)

Unter den Professoren, Dozenten, Studentinnen und Studenten konnten identifiziert werden:

| | | |
|---|---|---|
| 4 Karl August Heinsheimer | 25 Márta Kreilisheim | 58 Emil Lederer | 78 Erich Fromm (?) |
| 6 Walter Waffenschmidt | 41 Johannes Hoops | 63 Arnold Bergstraesser | 81 Norbert Elias (?) |
| 9 Gustav Radbruch | 43 Jacob G. Shurman | 103 Karl Mannheim | |
| 10 Else Jaffé | 52 Marianne Weber | 104 Julia Mannheim | |
| 11 Alfred Weber | | | |
| 12 Friedrich Bergius | | | |
| 14 Willy Hellpach | | | |
| 20 Hans von Baeyer | | | |

## Anmerkungen

1 Die Tagung fiel zusammen mit der Vorstellung eines Aufsatzbandes zu Max Weber, die aus der digitalen Vortragsreihe von Archiv und Universität zu Webers 100. Todestag am 14. Juni 1920 entstanden ist. Heike Hawicks, Ingo Runde (Hgg.): Max Weber in Heidelberg. Beiträge zur digitalen Vortragsreihe an der Universität Heidelberg im Sommersemester 2020 anlässlich des 100. Todestages am 14. Juni 2020 (Heidelberger Schriften zur Universitätsgeschichte Bd. 11), Heidelberg 2022.

2 Steffen Sigmund, Hans-Peter Müller (Hgg.): Max Weber-Handbuch, Berlin ²2020. Den Beitrag von Steffen Sigmund drucken wir im Anschluss an diesen Tagungsbericht in diesem Jahrbuch ab.

3 Es ging dabei um die von Jürgen Habermas aufgeworfene Frage, ob Webers Begriff der charismatischen Führerschaft Steigbügelhalter für Carl Schmitts Dezisionismus gewesen sei.

4 Uta Gerhardt: Der Heidelberger Soziologentag 1964 als Wendepunkt der Rezeptionsgeschichte Max Webers, in: Dies. (Hg.): Zeitperspektiven, Stuttgart 2003, S. 232–266, S. 261ff.

5 Ingo Runde, Matthias Scherer (Hgg.): Emil Julius Gumbel. Mathematiker – Publizist – Pazifist. Beiträge zur Tagung im Universitätsarchiv Heidelberg am 22. Juli 2019 (Heidelberger Schriften zur Universitätsgeschichte Bd. 10), Heidelberg 2022.

Steffen Sigmund

# Soziologie in Heidelberg: Von Max Weber zum Max-Weber-Institut

Die Institutionalisierung des Fachs Soziologie an deutschen Universitäten verlief in unterschiedlichen Phasen und mit unterschiedlicher Prägnanz. Es gab in Deutschland zu Beginn des 20. Jahrhunderts keine dominante und räumlich zuzuordnende Schule wie beispielsweise die Durkheimschule in Paris oder die sogenannte Chicago School in den USA, die Entwicklung war hauptsächlich geprägt durch einzelne Personen und deren jeweilige Vorstellungen von Soziologie. So bildeten sich „lokale Zentren" etwa in Frankfurt (Franz Oppenheimer, Institut für Sozialforschung), Köln (Leopold von Wiese), Leipzig (Hans Freyer) oder in gewisser Weise auch in Heidelberg (Alfred Weber), wobei sich aber kein klares Muster einer universitär geprägten Soziologie oder gar eines homogenen disziplinären Profils des Faches etablieren konnte. Stattdessen bildeten sich „uneinheitliche Milieus" von Wissenschaftlern, die intern oft auch heterogene Vorstellungen von Soziologie vertraten.[1] In den 1920er-Jahren war die Soziologie in der Regel eng mit der Nationalökonomie verbunden, und es wurden unterschiedliche disziplinäre Konzepte und Ideen verfolgt, es fehlte der jungen Disziplin an einem klaren methodischen und theoretischen „Selbstverständnis".[2]

Eine Situation, die Max Weber mit Blick auf die sich etablierende Soziologie in gewisser Weise schon vorhergesehen hatte. Zwar plädierte er im Rahmen eines Briefes zur Gründung der Deutschen Gesellschaft für Soziologie (DGS) 1908/09 noch explizit dafür, die Soziologie als eigenständige Disziplin zu profilieren, doch war er zum damaligen Zeitpunkt schon sehr skeptisch, ob dies gelingen könnte, da für ihn die zeitgenössische Soziologie ein „Tummelplatz von Dilettanten" war und „keine Disziplin mit methodischem Selbstverständnis".[3]

Blickt man auf die Geschichte der Soziologie an der Universität Heidelberg, findet sich auch hier eine undefinierte und offene Situation. Max Weber hatte jedoch im Zuge seiner Berufung nach Heidelberg 1897 das Volkswirtschaftliche Seminar begründet, das genealogisch als organisatorisches Vorläuferinstitut des heutigen Instituts zu betrachten ist, aber er war selbst schon 1903 aus seinem universitären Amt ausgeschieden und wehrte sich auch lange gegen die (Selbst)Bezeichnung Soziologe. „Erst 1919 bezeichnete er sich selbst ‚primär als Soziologen'".[4] Zwar bestand schon früh eine spezifische Affinität zur Soziologie und zu soziologischen Problemstellungen an der Universität, doch war diese nur begrenzt wirk- und handlungsmächtig, und Weber selbst hatte keine Ambitionen dies institutionell in Heidelberg zu forcieren. Das Interesse an einer Etablierung des Fachs Soziologie als eigenständige Forschungseinheit war insofern lange Zeit eher schwach ausgeprägt, eine an Max Weber orientierte Vorstellung von Soziologie hat sich hier erst sehr spät, dafür aber, so meine These, umso wirkmächtiger institutionalisiert.

Im Folgenden möchte ich den Institutionalisierungsprozess der Soziologie in Heidelberg entlang dreier Thesen rekonstruieren, die mit drei Phasen von Institutsbenennungen verbunden sind:

1. Die ausgebliebene Institutionalisierung oder das Institut für Sozial- und Staatswissenschaft (1924–1959)

2. Die Suchbewegung oder das Institut für Soziologie und Ethnologie (1960–1975)

3. Die Durchsetzung und Etablierung oder das Institut für Soziologie (später Max-Weber-Institut für Soziologie) (seit 1976)

## 1. Die ausgebliebene Institutionalisierung, oder das Institut für Sozial- und Staatswissenschaft (1924–1959)

Heidelberg stellte während der Weimarer Republik eines der lokalen Zentren der Soziologie dar. Hier kommt insbesondere Alfred Weber – dem Bruder von Max Weber – eine entscheidende Rolle zu. Seit 1908 auf dem Lehrstuhl für Nationalökonomie und Finanzwissenschaft, leitet er zusammen mit Eberhard Gothein, seit 1903 der Nachfolger von Max Weber, nachdem dieser sich krankheitsbedingt von seinen universitären Aufgaben entbinden ließ, das Volkswirtschaftliche Seminar. Nach Gotheins Tod 1923 gestaltete Alfred Weber das Seminar zusammen mit Emil Lederer neu, erweiterte die inhaltliche Forschungsperspektive in Richtung Sozialwissenschaft und benannte es 1924 in Institut für Sozial- und Staatswissenschaften (InSoSta) um. Dieses versuchte die bisherige nationalökonomische Ausrichtung zu erweitern, war disziplinär weitgehend offen und nicht festgelegt und ermöglichte damit, auch außeruniversitäre Impulse stärker mit aufzunehmen.[5] Weber etablierte neben den bestehenden beiden Ordinariaten (ab 1926 erweiterte er die Bezeichnung seines eigenen Ordinariats um den Titel Soziologie) noch zwei weitere apl. Professuren, eine für Carl Brinkmann und eine weitere für Hans von Eckardt, der ab dem Wintersemester 1926/27 als Professor am neu geschaffenen Institut für Zeitungswesen tätig wurde. Gerade diese Entwicklung/Professur ging auf eine Neujustierung und Öffnung des Instituts zurück, da sich die Chance bot, nicht nur private Sponsoren zu gewinnen, sondern auch An-Institute und Nebeneinrichtungen (natürlich in Absprache mit den Fakultäten) zu gründen. Hans von Eckardt, Staatswissenschaftler mit besonderem Interesse an der politischen Soziologie, war eigentlich kein Zeitungsfachmann im engeren Sinne[6]. Nicht die Ausbildung des journalistischen Nachwuchses stand im Zentrum seines Interesses, sondern es ging ihm darum, das Institut ökonomisch-politisch auszurichten, im Hinblick auf eine empirische Analyse der Öffentlichkeit und der Medien. Ziel war es, „eine ‚Typologie der deutschen Presse', die mit den Methoden der politischen Soziologie Leserschaft, Einstellungen sowie die Wechselwirkungen zur öffentlichen Meinung erfassen sollte"[7], zu erstellen. Die einschlägigen Lehrveranstaltungen[8] galten deshalb Themen wie „Elementaranalyse der öffentlichen Meinung" (Willy Hellpach), „Das Zeitungswesen in der kapitalistischen Epoche" (Emil Lederer), „Soziologie der Öffentlichen Meinung und Presse" (Karl Mannheim) oder „Die Frauenfrage als Gegenstand der Presse" (Marie Baum).

Die Voraussetzung für eine stärkere institutionelle Verankerung der Soziologie an der Universität Heidelberg war somit eigentlich gegeben. Mit der Erweiterung der Benennung seines Ordinariats in Nationalökonomie, Finanzwissenschaft und Soziologie gelang es Alfred Weber, die Soziologie erstmals an der Universität öffentlich sichtbar

Steffen Sigmund

zu verankern. Die Zusammensetzung der Mitarbeiter, Promovenden und Habilitanten wie Karl Mannheim, Hans Speier, Norbert Elias, Talcott Parsons, Arnold Bergstraesser oder Siegfried Landshut zeigte die starke soziologische Grundorientierung des Instituts. Das Institut für Sozial- und Staatswissenschaften und insbesondere das Institut für Zeitungswesen verdeutlichen in Lehre und Forschung das Potenzial der Soziologie, und doch fehlte es an einer klaren und homogenen Vorstellung von Soziologie selbst, die es rechtfertigen würden, von einer Heidelberger Schule zu sprechen.

Zwar gab es lose Anschlussmöglichkeiten an die Soziologie Max Webers, doch waren diese nicht systematisch begründet, sondern entweder persönlich, wie beispielsweise bei Emil Lederer über dessen Zusammenarbeit mit Max Weber im Archiv für Sozialwissenschaft und Sozialpolitik und auch in der Schriftenreihe Grundriß der Sozialökonomie (beides von Max Weber mitbegründet) oder aber thematisch, wie bei von Eckardt. Max Webers frühe Forderung einer Zeitungsenquete mündete in gewissem Sinne ja in das Institut für Zeitungswesen, aber ein theoretisch scharfer Bezug auf Weber war nicht gegeben. Dies lag auch daran, dass die Rezeption des Werks Webers noch kaum gegeben war, seine Schriften wurden erst im Laufe der 1920er-Jahre nach und nach von Marianne Weber, seiner Frau, veröffentlicht. Wenngleich das InSoSta eine gemeinsame organisatorische Klammer bot, waren das soziologische Selbstverständnis und die theoretische Ausrichtung von Alfred Weber (Kultursoziologie), Emil Lederer (Angestelltensoziologie), Karl Mannheim (Wissenssoziologie) oder Felix von Eckardt (Publizistik) in dieser Akteurskonstellation zu disparat, sie hatten keine gemeinsame theoretische oder methodische Orientierung, und es kam stattdessen zu klaren Fraktionierungen. Dies beschreibt etwa Hans Speier in seinen Erinnerungen, in dem er von „streng getrennten Kreisen (spricht), deren Grenzen nur bei besonderen Anlässen überwunden wurden". Er gehörte zur Gruppe um Lederer und Mannheim, und diese Gruppe wollte nichts „mit den Studenten der anderen Soziologen wie Brinkmann oder auch Alfred Weber" zu tun haben.[9]

Gleichwohl repräsentierte das InSosta zu Teilen und sehr profiliert die sozialliberalen und republiknahen Strömungen deutscher Sozialwissenschaft, ja es stand für die mehr eingebildete als tatsächliche „liberale akademische Hochburg Heidelberg" und deren weltweitem Ruf, der sich über dem Haupteingang der Neuen Universität in die Formel verdichtete: Dem lebendigen Geist.

Mit der Veränderung der generellen Rahmenbedingungen im Zuge der Machtergreifung durch die Nationalsozialisten wurde die Entwicklung des Instituts jäh abgebrochen[10]. Alfred Weber schied 1933 freiwillig aus dem Amt aus, von Eckardt wurde 1933 entlassen und 1934 wurde ihm die Venia legendi entzogen. Schon einige Jahre früher hatte Karl Mannheim Heidelberg verlassen und folgte einem Ruf nach Frankfurt (1930) und Emil Lederer war 1931 nach Berlin (später New York) gegangen, so dass das Institut formal zwar weiter existierte, aber sein sozialwissenschaftliches Profil keinerlei Kraft mehr besaß. Nachfolger von Alfred Weber wurde Carl Brinkmann, der sich schon früh mit Carl Schmitt befreundet hatte. 1942 wurde das Institut dann kurzfristig in die Staatswissenschaftliche Fakultät überführt.

Mit der Machtübernahme im März 1933 begann auch die „Gleichschaltung" der Universität mit allen Konsequenzen. So wurden bis 1938 nicht nur alle jüdischen, sondern auch alle liberal, demokratisch und links orientierten Wissenschaftler entlassen, das Prinzip der universitären Selbstverwaltung wurde zugunsten des Führerprinzips aufgehoben, und das für die akademische Unabhängigkeit unverzichtbare Selbstergänzungsrecht des Lehrkörpers (Selbstkooptationsprinzip) faktisch abgeschafft. Waren im Wintersemester 1932/33 noch zwei Ordinarien und sieben habilitierte Wissenschaftler Teil des InSoSta, so waren 1934 nur noch Carl Brinkmann und Walter Waffenschmidt als Extraordinarius aktiv. Der Charakter des Instituts verändert sich nicht nur personell, sondern auch inhaltlich. Im Zuge der Übernahme der Mannheimer Handelshochschule kam es zu einer Expansion der Betriebswirtschaftslehre, auch wenn sich die Philosophische Fakultät hiergegen wehrte. In der Folge wurde das Institut aus der Fakultät herausgelöst und die Fakultät für Staats- und Wirtschaftswissenschaften gegründet, die nominell zwar zu klein war, aber durch Hinzuziehung weiterer, oftmals politisch opportuner Personen vergrößert wurde. Die Soziologie war damit mehr oder weniger verschwunden, an deren Stelle wuchs aber die Betriebswirtschaftslehre.

Nach dem Krieg wurden Alfred Weber, nun schon 77-jährig, und von Eckardt wieder in ihre früheren Positionen aufgenommen und leiteten erneut die Institute, wenn auch unter veränderten Bezeichnungen: Weber stand dem Institut für Sozial- und Staatswissenschaften vor und von Eckhardt dem nun umbenannten Institut für Publizistik. Von Eckardts Ordinariat wurde ab 1946 explizit als Soziologie (nicht mehr Staatswissenschaften) bezeichnet, und auch der Lehrbetrieb wurde weitgehend soziologisch ausgerichtet. Die beiden vakanten nationalökonomischen Lehrstühle wurden nach mehreren Berufungsverfahren durch die Ökonomen Erich Preiser und Alexander Rüstow besetzt. Einen inhaltlichen Anschluss an die Vorkriegstradition des Instituts gab es jedoch nicht. Die frühere Forschungsagenda wurde nicht mehr aufgenommen, eine größere personelle Kontinuität (außer durch Weber, von Eckardt und Herbert Sultan) war nicht gegeben. Es kam in Heidelberg damit auch nicht, wie an anderen deutschen Universitäten, zur Möglichkeit einer Neubestimmung der Soziologie, etwa im Zuge der Rückkehr und Einbindung von Emigranten (wie in Frankfurt mit Theodor W. Adorno und Max Horkheimer) oder eines Anschlusses an die internationale Soziologie (wie in Köln mit René König) oder an zeitgenössische Fragestellungen, wie beispielsweise die industriesoziologische Forschung. Die Soziologie in Heidelberg fristete, wenn überhaupt, in den 1950er-Jahren ein Schattendasein.

## 2. Suchbewegung: Das Institut für Soziologie und Ethnologie zwischen 1960–1975

Mit dem Tod Hans von Eckardts 1957 ergab sich strukturell die Chance zu einer stärkeren Etablierung der Soziologie an der Universität, die Möglichkeit bestand, das Fach an die nationale Entwicklung der soziologischen Institute und der aktuellen soziologischen Forschung anzuschließen. Eckardts Stelle wurde kurzfristig von Hans-Paul Bahrdt vertreten, ohne dass dieser als Nachfolger in Betracht gezogen wurde. Stattdessen galt Heinrich Popitz als, insbesondere von Alfred Weber unterstützter, Kandidat für die Professur, mit dessen Berufung ein Anschluss an die Tradition Max Webers möglich gewesen wäre. 1958 verstarb auch Alfred Weber und konnte auf die Besetzung keinen Einfluss mehr nehmen. Die Fakultät entschied sich gegen eine solche Profilierung der Soziologie und berief im Herbst 1959 den Mainzer Ethnosoziologen Wilhelm Emil Mühlmann, der in der Tradition des Kulturanthropologen Richard Thurnwald forschte und damit den Anschluss an die damals einflussreiche amerikanische Forschungstradition bot.[11]

Somit entstand 1960 zwar erstmals eine Forschungseinrichtung an der Heidelberger Universität, die Soziologie im Titel trug, jedoch mit dem Zusatz Ethnologie. Das neue Institut hieß Institut für Soziologie und Ethnologie. Der Schwerpunkt lag dabei nicht auf der Analyse zeitgenössischer Gesellschaften, sondern es wurde eine kulturanthropologische und kulturvergleichende Perspektive verfolgt. Statt Industriesoziologie wurde Ethnosoziologie zum Profil des Instituts. Dies änderte auch die Einrichtung eines zweiten Ordinariats 1962 nicht, denn dieses wurde erneut nicht durch einen genuinen Soziologen besetzt, sondern durch den Sozialphilosophen und Wissenschaftstheoretiker Ernst Topitsch. Die Arbeitsschwerpunkte beider Ordinarien, wie auch ihrer Mitarbeiter, lagen somit eher in Randgebieten des Faches und der damaligen fachinternen Diskussionen.

Hinzu kam, dass Mühlmann schon früh eine gewisse Distanz zum Institut und zur Universität entwickelte, einerseits durch seine intensive Sizilienforschung, die immer wieder zu längeren Abwesenheiten führte, andererseits aber auch durch eine öffentliche Debatte in der ZEIT bezüglich seiner Publikationen während des Dritten Reiches und seiner Verbindungen zum Nationalsozialismus, die ihn an der Universität zunehmend isolierte. In diesem Zusammenhang gab er auch den Vorsitz des lokalen Vorbereitungskomitees für den Weber-Kongress 1964 an Ernst Topitsch ab, der daraufhin auch den Einführungsvortrag hielt. Die Impulse dieses Kongresses, die zu einer Neuentdeckung Max Webers für die deutsche Soziologie führten, wirkten jedoch nicht in das Institut hinein im Sinne der klaren Ausbildung eines spezifischen disziplinären Selbstverständnisses. 1963/64 kam es zu einer Ergänzung und Erweiterung des Instituts durch die Etablierung einer Abteilung für Kommunikationsforschung, in gewissem Sinne eine Wideraufnahme der Tradition des Instituts für Publizistik.

Ende der 1960er-Jahre veränderte sich die Situation am Institut jedoch grundlegend. Verunsichert durch die politischen Veränderungen und die Forderungen der Studierenden nach mehr Mitsprache und Transparenz, zogen sich Mühlmann und Topitsch sukzessive aus dem Institut zurück. Topitsch folgte im September 1969 einem Ruf nach Graz und verwies in seinem Schreiben an das Rektorat darauf, dass seine Entscheidung auch damit zusammenhinge, dass „an der Wirkungsstätte Max Webers nun das Chaos sich Platz mache".[12] Mühlmann wollte zunächst den Lehrstuhl vertreten lassen, doch sein eigenständiger Beschluss, den Tübinger Friedrich Tenbruck zur Vertretung zu gewinnen, scheiterte an massiven Studentenprotesten (Tenbruck hing der Ruf nach, dass er in Tübingen Studierende denunziert habe, so dass die Studierenden seine Veranstaltung boykottierten bzw. ihn nicht in den Vorlesungssaal gehen ließen). Auch der Mittelbau stellte sich gegen Mühlmann und lehnte dessen Vorhaben ab, woraufhin Mühlmann im November seine Entpflichtung beantragte und sich 1970 nach Sizilien zurückzog.

Wenngleich es kurzfristig Überlegungen an der Universität gab (sogenannte Mach-leidt-Plan), „die Stellen ‚ruhigeren' Fakultäten"[13] zuzusprechen, wurden die Professuren neu ausgeschrieben, wobei bezüglich der inhaltlichen Ausrichtung kein Konsens bestand. Es zeigte sich aber, dass sowohl die Studentenschaft als insbesondere auch der akademische Mittelbau in der Folge stark die Entwicklung des Instituts beeinflussten und mitprägten. Mit Blick auf die künftige Ausrichtung der Professuren kamen diese Gruppen darin überein, einerseits die ethnosoziologische Ausrichtung aufrecht zu erhalten (als Soziologie der Dritten Welt), andererseits sollte aber auch, so ein damals verfasster Kriterienkatalog, die empirische Forschung in theoretischer Richtung verankert werden. Darüber hinaus war es für die Studentenschaft ein Anliegen, die marxistische Wissenschaft dauerhaft zu institutionalisieren, während der Mittelbau eine gesamtgesellschaftliche Reflexion sozialer Tatbestände als Kriterium benannte.

In der Folge der Berufungsverfahren wurden von der Kommission zwei Listen verabschiedet. Eine der beiden Listen wurde von der Fakultät und der Universität befürwortet, und der Ruf erging an den Industriesoziologen Gerhard Brandt (Probleme der Industriegesellschaften), während die zweite Liste (Platz 1 war Christian Sigrist, Soziologie der Entwicklungsländer) von der Fakultät und später auch vom Kultusministerium abgelehnt wurde. Daraufhin lehnte Brandt im Februar 1971 den an ihn ergangenen Ruf ab und das Institut blieb bis 1976 ohne eigene Professur. Während dieser Zeit wurde die Institutsverwaltung und -leitung an Vertreter des Mittelbaus (und der Studierenden) als kommissarische Institutsleiter übergeben (Gerhard Hauck u.a.) und der Studienbetrieb mit einer Reihe von Vertretungen und Lehraufträgen (u.a. Johann Pall Arnason, Georg Elwert, Martin Riesebrod, J.M. Vincent) aufrechterhalten. Kurzfristig wurde nochmals von Fakultäts- und Universitätsseite erwogen, das Institut zu schließen, aber im Juni 1974 kam es nach einigen Turbulenzen, wie der Sprengung der Fakultätsratssitzung durch Studierende, Boykott der Lehrstuhlvertretung durch Richard Münch, der anschließend in einem offenen Brief von ‚totalitären und faschistoiden' Zügen am Institut sprach, auch auf Initiative des Kultusministeriums zur Neuausschreibung von zwei Lehrstühlen für Soziologie. Im Januar 1975 wurden die entsprechenden Listen verabschiedet, wobei die Berufungskommission auf eine stärker soziologische Profilierung drängte. Dies ging in besonderem Maße auf M. Rainer Lepsius und Hans Albert von der Wirtschaftshochschule Mannheim zurück, die vom damaligen Dekan als externe Mitglieder in die Kommission kooptiert wurden – und als einzige mit expliziter soziologischer Kompetenz – maßgeblich an den Berufungen mitwirkten. Mit diesem Verfahren einher ging die inhaltliche Loslösung der Soziologie von der Ethnologie und eine klare Ausrichtung der Professuren: mit den Schwerpunkten Allgemeine soziologische Theorie und Methoden der empirischen Sozialforschung. Wenngleich es über vierzig Bewerbungen sowie mehrere Vorstellungsvorträge gab, entschied sich die Kommission dafür, auch Nichtbewerber mit zu diskutieren bzw. einzelne Personen direkt anzusprechen. Die Rufe ergingen schließlich an Wolfgang Schluchter und Hans Joachim Hoffmann-Nowotny.

Mit der Berufung von Schluchter konnte ein Akteur gewonnen werden, der eine international anschlussfähige Vorstellung von Soziologie präzisieren, vorantreiben und institutionalisieren konnte.

Steffen Sigmund

## 3. Durchsetzung und Etablierung: Das Institut für Soziologie seit 1976

Wolfgang Schluchter nahm den Ruf an, und es kam 1976 zu einer erneuten Umbenennung des Instituts in Institut für Soziologie, wobei sich in den Protokollen der Fakultät findet, dass damals schon die Idee diskutiert wurde, das Institut Max-Weber-Institut zu nennen, ein Vorschlag, der im Zusammenhang mit den Berufungsverhandlungen eingebracht, von der Fakultät aber abgelehnt wurde. Hans-Joachim Hoffmann-Nowotny lehnte den Ruf ab, so dass das zweite Ordinariat erneut unbesetzt blieb und vom Ministerium wieder eingezogen wurde. Erst 1981 gelang es, den zweiten Lehrstuhl wieder ans Institut zu bringen, er wurde von M. Rainer Lepsius besetzt. Zunächst wurden aber das Institut und der Studiengang restrukturiert. Uwe Schleth wurde auf eine C3 Professur für Empirische Sozialforschung berufen, Hans Norbert Fügen, der schon Ende der 1960er-Jahre am Institut lehrte und 1972 habilitiert wurde, kehrte nach längerer Krankheit wieder zurück. Und gemeinsam mit Hans G. Oel, der mit Ernst Topitsch in den 1960er-Jahren nach Heidelberg gekommen war und als Akademischer Rat wirkte, wurde ein inhaltlich klar strukturierter und profilierter soziologischer Studienplan etabliert. Im Laufe der 1980er-Jahre wuchs das Institut auf insgesamt fünf Professuren an und in den 1990ern wurde der Magisterstudiengang durch einen Diplomstudiengang ergänzt, sodass nicht nur die Ausbildung stärker berufsorientiert wurde, sondern auch die Vernetzung in die Universität, insbesondere zur wirtschaftswissenschaftlichen und juristischen Fakultät vertieft werden konnte. Der Kern des Instituts war somit gegeben und fest an der Universität verankert. Entscheidend für den weitergehenden Institutionalisierungsprozess war daneben die Schärfung des ‚kognitiven und sozialen Kerns' des Instituts, die Vorstellung einer am Werk Max Webers orientierten Soziologie. Hierzu trugen in dieser frühen Phase zwei Prozesse wesentlich bei. Theoriegeschichtlich war es schon seit dem DGS Kongress von 1964 zu einem zunehmenden Interesse am Werk Max Webers gekommen, der international bedeutend stärker rezipiert worden war als in Deutschland. Dies führte zwar nicht unmittelbar zu einer stärkeren Rezeption der Schriften Webers, aber es war bedeutsam, da sowohl die Hinwendung zu Theoriediskussionen wie auch zu Fragen der aktuellen gesellschaftlichen Entwicklung damit einherging.

Im Zuge des sich intensivierenden Interesses am Gesamtwerk Webers entstand dann in den 1970er-Jahren die Idee, sein Gesamtwerk zu systematisieren und im Rahmen einer historisch-kritischen Gesamtausgabe herauszugeben und der Fachöffentlichkeit zugänglich zu machen. Nach längeren Diskussionen kam es 1976 dazu, dass ein Herausgebergremium (Hans J. Mommsen, Horst Baier, Johannes Winckelmann, M. Rainer Lepsius und Wolfgang Schluchter) einen Vertrag mit der Bayrischen Akademie der Wissenschaften und dem Mohr Siebeck Verlag schloss, mit dem Ziel, diese Gesamtausgabe zu realisieren. Somit waren zunächst einer und ab 1981 zwei der maßgeblichen Herausgeber in Heidelberg aktiv, große Teile der Gesamtausgabe entstanden im Kontext des Instituts für Soziologie und prägten dieses nach innen und außen. Gleichzeitig zeigte sich theoriesystematisch aber auch, dass der Position Webers für die damalige Theoriesituation in Deutschland größere Bedeutung zukam. Denn Schluchter zeigte nicht nur in seinem Buch Die Entwicklung des okzidentalen

Rationalismus die Fruchtbarkeit einer weberschen Perspektive im Vergleich zu den damals dominanten Theoriepositionen von Habermas und Luhmann, sondern es gelang ihm auch, im Rahmen des Kolloquiums zur 50-jährigen Wiederkehr der Verleihung der Doktorwürde der Universität Heidelberg an Talcott Parsons, den Theoriediskurs mit beiden hier in Heidelberg zu führen. Diese Tagung und die hierauf bezogene Publikation[14] ein Jahr später, waren ein bedeutendes Ereignis für die Theorieentwicklung innerhalb der deutschen Soziologie. Nach außen wurde national und international deutlich, dass die Auseinandersetzung mit und die Weiterentwicklung von Webers Werk eng mit dem Heidelberger soziologischen Institut verknüpft war. Darüber hinaus wirkte die Tagung aber auch nach innen in die Universität. Der Erfolg führte dazu, dass es gelang, die zweite C4 Professur 1980 wieder einzurichten, die dann ab 1981 von M. Rainer Lepsius besetzt wurde.

Die Idee einer systematischen Fortentwicklung und Anbindung der weberschen Perspektive an nationale und internationale Diskurse wurde in den 1980er- und 1990er-Jahren in mehrerer Hinsicht weiterverfolgt. Einerseits im Zuge einer intensiven Auseinandersetzung mit dem religionssoziologischen Werk Max Webers in insgesamt sechs interdisziplinär ausgerichteten Tagungen zwischen 1981 und 1988. Andererseits gelang es, die Universität für die Etablierung der Max Weber Gastprofessur zu gewinnen, sodass über den langen Zeitraum von 1981–1997 regelmäßig, insgesamt zwölf international bedeutende Soziologen für ein Semester an die Universität Heidelberg kamen und Forschungsergebnisse bzw. aktuelle Anschlussperspektiven an das Werk Max Webers präsentierten. Auch hier halfen universitätsinterne Prozesse entscheidend mit, denn Wolfgang Schluchter lehnte die Rufe an das Max Plank Institut für Bildungsforschung in Berlin wie auch das Angebot, mit Jürgen Habermas das Max Plank Institut für Gesellschaftsforschung in Starnberg/München zu leiten, ab.

Es gelang somit, einen kontinuierlichen, auf Weber bezogenen Diskurszusammenhang am Institut zu etablieren, der anschlussfähig war und neben werkgeschichtlichen Aspekten immer auch das analytische Potential Webers für aktuelle Fragen deutlich machte, wie etwa auch die Forschungen und Veröffentlichungen von Lepsius etwa zur Institutionentheorie, zur Wiedervereinigung oder zum europäischen Integrationsprozess zeigten. Heidelberg war somit neben Bielefeld (Systemtheorie), Frankfurt/Starnberg (Kritische Theorie) und Mannheim/Köln (Rational Choice Theory) seit den 1980er-Jahren ein zentraler Referenzpunkt der zeitgenössischen soziologischen Theorieentwicklung in der Bundesrepublik geworden, oder, wie es Ralf Dahrendorf einmal formulierte, die Wiederentdeckung Max Webers, für die das Heidelberger Institut bzw. Schluchter und Lepsius maßgeblich verantwortlich waren, löste „den großen Ausflug in die Wolken, in die Welt der herrschaftsfreien Kommunikation, in die Welt der Systeme"[15] ab.

Auch wenn sich im Zuge der Wiedervereinigung und des Aufbaus der Soziologie in den neuen Bundesländern der Fokus am Institut ein wenig veränderte, Lepsius und Schluchter waren in vielfältigen Funktionen in den neuen Bundesländern über einen längeren Zeitraum engagiert und nicht mehr so präsent in Heidelberg, blieb ein Schwerpunkt der Heidelberger Soziologie, insbesondere bei einer Vielzahl von Doktorand*innen und Habilitand*innen, die Auseinandersetzung mit dem Werk Max Webers. Und es war erneut eine Heidelberger Tagung, nach 1964 und 1979, die 2003

Steffen Sigmund

die zentrale Bedeutung Webers für das Institut bzw. die Bedeutung des Instituts für die Soziologie öffentlich sichtbar machte. Im April 2003 diskutierten eine Vielzahl Sozialwissenschaftler*innen die „Eigenart und das Potenzial"[16] des Weberschen Werkes, unter dem seither etablierten und eng mit dem Institut verbundenen Etikett: das Weber-Paradigma.

2011, 35 Jahre nachdem Wolfgang Schluchter dies in der damaligen Fakultät für Wirtschaft- und Sozialwissenschaften diskutiert hatte, wurde das Heidelberger Institut für Soziologie in Max-Weber-Institut für Soziologie umbenannt.

## 4. Schlussbemerkung

Rekonstruiert man abschließend den Prozess der Institutionalisierung der Soziologie an der Universität Heidelberg, insbesondere auch mit Blick auf die Bedeutung Max Webers für diesen Prozess, dann zeigt sich zunächst, dass in jeder der drei Phasen der Bezug auf Max Weber latent gegeben war, dieser sich aber erst in der Phase nach 1975 wirklich manifestiert hat und dem Institut eine spezifische Prägung gab. Für die Zwischenkriegszeit gilt, dass eine Vielzahl und Vielfalt von Soziologen im InSoSta wirkten, die teilweise persönlich von Max Weber geprägt waren, und das neu geschaffene Institut für Zeitungswesen hatte eine dezidiert soziologische Ausrichtung. Mit dem Wechsel von Karl Mannheim nach Frankfurt und Emil Lederer nach Berlin zerfaserte das soziologische Profil des InSoSta mehr und mehr und fand dann ab 1933 ein abruptes Ende. Hieran konnte auch in den 1950er-Jahren nicht mehr systematisch angeschlossen werden. Interessant war die Interimsphase zu Beginn der 1970er-Jahre, in der eine Diskussion im Mittelbau und der Studierendenschaft einsetzte, um klare Kriterien für die inhaltliche Ausrichtung der Lehrstühle zu formulieren. Wenngleich sich diese, quasi bottom up entwickelte, Ausrichtung personell nicht wie gewünscht realisieren ließ, wies sie doch in eine ähnliche Richtung wie die, später top down, von der Berufungskommission präferierte Ausschreibung. Dies mündete dann in die Berufung zunächst von Wolfgang Schluchter und später von M. Rainer Lepsius. Die spezifische Konstellation seit Mitte der 1970er-Jahre war es nun, die maßgeblich dazu beitrug, dass die Heidelberger Soziologie sich mit starker Bezugnahme auf das Werk Max Webers profilierte und institutionalisierte. Dies ermöglichte in der Folge die Profilierung und Etablierung einer einflussreichen, eigenständigen theoretischen Position, eines originären ‚Theorietyps', neben den dominanten soziologischen Theorieansätzen der kommunikations- und verständigungsorientierten Handlungstheorie von Jürgen Habermas und der autopoietischen Systemtheorie von Niklas Luhmann. Schließlich zeigt sich drittens wirkungsgeschichtlich, dass es gelang, über den lokalen Heidelbergbezug hinaus das Webersche Forschungsprogramm oder das sog. Weber-Paradigma zu etablieren, das als analytischer Referenz- und Orientierungspunkt auch über den unmittelbaren Weberbezug hinaus für nationale und internationale Soziolog*innen noch heute bedeutsam ist.

Die Etablierung der Soziologie an der Universität Heidelberg hängt somit in unterschiedlicher Weise mit der Bezugnahme auf Max Weber zusammen und hat seit 1976 maßgeblich zur Rezeption Max Webers in Heidelberg und darüber hinaus beigetragen.

# Anmerkungen

1   M. Rainer Lepsius: Die Soziologie in der Zwischenkriegszeit. Entwicklungstendenzen und Beurteilungskriterien, in: ders.: Soziologie und Soziologen, Tübingen 2017, S. 9.

2   Ebd., S.10.

3   M. Rainer Lepsius: Max Weber und die Gründung der deutschen Gesellschaft für Soziologie, in: ders.: Max Weber und seine Kreise, Tübingen 2016, S. 81.

4   Ebd.

5   Reinhard Blomert, Hans Ulrich Eßlinger, Norbert Giovannini: Einleitung, in: dies. (Hgg.): Heidelberger Sozial- und Staatswissenschaften. Das Institut für Sozial- und Staatswissenschaften zwischen 1918 und 1958, Marburg, 1997, S. 11. Aufschlussreich in diesem Zusammenhang auch Reinhard Blomert: Intellektuelle im Aufbruch, München, Wien 1999.

6   Horst Reimann: Publizistik und Soziologie an der Universität Heidelberg, in: Publizistik. Vierteljahreshefte für Kommunikationsforschung, 31, 1986, S. 330f.

7   Ebd., S. 333.

8   Ebd., S. 332.

9   Blomert u.a. (wie Anm. 5), S. 20.

10  Vgl. Klaus-Rainer Brintzinger: Die nationalsozialistische Gleichschaltung des InSoSta und die Staats- und Wirtschaftswissenschaftliche Fakultät 1934–1945, in: Blomert u.a. (Hgg.) (wie Anm. 5), S. 55–81.

11  Christian Siegrist, Reinhart Kößler: Soziologie in Heidelberg, in: Karin Buselmeier, Dietrich Harth, Christian Jansen (Hgg.): Auch eine Geschichte der Universität Heidelberg, Mannheim, 1985, S. 84f.

12  Kopie liegt beim Verfasser.

13  Siegrist (wie Anm. 11) S. 91.

14  Wolfgang Schluchter (Hg.): Verhalten, Handeln und System. Talcott Parsons' Beitrag zur Entwicklung der Sozialwissenschaften, Frankfurt am Main 1980.

15  Gert Albert, Agathe Bienfait, Steffen Sigmund, Claus Wendt: Vorwort, in: dies. (Hgg.): Das Weber Paradigma, Tübingen 2003, S. XIII.

16  M. Rainer Lepsius: Eigenart und Potenzial des Weber-Paradigmas, in: Albert u.a. (wie Anm. 15), S. 32–41.

# Rezensionen

**Roland Prien (Hg.): Grundsteine.** Die Universität Heidelberg und die Burg Wersau (Ausstellung im Universitätsmuseum Heidelberg, 9. Februar bis 28. April 2023). Universitätsmuseum Heidelberg (Kataloge 16), Heidelberg 2023, 60 S., 10,00 Euro

Die Burg Wersau, bei Reilingen gelegen, ist eine spätmittelalterliche Niederungsburg der Pfalzgrafen, von der heute nur noch wenige Reste übrig sind. Sie nimmt in der Geschichte der Universität Heidelberg einen besonderen Rang ein: Hier traf der Gesandte des Papstes Kurfürst Ruprecht I. 1386 an und überbrachte ihm die Bestätigung der Universitätsgründung. Man mag es dem Zufall der Geschichte zuschreiben, dass der Kurfürst zu diesem Zeitpunkt gerade auf Wersau war; das indessen gibt in der Gegenwart der Universität den Anlass, an diesem Ort vor allem archäologische Forschung zu betreiben. So nimmt das Heidelberger Zentrum Kulturelles Erbe der Universität zusammen mit dem Reilinger Arbeitskreis Burg Wersau und dem Landesamt für Denkmalpflege die Gelegenheit wahr, am Wersauer Hof einen Archäologiepark aufzubauen. Eine der Wegmarken für diese Präsentation ist die Ausstellung im Universitätsmuseum, deren Begleitheft hier vorgestellt werden soll.

Im ersten Aufsatz schildert der Historiker Florian Schreiber ausführlich die Beziehungen zwischen Burg Wersau und der Universität. Nur kurz geht er auf die Umstände ein, warum ausgerechnet auf Wersau die päpstliche Bestätigung empfangen wurde. Welchen Hintergrund der Kurfürst mit der Gründung verband, wird nur andeutungsweise deutlich gemacht. Umfangreicher sind seine Ausführungen über die Umstände der Universitätsgründung selbst.

Daran anschließend skizziert der Archäologe Justin Schmidt-Dengg in drei Beiträgen die Burg, zunächst im Zusammenhang der „Niederungsburgen im Oberrheingebiet". Hier erscheint die Einwirkung der Pfalzgrafen auf die Burgenlandschaft zu kursorisch skizziert, das Verschwinden der Burgen hat vermutlich wesentlich breiter gestreute individuelle Ursachen als nur den Verlust der fortifikatorischen Bedeutung. Ein zweiter Beitrag referiert „Die Geschichte der Burg Wersau im Spiegel der historischen Quellen". Dass die Bezeichnung der Burg als Kellerei auf eine „wichtige Rolle in der Verwaltung und in der Erhebung von Abgaben" spielte, dürfte weniger zutreffen als die Einschätzung als Zeugnis für eine verwaltungsmäßige Organisation der landwirtschaftlichen Produktion.

Die „Archäologischen Erkenntnisse zur Burg Wersau" zeigen, basierend auf Grabungen und Erkundungen zwischen 2008 und 2014, zunächst die genaue Lage der Burg, dann aber auch, dass das Material der mittelalterlichen Anlage bereits für Umbauten im 15./16. Jahrhundert und dann bereits in der 2. Hälfte des 16. Jahrhunderts wieder verwendet wurde. Ofenkacheln aus dem 13. Jahrhundert bezeugen einigen Wohnkomfort auch im Bereich der Vorburg.

Der vierte Aufsatz desselben Autors beschäftigt sich mit der Schlossmühle und ihrer Geschichte. Hier sind die Aussagen des Autors über die Wersau und ihren Rang als Ort kurfürstlicher Repräsentation mit Vorsicht zu genießen, dazu fehlt letztlich eine Vergleichsbasis. Die Mühle selbst allerdings zeigt wieder die bedeutende Stellung des Hofguts als Zentrum der landwirtschaftlichen Produktion.

Mit der zeitgenössischen Geschichte der Wersau beschäftigen sich die letzten beiden Aufsätze von Roland Prien, dem Projektleiter des Archäologieparks, von denen der erste von den Bedingungen berichtet, unter denen die Anlage letztlich wieder entdeckt wurde.

Der zweite stellt das – medientechnisch innovative – Citizen Science Projekt des Archäologieparks Burg Wersau vor. Da die Grabungsschnitte wieder verfüllt sind, die gefundenen Architekturteile aber auch keinerlei Rückschluss auf ihre ursprüngliche Position oder gar ihren Zusammenhang bieten, lässt die WersauApp mit Augmented Reality die authentische Grabungssituation in fotorealistischen 3-D-Modellen erleben.

Insgesamt gesehen sind die archäologischen Texte fundierter als die historischen. Das liegt aber vor allem an der Forschungslage, die kaum Querschnittuntersuchungen aufweist und verallgemeinerbare Aussagen zulässt. Mit dem Bogen, der von der Gründung der Universität zur Archäologie der Niederungsburg geschlagen wird, treten allerdings Archäologie und virtuelle Rekonstruktion in der Darstellung zu sehr in den Hintergrund: Der Artikel über die Anfänge der Universität ist der längste in dieser Schrift, von den im Literaturverzeichnis genannten 26 Titeln beschäftigen sich 16 mit der Gründung und Ausstattung der Universität. Angesichts der Tatsache, dass Kurfürst Ruprecht am Tag nach dem Erhalt der päpstlichen Bestätigung schon wieder in Heidelberg war, ist das ein Ungleichgewicht.

Das Heft ist ausführlich bebildert und zeigt sowohl Kartenskizzen des 17. Jahrhunderts als auch Grabungsfunde und Aufnahmen der angefertigten 3-D-Modelle.

Christoph Bühler

**Renate Ludwig, Jonathan Scheschkewitz (Hgg.): Krieg und Frieden.** Konfliktarchäologie an Rhein und Neckar (Archäologische Informationen aus Baden-Württemberg 87, hg. vom Landesamt für Denkmalpflege im Regierungspräsidium Stuttgart), Begleitbuch zur Ausstellung im Kurpfälzischen Museum Heidelberg, 2022, 168 S., 9,00 Euro

In Kooperation mit dem Landesamt für Denkmalpflege zeigte das Kurpfälzische Museum vom 18. September 2022 bis zum 29. Januar 2023 eine Ausstellung zur Konfliktarchäologie. Anlass war die Eroberung Heidelbergs vor 400 Jahren durch Truppen der katholischen Liga unter Tilly. In ein oberrheinisches, grenzüberschreitendes Museumsprojekt zum Rhein eingebettet, präsentierte die Ausstellung Exponate zu Krieg und Gewalt aus verschiedenen Regionen und Epochen von der Jungsteinzeit bis zum Zweiten Weltkrieg.

Im Begleitbuch, das sich spannend wie ein Krimi liest und hervorragend bebildert ist, sind sechs Beiträge für Heidelberg und dessen nähere Umgebung relevant. Bertram Jenisch, Johanna Regnath und Jonathan Scheschkewitz erläutern in einer Einführung (S. 12–18) die noch junge Fachrichtung der Konfliktarchäologie und geben einen kurzen Überblick zu bewaffneten Auseinandersetzungen in der Oberrheinregion.

In seinem Aufsatz „Von Krieg zu Krieg" (S. 19–27) beschreibt Frieder Hepp die vielen Kriege des 17. und 18. Jahrhunderts in der Kurpfalz, die mit konfessionellen Auseinandersetzungen und dem Konflikt zwischen Frankreich und Habsburg einhergingen. Nach dem Dreißigjährigen Krieg gelang es dem pfälzischen Kurfürsten zwar, sein gebeuteltes Land wiederaufzubauen, doch war der Friede nur von kurzer Dauer. An die Zerstörung Heidelbergs durch französische Truppen im sog. Pfälzischen Erbfolgekrieg erinnert die Medaille „Heidelberga deleta" Ludwigs XIV. und noch 300 Jahre später das emotionale Gemälde von Feodor Dietz.

Die Museumskuratoren Renate Ludwig und Tobias Schöneweis beleuchten die Eroberung Heidelbergs 1622 aus archäologischer Sicht (S. 28–35). Mit über 2000 Objekten, die vom Soldatenleben im Dreißigjährigen Krieg zeugen, spielt der sog. Tillyfund auf dem Gaisberg eine zentrale Rolle, wie auch im Ausstellungsfilm auf der Museumshomepage eindrucksvoll zu sehen ist (www.museum-heidelberg.de/Museum-Heidelberg/startseite/ausstellungen/krieg+und+frieden.html). Immer wieder stoßen Archäologen in Heidelberg entlang der Hauptangriffsachse (dargestellt in einem zeitgenössischen anonymen Flugblatt und einem Kupferstich von Merian) auf verscharrte, geplünderte Gefallene dieser Zeit, wie zuletzt 2019 in der Kurfürsten-Anlage. Aufschlussreich ist auch der Trümmerschutt in Latrinen zerstörter Häuser, um sich ein Bild von den damaligen Ereignissen zu machen.

Detailliert beschreiben Michael Francken und Tobias Schöneweis den Fund eines hochrangigen Kriegers aus der Merowingerzeit in Dossenheim und bewerten ihn neu (S. 96–103). Dieser starb vermutlich im Zweikampf an einer Hiebverletzung und wurde mit Waffenbeigaben und einer

Münze im Mund bestattet. Die Beweggründe des gewaltsamen Konflikts bleiben hier unklar, um ein kriegerisches Ereignis scheint es sich nicht zu handeln.

Mit den Kriegszügen des Pfalzgrafen Friedrich des Siegreichen (1425–1476), der Eroberung der Schauenburg bei Dossenheim und der Schlacht von Seckenheim, setzt sich Jörg Peltzer auseinander (S. 106–115). In der Geschichte vom Mahl zu Heidelberg kritisierte Friedrich die „Taktik der verbrannten Erde" der Fürsten, was ihn beim Volk beliebt machte. Zur Erinnerung und Legitimierung ließ er seine Erfolge in Stein meißeln und stiftete eine kirchliche Jahrfeier.

Wie sich kriegerische Konflikte in der Dichtung des 15. Jahrhunderts widerspiegeln, zeigt Karin Zimmermann anhand der „Pfälzischen Reimchronik", die der Liedermacher Michel Beheim mit Matthias von Kemnat verfasste (S. 115–120). Beheim war für verschiedene Herrscherhäuser tätig und nahm an vielen Kriegen teil, bevor er an den Heidelberger Hof Friedrichs des Siegreichen kam. In seiner Reimchronik rühmt er den Pfalzgrafen als Helden und dient sich ihm an nach der Art „Wes Brot ich ess, des Lied ich sing".

Mit einem Exponat aus dem Nachlass der 2006 verstorbenen Dichterin Hilde Domin schließt das Ausstellungsbuch. Die weiße Holztaube mit abgebrochenem Flügel (16. Jh.), über die Domin ein Gedicht schrieb, erinnert daran, wie fragil Frieden ist.

Carola Hoécker

**Jolanta Wiendlocha, Heike Hawicks: Das Wirken der Jesuiten in Heidelberg,** Faksimile, Übersetzung und Kommentar der „Fata Collegii Heidelbergensis Societatis Jesu" (1622–1712) (Lateinische Literatur im deutschen Südwesten Bd. 4), Mattes Verlag, Heidelberg 2022, 165 S., 24,00 €

1712 erschien bei dem Heidelberger Hofdrucker Johann Mayer ein 25-seitiges Bändchen des Jesuiten und Theologieprofessors Adam Heidt (geboren 1667 in Aschaffenburg) in lateinischer Sprache mit dem Titel „Fata collegii Heidelbergensis Societatis Jesu, Ab Anno Aerae Christianae MDCXXII. Usque Ad Annum MDCCXII". Zu deutsch: „Geschicke des Jesuitenkollegs in Heidelberg zwischen 1622 und 1712". Darin wird in vierzehn Chronik-Einträgen die Geschichte der Jesuiten in Heidelberg in der Zeit zwischen ihrer Berufung 1622 und der Grundsteinlegung für die heute sogenannte Jesuitenkirche 1712 beschrieben. Nun hat man diese „Fata" in Faksimile abgedruckt, die von Jolanta Wiendlocha und Heike Hawicks aus dem Lateinischen übersetzt und kommentiert wurden.

Es sind 14 stets nach gleichem Muster verfasste Fata („Schicksale") der Heidelberger Jesuiten, aus zwölf besonderen Jahren ausgewählt. So beschreibt das erste Fatum die Einnahme Heidelbergs durch die katholischen Truppen Tillys 1622: „Die Gesellschaft Jesu erhält nach der Niederlage des böhmischen Heeres und nach Einnahme Heidelbergs durch die Bayern dort ihre erste Heimstatt".

Fatum Nr. 8 beschreibt die Zerstörung Heidelbergs durch die (katholischen) Franzosen 1693: „Die Gesellschaft Jesu wird während der verderblichen Brandschatzung der Stadt durch die Franzosen erneut vertrieben".

Das letzte Fatum, Nr. 14, beschreibt die Grundsteinlegung der Jesuitenkirche 1712 am Geburtstag des Kurfürsten Johann Wilhelm: „Die Gesellschaft Jesu legt mit Zustimmung ihres allergnädigsten Kurfürsten und Gründers Johann Wilhelm den Grundstein für die neue Kirche".

Jedem einzelnen Fatum ist eine historische Einordnung beigegeben, die das jeweilige Chronogramm auflöst und anhand der zwölf genannten Schicksalsjahre den historischen Überblick ergänzt. Die gleichbleibende äußere Form der Fata kann am mitabgedruckten Faksimile des Originals nachvollzogen werden. Ein Buch für alle, die sich für die Geschichte der Jesuiten, aber auch für die Geschichte Heidelbergs im 17. und 18. Jahrhundert interessieren.

Hansjoachim Räther

**Hans-Jürgen Holzmann (Hg.): Johanneskirche und Johanneshaus in Heidelberg-Neuenheim**, Verlag Regionalkultur, Ubstadt-Weiher u.a. 2022, 248 S., 22,80 Euro

Ganz ohne den Druck eines anstehenden Jubiläums entstand der Plan, die bauliche Ausstattung der evangelischen Gemeinde Neuenheim – Kirche und Gemeindehaus – mit einer Publikation zu würdigen und öffentlich vorzustellen. Herausgekommen ist ein lesenswertes, historisch informatives und mit zahllosen Abbildungen versehenes Werk. Der Herausgeber, zugleich amtierender Gemeindepfarrer, hat mit Dorothee Mußgnug eine Koautorin gefunden, die sich in die Aktenüberlieferung eingearbeitet hat und die Bau- und Belegungsgeschichte schildert. Zwei kunsthistorische Beiträge und ein Beitrag zur Nutzung des – zwischenzeitlich in seiner Funktion gefährdeten – Gemeindehauses erweitern das Spektrum. Die Kirchenmusik kommt mit dem amtierenden Kantor, zwei Vorgängerinnen und einem Vorgänger zu Wort.

Eine Kirche ist in Neuenheim seit 1137 belegt. Sie war Filialkirche von Handschuhsheim und wurde 1689 bis auf den Turm fast vollständig zerstört. Der Wiederaufbau des Kirchenschiffs genügte für ein Jahrhundert. Aber Neuenheim wuchs, 1859 erhielt es eine eigene Pfarrstelle. 1877 war die zweite Neckarquerung fertig und 1891 wurde das Dorf eingemeindet. Seine Umwandlung in ein städtisches Wohnquartier hatte da längst begonnen. 1902 wurde die neue Kirche eingeweiht. Architekt war Hermann Behaghel, der, wie zu ergänzen ist, ebenfalls die Kirchen in Handschuhsheim, Wieblingen und in der Weststadt gestaltete; 1878 hatte er bereits den Neubau der Synagoge entworfen. Mußgnug erwähnt den Patroziniumswechsel in Neuenheim nicht: Statt Johannes dem Täufer ist nun der Evangelist der Kirchenpatron, eine Art Upgrading. Der Friedhof um die alte Kirche wurde aufgelassen und deren Langhaus abgerissen; nur der mittelalterliche Turm blieb erhalten. Der Platz ist heute Neuenheims Stadtteilmittelpunkt.

Exkursartig folgt ein kirchengeschichtlicher Abschnitt. Hans-Jürgen Holzmann geht der Frage nach, wie es zu der Legende gekommen ist, Martin Luther habe sich bei seinem Heidelbergbesuch 1518 auch in Neuenheim aufgehalten oder übernachtet. Es gibt für diese Erzählung sogar eine Adresse: Lutherstraße 69, das berühmte Lutherhäuschen, 1883 abgerissen. „Nach heutigem [...] Wissensstand", urteilt Holzmann, „lässt sich ein Aufenthalt Martin Luthers in Neuenheim nicht bewahrheiten" (S. 52). Belege für diese Legende gibt es erst mit Beginn des 19. Jahrhunderts, in unterschiedlichen Quellen. Bei der Suche nach zeitbedingten Bezügen hätte Holzmann neben der Romantik auch die badische Kirchenunion von 1821 bedenken können. Seit der Mitte des 16. Jahrhunderts war das Luthertum der Hauptfeind des pfälzischen Protestantismus. Erst das 18. Jahrhundert lockerte diese Sichtweise. Lutherfreundliche Legenden konnten daher erst entstehen, als in der Theologie wie in der Volksfrömmigkeit dieser innerprotestantische Gegensatz überwunden war. Damit wäre der Ursprung der Neuenheimlegende noch nicht geklärt, aber die Bedingung ihres Aufkommens verständlich geworden.

Das Gemeindehaus von 1928/29 fällt aus dem Rahmen des Heidelberger Baugeschehens. Seine Fassade hat kaum noch Merkmale des Historismus, versteckt aber mit dem doppelten gotischen Bogen des Eingangsportals seine kirchliche Funktion nicht. Seine Kubatur passt sich der Umgebung an, seine Formstrenge, die noch an den zurückliegenden Expressionismus erinnert, hebt ihn aber aus der umliegenden Bebauung heraus. Die Architekten waren Fritz Schröder und Carl Schroeder, deren Sprache eine „sachliche Reformarchitektur" kennzeichnet (Wolfgang Voigt, S. 172). Zu wünschen ist, dass es seine Funktion für die Gemeinde, aber auch als Veranstaltungsort für Neuenheim weiterhin erfüllen kann.

Hans-Martin Mumm

**Frank Engehausen: Werkstatt der Demokratie.** Die Frankfurter Nationalversammlung 1848/49, Campus Verlag, Frankfurt, New York 2023, 355 S., 54 Abb., 34,00 Euro

Aus Anlass des 175-jährigen Jubiläums der „deutschen" 48er-Revolution ist diese Studie zur Frankfurter Nationalversammlung entstanden. Ausgehend von der problematischen Frage, welche die Anknüpfungspunkte einer Erinnerung an diese revolutionären Ereignisse sein sollen oder können, wirft Frank Engehausen als Fachmann der Revolutionsforschung den Blick auf die erste gesamtdeutsche und demokratisch legitimierte (mit einigen Abstrichen aus heutiger Sicht) „Volksvertretung" in der Frankfurter Paulskirche – ohne die Heidelberger Versammlung und ohne Zutun einiger Persönlichkeiten mit Bezügen zur Stadt wäre es wohl nicht so weit gekommen.

Beim letzten großen Jubiläum 1998 habe das Forschungsinteresse eher anderswo gelegen, etwa bei den radikalen Revolutionären, die auf der Straße, auf den Barrikaden „unmittelbar" Revolution zu machen versuchten. Dabei verfolgt Engehausen keine Gesamtdarstellung, sondern es sollen „Ambivalenzen ausgeleuchtet und diskutiert" (S. 14) werden betreffs des Stellenwerts der Nationalversammlung für die Revolutions- und deutsche Geschichte im 19. Jahrhundert überhaupt. Wie diese „Werkstatt der Demokratie" arbeitete ist Gegenstand des ersten Teils (S. 17–174) „aus der Nahperspektive" (S. 15); die Auswirkungen dieser Arbeit aus weiterer Perspektive auf die Demokratieprinzipien der Folgezeit unter den Aspekten Freiheit, Gleichheit, Nationalstaat und Volkssouveränität ist Thema des zweiten Teils (S. 175–311). Dass die Geschichte des Paulskirchenparlaments stark mit Heidelberg verbunden ist, wird bereits in der Einleitung deutlich, wenn Friedrich Eberts Worte zum Revolutionsjubiläum vor 100 Jahren zitiert werden, und darin zwar die Begriffe „Einheit, Freiheit und Vaterland" fallen (S. 12), nicht aber „Gleichheit" und „Demokratie", was indirekt deutlich mache, woran es den liberalen Bestrebungen damals – 1848/49 – mangelte.

Offenkundig hat die Heidelberger Versammlung einige Wochen vor der ersten Sitzung des Parlaments in Frankfurt eminente Bedeutung für dessen Weg und Werdung. Am 5. März 1848 versammelten sich im Hotel Badischer Hof süddeutsche Oppositionelle – u.a. auch Hecker und Struve, die dann wirklich „Revolution machen" wollten – und ebneten den Weg zum sog. Vorparlament sowie dessen Zusammensetzung (S. 19–23). Dabei wirkte der Heidelberger Historiker Georg Gottfried Gervinus entscheidend mit.

Auch in der Folge leisteten Heidelberger Zusammenhänge immer wieder ihren Teil zur Geschichte des „Professoren-Parlaments". Etwa bot der Heidelberger Gemeinderat gegen Ende der Revolution die Aufnahme des sog. Rumpfparlaments in der Stadt an, die einem Baden angehört habe, „welches von jeher das Banner der Freiheit vorangetragen hat" (so der Abgeordnete Karl Hagen, S. 35f.).

Die weiteren Verbindungen zu Heidelberg sind meist personeller Natur und können hier nur beispielhaft genannt werden. Bei den „Abgeordneten" (S. 41–73) etwa Gervinus, Carl Joseph Anton Mittermaier, Robert von Mohl und Karl Hagen. Bei den „Abläufen der Parlamentsarbeit" (S. 75–104) wieder von Mohl. Bei den Demokratieprinzipien des zweiten Teils taucht wiederholt die Heidelberger Versammlung auf, etwa beim Thema „Freiheit" die Abschlusserklärung des Heidelberger Treffens (S. 177) oder beim Thema „Nationalstaat" der erstaunlich lässige Umgang der 51 Versammelten mit der Definition einer deutschen Nation (S. 241f.).

Das Buch schließt mit einem Resümee, das mehrere kontrafaktische Szenarien durchspielt (S. 313–319), und im Anhang (S. 321–355) mit knappen Anmerkungen, einem Abdruck der Grundrechte der Reichsverfassung von 1848 sowie einer (zu) kurzen Bibliografie. Ein Personen- und Sachregister fehlt leider.

Insgesamt: Das Werk – lebendig und quellennah geschrieben – leistet einen wichtigen Beitrag zum aktuellen Revolutionsverständnis, weil es die Mängel des Parlaments klar benennt und gleichzeitig seine Errungenschaften ermittelt, die allerdings eher indirekt wirkten, etwa bei Ausgestaltung der Grundrechte unserer derzeitigen Verfassung.

Florian Schmidgall

**Friedrich Wilhelm Graf: Ernst Troeltsch.** Theologe im Welthorizont. Eine Biographie, C.H. Beck, München 2022, 638 S., 38,00 Euro

Der emeritierte Münchner Theologe Friedrich Wilhelm Graf, als Mitherausgeber der 24-bändigen Gesamtausgabe der Werke von Ernst Troeltsch und langjähriger Präsident der Ernst-Troeltsch-Gesellschaft der wohl beste Kenner seines Protagonisten, hat eine breit angelegte Biografie des Theologen, Religionssoziologen und politischen Publizisten (1865–1923) vorgelegt, der zwar, wie es im Buchumschlag heißt, „im Schatten seines Heidelberger Freundes und Kollegen Max Weber" steht, aber doch in theologischen und historischen Fachkreisen bis heute immer im Gespräch geblieben ist – zumal in Heidelberg, wo er von 1894 bis 1915 eine Professur bekleidete. Trotz des beträchtlichen Umfangs seines Buches hat Graf keine enzyklopädische Biografie geschrieben; vielmehr will er Person und Werk eines „Vielspältigen" würdigen, indem er sein Leben „in vierfacher Weise" erzählt: als „Geschichte eines sehr widersprüchlichen gottgläubigen, auf ganz eigene Weise frommen Mystikers", als „Geschichte eines faszinierend produktiven Gelehrten", als „Geschichte eines Gelehrtenpolitikers und politischen Intellektuellen" und als „Geschichte eines Menschen, der wohl mehr und intensiver, jedenfalls reflektierter als andere unter seiner elementaren Widersprüchlichkeit litt" (S. 27).

Diese vier Erzählungen, die Graf am Schluss seiner Studie nicht konsequent miteinander verknüpft, sondern in drei Erinnerungsgeschichten (S. 530ff.: „Dies tat man zu seinem Gedächtnis") und einem Epilog („Troeltschs Gott als Individualitätsgarant") nochmals beschlaglichtet, überlappen sich in der Darstellung, – die sich, von sachthematischen Kapiteln durchbrochen, im Wesentlichem am Ablauf der Lebensjahre des Protagonisten orientiert –, vielfach. Dem an dieser Stelle aus Platzgründen fast ausschließlich betrachteten Heidelberger Lebensabschnitt sind die Kapitel 8 bis 16 gewidmet. Sie wechseln zwischen disziplingeschichtlichen Schwerpunkten (9: „‚Es wackelt alles': Der Neubau der Theologie", 11: „Arbeit am Protestantismus", 13: „Die Soziallehren der christlichen Kirchen und Gruppen") und einem Fokus auf Karriereverlauf und Netzwerken (8: „Jungordinarius in Heidelberg", 12: „Geistesgegenwart im ‚Weltdorf' Heidelberg", 14: „In Heidelberg ganz oben"), unter denen die enge, aber nie unproblematische Beziehung zu Max Weber, die schließlich 1915 unwiderruflich zerbrach, eine zentrale Rolle spielt.

Graf präsentiert dabei aus neuer Perspektive viele bekannte Informationen zur Heidelberger Universitätsgeschichte der fraglichen Epoche und einige Neuigkeiten: u.a. zu dem Prorektorat, das Troeltsch 1906 und 1907 innehatte. Ein eigenes Kapitel (15: „Die Dinge aus der Nähe kennengelernt: Im Karlsruher Ständehaus") ist Troeltschs Tätigkeit als Abgeordneter der Universität in der Ersten Kammer des badischen Landtags gewidmet, die er von 1909 bis zu seinem Wechsel nach Berlin 1915 ausübte – als durchaus fleißiger Parlamentarier, der sein Mandat auch dazu nutzte, seine „Beziehungen zu Mitgliedern der Regierung und leitenden Beamten der badischen Staatsverwaltung noch einmal deutlich" zu intensivieren (S. 365). Wohl nicht zuletzt deshalb mühte sich das Karlsruher Kultusministerium sehr, ihn durch „Rufabwendungsverhandlungen" im Lande zu halten, hatte damit aber keinen Erfolg, da Troeltsch in Berlin nicht nur die beruflichen Annehmlichkeiten reizten, darunter eine Professur an der Philosophischen Fakultät, sondern auch die Aussicht auf größere politische Wirksamkeit, die er, wie von Graf im Schlusskapitel (21: „Gelehrtenrepublikanismus: Demokrat in vielfältigen Rollen") eher skizziert als im Detail beschrieben, in seinen letzten acht Lebensjahren auch tatsächlich erreichte: als einer der Gründer des Volksbundes für Freiheit und Vaterland sowie als Politiker der Deutschen Demokratischen Partei, die er in der preußischen verfassunggebenden Landesversammlung und als Staatssekretär im preußischen Wissenschaftsministerium vertrat.

Frank Engehausen

**Frank Engehausen (Hg.): Hans Thoma (1839–1924).** Zur Rezeption des badischen Künstlers im Nationalsozialismus und in der Nachkriegszeit (Veröffentlichungen der Kommission für geschichtliche Landeskunde in Baden-Württemberg, Reihe B: Forschungen, Bd. 231), Jan Thorbecke Verlag, Ostfildern 2022, 248 S., 28,00 Euro

Hans Thoma (1839–1924), Maler und langjähriger Leiter der Kunsthalle Karlsruhe, stammt aus dem Schwarzwald. Seine Bilder blieben über die politischen Brüche des 20. Jahrhunderts hinweg populär, vor allem im deutschen Südwesten. Der vorliegende Band untersucht erstmals die Bestrebungen der badischen Nationalsozialisten, Thoma für ihre Zwecke zu vereinnahmen, indem sie versuchten, ihn zu einem völkischen und antimodernen Künstler zu stilisieren.

Das Interessante an dem Buch – zumindest aus Heidelberger Sicht – ist nicht so sehr die Rezeption Hans Thomas' durch die Nazionalsozialisten, sondern die Schilderung eines öffentlich geführten Streits um die Moderne im Jahre 1905. Protagonisten der Kontroverse waren zwei Kunsthistoriker, der Heidelberger Professor Henry Thode und der liberale Publizist Julius Mayer-Graefe.

In seinem Buch „Entwicklungsgeschichte der Modernen Kunst" räumte Meier-Graefe dem französischen Impressionismus eine höhere Stellung ein als der deutschen Kunst. Dieses Werk und die Streitschrift „Der Fall Böcklin" (1905) brachten ihm den Vorwurf ein, gegen „deutsche Kunst" (was immer das ist) zu polemisieren. Im Streit mit Thode ging es um die Frage, ob man Hans Thoma als „Kämpfer für die deutsche Kunst" bezeichnen dürfe (Position von Thode) oder nicht (Position von Mayer-Graefe). Eine interessante Fragestellung. Simon Metz und Isabelle Löffler stellen die Auseinandersetzung ausführlich dar. Schon um dieses Aufsatzes willen ist das Buch für Heidelberg lesenswert.

Noch einen anderen Bezug Hans Thomas zu Heidelberg gibt es. Eine Straße und ein Platz wurden nach ihm benannt, nachdem er zwei große Gemälde an den östlichen Schildwänden der Peterskirche gestaltet hatte. Am 16. November 1902 wurden in Anwesenheit der großherzoglichen Familie und anderer Prominenter die von Thoma auf Vermittlung von Henry Thode und dessen Frau Daniela (geb. von Bülow) gemalten Leinwandbilder enthüllt. Das linke Bild zeigt den ungläubigen „Petrus am Meer", der von Christus aus den Fluten gerettet wird („Herr, hilf mir"), das rechte Gemälde stellt „Christus als Gärtner" dar, wie er am Ostermorgen Maria Magdalena erscheint („Noli me tangere").

Höhepunkt der Instrumentalisierung Thomas durch die Nationalsozialisten waren die Feierlichkeiten zu dessen 100. Geburtstag im Jahr 1939. Zu diesem Jubiläum stiftete das badische Kultusministerium (unter Minister Otto Wacker) eine Hans-Thoma-Plakette, mit der Personen geehrt werden sollten, die sich „um die deutsche Kultur am Oberrhein" verdient gemacht hatten.

Im Anhang: wunderschöne Bilder von Hans Thoma. – Ist das jetzt deutsche Kunst?

Hansjoachim Räther

**Gisela Boeck: Anna und Clara Hamburger.** Zur Erinnerung an zwei beeindruckende jüdische Frauen und Pionierinnen in der Wissenschaft, Hg. Initiative Stolpersteine Heidelberg (Heidelberger Miniaturen, Bd. 1), Kurpfälzischer Verlag, Heidelberg 2023, 64 S., 20 Abb., 9,90 Euro

Zu begrüßen ist mit dieser kleinen Schrift aus dem Kurpfälzischen Verlag das erste Exemplar in der neugeschaffenen Reihe der „Heidelberger Miniaturen". Sie wird im Vorwort von Ingrid Moraw von der Initiative Stolpersteine Heidelberg als Herausgeberin vorgestellt und wir dürfen uns nun freuen auf Lebensgeschichten – nicht nur jüdische – die mit Heidelberg verbunden und neu zu entdecken sind.

Verdientermaßen wird hier der ersten beiden Naturwissenschaftlerinnen Anna und Clara Hamburger ein Denkmal gesetzt von einer Autorin, deren eigener Berufsweg als Chemikerin sie zu den

Schwestern führen musste. Sie hat die Erfahrung vieler gemacht, die in den letzten Jahrzehnten Recherchen zum Lebensweg von Menschen unternahmen, an die z.B. mit der Verlegung eines Stolpersteins erinnert wurde. Es geht um ein „Zusammensetzen der vielen Puzzleteile über das Leben", um ein Wühlen in Archiven, Biografien und Briefsammlungen, um privates Nachbohren und Detektivarbeit, denn gerade im Fall jüdischer Biografien ist lange Zeit gründliche Verdrängungsarbeit geleistet worden.

Gisela Boeck gelingt es (nach Vorarbeit von Susanne Himmelheber 2013 für die Stolpersteine für Anna und Clara Hamburger), Herkunft und Ausbildung der beiden Zwillingsschwestern intensiver nachzuverfolgen. Aus wohlhabender jüdischer Familie stammend, 1873 in Breslau geboren, gehören sie zu den beispielhaften Gestalten des ersten Frauenstudiums in Deutschland, – wie überhaupt die ersten Frauen, die im deutschsprachigen Raum, zunächst nur an der Universität Zürich, ein Studium mit Promotion durchfechten konnten, sehr häufig aus jüdischen Familien stammten. Dort gab es keine Vorbehalte.

Während die Studiengänge der Schwestern zeitbedingt zunächst unterschiedlich und an verschiedenen Orten verliefen, gelang es ihnen nach Studienabschluss in Heidelberg wieder zusammenzufinden: Clara war seit 1901 Assistentin am Zoologischen Institut unter Otto Bütschli, der bekannt war als einer der fortschrittlichen und dem Frauenstudium offenen Professoren. Bei ihm konnte sie ihr Rigorosum ablegen und fortan maßgebliche Mitarbeiterin sein. Nach seinem Tod 1920 wird sie seinen wissenschaftlichen Nachlass herausgeben, Bütschlis Nachfolger Curt Herbst unterstützt sie dabei. Der Professorentitel, den Bütschli 1919 beim Ministerium für sie beantragt hatte, wird herabgestuft zu „Custos der Sammlungen und der Bibliothek des zoologischen Instituts"; nie bekommt sie, trotz Einspruch von Curt Herbst, das volle Gehalt der männlichen Kollegen.

Anna hatte nach der Promotion in Chemie das Staatsexamen in Naturwissenschaften, Philosophie und Mathematik für das höhere Lehramt abgelegt und schließlich, um ihrer Schwester nahe zu sein, eine Anstellung an der Elisabethschule in Mannheim gefunden. Dort war sie als Lehrerin so erfolgreich, dass sie vom Großherzog zur Professorin ernannt wurde, als erste Frau an einem badischen Gymnasium. Den gemeinsamen Wohnsitz in Heidelberg fanden die Schwestern erst in den 1930er-Jahren, Helmholtzstraße 18.

Neben ihrer intensiven Berufsarbeit, ständiger Weiterbildung und beträchtlichem sozialen Engagement pflegten sie einen großen Freundeskreis. Und dabei stoßen wir wieder auf Heidelberger Namen, die in anderen Stolpersteinrecherchen erneut lebendig wurden und für uns das reiche Bild jener Jahre vor 1933 ergänzen.

Das Jahr, das viele Schicksale besiegelt. „Ein bedrückender Lebensabend" heißt hier das letzte Kapitel. Entfernung aus dem Amt, ab 1936 Vorbereitungen zur immer wieder verzögerten Ausreise, 1940 unvermittelt die Deportation der 67-Jährigen nach Gurs, von dort dank laufendem Auswanderungsantrag, die Ausreise im Juli 1941 via Casablanca nach New York, dann zu Verwandten in Kalifornien. Dort stirbt Anna entkräftet im Januar 1942, Clara überlebt sie um drei Jahre, „verdiente sich ihr Brot mit Nähen".

Ihr beeindruckendes Porträt als junge Frau (S. 21) schmückt das Cover dieser mit instruktiven Fotografien, Anmerkungen und Literaturhinweisen versehenen Schrift.

Renate Marzolff

**Angela Borgstedt: Orte des Widerstehens.** Aktionsräume gegen den National-sozialismus im Südwesten 1933–1945 (Schriften zur politischen Landeskunde Baden-Württembergs, Bd. 54), Verlag W. Kohlhammer und Landeszentrale für politische Bildung Baden-Württemberg, Stuttgart 2022, 238 S., 21 Abb., 6,50 Euro

„Man konnte ja doch nichts tun." Diese Aussage, die nach 1945 oft als Entschuldigung vorge-bracht wurde, ist in den letzten Jahrzehnten durch die Forschungen über Resistenz und „stille Helfer" widerlegt worden. Die Mannheimer Historikerin Angela Borgstedt hat zahllose eindrucks-volle Beispiele widerständigen Handelns aus fremden und eigenen Untersuchungen zusammen-getragen; sie stellt sie aber nicht nach biografischen oder topografischen Gesichtspunkten dar, sondern wählt sieben Orte des Alltagslebens aus, an denen Menschen sich dem Druck des Na-tionalsozialismus zu entziehen versuchten: der öffentliche Raum, die Wohnung, die Gaststätte, Kirche und Pfarrhaus, der Arbeitsplatz, Orte der Internierung, die Landesgrenze. Nachdem die Verfasserin jeweils die spezifischen Bedingungen eines Aktionsraumes erörtert hat, schildert sie unterschiedliche Formen nonkonformistischen und widerständigen Verhaltens, das immer mit dem Risiko verbunden war, entdeckt und angezeigt zu werden.

Drei Kapitel sollen besonders hervorgehoben werden. Die Privatwohnung (S. 51–74) war ein Rückzugsort, der gegenseitiges Vertrauen voraussetzte und politische Distanzierung, Zusammen-kunft und möglicherweise ein Versteck bot. Um diesen häuslichen Freiraum zu schaffen, kam den Frauen eine besondere Rolle zu. Die Wohnung war ein ständig belauertes Terrain, gefährdet durch Nachbarn, Spitzel und Denunzianten. Wer dem Regime als Gegner oder „Nichtarier" auffiel, verlor sofort die Integrität seiner Wohnung. Im Kapitel über Kirche und Altar (S. 91–117) kann die Verfasserin auf eine breite Forschungsliteratur zurückgreifen. Manche mutigen Geistlichen kritisierten Maßnahmen des NS-Staates, die die kirchliche Sphäre oder christliche Prinzipien be-rührten. Wer den Gottesdienst solcher systemkritischer Theologen – wie den von Hermann Maas in der Heidelberger Heiliggeistkirche (S. 102) – besuchte, legte damit ein weltanschauliches Be-kenntnis ab. Der Überwachung durch Spitzel entzog man sich am besten in Nebenräumen der Kirche oder im Pfarrhaus. Beeindruckend ist das Netzwerk einiger württembergischer Pfarrers-familien, die verfolgten Juden einen Zufluchtsort boten (S. 107–112). Die Topografie Südwest-deutschlands machte die Grenze zu einem Ort des Widerstehens (S. 163–194), was Borgstedt in spannenden Episoden schildert. Die unübersichtliche Grenzziehung und die „nasse Grenze" an Bodensee und Rhein verhinderten eine hermetische Abriegelung durch die Behörden. So wurden systemkritische Schriften, Zeitungen und Flugblätter, manchmal auch nur mündliche Informatio-nen unter Lebensgefahr geschmuggelt und in Verteilerketten weiterverbreitet. Ortskundige Helfer verhalfen Verfolgten zur Flucht ins Ausland – immer in der Gefahr durch überraschende Kontrollen entdeckt zu werden.

In einem zusätzlichen Abschnitt analysiert die Verfasserin Formen und Orte des Erinnerns an den Widerstand (S. 195–211). In den vergangenen 30 Jahren hat sich eine neue Erinnerungs-kultur herausgebildet, die meist von lokalen Initiativen ausging und für das Gedenken bewusst die örtliche Nähe zum damaligen Geschehen sucht.

Angela Borgstedt bietet einen methodisch neuartigen, unbedingt lesenswerten Zugang zu diesem Thema. Wer mehr über einzelne Aktionen des Widerstehens wissen möchte, findet in den Quellen- und Literaturhinweisen sowie im Personenregister die nötigen Informationen. Einige mutige Heidelbergerinnen und Heidelberger, deren Verhalten die Verfasserin schildert, seien ge-nannt: Hermann Maas (auf dem Foto S. 114 ist er m.E. nicht abgebildet) und Marie Baum, Marie Clauss (ein charakteristisches Foto auf S. 139) und Kurt Hack, Marianne Weber, Emil Henk, das Ehepaar Seitz und einige andere, deren Leistungen in dem von Norbert Giovannini herausgege-benen Buch „Stille Helfer" gewürdigt werden.

Reinhard Riese

**Klaus Knorr: Das Kriegsende postalisch betrachtet.** Mit der Wiederaufnahme des Postverkehrs 1945 in Heidelberg, Walldorf 2022, 260 S., 25,00 Euro, Bestellungen beim Autor: klknorrwa@gmail.com

Vor etwa zwei Jahren wollte ein Philatelist aus Hessen vom Heidelberger Geschichtsverein wissen, wann eine Feldpostsendung, die in den letzten Kriegstagen aufgegeben wurde, dann aber in die Hände der vorrückenden US-amerikanischen Truppen fiel, denn tatsächlich zugestellt wurde; als Adresse war ein Haus in der Heidelberger Altstadt angegeben. Nachdem das angezeigte Buch erschienen war, ließ sich die Frage im Grundsatz klären: Die US-Armee sammelte alle Postsachen, die ihr bei ihrem Vormarsch zufielen, und unterwarf sie der Zensur. Das konnte Wochen dauern, im Extremfall auch zwei Jahre. Der Deutschen Post wurde überall, wohin die alliierten Truppen kamen, der Dienst untersagt und nach dem 8. Mai im gesamten Reich. In Heidelberg wurde dann per Flugschrift bekannt gegeben, dass der Postverkehr am 23. August 1945 wieder aufgenommen wird (Faksimile S. 38f.). Damit ist zumindest der frühestmögliche Zeitpunkt geklärt, an dem der „überrollte" Feldpostbrief schließlich zugestellt wurde.

Dass es 1945 irgendwann eine „Stunde Null" gegeben habe, gehört zu den Legenden der späteren Bundesrepublik: Die Felder wurden bestellt, elektrischer Strom wurde erzeugt, und die Gerichte sprachen Recht oder was sie dafür hielten. Die Post erhielt immerhin eine Karenzzeit von knapp fünf Monaten, bis sie ihren Dienst wieder aufnehmen konnte. Neue Briefmarken gab es anfänglich nicht, sodass zunächst bar gezahlt wurde. Überdies herrschte große Papierknappheit; Umschläge und Postkarten mit eingedruckten Wertzeichen durften wiederverwendet werden, vorausgesetzt Hitlerköpfe und Propagandasprüche waren unkenntlich gemacht.

Das Buch ist chronologisch und nach Sachgebieten geordnet. Die einzelnen Stufen der Entwicklung entsprechen im Grundsatz des zunehmenden Ausbaus der Besatzungspolitik: 23. August Ortsverkehr Heidelberg, 27. August Nordbaden, 1. September 1945 außerdem Nordwürttemberg; die übrigen Zonen zogen bald darauf nach. Die Nachbarzone im Südwesten ging insofern einen besonderen Weg, als die französische Besatzungsmacht eigene Wertzeichen herausgab, die in den übrigen Zonen zunächst keine Geltung hatten – Klaus Knorr zeigt trotzdem einen Irrläufer, der unbeanstandet von der Post in Baden zugestellt wurde (S. 139). Neben der territorialen Ausdehnung spielte auch die Zulassung spezieller Dienste eine Rolle wie Drucksachen, Eilboten, Einschreiben etc., die nach und nach angeboten wurden. Besondere Bereiche wie die Kriegsgefangenen- und die Militärpost runden das Bild ab. 1946 kam der große Schnitt: Das Porto wurde zum 1. März um 100 Prozent erhöht (S. 142). Gleichzeitig vereinfachte die Zensur das Verfahren. Mit Einschränkungen wurde zum 1. April auch der Auslandsverkehr zugelassen. Gleichzeitig erschien eine neue Briefmarkenserie, erst- und letztmals gesamtdeutsch; nur die französische Zone blieb bei eigenen Wertzeichen.

Das Buch ist reich illustriert, durchweg mit Abbildungen von Ganzsachen, die knapp beschrieben werden. Mittelbar wird auch das Leben in Heidelberg sichtbar: die Spendenmarken für den Wiederaufbau der Brücke, ein Brief der Firma Emil Henk mit der unveränderten Absendeangabe „Langemarckplatz" statt wieder Grabengasse (S. 93), die Briefmarkenhandlung Wilhelmy, um nur drei Beispiele zu nennen. Das Stichwort „Kriegsende" im Titel deckt tatsächlich nur den kleineren Teil des Inhalts ab; zutreffender wäre gewesen, „... und Nachkriegszeit" hinzuzufügen; die Darstellung endet erst 1946. Insgesamt ist das Buch ein Beleg dafür, wie lohnend gerade für bewegte Zeiten die Befassung mit diesen kleinen bunten Bildchen ist.

Hans-Martin Mumm

**Bernd Braun, Frank Engehausen, Sibylle Thelen, Reinhold Weber (Hgg):
Demokratie erinnern.** Historisch-politische Identitätsbildung im deutschen Süd-
westen (Schriften zur politischen Landeskunde Baden-Württembergs 53), Verlag W.
Kohlhammer und Landeszentrale für politische Bildung Baden-Württemberg, Stutt-
gart 2023, 302 S., 9,00 Euro (zu beziehen über www.lpb-bw.de, kostenfrei zum
Download als E-Book)

Ausgehend von der These eines verfassungspolitischen Modernisierungsvorsprungs im deutschen
Südwesten im 19. Jahrhundert – beispielsweise manifestiert in den beiden liberalen Landesver-
fassungen von 1818 (Baden) und 1819 (Württemberg) – verfolgt der Aufsatzband in acht Beiträgen, wie sich die wechselvolle Demokratiegeschichte in Deutschland in der demokratischen
Erinnerungskultur im Südwesten widerspiegelt. Dabei zeigt sich, wie die Herausgeber in ihrer
Einleitung betonen: „Erinnerung in einer Demokratie ist ebenso wenig statisch wie die Demokratie
selbst." (S. 14)

Martin Furtwängler widmet sich der erinnerungspolitischen Rezeption der badischen Verfassung von 1818 und rückt dabei die jeweiligen Jubiläumsfeierlichkeiten bis in die jüngste Vergangenheit ins Zentrum. Das Gedenken an die Revolution von 1848/49 und die damit einhergehende
Mythenbildung steht im Beitrag von Michael Wettengel im Vordergrund. Bernd Braun, Geschäftsführer der Friedrich-Ebert-Gedenkstätte in Heidelberg, nimmt die disparaten Erinnerungswelten
an die Novemberrevolution 1918 und an die Verfassungen in Württemberg und Baden von 1919
sowie das Gedenken an die demokratischen württembergischen und badischen Landespolitiker
der Weimarer Republik in den Blick. Er konstatiert, dass die „Grundsteinlegung der ersten deutschen Demokratie ein Nischendasein in der Erinnerungskultur fristet" (S. 106f.). Die Erinnerung
an die föderale und zentralstaatliche Verfassungsgebung nach 1945 steht im Zentrum des Beitrags von Philipp Gassert. Nicola Wenge beleuchtet die nicht hoch genug einzuschätzende Bedeutung der Überlebenden nationalsozialistischer Verfolgung für die Demokratisierung nach 1945. Im
Beitrag von Leonie Richter wird deutlich, in welchem Maß sich Frauen – auch vor Einführung des
Frauenwahlrechts – für die Demokratie stark machten. Erst dank historischer Forschung habe dies
Einzug in erinnerungspolitische Projekte gefunden.

Die beiden letzten Beiträge öffnen die Perspektive weit über den deutschen Südwesten hinaus: Einen weiten Bogen spannt Peter Steinbach, indem er das Spannungsfeld von Demokratie
und Revolution vor dem Hintergrund der Würdigungen von demokratischen Verfassungsordnun-
gen auslotet. Thomas Hertfelder dekonstruiert erhellend die seit Ende der 1990er-Jahre etablierte
„Meistererzählung" einer BRD-Erfolgsgeschichte, wie sie vom Bonner Haus der Geschichte und
einer neuen Generation von Historikern propagiert wurde und schnell Eingang in die Politik fand.
Mit der Migrationskrise von 2015 und dem erstarkenden Rechtspopulismus habe dieses Narra-
tiv seinen Kulminationspunkt überschritten. Hertfelder konstatiert: „Forschung und interessierte
Öffentlichkeit werden daher neue Fragen an die Geschichte der Demokratie in Deutschland zu
richten haben", in der sich „andere und breitere Segmente einer vielfältig gewordenen Gesellschaft von den Migrantinnen bis zu den Modernisierungsverlierern – in einer (...) Polyphonie der
Narrationen wiederfinden." (S. 297)

Auch wenn die Publikation bisweilen den Eindruck erweckt, selbst an einer Meistererzählung
der liberal-demokratischen Vorbildfunktion des deutschen Südwestens zu arbeiten, liefern die Beiträge in ihrer regionalen Länder-Perspektive „von unten" (S. 143) gespiegelt in konkurrierenden
Erinnerungskulturen unter unterschiedlichen politischen Vorzeichen wertvolle Erkenntnisse zur
Demokratiegeschichte Baden-Württembergs.

Julia Scialpi

**Ingo Runde, Heike Hawicks (Hgg.): Max Weber in Heidelberg.** Beiträge zur digitalen Vortragsreihe an der Universität Heidelberg im Sommersemester 2020 anlässlich des 100. Todestages am 14. Juni 2020 (Heidelberger Schriften zur Universitätsgeschichte, Bd. 11) Universitätsverlag Winter, Heidelberg 2022, 417 S., 56 Abb., 46,00 Euro

Aus Anlass des 100. Todestages von Max-Weber bereitete das Universitätsarchiv eine Tagung zum Thema „Max Weber in Heidelberg" vor. Auf Grund der Corona-Pandemie konnte diese nicht wie geplant stattfinden und wurde zu einer digitalen Vortragsreihe umgestaltet. Der vorzustellende Band enthält die Druckfassungen dieser Vorträge sowie einige zusätzliche Beiträge. Die insgesamt 13 Aufsätze sind thematisch in vier Sektionen gegliedert: Einflüsse, Forschungen, Beziehungen und Nachleben. Hinzu kommt ein umfangreicher Anhang, der unter anderem eine nützliche Übersicht über die Abteilungen und Bände der seit 2020 abgeschlossenen Max-Weber-Gesamtausgabe (MWG) enthält. In dieser Rezension können nicht alle Beiträge des Bandes berücksichtigt werden, sondern nur diejenigen mit einem engeren Bezug zu Heidelberg:

**Thomas Gerhards: Der Student Max Weber (S. 17–54)**
Max Weber begann im März 1882 sein Jura-Studium in Heidelberg und blieb für drei Semester in der Stadt. Dass Weber in Heidelberg „in ein dichtes Geflecht familiärer Bindungen" eingebunden war (S. 23), spielte bei der Wahl des Studienorts eine zentrale Rolle. Henriette Hausrath, die Schwester seiner Mutter, lebte in der Villa Fallenstein, dem heutigen Max-Weber-Haus. Und sein Onkel Hermann Baumgarten lehrte als Historiker an der Universität. Er war eine wichtige Bezugsperson für den jungen Studenten. Max Weber schloss sich der Burschenschaft Allemannia an und nahm auch an mehreren Paukgängen teil. Er „ging intensiv im Studentenleben auf" (S. 40), wobei Kommersabende mit exzessivem Bierkonsum wohl wichtiger waren als der Besuch von Lehrveranstaltungen. In Heidelberg ist lediglich der „halbwegs regelmäßige Besuch der praktischen geschichtswissenschaftlichen Übungen" bei Baumgarten nachweisbar (S. 22). Nach den drei Semestern in Heidelberg absolvierte Weber in Straßburg seinen Militärdienst als Einjährig-Freiwilliger. Anschließend setzte er sein Studium in Berlin und Göttingen fort. Dem fundierten Beitrag von Gerhards liegen in erster Linie die zahlreichen Briefe Max Webers aus seiner Studentenzeit zu Grunde, ihr Umfang in der MWG beläuft sich auf 350 Druckseiten. Sie bieten „einen kontinuierlichen Einblick in die äußere wie innere Lebensführung eines selbstbewusst heranwachsenden Bürgersohns", so Gerhards, und stellen im Hinblick auf Webers Militärzeit gar ein Unikat „als Erfahrungsberichte eines Einjährig-Freiwilligen" dar (S. 52).

**Eberhard Demm: Max und Alfred Weber: Konkurrenten in Wissenschaft und Liebe (S. 216–245)**
Dieser Beitrag ist ein Ärgernis. Da die ursprüngliche Fassung laut Demm den Rahmen des Tagungsbandes gesprengt hätte, veröffentlichte er sie andernorts und reichte kurzerhand den Mittschnitt seines frei gehaltenen Vortrags ein. Bereits im ersten Satz macht Demm deutlich, dass er im Grunde von Max Weber nichts hält, für ihn zählt nur Alfred Weber. Mit Max beschäftige er sich „nur in den Fällen, wo Alfred seinem älteren Bruder wichtige Denkanstöße gab" (S. 215). Im ersten Teil seines Beitrags geht er auf die „oft konfliktreiche Zusammenarbeit" zwischen Max und Alfred ein, unter anderem im Zusammenhang mit der Enquete des Vereins für Socialpolitik zur Lage der Arbeiterschaft in der Großindustrie. Allerdings erfährt der/die Leser*in den entsprechenden Passagen (S. 222–227) so gut wie nichts über die Enquete, aber umso mehr über die Befindlichkeiten Demms, der sich und seinen Helden Alfred von der Max-Weber-Forschung schmählich vernachlässigt fühlt. Mit Aussagen wie „wir sind ja Ketzer, mit uns, den Alfred-Weber-Forschern, will die alleinseligmachende Max-Weber-Orthodoxie nichts zu tun haben" (S. 223) disqualifiziert sich Demm nach Ansicht des Rezensenten allerdings selbst. Im zweiten Teil des Beitrags geht es dann um die Beziehungen der Weber-Brüder zu Else Jaffé. Auch hier geizt Demm

nicht mit Plattitüden wie „die schönste oder eine der schönsten Frauen Heidelbergs" (S. 231), sowie unqualifizierten und herabwürdigenden Werturteilen, z.B.: „Hans von Eckardt, ein typischer Protegé von Alfred Weber, Professor am Zeitungsinstitut, wissenschaftlich eine Null, versank schließlich im Suff" (S. 244). Bei allem Verständnis für die Nöte des Herausgeberteams, es wäre wohl besser gewesen, den Beitrag in dieser Form abzulehnen.

### Andreas Cser: Max, Marianne und Alfred Weber im Briefwechsel der Gotheins (S. 247–272)
Eberhard Gothein wurde 1903 zum Nachfolger des erkrankten Max Weber auf dessen Heidelberger Lehrstuhl für Nationalökonomie berufen. Seine Ehefrau Marie Luise wurde durch ihre 1914 publizierte ‚Geschichte der Gartenbaukunst' bekannt. Beide führten einen Briefwechsel, der 2006 ediert wurde. Auf dieser Quellenbasis spürt Cser in seinem lesenswerten Beitrag den Beziehungen zwischen den Gotheins und den Webers nach. Er kommt unter anderem zu dem Ergebnis, dass in dem Briefwechsel kein anderer Heidelberger Hochschullehrer eine so große Rolle spielte wie Max Weber, der mit Gothein nicht nur „zweckfreie kulturelle und wissenschaftliche Gespräche" führte, sondern auch „konkrete universitätspolitische Themen" erörterte (S. 257).

### Wolfgang Schluchter: Max Weber und der Heidelberger Gelehrtenkreis (S. 273–295)
Max Weber ließ sich 1903 krankheitsbedingt von seinen Verpflichtungen als Hochschullehrer befreien und „verstand sich fürderhin als Privatgelehrter". Als solcher suchte er den „Gedankenaustausch im universitätsbezogenen kleinen Kreis" (S. 274), dem sogenannten Eranos-Kreis. Dieser wurde von dem Theologen Adolf Deissmann und dem klassischen Philologen Albrecht Dieterich gegründet, seine prominentesten Mitglieder waren neben Max Weber der Jurist Georg Jellinek und der Theologe Ernst Troeltsch. Schluchter geht in seinem Beitrag näher auf das jeweilige Verhältnis zwischen Weber und Jellinek bzw. Troeltsch ein. Während ersterer für Weber ein väterlicher Freund war, sei letzterer als Altersgenosse Webers auch ein Konkurrent gewesen, so Schluchter. An die Stelle des Eranos-Kreises trat 1910 nach dem Einzug von Max und Marianne Weber in die Villa Fallenstein deren eigener „jour". Dieser wurde in den 1920er-Jahren von Marianne wiederbelebt und wandelte sich dann zum „Geister Tee" (S. 294). So nahm es jedenfalls der junge Talcott Parsons wahr, der Max Weber für die amerikanische Sozialwissenschaft entdeckte.

### Hans-Martin Mumm: Das Max-Weber-Haus (S. 299–331)
Im Hinblick auf die Heidelberger Stadtgeschichte ist Mumms Beitrag der interessanteste des Bandes. Er behandelt ausführlich die Geschichte der Villa in der Ziegelhäuser Landstraße 17 und ihrer Bewohner. Diese Geschichte beginnt 1846, als Max Webers Großvater Georg Friedrich Fallenstein – ehemals Beamter in der preußischen Finanzverwaltung – einen Weinberg an der Straße nach Ziegelhausen erwarb und sich dort ein repräsentatives Wohnhaus errichten ließ. Ein Freund Fallensteins war der Historiker und Publizist Georg Gottfried Gervinus, der im oberen Stock der Villa wohnte. Zusammen mit seiner Frau unterrichtete er die Fallenstein-Kinder, für die beide „Onkel und Tante" waren, so Mumm (S. 305). 1860 zogen Gervinus und seine Frau jedoch aus, nachdem es zuvor zu sexuellen Übergriffen des ‚Onkels' auf Helene Fallenstein – Max Webers Mutter – gekommen war. Ihr Nachfolger in der oberen Wohnung war Levin Goldschmidt, der Begründer des Handelsrechts als juristische Disziplin. Goldschmidt und seine Frau verließen Heidelberg im Jahr 1870, daraufhin holte Emilie Fallenstein, die Witwe des Erbauers, zwei ihrer in Heidelberg lebenden Töchter samt Familien in das Haus: die Beneckes und die Hausraths; letztere erbten das Gebäude 1881. Ein Jahr später kam Max Weber nach Heidelberg und besuchte häufig seine Tante Henriette Hausrath in der Ziegelhäuser Landstraße. 1909 ging das Haus dann an eine Erbengemeinschaft über und wurde modernisiert. Im Frühjahr 1910 zogen Max und Marianne Weber als Mieter ein, kurz darauf folgte Ernst Troeltsch mit seiner Familie. So entstand eine „Gelehrsamkeits-Wohngemeinschaft" (S. 325): Weber unten und Troeltsch oben, den Garten nutzen beide gemeinsam. Troeltsch wurde 1915 nach Berlin berufen und die Webers zogen 1919 nach München. Marianne kehrte 1922 in die Fallenstein-Villa zurück und machte sie zu einer Max Weber ‚geweihten' Gedenkstätte, in der auch die erwähnten „Geister Tees" stattfanden. Mumms

Beitrag besticht vor allem durch seine Kurzporträts der Hausbewohner, zu denen außer den genannten noch weitere Personen zählten, beispielsweise Gertrud von le Fort. Hilfreich wären eine tabellarische Übersicht der Bewohner und ein Stammbaum der Familie Fallenstein und ihrer Nachkommen gewesen.

**Folker Reichert: Der Heidelberger Bergfriedhof als Ort der Erinnerung an Max Weber (S. 333–352)**

Das biografische Tableau des Bandes wird hervorragend ergänzt durch den Beitrag Reicherts und seinen (virtuellen) Rundgang über den Bergfriedhof. Dort ist nicht nur die Grabstätte von Max und Marianne Weber zu finden, sondern auch die der Familie Hausrath. Reichert geht noch auf eine Reihe weitere Personen aus dem Umfeld Webers ein, die auf dem Bergfriedhof bestattet sind, beispielsweise Mina Tobler, Friedrich Gundolf oder Eberhard Gothein samt Familie. Interessierte Leser*innen können diesen Beitrag durchaus als Führer zu den Grabstätten nutzen.

Martin Krauß

**Tanja Modrow (Hg.): 100 Jahre Studierendenwerk Heidelberg.** Chronik zum Jubiläum, Heidelberg 2022, 83 S., 29,00 Euro

Auffallend ist das ungewöhnliche Format des Buches: Es hat etwa die Größe eines Mensa-Tabletts, ist nur dreimal so schwer. Aufgeklappt fast 90 cm breit, stellt es eine Herausforderung für einen nicht aufgeräumten Schreibtisch und den daran sitzenden Rezensenten dar. 2022 feierte das Studierendenwerk der Universität Heidelberg sein hundertjähriges Bestehen und präsentierte dazu diese großformatige „Chronik". Trotz eingeschränkter Handhabbarkeit konnte ich feststellen, dass den Machern (Tanja Modrow, Geschäftsführerin; Nora Gottbrath, Konzeption; Adrian Beierbach, Layout) eine grafisch wie inhaltlich hervorragende Festschrift gelungen ist. Sie sollte „kein Werk von Historikern für Historiker" werden, schreibt Tanja Modrow im Vorwort, sie sei vielmehr „geschaffen für alle, die ihr (!) Studierendenwerk besser kennenlernen und unerwartete Hintergründe erfahren möchten", also in erster Linie für die Studierenden selbst.

1922, mitten in der Inflationszeit, wurde die „Studentenhilfe Heidelberg e.V." gegründet (Erster Geschäftsführer: Johann Hermann Mitgau). Damals herrschten noch gänzlich andere Verhältnisse in Gesellschaft, Staat, Stadt, Universität und natürlich bei den Studierenden, als heute. Die Studentenschaft war nicht mehr so strukturiert wie vor dem Kriege. Soziale Probleme drängten nach vorne. Dennoch sei „der Fokus und die Grundausrichtung seit 100 Jahren konstant geblieben: seinen Studierenden für ihren Erfolg die bestmöglichen Rahmenbedingungen zu schaffen" (T. Modrow). Dies heißt in erster Linie: Sorge für Leib und Seele, konkret: Nahrung und Wohnung für die Studierenden. So erfahren wir beispielsweise, dass 1922 das Tagesgericht in der Mensa drei Reichsmark kostete, 1948 hingegen (dank der Hoover-Speisung) nur dreißig Pfennige. Gab es anfangs nur eine Mensa, waren es 2022 bereits deren sieben (übrigens existierten Mensa und Studentenhilfe bis 1933 als getrennte Institutionen). Die erste Mensa fand ihr Domizil (und hat es bis heute) im kurfürstlichen Zeughaus am Neckar, im Spätmittelalter erbaut und jahrelang fälschlich als „Marstall" bezeichnet. Auslöser zur Einrichtung einer „Akademischen Speisehalle" war die allgemeine Mangellage in Deutschland nach dem Ersten Weltkrieg. „Viele Jungakademiker hatten (…) mit Unterernährung, Krankheiten und Mangelerscheinungen zu kämpfen".

Im Zweiten Weltkrieg diente die Mensa als Sporthalle und Unterkunft für den Volkssturm, in der unmittelbaren Nachkriegszeit waren dort Flüchtlinge untergebracht. 1947 nahm die Speisehalle den Betrieb wieder auf. In den siebziger Jahren sollte eine Zentral-Mensa im Neuenheimer Feld die zunehmenden Platzprobleme lösen. Kurz darauf opferte man für den Bau der Triplex-Mensa gar acht historische Gebäude in der Grabengasse und Sandgasse.

Der Mensabetrieb stellt nur einen Aspekt der Arbeit des Studierendenwerks dar. Wer studieren will, braucht ein Dach über dem Kopf. 1927 war das einzige Wohnheim des Studierendenwerks das Sibley-Haus am Heumarkt. Das ehemalige „Gasthaus zum goldenen Roß" wurde 1926 zum Studentenwohnheim umgebaut und nach dem US-amerikanischen Geschäftsmann Hiram W. Sibley benannt, der der Uni viel Geld geschenkt hatte. Wofür ihm diese die Ehrenbürgerschaft verlieh. – Und so geht es weiter in der Geschichte des Studierendenwerks. Es folgt die Zeit des Dritten Reichs, der Nachkriegszeit, der Bau der Wohnheime im Neuenheimer Feld, die Studentenbücherei, der „Kakaobunker", der Aufstand gegen den „Muff von tausend Jahren", die Einführung des BAföG, die Psychotherapeutische Beratungsstelle, der Brand des Marstalls und vieles mehr, zum Abschluss „Das Studierendenwerk heute und morgen". 1945 war das „Studentenwerk" zur „Studentenhilfe" geworden, 2014 verfügte die Landesregierung die Umbenennung der Studentenwerke in „Studierendenwerke".

Die Festschrift ist mit wunderbaren großformatigen Fotos illustriert, die, ob historisch oder aktuell, ganz neue Einsichten in Geschichte und Gegenwart Heidelbergs und seiner Universität vermitteln. Der Jubiläumsband dürfte zu den schönsten Publikationen der letzten Jahre im Umfeld der Heidelberger Universität zählen.

Hansjoachim Räther

## Cornelia Lohs: Lost & Dark Places Mannheim und Heidelberg. 33 vergessene, verlassene und unheimliche Orte, Bruckmann Verlag, München 2022, 158 S., 22,99 Euro

Festzuhalten ist (da heutzutage nicht selbstverständlich), dass dieses Buch auf eigenen Recherchen der Autorin beruht. Es gibt Bücher dieses Genres, welche sich zum größten Teil auf Sekundärliteratur stützen.

Es lohnt sich, dieses Buch zu lesen, denn auch Heidelbergkennern wird es neue Erkenntnisse vermitteln. Vorgestellt werden 17 Heidelberger Orte (auch ein paar in Dilsberg, Neckargemünd, Dossenheim, und auf den Seiten 98 bis 153, Orte in Mannheim). Alle Artikel sind gut recherchiert, jeder Ort wird ausführlich beschrieben. Quellenangaben finden sich nur vereinzelt.

Unter „Lost & Dark Places" („Schwarzwald" steht merkwürdigerweise auf dem Schmutztitel) stellt man sich eigentlich etwas anderes vor. Etwas Unterirdisches, wo man Schutzkleidung und Taschenlampe braucht. Die meisten der hier beschriebenen Orte sind weder „lost" noch „dark", sondern bekannt, oberirdisch und beschrieben. Dies Buch gleicht eher einem Wanderführer mit historischen Erläuterungen, bisweilen zu neuen Zielen, für Fremde wie für Einheimische. Der Band ist mit schönen Fotos illustriert. Die meisten davon hat Cornelia Lohs selbst aufgenommen.

Ich möchte nur ein einziges der 17 Heidelberger Beispiele herausstellen, das mir besonders gefallen hat: „Vom Blitz vernichtet" ist die Geschichte des Alten Schlosses auf der Molkenkur, das die Touristen (wie wohl auch die meisten Heidelberger) nicht kennen. Zugegeben, oberirdisch ist nur wenig zu sehen. Heute befindet sich dort ein Hotel-Restaurant. Die „Alte Burg" ist mindestens zwei Jahrhunderte älter als das, was wir heute als „Heidelberger Schloss" kennen. 1537 flog es in die Luft (warum, steht auf S. 54ff.). Die Explosion war so gewaltig, dass sie Bausteine bis in die Stadt und hin zum anderen Schloss schleuderte. Mehrere Menschen kamen dabei zu Tode. Manche der behauenen Steine liegen heute noch im Wald. Der Rezensent kennt ihren Standort, verrät ihn aber nicht.

Hansjoachim Räther

# Neue Veröffentlichungen zur Stadtgeschichte

### Reise- und Kunstführer, Bildbände

Sabine Arndt: Heidelberg LockUp! Bilder und Texte. Heidelberg im Lockdown 2020, Heidelberg 2021

Verena Dunckelmann, Marion Huthmann, Ulrich Moltmann (Hgg.): Heidelberger Exkursionen. Naturkundliche, kulturhistorische und geologische Sehenswürdigkeiten rund um Heidelberg, Ubstadt-Weiher u.a. 2022

Hans Gercke: Madonnenführer Heidelberg. Ein Wegweiser zu Straßen, Gassen und Plätzen, zu Kirchen und Kapellen. Fotos: Renate J. Deckers-Matzko. Hg. Marienhaus Stiftung Heidelberg, Lindenberg im Allgäu 2022

Landeszentrale für politische Bildung Baden-Württemberg (Hg.): BaWü 1952–2022. Menschen. Geschichten. Ereignisse. Baden-Württemberg in Bildern 1952–2022, Stuttgart 2022

Cornelia Lohs: Lost & Dark Places Mannheim und Heidelberg. 33 vergessene, verlassene und unheimliche Orte, München 2022

Matthias Roth: Heidelberg (Reclams Städteführer. Architektur und Kunst), Ditzingen 2022

## Selbstständige Veröffentlichungen 2022

Jörg Bong: Die Flamme der Freiheit. Die deutsche Revolution 1848/1849, Köln 2022

Angela Borgstedt: Orte des Widerstehens. Aktionsräume gegen den Nationalsozialismus im Südwesten 1933–1945 (Schriften zur politischen Landeskunde Baden-Württembergs. Bd. 54), Stuttgart 2022

Franziska Brinkmann: Satire vor Gericht. Eine Auseinandersetzung mit den Politsatire-Plakaten Klaus Staecks aus rechtlicher und kunsthistorischer Perspektive (Bild und Recht – Studien zur Regulierung des Visuellen. Bd. 8), Baden-Baden 2021

Horst Buszello, Konrad Krimm: Zwischen Bauernkrieg und Französischer Revolution. Untertanenkonflikte am Oberrhein (Oberrheinische Studien. Bd. 44), Ostfildern 2022

Dana-Livia Cohen, Wolfgang Knapp, Christian Könne: Queer im Leben. Geschlechtliche und sexuelle Vielfalt in Geschichte und Gegenwart der Rhein-Neckar-Region (Marchivum Schriftenreihe Nr. 9), Ubstadt-Weiher u.a. 2022 (Cohen u.a.)

Karl-Heinz Dammer, Hans Werner Huneke (Hgg.): Hochschule in der Pandemie. Erfahrungen aus Lehre, Studium, Forschung und Selbstverwaltung an der Pädagogischen Hochschule Heidelberg (Diskurs Bildung – Schriftenreihe der Pädagogischen Hochschule Heidelberg. Bd. 65), Heidelberg 2022

Tobias Dienst: Konfessionelle Konkurrenz. Gelehrte Kontroversen an den Universitäten Heidelberg und Mainz (1583–1622) (Spätmittelalter, Humanismus, Reformation. Bd. 118), Tübingen 2022

Frank Engehausen: Tatort Heidelberg. Alltagsgeschichten von Repression und Verfolgung 1933–1945, Frankfurt a.M., New York 2022

Frank Engehausen (Hg.): Hans Thoma (1839–1924). Zur Rezeption des badischen Künstlers im Nationalsozialismus und in der Nachkriegszeit (Veröffentlichungen der Kommission für geschichtliche Landeskunde in Baden-Württemberg. Reihe B, Bd. 231), Ostfildern 2022

Paul Erdmann: Standhalten oder weichen? Der Rotary Club Heidelberg und seine Nachbarclubs im Nationalsozialismus, Stuttgart 2022, MS pdf: https://memorial-rotary.de/dokumente/390

Gerhard Fouquet: Die geliehene Zeit eines Königs. Der „arme" Ruprecht und die Reichsfinanzen (1400–1410) (Schriftenreihe der Historischen Kommission bei der Bayerischen Akademie der Wissenschaften. Bd. 110), Göttingen 2022

Friedrich Wilhelm Graf: Ernst Troeltsch. Theologe im Welthorizont, München 2022

Friedhelm Hans: Friedrich Hermann von Schomberg (1615–1690). EUROPA TOTA ADMIRATA mit Bausteinen zu einer britisch-pfälzischen Pastoralgeschichte (Veröffentlichungen des Vereins für Pfälzische Kirchengeschichte. Bd. 36), Ubstadt-Weiher u.a. 2021

Heidelberger Geschichtsverein (Hg.): Heidelberg. Jahrbuch zur Geschichte der Stadt. Jg. 27, 2023, Heidelberg 2022 (HJG Jg. 27, 2022)

Hans-Jürgen Holzmann (Hg.): Johanneskirche und Johanneshaus in Heidelberg-Neuenheim, Ubstadt-Weiher u.a. 2022 (Holzmann)

Richard Hüttel: Die schrecklichen Jahre 1688–1697. Eine vergessene deutsche Tragödie. Les terribles années 1688–1697. Une tragédie oubliée, Trier 2022

Initiative Stolpersteine Heidelberg (Hg.): Stolpersteine in Heidelberg 2016–2021, Heidelberg 2022

Ulrich Klemke: Auswanderer der badischen Revolution 1848/49 in die USA. Ein biographisches Lexikon, Hamburg 2022

Klaus Knorr: Das Kriegsende postalisch betrachtet mit der Wiederaufnahme des Postverkehrs 1945 in Heidelberg. Eine Dokumentation, Walldorf 2022

Arndt Krödel: Aufgewachsen in Heidelberg in den 50er & 60er Jahren, Gudensberg-Gleichen 2022

Lars Kröger: Fähren an Main und Neckar. Eine archäologische und historisch-geographische Entwicklungsanalyse mittelalterlicher und frühneuzeitlicher Verkehrsinfrastruktur (Monographien des Römisch-Germanischen Zentralmuseums. Bd. 160), Mainz 2022

Renate Ludwig, Jonathan Scheschkewitz (Hgg.): Krieg und Frieden. Konfliktarchäologie an Rhein und Neckar (Archäologische Informationen aus Baden-Württemberg. H. 87), Esslingen 2022 (Ludwig, Scheschkewitz)

Tanja Modrow (Hg.): 100 Jahre Studierendenwerk Heidelberg, Heidelberg 2022

Erwin Poell: Zeit der Zeichen – Zeichen der Zeit. Ein Designer erinnert sich. Autobiografie, Heidelberg 2022

Matthias Roth: Heidelberg (Reclams Städteführer. Architektur und Kunst), Ditzingen 2022

Ingo Runde, Heike Hawicks (Hgg.): Max Weber in Heidelberg. Beiträge zur digitalen Vortragsreihe an der Universität Heidelberg im Sommersemester 2020 anlässlich des 100. Todestages am 14. Juni 2020 (Heidelberger Schriften zur Universitätsgeschichte. Bd. 11), Heidelberg 2022 (Runde, Hawicks)

Ingo Runde, Matthias Scherer (Hgg.): Emil Julius Gumbel: Mathematiker – Publizist – Pazifist. Beiträge zur Tagung im Universitätsarchiv am 22. Juli 2019 (Heidelberger Schriften zur Universitätsgeschichte. Bd. 10), Heidelberg 2022 (Runde, Scherer)

Michael Schmitt (Hg.): Antisemitismus in der Akademie. Otto Meyerhof – Ein Forscherleben zwischen Ruhm und Vertreibung, Leipzig 2022

Wolfgang Schröck-Schmidt (Hg.): Die Kurpfalzachse: Königstuhl-Schwetzingen-Kalmit, Altlußheim 2022 (Schröck-Schmidt)

Stadtteilverein Handschuhsheim (Hg.): Jahrbuch Handschuhsheim 2022, Heidelberg 2022 (Jb Hhm 2022)

Hanna Strehlau u.a. (Bearb.): Kopialbuch der Zisterzienserabtei Schönau (Generallandesarchiv Karlsruhe 67/1302). Transkription, Universitätsbibliothek Heidelberg 2020, pdf: https://archiv.ub.uni-heidelberg.de/volltextserver/28232/1/

Christoph Strohm (Hg.): Theologenbriefwechsel im Südwesten des Reichs in der Frühen Neuzeit (1550–1620). Kritische Auswahledition. Bd. 2: Kurpfalz I (1556–1583) (Quellen und Forschungen zur Reformationsgeschichte. Bd. 99), Heidelberg 2022

Unser Land 2023. Heimatkalender für Neckartal, Odenwald, Bauland und Kraichgau, Heidelberg 2023

Die Vier vunn da Schdoobach: Erinnerungen aus 85 Lebensjahren in Ziegelhausen. Jahrgang 1936/37. Hg. Teilnehmer der Gesprächsrunde Elfriede Maisch, Erika Zimmermann, Paul Meuter, Heinz Siegmann, Heidelberg 2022

Jolanta Wiendlocha, Heike Hawicks: Das Wirken der Jesuiten in Heidelberg. Faksimile, Übersetzung und Kommentar der „Fata Collegii Heidelbergensis Societatis Jesu" (1622–1712) (Lateinische Literatur im deutschen Südwesten. Bd. 4), Heidelberg 2022

Thomas Wilke, Michael Rappe (Hgg.): HipHop im 21. Jahrhundert. Medialität, Tradierung, Gesellschaftskritik und Bildungsaspekte einer (Jugend-)Kultur, Wiesbaden 2022 (Wilke, Rappe)

Edgar Wolfrum (Hg.): Verfassungsfeinde im Land? Der „Radikalenerlass" von 1972 in der Geschichte Baden-Württembergs und der Bundesrepublik, Göttingen 2022

## Aufsätze und selbstständige Veröffentlichungen (nach Epochen geordnet)

### Vor- und Frühgeschichte, Archäologie

Dieter Birmann: Zeit wird's – ergänzende Bewertung von Reisesonnenuhr-Fragmenten, in: Archäologische Nachrichten aus Baden. Jg. 98, 2022, S. 52–58

Olaf Bubenzer u.a.: Neue geoarchäologische Forschungen auf dem Heiligenberg: Sondage einer Podiumsgruppe am Osthang des Berges, in: Landesamt für Denkmalpflege im Regierungsbezirk Stuttgart (Hg.): Archäologische Ausgrabungen in Baden-Württemberg 2021, Darmstadt 2022, S. 140–145

Renate Ludwig: 1622–2022: die archäologische Überlieferung zum Sturm auf Heidelberg, in: Archäologische Nachrichten aus Baden. Jg. 98, 2022, S. 23–28

Renate Ludwig, Jonathan Scheschkewitz (Hgg.): Krieg und Frieden. Konfliktarchäologie an Rhein und Neckar (Archäologische Informationen aus Baden-Württemberg. H. 87), Esslingen 2022

Renate Ludwig, Tobias Schöneweis: 1922–2022. Der Tillyfund aus Heidelberg und das Soldatenleben im Dreißigjährigen Krieg, in: Ludwig, Scheschkewitz, S. 28–33

Tobias Schöneweis: Archäologische Untersuchungen des Kurpfälzischen Museums 2017–2021, in: HJG Jg. 27, 2022, S. 213–223

### 12. – 18. Jahrhundert

Thomas Bührke: Der Hofastronom Christian Mayer und die Basis Palatina, in: Schröck-Schmidt, S. 50–68

Thomas Bührke, Wolfgang Schröck-Schmidt: Der Cassini-Stein in Heidelberg-Rohrbach und die Basis Palatina, in: Schröck-Schmidt, S. 69–74

Horst Buszello, Konrad Krimm: Zwischen Bauernkrieg und Französischer Revolution. Untertanenkonflikte am Oberrhein (Oberrheinische Studien. Bd. 44), Ostfildern 2022

Tobias Dienst: Konfessionelle Konkurrenz. Gelehrte Kontroversen an den Universitäten Heidelberg und Mainz (1583–1622) (Spätmittelalter, Humanismus, Reformation. Bd. 118), Tübingen 2022

Arno Erhard: Kloster Neuburg und die Familie von Erligheim, in: Hierzuland Jg. 37, 2022, S. 4–9

Gerhard Fouquet: Die geliehene Zeit eines Königs. Der „arme" Ruprecht und die Reichsfinanzen (1400–1410) (Schriftenreihe der Historischen Kommission bei der Bayerischen Akademie der Wissenschaften. Bd. 110), Göttingen 2022

Günter Frank: Philipp Melanchthon und der deutsche Südwesten. Zum 525. Geburtstag des Brettener Humanisten und Reformators, in: Badische Heimat. Jg. 102, 2022, H. 4, S. 535–543

Friedhelm Hans: Friedrich Hermann von Schomberg (1615–1690). EUROPA TOTA ADMIRATA mit Bausteinen zu einer britisch-pfälzischen Pastoralgeschichte (Veröffentlichungen des Vereins für Pfälzische Kirchengeschichte. Bd. 36), Ubstadt-Weiher u.a. 2021

Heike Hawicks: Universität und landesherrliche Politik. Gründung, Fundierung und Gestaltungskraft der Universität Heidelberg zur Zeit des Abendländischen Schismas und der Konzilien, in: Martin Kintzinger, Wolfgang Eric Wagner, Ingo Runde (Hgg.): Hochschule und Politik – Politisierung der Universitäten (Veröffentlichung der Gesellschaft für Universitäts- und Wissenschaftsgeschichte. Bd. 16), Basel 2022, S. 39–63

Frieder Hepp: Von Krieg zu Krieg. Die Kurpfalz im Fokus der militärischen Auseinandersetzungen des 17. und 18. Jahrhunderts, in: Ludwig, Scheschkewitz, S. 19–25

Rainer Hofmeyer: Fünf Mal war Eberbach Universitätsstadt gewesen. Studenten und Professoren der Heidelberger Uni zur Pestzeit in Eberbach – Schlägereien in der Stadt, in: Unser Land 2023, S. 36–40

Richard Hüttel: Die schrecklichen Jahre 1688–1697. Eine vergessene deutsche Tragödie. Les terribles années 1688–1697. Une tragédie oubliée, Trier 2022

Christian Könne: Liselotte von der Pfalz und ihre Sicht auf die Sexualität am französischen Hof, in: Könne u.a., S. 28–30

Leonore Kopsch: Liselotte und ihr Bruder Carl. Zum 300. Todestag der kurpfälzischen Identitätsfigur am 8. Dezember 2022, in: Mannheimer Geschichtsblätter. Bd. 44, 2022, S. 19–36

Elisabeth Kröger, Wolfgang Schröck-Schmidt: Die Maulbeerallee, in: Schröck-Schmidt, S. 45–49

Lars Kröger: Fähren an Main und Neckar. Eine archäologische und historisch-geographische Entwicklungsanalyse mittelalterlicher und frühneuzeitlicher Verkehrsinfrastruktur (Monographien des Römisch-Germanischen Zentralmuseums. Bd. 160), Mainz 2022

Manfred Kuhn, Joachim Weinhardt: Die Verantwortlichkeit Friedrichs III. für das Todesurteil über Johannes Sylvanus (+ 23. Dezember 1572) und seine Motive, in: HJG Jg. 27, 2022, S. 11–30

Klaus Niehr: Von irdischen Paradiesen. Sophie von der Pfalz und ihre Gärten, in: Freunde der Herrenhäuser Gärten (Hg.): Schöpferisch tätig. Der Garten als Ort kulturellen Handelns von Frauen (Herrenhäuser Schriften. Bd. 13), München 2022, S. 61–78

Jörg Peltzer: Ritterliche Ansprüche, kriegerische Gewalt, erzwungener Frieden und die Memoria des Siegers. Pfalzgraf Friedrich der Siegreiche, die Einnahme der Schauenburg 1460 und die Schlacht von Seckenheim 1462, in: Ludwig, Scheschkewitz, S. 106–114

Wolfgang Schröck-Schmidt: Die Achse im 18. Jahrhundert, in: Schröck-Schmidt, S. 39–44

Wolfgang Schröck-Schmidt: Das Schwetzinger Schloss und die Achse Königstuhl-Kalmit, in: Schröck-Schmidt, S. 9–23

Herman J. Selderhuis: Augsburg in Heidelberg – Der reformierte Umgang mit der Confessio Augustana, in: Günter Frank, Volker Leppin, Tobias Licht (Hgg.): Die „Confessio Augustana" im ökumenischen Gespräch, Berlin, Boston 2022, S. 121–132

Hanna Strehlau u.a. (Bearb.): Kopialbuch der Zisterzienserabtei Schönau (Generallandesarchiv Karlsruhe 67/1302). Transkription, Universitätsbibliothek Heidelberg 2020, pdf: https://archiv.ub.uni-heidelberg.de/volltextserver/28232/1/

Christoph Strohm (Hg.): Theologenbriefwechsel im Südwesten des Reichs in der Frühen Neuzeit (1550–1620). Kritische Auswahledition. Bd. 2: Kurpfalz I (1556–1583) (Quellen und Forschungen zur Reformationsgeschichte. Bd. 99), Heidelberg 2022

Christoph Timm: Ein ganzes Jahr mit Reuchlin. „Wir legen die Fundamente der Zukunft" (Johannes Reuchlin, 1522), in: Badische Heimat. Jg. 102, 2022, H. 4, S. 527–534

Katharina Ungerer-Heuck: Der „Neue Weg nach Schwetzingen" und seine Entstehung, in: Schröck-Schmidt, S. 24–38

Sean Ward: Pfalzgraf Eduard und Pfalzgraf Philipp. Zwei „Winterkinder" mit spektakulären Kurzauftritten im „Theatrum Europaeum", in: HJG Jg. 27, 2022, S. 41–53

Hermann Wiegand: Der ideale Fürst – Zur Totenrede Johann Friedrich Miegs auf Kurfürst Karl Ludwig von der Pfalz 1680, in: Mannheimer Geschichtsblätter. Bd. 44, 2022, S. 13–18

Hermann Wiegand: Jakob Wimpfeling (1450–1528). Christlicher Humanismus als Lebenslehre, in: Badische Heimat. Jg. 102, 2022, H. 4, S. 498–505

Markus M. Wieland: Nicolaus Kistner und die Hexenverfolgung. Der aus Mosbach stammende Humanist trug zur Mäßigung der Hexenhysterie bei, in: Unser Land 2023, S. 41–44

Jolanta Wiendlocha, Heike Hawicks: Das Wirken der Jesuiten in Heidelberg. Faksimile, Übersetzung und Kommentar der „Fata Collegii Heidelbergensis Societatis Jesu" (1622–1712) (Lateinische Literatur im deutschen Südwesten. Bd. 4), Heidelberg 2022

Alexander Wiesneth: Neue Form – alte Konstruktion. Frühe Mansarddächer beim Wiederaufbau der Stadt Heidelberg nach dem Pfälzer Erbfolgekrieg (1688–1697), in: Jahrbuch für Hausforschung. Bd. 66: Wiederaufbau nach Katastrophen und der Hausbau im 17. Jahrhundert, Petersberg 2022, S. 281–292

Karin Zimmermann: Michel Beheim. Liedermacher in Kriegszeiten, in: Ludwig, Scheschkewitz, S. 115–120

## 19. Jahrhundert

Jo-Hannes Bauer: „... treibt Ackerbau, aber nicht als alleiniges Hauptgeschäft". Die Familien Abraham und Nathan Wolff aus Rohrbach als Beispiel für die Zuwanderung aus dem Umland in die jüdische Gemeinde Heidelbergs (1830–1860), in: HJG Jg. 27, 2022, S. 235–243

Jörg Bong: Die Flamme der Freiheit. Die deutsche Revolution 1848/1849, Köln 2022

Thomas Gerhards: Der Student Max Weber, in: Runde, Hawicks, S. 17–53

Ulrich Klemke: Auswanderer der badischen Revolution 1848/49 in die USA. Ein biographisches Lexikon, Hamburg 2022

Christian Könne: Dorothea Schlegel und Karoline Paulus. Schwärmerische Frauenfreundschaft der Romantik, in: Cohen u.a., S. 38f.

Joachim Maier: Jakob Lindau aus Heidelberg und die katholische Casino-Bewegung, in: HJG Jg. 27, 2022, S. 61–75

Hans-Martin Mumm: Theresia Bomo, 1822/23–1850. Zur Biografie einer Heidelberger Demokratin, in: HJG Jg. 27, 2022, S. 55–60

Christmut Präger: Von Kutschen und Kanten. Radabweiser in Heidelberg, in: HJG Jg. 27, 2022, S. 225–228

Gerhard Schwinge: Auf dem Weg zur Union von 1821, in: Mannheimer Geschichtsblätter. Bd. 42, 2021, S. 17–24

## 19./20. Jahrhundert

Andreas Cser: Max, Marianne und Alfred Weber im Briefwechsel der Gotheins, in: Runde, Hawicks, S. 247–272

Eberhard Demm: Max und Alfred Weber. Konkurrenten in Wissenschaft und Liebe, in: Runde, Hawicks, S. 215–245

Friedrich Wilhelm Graf: Ernst Troeltsch. Theologe im Welthorizont, München 2022

Xenia Hirschfeld: Der Große Rathaussal 1890, in: HJG Jg. 27, 2022, S. 229–233

Christian Könne: Hirschfeld in Heidelberg. Zum Studentenleben des Sexualwissenschaftlers und seiner Wirkung in der Region, in: Cohen u.a., S. 111–116

Michael Leitz: Nikolaj Rimsky-Korsakow und Igor Strawinsky in Handschuhsheim, in: Jb Hhm 2022, S. 53–57

Wolfgang Schluchter: Max Weber und der Heidelberger Gelehrtenkreis, in: Runde, Hawicks, S. 273–295

Karl-Heinz Söhner: Das Heidelberger Verlagshaus Carl Küstner. Hersteller von Ansichtskarten aus der Region, in: Unser Land 2023, S. 161–164

## 20. Jahrhundert

Alfred Bechtel: Klang und Sang aus Stadt und Land – Glocken läuten den Sonntag ein, in: Jb Hhm 2022, S. 59–69

Lisa Bender: Die „langen 1960er" in Baden: Politische Diskussionen in der badischen Landeskirche 1968–1977, in: Jahrbuch für badische Kirchen- und Religionsgeschichte. Bd. 16, 2022, S. 175–188

Reinhard Blomert: Heidelberger Kultursoziologie in der Weimarer Republik, in: Karl Acham, Stephan Moebius (Hgg.): Soziologie der Zwischenkriegszeit. Ihre Hauptströmungen und zentralen Themen im deutschen Sprachraum. Bd. 2, Wiesbaden 2022, S. 113–139

Iris Bonaventura: Malerwanderung in Handschuhsheim – Teil 2, in: Jb Hhm 2022, S. 71–75

Angela Borgstedt: Orte des Widerstehens. Aktionsräume gegen den Nationalsozialismus im Südwesten 1933–1945 (Schriften zur politischen Landeskunde Baden-Württembergs. Bd. 54), Stuttgart 2022

Jürgen Brose: Wie man vor 100 Jahren wohnte … kann man im Museum der GGH in der „Blauen Heimat" erleben, in: Jb Hhm 2022, S. 124f.

Arno Ehrhard: Der Bau der Neckarbrücke in Ziegelhausen. Abenteuerspielpatz meiner Kindheit, in: Unser Land 2023, S. 218–221

Frank Engehausen: Antisemitismus an der Universität Heidelberg 1933 bis 1945, in: Michael Schmitt (Hg.): Antisemitismus in der Akademie. Otto Meyerhof – Ein Forscherleben zwischen Ruhm und Vertreibung, Leipzig 2022, S. 59–83

Frank Engehausen: „Fälle, in denen er seine Opfer brutal und unwürdig behandelt hat." – Das Strafverfahren gegen den Heidelberger Gestapo-Beamten Eugen Feucht im September 1947, in: HJG Jg. 27, 2022, S. 259–266

Frank Engehausen: Tatort Heidelberg. Alltagsgeschichten von Repression und Verfolgung 1933–1945, Frankfurt a.M., New York 2022

Frank Engehausen: Tierlehrer Fritz Wedde und sein Steinadler – Ein Sondergerichtsfall aus dem Jahr 1943, in: HJG Jg. 27, 2022, S. 127–136

Paul Erdmann: Standhalten oder weichen? Der Rotary Club Heidelberg und seine Nachbarclubs im Nationalsozialismus, Stuttgart 2022, MS pdf: https://memorial-rotary.de/dokumente/390

Lexuri Fernández, Matthias Scherer: Looking for an ideal solution – Emil Julius Gumbel als Mathematiker, politischer Publizist und Privatperson, in: Runde, Scherer, S. 139–169

Vera Friedländer: Spurensuche anhand einer verklungenen Liturgie, in: Jahrbuch für badische Kirchen- und Religionsgeschichte. Bd. 16, 2022, S. 343–346

Wolfgang Gallfuß, Ute-Hauck-Rapp, Sigrid Neureither, Bernhard Stehlin, Angelika Zeller: „Clash of Cultures" in der St. Bonifatius-Gemeinde in der Weststadt 1972, in: HJG Jg. 27, 2022, S. 177–191

Norbert Giovannini: Dünkel in Krähwinkel. 25 Jahre Quo Vadis-Erklärung Heidelberger Kulturträger*innen, in: HJG Jg. 27, 2022, S. 207–212

Norbert Giovannini: KOMMUNIST. Abgestempelt. Die Relegation sozialistischer und kommunistischer Studenten an der Universität Heidelberg 1933, in: HJG Jg. 27, 2022, S. 97–110

Norbert Giovannini: Angewandter Rassismus. Jüdische Studierende in Heidelberg 1933–1945, in: HJG Jg. 27, 2022, S. 77–95

Edith Hanke: Wege in die Soziologie – Max Weber und Wien, in: Karl Acham, Stephan Moebius (Hgg.): Soziologie der Zwischenkriegszeit. Ihre Hauptströmungen und zentralen Themen im deutschen Sprachraum. Bd. 2, Wiesbaden 2022, S. 45–76

Initiative Stolpersteine Heidelberg (Hg.): Stolpersteine in Heidelberg 2016–2021, Heidelberg 2022

Christian Jansen: Emil Julius Gumbel in seiner Heidelberger Zeit, in: Runde, Scherer, S. 23–39

Rainer Kaschau: Der Heiligenberg in der Zeit des Nationalsozialismus, in: Unser Land 2023, S. 172–176

Wolfgang Knapp: Nieder mit dem § 175! Protest aus der Rhein-Neckar-Region, in: Cohen u.a., S. 117–121

Klaus Knorr: Das Kriegsende postalisch betrachtet mit der Wiederaufnahme des Postverkehrs 1945 in Heidelberg. Eine Dokumentation, Walldorf 2022

Christian Könne: Zur dritten Emanzipationsbewegung in der Region Rhein-Neckar. Medien, Orte und Öffentlichkeiten, in: Cohen u.a., S. 180–190

Christian Könne: Heidelberg seit den 1970er Jahren: Schwule und lesbische Emanzipationsbewegungen, in: Cohen u.a., S. 191–221

Christian Könne: Reaktionen auf die HIV- und Aids-Krise, in: Cohen u.a., S. 272–283

Christian Könne: Verfolgungen in der NS-Zeit, in: Cohen u.a., S. 144–167

Arndt Krödel: Aufgewachsen in Heidelberg in den 50er & 60er Jahren, Gudensberg-Gleichen 2022

Erich J. Lehn: Schnee war gestern. Freud und Leid zur Winterszeit im vorigen Jahrhundert, in: Unser Land 2023, S. 275–277

Anika Mackert: Neuanfang oder Kontinuität? Die Lehrer des Kurfürst-Friedrich-Gymnasiums Heidelberg vor und nach 1945, in: HJG Jg. 27, 2022, S. 149–164

Harald Maier-Metz: Albrecht Götze und Emil Julius Gumbel, in: Runde, Scherer, S. 117–138

Melanie Mertens: Aushängeschild im neuen Campus. Das Südasien-Institut im Neuenheimer Feld in Heidelberg, in: Landesamt für Denkmalpflege im Regierungspräsidium Stuttgart (Hg.): Junge Unis in Baden-Württemberg. Hochschulbauten der Nachkriegs- und Postmoderne (Arbeitsheft 45), Ostfildern 2022, S. 109–114

Melanie Mertens: Heidelbergs „Crown Hall". Der Hörsaal für Chemie und physikalische Chemie im Neuenheimer Feld, in: ebd., S. 157–162

Melanie Mertens: Bunter essen. Die Mensa der Universität Heidelberg im Neuenheimer Feld, in: ebd., S. 183–189

Dorothee Mußgnug: Bau und Ausstattung der Johanneskirche, in: Holzmann, S. 81–114

Dorothee Mußgnug: Die Errichtung des Gemeindehauses, in: Holzmann, S. 177–182

Dorothee Mußgnug: Johanneskirche und Johannesgemeinde nach 1902, in: Holzmann, S. 125–156

Dorothee Mußgnug: Die Planung des Gemeindehauses, in: Holzmann, S. 157–170

Anton Ottmann: Max Oppenheimer – ein Kämpfer gegen den Faschismus, in: HJG Jg. 27, 2022, S. 165–175

Erwin Poell: Zeit der Zeichen – Zeichen der Zeit. Ein Designer erinnert sich. Autobiografie, Heidelberg 2022

Joey Rauschenberger: Die Schleifung des Wrededenkmals 1940 als Akt nationalsozialistischer Erinnerungspolitik, in: HJG Jg. 27, 2022, S. 111–126

Reinhard Riese: Eine Schulgründung im Krieg. Das Bunsen-Gymnasium Heidelberg 1940–1945, in: HJG Jg. 27, 2022, S. 137–147

Ingo Runde, Matthias Scherer (Hgg.): Emil Julius Gumbel: Mathematiker – Publizist – Pazifist. Beiträge zur Tagung im Universitätsarchiv am 22. Juli 2019 (Heidelberger Schriften zur Universitätsgeschichte. Bd. 10), Heidelberg 2022

Christiane Schmidt-Sielaff: Der Architekt Hermann Hampe. Sein Wirken in Heidelberg und Handschuhsheim, in: Jb Hhm, S. 81–85

Michael Schmitt (Hg.): Antisemitismus in der Akademie. Otto Meyerhof – Ein Forscherleben zwischen Ruhm und Vertreibung, Leipzig 2022

Michael Schmitt, Avinoam Reichman: Ein Forscherleben zwischen Ruhm und Vertreibung. Biografische Notizen zu Otto Meyerhof, in: Michael Schmitt (Hg.): Antisemitismus in der Akademie. Otto Meyerhof – Ein Forscherleben zwischen Ruhm und Vertreibung, Leipzig 2022, S. 13–42

Klaus-Peter Schroeder: „Die Studentenschaft wird nicht eher ruhen, bis sein Kopf rollen wird" – Emil Julius Gumbel im Fadenkreuz des NSDStB, in: Runde, Scherer, S. 41–71

Die Vier vunn da Schdoobach: Erinnerungen aus 85 Lebensjahren in Ziegelhausen. Jahrgang 1936/37. Hg. Teilnehmer der Gesprächsrunde Elfriede Maisch, Erika Zimmermann, Paul Meuter, Heinz Siegmann, Heidelberg 2022

Wolfgang Voigt: Zwischen Bautradition und Neuem Bauen: Das Gemeindehaus der Johannesgemeinde, in: Holzmann, S. 171–176

Michael Weidmann: „Kreuz und Kreis". Der Umbau der Kirche St. Vitus durch Franz Sales Kuhn, in: Jb Hhm 2022, S. 37–44

Edgar Wolfrum (Hg.): Verfassungsfeinde im Land? Der „Radikalenerlass" von 1972 in der Geschichte Baden-Württembergs und der Bundesrepublik, Göttingen 2022

Eike Wolgast: Einführung: Emil Julius Gumbel als homo politicus, in: Runde, Scherer, S. 11–19

## 20./21. Jahrhundert

Sabine Arndt: Heidelberg LockUp! Bilder und Texte. Heidelberg im Lockdown 2020, Heidelberg 2021

Petra Bauer, Dieter Teufel: Masterplan Neuenheimer Feld mit guten Ergebnissen beendet, in: Jb Hhm 2022, S. 95–103

Franziska Brinkmann: Satire vor Gericht. Eine Auseinandersetzung mit den Politsatire-Plakaten Klaus Staecks aus rechtlicher und kunsthistorischer Perspektive (Bild und Recht – Studien zur Regulierung des Visuellen. Bd. 8), Baden-Baden 2021

Karl-Heinz Dammer, Hans Werner Huneke (Hgg.): Hochschule in der Pandemie. Erfahrungen aus Lehre, Studium, Forschung und Selbstverwaltung an der Pädagogischen Hochschule Heidelberg (Diskurs Bildung – Schriftenreihe der Pädagogischen Hochschule Heidelberg. Bd. 65), Heidelberg 2022

Eva-Maria Eberle: Sexuelle Gewalt ist untragbar. Die Geschichte des Heidelberger Frauennotrufs gegen sexualisierte Gewalt von der Vereinsgründung 1978 bis zum 40-jährigen Jubiläum 2018, in: HJG Jg. 27, 2022, S. 193–206

Frank Engehausen: Gutachten. Wahrnehmungen und Einschätzungen der Person und der Amtsführung des Oberbürgermeisters Carl Neinhaus in der Zeit des Nationalsozialismus in Öffentlichkeit und historischer Forschung von seinem Tod bis zur Gegenwart, in: HJG Jg. 27, 2022, S. 272–286

Linus Maletz: Digitales Gedenken zwischen Heidelberg und Gurs. Über den Aufbau einer Datenbank der Deportierten vom 22. Oktober 1940 in das Lager Gurs, in: HJG Jg. 27, 2022, S. 253–258

Andreas Margara: „Sag mir, welcher Pfad zur Geschichte führt" – Historisierung und Archivierung von Hip-Hop in Deutschland am Beispiel des Heidelberger Hip-Hop Archivs, in: Wilke, Rappe, S. 129–147

Tanja Modrow (Hg.): 100 Jahre Studierendenwerk Heidelberg, Heidelberg 2022

Reinhard Riese: (K)ein Ehrengrab für Carl Neinhaus? In: HJG Jg. 27, 2022, S. 267–271

Ingo Runde, Simon Stewner: Ausstellung und Akten über Emil Julius Gumbel im Universitätsarchiv Heidelberg, in: Runde, Scherer, S. 189–197

Bryan Vit: Hip-Hop als urbane Geschichtsschreibung am Beispiel der Historisierung von Hip-Hop in Heidelberg, in: Wilke, Rappe, S. 149–188

Claudia Wallenwein, Heinrich Schröder: 100 Jahr OGV Handschuhsheim, in: Jb Hhm 2022, S. 142–144

Thomas Wilke, Michael Rappe (Hgg.): HipHop im 21. Jahrhundert. Medialität, Tradierung, Gesellschaftskritik und Bildungsaspekte einer (Jugend-)Kultur, Wiesbaden 2022

## Zu mehreren Zeitabschnitten

Markus Ball: Altwege zur keltischen Siedlung auf dem Heiligenberg, in: Jb Hhm 2022, S. 6–25

Jürgen Brose: Die Belange Handschuhsheims stets mit Nachdruck vertreten. Vor 125 Jahren wurde der Stadtteilverein zunächst als Verschönerungsverein gegründet, in: Jb Hhm 2022, S. 134–141

Dana-Livia Cohen, Wolfgang Knapp, Christian Könne: Queer im Leben. Geschlechtliche und sexuelle Vielfalt in Geschichte und Gegenwart der Rhein-Neckar-Region (Marchivum Schriftenreihe. Nr. 9), Ubstadt-Weiher u.a. 2022

Frank Engehausen (Hg.): Hans Thoma (1839–1924). Zur Rezeption des badischen Künstlers im Nationalsozialismus und in der Nachkriegszeit (Veröffentlichungen der Kommission für geschichtliche Landeskunde in Baden-Württemberg. Reihe B, Bd. 231), Ostfildern 2022

Sven Externbrink: Kristallisationspunkt. Die Zerstörung des Heidelberger Schlosses, in: Ruperto Carola. Forschungsmagazin. Ausgabe 17, Februar 2021, S. 132–139

Hans Gercke: Madonnenführer Heidelberg. Ein Wegweiser zu Straßen, Gassen und Plätzen, zu Kirchen und Kapellen. Fotos: Renate J. Deckers-Matzko. Hg. Marienhaus Stiftung Heidelberg, Lindenberg im Allgäu 2022

Ludwig Haßlinger, Uwe Frank: „Der Mühltalwald" – Der Handschuhsheimer Wald im Wandel der Zeit, in: Jb Hhm 2022, S. 105–107

Heidelberger Geschichtsverein (Hg.): Heidelberg. Jahrbuch zur Geschichte der Stadt. Jg. 27, 2023, Heidelberg 2022

Eugen Holl: Die Heidelberger Wälder – ein Steinmuseum? Teil 2, in: Jb Hhm 2022, S. 45–51

Hans-Jürgen Holzmann (Hg.): Johanneskirche und Johanneshaus in Heidelberg-Neuenheim, Ubstadt-Weiher u.a. 2022

Hans-Jürgen Holzmann: Martin Luther in Neuenheim, in: Holzmann, S. 51–80

Gert Heinz Kumpf: Thesen zum Heiligenberg: Keltisches Bezugssystem und Namensursprung, in: Jb Hhm 2022, S. 27–35

Landeszentrale für politische Bildung Baden-Württemberg (Hg.): BaWü 1952–2022. Menschen. Geschichten. Ereignisse. Baden-Württemberg in Bildern 1952–2022, Stuttgart 2022

Lars Maurer: Von der Kutsche zum „Dampfross" – Die Eisenbahn auf der Basis Palatina, in: Schröck-Schmidt, S. 75–87

Hans-Martin Mumm: Das Max-Weber-Haus, in: Runde, Hawicks, S. 299–331

Dorothee Mußgnug: Johanniskirche und Johannisgemeinde (1137–1902), in: Holzmann, S. 7–50

Jochen Neureither: Familie Neureither in Handschusheim Teil 3: Das Kreuz, in Jb Hhm 2022, S.86–90

Folker Reichert: Der Heidelberger Bergfriedhof als Ort der Erinnerung an Max Weber, in: Runde, Hawicks, S. 333–352

Matthias Roth: Heidelberg (Reclams Städteführer. Architektur und Kunst), Ditzingen 2022

Ingo Runde, Heike Hawicks (Hgg.). Max Weber in Heidelberg. Beiträge zur digitalen Vortragsreihe an der Universität Heidelberg im Sommersemester 2020 anlässlich des 100. Todestages am 14. Juni 2020 (Heidelberger Schriften zur Universitätsgeschichte. Bd. 11), Heidelberg 2022

Ingo Runde, Florian Schreiber: Amtsbücher im Universitätsarchiv Heidelberg. Bestand, Überlieferung, Digitalisierung, in: HJG Jg. 27, 2022, S. 245–252

Michael Schmitt (Hg.): Antisemitismus in der Akademie. Otto Meyerhof – Ein Forscherleben zwischen Ruhm und Vertreibung, Leipzig 2022

Wolfgang Schröck-Schmidt (Hg.): Die Kurpfalzachse: Königstuhl-Schwetzingen-Kalmit, Altlußheim 2022

Stadtteilverein Handschuhsheim (Hg.): Jahrbuch Handschuhsheim 2022, Heidelberg 2022

Unser Land 2023. Heimatkalender für Neckartal, Odenwald, Bauland und Kraichgau, Heidelberg 2023

Wolfgang Wagner, Matthias Wermke: Die zwölf silbernen Apostel vom Heiligenberg – Dichtung und Wahrheit, in: HJG Jg. 27, 2022, S. 33–40

Zusammenstellung: Reinhard Riese

# Verzeichnis der Autorinnen und Autoren

Benedikt Bader. Bergstraße 107, 69121 Heidelberg, benediktbader@web.de (p)

Dr. Christoph Bühler, Historiker und Schlossführer. Lochheimer Straße 18, 69124 Heidelberg, buehler@landeskunde.eu (d)

Dietrich Dancker, geb. 1967. Bruchhäuser Weg 1, 69124 Heidelberg, d.dancker@gmx.de (p)

Ulrike Duchrow, Lehrerin für Deutsch, Geschichte und Englisch i.R., berufliche Tätigkeiten an der Universität Genf, der Elisabeth-von-Thadden-Schule Heidelberg und der Pädagogischen Hochschule Heidelberg. ulrike.duchrow@t-online.de (p)

Michael Ehmann, Krankenpfleger und Lehrer für Pflegeberufe. Hintergasse 1, 69493 Hirschberg, ehmann.michael@t-online.de (p)

Prof. Dr. Frank Engehausen, geb. 1963, akademischer Mitarbeiter am Historischen Seminar der Universität Heidelberg. Grabengasse 3–5, 69117 Heidelberg, Frank.Engehausen@zegk.uni-heidelberg.de (d)

Prof. Dr. Detlef Garz, geb. 1949, Seniorprofessor, Christian-Albrechts-Universität zu Kiel. garz@paedagogik.uni-kiel.de oder garz@uni-mainz.de (d)

Hans-Dieter Graf, M.A. geb. 1956, Studium der Buchwissenschaft und Publizistik an der Johannes Gutenberg-Universität Mainz, Beschäftigung mit Themen der Orts- und Regionalgeschichte sowie der jüdischen Geschichte. Glentorfer Straße 5, 38165 Beienrode, www.erichgraf.de (p)

Dr. Martina Graf, M.A, geb. 1958, Studium der Buchwissenschaft und Publizistik an der Johannes Gutenberg-Universität Mainz, Beschäftigung mit Themen der Orts- und Regionalgeschichte sowie der jüdischen Geschichte. Glentorfer Straße 5, 38165 Beienrode, www.erichgraf.de (p)

Dr. Norbert Giovannini, geb. 1948, Dozent i. R. an der Pädagogischen Hochschule Heidelberg. Kirchstraße 63, 69221 Dossenheim, n.giovannini@t-online.de (p)

Dipl.-Geogr. Klaus Harthausen, Heidelberger Straßen- und Bergbahn GmbH. Kurfürsten-Anlage 42-50, 69115 Heidelberg, klaus.harthausen@swhd.de (d)

Emin Kağan Heybet, geb. 2002 in Balıkesir, studiert Geschichte und Islamwissenschaft im Bachelor an der Universität Heidelberg. ekaganheybet@gmail.com. (p)

Dr. Carola Hoécker, geb. 1967, freiberufliche Historikerin. Römerstraße 49, 69115 Heidelberg, www.buch-und-museum.de (d)

Nils Jochum, geb. 1996, M.Ed., Studium der Geschichte und Geografie in Heidelberg und Mailand, Doktorand und wissenschaftliche Hilfskraft am Historischen Seminar der Universität Heidelberg. nilsjochum@gmx.de (p)

Dr. Hans-Jürgen Kotzur, geb. 1946, Studium der Kunstgeschichte, Soziologie und Archäologie, Denkmalpfleger in Trier, Limburg und Speyer, 1988 bis 2011 Leiter der kirchl. Denkmalpflege und Direktor des Dom- und Diözesanmuseums in Mainz. Goldenbrunnergasse 10, 55116 Mainz (p)

Dr. Martin Krauß, geb. 1960, Historiker, Vorstandsmitglied des Heidelberger Geschichtsvereins. Viernheimer Weg 18, 69123 Heidelberg (p)

Dr. Renate Marzolff, Lehrerin i.R. für Deutsch, Französisch, Kunst. r.marzolff@t-online.de (p)

Elena Marie Mayeres (M.A.), wissenschaftliche Mitarbeiterin am Historischen Seminar der Universität Heidelberg. Grabengasse 3–5, 69117, elena.mayeres@zegk.uni-heidelberg.de (d)

Benjamin D. Miller, MSc ETH. Im Aespliz 9, CH-3063 Ittigen bei Bern, Benjamin.D.Miller@protonmail.ch (p)

Ingrid Moraw, Lehrerin für Geschichte, Politik und Deutsch i.R. Robert-Stolz-Weg 8, 69181 Leimen, f.i.moraw@t-online.de (p)

Dr. Marius Mrotzek, geb. 1975, Studium der Kunstgeschichte und Romanistik, Promotion zur Kunst der Spätgotik in der Toskana, Mitarbeiter der Reichspräsident-Friedrich-Ebert Gedenkstätte. marius.mrotzek@googlemail.com (p)

Hans-Martin Mumm, geb. 1948, Theologe und Maschinenschlosser, Kulturamtsleiter i.R., von 1993 bis 2022 Vorsitzender des Heidelberger Geschichtsvereins. Alte Glockengießerei 10, 69115 Heidelberg, hans-martin.mumm@gmx.de (p)

Petra Nellen, geb. 1963, Historikerin, Projektleiterin in der Abteilung Wissenschaftliche Weiterbildung der Universität Heidelberg. petranellen63@gmail.com (p)

Thomas Neureither, Füllhaltermuseum Handschuhsheim, Dossenheimer Landstraße 5, 69121 Heidelberg. thomas.neureither@web.de (d)

Prof. Dr. Katja Patzel-Matten, geb. 1970, Professorin für Wirtschafts- und Sozialgeschichte am Historischen Seminar der Universität Heidelberg. Grabengasse 3–5, 69117 Heidelberg, katja.patzel-mattern@uni-heidelberg.de (d)

Hansjoachim Räther, geb. 1949, Historiker, Vorstandsmitglied und Geschäftsführer des Heidelberger Geschichtsvereins, Mitarbeiter der Geschichtswerkstatt Handschuhsheim. Klingentorstraße 6, 69117 Heidelberg, hansjoachimR@haidelberg.de (p)

Dr. Reinhard Riese, Historiker, Lehrer für Geschichte, Latein und Politik i.R. Rohrbacher Straße 159, 69126 Heidelberg, rhdriese@web.de (p)

Claudia Rink, Kunsthistorikerin, Verlegerin, Vorsitzende des Heidelberger Geschichtsvereins. Turnerstraße 141, 69126 Heidelberg, kurpfaelzischerverlag@t-online.de (d)

Dr. Julia Scialpi, geb. 1974, Historikerin. Schillerstraße 30, 69115 Heidelberg, jscialpi@web.de (p)

Dr. Steffen Sigmund, Akademischer Direktor des Max-Weber-Instituts für Soziologie an der Universität Heidelberg. Bergheimer Str. 58, 69115 Heidelberg, steffen.sigmund@mwi.uni-heidelberg.de (d)

Florian Schmidgall, geb. 1985, Historiker & Buchgestalter, Mitarbeiter der Stiftung Reichspräsident-Friedrich-Ebert-Gedenkstätte, Verwaltung Deutsches Verpackungs-Museum, Shared Reading-Leseleiter. Dreikönigstraße 11/9, 69117 Heidelberg, florian.schmidgall@posteo.de (p)

Simon Stewner, B.A., Masterstudium Global History, studentische Hilfskraft im Universitätsarchiv Heidelberg, dort Mitkurator der Kabinettausstellung „Vom Studenten zum Mythos – Max Weber in Heidelberg". simon.stewner@web.de (p)

Prof. Dr. Bernhard Stier, geb. 1958, Professor für Neuere/Neueste Geschichte und deren Didaktik an der Universität Koblenz, Institut für Geschichte. Universitätsstraße 1, 56070 Koblenz, stier@uni-koblenz.de (d)

Wolfgang Vater, geb. 1940, Gehörlosenlehrer, Schulrat, Direktor des Hör-Sprachzentrums Heidelberg/Neckargemünd i. R. Steingartenweg 10, 69118 Heidelberg (p)

Wen Xuan, geb. in Shanghai, Chemiker. wenxuanenscp@hotmail.com (p)

# Über den Heidelberger Geschichtsverein

Der Heidelberger Geschichtsverein e.V. wurde 1993 gegründet. Er sieht es als seine Aufgabe an, die Erforschung und Darstellung der Geschichte der Stadt Heidelberg und ihrer Ortsteile sowie der Vor- und Frühgeschichte auf ihrer Gemarkung zu fördern, das öffentliche Interesse an der Orts- und Regionalgeschichte zu wecken und interessierten Bürgerinnen und Bürgern sowie den Mitgliedern des Vereins ein Forum im Sinne der Vereinszwecke zu bieten.

Der Verein veranstaltet Vorträge, Führungen, Ausstellungen und Exkursionen. Er gibt seit 1996 „Heidelberg. Jahrbuch zur Geschichte der Stadt" heraus, das im Buchhandel erhältlich ist; den Mitgliedern geht jeweils ein Belegexemplar zu. Daneben erscheinen in unregelmäßigen Abständen Ausstellungskataloge und andere Veröffentlichungen.

Der Geschichtsverein sucht den Kontakt zu historischen und kulturellen Vereinigungen und Einrichtungen in der Region. Er ist als gemeinnützig anerkannt. Der jährliche Mitgliedsbeitrag beträgt 35,00 Euro. Das Beitrittsformular kann beim Vorstand angefordert werden und findet sich auch auf der Internetseite www.haidelberg.de.

## Vorstand:

Claudia Rink, Petra Nellen,
Dr. Martin Krauß, Hansjoachim Räther, Prof. Dr. med. Maike Rotzoll

## Kontakt:

Vereinsadresse:
Heidelberger Geschichtsverein
c/o Claudia Rink
Turnerstraße 141
69126 Heidelberg
E-Mail: morlock.rink@arcor.de
Internet: www.haidelberg.de

## Jahrbuch:

Anfragen und Zusendungen an die Jahrbuchredaktion bitte über die Vereinsadresse. Die früheren Ausgaben von „Heidelberg. Jahrbuch zur Geschichte der Stadt" sind – mit Ausnahme der Jahrgänge 1 und 8 – lieferbar. Die Bände bis Jg. 20 kosten 18,00 Euro, ab Jg. 21 kosten sie 22,00 Euro.